Geheimwissen des Mittelalters

Elmar zur Bonsen
Cornelia Glees (Hrsg.)

Geheimwissen
des Mittelalters

Verbotenes · Verschollenes · Rätselhaftes

BECHTERMÜNZ VERLAG

Gehnehmigte Lizenzausgabe
für Weltbild Verlag GmbH, Augsburg 2000
Copyright © 1988 Pattloch Verlag, München
Umschlaggestaltung: Thomas Uhlig, Augsburg
Umschlagmotiv: AKG Berlin
Gesamtherstellung: Clausen & Bosse, Leck
Printed in Germany
ISBN 3-8289-4838-3

Inhalt

Das Mittelalter, der Schlüssel zur Neuzeit
Einführung 7

Von Hexen, Sternzeichen und magischen Zeremonien
Gerhard von Cremona
   Astronomische Geomantie 31
Heinrich Cornelius Agrippa von Nettesheim
   Das Buch der geheimen Philosophie, oder von den magischen
   Zeremonien 47
Der Hexenhammer 70

Von den Geheimnissen der Alchemie
Gabir Ibn Hayyan as-Sufi – Der „Geber"
   Summa perfectionis magisterii –
   Die Lehre von der hohen Kunst der Metallveredlung 77
   Liber de investigatione perfectionis –
   Das Buch von der Erforschung der Metallveredlung 101
Abubakr Muhammed Ibn Zakariya al-Razi
   Das Buch Geheimnis der Geheimnisse 105
Geheimsymbole der Alchemie und Medizin des Mittelalters 119
Alchemistische Rezepte 131

Von göttlichen Visionen und mystischen Einsichten
Petrus Abelaerd
   Geschichte meiner unglücklichen Erlebnisse 145
Mechthild von Magdeburg
   Das fließende Licht der Gottheit 157
Berthold von Regensburg
   Predigt von den sieben Planeten 175
Meister Eckhart
   Von der Erfüllung 189
   Von der Abgeschiedenheit 194
Heinrich Seuse
   Aus dem „Briefbüchlein" 197

Nikolaus von Kues
  Der verborgene Gott 206

Von Giften, Krankheiten und heilsamen Kräutern
Gabir Ibn Hayyan as-Sufi – Der „Geber"
  Buch der Gifte und der Abwehr ihrer Schäden 211
Ali Ibn Sina – genannt Avicenna
  Das Lehrgedicht über die Heilkunde 229
Hildegard von Bingen
  Naturkunde 252
  Krankheiten von Kopf bis Fuß 261
Albertus Magnus
  Von den Kräutern und Pflanzen 276
  Über die Frau 290

Von Wundern, Heiligen und einem brennenden Kloster
Ekkehard IV., Mönch in St. Gallen
  Sankt Gallener Klostergeschichten 295
Roswitha von Gandersheim
  Fall und Bekehrung des Vizedominus Theophilus 309
  Fall und Bekehrung der Maria, der Nichte des Einsiedlers Abraham   320
Caesarius von Heisterbach
  Dialogus magnus visionum et miraculorum –
  Wunderbare Geschichten 333
Gesta Romanorum 356

Von Prophezeiungen über Weltende und Antichrist
Brigitta von Schweden
  Visionen der hl. Brigitta 371
Hildegard von Bingen
  Prophezeiungen aus: Divinorum Operum
  (Die göttlichen Werke) 396

Von Vaganten, Goliarden und Wucherern
Archipoeta 399
Vagantenlyrik 407
Gereimte Fastnachtspredigt 414
Robert von Corson 418

Literatur 421

Das Mittelalter, der Schlüssel zur Neuzeit

„Tu' kund die Wunder, die du erfährst! Schreibe sie auf und sprich! O du gebrechliches Geschöpf, Staub von Staub und Asche von Asche. Sprich und schreibe, was du siehst und hörst. Sprich und schreibe nicht nach menschlicher Rede, sondern, so, wie du es in Gott vernimmst, so wie der Schüler die Worte des Lehrers wiedergibt ... Du also, o Mensch, der du das alles nicht in der Unruhe der Täuschung, sondern in der Reinheit der Einfalt empfängst, hast den Auftrag, das Verborgene zu offenbaren!" Endlich verstummt die unerbittliche Stimme; sie läßt eine völlig aufgelöste, am ganzen Körper zitternde Hildegard von Bingen zurück. Die heilige Ordensfrau tat gehorsam, wie ihr befohlen war, und schrieb ihre göttlichen Visionen nieder.
Über Jahrhunderte bewahrten die Bibliotheken des Mittelalters nicht nur ihre Schriften, sondern alles Wissen aus Magie und Naturkunde, aus Philosophie und Prophezeiung, aber auch spöttische Lieder und fromme Legenden. Von den Erzählungen, Eingebungen und Erkenntnissen können wir heute nur deshalb etwas erfahren, weil die Mönche voller Neugier und Fleiß die Handschriften aus längst vergangenen Zeiten gesammelt und abgeschrieben haben. In den Büchersammlungen des Mittelalters liegen Scharlatanerie und der Schlüssel zu unserer neuzeitlichen Auffassung über die Welt nahe beieinander.
Wie die Bibliotheken in den Wirrnissen der Jahrhunderte in Flammen aufgingen, so ist auch das literarische Erbe dieser so wichtigen Nahtstelle der Geschichte in Vergessenheit geraten. Den Nachkommen bleibt die Aufgabe, das „Verborgene zu offenbaren" und weiterzugeben. Dies kann jedoch nur gelingen, wenn man zugleich die historischen Zusammenhänge und geistesgeschichtlichen Grundlagen der Epoche zwischen Antike und Neuzeit, des Mittel-Alters also, im Blick behält.
Das, was wir heute als Mittelalter bezeichnen, umfaßt einen Zeitraum von rund 1000 Jahren – üblicherweise zwischen 500 und 1500 n. Chr. datiert. Immerhin zwei Drittel der gesamten europäisch-abendländischen Geschichte sind mit diesem Epochenbegriff verknüpft. Es ist natürlich nicht möglich, den Beginn und das Ende des Zeitalters auf den Tag genau festzulegen. Niemand ist im Mittelalter ins Bett gegangen, um am Morgen in der Neuzeit aufzuwa-

chen. Da die Geschichte wie in einem organischen Lebensstrom dahinfließt, bleiben alle Periodisierungsversuche fragwürdig. Man kann mit ihnen stets nur einen Teilaspekt erfassen, aber nie das ganze Geschehen. Das Mittelalter selbst hat sich jedenfalls nicht als – von der germanischen Völkerwanderung einerseits und der Reformation andererseits eingegrenzte – Zwischenzeit empfunden. Der Ausdruck wurde denn auch erst nach dieser Epoche geprägt, und er hatte zunächst eine beschränkte und abschätzige Bedeutung.

Die Humanisten des 15. Jahrhunderts waren bestrebt, ihre lateinischen Sprachkenntnisse wieder am klassischen Latein auszurichten; sie betrachteten alles, was nach der Antike gesprochen und geschrieben worden ist, als Niedergang der Sprache und waren überzeugt, daß erst mit ihnen eine neue Zeit edler Ausdrucksform angebrochen sei. Die ganze dazwischenliegende Zeit kennzeichneten sie einfachhin als „barbarisches Mittelalter". Die Aufklärung hat dieses Bild später noch düsterer gedeutet. Erst die Romantik des 19. Jahrhunderts sorgte schließlich dafür, daß die großen Leistungen des Mittelalters, vor allem in Kunst und Literatur, wiederentdeckt wurden. Sie hat diese Epoche jedoch in dem verklärenden Licht einer Idealzeit gesehen, was sie mit Blick auf ihre zahlreichen Fehlentwicklungen und Mißstände eben auch nicht war.

Im ganzen genommen muß die mittelalterliche Zeit als hochentwickelte Kulturstufe der Menschheit angesehen werden, an die uns noch heute Kathedralen und Klöster, Burgen und Bilder als stumme Zeugen erinnern.

Das „Besondere und Einmalige" der Epoche liegt, wie es ein Historiker einmal formuliert hat, begründet „in den beiden bestimmenden Mächten Antike und Christentum, das heißt in jenen beiden Elementen, die den germanisch-romanischen Völkern, den Trägern des mittelalterlichen Geschehens, als ihre Formkräfte vorgegeben" und gewissermaßen zur Aufgabe gestellt worden sind. Und in diesen beiden Kräften Antike und Christentum liege auch die große Wirklichkeit beschlossen, die das Mittelalter der ganzen europäischen Zukunft, also auch uns, als Erbe weitergegeben habe. Ihnen sei es zu verdanken, daß sich nach dem Zusammenbruch der römischen Herrschaft (unter Verschiebung des Schwergewichts vom Mittelmeerraum nach Norden hin) der europäische Kontinent zu einer neuen äußeren und inneren Einheit zusammengeschlossen habe: zu dem, was wir Abendland nennen.

Seine Völkergemeinschaft basierte auf einer einheitlichen religiös-weltanschaulichen Grundhaltung, die von allen ohne Ausnahme geteilt wurde und letztlich auf der allgemeinen Anerkennung der Bindung des Menschen zu Gott beruhte. Es gab nur eine einzige für alle Menschen verpflichtende Wahrheit, ein höchstes, von niemanden geleugnetes sittliches Gesetz und eine letztentscheidende, höchste moralische Autorität auf Erden: die Kirche, der sich alle beugten. Die neue politische Einheit des Abendlandes wurde durch den in gleicher Weise römisch wie christlich unterbauten, völkerüber-

greifenden Gedanken des Reichs (Imperiums) geschaffen und in der Folgezeit gewährleistet. Die römische Reichsidee war die einzige echte Staatsvorstellung, die die Welt zu Beginn des Mittelalters kannte.
Das Imperium Romanum erscheint in der christlichen Deutung der (biblischen) Daniels-Vision als das letzte der vier großen Weltreiche, alles Geschehen bis zum Ende der Welt ist danach in räumlicher und zeitlicher Hinsicht in einen übergeordneten, universalen Zusammenhang hineingestellt. Daraus ergibt sich auch die religiöse Einheit: dieses römische Reich ist zugleich ein christliches Reich, dessen Aufgabe darin besteht, das Volk der Gläubigen in Frieden und Gerechtigkeit durch dieses Erdenleben seinem himmlischen Ziel entgegenzuführen. Verkörpert wird dieses Universalreich durch den Kaiser, der zugleich mit dem hohen Nimbus kirchlicher Heiligkeit bekleidet ist. Dies wird besonders deutlich in der Gestalt des fränkischen Herrschers Karls des Großen, der seine Führungsaufgabe ganz im christlichen Geist auffaßte. Als Ideal schwebte ihm die Verwirklichung des augustinischen „Gottesstaates" vor Augen, aus dem er sich bei Tisch vorlesen ließ. Um diesem Ziel näher zu kommen, nahm Karl, der sich im Kreise seiner Vertrauten gerne als König David anreden ließ, mehr und mehr die Leitung nicht nur der äußeren, sondern auch der inneren Belange der Kirche für sich in Anspruch.
Seine Herrschaftsaufgabe faßte er in einem Brief an Papst Leo III., der ihn im Jahr 800 in Rom zum Kaiser krönte, so zusammen: „Unsere Aufgabe ist es, die heilige Kirche Christi überall nach außen vor dem Ansturm der Heiden und vor der Verwüstung durch die Ungläubigen mit den Waffen zu schützen und nach innen durch die allgemeine Anerkennung des katholischen Glaubens sie zu sichern. Eure Aufgabe ist es, wie Moses mit zu Gott erhobenen Händen unseren Kriegsdienst zu unterstützen, damit das christliche Volk auf Eure Fürbitte hin stets überall den Sieg über seine Feinde davontrage."
Das nach dem Zusammenbruch des weströmischen Reichs mit Karl wieder zum Leben erweckte Kaisertum ist also nicht nur Garant der politischen Einheit, sondern auch der entscheidende Träger der religiösen Einheit in der alles umfassenden Kirche (Ecclesia), die allein das Heil zu vermitteln vermag. Ihr anderer Repräsentant ist das Papsttum, das Sacerdotium. Beide, Imperium und Sacerdotium, waren auf das engste miteinander verbunden, ja sie bedingten einander. Zu Spannungen und Auseinandersetzungen zwischen beiden Universalmächten kam es erst, als das Kräfteverhältnis nachhaltig gestört wurde.
Zur politischen und religiösen Einheit des Abendlandes trat die Einheitlichkeit des Bildungsstandes hinzu. Sie wurde gewährleistet durch die Monopolstellung des (von der Kirche überlieferten) antiken verchristlichten Bildungsgutes, das überall in Europa, in Deutschland und Frankreich, in England und Italien, zur Geltung kam. Die besondere Rolle der Kirche auf diesem Gebiet blieb bis ins 13. Jahrhundert unangefochten. Jeder geistig Tätige war Kleri-

ker. „Geistliche" leiteten die Kanzleien an den Königs- und Fürstenhöfen. Auch die Universitäten entstanden um 1200 als kirchliche Gründungen mit päpstlichen Privilegien. Erst gegen Ende des Mittelalters bildete sich eine gelehrte Laienschicht heraus, die als Juristen, Ärzte und Humanisten eigenes Gewicht erlangten.

Ein weiteres Wesensmerkmal der Epoche war schließlich die Einheit der sozial-ständischen Ordnung mit ihrem streng hierarchischen Stufenbau. Diese Gliederung des öffentlichen Lebens galt als gottgewollte Ordnung auf Erden. Gott will, so hat es Hildegard von Bingen im 12. Jahrhundert dargelegt, daß die Menschen in „vielerlei Stufen und Treppen", das heißt in höheren und niederen Ständen übereinander gelagert sind. Diese Hierarchie der Geschöpfe wurde verstanden als Nachbild der einzelnen Ränge, in die auch die himmlischen Heerscharen der Engel gegliedert seien. Auf dieser Ständeordnung beruhte das mittelalterliche Lehnswesen, das sich zwischen den jeweiligen Herrschern und deren Gefolgsleuten ausbildete und schließlich alle Untervasallen erfaßte. Die Lehnsordnung fand auch in der Kirche eine Entsprechung. So war es kein Zufall, das die Bischofssitze und reichsten Pfründe in der Kirche fast ganz in die Hände der adeligen Stände geriet.

Es wäre nach dem bisher Gesagten dennoch zu kurz geschlossen, das gesamte Mittelalter als eine universale, gewissermaßen organische Einheit aufzufassen. Schon sehr bald bildete sich nämlich im lateinischen Westen eine zunehmend deutlicher und größer werdende Vielfalt an Gedanken und Strömungen aus, deren Spannungen und Widersprüche nicht unterdrückt, sondern voll zur Geltung gebracht und an die Folgezeit weitergegeben worden sind.

Ausgelöst wurde diese Entwicklung wiederum durch die entscheidenden Kräfte der Zeit selbst: durch die antike Kultur und das Christentum. Es gehört zu den eigentümlichen Merkmalen des mittelalterlichen Abendlandes, daß es mit dem geistigen Erbe der spätantiken Welt nie richtig fertiggeworden ist, daß es allen Bemühungen zum Trotz diese Tradition nie wirklich aufsaugen konnte. Eine noch schärfere Spaltung des europäischen Geistes brachte jedoch das Christentum mit sich, da es von außen dem von einer eigenen, älteren Kulturschicht getragenen Volk übergestülpt worden war.

Konfliktstoff, der die Einheit der frühmittelalterlichen Welt nachhaltig in Frage stellen mußte, ergab sich schon relativ rasch aus dem Verhältnis von Kaisertum und Papsttum. Zu einer ersten Zerreißprobe kam es um die Mitte des 11. Jahrhunderts im sogenannten Investiturstreit, der nach einem rund fünfzig Jahre dauernden Ringen mit einem Kompromiß beendet wurde. Es ging dabei um die von den Kaisern beanspruchte Einsetzung der Bischöfe und Äbte, die als Reichsfürsten zugleich Stützen ihrer Macht waren. Selbst so fromme Herrscher wie die Ottonen und Salier hatten zuvor nichts Anstößiges daran gefunden. Doch die Kirche sah hierdurch ihre Wahlfreiheit und Macht beeinträchtigt. Ausgelöst wurde der Investiturstreit durch die Reform-

bewegung, die sich vom burgundischen Kloster Cluny ausgebreitet hatte, insbesondere durch ihren Hauptvertreter Papst Gregor VII. (1073–85). Dieser wollte, wie viele seiner reformgesinnten Zeitgenossen auch, die Kirche vom Joch weltlicher Macht befreien; er verbot deshalb die Simonie, den verbreiteten Verkauf geistlicher Ämter, und die Laieninvestitur, die Bestellung geistlicher Würdenträger durch weltliche Herrn. Doch seine ganze Leidenschaft lenkte Gregor nunmehr auf das Ziel, der geistlichen Gewalt, dem Papsttum, den Vorrang vor der weltlichen zu sichern. Über den widerstrebenden Kaiser Heinrich IV. verhängte er 1076 den Bann und sogar die Absetzung und zwang ihn, den vielzitierten Bußgang nach Canossa anzutreten.
Der Kaiser hatte Gregor zuvor in einem leidenschaftlichen Schreiben aufgefordert: „Ich, Heinrich, von Gottes Gnaden König, mit allen meinen Bischöfen, ich spreche zu dir: ‚Steige herab, steige herab, du ewig Verdammter!'"
Der Kampf zwischen den deutschen Kaisern und dem römischen Papsttum durchzieht die Geschichte des hohen Mittelalters wie ein roter Faden. Er spaltete Geistliche und Laien deshalb so heftig, weil dabei nicht nur theologische, sondern zugleich politische, wirtschaftliche und gesellschaftliche Fragen entschieden werden mußten.
Theologisch setzte sich am Ende die bereits in der Bibel und bei den lateinischen Kirchenvätern nachweisbare Lehre durch, daß die politische Gewalt nicht über die Kirche bestimmen dürfe, daß Welt- und Gottesreich zwei verschiedene Bereiche seien wie Körper und Seele des Menschen. Insofern gingen die theologischen Lehren der kirchlichen Reformer auf das frühe Christentum zurück, das sich lange gegen den Machtanspruch des heidnisch-römischen Kaisertums zur Wehr hatte setzen müssen.
Gesellschaftlich löste sich die Kirche von der verhängnisvollen Verquickung mit adeligen und politischen Interessen. Sie bildete eine Herrschaftsform eigener Art aus und grenzte sich streng von den Laien ab. Kirche war in diesem Sinne die stark hierarchisch gegliederte und vom Papst geführte Gemeinschaft der geweihten Priester. Mitten im Kampf zwischen Kaiser und Papst in der Zeit der staufischen Herrschaft hält Bischof Otto von Freising, ein Onkel Kaiser Friedrich Barbarossas, in seiner Weltchronik fest: „Ecclesia nenne ich fürderhin, nach dem Sprachgebrauch der Priester Christi und ihresgleichen, die kirchlichen Personen." Die Herrscher und die Adeligen hatten als Schützer und Lenker der Kirche ausgedient.
In wirtschaftlicher Hinsicht versuchte sich die Kirche vom Zugriff des weltlichen Adels zu befreien, der mit Vorliebe Herrschaftsrechte über Klöster und Bistümer erworben hatte, um einen Großteil der Einkünfte für sich selber abzuzweigen. Nach dem Investiturstreit bemühte sich die Kirche verstärkt um zusätzliche Geldeinnahmen, die in den folgenden Jahrhunderten zu ihrer Verweltlichung beitrugen. Insofern erreichte sie nicht die angestrebte Freiheit ihres geistlichen Auftrags, sondern verstrickte sich nur noch stärker in die weltlichen Händel und Ränkespiele. Die reiche und mächtige Kirche fand

jedoch auch leidenschaftlichen Widerspruch in den aufkommenden Armutsbewegungen des Hochmittelalters, die die Rückkehr zur apostolischen Armut der Urkirche forderten. Das Ideal der freiwilligen Armut, das heißt die religiös-asketisch motivierte Freiheit von Besitz, nicht jedoch die Verklärung des Elends, fand ihren Höhepunkt in Franziskus von Assisi, dem Begründer des Franziskanerordens, und im Dominikanerorden. Die Armutsbewegungen wurden für die Kirche schnell zu einer Gefahr, sobald sie sich mit häretischen und antikirchlichen Gedanken verbanden. Hier sei nur an den Kaufmann Petrus Waldes erinnert, der, nachdem er auf seinen Reichtum verzichtet hatte, die „Armen von Lyon" um sich sammelte. Nach längeren Auseinandersetzungen wurde er von Papst Lucius III. 1183 zum Ketzer erklärt und verfolgt; seine Anhänger, die sogenannten Waldenser, mußten in den Untergrund gehen.

Mittelalterliches Dorf. Holzschnitt in Schedels Weltchronik, 1493. Szene: Der Schwärmer Hans Boheim, genannt der Pfeifer von Niklashausen, predigt.

Die cluniazensische Reformbewegung beeinflußte nicht nur das Verhältnis von Kirche und weltlicher Herrschaft, sondern sie erweckte auch in der Bevölkerung einen starken religiösen Eifer. Als kirchliche Friedensbewegung ächtete sie zwar den Kampf um des Kampfes willen, doch befürwortete sie bedenkenlos den Krieg gegen die Ungläubigen. Als die seldschukischen Türken um 1070 Palästina eroberten und das christliche Byzanz bedrohten, rief Papst Urban II., ehemaliger Prior von Cluny, auf der Synode von Clermont (1095) zum Kreuzzug gegen den Islam auf: „Wehe uns, daß wir ruhig stillsitzen und ruhig zuschauen den Missetaten und der Schmach Gottes! Darum auf, meine Geliebten, waffnet euch! Ein jeder umgürte seine Lenden mit dem Schwerte, unsern Brüdern zu helfen; denn besser ist es, zu sterben im Kampf für unser Volk, als länger die Greuel zu erdulden. Lasset uns ausziehen, und der Herr wird mit uns sein! Im Namen des barmherzigen Gottes und der Apostel Petrus und Paulus verkünden wir allen, welche die Waffen gegen die Ungläubigen ergreifen wollen, vollkommenen Ablaß ihrer Sünden, und denen, die im heiligen Streit fallen werden, verheißen wir den Lohn des ewigen Lebens!"

Mit dem Ruf „Gott will es!" zogen zwei Jahrhunderte hindurch Kaiser, Könige, Fürsten, Ritter, Geistliche, Bürger und Bauern, ja Frauen und Kinder aus allen Teilen Europas aus, um das Heilige Land von den Ungläubigen zu befreien.

Mit dem Kreuzzugsgedanken wird zugleich das große Programm des Mittelalters sichtbar: Es ist die Idee, die göttliche Ordnung schon in dieser Welt aufzurichten, alle menschlichen Kräfte – auch das Schwert! – in den Dienst des Reiches Gottes auf Erden zu stellen. Diese Idee blieb auch dann noch erhalten, als deutlich wurde, daß sich das angestrebte Ziel nicht leicht verwirklichen ließ, sondern stattdessen in immer weitere Ferne rückte. Selbst die geistlichen Ritterorden, die mit den Kreuzzügen entstanden, wie auch die Ketzerkriege und die Inquisition waren von dem gleichen Gedanken getragen: die nunmehr schon gefährlich abbröckelnde Einheit der Ecclasia, der Christenheit, mit allen verfügbaren Mitteln zu sichern.

Zwar bleibt auch im späten Mittelalter, also vom 13. bis zum ausgehenden 15. Jahrhundert, das Christentum noch ganz und gar bestimmend für das Weltverständnis der Menschen, doch ist seine Einheit nun ernsthaft bedroht: Weltbild und Lebensordnung befinden sich in einem steten Wandel. Der Mensch, bisher vor allem fest in eine strenge Mächteordnung eingebunden, beginnt sich freier als Einzelpersönlichkeit in seiner Umwelt zu sehen. Die beherrschenden Universalgewalten des hohen Mittelalters sind in ihrer Bedeutung erschüttert. Das abendländische, an Deutschland gebundene Kaisertum muß seinen Anspruch zurückstecken, „Nationalstaaten" bilden sich als eigenständige Machtbereiche heraus, und im Zuge dieser Entwicklung kommt auch das Papsttum erneut in Bedrängnis. Gleichzeitig wachsen neue politische Kräfte heran wie etwa das Fürstentum in den zahlreichen Reichs-

territorien und das immer einflußreicher werdende Bürgertum in den Städten. Auf wissenschaftlichem Gebiet begegnen sich mittelalterliches Denken und jene neuen Strömungen des frühen Humanismus, die die große Wende der Renaissance mit ihrer Hinwendung zu den Vorbildern der Antike vorbereiten. Die Kritik an den Institutionen der Kirche wird in dieser Zeit immer lauter: Kritik am Finanzgebaren der römischen Kurie und am Lebenswandel der verweltlichten Geistlichkeit, Widerspruch gegen das Ablaßwesen, den Freikauf von Kirchenstrafen, der nunmehr systematisch betrieben wird, um der Kirche neue Finanzquellen zu erschließen. Das Papsttum ist durch seine „babylonische Gefangenschaft" von Avignon (1309–1377) in Abhängigkeit von der französischen Krone geraten. Schließlich treibt das „Schisma" die Zerrüttung auf die Spitze: eine Kirchenspaltung in zeitweise bis zu drei einander bekämpfende Papstlinien (1378–1414), die jedoch im Konzil von Konstanz (1414–1418) wieder beseitigt wird. Es ist dasselbe Konzil, das die Verbrennung des böhmischen Predigers Johann Hus beschließt, um damit ein Exempel gegen die verbreitete Ketzerei der Zeit zu statuieren.
Als Ketzerei betrachtete die Kirche schon seit langem alle vom überlieferten Glaubensgut abweichenden Lehren, wie sie neben den Waldensern und Hussiten auch die Katharer, die „Reinen", wie sie sich selber nannten (daher das Wort „Ketzer"), vertraten. Diese größte Sekte des Mittelalters wurde in Südfrankreich in den blutigen Albigenserkriegen zu Beginn des 14. Jahrhunderts bekämpft. Mit ihnen sind zeitweilig auch die Waldenser verbunden gewesen. Die ketzerischen Gruppen werden von der Kirche mit großer Härte verfolgt, worüber uns das Handbuch des Inquisitors Bernhard Gui mit akribischer Genauigkeit Aufschluß gibt:

„Man bedient sich der Fragestellung an den Angeklagten, der nicht geständig ist und den man im Laufe des Prozesses nicht der Ketzerei überführen konnte. Gesteht der Angeklagte auch unter der Folter nicht, so wird er als unschuldig betrachtet. Der Angeklagte, der, nachdem er angezeigt wurde, im Laufe des Verhörs kein Geständnis ablegt, oder der weder durch die offensichtlichen Tatsachen noch durch gültige Zeugenaussagen überführt werden kann, den Indizien belasten, die nicht eindeutig genug sind, um ein Abschwören zu verlangen, der jedoch bei seinen Antworten schwankt, der ist zu foltern. Und auch derjenige, gegen den genügend Indizien vorliegen, um ein Abschwören zu verlangen. Die Form des Urteilsspruches zur Folter ist folgende: ‚Wir, Inquisitor etc. – in Anbetracht des Prozesses, den wir dir machen, und der Tatsache, daß deine Antworten nicht übereinstimmen und daß gegen dich genügend Indizien vorliegen, um dich der Folter zu unterwerfen, und auf daß die Wahrheit aus deinem eigenen Munde komme und du nicht weiter die Ohren deiner Richter beleidigst – erklären, urteilen und entscheiden, daß du an jenem bestimmten Tage zu jener bestimmten Stunde der Folter unterworfen wirst.' ...

Der Inquisitor darf keine allzu große Eile zeigen, die Folter anzuwenden, denn man bedient sich ihrer nur in Ermangelung sonstiger Beweise: Es ist Aufgabe des Inquisitors, diese zu erbringen, zu suchen. Findet er jedoch keine und ist er der Ansicht, daß der Angezeigte möglicherweise schuldig ist und daß er auch mit Wahrscheinlichkeit aus Angst nicht gesteht, so wird er zu dem Angeklagten Familienangehörige und Freunde einlassen, auf daß sie ihn zu einem Geständnis überreden. Oft bringen die Beschwerlichkeiten des Gefängnisses, die Überlegung und das häufige Zureden redlicher Leute die Angeklagten zu einem Geständnis."
Das Handbuch des Dominikaners Gui berichtet auch von den „Prozessen" gegen Hexenmeister, Wahrsager und Dämonenanrufer. Deren „Geißel" und „Verirrungen" treten „in verschiedenen Provinzen und Regionen in zahlreichen und unterschiedlichen Formen auf, in Verbindung mit den vielfältigen Erfindungen und den falschen und eitlen Vorstellungen jener abergläubischen Menschen, die den irrigen Geistern und den dämonischen Doktrinen Bedeutung beimessen". Auch von diesen Angeklagten wurden mit grausamen Methoden „Geständnisse" erzwungen. Die Praxis der päpstlichen Inquisition entwickelte Prozeßanweisungen, die für die späteren systematischen Hexenverfahren richtungsweisend wurden. Es war Innozenz VIII., der 1484 mit seiner (Hexen-)Bulle „Summis desiderantes affectibus" den Befehl zur Inquisition „zauberischer Personen" erteilte. Der drei Jahre darauf von den Dominikanern Heinrich Institoris und Jacob Sprenger verfaßte „Hexenhammer" (Malleus maleficarum) lieferte dazu eine „fallgerechte" Kommentierung. Bereits im 13. Jahrhundert hatte sich die Hexerei zu einem speziellen Verbrechenstatbestand geformt, der den Vorwurf der Teufelsbuhlschaft einschloß.
Die großen Leiden, welche die Menschen im späten Mittelalter heimsuchten – hier sei auch an das Raubrittertum, das Fehdeunwesen und die zahllosen Kriege erinnert –, sie alle führten zu Ausschreitungen, die zu dem allgemeinen Unglück noch ein neues hinzufügten. Als im Jahr 1349 der „Schwarze Tod", eine aus Asien eingeschleppte Beulenpest, die Menschen in Frankreich und Deutschland hinwegraffte, als ganze Dörfer und Städte ihr zum Opfer fielen, zogen Bußprediger, sogenannte Geißler oder auch Flagellanten, von Ortschaft zu Ortschaft. Zweimal am Tag, so wird berichtet, zogen sie ihre Kleidung bis zum Gürtel aus und geißelten sich, bis sie blutig waren.
Vielfach gab man den Juden Schuld an der Katastrophe. Sie wurden bezichtigt, die Brunnen vergiftet zu haben, um so die Christen zu vernichten. Als Folge dieser Verleumdungen erschlug man viele tausend Juden als „Mörder des Heilands", obwohl sie von der Pest ebenso betroffen waren wie ihre christlichen Mitbürger.
Die Furcht vor der verheerenden Pestepidemie stellt ein Grunderlebnis der Zeit dar. Sie wurde von vielen als Vorzeichen des Weltuntergangs gesehen.

Die „Apokalypse" (Enthüllung), auch biblische Offenbarung des Johannes genannt, ist jener Teil des Neuen Testaments, der vom Ende der Welt berichtet. Diese Vision und die Vorstellung vom „Jüngsten Gericht" Gottes sind für die Christen nicht nur gewisse Erwartung, sondern sie werden nach der allgemeinen Erwartung im 14. Jahrhundert auch für Ereignisse der nahen Zukunft gehalten. Neben der Pest, dem (zeitweiligen) kirchlichen Schisma und dem Ketzertum schien auch die Türkengefahr im Osten darauf hinzudeuten. So ist es nicht verwunderlich, daß die verbreitete Empfindung von Umwälzung und Niedergang der bestimmenden Ordnung eine Art von Endzeit-Bewußtsein hervorrief. Die Seuchen und häufiger auftretenden Hungersnöte führten zu einem neuen Leidens- und Todesverständnis, das die Hoffnung auf göttliche Erlösung und ein besseres Jenseits miteinschloß, sowie zu einer intensiven, häufig auch übersteigerten Religiosität bis hin zur Weltflucht. Zugleich wurde jedoch – und das ist typisch für das Mittelalter – intensiv nach Lebensgenuß gesucht und nach Gegenbildern von Heil, Glück und Schönheit.

Trotz aller Mißstände in der Kirche war der Glaube des einfachen Christen zunächst noch nicht erschüttert. Die unermüdliche Tätigkeit der Franziskaner und Dominikaner, ihre Predigten in der Volkssprache auf Kanzeln und Marktplätzen führte im späten Mittelalter sogar zu einer stärkeren Teilnahme der Laien am Leben der Kirche. Bedeutende Zeugen dieser Volksfrömmigkeit sind die Kirchen und Dome, die die Bürger der aufblühenden Städte erbauen und reich ausgestalten ließen. Auch die Schriften jener Gläubigen, die, um das Irdische und seine Not ganz zu vergessen sich in Gott und in die Heilige Schrift versenkten, bezeugen, wie tief der christliche Glaube in ihnen noch verankert war. Die Wissenschaft nennt solche Frauen und Männer Mystiker(innen), weil sie von den Geheimnissen des Glaubens, dem Mysterium, in ihren Schriften und Predigten sprachen. Zu ihnen gehören Meister Ekkehard, Johannes Tauler und Heinrich Seuse.

Die mystische Versenkung, diese Hingabe an das Übernatürliche, übten besonders Frauen aus. Es waren vielfach Beginen, die in einer klösterlichen Gemeinschaft lebten, ohne daß sie eigentlich Nonnen waren. Die bekanntesten von ihnen waren die bereits erwähnte Hildegard von Bingen sowie Mechthild von Magdebrg. In ihren Schriften beschrieben sie das eigene innere Erleben, ihre Visionen und Entrückungen.

Das neue Frömmigkeitsideal der Mystik sprengte in ihrem direkten Gottesbezug des einzelnen auch das herkömmliche Schema kirchlicher Autorität. Sie wurde geradezu eine Gefahr für die etablierte Ordnung, zumal sie neben der starken Betonung des religiösen Gefühls auch schärfste Kritik an der päpstlichen Kurie äußerte. Dies wird besonders deutlich in den Prophezeiungen einer Brigitta von Schweden. Überhaupt läßt eine solche neue Gedankenwelt nicht unangetastet, was die Kirche als strenges System dogmatischer Glaubenssätze gegen jede Abweichung verteidigte. Meister Ekkehard, der

berühmteste Mystiker, wurde noch nach seinem Tod vom Papst (fälschlicherweise) als Abtrünniger verdammt.
Bereits im 13. Jahrhundert hatte jene neue „Entdeckung der Natur und des Menschen" begonnen, die noch unser heutiges Denken wesentlich bestimmt. Die Pflanzen- und Tierwelt wurde neu erforscht; die Maler widmeten sich bald auch der Landschaft, vorerst noch im Hintergrund ihrer Bilder. Beobachten und Experimentieren entwickelte sich zur eigentlichen Grundlage der Wissenschaft. Nicht mehr die Ideenwelt der Religion war also das Maß aller Dinge im „Herbst des Mittelalters". Dennoch sollte man sich vor dem Trugschluß hüten, die ganze Epoche zwischen Altertum und Neuzeit sei eine fast tausendjährige Periode der Erstarrung und Unproduktivität gewesen. Gerade auch in wissenschaftlicher Hinsicht ist diese Vorstellung keineswegs zutreffend.

WISSBEGIER UND SAMMELLEIDENSCHAFT

Als sich die Kirchenväter um eine Ausbildung der christlichen Dogmatik bemühten, lehnten sie antik-heidnische Philosophie und Naturwissenschaft weitgehend ab. Diese Haltung wird verständlich, wenn man bedenkt, daß sich das Christentum in der Spätantike in einer Verteidigungsposition gegenüber dem heidnischen Mißtrauen, der Verleumdung und blutiger Verfolgung befand. Der lateinische Kirchenlehrer Tertullian (160– nach 220) schreibt: „Wißbegier ist uns nicht nötig, seit Jesus Christus, auch nicht Forschung, seit dem Evangelium". Andere christliche Autoren verwahrten sich gegen die Untersuchung der Planetenbewegung, da ja – nach ihrer Vorstellung – jeder Planet in Beziehung zu einem Engel stehe, der die Bewegung des Himmelskörpers dirigiere. Dennoch waren es gerade die Geistlichen, die noch Zugang zu den antiken Wissenschaften hatten und in den Kirchen und Klöstern das Schriftgut aufbewahrten und abschrieben. Die Kirche war als organisatorischer Verband geradezu prädestiniert, Schriften bzw. Literatur zu vermitteln. Denn im Mittelpunkt ihrer Betrachtungen stand ja das Buch der Bücher selbst, die Bibel.
Als die Germanen während der Völkerwanderungszeit in das Römerreich vorstießen, kündigte sich ein Umwälzungsprozeß der verschiedenen Kulturkreise an, der über Jahrhunderte währte: Die germanische Kultur verfügte – anders als die antik-römische – nicht über das Element der Schriftlichkeit. Die wesentlichen Institutionen der Kirche – Bischofssitze und Klöster – fingen diesen Mangel auf. Immer wieder wurden (zunächst nur) theologische Schriften, die Bibel und christliche Erbauungsliteratur auf Pergament abgeschrieben und in sogenannten Codices gesammelt.
Die bedeutendste frühchristliche Kirchenbibliothek war die der Päpste in Rom, im Lateranpalast. Flavius Magnus Aurelius Cassiodor (ca. 485–578),

der ein Staatsamt unter dem Kaiser Theoderich bekleidete, gründete die erste abendländische Klosterbibliothek. Er zog sich 555 in sein von ihm selbst gegründetes Kloster in Süditalien zurück, das er nach den dort angelegten Fischteichen „Viviarum" nannte. In seiner Klosterregel legte er zum ersten Mal fest, daß zum Tagewerk der Mönche auch wissenschftliche Studien, die Kopie alter Handschriften und deren Sammlung gehören. In Spanien faßte Isidor von Sevilla (ca. 560–636) das antike Wissen in seinem groß angelegten Kompendium „Etymologiae" (Ursprünge) zusammen, das quasi zum Pflichtbestand aller mittelalterlichen Dom- und Klosterbibliotheken zählte. Manche alten Texte sind uns heute nur durch ihn überliefert.
Die Mönchsregel des Isidor zeigt, wie sehr er das Buch- und Bibliothekswesen schätzte: Die Codices gelten als heilige Gegenstände, die von einem Bibliothekar verwaltet werden. Dieser hütet die Bücher im sogenannten Armarium, der eigentlichen Bibliothek, führt Literaturverzeichnisse und leitet die Mönche in der Schreibstube, dem Scriptorium, an. Für ihn ordnete Isidor bereits feste Dienststunden an. Der Bibliothekar wurde mit den Worten „Sei du der Hüter der Bücher und Oberhaupt der Schreiber" feierlich in sein Amt eingeführt.
In den Kirchen und Klöstern befand sich der Bibliotheksraum meist über der Sakristei oder dem Scriptorium, manchmal handelte es sich auch lediglich um einen Schrank oder eine Büchernische im Kreuzgang. Bis zur Erfindung der Druckerkunst war jedes Buch ein Unikat, mühsam per Hand abgeschrieben. Diese Handschriften wurden häufig kunstvoll illustriert und farbig gestaltet. Die mittelalterliche Buchmalerei stellt nicht nur eine hohe Kunsttradition dar, sondern auch eine Quelle ersten Ranges, da die Motive Aufschlüsse geben über das Weltbild und die damals bekannten Naturobjekte.
Ein wertvoller Codex war natürlich nicht frei für jedermann zugänglich; er wurde in Schränken und Truhen aufbewahrt. Da die Bibliothek selbst kein Leseraum war, nahmen die frommen Mönche die Bücher zur Lektüre mit in ihre Zellen. Die Ordensregel des heiligen Benedikt ordnete an, zu Beginn der Fastenzeit Bücher der Heiligen Schrift und theologische Literatur auszugeben. In dem Regelkommentar des Hildemar von Corbie (vor 845) tauchen bereits erste Ausleih- und Rückgabeordnungen auf. Der Lesestoff muß demnach sehr begehrt gewesen sein.
Der Buchbestand wuchs zum einen durch die tägliche Fleißarbeit der Mönche, zum anderen fielen den Bibliotheken teilweise Schenkungen ganzer Privatsammlungen zu, die der Besitzer in den Klostermauern sicher glaubte. Berühmt war unter anderen die Sammlung der Mönche auf dem Monte Cassino in Süditalien, die allerdings mehrfach zerstört wurde, so daß nur noch Restbestände bis in die Moderne erhalten blieben. Die irische Klostergründung Bobbio besaß eine besonders reiche Handschriftensammlung, vor allem bereits verloren geglaubter antiker Schriften (z. B. Ciceros „De re publica"). 666 Bände führt der allerdings nur noch teilweise erhaltene Katalog um das

Jahr 700 auf, doch im 15. Jahrhundert wurden die Bestände zerstreut und ihre Reste gehören heute zum wertvollsten Besitz der Vatikanischen Bibliothek in Rom und der Ambrosiana in Mailand.
Von den irischen Mönchen kommen in dieser Frühzeit die entscheidenden Anstöße für das mittelalterliche Buchwesen. Bei ihren Sammlungen beschränkten sich die Iren nicht nur auf die Theologie, sondern bezogen auch profanes Wissen mit ein. Üblicherweise waren die mittelalterlichen Bibliotheken in drei große Gruppen eingeteilt: Allen voran kam die Heilige Schrift und ihre Auslegungen, dann die Kirchenväter und Theologen der Zeit, schließlich weltliche Literatur wie mathematische, astronomische, physikalische, arzneikundliche, rechtswissenschaftliche, geschichtliche, philosophische und naturwissenschaftliche Schriften.
Die reiche Klosterkultur Irlands fiel allerdings im 9. und 10. Jahrhundert den Wikingereinfällen zum Opfer. Die Niederlassungen wurden zerstört und die Bibliotheken verbrannten. Einen Teil dieser Bücherschätze konnten die irischen Mönche auf dem Festland in Sicherheit bringen. Zahlreiche Schriften sind allerdings im Mittelalter durch Feuersbrünste der Nachwelt für immer verloren gegangen.

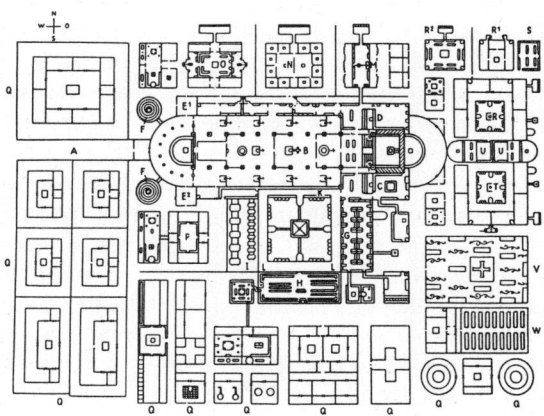

Idealplan eines Klosters (um 820). St. Gallen, Stiftsbibliothek
A Eingang für fremde Laien – B Kirche – C Sakristei – D Bibliothek – E1 Eingang für Gäste u. Schüler des Klosters – E2 Eingang für das Gesinde des Klosters – F Türme – G, H, I Wohnung der Mönche (unter I der Keller) – K Kapitelsaal – L Kreuzgang – M Abtswohnung – N Schulhaus – O Gästehaus – P Pilgerhaus – Q Wirtschaftsgebäude u. Handwerkerräume – R, R1, R2 Krankenhaus u. Zubehör – S Medizinischer Garten – T Novizenhaus – U Doppelkirche für die Novizen u. die Kranken – V Friedhof – W Gemüse- u. Blumengarten.

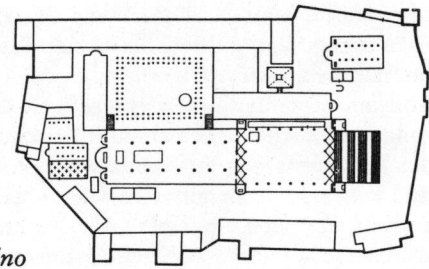

Kloster Montecassino

Die irisch-angelsächsische Mission auf dem Festland ist vor allem mit den Namen der Mönche Kolumban, Gallus, Bonifatius und Winfried verbunden. Unter den vielen Klostergründungen sei besonders die Abtei St. Gallen erwähnt, deren ungeheure Bücherschätze dem Kloster zu seinem glänzenden Ruhm verhalfen. Der sogenannte St. Gallener Klosterplan bietet den seltenen Fall eines zeitgenössischen Grundrisses einer Bibliothek. Er entstand in Aachen und wurde 820 auf der Abtei Reichenau (Bodensee) beschriftet: „In den nordseitigen Winkel zwischen Ostchor und Querschiff der Basilika schmiegt sich ein zweigeschossiger Anbau, der laut Inschriften unten die Schreibstube und oben den Bücherspeicher aufnimmt. Im Skriptorium stehen ein Tisch in der Mitte und sieben Tischchen an den beiden Fensterwänden. Von der oberen Bibliotheca führt ein Gang in den Hochchor, wo die liturgischen Bücher Verwendung finden, während aus einem gleichartigen Sakristei-Anbau der Südseite die heiligen Gefäße und Gewänder in die Kirche gebracht werden."

Große Bedeutung erlangte auch die angelsächsische Gründung in Fulda, an der der naturwissenschaftlich gebildete Abt Hrabanus Maurus wirkte. Aus unerklärlichen Gründen allerdings ist die alte Bibliothek in Fulda im Dreißigjährigen Krieg verschollen. Die zur Missionstätigkeit ausziehenden Brüder erhielten aus Lagerbeständen ihres Heimatklosters Bücher, um die Bibliotheken der Neugründungen auszustatten. Auf der Reise wurden diese Bücher in Taschen am Lederriemen über die Schulter getragen und darin in der klösterlichen Zelle an der Wand aufgehängt.

Die Klostergründungen auf deutschem Boden charakterisieren den Beginn des deutschen Bibliothekwesens neben den Dombibliotheken der großen Bischofssitze wie Köln, Mainz, Trier, Metz, Konstanz und Würzburg. In diesen mönchischen Niederlassungen gilt der Satz „Ein Kloster ohne Bibliothek ist wie ein Heerlager ohne Waffenarsenal" (Claustrum sine armario est quasi castrum sine armamentario).

In der Person Karls des Großen fanden die Iren und Angelsachsen einen aufgeschlossenen Förderer, obwohl er selber angeblich weder schreiben noch lesen konnte. Um die Verwaltung des riesigen Frankenreichs bewältigen zu können, war der Kaiser auf gelehrte Fachleute, die meist aus der Bildungsschicht des Klerus stammten, angewiesen. Aus England, Irland, Spanien, Italien und der Lombardei kamen Gelehrte an den Kaiserhof. Außerdem wurden neben den Klosterschulen auch an Bischofssitzen zahlreiche Schreibschulen gegründet und am Hof selbst die berühmte „Schola Palatina", die Palastschule mit Bibliothek eingerichtet. Entscheidenden Anteil am Aufschwung des fränkischen Bildungswesens hatte Alkuin von York, der in der Abtei Tours eine Art Musterschule aufbaute. Hier wurde das Wissen nach dem Schema der „Septem artes liberales" (Künste, die eines freien Mannes würdig sind im Gegensatz zu den Handwerkskünsten um des Gelderwerbs willen) vermittelt. Die sieben freien Künste bestehen aus den Disziplinen Grammatik, Rhethorik und Dialektik, die als Grundwissenschaften zum Trivium zusammengefaßt werden, und den Fächern Arithmetik, Geometrie, Astronomie und Musik, die als Quadrivium zu den Realwissenschaften zählen. Nach dem Vorbild von Tours entwickelten sich im Frankenreich und seinen Nachfolgestaaten so bedeutende Bildungszentren wie in Perrieres und Corbie, neben den Abteien Reichenau, St. Gallen und Fulda die Klöster Lorsch, Niederaltaich, Benediktbeuren, Tegernsee, Mondsee und Kremsmünster, in Sachsen Corvey und Werden und im Rheinland Echternach, Kornelimünster und Prüm.

Karl dem Großen gelang es schließlich, das alte bildungsfeindliche asketisch und eremitisch eingestellte Mönchtum in eine führende Bildungsschicht mit den entsprechenden Ausbildungsstätten umzuwandeln. Der christliche Kaiser pflegte die Wissenschaften und führte sowohl klassisch-antike wie auch christlich-antike Traditionen weiter. Was die Buchsammlungen angeht, so zeigt sich der für die karolingische Reform – auch karolingische Renaissance genannt – typische Zug zur Vereinheitlichung in den drei Hauptbereichen Kirche, Schule und Verwaltung. Die Bibliotheken sind demzufolge nicht nur mit Büchern aus dem geistlichen Bereich angefüllt, sondern auch mit Handbüchern für den Unterricht, in dem jetzt auch heidnische Autoren gelesen werden. Für die Verwaltungsaufgaben besaßen manche Klöster Rechtssammlungen, Formularien etc. in ihren Beständen. Werke über Medizin und Gartenbau rundeten den Fundus ab.

Doch wie war es in den ersten Jahrhunderten um das Wissen in Medizin oder Heilkunde bestellt? Unter den sieben freien Künsten taucht die Medizin gar nicht auf, wenn auch einzelne Persönlichkeiten wie Alkuin von York dieses Fach ganz selbstverständlich zu den „Physica", den Naturwissenschaften, rechnen. Doch für mehrere Jahrhunderte steht der Arzt außerhalb des Lehrbetriebes in der Rolle eines biederen Klosterbruders, der seine Heilkräuter pflanzte, einfache Schnitte vornahm, seine Pflaster schmierte und immer wieder von neuem die alten Weisheiten in seiner Bibliothek kopieren mußte. Die führende Rolle der Medizin in den späteren Universitäten ist noch nicht absehbar.

Allerdings machte bereits Isidor von Sevilla in seiner Etymologie deutlich,

daß die Heilkunde letztlich die Zusammenschau aller Trivial- und Realwissenschaften sei.
Doch zwischen 600 und 1100 führt die Heilwissenschaft unter der Bezeichnung „Mönchsmedizin" mehr oder weniger ein Schattendasein. In der Bauernstube und im Kloster des Frühmittelalters stehen also Arzt-Mönche am Krankenbett. In dieser frühen Epoche finden sich nur spärlich schriftliche Restbestände des medizinischen Wissens der Antike in den Bibliotheken. Neben den Klosterbrüdern betreuen einige Hof- und Laienärzte aus Byzanz die Patienten, gelegentlich auch Juden, die im Orient ausgebildet worden waren. Im Vergleich zur byzantinischen und arabischen Medizin war die mönchische Praxis alles andere als fortschrittlich, einschlägige Fachschriften sind den „Ärzten" bis auf einige Ausnahmen weitgehend unbekannt: Dazu zählen Übersetzungen aus den Büchern des Hippokrates, Kommentare zu einigen Werken Galens (z. B. „Über den Puls, für Anfänger"), einer der berühmtesten Gelehrten des römischen Imperiums, und schließlich eine bunte Reihe von Traktaten mit höchst unterschiedlichem Gehalt. Darunter fallen spekulative Schriften über Fieberkrankheiten, Pulslehre, Harnschau und Kräuterkunde. Oft werden sie fälschlich klassischen Autoren zugeschrieben; diese Schriften verbreiten meist nur sehr zweifelhafte Erkenntnisse. So berichtet der Bologneser Anatom Mondino noch um 1316 von den sieben Kammern des weiblichen Uterus. Aber auch spätrömische Autoren wie Caelius Aurelianus doer Theodorus Priscinianus werden gelesen und das vorhandene Grundmaterial gesammelt. Es entstehen dabei Sammelwerke, die teilweise ausgesprochen praktischen Zwecken dienen, wie der „Hortulus" des Walafried Strabo (ca. 809–849), ein Lehrgedicht, in dem der Abt des Klosters Reichenau die Heilpflanzen seines Gartens und ihre medizinischen Wirkungen besingt. Mittelalterliche Rezeptsammlungen sind die Vorläufer aller Hausarzneibücher. Die Mönche bemühen sich, das nur wenig bekannte griechisch-römische Erbe mit der simplen Volksmedizin zusammenzubringen. Prognose und Therapie stehen im Vordergrund. Die angewandten Heilmittel – Heilkräuter, Bäder etc. – sind durchweg einfach, wirksam und volkstümlich. Auch magische Elemente wie Dämonenaustreibungen gehören zum Repertoire der Heilkundigen. Allerdings sollte man diesen Aspekt der mittelalterlichen „Medizin" nicht überbewerten; in den Handschriften des 8. bis 11. Jahrhunderts finden sich nur vereinzelte Hinweise auf Beschwörungstexte oder Zahlenprognosen.
Immerhin wird an einigen Domschulen, z. B. Reims und Chartres, medizinisches Fachwissen von bewanderten Klerikern gepflegt. Das Lehrer-Schüler-Verhältnis kann in dieser Zeit als eine Form der Partnerschaft angesehen werden. Zu Beginn des 11. Jahrhunderts schreibt Fulbert von Chartres seinem Schüler Hildegarius: „Habe nicht nur Sorge für deinen Geist, sondern auch für deinen Leib, auf daß nicht aus Nachlässigkeit dem Körper gegenüber die geistige Spannkraft nachlasse ... Halte auch deine Gedankenwelt sauber,

weil wir mit reinen Gedanken allein schon die emotionalen Molesten, die aus der Unpäßlichkeit kommen, zu vertreiben in der Lage sind." Hildegard von Bingen sah den Unterricht so: „Der Lehrer muß die Worte seines Unterrichts in mütterlicher Zärtlichkeit sieben, so daß die Schüler freudig ihren Mund öffnen und dieselben schlucken."

Die bedeutendste frühmittelalterliche Medizinschule befindet sich im italienischen Salerno, wo sich bereits im 9. Jahrhundert Ärzte zusammengeschlossen haben, um Kranke zu behandeln und Schüler anzuleiten. Hier bemühen sich neben Laien- und Klerikerärzten auch Frauen um eine praxisbezogene Ausbildung. Die „Anatomia porci" (Anatomie des Schweins) ist wohl der erste anatomische Traktat des Westens überhaupt.

Der Übergang von der Mönchsmedizin zur Schulmedizin kündigte sich mit der Jahrtausendwende an. Der Afrikaner Constantius (ca. 1020–1087) übersetzte im Kloster Monte Cassino arabische medizinische Schriften ins Lateinische. Angeblich soll er ein im Orient weitgereister Drogenhändler, „Bücherwurm" und Wanderarzt gewesen sein. Beziehungen zu den Arabern pflegte auch die salernitanische Ärzteschule, ähnlich wie ihre Kollegen in Montpellier. Der Kontakt zur islamischen Welt und damit auch der Aufschwung für die Wissenschaften im christlichen Europa kam zunächst durch den zunehmenden Fernhandel und nicht zuletzt durch die Erfahrungsberichte der Kreuzfahrer zustande. Die Gebiete Astrologie, Alchemie und Heilkunde waren bei den Arabern stark verbunden. Der Gang der Gestirne, die Himmelskunde, standen in den Anfängen der morgenländischen Heilkunde in enger Beziehung zu den auftretenden Krankheiten und therapeutischen Maßnahmen. Der Übergang von der spekulativen zur experimentellen Forschung gelang erst, nachdem arabische, persische und indische Gelehrte die mathematischen Grundlagen der Astronomie erarbeitet hatten. Damit geriet die Astrologie, die Sterndeutungskunst, die in einem abergläubischen Sinne aus der Stellung der Himmelskörper Geschehnisse vorausbestimmen will, ins Hintertreffen.

Die Alchemie hingegen war ursprünglich nichts anderes als Chemie. Erst später, als die Chemie vom Wunderglauben befreit wurde, erhielt die Alchemie den abschätzigen Beigeschmack einer sogenannten Geheimwissenschaft. Das bedeutet, daß die Alchemie – sieht man von allem mystischen Beiwerk ab – die frühgeschichtlichen Grundlagen der Heilmittellehre bildet, soweit sie auf die rein stoffliche Materie – neben pflanzlichen und tierischen Heilmitteln – zurückgreift. Nach dem Glauben der Alten war die Alchemie die Kunst, unedle Stoffe in edle zu verwandeln, besonders in Gold, und das dazu nötige „Elixier" herzustellen. Es ging darum, den „Stein der Weisen" oder auch „Großes Elixier" zu gewinnen, um damit jeden Zustand der Materie in einen anderen überführen zu können. Dieses Elixier galt zugleich als ersehntes Allheilmittel sämtlicher Krankheiten. Die angeblich von Dämonen stammende Kunst wurde in schwer verständlichen Rezeptsammlungen niedergelegt. Die Griechen übernahmen das Material seit dem 3. Jahrhundert n. Chr., doch erst die Araber machten durch systematische Darstellung und Beschreibung der Verfahren die Alchemie zu einer „Wissenschaft" im Rahmen der damaligen Weltanschauung. Die naturwissenschaftlichen Kenntnisse, besonders die Chemie, gelangten seit dem 11. Jahrhundert nur auf Umwegen in das Abendland. Aus den griechischen Quellen, oftmals über syrische Übersetzungen, kamen die Schriften auf die Araber, die alles was sie aus dem griechischen Altertum erhalten konnten, in ihren Bibliotheken, vor allem in Bagdad und Cordoba, sammelten und übersetzten. Durch die Eroberungszüge der Araber erreichten die Schriften über Sizilien und Spanien schließlich Mitteleuropa und wurden hier wiederum ins Lateinische übersetzt.

Wie sich aus der Astrologie die Astronomie und aus der Alchemie die Chemie kristallisierte, so aus dem Quacksalbertum eine medizinische Wissenschaft. Im islamischen Orient war, wie im europäischen Mittelalter auch, die Zahl der Praktiker, Scharlatane und Magier, die sich haupt- und nebenberuflich mit der Heilkunde befaßten unübersehbar. Neben Badehelfern, Aderlassern, Barbieren, Hebammen, Steinschneidern, Bruchoperateuren, Starstechern, Horoskopschreibern und Gesundbetern gab es natürlich auch islamische Ärzte, die ihre Ausbildung an Schulen großer Hospitäler erworben hatten und deren Erkenntnisse und Erfahrungen weit verbreitet waren und noch bis in die heutige Zeit Gültigkeit besitzen. Grundsätzlich zeichnete sich im Mittelalter das Heilwesen nicht durch eine organisierte Ärzteschaft aus. Die Erstversorgung der Bevölkerung lag denn auch vornehmlich in der Hand von nichtakademischen Apothekern oder Heilkundigen.

Die Blütezeit für die arabische Medizin beginnt mit dem 10. Jahrhundert. Viele berühmte arabische Ärzte sind zugleich Philologen und Philosophen. Der allmähliche Niedergang setzt mit dem 12. Jahrhundert ein. Standardwerke wie der medizinische Kanon des Avicenna erstarren zu Autoritäten und werden unverändert bis in die Neuzeit abgeschrieben. Immerhin treten noch einzelne bedeutende Persönlichkeiten auf: Der in der Kalifenstadt Cordoba geborene Averroes (1126–1198) verfaßte nicht nur medizinische Bücher, sondern erlangte vor allem durch seine Aristoteleskommentare großen Einfluß auf die Theologen und Philosophen der Hochscholastik wie Albertus Magnus und Thomas von Aquin.

Im spanischen Toledo gründete man bereits 1085 eine Übersetzerschule, die systematisch arabische und hebräische Texte ins Lateinische übertrug. Bedeutende Mitglieder dieser Schule waren Gerhard von Cremona und Johannes von Toledo. Besonders im 13. Jahrhundert machten sich die Alchemisten in Europa das Wissen der Araber um chemische Gerätschaften und Verfahren wie Destillieren, Legieren oder Schmelzen zunutze.

Die rasche Entwicklung des Städtewesens und der Aufschwung des Handwerks erforderten immer mehr Kenntnisse und Fertigkeiten. Dom- und Klosterschulen konnten und wollten den Zug zu einer neuen, mehr rational bestimmten Wissenschaftlichkeit nicht in vollem Umfang mitvollziehen. Die ersten Universitäten werden im 12. Jahrhundert in Paris, Bologna und Oxford gegründet. Die Methode des damaligen, mittelalterlichen Wissenschaftsbetriebes wird als „scholastisch" bezeichnet, eine Schullehre, bei der es vornehmlich um die systematische Vermittlung von Wissensstoff durch Vorlesung und Disputation ging. Bevor sich der Student in die medizinische, juristische oder – die ranghöchste – theologische Fakultät eintragen konnte, mußte er bereits den Grad des „Baccalaureus" an der sogenannten Artistenfakultät abgelegt haben. Diese Fakultät lehrte die sieben freien Künste. Sie begann mit dem Studium des Trivium und endete mit dem Quadrivium. Das Niveau war überall relativ bescheiden. Die Astronomie z. B. vermittelte einige Kenntnisse über die Bewegungen von Sonne, Mond und den Planeten, war jedoch weitgehend astrologisch orientiert. Arithmetisches und astronomisches Wissen reichten zumindest aus, um den Kalender zu führen und die Ostertermine zu berechnen.

Besondere Bedeutung kommt der Scholastik in der Theologie zu. Der Begriff „Scholastik" steht dabei nicht nur für eine Lehrmethode, sondern inhaltlich für ein Studienprogramm, das das geistige Erbe der griechisch-römischen Antike wie auch der christlichen Kirchenvätertheologie aufzunehmen und zu verarbeiten versuchte. Über Jahrhunderte währte dieser Lernprozeß mit seinen spezifischen Lehrmethoden: Der Magister las den Studenten die entsprechenden Texte vor, danach wurden sie in freier Rede und Gegenrede („Disputatio") ausgelegt und kommentiert. Bevorzugt war die von Petrus Abelaerd zu Anfang des 12. Jahrhunderts aufgebrachte Form des „sic et non" („so oder anders"). Dabei wurden die Sätze und Aussprüche berühmter Autoren, die zu einer bestimmten Frage unterschiedliche Meinungen vertraten, gegenübergestellt. Das Universitätsstudium war im 13. Jahrhundert vor allem geprägt durch die Erschließung und Rezeption der Schriften des Aristoteles. Der mißtrauischen Haltung der Kirchenväter gegenüber dem heidnisch-antiken Philosophen ist es unter anderem zuzuschreiben, daß die aristotelischen Werke erst auf Umwegen über syrisch-arabisch-hebräische Kanäle ins lateinische Abendland gelangten. Entscheidend dafür war die Übersetzungstätigkeit an den Schulen von Toledo, Neapel und an den großen Universitäten. In den Artistenfakultäten beschäftigte man sich lebhaft mit dem neuen Gedankengut, das in erster Linie durch die arabischen Kommentatoren Avicenna und Averroes vorlag. In der Theologie dagegen setzte sich diese Richtung erst in der Mitte des 13. Jahrhunderts mit der Lehrtätigkeit des Albertus Magnus, besonders aber seines Schülers Thomas von Aquin, durch.

Insgesamt ist der scholastischen Methode eine Fülle von Kenntnissen und die Fähigkeit scharfsinniger Differenzierung zu verdanken. Als Schulwissen, das nach streng logischem Schema vermittelt wurde, fehlte es der Scholastik jedoch an persönlicher Unmittelbarkeit. Im ausgehenden Mittelalter trieb das logische „Fabulieren" teilweise bereits seltsame Blüten. In vielen Disputationen wurde beispielsweise die Frage erörtert, wieviele Engel auf einer Nadelspitze Platz finden können oder ob der allmächtige Gott auch einen Stein erschaffen könne, den er selbst nicht fortzubewegen vermag. In jedem Fall wäre Gott nicht allmächtig.

Es waren solche Spitzfindigkeiten und im Grunde überflüssige Erörterungen, die das Wort Scholastik zum Symbol für eine schwerfällige Geisteshaltung werden ließen, die außerdem den Fortschritt der Wissenschaften – besonders der Naturwissenschaften – hemmte. Die Scholastik lieferte damit den Gelehrten der Renaissance Argumente im Kampf gegen das angeblich „dunkle" Mittelalter und für eine Erneuerung der Wissenschaften. Dabei wurden allerdings auch durchaus progressive Denkanstöße verdrängt, die das Mittelalter hervorgebracht hat: Im sogenannten Universalienstreit z. B. des 12. und 13. Jahrhunderts formierten sich zwei extreme Lager in der Philosophie, die Nominalisten und die Realisten. Es ging in dieser Streitfrage um das Problem, ob die allgemeinen Begriffe („Universalia") objektive Existenz besitzen oder nur durch Abstraktion gebildete Namen („Nomina") darstellen, ob es also etwa „den Baum" oder nur „die Bäume" schlechthin gebe.

Auch auf dem Gebiet der Medizin und Heilkunde etablierte sich die Scholastik an den Universitäten. 1130 untersagte die Kirche per Konzilsbeschluß den Ordensgeistlichen jede ärztliche Tätigkeit. Die Arzt-Mönche verschwanden daraufhin nach und nach und mit ihnen die Mönchsmedizin. Die anspruchsvollen Städter verlangten besser ausgebildete Ärzte. Unter dem Einfluß der arabischen Quellen mauserte sich die empirisch-spekulative Heilkunst zur rationalen Wissenschaft, einer eigenständigen Disziplin. Die sieben freien Künste wurden dabei immer wieder als Grundlage der Medizin in den ärztlichen Lehrplan aufgenommen. So schrieb Jacobus de Cessalis 1340 in seinem „Schachzabelbuch", einer Allegorie auf alle Stände, über den Arzt: „Es ist einfach notwendig, daß ein vollkommener Arzt die Literatur der Grammatik, Themen, Annahmen und Schlüsse der Dialektik, Vortragsarten, Esprit und Feinheiten der Rhetorik, Lage und Ausmessungen in der Geometrie, in der Arithmetik, Zahl der Scheidungen von Stunden und Tagen, hinsichtlich der Musik die Harmonie des Körpers und besonders eine gewisse Harmonie pulsierender Venen, beim Verabreichen von Medizin aber und bei Aderlässen das Mondlicht, was zur Astrologie gehört, kennt. Mit den Kännchen werden die Salbenhändler, Verfertiger von Medizin und Pulvern und die Mischer aromatischer Spezereien gekennzeichnet und mit den eisernen Geräten, die sie am Gürtel tragen, die Chirurgen. Die ersteren von diesen allen sind die theoretischen, die beiden letzteren die praktischen Forscher."

In Montpellier entsteht zu Beginn des 13. Jahrhunderts die erste medizinische Fakultät. Das Lehrpensum umfaßt hippokratische und galenische Texte, byzantinische Schriften und arabische Meister wie Al-Razi, Albukasim und

Avicenna. Die Schulmedizin ist zur Zeit der Hochscholastik im Grunde eine reine Geisteswissenschaft, im Mittelpunkt des Studiums steht die Lektüre: Der Student liest Bücher, um wieder andere, schwierigere Bücher zu verstehen. Dennoch hat das Mittelalter innerhalb und außerhalb der Fakultäten wissenschaftliche Entdeckungen und Erfindungen vollbracht. Dazu gehören beispielsweise die unentbehrlichen Augengläser, die Brillen, die um 1280 per Zufall von Handwerkern entdeckt und hergestellt wurden. In Italien gelang es vermutlich bereits im 11. Jahrhundert, durch Destillation von Wein reinen Alkohol zu gewinnen. Zunächst blieb diese geheimnisvolle Flüssigkeit ausschließlich in den Händen der Ärzte und Mönche, vor allem um Spirituosen herzustellen. (Man denke nur an die guten Klosterliköre!) Die Pestepidemien ließen allerdings die Nachfrage nach Alkohol sprunghaft ansteigen, da man glaubte, daß sein regelmäßiger Genuß vor dem schwarzen Tod schützen könne – von daher stammt die Bezeichnung „Aqua vitae" (Lebenswasser) für Alkohol. Außerdem begann man im Spätmittelalter mit den ersten Leichenöffnungen zu wissenschaftlichen Zwecken. Bevor nun der frisch gebackene Mediziner die Universitäten verlassen und am Krankenbett wirken durfte, mußte er – so schreibt es jedenfalls die Medizinalordnung des Stauferkaisers Friedrichs II. vor – während eines ganzen Jahres einen erfahrenen Arzt bei seinen Krankenbesuchen begleiten.

Neben den scholastischen Doktoren gab es im Mittelalter noch eine ganz eigene Berufsgruppe auf dem Gebiet der Medizin: die Chirurgen. Der Grund für diese Trennung liegt vor allem darin, daß die hochmittelalterlichen Klerikerärzte ihre Aufgabe im wissenschaftlichen Studium, nicht in Forschung und Praxis sahen. Chirurgen dagegen waren Handwerker, die – oftmals sehr erfolgreich – ihre Kunst nur unter Aufsicht der Fakultäten verrichten durften. Zu ihrer täglichen Praxis gehörte die Schmerzbehandlung bei größeren Eingriffen wie beispielsweise der „Trepanation", der Öffnung der Schädeldecke. So liest man bei dem Gelehrten Arnaldus von Villanova: „Um den Patienten in einen so tiefen Schlaf zu versetzen, daß man ihn operieren kann, ohne daß er etwas spürt, so als sei er tot, nehme man Opium, Mandragorawurzeln und Bilsenkraut zu gleichen Teilen, zerstoße dieses und mische das Ganze mit Wasser. Soll ein Patient amputiert werden, so tränke man ein Tuch mit dieser Flüssigkeit und lege es auf die Stirn und Nase des Patienten; bald wird er dann so tief schlafen, daß man mit ihm machen kann, was man will. Um ihn wieder aufzuwecken, tränke man das Tuch mit sehr starkem Essig."

Die zahlreichen Warnungen in mittelalterlichen Schriften vor dem Unwesen halbgebildeter Ärzte, vor Scharlatanen, die „ihr Elend und ihren Betrug unter dem Mantel der Chirurgie verbergen", zeigen deutlich, daß die medizinischen Künste und Kenntnisse von recht unterschiedlichem Wert waren. Die Angst vor Betrügern und Quacksalbern ist keineswegs auf das Mittelalter beschränkt. Im 16. Jahrhundert beklagt sich der berühmte Medicus Paracel-

sus über all die Ärzte, Scherer und Bader, „die wollen hoch und mächtig gesehen werden und brauchen große Red und Geschwätz, nichts als eitel Berühmen und Geuden und ist doch nichts dran. Es ist mit ihnen als mit der Nonnen Psallieren; dieselbigen Nonnen brauchen des Psalters Weis und treiben Gesang und wissen weiter weder Gickes noch Gackes. Also ist's mit den Ärzten auch; sie schreien und treiben die Weis für und für. Und wie eine Nonne etwa zu Zeiten ein Wort versteht, danach zehn Blätter nichts mehr, also sind auch diese Ärzte. Etwa treffen sie eins, danach aber nichts."
Berühmtheit erlangte im Mittelalter besonders der Aderlaß, ein beliebtes Heilverfahren, weil nach der damaligen Säftelehre das überschüssige Blut abgezogen und die verdorbenen Säfte gereinigt werden mußten. Hildegard von Bingen berichtet darüber: „Sind bei einem Menschen die Gefäße mit Blut gefüllt, so müssen sie von dem schädlichen Schleim und dem durch die Verdauung gelieferten Saft durch einen Einschnitt gereinigt werden. Wird bei einem Menschen ein Gefäß angeschnitten, so erleidet das Blut, wie durch einen plötzlichen Schrecken, eine Erschütterung, und was dann zuerst zutage kommt, ist Blut: das faulige und zersetzte Blut fließt aber gleichzeitig mit ab. Daher kommt es, daß das, was jetzt ausfließt, verschieden gefärbt ist, weil es aus Fäulnis und Blut besteht. Sobald nun die Fäulnis mit dem Blut ausgeflossen ist, folgt reines Blut, und dann muß man mit der Blutentziehung aufhören."
Die Äbtissin Hildegard war es auch, die im 12. Jahrhundert den Grundstein für eine umfassende Bestandsaufnahme der Naturheilkräfte legte. In ihrem Werk zur Naturkunde beschreibt sie an die tausend Tiere und Pflanzen und deren Verwendung zu Heilzwecken. Die wissenschaftliche Verarbeitung solcher Naturkenntnisse kam jedoch im Mittelalter nur schleppend voran. Erst Albertus Magnus vermittelt mit seinen Tier- und Pflanzenbeschreibungen aus dem 13. Jahrhundert detaillierte Beobachtungen und Erfahrungen. Kaiser Friedrich II. besaß an seinem sizilianischen Hof einen zoologischen Garten zum Studium exotischer Tiere und verfaßte ein über lange Zeit unübertroffenes Buch zur Vogelkunde.
Schließlich sei auch das „Buch der Natur" des Konrad von Megenburg erwähnt. Darin ist sein Wissen über Anatomie, den Himmel, die sieben Planeten, über den Wind, Kräuter, Früchte, Rinden- und Pflanzenextrakte aber auch über die Heilwirkung der Mineralien gesammelt. Vom Smaragd heißt es, er lenke Unwetter ab und besänftige unkeusche Gelüste, und er zerbreche, wenn man ihn während des Beischlafs trage. Denn der Smaragd erhält – so Konrad – des Menschen Leib grün, das heißt rein und gesund.
Wenn auch im Mittelalter viele bedeutende Gelehrte mit selbständigen naturwissenschaftlichen Leistungen hervortraten, so waren sie doch in erster Linie dem theologischen Anliegen verpflichtet, die Offenbarung Gottes kundzutun und am Beispiel der Natur zu belegen. Nicht zuletzt aufgrund des geistlichen Bildungsmonopols galten alle Wissenschaften als „Magd der Theologie". Die

Kluft, die sich zunehmend zwischen Wissen und Glauben auftat, erkannten die Theologen der Pariser Fakultät im Hochmittelalter und lösten das Problem folgendermaßen: Vernunft und Offenbarung haben dieselbe Quelle, den einen christlichen Gott. Sie dürfen sich bei richtiger Auslegung nicht widersprechen, auch wenn sie getrennte Wege gehen. Bereits Albertus Magnus stellte im 13. Jahrhundert die Frage nach der Weltrealität unabhängig von Gott. Es war Roger Bacon (1214–1294), der sich als einer der ersten auf die Erfahrung der Sinne, das „Experimentum", berief und sie zur Hauptmethode der Naturforschung erklärte. Damit war Bacon seiner Zeit weit voraus. In beinahe prophetischer Vorahnung entwickelte er Vorstellungen von der Nützlichkeit der Wissenschaften. Eines Tages werde es geben: „Instrumente von wunderbar ausgezeichneter Nützlichkeit, wie Maschinen zum Fliegen, oder zum Herumfahren in Fahrzeugen ohne Zugtiere und doch mit unvergleichlicher Geschwindigkeit, oder zur Seefahrt, ohne Rudermänner, schneller als durch Menschenhand für möglich gehalten wird."

Hierarchie der mittelalterlichen Wissenschaften. Der mittelalterliche Student durchlief die Artistenfakultät (mit dem aus Grammatik, Rhetorik, Didaktik bestehenden Trivium und dem aus Musik, Arithmetik, Geometrie und Astronomie bestehenden Quadrivium), die er mit dem Grad eines Baccalaureus abschloß. Danach konnte er nacheinander die juristische Fakultät, medizinische Fakultät und die an der Spitze der Wertung stehende theologische Fakultät absolvieren.

Von Hexen, Sternzeichen und magischen Zeremonien

Gerhard von Cremona

Eine Fülle von Übersetzungen aus seiner Feder sind der Nachwelt erhalten geblieben. Mit ihnen hat Gerhard von Cremona sich selbst ein Denkmal gesetzt. Um 1114 wurde er in der Lombardei geboren, über seine Jugendjahre ist allerdings nicht viel bekannt. Mit Sicherheit läßt sich nur sagen, daß er in seiner Heimat ein Studium der Wissenschaften begann. Doch die Ausbildung bei seinen italienischen Lehrern genügte ihm offenbar nicht. Er zog nach Spanien, um sich intensiv mit den alten arabischen Schriften zu beschäftigen: Nahezu neunzig Werke der Philosophie, Mathematik, Physik, Astronomie, Alchemie und Medizin übersetzte er aus dem Arabischen ins Lateinische. Darunter befanden sich zum Beispiel die „Canones der Heilkunde" des Avicenna, astronomische Bücher des sogenannten Gebers, aber auch die „Physica", „De caelo" oder „Analytica priora" des Aristoteles und Werke von Alkindi, Alexandros von Aphrodisias oder Isaak Israeli.
Der italienische Gelehrte war damit eines der fleißigsten Mitglieder der Übersetzerschule von Toledo, die den geistigen Besitz der Araber dem lateinischen Abendland zugänglich machte. Zu seinen eigenen Werken gehören „Theoricam planetarum" und „Geomantiam et practicam planetarum". 1187 starb Gerhard an seiner Wirkungsstätte in Toledo. Der nachfolgende Text gibt einen Einblick in seine Vorstellungen von der sogenannten astrologischen Geomantie. Ursprünglich verstand man unter Geomantie, dem Wort entsprechend, „Wahrsagung der Erde", das heißt unterirdischer Laute, Krachen und Brechen, Erdbeben und vieles mehr. Da diese Ereignisse aber selten sind und fast nur in vulkanischen Gegenden vorkommen, konnte die Geomantie nur in bestimmten Bezirken größere Bedeutung gewinnen. Man gebrauchte daher das Wort auch für eine alte Wahrsagekunst, die Punktierkunst, die schon bei dem mesopotamischen Volk der Chaldäer im Gebrauch war und sich von ihnen aus wahrscheinlich durch die Jahrhunderte hindurch

als ein Glied der geheimen magischen Operationen fortgesetzt hat. Sie wurde gewöhnlich mit Sand ausgeführt, weshalb die Bezeichnung „Geomantie" mit einem gewissen Recht hier auch angeführt werden kann.

Wahrscheinlich ist das sogenannte Gießen nur eine Abwandlung davon. Dies geschah in der Weise, daß man geschmolzenes Wachs oder Blei in Wasser goß; aus den entstandenen Figuren zog man Schlüsse über das Schicksal einer Person oder Sache unter bestimmten Verhältnissen. Da die Figuren nur ein Werk des Zufalls waren, konnte ihre Deutung auch nur eine Sache der augenblicklichen Eingebung sein. Die Methode ließ sich dementsprechend nicht zu einem festen System, geschweige denn zu einer nach bestimmten Regeln arbeitenden Wissenschaft entwickeln. Die gelehrten Magier, denen vor allem an der Planmäßigkeit ihrer magischen Wissenschaften gelegen war, zogen daher die eigentliche Punktierkunst vor. Durch blindlings hingeworfene Punkte erhielten sie bestimmte Figuren, die wie beim Horoskop als günstige oder ungünstige Zeichen für alle Verhältnisse des Lebens gedeutet werden konnten. Sehr deutlich wird im folgenden Text wie eng wissenschaftliche Darstellung und Aberglaube miteinander verwoben waren.

Astronomische Geomantie

Da die Astronomie an und für sich eine so transzendentale und subtile Wissenschaft ist, daß man in ihr so Vieles und so Wichtiges zu berücksichtigen hat, ehe sich durch sie ein wahres Urteil fällen läßt; da ferner das Auge des Geistes schon vor der Hälfte der zu erlernenden Dinge zurückschreckt, und da endlich in neuerer Zeit wenige Lehrer derselben sich finden, welche durch sie genügenden Aufschluß über etwas zu geben wissen: deshalb habe ich dieses Werkchen verfaßt, das ich astronomische Geomantie betiteln will, und worin ich zeigen werde, wie man mit geringerer Mühe und Arbeit ein Urteil fällen kann. In dieser Wissenschaft ist es nämlich nicht nötig, wie in der Astrologie, durch das Astrolabium *(historisches, von den Arabern überliefertes astronomisches Beobachtungs- und Meßgerät in Scheibenform mit Visiergerät)* den Aszendenten und die Stunde zu betrachten, sondern man braucht nur vier ungleiche Reihen von zufällig hingeworfenen Punkten zu machen und nach der geraden oder ungeraden Zahl her in einer jeden Reihe befindlichen Punkte, gerade wie bei der Geomantie, eine Figur auszuziehen und das Zeichen des Tierkreises, welchem die Figur entspricht, als Aszendenten zu setzen. Z. B. wenn aus vier solcher Reihen der Erwerb als Figur sich ergibt, so ist der Widder der Aszendent; ergibt sich die Freude oder klein Glück, so ist es der Stier; bei dem Knaben oder Rothkopf die Zwillinge; bei dem Weißkopf der Krebs; bei dem Wege der Löwe; bei der Verbindung oder dem Drachenkopf die Jungfrau; bei dem Mädchen die Waage; bei dem Verlust oder

der Trauer der Skorpion; bei dem Drachenschwanze der Schütze; bei dem Volke der Steinbock; bei groß Glück der Wassermann; beim Gefängnis die Fische. In das zweite Haus setze man sodann das unmittelbar folgende Zeichen, in das dritte das dritte Zeichen, und so fort der Reihe nach bis zu Ende der zwölf Zeichen. Man entwirft zu diesem Behufe ein in zwölf gleiche Teile geteiltes Quadrat, in das man die Himmelszeichen auf die besagte Weise einträgt, wie es auch in der Astrologie geschieht und wovon der Leser hierunter ein Schema findet. Man braucht dabei weder um Zeugen, noch um einen Anzeiger, noch sonst um etwas, was zur Geomantie gehört, sich zu bekümmern, außer um die sechzehn Figuren, damit wir durch sie die zwölf Zeichen erhalten, denen sie entsprechen. Das erwähnte Quadrat hat nun folgende Gestalt, wobei bemerkt werden muß, daß, wie hier der Widder der Aszendent ist, jedes andere Zeichen ebenfalls diese Stelle einnehmen kann.

Hierauf muß man für einen jeden Planeten besonders vier Reihen von zufällig hingeworfenen Punkten machen, und ebenso für den Drachenkopf, wie man es für den Aszendenten gemacht hat. Diese Punkte werden zusammengezählt und durch zwölf dividiert, und was unter zwölf übrig bleibt oder zwölf selbst, wenn der Rest keine kleinere Zahl ist, bestimmt nun die Stelle

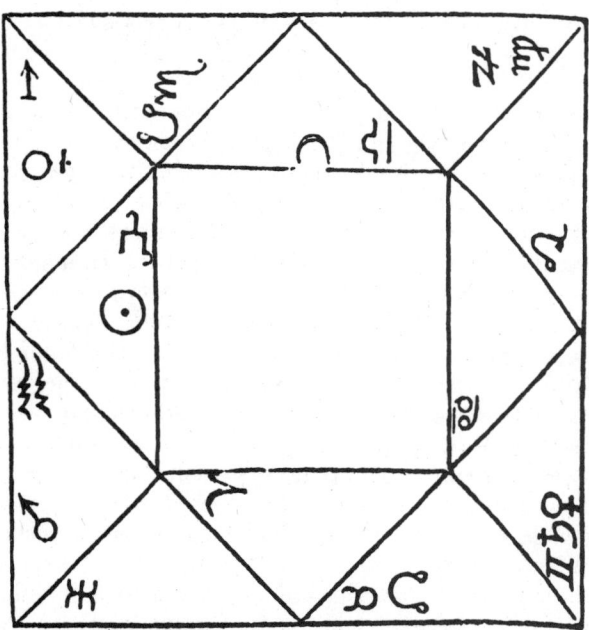

Die zwölf abgebildeten Felder innerhalb des Quadrats stehen für die zwölf Häuser. In jedes einzelne Haus werden die Sternzeichen eingetragen. In Gerhards Text entspricht die Kapiteleinteilung diesen zwölf Häusern.

des Planeten, für den die Punkte gemacht wurden. Wenn nämlich zwölf übrig bleibt, so kommt der Planet in das zwölfte Haus; bleibt zehn, in das zehnte; bleibt eins, in das erste usw. Man muß dabei immer mit der Sonne beginnen; sodann kommt der Mond, hierauf Venus, Merkur, Saturn, Jupiter, Mars, Drachenkopf und Drachenschwanz. Hüte dich aber, daß du nicht bei regnerischem, nebligem oder allzu windigem Wetter, auch nicht wenn du zornig oder von Sorgen in Anspruch genommen bist, sowie nicht für Versucher oder Spötter solche geomantischen Fragen stellst, desgleichen nicht dieselbe Frage mehrmals unter der nämlichen Figur oder Form wiederholst, denn da würdest du dich der Gefahr des Irrtums aussetzen.

Fragen des ersten Hauses

Wenn du in Betreff des Lebens einer Person wissen willst, ob es lang oder kurz sein werde, so betrachte den Herrn des Aszendenten. Befindet sich dieser in einem starken Hause, so bedeutet er ein langes Leben, in einem nachfolgenden ein mittleres, in einem fallenden ein kurzes; in starken Häusern bedeutet er die höheren Jahre, in nachfolgenden die mittleren, und in fallenden die niedrigeren. Die niedrigeren Jahre des Saturn sind dreißig, die mittleren vierunddreißig, die höheren aber achtundfünfzig. Die niedrigeren Jahre des Jupiters sind zwölf, die mittleren vierzig, die höheren siebenundvierzig. Die niedrigeren Jahre des Mars sind fünfzehn, die mittleren vierzig und die höheren siebenundvierzig. Die niedrigeren Jahre der Sonne sind neunzehn, die mittleren fünfundvierzig und die höheren zweiundachtzig. Die niedrigeren Jahre der Venus sind acht, die mittleren fünfundvierzig und die höheren zweiundachtzig. Die niedrigeren Jahre des Merkur sind zwanzig, die mittleren neunundvierzig, die höheren achtzig. Die niedrigeren Jahre des Mondes sind fünfzehn, die mittleren neununddreißig, die höheren hundertundsieben. Oder mit anderen Worten: Siehe ob Mars oder Saturn im ersten Hause und der Herr des achten bei ihnen und die Sonne im achten ist, so wird der Fragende nicht mehr lange leben; ebenso wenn der Herr des Aszendenten in ein leeres fällt, und Mars im achten ist, so wird er nicht mehr lange leben. Wenn die Sonne und der Mond im siebenten zusammentreffen, und Jupiter im zwölften und Venus im zweiten ist, so wird der Fragende sich wohl befinden. Auch die Eigenschaften der betreffenden Person sind zu betrachten. Wenn Saturn oder Merkur im ersten Hause sich findet, so ist dieselbe töricht und prahlerisch; findet sich Mars und Merkur darin, so ist sie nicht untertänig, sondern liebt Zank und Spott; findet sich Sonne und Merkur darin, so ist sie wahrheitsliebend; ist die Sonne im Widder, so lernt sie alles schnell, was sie hört; ist die Venus im siebenten, so liebt sie ein üppiges Leben; sind Saturn, Merkur und Venus im untersten, so ist sie unnatürlicher Wollust ergeben; sind Sonne und Venus im zehnten und der Mond im ersten, so zeichnet sie sich durch große Freigebigkeit aus; sind Venus, Merkur und Drachenkopf im ersten, so ist sie geizig; sind Mond und Mars im ersten, so ist sie sehr dienstfertig; ist Mars der Herr der Geburt (des ersten Hauses), so ist sie reich, ein Lästermaul und zänkisch; ist die Sonne im ersten Hause, so ist sie von blasser Farbe, und hat einen schönen Körper, nicht besonders mager und nicht besonders fett; ist Venus im ersten Hause, so ist sie weiß, wie Milch; ist Merkur im ersten Hause, so ist sie nicht beständig, sondern immer in Bewegung; findet sich der Mond daselbst, so hat sie ein schmales Gesicht, eine schmale Brust und dünne Arme; ist Saturn im ersten Hause, so ist sie häßlich und schwarz; ist Jupiter darin, so hat sie ein rundes Gesicht, eine schöne Stirne und eine rote, mit wenig Weiß untermischte Farbe. Das Geschäft oder Handwerk von jemandem erfährst du, wenn der Mond mit dem Saturn im siebenten, oder vierten, oder zehnten, oder ersten ist: es ist da nicht gut, ein Haus in einer Stadt zu erbauen, Landwirtschaft zu treiben, Reben oder Bäume zu pflanzen, sondern mit Wassergeschäften zu tun zu haben, oder ein Läufer oder Bote zu sein; auch soll sich die betreffende Person nicht an einen Herren halten, weil sie keine Ehre davon haben wird. Wenn im fünften oder dritten, so wird es für sie auch gut sein; im zweiten, achten, sechsten und zwölften weder gut noch schlimm. – Jupiter bedeutet Bischöfe, Prälaten, Edle, Machthaber, Richter, Weise, Kaufleute. – Mars bedeutet Krieger, Brandstifter, Mörder, Ärzte, Bartscherer, Fleischer, Goldschmiede, Köche und alle Berufe, bei denen man Feuer braucht; wenn Mars im starken Zeichen sich befindet, so ist die Person arm und wird in Gefangenschaft sterben, wenn sie sich nicht im Heere an einen Soldaten oder Vasallen anschließt. – Die Sonne bedeutet Kaiser, Könige, Fürsten, Edle, Herren und Richter. – Venus bedeutet Königinnen und Gebieterinnen, Verheiratung, Gespräche, Freundschaften, Apotheker, Schneider, Fabrikanten von Spielsachen und Ornamenten, Tuchhändler, Spaßmacher, Schenkwirte, Würfelspieler, Kuppler und Räuber. – Merkur bedeutet Geistliche, Philosophen, Astrologen, Geometer, Mathematiker, lateinische Schriftsteller, Maler und alle feineren Gewerbe, mögen sie nun von Männern oder Frauenzimmern betrieben werden. – In Betreff der Absicht des Fragenden betrachte das aufsteigende Zeichen und seinen Herrn, und wo du den Herrn des Aszendenten findest, dasselbe Haus enthält den Gegenstand seiner Frage. Ist die Sonne der Herr des Aszendenten, so erkundigt er sich wegen einer Frage oder Deutung, oder er fürchtet sich vor jemandem; ist es Venus, so fragt er in Gewerbssachen oder weiblichen Angelegenheiten; ist es Merkur, so fragt er wegen Verlust oder Krankheit; ist es der Mond, so fragt er ebenfalls wegen Verlust und Krankheit, oder wegen Augenschmerzen; ist es Saturn, so fragt er wegen eines Kranken, oder wegen eines Vornehmen, der darnieder liegt und Beklemmung in der Brust empfindet; ist es Jupiter, so fragt er wegen einer Krankheit oder Wiederherstellung, oder wegen eines Geschäftes, das er bekommen möchte; ist es Mars, so fragt er wegen einer Angst, oder eines Feindes, oder eines Todesfalles, oder eines Kranken, oder wegen des Vermögens.

Fragen des zweiten Hauses

Wenn du wissen willst, ob jemand reich sei oder nicht, so betrachte den Herrn des zweiten Hauses: hat er einen guten Planeten und ist gleichfalls ein guter Planet im zweiten Hause, so ist er reich; hat aber der Herr des zweiten böse Planeten und ist ein böser Planet im zweiten Hause, so ist er arm. –
Wenn du wissen willst, ob du ein Depositum wieder bekommen wirst, oder nicht, so sieh, ob im zweiten ein böser und mit dem Herrn desselben in Zwietracht stehender Planet sich befindet; wenn dies der Fall, so wird der, welcher das Depositum hat, es nicht freiwillig herausgeben; ist aber im zweiten ein guter und mit dem Herrn desselben in Eintracht stehender Planet, so wird man das Depositum leichter wieder erhalten; befindet sich dagegen der Herr des zweiten in seiner Erhöhung und ist er böse oder hat er einen bösen bei sich, so will der, welcher das Depositum besitzt, es nicht herausgeben, muß es aber dennoch herausgeben.
Wenn Merkur sich im zweiten befindet, so daß er sein Herr ist und eine Gegenwirkung verursacht, so wird man es wieder erhalten; und wenn ein guter Planet im zweiten ist, so bedeutet er die Wiedererlangung. Man merke sich genau die Eintracht und Zwietracht unter den Planeten. Mond und Jupiter sind Freunde; Mond und Mars Feinde; Merkur und Sonne Freunde; Merkur und Venus Feinde; Venus und Jupiter Freunde.
Von solchen Planeten, die in einer Natur und Eigenschaft übereinstimmen, sagt man, sie harmonieren, sie befinden sich in Eintracht, wie Mars und Sonne, weil jeder von ihnen warm und trocken ist; Venus und Mond kommen in der Kälte und Feuchtigkeit überein; oder wenn die Planeten ihrem Wesen und ihrer Natur nach übereinstimmen, wie Jupiter und Venus Freunde sind; oder wenn das Haus des einen das Haus der Erhöhung des andern ist, oder umgekehrt.

Fragen des dritten Hauses

Wenn du von jemandem wissen willst, wie viel Brüder er hat, so betrachte den Herrn des dritten Hauses, und mit wie vielen Planeten dieser verbunden ist, so viele Brüder hat der Fragende. Die männlichen Planeten bezeichnen Brüder, die weiblichen aber Schwestern. Saturn, Mars, Sonne, Jupiter und Drachenkopf sind männlich, Mond, Venus und Drachenschwanz weiblich, Merkur aber gemischt, denn er ist bisweilen männlich, bisweilen weiblich: männlich ist er, wenn er bei männlichen Planeten steht, oder wenn die Quadratur des Tierkreises männlich ist; weiblich aber ist er, wenn er sich bei einem weiblichen Planeten befindet, oder wenn er in einer weiblichen Quadratur des Tierkreises ist.

Fragen des vierten Hauses

Wenn du wissen willst, ob es für dich gut ist, in einem Lande, einer Stadt, einem Dorfe, einem Gebiete oder einem Hause zu verweilen, so betrachte den Herrn des Aszendenten des vierten und siebenten, und wenn der Herr des vierten im siebenten sich befindet und gut ist, und die Herren des ersten und zehnten Hauses gut sind und mit guten Planeten verbunden, so ist es für dich gut, an einem Orte zu verweilen; wenn aber der Herr des siebenten bei einem guten ist, und der Herr des vierten bei einem bösen, so ist es für dich nicht gut, daselbst zu verweilen; und wenn du dennoch daselbst bleibst, so wirst du üble Nachreden und vielen Schaden davontragen.

Wenn du wissen willst, wann ein Abwesender zurückkehren werde, so betrachte den Herrn des Aszendenten, und findest du diesen in einem der Eckhäuser, so wird er in selbigem Jahr noch zurückkehren. Befindet er sich aber in keinem Eckhause, so siehe, wie weit er vom ersten Eckhause entfernt ist, weil es so viele Jahre bis zur Rückkehr anstehen wird, als daselbst Häuser sind.

Wenn du etwas über die Teuerung oder Wohlfeilheit der Dinge erfahren willst, so betrachte die starken, die nachfolgenden und fallenden Häuser: die starken Häuser bedeuten Teuerung, die nachfolgenden mittlere Preise, weder zu teuer noch zu wohlfeil, die fallenden aber Überfluß und Wohlfeilheit der Dinge. Desgleichen betrachte die Planeten und ihre Orte, denn wenn sie in starken Häusern sind, so werden die durch diese Planeten bezeichneten Dinge teuer sein. Hierbei ist zu bemerken, daß Saturn Felder, Weinberge und Werkzeuge bezeichnet, womit die Feldarbeiten verrichtet werden; von den Früchten bedeutet er die Kornelkirschen, Eicheln, Galläpfel und Granatäpfel; Jupiter bezeichnet das Öl, den Honig, die Seide, die Tücher, das Silber, den Wein und die wohlriechenden Spezereien; Mars den Wein und das Fleisch und besonders die Schweine, ferner Waffen und Kriege, und was dazu gehört, sowie rote Kleider; die Sonne den Weizen und Wein, und alles, was dem Golde gleicht, purpurne Gewänder und Tücher, Pferde und Vögel, wie Habichte und Falken; Venus das Fett, ferner Trauben, Feigen und Datteln, Fische und Spielsachen; Merkur die Gerste, Hirsen und Korn, Geld und Quecksilber; der Mond den Hafer, die Milch und Käse, Weihrauch und Salz, Kühe, Widder und Hühner, desgleichen Silber, und zwar überall nach der Fülle oder dem Mangel dieser Dinge.

Fragen des fünften Hauses

Wenn du wissen willst, ob eine Frau schwanger sei, oder schwanger werden könne, oder nicht, so sieh, ob der Herr des Aszendenten im siebenten, oder der Herr des fünften im ersten, oder der Herr des ersten im fünften, oder der Herr des fünften im siebenten, oder der Herr des siebenten im fünften Hause

ist, oder ob der Mond sich bei ihm befindet, oder ob gute Planeten im ersten oder im fünften, oder bei dem Herrn des fünften, oder in den Eckhäusern sind; in diesem Fall ist eine Frau schwanger oder kann sie es werden; wenn du dagegen nichts von dem Angeführten findest, und wenn böse Planeten in den genannten Stellen sind, so ist sie nicht schwanger und kann es auch nicht werden; sind endlich gute und böse daselbst, so wird sie vielleicht Kinder bekommen, die aber nicht am Leben bleiben. Wenn der Krebs, der Skorpion oder die Fische im ersten oder fünften Hause sind, so kann sie noch Kinder bekommen; wenn aber der Löwe und die Jungfrau sich in jenen Häusern befinden, so kann sie in Ewigkeit nicht schwanger werden, ebenso wenn der Herr des fünften darin ist. –
Wenn du wissen willst, in wie vielen Jahren es der Fall sein werde, so suche den Herrn des fünften, denn in jenem Jahre wird sie niederkommen; ist er im ersten, so kommt sie im ersten, ist er im zweiten, so kommt sie im zweiten Jahre nieder, und so kannst du bis zum zwölften zählen. Wenn mittelmäßige Zeichen im Aszendenten sind, so wird die Schwangere Zwillinge zur Welt bringen, die am Leben bleiben, wenn im ersten Hause ein guter Planet ist; befindet sich aber ein böser darin, so werden sie sterben; und wenn einer gut und ein anderer böse ist, so wird der eine von den Zwillingen am Leben bleiben und der andere sterben. Ist der Aszendent ein mittelmäßiges Zeichen und Mars darin, so stirbt die Mutter, nicht aber das Kind; befindet sich Saturn darin, so sterben Mutter und Kind; ist es der Drachenschwanz, so können ebenfalls beide sterben, jedenfalls wird das Kind nicht davon kommen; wenn Mars und Mond, oder Mars und Saturn im ersten, siebenten oder zehnten sind, so wird die Mutter sterben. – Willst du wissen, ob eine Schwangere zu früh niederkommen wird, oder nicht, so sieh, ob der Aszendent ein bewegliches Zeichen ist, denn dies bedeutet eine Fehlgeburt. – Wenn du wissen willst, ob sie einen Knaben oder ein Mädchen gebären werde, so betrachte den Aszendenten und den Herrn desselben: ist dieser männlich und in einem männlichen Zeichen oder in einer männlichen Quadratur des Kreises, so gebiert sie einen Knaben; ist er aber weiblich und in einem weiblichen Zeichen oder einer weiblichen Quadratur, so ist es ein Mädchen. Auf dieselbe Art betrachte auch den Mond. Betrachte ferner, ob mehrere Planeten in männlichen Zeichen sich befinden, weil es alsdann ein Knabe sein wird; und wenn mehrere Planeten in weiblichen Zeichen sind, so ist es ein Mädchen. – Willst du wissen, ob ein Kind ehelich oder unehelich ist, so sieh, ob Saturn, Mars oder der Drachenschwanz im fünften oder bei dem Herrn des fünften Hauses sind, denn in diesem Fall ist das Kind unehelich; ist aber ein guter Planet daselbst, so ist es ehelich; und wenn der Herr des ersten im fünften oder bei seinem Herrn ist, so ist es gleichfalls ehelich, ebenso wenn der Herr des fünften im ersten oder bei dem Herrn des ersten sich findet.
Wenn du wissen willst, ob Gerüchte wahr oder falsch sind, so sieh, ob du den Saturn, den Mars oder den Drachenschwanz im Aszendenten findest, in wel-

chem Falle die Gerüchte falsch sind; findest du aber die Sonne, den Jupiter oder den Drachenkopf darin, so sind sie wahr. Desgleichen, wenn männliche Planeten in männlichen oder weibliche in weiblichen Zeichen sind. Sind gute und böse darin, so sind sie teils wahr und teils falsch; und wenn ein Zeichen bei einem guten Planeten ist, so bezeugt es die Wahrheit, bei einem bösen die Falschheit. Wenn Merkur im ersten Hause ist, so sind sie gleichfalls falsch; ist aber der Mond im ersten, in einem weiblichen Zeichen, oder mit dem Herrn des Aszendenten in einem weiblichen Zeichen verbunden, so sind sie wahr. Ebenso sind sie wahr, wenn gute Planeten im dritten, fünften oder neunten Hause sich befinden, und die Zeichen weiblich sind; wenn nicht, so sind sie falsch.
Willst du wissen, ob ein Abwesender kommen wird, und wann, so betrachte den Herrn des fünften und ersten: wenn du sie beieinander findest, so wird er gewiß kommen und hat bereits die Reise angetreten. Desgleichen wenn der Herr des fünften in einem fallenden Hause ist, so ist der Bote krank unterwegs; befindet sich aber der Herr des fünften in seiner Erhöhung, so kommt er wohlgemut.
Willst du wissen, ob einer das bringen werde, weswegen er gegangen ist, so betrachte den Herrn des siebenten: ist dieser gut, so bringt er, was er suchte; ist er aber in einem fallenden Hause, oder böse, bringt er nichts.

Fragen des sechsten Hauses

Fragt man, ob ein Kranker genesen oder sterben werde, so sieh, ob Saturn oder Mars oder der Drachenschwanz im ersten Hause sind, und ob sein Herr mit einem bösen Planeten verbunden ist, denn alsdann wird der Kranke bald sterben; ist der Herr des ersten gut und sind böse Planeten im ersten bei seinem Herrn, oder auch im achten, so wird er ebenfalls gewiß sterben. Ist der Herr des ersten im achten oder bei dem Herrn des achten, oder der Herr des achten im ersten oder bei dem Herrn des ersten, so ist der Tod ungewiß. Nehmen böse Planeten die Eckhäuser ein, so ist dies ein sehr schlimmes Zeichen für den Kranken; sind dagegen im ersten, sechsten und achten gute Planeten, und der Herr des ersten vom achten und seinem Herrn entfernt, so wird der Kranke am Leben bleiben und genesen.
Willst du wissen ob ein Kranker durch eine Arznei geheilt wird oder nicht, so gib das erste Haus dem Arzte, das zehnte dem Kranken, das siebente der Krankheit und das vierte den Arzneien: böse Planeten im ersten zeigen an, daß der Arzt nichts tauge, sondern den Zustand des Kranken nur verschlimmere; gute Planeten dagegen bedeuten, daß der Arzt dem Kranken von Nutzen sei; wenn böse Planeten das zehnte Haus einnehmen, so ist der Kranke die Ursache seines schlimmen Zustandes, obwohl er die Schuld auf den Arzt schieben will; sind gute Planeten daselbst, so bezeichnen sie das Gegenteil; böse Planeten im siebenten zeigen an, daß der Kranke von einer Krankheit

in die andere falle, gute Planeten aber lassen ihn ohne Arzt oder Arznei genesen. Sind böse Planeten im vierten Hause, so bedeuten sie, daß die Arznei die Schmerzen vermehre, gute Planeten mildern und heilen dieselben.
Willst du wissen, ob du einen Kranken, wenn du zu ihm gehst, heilen kannst, so sieh, ob Jupiter, Venus oder Drachenkopf im ersten sind, oder im siebenten, und dann gehe, denn es ist ein gutes Zeichen. Ist der Mond bei einem guten Planeten, so gehe und gib dem Kranken Arznei; ist er bei einem bösen, besonders im siebenten Hause, oder sind böse Planeten in den Eckhäusern, so gehe nicht, denn du wirst dem Kranken nicht helfen können. Sind gute daselbst, so gehe, und erforsche genau, wo oder an welchen Gliedern er leidet, denn der Widder hat den Kopf, der Stier den Hals, der Krebs die Brust und die Lunge, der Löwe das Herz und den Magen, die Jungfrau den Bauch und die Eingeweide, die Waage den Nabel und die Nieren, der Skorpion den After und die Scham, der Schütze die Hinterbacken und die Hüften, der Steinbock die Knie, der Wassermann die Waden, die Fische die Füße.

Fragen des siebenten Hauses

Wenn es sich um einen Diebstahl handelt, so betrachte den Herrn des siebenten; ist er im ersten, so wird das Gestohlene wieder erhalten werden. Ist der Herr des ersten im siebenten, so wird man lange danach forschen und es endlich auffinden. Ist der Mond im ersten oder bei dem Herrn desselben, so wird man es auffinden; ist er aber im fünften, bei dem Herrn des ersten, so wird man es nicht entdecken. Sind Sonne und Mond im fünften, und der Herr des achten bei dem Herrn des ersten im ersten, so wird man das Gestohlene auffinden; ist aber der Herr des zweiten im achten, so wird es nicht aufgefunden werden können. Sind Saturn und Mars oder der Drachenschwanz im zweiten, so wird man es nicht auffinden. Ist der Herr des zweiten im ersten, so wird man es finden, ohne zu wissen woher es kommt. Ist der Herr des ersten im zweiten, so wird man es mit vieler Mühe auffinden können. Ist der Herr des zweiten in einem fallenden Hause, so wird man es niemals auffinden; ist er aber in der Erhöhung, so wird es leicht aufgefunden werden. Das siebente Haus zeigt den Dieb.
Wenn du wissen willst, was gestohlen worden ist, so betrachte den Herrn des zweiten: ist es Saturn, so wurde Blei, Eisen, ein Kessel, ein Dreifuß, Kleider oder ein schwarzer Gegenstand oder auch Leder gestohlen; ist es Jupiter, so betrifft der Diebstahl etwas Weißes, wie Zinn, Silber, oder aus Gelb und Weiß Gemischtes; ist es die Sonne, so bedeutet dies Gold und Preziosen; Mars bedeutet Gegenstände, die ins Feuer kommen und dazu gehören; Venus weibliche Gegenstände, wie Armspangen, Ringe, Schmuck- und Spielsachen; der Mond Tiere, wie Pferde oder Maultiere u.s.w., auch Waren; Merkur Geld, Bücher, Karten oder gemalte Gegenstände, auch bunte Kleider. –

Willst du wissen, wie viele Diebe es sind, so betrachte den Herrn des sechsten: befindet sich dieser im zweiten oder bei dem Herrn des zweiten, so sind es mehrere; sind sie im dritten, so haben die Brüder oder Verwandten des Fragenden den Diebstahl begangen. Willst du wissen, ob der Dieb noch in der Stadt oder im Dorfe ist, so sieh, ob er sich in den nachfolgenden Häusern befindet, denn dann ist er noch nicht weit gegangen; befindet er sich aber in den fallenden, so hat er sich schon sehr weit entfernt.
Willst du wissen, nach welcher Seite der Dieb gegangen ist, so betrachte den Herrn des siebenten und sein Zeichen; ist er im Widder, so hat der Dieb sich gerade östlich gewendet; im Stier, südöstlich; in den Zwillingen westsüdlich; im Krebs gerade nördlich; im Löwen ostnördlich; in der Jungfrau südwestlich; in der Waage gerade westlich; im Skorpion nordwestlich; im Schützen ostnördlich; im Steinbock gerade südlich; im Wassermann westnördlich; in den Fischen nordwestlich.
Willst du wissen, ob der Dieb alles Gestohlene bei sich hat, so betrachte den Herrn des siebenten und achten; und wenn der Herr des siebenten in einem Eckhause ist, so hatte der Dieb den Willen, alles mit sich zu nehmen, vermochte es aber nicht; ist der Herr des achten in einem mittelmäßigen oder in einem fallenden Hause, und der Herr des zweiten in einem starken, so hat der Dieb alles bei sich; sind beide, der Herr des siebenten und achten, in fallenden Häusern, so hat er es nicht mitgenommen. Erforsche durch das siebente, welches sein Spießgeselle, und durch das achte, was sein Gewinn ist.
Willst du den Stand eines Mannes oder einer Frau erforschen, so betrachte den Herrn des siebenten; befindet er sich in Eckhäusern und der Herr des ersten in nachfolgenden oder fallenden, so ist die Frau von vornehmerer Herkunft, als der Mann; befindet sich aber der Herr des Aszendenten in einem Eckhause, und der Herr des siebenten in einem nachfolgenden oder fallenden, so ist der Mann vornehmer, als die Frau. Auf dieselbe Art kannst du auch von zwei Genossen oder irgendwelchen anderen Personen urteilen. Ist der Herr des siebenten im neunten, so wird der Fragende eine Frau von auswärts nehmen.
Willst du wissen, ob eine Heirat zustande kommt, so teile den Aszendenten und seinen Herrn und den Mond dem Fragenden zu, das siebente Haus aber und seinen Herrn dem Frauenzimmer; wenn nun der Herr des Aszendenten oder der Mond mit dem Herrn des siebenten verbunden oder im siebenten ist, so wird die Heirat zustande kommen; oder wenn der Herr im ersten Hause oder bei dem Herrn des ersten ist, so wird es leicht geschehen, und es wird mehr der Wille des Frauenzimmers, als des Mannes sein.
Willst du wissen, ob deine Frau oder deine Geliebte einen anderen Liebhaber hat, oder nicht, so sieh, ob Mars im siebenten ist, und in diesem Fall hat sie keinen Liebhaber. Ist aber Saturn darin, so liebt sie einen anderen, doch hat dieser keinen näheren Umgang mit ihr; ist aber der Drachenschwanz im siebenten, so findet ein solcher Umgang statt. Ist Jupiter in dem genannten

Hause, so bewahrt sie ihre Keuschheit schlecht; ist Venus darin, so ist sie zwar heiter und lacht und scherzt gerne, steht aber mit Unrecht im Rufe eines leichtfertigen Wandels. Ist Merkur im siebenten, so hatte sie zwar einen Geliebten, hat aber jetzt keinen mehr; ist der Mond darin, so hat sie zwar gegenwärtig keinen Liebhaber, wird aber einen bekommen und einen ganz schlechten Wandel führen; ist hingegen die Sonne oder der Drachenkopf im siebenten, so ist sie keusch. So kann man auch im neunten über die Liebhaber nachsuchen.

Willst du wissen, welches von beiden länger leben wird, so betrachte den Herrn des ersten und des siebenten: welcher von beiden sich in einer stärkeren und besseren Stelle befindet, oder mit besseren Planeten verbunden und von dem Herrn des achten und seiner Genossenschaft entfernter ist, der bedeutet der Person, der er zukommt, ein längeres Leben.

Willst du mit irgendjemand dich verbinden und du möchtest gerne wissen, ob die Sache zustandekommt oder was daraus erfolgt, so sieh, ob ein guter Planet im siebenten und im ersten ist; wenn dies der Fall, so wird die Verbindung zustandekommen, und Gutes daraus erfolgen, und so viele Jahre, Monate und Tage dauern, als der Herr des siebenten anzeigt. Willst du wissen, wann die Verbindung zustandekommt, so sieh', welcher Planet sich im siebenten befindet; denn wenn es ein guter ist, so wird die Verbindung noch in demselben Jahre zustandekommen.

Willst du wissen, ob es gut ist, so betrachte das erste Haus und seinen Herrn, der den Fragenden bedeutet, ebenso das siebente und seinen Herrn, der dem Gesellschafter, der Frau oder der Geliebten zugehört: harmonieren diese miteinander, so wird Friede und Eintracht herrschen und es wird dir Nutzen bringen; harmonieren sie aber nicht, so wird Streit entstehen, und die Verbindung wird dir nicht zum Nutzen gereichen.

Willst du wissen, wer von ihnen mehr gewinnen wird, so betrachte das erste Haus und seinen Herrn und das siebente und seinen Herrn: der, welcher in der Erhöhung sich befindet, wird gewinnen, und der, welcher fällt, wird verlieren; im Allgemeinen entscheidet der bessere Stand eines jeden. Oder, was noch vorzuziehen ist, betrachte das zweite Haus und seinen Herrn und das achte und seinen Herrn: in welchem nun der bessere Planet ist, oder der Herr desselben in einer besseren Stelle sich befindet, oder mit besseren verbunden ist, der wird einen größeren Gewinn machen. Das zweite Haus und sein Herr bezeichnet den Gewinn des Fragenden, und das achte und sein Herr den des Gesellschafters. Wenn nun beide gut sind, so werden beide gewinnen; sind beide böse, so werden beide verlieren; ist einer gut und der andere böse, so wird der, dessen Herr gut ist, gewinnen; der aber, dessen Herr böse ist, wird verlieren. Willst du wissen, ob zwei Gesellschafter einander lieben, so sieh, ob der Herr des ersten und des siebenten Freunde sind und in Eintracht sich befinden, denn in diesem Falle lieben sie einander; sind sie Feinde und in Zwietracht, so lieben die Gesellschafter einander nicht.

Willst du wissen, wer in einem Prozeß und Streit siegen wird, so betrachte den Herrn des ersten und siebenten: findest du sie in Eckhäusern, so wird keiner besiegt werden; welcher von ihnen dagegen mit einem bösen Planeten verbunden ist, der wird besiegt werden, und wenn auf beiden Seiten ein böser Planet ist, so wird der Sieger den Besiegten töten. Wenn einer von ihnen stark und der andere schwach ist, und der Planet, der in einem starken Hause sich befindet, nicht fällt, und keinen bösen bei sich hat, und der, der in einem schwachen sich befindet, nicht in seinem Hause oder seiner Erhöhung ist, auch keinen guten bei sich hat, so wird der, welcher in dem starken ist, siegen. Ebenso trägt der, der in einem mittelmäßigen Hause sich befindet, eine große Furcht im Herzen, weil er halb zu siegen, halb besiegt zu werden hofft. Zu bemerken ist, daß, wenn es sich um Krieg oder Herrschaft handelt, die Macht oder Stärke in der Erhöhung größer sein soll, als im Hause; bei allen anderen Fragen aber ist es umgekehrt.

Willst du wissen, ob einer, der bei einem Überfall ist, gesund zurückkehren wird, oder nicht, so betrachte den Herrn des Aszendenten: ist dieser gut, d. h. bei einem oder mehreren guten Planeten, und ist ein guter Planet im ersten Hause, so wird er gesund zurückkehren; ist die Sonne bei dem Herrn des ersten in einer Stelle der Frage, so soll er nicht gehen, denn die Sonne verbrennt ihn. Ist der Herr des siebenten bei einem guten Planeten, und der Herr des ersten ebenfalls bei einem guten, so findet er ein Hindernis unterwegs, wird jedoch nicht sterben. Ist ein böser Planet bei dem Herrn des ersten, und ein guter im ersten, so wird er, wenn er geht, großen Schaden leiden, aber nicht sterben; doch kann er leicht verwundet werden. Ist Saturn im ersten oder bei dem Herrn des ersten, so soll er nicht gehen, denn sonst wird ihm ein Hindernis von einem Menschen, der ihm begegnet, aufstoßen. Ist ein böser Planet bei dem Herrn des ersten, und Saturn im ersten oder bei dem Herrn des ersten, so wird er mit Holz oder Steinen verwundet werden. Ist Mars oder der Drachenschwanz im ersten oder bei dem Herrn des ersten, oder sind böse Planeten im ersten oder bei dem Herrn des ersten, so wird er verwundet werden oder sterben. Sieh ferner nach, ob ein böser Planet im achten ist; denn in diesem Fall ist der Tod zu befürchten. Befindet sich die Sonne bei dem Herrn des siebenten oder im achten, so bedeutet dies Schlimmes. – Willst du wissen, welchen Ausgang ein Krieg nehmen werde, so betrachte das siebente und das erste und ihre Herren, denn das erste und sein Herr bedeutet den Fragenden, das siebente aber und sein Herr den Gegner. Sind nun gute Planeten im ersten und böse im siebenten, und ist der Herr des ersten und des siebenten böse, so wird der Fragende siegen; ist aber bei dem Herrn des ersten ein böser und ebenfalls ein böser im ersten, und bei dem Herrn des siebenten ein böser, so wird der Fragende besiegt, gefangen oder getötet werden. Sind die Herren beider im ersten und vom ersten an bis zum Ende des Hauses, welches die Hälfte der Frage ist, gut, und die bösen nehmen die andere Hälfte ein, nämlich vom siebenten bis zum Ende des zwölf-

ten, so wird der Gegner besiegt werden; sind aber beide Herren im Aszendenten und beim ersten Hause gute, beim siebenten böse Planeten, so werden beide einen schweren Nachteil erleiden; der Fragende jedoch wird sich am Ende besser befinden. Ist der Herr des Aszendenten im siebenten oder in seiner Frage, so bedeutet es die Stärke des Gegners; ist aber der Herr des siebenten im Aszendenten oder in seiner Frage, so bedeutet es die Stärke des Fragenden. Ist der Herr des Aszendenten im achten oder bei dem Herrn des achten im ersten oder bei dem Herrn des ersten, so bedeutet es den Tod des Fragenden; ist dagegen der Herr des siebenten im zweiten, oder bei seinem Herrn, oder der Herr des zweiten im siebenten oder bei dem Herrn des siebenten, so bedeutet es den Tod des Feindes.
Willst du wissen, ob ein Krieg lange dauern wird, so bedeutet Mittelmäßiges eine mittlere Dauer, und wenn der Herr des ersten und siebenten übereinstimmen, so werden die Parteien sich nach dem Kriege wieder versöhnen.
Willst du den Ort, an dem du weilst, verlassen, und dich anderswohin begeben, und möchtest gerne wissen, ob es besser sei, zu bleiben oder zu gehen, oder welches von zwei Geschäften dir mehr Nutzen bringen werde, so bestimme das erste und zweite Haus und ihre Herren für den Ort, an dem du bist, und für den Gewinn, den du daselbst machst, sowie das siebente und achte Haus und ihre Herren für den Ort, an den du gehen willst, und für den Gewinn, den du dort machen wirst: welche Herren nun die besseren sind und mit besseren Planeten verbunden, diese wähle. Oder betrachte den Herrn des Aszendenten und den Mond: wenn diese von bösen getrennt und mit glücklichen verbunden sind, so ist es besser zu gehen, als zu bleiben und ein Geschäft zu unternehmen, das du im Sinne hast; wenn aber der Herr des Aszendenten und der Mond von glücklichen Planeten getrennt und mit bösen verbunden sind, so entferne dich nicht und unternimm auch das Geschäft nicht. Oder betrachte den Mond, und wenn der Planet, von dem er getrennt ist, besser ist, als der, mit dem er verbunden ist, so gehe nicht; ist dagegen jener, mit dem er verbunden ist, besser, als der, von dem er getrennt ist, so gehe.

Fragen des achten Hauses

Wenn du wissen willst, welchen Tod ein Mann oder ein Weib sterben werde, so sieh, ob im achten Hause der Löwe oder Skorpion, oder Mars ist, denn in diesem Falle wird ein Tier ihnen den Tod bringen. Ist Saturn im achten, oder bei dem Herrn des achten, im Skorpion, Krebs oder Fisch, so wird die betreffende Person im Wasser sterben. Ist im achten ein böser Planet oder bei dem Herrn des achten, oder ist Mars oder der Drachenschwanz daselbst, so wird sie durch Feuer, Eisen oder an einem Fieber sterben. Ist im achten ein guter Planet oder bei dem Herrn des achten, so wird ihr Tod ein guter sein.

Fragen des neunten Hauses

Willst du eine lange Reise unternehmen, so sieh, ob der Herr des achten gute Planeten bei sich hat, und wenn Saturn im neunten ist und sich im zehnten erhöht, sodaß er nicht in seinem Hause sich befindet, so gehe nicht, denn du wirst dort Krieg und andere Hindernisse treffen. Ist ein böser Planet bei dem Herrn des neunten und fällt der Herr des neunten, so wird dir unterwegs großer Schaden zustoßen, denn wenn du zu Wasser reisest, so wirst du Schiffbruch leiden, reisest du zu Lande, so wird dich sonst ein Unfall, Gefangenschaft oder gar der Tod treffen. Ist Saturn im neunten oder bei seinem Herrn, so kannst du sicher gehen. Ist ein guter Planet im neunten oder bei dem Herrn des neunten, so wird der Weg gut und sicher sein. Ist Mars im neunten, so gehe nicht, denn du würdest Feinde der schlimmsten Art unterwegs treffen. Hat der Herr des neunten einen guten Planeten bei sich, so wird die Reise gefahrlos ablaufen; hat er aber einen bösen bei sich, so wirst du gefangen werden. Ist Venus im neunten oder bei dem Herrn des neunten, so wirst du eine gute Reise haben, und wirst Unterstützung bei Frauen finden. Ist Merkur im neunten, und der Herr des neunten bei guten Planeten, so wirst du gleichfalls eine gute Reise haben, eine böse aber, wenn der Herr des neunten bei einem bösen ist. Dasselbe gilt vom Mond wie vom Merkur. Ist der Drachenschwanz im neunten, so wirst du mit Räubern oder anderen schlechten Leuten zusammentreffen. Ist der Drachenkopf im neunten, so wird die Reise eine gute sein und der Reisende wird mit vornehmen Personen in Verbindung kommen. Handelt es sich um einen kurzen Weg, so ist in derselben Weise das dritte Haus zu betrachten.

Willst du wissen, wann eine Reise stattfinden wird, so betrachte den Herrn des neunten, und urteile nach seiner Stärke oder Schwäche; denn die Stelle wo er sich befindet, zeigt die Jahre, Monate oder Tage an. Ebenso kann man die Zeit des Aufenthaltes und wann der Reisende zurückkommen wird, nach dem Herrn des neunten beurteilen. Handelt es sich um Tage, so wird der Aufenthalt so viele Tage dauern, als der Planet an der Stelle, wo er sich befindet, anzeigt. Oder auch, schwache Häuser bedeuten eine schnelle Reise, mittelmäßige eine von mittlerer Dauer, und der Herr des neunten ist ebenfalls nach dem Ort zu betrachten, wo er sich befindet. Dies gilt auch von der Rückkehr.

Willst du wissen, ob der Reisende, ohne seine Reise zu vollenden, wieder zurückkommt, so sieh, ob der Mond mit dem Herrn des ersten, dritten oder neunten, oder mit einem fallenden Planeten verbunden ist, denn wenn dies der Fall ist, so wird der Reisende zurückkehren, ohne die Reise vollendet zu haben. Befindet er sich in seiner Erhöhung, so wird die Reise rasch vor sich gehen. Sind zwei starke und ein fallender Planet da, so findet die Reise statt; ist aber nur ein starker und ein fallender Planet da, so kehrt der Reisende unterwegs wieder um.

Fragen des zehnten Hauses

Willst du wissen, ob du von einem Könige, einem Bischof oder sonst einem Herrn eine Auszeichnung oder Gnade erhalten wirst oder nicht, so betrachte das erste und neunte Haus und ihre Herren. Wenn nun der Herr des ersten im neunten, oder bei dem Herrn des neunten oder bei einem anderen guten Planeten, oder wenn der Herr des neunten im ersten bei dem Herrn des ersten oder bei einem anderen guten Planeten, wie Venus, Jupiter oder Drachenkopf, sich befindet, oder wenn einer davon der Herr des neunten oder des ersten ist, so wirst du eine Auszeichnung oder Gnade erhalten.
Willst du wissen, ob dies in der Heimat oder auswärts stattfinden wird, so sieh, ob der Herr des neunten in einem Eckhause ist, dann wird es in deiner Heimat stattfinden; ist er in einem nachfolgenden Hause, so findet es in der Nähe statt; ist er aber in einem fallenden, so deutet dies auf eine weite Entfernung.

Fragen des elften Hauses

Willst du wissen, wie ein Schiff gehen wird, so betrachte den Aszendenten: ist er beständig, so wird das Schiff schwerfällig gehen; ist sein Herr bei einem guten Planeten, so trägt er ein großes Gewicht; ist der Aszendent beweglich und bei einem guten Planeten, so segelt das Schiff schnell und trägt ein bedeutendes Gewicht; ist er mittelmäßig, so geht das Schiff mittelmäßig. So verhält es sich auch mit einem Pferde. Ist der Aszendent ein bewegliches Zeichen und sein Herr in seiner Erhöhung oder sonst glücklich, und blickt der Mond ihn im Gesechstscheine an, oder ist er im dritten, fünften, neunten oder elften Haus, so lasse man das Schiff abfahren, denn seine Fahrt wird eine sehr rasche sein. Willst du wissen, welchen Wind das Schiff haben wird, so betrachte den Aszendenten und seinen Herrn, ob er bei einem guten oder bösen Planeten, und an welchem Orte er ist: nach diesem beurteile den Wind.
Willst du einen starken Wind haben, so segle zur Zeit des Aufgangs des Wassermanns; einen schwachen, zur Zeit des Aufgangs der Waage, einen mittelmäßigen zur Zeit, wenn das Zeichen der Zwillinge aufgeht.

Fragen des zwölften Hauses

Handelt es sich um einen Gefangenen, so betrachte das zwölfte und das erste Haus, und wenn der Herr des zwölften im ersten oder bei dem Herrn des ersten ist ... *(Hier bricht das Original ab, Anm. d. Hrsg.).*

Heinrich Cornelius Agrippa von Nettesheim

Der Goldmacherkunst widmete er einen Großteil seiner praktischen Studien; sogar einige Fürsten haben seine Hilfe in Anspruch genommen, um ihr Vermögen auf schnellem Wege zu vermehren. Doch die Armut, in der er lange Jahre seines Lebens verbrachte, zeigt deutlich, daß er es in dieser Kunst nicht weit gebracht hat. Heinrich Cornelius Agrippa von Nettesheim wurde 1486 in Köln geboren. Es stammte aus einer alten Adelsfamilie und begann früh zu studieren. Neben der Rechtswissenschaft beschäftigte er sich auch mit der klassischen Literatur. Schon von Jugend auf galt sein größtes Interesse der Magie, über die er viele Schriften verfaßte. In Paris gründete er als Zwanzigjähriger eine Gesellschaft zum Studium der Geheimwissenschaften. Nach Aufenthalten in Burgund und London zog der sprachbegabte Gelehrte schließlich nach Würzburg, wo er den Plan faßte, ein Gesamtwerk über die Magie zu schreiben. Binnen eines Jahres soll er dieses Werk, die drei Bücher „De occulte philosophia", vollendet haben.
Es erregte großes Aufsehen und wurde in zahlreichen Abschriften in der Fachwelt verbreitet. Agrippa vereinigte darin alle früheren magischen Wissenschaften zu einem großen System, indem er sie miteinander in Verbindung brachte und von gewissen Grundgedanken ableitete. Er wollte der Welt eine höhere Vorstellung von der Magie dadurch geben, daß er zeigte, wie die magischen Handlungen nicht allein mit den damaligen Kenntnissen von der Naturordnung, sondern auch mit der religiösen Weltanschauung seiner Zeit übereinstimmten. Nach diesem Werk stellte sich Agrippa vorübergehend in den Dienst des kaiserlichen Heeres, nahm am Kampf gegen die Venezianer teil und wurde wegen seiner Tapferkeit „auf dem Schlachtfeld" zum Ritter geschlagen.
Danach hielt er Vorlesungen über Theologie in Turin und Pavia. Doch wie schon zuvor in Burgund scheint er auch hier mit der mißtrauischen Geistlichkeit in Streit geraten zu sein, so daß er flüchten mußte. Einflußreiche Freunde verschafften ihm darauf eine Stellung als Syndikus in Metz, wo er zahlreiche, wegen Hexerei Angeklagte, geschickt verteidigte und vor dem Tod auf dem Scheiterhaufen bewahrte. Da dies aber Mönchen wie auch weltlicher Obrigkeit mißfiel, entging auch er nicht der Anklage wegen Hexerei und mußte 1519 die Stadt verlassen.
Wahrscheinlich in Metz zählte der später bekannt gewordene Arzt Johann Weier zu seinen Schülern, der durch sein Buch „De praestigiis daemonum" den weit verbreiteten Hexenglauben erschütterte. In den folgenden Jahren lebte Agrippa an verschiedenen Orten, ständig geplagt von drückenden

Geldnöten. 1524 rückte er in Lyon zum Leibarzt der Mutter des französischen Königs Franz I. auf; da aber seine astrologischen Prophezeihungen ihr kein Glück verhießen, wurde er in Ungnaden aus dieser Stellung entlassen. Er verließ Frankreich und verdingte sich bei Margaretha von Österreich, der Statthalterin der Niederlande, für kurze Zeit als Geschichtsschreiber. Aber die Geistlichkeit vertrieb ihn bald auch von dort, und nun hielt er sich mit einigen Unterbrechungen in Köln auf, wo es ihm gelang, die Drucklegung der „Philosophia occulta" trotz der Inquisition durchzusetzen. Nach mehrjährigem Umherwandern kam er wiederum nach Lyon und starb hier 1535 im Hause eines Freundes.

Wie viele Geschichten über ihn belegen, galt Agrippa im Volk als Zauberer. Der schwarze Hund, den er stets bei sich hatte, war nach der Auffassung vieler Zeitgenossen der Teufel selbst. Als Agrippa seinen Tod nahen fühlte, nahm er dem Hund das Halsband ab, das mit magischen Inschriften versehen war, und sprach: „Geh nun, du verdammte Bestie, die du an allem meinem Elend schuld bist!" Der Hund stürzte sich sogleich in einen Fluß und ward nicht mehr gesehen – so eine zeitgenössische Quelle.

Das Buch der geheimen Philosophie, oder von den magischen Zeremonien

Eine dem Agrippa von Nettesheim zugeschriebene Abhandlung

In unseren Büchern von der geheimen Philosophie haben wir den Ursprung der Magie, ihre Übereinstimmung mit dem ratinellen Prinzip des Naturlebens, und wie man zur Erreichung gewisser Zwecke die geheimen Kräfte der Geisterwelt verwenden könne, weitläufig entwickelt. Weil aber dort mehr die Theorie als die Praxis berücksichtigt wurde, manches weniger vollständig, anderes in dunklen Bildern vorgetragen wurde, so haben wir in diesem Buche mehr den Laien uns zu nähern gestrebt, das dort Zerstreute hier im gedrängten Auszuge, welcher jenen Büchern gleichsam als Schlüssel dienen soll, wiedergegeben, und die magische Disziplin in allen ihren Teilen vervollständigt, so daß der Leser, erst wenn er dieses Buch kennen gelernt hat, wirklichen Nutzen davon haben wird. Bewahre es aber als einen geheimen Schatz und beobachte ein unverbrüchliches Stillschweigen über dessen nützlichen Inhalt ...

Wie man den Namen des guten Genius eines jeden Menschen suchen soll, haben wir im dritten Buche der geheimen Philosophie gezeigt, und es ist das dort angegebene Verfahren von nicht geringer Autorität. Es gibt aber auch noch andere Methoden, welche gleichfalls auf gutem Grunde ruhen. Eine derselben ist, wenn man das Naivitätsbild weiß, die fünf Standpunkte der Hylege (Lebensbedeuter) aufzufinden. Hat man diese bezeichnet, so werden die Buchstaben, nach ihrer Ordnung und Zahl, vom Zeichen des „Widders" angefangen, ausgeworfen, und diejenigen Buchstaben, welche in die Grade der genannten Orte, nach ihrer Ordnung und Bedeutung fallen, werden dann, zusammengestellt, den Namen des Genius bilden. Noch ein anderes Verfahren ist dieses: Die vorherrschenden Sterne, von den arabischen Astrologen Almutel genannt, werden auf besagten fünf Orten angenommen, die Auswerfung der Buchstaben geschieht vom Grade der Aufsteigung (des Sterns), die auf Almutel fallenden Buchstaben werden gesammelt, nach ihrer Bedeutung geordnet, und dann hat man den Namen des Genius. Ein anderes Verfahren beobachtete man in Ägypten: Nachdem die Buchstaben, vom Grade der Aufsteigung beginnend, ausgeworfen sind, sammelt man jene, welche zufolge dem Almutel das elfte Haus geben, das dem guten Dämon gehört. Einen bösen Geist auszuforschen, gilt dasselbe Verfahren, nur in umgekehrter Ordnung der Buchstaben und Himmelszeichen, und anstatt vom „Widder" anzufangen, beginnt man mit der „Waage", und wie wir bei einem guten Dämon vom Grade des Aszendenten an zählen, so geschieht dies bei einem bösen vom Grade des siebenten Hauses an. Den Ägyptern zufolge aber wird der Name eines solchen Genius nach dem Almutel des zwölften Hauses, das sie den bösen Dämon nennen, genommen. Und hier wird auf das zwölfte Haus als auf das des bösen Dämons Rücksicht genommen. Und wie schon im dritten Buche der geheimen Philosophie bemerkt worden, es können zu diesem Verfahren die Buchstaben aller Sprachen ihren Dienst leisten, da ihrer Zahl, Anordnung und Gestalt ein mystischer Sinn unterliegt. Daher kommt es auch, daß mancher Genius unter verschiedenen Namen angerufen zu werden pflegt.
Die himmlischen Charaktere bestehen aus Linien und Köpfen. Der letztern sind es sechs nach den sechs Größen der Sterne, zu welchen auch die Planeten gezählt werden. Der ersten Größe gehört die Sonne = das Kreuz; der zweiten Jupiter = der Kreis; der dritten Saturn = zwei Halbkreise und ein Triangel, auch ein runder oder gespitzter Haken; der vierten Mars = ein Stäbchen, das durch eine Linie geht, oder ein regelmäßiges oder auch schiefes Viereck; der fünften Venus und Merkur = ein Punkt mit auslaufendem Strich oder ein Sechseck; der sechsten Mond = ein geschwärzter Punkt, wie dies alles auf nachstehender Tabelle zu vergleichen ist. Sind nun die Köpfe nach der Stellung der Sterne im Himmelsbild angebracht, dann zieht man die Linien nach Verhältnis ihrer Eigenschaften; dies gilt von den Fixsternen. Bei der Aufrichtung der Planeten hingegen müssen die Köpfe so geordnet wer-

den, daß sie sich gegenseitig anblicken, die Linien aber werden da gezogen, wo die Schatten der Planeten einander entgegen sind.

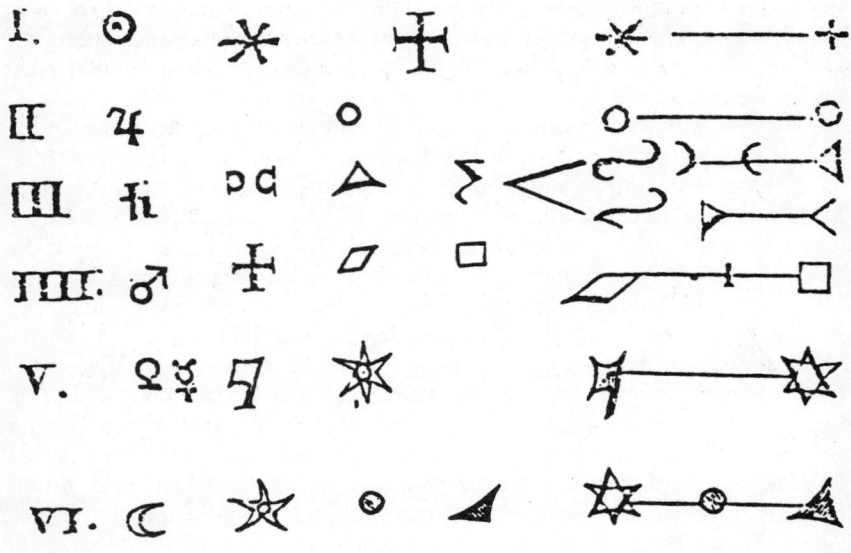

Sterne. Köpfe. Die Linien mit den Köpfen verbunden.

Wenn aber das Zeichen eines in irgend einem Grade aufsteigenden Himmelsbildes zu geben ist, so zieht man, wenn die Zahl jener Sterne nach ihrer Lage und Reihenfolge festgestellt ist, Linien, welche dem bezeichneten Bilde ähnlich sein müssen.

Diejenigen Zeichen, welche dem Namen des Geistes gemäß ausgezogen werden, haben wir auf folgender Tabelle zusammengestellt, und jedem Buchstaben einen solchen Namen, welcher ihm nach der Tabelle zukommt, gegeben, wie dies beim ersten Anblick einleuchten wird. Aber es bietet sich hier keine geringe Schwierigkeit, wenn der Namensbuchstabe in die Zeile der Bilder oder Buchstaben fällt, daß wir dann noch wissen, welche Figur, welcher Buchstabe zu wählen sei. Dies wird, wie folgt, erkannt: Wenn in der Buchstabenzeile ein Buchstabe ausgefallen ist, so sieh, der wievielte Buchstabe es in der Reihe des Namens gewesen, ob es der zweite oder dritte, sodann aus wievielen Buchstaben der Name zusammengesetzt, ob aus fünfen oder sieben; dann multipliziere diese Zahlen miteinander und verdreifache das Produkt, wirf sodann das Ganze vom Anfang der Buchstaben nach alphabetischer Ordnung aus; auf welchen Buchstaben jene Zahl fallen wird, dies ist derjenige, welcher dem Zeichen jenes Geistes gehört. Ist aber irgend ein Buchstaben seines Namens in die Bilderzeile gefallen, so verfährt man wie folgt: Es wird eine Zahl genommen, die der Buchstabe in der Reihenfolge des Namens ausdrückt, und mit jener Zahl multipliziert, die dem Buchstaben nach alphabetischer Reihenfolge entspricht, und das Aggregat mit 9 dividiert; das, was übrig bleibt, zeigt die Figur oder den Namen an, welcher in dem Zeichen anzubringen ist. Es kann die Figur sowohl eine geometrische als arithmetische sein, nur darf sie die Neunzahl oder neun Winkel nicht überschreiten.

ZEICHEN DER GUTEN GEISTER

Einfacher Punkt.

Runder Punkt.

Gestirnter Punkt.

Schiefe Linie.

Liegende Linie.

Gerade Linie.

Bogenförm. gekrümmte L.

Wellenlinie.

Gezähnte L.

Gerade Einschnittl.

Eingefügte L.

Kreuzförm. Doppell.

Schiefe Einschnittslinie einfacher Art.

Schiefe Einschnittsl. gemischter Art.

Vielfach durchstrichene L.

Gerade senkrechte L.

Linke senkr. L.

Ungewisse L.

Vollständige Kreislinie.	Verkürzte Kreisl.	Halbe Kreisl.
O	U	C
Inhärenter Buchstabe.	Adhärenter Buchstabe.	Separirter B.
ſ	S	S

ZEICHEN DER BÖSEN GEISTER

Gerade Linie.	Krumme Linie.	Gebogene Linie.
—	∽	⊃
Einfache Kreislinie.	Durchschnittene Figur.	Gebrochene F.
O	✶	✶
Gerader Buchstabe.	Verkehrter B.	Umgekehrter B.
R	Я	Я
Flamme.	Wind.	Fluß.
Feste Masse.	Regen.	Schlamm.
Fliegendes.	Kriechendes.	Schlange.
Auge.	Hand.	Fuß.

| Krone. | Kamm. | Hörner. |
| Szepter. | Dolch. | Geißel. |

Die Charaktere der Zeichen, welche man durch Offenbarung der Geister erhält, haben von da ihre Kraft, denn es sind gewisse verborgene Siegel, welche die Harmonie eines göttlichen Wesens ausdrücken, oder sind es Zeichen eines Bundes oder Gelöbnisses, und es können solche Charaktere auf keine andere Weise erforscht werden. Ferner gibt es gewisse Zeichen oder Bilder, unter deren Gestalt böse Geister den sie Rufenden zu erscheinen pflegen. Ein Verzeichnis jener Bilder findet man im folgenden. Wenn ein Geistername nach der Tabelle der Charaktere eine Auszeichnung oder irgend ein Instrument erhält, so bekommt er dieses auch im Bilde. Den Rang der bösen Geister können wir nach denselben Zeichen und Bildertabellen erkennen; denn jeder Geist, der eine Auszeichnung oder ein Instrument, wie sie in der Zeichentabelle zu sehen, besitzt, hat auch einen Rang. Es ist leicht begreiflich, daß eine Krone auf die Königswürde, ein Kamm auf die Herzogswürde, Hörner auf die Grafenwürde, welche ein Geist in der Rangordnung der Dämonen besitzen wird, hinweisen; so bedeutet ein Szepter oder Schwert ohne die vorhergehenden Symbole die richterliche Würde. Auf gleiche Weise wird man in dem Verzeichnisse der Bilder diejenigen herausfinden, welche die königliche Würde anzeigen. Ebenso werden die Glieder des menschlichen Leibes einen höheren Rang des zitierten Genius als Tierbilder, die Reiter einen höheren als die Fußgänger, verraten, und so die Stufenleiter im Range der Geister angeben. Auch dieses wisse, daß ein Geist untergeordneten Ranges, welche Würde er auch in diesem besitze, stets den Geistern eines höheren Ranges untergeordnet ist, wie dies ja auch in dem Staatsleben der sichtbaren Welt vorkommt, daß Könige und Feldherren noch eine Obrigkeit, die über ihnen selber steht, anerkennen müssen.

♄
Die den Geistern des Saturnus zukommenden Gestalten:

Diese erscheinen von hohem und schmächtigem Körperbau, mit drohenden Mienen, sie haben vier Gesichter, eines am Hinterkopfe, ein anderes vorn, beide mit Schnäbeln versehen. Auch an jeder Kniescheibe erblickt man ein Antlitz, ihre Farbe ist schwarz und sehr glänzend. Ihre Bewegung ist die des Orkans und des Erdbebens. Ihre Zeichen ist weiße Erde, weißer als Schnee.

Die einzelnen Bilder sind:

Ein bärtiger König, auf einem Drachen reitend.
Ein bärtiger Greis.
Ein altes Weib, das sich auf einen Stab stützt.
Ein Schwein.
Ein Drache.
Eine Nachteule.
Ein schwarzes Kleid.
Eine Sichel oder Beil.
Ein Wacholderstrauch.

♃
Die den Geistern Jupiters zukommenden Gestalten:

Sie sind sanguinischen und cholerischen Temperaments, mittlerer Statur, sanften Blickes, sanft sprechend, ihre Farbe ist dunkelblau, ihre Bewegung die des Blitzes, mit Donner. Ihr Zeichen: es erscheinen neben dem Kreise Leute, die dem Anscheine nach von Löwen verschlungen werden.

Die einzelnen Bilder sind:

Ein König, auf einem Hirsche reitend, mit entblößtem Schwerte.
Ein Mann, der eine Mitra trägt, in langem Kleide.
Ein Mädchen mit einem Lorbeerkranze und mit Blumen geschmückt.
Ein Stier.
Ein Hirsch.
Ein Pfau.
Ein azurfarbenes Kleid.
Ein Schwert.
Ein Buxbaum.

♂
Die den Geistern des Mars zukommenden Gestalten:

Sie erscheinen jähzornig und häßlichen Anblicks, von bräunlichroter Farbe, mit Hörnern, die dem Hirschgeweih nahe kommen, und haben Greifenkrallen. Sie brüllen wie wütende Stiere, und bewegen sich nach der Art der verzehrenden Flamme. Ihr Zeichen ist Blitz und Donner neben dem Kreise.

Die einzelnen Bilder sind:

Ein König, vollständig gewaffnet, und auf einem Wolf reitend.
Ein Bewaffneter.
Ein Weib, das einen Schild am Schenkel hält.
Ein Bock.
Ein Pferd.
Ein Hirsch.
Ein rotes Kleid.
Wolle.
Ein Vielköpfiger.

☉

Die den Geistern der Sonne zukommenden Gestalten:

Sie sind von großem Körperbau, sanguinisch und dick, goldfarben, ihre Bewegung ist wie das Leuchten des Himmels. Ihr Zeichen ist, daß sie dem Beschwörenden den Schweiß austreiben.

Die einzelnen Bilder sind:

Ein König mit dem Szepter geschmückt, auf einem Löwen reitend.
Ein gekrönter König.
Eine Königin mit einem Szepter.
Ein Adler.
Ein Löwe.
Ein Hahn.
Ein safran- oder goldfarbenes Kleid.
Ein Szepter.
Ein Geschwänzter.

♂

Die den Geistern der Venus zukommenden Gestalten:

Sie erscheinen von schöner Gestalt, mittlerer Statur, mit liebenswürdiger und freundlicher Miene, ihre Farbe ist weiß oder grün, darüber vergoldet, ihre Bewegung die eines sehr hellen Sterns. Ihr Zeichen ist, wenn außerhalb des Kreises spielende Mädchen erscheinen, welche den Beschwörenden zum Spiele einladen.

Die einzelnen Bilder sind:

Ein König mit einem Szepter, der auf einem Kamel reitet.
Ein Mädchen im Putze.
Ein nacktes Mädchen.
Eine Ziege.
Ein Kamel.
Eine Taube.
Ein weißes oder grünes Kleid.
Blumen.
Ein Sebenbaum.

☿

Die den Geistern des Merkur zukommenden Gestalten:

Sie erscheinen meist von mittlerer Gestalt, kaltem, feuchtem, aber schönem Körper, sie sind gesprächig, haben das Aussehen eines gewaffneten Kriegers, die Farbe ist hell, die Bewegung gleich einer Silberwolke. Ihr Zeichen ist, daß sie dem Beschwörenden Schrecken einjagen.

Die einzelnen Bilder sind:

Ein König auf einem Bären reitend.
Ein schöner Jüngling.
Ein Weib mit einem Spinnrocken.
Ein Hund.
Eine Bärin.
Eine Elster.
Ein buntes Kleid.
Eine Rute.
Ein Stab.

☽

Die den Geistern des Mondes zukommenden Gestalten:

Sie erscheinen gewöhnlich von hoher, voller Gestalt, weichlichen, phlegmatischen Aussehens, die Farbe von einer dunklen Wolke entlehnend, das Gesicht aufgedunsen, die Augen rot und triefend, der Scheitel kahl, die Zähne wie Schweinshauer. Ihre Bewegung gleich aufgeregten Meereswogen. Als ihr Zeichen erscheint ein starker Regen neben dem Kreis.

Agrippa von Nettesheim

Die einzelnen Bilder sind:

Ein König mit Pfeil und Bogen, auf einer Hirschkuh reitend.
Ein kleiner Knabe.
Eine mit Pfeil und Bogen bewaffnete Jägerin.
Eine Kuh.
Eine Hirschkuh.
Eine Gans.
Ein grünes und silberfarbenes Kleid.
Ein Pfeil.
Ein Vielfüßiger.

Noch ist ein Wort über Pentakel und Zeichen zu sprechen. Pentakel sind jene heiligen Zeichen, die uns vor bösen Einflüssen schützen und schadenfrohe Dämonen bezähmen, hingegen wohltätige Geister zu unserem Beistand anlocken wollen. Die Pentakel bestehen aus Charakteren und Namen guter Geister höheren Ranges, oder aus heiligen Figuren der heiligen Schrift und anderer heiliger Offenbarungen, aus passenden Schriftstellen oder aus geometrischen Figuren und Zusammensetzungen von verschiedenen Namen Gottes. Die zur Herstellung von Pentakeln erforderlichen Charaktere gehören guten Geistern des ersten und zweiten, zuweilen auch des dritten Ranges. Diese Charaktere sind teils solche, die als ganz besonders heilig gelten, teils solche, die wir an einer anderen Stelle geweihte genannt haben. Gewöhnlich umgibt einen solchen Charakter ein Doppelkreis, an dessen Rändern der Name des betreffenden Engels hingeschrieben wird. Und wollen wir dem Geiste selber irgend einen göttlichen Namen beilegen, welcher auf seine Wirksamkeit anspielt, so wird es von um so größerer Wirkung sein. Auch können wir irgend eine geometrische Figur nach dem Zahlenverhältnisse darauf anbringen. Unter den heiligen Figuren, aus welchen die Pentakel bestehen sollen, meinen wir Gegenstände aus den Schriften des alten und neuen Testaments, z. B. das Bild einer am Kreuze befestigten Schlange, und Ähnliches, der Mehrzahl nach den Visionen eines Jesaias, Daniel, Esra und der Offenbarung Johannes entlehnt ... Um ein solches Bild wird ein doppelter Kreis gezogen, einer der Gottesnamen hineingeschrieben, der zu dem Bilde und dessen Wirkung im Verhältnis steht, oder man schreibt an den Rand des Kreises einen Bibelvers, welcher die gewünschte Wirkung verheißt oder darum bittet. Wenn z. B. der Zweck des Pentakels sein soll, sichtbare oder unsichtbare Feinde unschädlich zu machen, so kann das Bild aus dem zweiten Buche der Makkabäer gewählt werden, nämlich eine Hand, die ein entblößtes Schwert hält, um welches der in der betreffenden Stelle vorkommende Vers geschrieben ist: „Nimm hin das heilige Schwert, das dir Gott schenket, damit sollst du die Feinde schlagen." Oder man schreibt jenen Vers aus dem fünften Psalm hin: „In ihm sei die Kraft deines Armes etc.," oder einen anderen ähnlichen Vers. Wünscht man aber den Namen Gottes beizusetzen, so tut man gut, einen solchen Gottesnamen zu wählen, welcher auf Furcht, Zorn, göttliche Rache hinweist, oder sonst einen Namen, welcher zu der gewünschten Wirkung paßt. Soll auch noch eine geometrische Figur angebracht werden, so nehme man dieselbe nach dem Zahlenverhältnisse, wie wir im zweiten Buche der geheimen Philosophie gelehrt haben, da wo von den Zahlen die Rede war. Zwei Pentakel sind von besonderer Kraft; eines derselben findet sich im ersten Kapitel der Apokalypse, nämlich das Bild der Herrlichkeit Gottes, auf seinem Throne sitzend, das doppelschneidige Schwert im Munde. Beigeschrieben kann werden: Ich bin das A und das O, der Anfang und das Ende, der da ist und der da war, und der da kommt, der Allmächtige. Ich bin der Erste und der Letzte, und der Lebendige. Ich war tot, und siehe, ich bin lebendig von Ewigkeit zu Ewigkeit und habe die Schlüssel der Hölle und des Todes. Auch setzt man folgende Verse hinzu: Bestärke, o Gott, was du an uns getan hast. Sie müssen werden wie Spreu vor dem Winde; und der Engel des Herrn stoße sie weg. Ihr Weg müsse finster und schlüpfrig werden, und der Engel des Herrn verfolge sie. Dann werden als Gottesnamen hingeschrieben: El, Elohim, Elohe, Zebaoth, Elion, Esereheje, Adonai, Jah, Tetagrammaton, Schaddai ...

Wisse, daß es dreierlei Arten Beschwörungs- und Binde- oder Bannformeln gibt: die erste ist, wenn wir bei natürlichen Gegenständen den Geist beschwören; die zweite, wenn wir uns religiöser Mysterien bedienen, wenn wir die heiligen Sakramente und dergleichen anwenden; die dritte, wenn wir durch die Macht göttlicher Namen und Zeichen die Geister zur Erfüllung unserer Wünsche zwingen. Durch solche Formeln und Sprüche beschwören und binden wir nicht bloß geistige Wesen, sondern auch die Wut der Elemente, wilde Tiere, Gewitter, Feuersbrünste, Wasserfluten, und auch auf die Gewalt der Waffen erstreckt sich des Wortes Zauber, so daß sie auf unseren Körper keine Wirkung ausüben. Die Beschwörungsformeln werden zuweilen auch Fluch- oder Segensformeln; die Kraft derselben wird bedeutend erhöht, wenn man einen passenden Bibelspruch einschaltet, z. B. wird der Schlangenbeschwörer der Verfluchung der Schlange im Paradiese und der in der Wüste aufgerichteten Schlange gedenken und den Psalmvers beten: Auf Löwen und Ottern wirst du gehen etc. Auch die Superstition vermag hierbei sehr viel durch Übertragung irgend eines sakramentalen Ritus auf das, was man bannen und abwehren will, z. B. des Ritus der Exkommunikation, des Begräbnisses und dergleichen.

Hier ist es am Orte, auch von den Weihungsformeln zu sprechen, wenn man einzelne Gegenstände zu irgend einem Gebrauche geeignet machen will. Dazu werden zwei Dinge erfordert: Heiligkeit des Wandels von Seiten des Weihenden, und Wirksamkeit des Spruches, dessen sich dieser bei dem heiligen Akt bedient. Es versteht sich von selbst, daß von Seiten des Sprechers auch der Glaube an die Wirksamkeit seines Wortes erfordert wird. Die Wirksamkeit des Wortes besteht entweder in seiner eigenen Heiligkeit, wenn es ein Bibelspruch, oder durch die Kraft des heiligen Geistes von der Kirche eingeführt, oder ein Gottesnamen ist; besitzt dagegen das Wort seine Heiligkeit an und für sich, so kann es dieselbe durch Erwähnung heiliger Dinge, z. B. der Wunder der heiligen Schrift, der Verheißungen der Gnaden, Sakramente u. s. w. erlangen, wie es gerade zu der vorzunehmenden Weihung sich schickt. Die Wirksamkeit der Handlung kann auch durch gewisse heilige Gegenstände erhöht werden, wie durch Räucherungen, die sonst bei dem Gottesdienste angewendet werden, durch Besprengen des zu heiligenden Gegenstandes mit Weihwasser, oder durch Bestreichung mit dem heiligen Chrisam. Jeder Weihformel gehen daher Segnungen des Öles, Wassers, Feuers, Rauchwerks vorher; freilich dürfen auch geweihte Wachskerzen nicht fehlen, denn jede heilige Handlung bedarf des Lichtes. Zu beachten ist, daß wenn der zu weihende Gegenstand ein profaner sein sollte, welcher vielleicht eine Verunreinigung erfahren hat, so muß der Konsekration die Exorzisation vorhergehen. Solche Gegenstände werden alsdann jungfräulich und zur Aufnahme der göttlichen Einflüsse um so geschickter. Ferner ist zu beachten, daß der Weihende nach gesprochenem Gebete den Gegenstand durch Anhauchen einsegne, und dies geschehe von ihm unter Erwähnung seiner Kraft und Macht und mit vollständiger Intention seines Geistes auf die vorzunehmende Handlung. Einige Beispiele mögen zur größeren Verständlichkeit dieser Sache beitragen. So erinnern wir bei der Konsekration des Wassers an das Firmament, das Gott mitten in den Wassern befestigt, an die Quelle im irdischen Paradiese, von welcher vier Flüsse durch die ganze Welt ausgehen, desgleichen an das Wasser als ein Werkzeug der göttlichen Gerechtigkeit bei der Vernichtung der Riesen, bei der Sindflut und der Vertilgung des pharaonischen Heeres im roten Meere; wir erinnern daran, wie Gott sein Volk trockenen Fußes mitten durch's Meer und den Jordan führte, wie er wunderbarer Weise Wasser aus dem Felsen in der Wüste hervorsprudeln ließ, wie eine Quelle auf Simsons Gebet dem Eselskinnbacken entströmte, und wie der Herr das Wasser zum Werkzeug seiner Barmherzigkeit gemacht, indem er ihm die Kraft erteilte, die Erbsünde abzuwaschen, seitdem Christus durch seine Taufe im Jordan alles Wasser geheiligt hat. Sodann sind die hieher bezüglichen Beinamen Gottes anzurufen, welche die Bibel aufführt, als: Lebendiger Quell, Wasser des Lebens, Strom der Barmherzigkeit etc. Weihen wir das Feuer, so gedenken wir, wie Gott dieses Element zum Werkzeug der Strafe und Sündentilgung geschaffen, an den allgemeinen Weltbrand vor dem jüngsten Gericht, an den brennenden Dornbusch in der Wüste, an die Feuersäule, die den Israeliten vorauswandelte, an das ewige Feuer im Tabernakel, das, einst verlöscht, sich durch ein Wunder wieder entzündete und zu einer anderen Zeit unter dem Wasser verborgen unverlöschlich fortbrannte; desgleichen, wie nichts ohne Feuer gehörig geweiht werden kann. Dann werden die hieherbezüglichen, in der Bibel vorkommenden Gottesnamen angerufen, als: Licht Gottes, Glanz Gottes, Leuchte Gottes, verzehrendes Feuer etc. Bei der Weihe des Öls und Rauchwerks gedenken wir an das Salböl Aarons, an die hierauf bezüglichen göttlichen Namen, an den Gesalbten, welches Wort Christus ist, an die beiden Ölbäume in der Offenbarung Johannis u.s.w. Die Einsegnung des Lichtes und der Kerzen wird auf den siebenarmigen Leuchter in der Stiftshütte, und auf die Lampen, welche vor dem Ewigen brannten, zurückführen. Diese Konsekrationen müssen jeder Sanktifikation eines Gegenstandes vorhergehen; deren Unterlassung ist bei heiligen Handlungen schlechterdings unmöglich ...

Von großer Wirksamkeit ist ein anderer Konsekrationsritus, welcher jedoch in das Gebiet des Aberglaubens hineinragt, wenn nämlich ein kirchlicher Konsekrationsritus auf die zu weihende Sache angewandt wird. Ferner besitzen Gelübde und Opfer gleichfalls eine weihende Kraft, sowohl bei Sachen als Personen. Sie bilden gleichsam einen Pakt zwischen den Wesen, denen sie dargebracht werden, und dem Darbringenden. Dies ist der Fall, wenn wir z.B. Räucherwerk, Salben, Ringe, Bilder, Spiegel, desgleichen auch weniger materielle Dinge, wie Siegel, Pentakel, Zauberformeln, Segenssprüche, Gemälde und Schriften gewissen überirdischen Wesen weihen, wie dies ausführlicher im dritten Buche der geheimen Philosophie abgehandelt worden ist.
Jene Magier, welche sich des Beistandes der Dämonen zu ihren Verrichtungen bedienen, haben eine eigene Weise, dieselben anzurufen. Sie besitzen ein Buch, das „Buch der Geister" genannt, und welches auch geweiht ist; darin sind die Namen der Geister verzeichnet, die darin mit einem Eide dem Zauberer zeitlichen Gehorsam geloben. Das Papier zu diesem Buche muß aus reinem Stoff verfertigt sein und früher zu keinem anderen Gebrauch gedient haben. Auf der linken Seite des Buches sieht man das Bild des Geistes, auf der rechten Seite den ihn bezeichnenden Charakter, über welchen die Eidesformel, durch die der Geist sich zum Gehorsam verpflichtete, geschrieben ist; sie enthält seinen Namen, den Rang, den er in der Geisterwelt einnimmt, die Verrichtungen, denen er vorsteht u.s.w. Manche lassen entweder die Charaktere oder das Bild weg, doch ist es besser, nichts von dem, was zur Wirksamkeit beitragen kann, zu vernachlässigen. Auch werden die Orte, Zeiten, Stunden, denen der Geist vorgesetzt ist, bei der Anrufung desselben berücksichtigt. Das Buch ist sorgfältig gebunden und verschlossen, weil es dem Beschwörer zum Nachteil gereichen würde, es bei anderer Gelegenheit zu öffnen. Auch würde die Wirksamkeit des Buches durch profanen Gebrauch, oder wenn der Beschwörer eine befleckte Phantasie hat, sich verlieren.
Zur Konsekration dieses Buches schlägt man zwei Wege ein. Der eine ist, daß, nachdem die Geister, deren Namen das Buch enthält, angerufen wor-

den sind, das Buch in ein außerhalb des Zauberkreises befindliches Dreieck gelegt wird. Nachdem zuvor schon die Eidesformeln, wodurch die Geister sich verbunden, verlesen worden, werden sie jetzt mit einem allgemeinen und für jeden einzelnen besonderen Eid gezwungen, zu erscheinen und mit ihren Händen in dem außerhalb des Kreises in dem Dreiecke befindlichen Buche die Stelle zu berühren, wo ihr Bild enthalten ist. Nach dieser Weihe wird das Buch, wie schon erinnert, geschlossen, und die Geister unter besonderen Gebräuchen wieder entlassen. Der andere Weg zur Konsekration ist weit leichter, auch von großer Wirksamkeit, obschon bei der Öffnung des Buches die Geister nicht immer zum Vorschein kommen. Das Verfahren ist folgendes: Nachdem, wie im ersten Falle, die Namen, Bilder und Charaktere der Geister in das Buch eingetragen worden sind, werden am Ende des Buches Anrufungs- und Bannformeln, wie auch die stärksten Beschwörungen, wodurch die Geister gebunden werden können, eingeschrieben. Dann wird das Buch zwischen zwei Tafeln gelegt, auf deren Innenseite die heiligen Pentakel der göttlichen Majestät, verzeichnet sind, und zwar das eine zu Anfang, das andere am Ende des Buches. Hierauf wird in einer klaren, gestirnten Nacht, wenn die Winde schweigen, das Buch vor Anbruch der Mitternacht in einen Kreis gelegt, welcher auf einem Kreuzweg errichtet worden; hier wird das Buch zum erstenmal geöffnet und nach dem oben angegebenen Ritus eingeweiht. Dann werden die Namen der darin verzeichneten Geister angerufen, indem man die darin enthaltenen Beschwörungsformeln zweimal laut abliest, daß die Geister innerhalb drei Tagen an Ort und Stelle kommen und Gehorsam auf das geweihte Buch geloben wollen. Das Buch wird dann in reine Leinwand gewickelt und in die Mitte des Kreises eingegraben. Der Kreis wird zerstört und der Beschwörer entfernt sich vor Sonnenaufgang ohne die Geister zu entlassen. In der Nacht, welche auf den dritten Tag folgt, wird der Kreis wieder hergerichtet und von dem Beschwörer, nachdem er kniend ein Gebet an die Gottheit richtete und kostbares Rauchwerk aufsteigen ließ, die Grube wieder geöffnet, das Buch hervorgeholt, diesmal aber nicht geöffnet. Dann wird der Kreis wieder zerstört und vor Sonnenaufgang heimgegangen, nachdem die Geister zuvor entlassen worden sind. Dieser letztere Weihungs-Ritus eignet sich für alle Schriften und Gegenstände, die zur Geisterzitation gebraucht werden, indem man die Schrift zwischen die beiden Pentakel-Tafeln hineinlegt.
Wenn der Beschwörer von dem Zauberbuche Gebrauch machen will, so warte er klares und ruhiges Wetter ab, und stelle sich bei dem Beschwören der Geister mit dem Gesichte gegen jene Weltgegend, welcher der zu zitierende Geist angehört. Dieser wird erscheinen, sobald die im Buche enthaltene Eidesformel und der Name des Geistes verlesen wird. Nur in dringenden Fällen mache man auch von der am Ende des Buches enthaltenen Bannformel Gebrauch. Nach Erfüllung seines Verlangens soll der Beschwörer den Geist jedesmal wieder entlassen.

Was das Rufen der bösen wie der guten Geister betrifft, so werden die letzteren auf mannigfache Art zitiert und erscheinen uns auch auf verschiedene Weise. Denn mit dem Wachenden konversieren sie wie unseres Gleichen, zu dem Träumenden sprechen sie in Orakeln. Wer einen guten Geist zitieren will, hat Zweierlei zu beobachten: er bereite sich mehrere Tage durch keuschen und frommen Wandel vor, um die nötige Disposition zu erhalten, einen Geist sehen und dessen Gedanken in sich aufnehmen zu können. Zu den Vorbereitungsmitteln gehören außer der Beichte und Reue über begangene Sünden, außer Fasten und der Enthaltung vom Beischlafe, auch tägliche Waschungen mit Weihwasser, Enthaltung von allen Dingen, welche die Seele in Unruhe und Aufregung versetzen, von Gemütsbewegungen, wo möglich auch vor weltlichen Geschäften, täglich stehe er von Sonnenaufgang bis Sonnenuntergang im Gebete begriffen, nach gewissen Pausen stets siebenmal Gott und die Engel anrufend, sein Kleid sei von weißem Linnen; die erforderliche Zeit zu seiner Vorbereitung ist ein voller Monat, die Kabalisten geben sogar vierzig Tage an.

Der Ort der Beschwörung sodann sei wo möglich rein, still, abgeschieden vom Welttreiben, fremden Blicken unzugänglich, kein Geräusch von Menschen und Tieren dringe dorthin und kein Gegenstand der Zerstreuung biete sich dar. Auch dieser Ort muß vor der Benutzung exorziert und konsekriert werden; nach der Morgenseite hin stehe ein Tisch oder Altar mit weißem Linnen bedeckt, auf beiden Seiten geweihte Kerzen, deren Flamme während der ganzen Vorbereitungszeit nicht verlöschen darf. Mitten auf dem Altar müssen die unten zu beschreibenden Tafeln liegen, aber mit reinem Linnen bedeckt, und vor dem Ablauf der Vorbereitungszeit dürfen sie nicht von demselben entblößt werden. Ein kostbares Rauchwerk und reines Salböl sei vorrätig, beide müssen bereits konsekriert sein. Die Weihrauchpfanne stehe an dem oberen Ende des Altars; während der Gebetszeit ist damit nach vorausgegangener Weihung des Feuers fortwährend zu räuchern. Das weiße, linnene Kleid des Beschwörers habe nach keiner Seite eine Öffnung, und bedecke nicht nur den ganzen Oberleib, sondern auch die Füße. Ein weißer Gürtel halte das Kleid zusammen. Der Beschwörer trage ferner eine spitzige Mütze aus reiner Leinwand, an deren Vorderseite ein goldenes oder vergoldetes Blech mit dem Namen Tetragrammaton befestigt ist, was alles in gehöriger Weise geweiht sein muß. Den heiligen Ort darf der Beschwörer nur nach vorausgegangener Waschung, mit dem heiligen Gewande bekleidet und mit bloßen Füßen betreten. An jedem Tage der Vorbereitungszeit wird das Räuchern auf dem Altar, das Sprengen um denselben mit Weihwasser und das Beten in kniender Stellung fortgesetzt; am letzten Tage derselben nehme man gar keine Nahrung zu sich, und bringe ihn in Gebet und strengem Fasten zu; am folgenden Tag begebe man sich mit Sonnenaufgang nüchtern an den geheiligten Ort, besprenge sich mit Weihwasser, räuchere, bezeichne sich die Stirne mit dem heiligen Chrisam, und bestreiche sich damit auch die

Augen, alles dies unter fortwährenden Gebeten; dann decke man die Tafeln auf dem Altar auf, vor dessen Stufen man niederkniend Gott und die Engelscharen anrufe, dann werden auch die gewünschten Geister erscheinen, die nach gepflogener Unterredung von dem Beschwörer nach den vorgeschriebenen Riten wieder zu entlassen sind. . . .

VON DER VERZÜCKUNG ODER EKSTASE, SO WIE VON DEM BLICK IN DIE ZUKUNFT BEI DEN EPILEPTISCHEN, BEI DEN VON EINER OHNMACHT BEFALLENEN UND BEI DEN STERBENDEN

Die Verzückung ist eine Abziehung, eine Entrückung und von Gott ausgehende Erleuchtung der Seele, wodurch Gott die vom Oberen zum Unteren abfallende Seele wieder vom Unteren zum Oberen hinaufzieht. Veranlaßt wird dieselbe in uns durch eine fortwährende Betrachtung des Höheren, welche, insofern sie durch die tiefste Sammlung des Verstandes unsern Geist mit der unkörperlichen Weisheit verbindet, eben dadurch ihn gewaltig erfaßt und ihn vom Sinnlichen und dem Körper abzieht, und zwar (wie Plato sagt) bisweilen dermaßen, daß er den Körper sogar flieht und gleichsam sich von ihm zu trennen scheint. So erzählt Aurelius Augustinus von einem kalamensischen Priester, er sei, ohne zu atmen, einem Toten vollkommen ähnlich dagelegen und habe, wenn man ihn brannte und schnitt, nichts empfunden.
So groß ist die Macht der Seele, wenn sie nämlich ihrer ursprünglichen Natur folgen kann und nicht von der Sinnlichkeit niedergehalten wird, daß sie plötzlich in ihrer Kraft sich erhebt und sogar manchmal ihre Fesseln abstreifend den Körper verläßt und zu der überhimmlischen Wohnung eilt, wo sie wegen ihrer innigen Verbindung und ihrer Ähnlichkeit mit Gott von göttlichem Lichte und dem Blick in die Zukunft erfüllt wird. Daher sagt Zoroaster: Du mußt zum Lichte selbst, zu den Strahlen des Vaters hinaufsteigen, von wo deine Seele dir gegeben wurde. Trismegistus sagt: Du wirst über die Himmel dich erheben und von den Chören der Dämonen dich weit entfernen müssen. Und Pythagoras endlich sagt: Wenn du den Körper verlassend in den freien Aether dich aufschwingst, wirst du ein unsterblicher Gott sein. So lesen wir, daß Hermes, Sokrates, Xenokrates, Plato, Plotin, Heraklit, Pythagoras und Zoroaster oft in Verzückung geraten seien, und so von vielen Dingen Kenntnis erlangt haben.
Nach der Erzählung des Herodot befand sich in Proconnesus ein wunderbar gelehrter Philosoph, namens Atheus, dessen Seele auch bisweilen aus dem Körper trat, und nachdem sie weite Räume durchwandert, mit neuen Kenntnissen bereichert, zurückkehrte. Dasselbe erzählt Plinius von der Seele des

Klazomenier Harmon, die auch ihren Körper zu verlassen, umherzuschweifen und aus der Ferne Vieles und Wahres zu berichten pflegte. Noch heutzutage trifft man bei den Norwegern und Lappen sehr häufig Personen, die sich volle drei Tage von ihrem Körper zu trennen imstande sind und zurückgekehrt aus fernen Gegenden Vieles verkündigen. Es darf aber während dieser Zeit kein lebendes Tier über sie hinwegschreiten oder sie berühren, sonst sollen sie in ihren Körper nicht mehr zurückkehren können. Da nach der Lehre der Ägypter die Seele ein geistiges Licht ist, so umfaßt sie, von dem Körper getrennt, jeden Raum und jede Zeit, gerade wie ein in eine Laterne eingeschlossenes Licht, sobald man die Laterne öffnet, sich überall hin verbreitet.

Cicero bemerkt in seinem Buche von der Weissagung: Die Seele des Menschen sieht nur dann die Zukunft voraus, wenn sie so gelöst ist, daß sie nichts oder wenig mehr mit dem Körper zu schaffen hat. Wenn sie daher in jenen Zustand gelangt, welcher der höchste Grad der kontemplativen Vervollkommnung ist, so wird sie allen erschaffenen Dingen entrückt und ihre Einsicht hängt nicht mehr von den erworbenen Vorstellungen ab, sondern sie blickt unmittelbar auf die Ideen und erkennt alles im Lichte der Ideen. Dieses Lichtes nun werden, wie Plato sagt, sehr wenige Menschen in diesem Leben teilhaftig, aber beinahe alle Götter. Die Ohnmacht und die fallende Sucht gleichen gewissermaßen auch der Verzückung, indem, wie bei letzterer, sehr häufig bei ihnen die Sehergabe zum Vorscheine kommt, durch welche Art von Weissagung Herkules und sehr viele Araber sich auszeichneten. Sodann gibt es auch eine Weissagung, die zwischen natürlicher Weissagung und übernatürlichen Orakeln in der Mitte steht und die in Folge des Übermaßes einer Leidenschaft, wie bei allzu großer Liebe oder Traurigkeit, oder unter häufigen Seufzern oder im letzten Todeskampfe die Zukunft verkündigt. Es wohnt nämlich unseren Seelen ein alles umfassender Scharfblick inne, der durch die Finsternis des Körpers und der Sterblichkeit verdunkelt und gehemmt ist, nach dem Tode aber, wenn die Seele, vom Körper befreit, die Unsterblichkeit erlangt hat, zur vollkommenen Erkenntnis wird. Daher wird manchmal den dem Tode Nahen und durch das Alter Geschwächten ein ungewohnter Lichtstrahl zuteil, weil alsdann die Seele weniger von den Sinnen gefesselt und schon gleichsam etwas von ihren Banden befreit und dem Orte, wohin sie wandern wird, näher stehend, dem Körper nicht mehr so unterworfen ist, wie früher. Daher sieht sie jetzt schärfer und empfängt in den letzten Augenblicken des Lebens leicht Offenbarungen.

Ambrosius sagt in seinem Buche von dem Glauben an die Auferstehung: Unsere Seele freut sich, dem Kerker ihres Leibes zu entrinnen, weiß aber in ihrer gleich der Luft freien Bewegung nicht, wohin sie geht oder woher sie kommt. Wir wissen jedoch, daß sie den Körper überlebt und nach Ablegung der Fesseln ihrer sinnlichen Hülle mit freiem Blicke schaut, was sie während ihres Aufenthaltes in dem Körper nicht sah. Etwas Ähnliches finden wir bei den Schlafenden, deren Seelen, während der Körper in tiefe Ruhe versunken ist, sich zu Höherem erheben, und nachher dem Körper verkündigen, was sie von abwesenden oder auch himmlischen Dingen geschaut.

VOM PROPHETISCHEN TRAUME

Unter Träumen verstehe ich hier solche, die aus dem mit dem Verstande vereinigten phantastischen Geiste entweder in Folge einer Erleuchtung des auf unsere Seele wirkenden Verstandes, oder in Folge einer reinen Offenbarung irgend eines höheren Wesens bei der erforderlichen Reinheit und Ruhe des Gemüts hervorgehen; denn nur aus solchen Träumen schöpft unsere Seele wahre Orakel, die wir als wirkliche Weissagungen betrachten können. In diesen Träumen scheinen wir zu fragen, zu lernen, zu lesen und zu erfinden; auch vieles Zweifelhafte, vieles Unbekannte, Unvermutete und noch niemals Versuchte wird uns in den Träumen offenbar.
So erscheinen uns die Bilder unbekannter Orte und die Gestalten sowohl lebender als verstorbener Menschen; es wird uns Künftiges angezeigt, was noch nicht vorgekommen ist, und wir erfahren, es sei irgendwo Etwas vorgekommen, was noch nicht bekannt geworden. Diese Träume bedürfen keiner weiteren Auslegungskunst, wie jene, die der Weissagung angehören und kein Vorauswissen sind. Daher werden gewöhnlich derartige Träume nicht verstanden, denn, wie der Araber Abdalla sagt, einen Traum zu sehen, hängt von der Stärke der Einbildungskraft ab, ihn aber zu verstehen, ist Sache des Verstandes. Wessen Verstand daher allzu sehr in die Sinnlichkeit verstrickt oder wessen Einbildungskraft so stumpf und unausgebildet ist, daß sie die Gestalten und Bilder einer höheren Einsicht nicht aufnehmen und die aufgenommenen nicht behalten kann, der ist für weissagende Träume völlig unempfänglich.
Wer daher wahre Träume erhalten will, muß einen reinen und ungetrübten phantastischen Geist besitzen und ihn des Verkehrs mit dem Verstande würdig zu machen versuchen; denn ein solcher Geist ist zu Weissagungen sehr tauglich und, wie Synesius sagt, ein sehr klarer Spiegel aller von den Dingen ausströmenden Bilder. Wenn wir daher bei gesundem Körper, ruhigem Gemüte, nicht durch Speise oder Trank beschwert, auch nicht durch Mangel niedergedrückt sind und uns nicht Zorn oder Wollust aufregen, dann nimmt unsere von jedem schädlichen Gedanken freie, reine und göttliche Seele die von göttlichen Geistern ausgehenden Strahlen und Bilder wie in einem Spiegel in sich auf und schaut nun weit sicherer und klarer, als bei der gewöhnlichen Tätigkeit der Vernunft, da jetzt göttliche Gewalten in der nächtlichen Stille die in ihre Versammlung eingeladene Seele unterrichten, und auch im wachen Zustande wird die Gottheit einer solchen Seele gewogen sein und ihre Handlungen leiten.

Wer daher seinen Geist durch ruhige und religiöse Betrachtung, wie auch durch eine gemäßigte und der Natur entsprechende Lebensweise rein erhält, hat an ihm ein vortreffliches Mittel, um auf solche Weise zu göttlichem Wissen zu gelangen; wer aber nur einen schwachen phantastischen Geist besitzt, erhält keine deutlichen und genauen Traumerscheinungen, sondern wie ein trübes Auge wegen seiner Schwäche die Gegenstände nur unklar und verworren sieht, so wird auch, wenn wir vom Wein und Rausche voll sind, unser von schädlichen Dünsten unterdrückter Geist betrogen und abgestumpft, weshalb wie wir bei Philostratus lesen, der Seher Amphiaraus denen, welche Orakel zu erhalten wünschten, befahl, einen ganzen Tag lang keine Speise zu genießen und drei Tage lang keinen Wein zu trinken, weil die Seele nur dann richtig weissagen könne, wenn sie nicht von Wein und Speise beschwert sei. Nüchternen, religiösen und in der Gottesverehrung eifrigen Seelen pflegen nämlich die Götter auch Orakel zu verleihen, daher Orpheus ausruft: Verkündiger der Zukunft, größter Weissager, du trittst zu den in die Ruhe des Schlafes versetzten Seelen; sie anredend weckst du den Verstand, teilst ihnen im Traum die Entschlüsse der seligen Götter mit und verkündigst schweigend den schweigenden Seelen die Zukunft, nämlich solchen Seelen, deren Verstand die Gottheit auf die rechte Art verehrt.

Es war bei den Alten Sitte, daß die, welche Orakel erhalten wollten, nach vorausgegangenen Reinigungen und Opfern, und nach beendigtem Gottesdienste in einem geweihten Gemach oder wenigstens auf den Fellen ihrer Opfertiere schliefen, ein Gebrauch, dessen Virgil in folgenden Versen gedenkt: „*Wenn der Priester die Opfer*

Hergeführt, und in schweigender Nacht auf geschlachtete Schafe

Hingespreitete Bließe sich legt, und um Träume gefleht hat ..." Und kurz nachher heißt es:

„*Hier auch suchte nunmehr sich Bescheid der Vater Latinus, Hundert wollige Schafe nach Brauch abschlachtend, und legte*

Hochgebettet sich hin auf ihre geschichteten Felle."

Die Vorsteher der Lacedämonier pflegten (wie Cicero berichtet), um zu träumen, im Heiligtume der Pasiphaë zu schlafen; dasselbe geschah im Tempel des Aesculap, von welchem man glaubte, daß er wahre Träume sende, und die Kalabrier, welche den Podalyrius, Aesculaps Sohn, befragen wollten, schliefen neben seinem Grabe auf Lämmerfellen und es wurde so im Traume jedem das kund getan, was er zu wissen wünschte. Die geeignetste Zeit zu Träumen ist die Nacht, wenn die Sinne von der Verworrenheit der Gegenstände und den Irrtümern des Tages frei sind, und keine Furcht das Gemüt beunruhigt, auch die Gedanken durch nichts zerstreut werden, sondern der Verstand in der größten Ruhe mit der Gottheit sich vereinigen kann.

Es gibt nun, wie Rabbi Jochanan im Buche der Senatoren sagt, vier Gattungen wahrer Träume: Erstens der Morgentraum, der zwischen dem Schlaf und dem Erwachen stattfindet; zweitens ein Traum, den einer von einem

anderen hat; drittens ein Traum, dessen Auslegung im nächtlichen Gesichte selbst dem Träumer gezeigt wird, und viertens, wenn Jemand wiederholt von etwas träumt, nach den Worten, die Joseph zu Pharao sagte: Daß dem Pharao zum anderen Mal geträumet hat, bedeutet daß solches Gott gewißlich und eilend tun wird. Ein sehr zuverlässiger Traum ist es, wenn jemand von dem träumt, womit er beim Schlafengehen in seinen Gedanken sich beschäftigt, wie es in der Heiligen Schrift heißt: Du, König, dachtest auf deinem Bette, wie es doch hernach gehen würde, und der so verborgende Dinge offenbaret, hat dir angezeigt, wie es gehen werde.
Der Ausleger fremder Träume muß alle Dinge nach ihrer Ähnlichkeit oder Unähnlichkeit zu unterscheiden wissen und die Sitten aller Völker kennen, nach den Gesetzen, welche dieselben von Gott und den Engeln empfangen haben. Auch darf nicht außer acht gelassen werden, daß wohl jeder Traum etwas Leeres und Bedeutungsloses hat, wie es kein Getreidekorn ohne Spreu gibt, was wir auch an dem Traume des Patriarchen Joseph sehen, hinsichtlich dessen sein Vater Jakob sagte: Was ist das für eine Traum, der dir geträumet hat? Soll ich und deine Mutter und deine Brüder kommen und dich anbeten? was wenigstens in Beziehung auf die nachher gestorbene Mutter nicht in Erfüllung ging. Dies bemerkt auch Rabbi Jochanan in dem vorgenannten Buche und Rabbi Levi sagt, jeder prophetische Traum lasse höchstens zweiundzwanzig Jahre auf seine Erfüllung warten: so träumte Joseph im siebzehnten Jahre seines Alters, was nachher im neununddreißigsten in Erfüllung ging.
Wer also weissagende Träume erhalten will, muß sich körperlich wohlbefinden; sein Gehirn muß von Dünsten und seine Seele von Leidenschaften frei sein; er muß sich auch an einem solchen Tage des Essens enthalten, und darf nichts trinken, was ihn berauschen könnte; sein Schlafgemach soll rein und heiter, auch exorzisiert und geweiht sein; ferner soll er Räucherwerk anzünden, die Schläfe mit einer Salbe einreiben, Traumringe an die Finger und ein himmlisches Bild unter sein Kopfkissen legen, in heiligen Gebeten die Gottheit anrufen und so zu Bette gehen, indem seine Gedanken auf das gerichtet sind, was er zu wissen wünscht, denn alsdann wird er wahre und unzweideutige Träume erhalten und ihm auch das Verständnis derselben erschlossen werden. Wer nun das, was hierüber gesagt wurde, miteinander zu verbinden weiß, dem werden leicht Orakel und Träume zuteil werden.

WIE SICH DERJENIGE VORBEREITEN MUSS, WELCHER ORAKEL ERHALTEN WILL

Wer zur höchsten Stufe der Seele zu gelangen und Orakel zu erhalten wünscht, der muß wohl vorbereitet mit reinem und keuschem Herzen sich nahen; seine Seele darf von keinem Makel befleckt sein, er darf keine Sündennarben in seiner Brust tragen, sondern er muß sein Herz von der Sinnlichkeit ganz absondern und sich, soweit es die Natur gestattet, von jeder Krankheit, Schwäche, Bosheit und derartigen Gebrechen, sowie von allem unvernünftigen Wesen, das der Seele anhängt, wie der Rost dem Eisen, gehörig reinigen und allem demjenigen nachstreben, was zur Ruhe des Geistes beiträgt, denn auf solche Weise wird er wahrhaftigere und bedeutungsvollere Antworten erhalten. Wodurch aber die Seele geläutert und zu ihrer göttlichen Reinheit zurückgeführt werden kann, müssen wir von der Religion und Weisheit lernen, denn es ist keine Weisheit ohne Religion und keine Religion ohne Weisheit zu billigen.

Die Weisheit ist, wie Salomo sagt, das Holz des Lebens für die, welche sie begreifen, und Lucrez bezeichnet sie als eine Erfindung Gottes, wenn er singt:

„*Ja, ein Gott war's,*
Memmius, welcher zuerst die Lehre des Lebens erforscht hat,
Welche man Weisheit nennet anjetzt; und er, der durch Kunst uns
Tief aus wogender Flut, aus schreckendem Dunkel, das Leben
In den geruhigen Port, in so klares Licht es gebracht hat."

Lucretius versteht, wie man sieht, unter der Weisheit auch eine göttliche Erleuchtung. So hält auch Demokritus nur solche für weise Männer, die von einer göttlichen Begeisterung ergriffen sind, wie jener Minos von Kreta, der alles von Jupiter gelernt haben soll, da er auf dem Berge Ida häufigen Verkehr mit dem Gotte hatte. Von dem Eleusinier Melesagoras erzählen die Athener, er sei von den Nymphen unterrichtet worden; und von Hesiod sagt man, er habe als Viehhirt in Böotien eine Herde an den Berg Helikon getrieben und da haben ihn die Musen mit einigen Schreibfedern beschenkt, nach deren Empfang er sogleich zum Dichter geworden sei.

Eine so hohe Stufe in einem Augenblick zu erreichen, ist gewiß nur einer von der Gottheit begeisterten Seele möglich, einer Seele, welcher Gott, der alles wirkt, innewohnt. Gott kommt nämlich auf heilige Seelen herab und macht sie zu Propheten und Wundertätern, mächtig in Werken und Worten, welche Ansicht Plato und Hermes mit der pythagoräischen Schule teilen, indem sie sagen, ein solcher Mensch ist ein Tempel Gottes, Gott aber ein Gast in demselben. Dieser Ansicht stimmt auch der Apostel Paulus bei, der den Menschen gleichfalls einen Tempel Gottes nennt, und an einer anderen Stelle sagt er von sich selbst, er vermöge alles in dem, der ihm Stärke verleihe, nämlich Gott; denn er ist unsere Kraft, ohne den wir nichts können.

Auch Aristoteles gesteht in seiner Schrift über die Meteore und in seiner Ethik, es gebe keine Kraft, weder eine natürliche, noch moralische, außer durch Gott; und in seinen Geheimnissen sagt er, ein guter und gesunder Verstand sei in den Geheimnissen der Natur mächtig, wenn der Einfluß der göttlichen Kraft ihm zur Seite stehe, sonst nicht. Dieser Einfluß wird uns aber nur dann zuteil, wenn wir uns von den die Seele niederdrückenden

Hindernissen, von den fleischlichen und irdischen Beschäftigungen und von jeder von außen kommenden Aufregung frei machen. Wie ein triefendes und unreines Auge die allzu stark leuchtenden Gegenstände nicht anschauen kann, so wird auch der das Göttliche nicht fassen können, der die Reinigung der Seele vernachlässigt. Man muß aber Schritt für Schritt und gleichsam stufenweise zu dieser Reinheit des Herzens gelangen, denn nicht jeder Neueingeweihte wird sogleich den vollen Glanz dieser Mysterien fassen, sondern die Seele ist allmählich daran zu gewöhnen, bis in uns die Kraft des Verstandes sich entfaltet und dieser, dem göttlichen Lichte zugekehrt, sich mit ihm vereinigt.

Wenn nun die menschliche Seele gehörig gereinigt und geheiligt ist, so tritt sie von allen störenden Einflüssen unbehindert in freier Bewegung hervor, erhebt sich nach oben, erkennt das Göttliche und unterrichtet sich sogar selbst, wenn sie gleich den Unterricht anderswoher zu erhalten scheint. Sie bedarf alsdann weder einer Erinnerung noch einer Belehrung, sondern durch ihren Verstand, welcher das Haupt und der Lenker der Seele ist, ahmt sie von selbst die Engel nach und erreicht nicht erst allmählich, nicht in einer bestimmten Zeit, sondern in einem Augenblicke das, was sie wünscht.

David erlernte die Wissenschaften nicht und wurde doch aus einem Hirten ein Prophet und war sehr erfahren in göttlichen Dingen. Salomo erlangte in dem Traume einer Nacht eine alles Obere und Untere umfassende Weisheit. Auf ähnliche Art wurden Jesaias, Ezechiel, Daniel und die übrigen Propheten und Apostel unterrichtet. Die Seele kann nämlich nach der allgemeinen Ansicht der Pythagoräer und Platoniker auf dem Wege der Reinigung ohne weitere Studien und Forschungen bloß durch eine sehr leichte Verbindung der von oben erhaltenen Kenntnisse eine vollkommene Wissenschaft von allem erhalten, so wie sie auch durch eine äußere Entsündigung dahin gelangen kann, daß sie alles nach seiner wesentlichen Form und ungeteilt erkennt.

Gereinigt und entsündigt aber wird die Seele durch die Reinheit, die Enthaltsamkeit, die Buße und das Almosengeben; sodann tragen noch einige heilige Gebräuche dazu bei. Die Seele muß auch durch Religionsstudien geheilt werden, damit sie der Gesundheit wieder gegeben, durch die Wahrheit bestätigt und mit göttlichen Schutzmitteln ausgerüstet, die vorkommenden Anfechtungen nicht zu fürchten hat.

Der Hexenhammer

„Ein unglaubliches Monstrum voll geistiger Sumpfluft" – so empörte sich der Historiker Joseph Hansen zu Beginn dieses Jahrhunderts über den „Malleus maleficiarum", zu deutsch „Der Hexenhammer", der als „erfolgreiches" Handbuch der Hexenjäger traurige Berühmtheit erlangt hat. Dieses Kompendium über und gegen das Hexenwesen, 1487 zum ersten Mal gedruckt, wurde von den beiden dominikanischen Inquisitoren Heinrich Institoris und Jacob Sprenger herausgegeben.
Institoris wurde 1430 wahrscheinlich in Schlettstadt geboren, 1474 erhielt er von Bischof Rudolf von Lavant zur den Auftrag Kreuzzugspredigt gegen den König von Böhmen. 1479 ernannte ihn Papst Sixtus IV. zum Inquisitor für Oberdeutschland. Als fanatischer Papstanhänger sah er seine Lebensaufgabe darin, vermeintliche Hexen zu bekämpfen. Zwischen 1484 und 1486 veranlaßte er die Hexenprozesse in den Diözesen Konstanz und Brixen, besonders in Innsbruck, wo er aber am Widerspruch Bischof Georg Golsers scheiterte. Unter Berufung auf die päpstliche Bulle „Summis desiderantes affectibus" von Innozenz VIII. (vom 5. Dezember 1484), die die kirchliche Rechtsgrundlage für die Inquisition „zauberischer" Personen darstellte, hatte Institoris einen Hexenprozeß in Innsbruck inszenieren wollen. Er erntete dabei nur Spott und Hohn, bis ihn der Bischof schließlich aus dem Land hinauskomplimentierte.
Bis zu seinem Tod im Jahr 1505 in Mähren übte Institoris das grausame Amt des Inquisitors unter anderem in Augsburg, Salzburg, Venedig und gegen die „Böhmischen Brüder" aus.
Sein Ordensbruder Sprenger wurde 1436 in Rheinfelden geboren. Nach seinem Klostereintritt lehrte er als Sententiar (Kommentator theologischer Lehrsätze) und Professor an der Universität Köln. Von 1472 bis 1488 war er Prior in Köln, seit 1481 war er auch zum Inquisitor für die drei bedeutenden Bistümer Mainz, Köln und Trier bestellt. Sprenger hatte ebenso wie Institoris großen Anteil an der Verbreitung der Hexenprozesse im ausgehenden Mittelalter. Er starb 1495 in Straßburg.
Der Hexenhammer ist kein selbständiges Werk der beiden Dominikaner sondern lediglich ein kasuistischer Kommentar zur sogenannten Hexenbulle des Papstes. In einer kurzen „Apologia", die sie ihrem Werk vorangestellt haben, betonen sie ausdrücklich, daß sie sich lediglich auf Kirchenväter, gelehrte Scholastiker und viele andere Gewährsmänner – neben der Bibel – berufen. Ihre Eigenleistung besteht demnach in einer systematischen Zusammenfassung des traditionsgebundenen Wissens über das Hexenwesen. Tatsächlich ist

der Hexenhammer ein zutiefst erschütternder Schlußstein der viele Jahrhunderte während Entwicklung des Aberglaubens an Hexenwerk und Zauberei.
Die „Apologie", eine Verteidigungsschrift, versucht allerdings den Eindruck zu erwecken, als entspreche der Hexenhammer ganz und gar der communio oppinio, der allgemeinen Ansicht dieser Zeit. Mit Sicherheit gab es im ausgehenden 15. Jahrhundert genügend Gegner der Inquisition, die nicht an das Hexenwesen glaubten. Umso energischer wollten die Autoren mit dem Hexenhammer gegen die Ketzerei zu Felde ziehen und die etwaigen Zweifler von der Existenz der verschiedenen „maleficia" (Schadenszauber) überzeugen.
Das Buch gliedert sich in drei umfangreiche Teile: Zunächst wird die Leugnung des Hexenglaubens als verwerfliche Ketzerei verurteilt. Außerdem bemühen sich die Verfasser mit Hilfe von Zitaten kirchlicher Autoritäten, die Mitwirkung des Teufels bei aller Hexerei zu beweisen, wobei die naturgegebene Anfälligkeit der Frauen hervorgehoben wird.
Der zweite Teil geht näher auf die Untaten der „Hexen" ein. Dabei können die Autoren auf ihre eigene inquisitorische Praxis zurückgreifen, die immerhin bereits 48 Frauen an den Hexenpfahl gebracht hatte.
Der dritte Teil dient schließlich als praktische Anleitung für weltliche und geistliche Hexenverfolger. Die bevorzugten Inquisitionsprozesse erfordern nach Vorstellung der beiden Dominikaner weder ein Anklageverfahren noch eine Verteidigung des verdächtigen Ketzers. Hierin geht der Hexenhammer noch über die Bulle Innozenz VIII. hinaus, was schon zeigt, daß Institoris und Sprenger ihre Aufgabe wohl sehr „gründlich" versehen haben: Zum einen wurden die damals viel diskutierten „Hexenfahrten" schlichtweg als Tatsache dargestellt, was das Papstdokument so nicht sanktioniert hatte. Zum anderen lehrten die beiden Verfasser in ihrem Buch, daß selbst bußfertige Ketzer, die ihren vermeintlichen Untaten abschwörten, dem Scheiterhaufen ausgeliefert werden sollten. Das kanonische Recht der Kirche verurteilte dagegen bußbereite, nicht rückfällig gewordene Ketzer zu lebenslanger Kerkerhaft, sie durften jedoch nicht verbrannt werden.
Bei aller fanatischen Überzeugung müssen Institoris und Sprenger doch die Kritik ihrer Zeitgenossen gefürchtet haben, vor der sie sich absichern wollten. Jedenfalls baten sie bei der Universität zu Köln um ein Gutachten ihres Hexenhammers. Der damalige Dekan, Lambertus de Monte, fällte allerdings ein äußerst reserviertes Urteil, das außerdem lediglich von vier weiteren Professoren der Alma Mater unterzeichnet wurde. Für ihr Ansehen genügte dieses Zertifikat den beiden Autoren keineswegs. Eine Lösung war schnell gefunden: Kurzerhand fälschte man ein zweites, günstigeres Gutachten und heftete es an den neu erscheinenden Hexenhammer – klugerweise jedoch nur an den Teil der Auflage, der nicht für Köln und Umgebung bestimmt war.

Der Handbuchcharakter des Hexenhammers zeitigte seine unheilvolle Wirkung: Zweieinhalb Jahrhunderte lang überlebte noch die Inquisition, war jede Kritik an der Hexenverfolgung selbstmörderisch. Der Historiker Hansen resümiert: „Aber zu der schonungslosen und unerbittlich konsequenten Brutalität dieser (des Hexenhammers) Vorgänger, ihrer an Stumpfsinn grenzenden aber mit theologischer Eitelkeit durchsetzten Dummheit tritt hier noch ein kaltblütiger und geschwätziger Zynismus, ein erbärmlicher und nichtswürdiger Hang zur Menschenquälerei, der beim Leser immer wieder den Grimm und die äußerste Erbitterung über die Väter dieser eklen Ausgeburt religiösen Wahns wachruft."

Des Hexenhammers erster Teil,

enthält dreierlei, was zur Hexentat gehört, nämlich den Dämon, den Hexer und die göttliche Zulassung.

OB ES ZAUBEREI GEBE

Ob die Behauptung, es gebe Hexen, so gut katholisch sei, daß die hartnäckige Verteidigung des Gegenteils durchaus für ketzerisch gelten müsse?

1. Es wird der Beweis geführt, daß es nicht gut katholisch sei, etwas derartiges zu behaupten. „Wer da glaubt, daß es möglich sei, daß ein Wesen in einen besseren oder schlechteren Zustand verwandelt oder in eine andere Gestalt oder in ein anderes Bildnis umgestaltet werde, außer vom Allschöpfer allein, der steht unter den Heiden und Ungläubigen." Wenn aber erzählt wird, daß derlei von Hexen gemacht werde, so ist das nicht gut katholisch, sondern ketzerisch.
2. Ferner: Es gibt keine zauberische Handlung auf Erden. Beweis: Gäbe es derartiges, dann geschähe es durch die Macht der Dämonen. Aber zu behaupten, daß Dämonen körperliche Umwandlungen bewirken oder verhindern können, erscheint als nicht gut katholisch, weil sie ja sonst die ganze Welt zerstören könnten.
3. Ferner: Jede Änderung des Körpers, Krankheit und Gesundheit, wird auf eine örtliche Bewegung zurückgeführt, was ersichtlich ist aus der Physik. Dazu gehört die Bewegung des Himmels vor allem: aber die Dämonen können diese nicht verändern. Der Brief des Dionys an Polycarp; weil dies Gott allein zusteht; daher ist klar, daß sie keine Veränderung, wenigstens keine wahre, an den Körpern bewirken können, und daß notwendigerweise derartige Verwandlungen auf irgend welche geheimen Ursachen zurückgeführt werden müssen.

4. Ferner: Wie das Werk Gottes stärker ist als das des Teufels, so auch seine Macht. Aber wenn es Zauberei in der Welt gäbe, so wäre ja das Werk des Teufels gegen die Macht Gottes. Wie es also töricht ist, zu meinen, die abergläubisch angenommene Macht des Teufels meistere das Werk Gottes, ebenso ist es unerlaubt, zu glauben, daß die Geschöpfe und Werke Gottes durch die Werke des Teufels verändert werden können, an Menschen wie an Tieren.
5. Ferner: Was körperlicher Kraft unterworfen ist, hat nicht die Kraft, auf körperliche Wesen einzuwirken. Die Dämonen aber sind den Kräften der Sterne unterworfen, was daraus ersichtlich ist, daß gewisse Beschwörer bei der Anrufung der Dämonen bestimmte Konstellationen beobachten. Daher haben sie keine Gewalt, irgendwie auf körperliche Wesen einzuwirken, und ebensowenig und noch viel weniger die Hexen.
6. Ferner handeln die Dämonen nur durch künstliche Mittel: aber diese können nicht wahre Gestalt verleihen; (daher heißt es „Die Meister der Alchymie mögen wissen, daß Gestalten nicht verwandelt werden können"), daher können auch die Dämonen, welche mit künstlichen Mitteln arbeiten, wahre Eigenschaften der Gesundheit oder Krankheit nicht schaffen, sondern wenn diese wirklich eintreten, so haben sie irgend eine andere, verborgene Ursache, ohne Einwirkung der Dämonen und Hexen.
Dagegen aber: Decret: XXXIII, 9, 1: „Wenn durch Zauber- und Hexenkünste bisweilen mit heimlicher Zulassung von Gottes gerechtem Urteile und unter Beihilfe des Satans etc." Es handelt sich da um die Verhinderung der ehelichen Pflichten durch Hexen, wozu dreierlei nötig sei, eine Hexe, der Teufel und die Zulassung Gottes.
Ferner kann das Stärkere einwirken auf das weniger Starke: aber die Kraft der Dämonen ist stärker als jede körperliche Kraft: Job 41: ‚Es gibt keine Macht auf Erden, die ihm verglichen werden kann; er ist geschaffen, daß er niemanden fürchte.'
Antwort. Hier sind drei ketzerische Irrlehren zu bekämpfen, nach deren Zurückweisung die Wahrheit ersichtlich sein wird. Einige nämlich haben nach der Lehre des Heiligen Thomas, wo er von der Hexenhinderung spricht, zu behaupten versucht, es gebe auf Erden keine Zauberei; sie lebe nur in der Vorstellung der Menschen, die natürliche Erscheinungen, deren Ursachen verborgen sind, den Hexen zuschrieben. Andere geben zu, daß es Hexen gibt, daß sie aber nur in der Einbildung und Phantasie bei den Hexentaten mitwirken noch andere behaupten, die Hexenkünste seien überhaupt Phantasie und Einbildung, mag auch ein Dämon wirklich mit einer Hexe zu tun haben.
Ihre Irrtümer werden wie folgt gezeigt und zurückgewiesen. Die Ersteren nämlich werden überhaupt als Ketzer gekennzeichnet durch die Gelehrten, besonders durch den Heiligen Thomas, und zwar in corpore, da er sagt, solche Ansicht sei durchaus wider die gewichtigen Lehren der Heiligen und

wurzele im Unglauben, weil die Autorität der Heiligen Schrift sagt, daß die Dämonen Macht haben über die Körperwelt und über die Einbildung der Menschen, wenn es von Gott zugelassen wird, wie aus vielen Stellen der Heiligen Schrift ersichtlich. Die also sagen, es gebe kein Hexenwerk in der Welt, außer in der Vorstellung der Menschen; auch nicht glauben, daß es Dämonen gebe, außer in der Vorstellung allein des großen Haufen, so daß der Mensch die Irrtümer, die er sich selbst macht, nach ihrer Meinung den Dämonen aufbürde; und daß schon aus starker Einbildung gewisse Gestalten im Sinne erscheinen, so, wie der Mensch denkt, daß wir Dämonen oder auch Hexen bloß zu sehen meinen; und da dies dem wahren Glauben widerstreitet, nach dem wir glauben, daß Engel aus dem Himmel gestoßen und Dämonen geworden seien, deshalb gestehen wir auch, daß sie durch größere Kraft ihrer Natur vieles vermögen, was wir nicht können; und jene, die sie zu solchen Taten bringen, heißen Zauberer. So heißt es dort. Weil aber Ungläubigkeit an einem Getauften Ketzerei heißt, deshalb werden solche der Ketzerei bezichtigt.

Die andern beiden Irrlehren, die die Dämonen und ihre natürliche Macht zwar nicht leugnen, aber unter sich bezüglich der Hexentat und der Hexe selbst uneinig sind, insofern die einen zugeben, daß die Hexe wirklich zur Erzielung einer Wirkung mit tätig sei, aber nicht bei einer wahren, sondern nur eingebildeten; während die anderen im Gegenteil die Wirkung an Verletzten als tatsächlich zugeben, aber glauben, daß die Hexe nur in der Vorstellung mitwirke – diese beiden Irrlehren haben ihre Grundlage genommen aus zwei Stellen des Canones, Episcop. XXVI, 5, wo zuerst die Weiber getadelt werden, welche glauben, sie ritten nächtlicher Weile mit der Diana oder der Herodias. Man sehe den Canon an der Stelle. Und weil derartiges oft nur in der Phantasie und der Einbildung geschehe, so meinen jene irrtümlicherweise, es sei ebenso mit allen anderen Handlungen.

Zweitens, weil dort steht, daß, wer glaubt oder lehrt, es sei möglich, daß irgend eine Kreatur in einen bessern oder schlechteren Zustand verwandelt oder in eine andere Gestalt oder in ein anderes Bildnis umgestaltet werde außer vom Allschöpfer allein, ein Ungläubiger sei und unter den Heiden stehe, deshalb also, weil es dort heißt „oder in einen schlechteren Zustand verwandelt werde", sagen sie, jene Handlung am Behexten sei nicht wirklich, sondern nur Phantasiegebilde.

Daß aber diese Irrtümer nach Ketzerei riechen und gegen den gesunden Sinn des Canon verstoßen, wird gezeigt zunächst aus dem göttlichen, sodann aus dem kirchlichen und bürgerlichen Rechte; und dies zwar im allgemeinen; dann in besonderen durch Erklärung der Worte des Canon. Das göttliche Recht nämlich schreibt an vielen Punkten vor, daß man die Hexen nicht nur fliehe, sondern auch töte. Solche Strafen würde es aber nicht eingesetzt haben, wenn jene nicht in Wahrheit und zu wirklichen Taten und Schädigungen mit den Dämonen sich verbündeten. Denn körperlicher Tod wird nur

herbeigeführt durch körperliche, schwere Sünde, während der seelische Tod eintreten kann infolge von phantastischer Vorstellung oder auch Versuchung. Das ist die Ansicht des Heiligen Thomas, in der Frage, ob es Sünde sei, der Hilfe der Dämonen sich zu bedienen? In Deuteronomium 18 wird befohlen, alle Hexer und Beschwörer zu töten. In Levitikus 19 heißt es: „Wessen Seele sich zu Magiern und Wahrsagern neigte und mit ihnen hurte, gegen die will ich mein Antlitz erheben und will sie vertilgen aus der Schar meines Volkes." Ebenso 20: „Ein Mann oder Weib, in denen ein pythonischer oder göttlicher Geist war, soll sterben; mit Steinwürfen soll man sie töten." (Pythonen heißen solche, an denen ein Dämon wunderbare Taten vollbringt.) ...
Aber auch aus dem bürgerlichen Rechte ist dies ersichtlich. Denn Azo sagt: „Es ist zu wissen, daß alle diejenigen, welche das Volk Hexer nennt, und auch diejenigen, welche sich auf die Wahrsagekunst verstehen, die Todesstrafe verwirkt haben". Ebenso geben sie die Strafe an. Diese Gesetze nämlich lauten so: „Niemandem ist es erlaubt, zu weissagen; andernfalls wird an ihm das rächende Schwert die Todesstrafe vollziehen;" und es heißt weiter: „Es sind auch welche, die mit Zauberkunst dem Leben der Frommen nachstellen, auch die Herzen der Weiber zur bösen Lust verführen; diese werden den wilden Tieren preisgegeben". Es bestimmen auch die Gesetze, daß sie anzuklagen jeder zugelassen wird, wie auch der Canon sagt. Daher heißt es ebendort: „Zu solcher Anklage wird jeder zugelassen, wie bei einer Anschuldigung wegen Majestätsbeleidigung." Denn sie verletzen ja gewissermaßen die göttliche Majestät selbst. Ebenso sollen sie den Untersuchungen zur Ausforschung unterworfen sein: auch jeder beliebige, ohne Ansehung der Würde, wird der Untersuchung unterworfen, und wer überführt wird, oder wer seine Tat leugnet, der sei den Folterknecht übergeben; sein Leib werde zerfleischt von der „Kralle" und so büße er die seiner Tat entsprechende Strafe.
Man bemerke, daß solche einst zwiefache Strafe erlitten, Todesstrafe und Zerfleischung des Lebens durch die „Kralle" oder dadurch, daß man sie zur Verschlingung den Bestien vorwarf; jetzt aber werden sie verbrannt, weil es Weiber sind.
Ebenso ist Teilnahme verboten. Daher wird hinzugefügt, „Aber auch sollen solche Leute weder die Schwelle eines anderen betreten dürfen; sonst sollen ihre Güter verbrannt werden; noch soll jemand sie aufnehmen und beraten; sonst werden sie nach einer Insel geschafft und alle Güter konfisziert." Hier wird Exil samt Verlust der ganzen Habe als Strafe festgesetzt, wer solche Leute beratet oder aufnimmt. Wo die Prediger solche Strafen den Völkern und Herrschern der Erde kund tun, schaffen sie mehr gegen die Hexen als durch andere Anführungen aus den Schriften.
Außerdem werden durch die Gesetze auch die empfohlen, die den Hexentaten jener entgegen arbeiten. Daher: „Andere aber, welche bewirken, daß die Werke der Menschen nicht von Windsturm und Hagelschlag betroffen

werden, verdienen nicht Strafe, sondern Belohnung." Wie es aber erlaubt sei, derlei zu verhindern, wird weiter unten auseinander gesetzt werden, wie früher gesagt ist. Aber alles dies zu leugnen oder in frivoler Weise jenen zu widersprechen – wie kann dies dem Vorwurf der Ketzerei entgehen? Ein jeder möge entscheiden, ob ihn vielleicht seine Unkenntnis entschuldigt; welche Unkenntnis aber entschuldigt, wird sofort weiter unten klar werden.

Aus allen Prämissen ist zu schließen, daß die Behauptung gut katholisch und sehr wahr ist, daß es Hexen gibt, welche mit Hilfe der Dämonen, kraft ihres mit diesen geschlossenen Paktes, mit Zulassung Gottes wirkliche Hexenkünste vollbringen können, ohne auszuschließen, daß sie auch Gaukeleien und Phantasiestückchen durch Gaukelkünste zu vollbringen imstande sind. Aber weil die gegenwärtige Untersuchung sich auf die wahren Hexenkünste erstreckt, die sich von den andern sehr bedeutend unterscheiden, so gehört das nicht zur Sache; denn solche Leute nennt man besser Weissager und Zauberer als Hexen.

Von den Geheimnissen der Alchemie

Gabir Ibn Hayyan as-Sufi – Der „Geber"

Den Arabern ist es zu verdanken, daß nach dem Zusammenbruch der antiken Welt die meisten naturwissenschaftlichen Erkenntnisse der alten Lehrer und Forscher nicht verloren gegangen sind. Sie nahmen die überlieferten Weisheiten auf und reicherten sie mit eigenen Gedanken und Untersuchungen an. Überall, wohin der Islam vordrang, errichteten die arabischen Herrscher neue Universitäten. In ihren Bibliotheken wurde alles gesammelt, übersetzt und geordnet, was man an wissenschaftlichen Schriften des griechischen Altertums erhalten konnte. Unter diesen günstigen Verhältnissen wirkten verschiedene bedeutende Forscher. Einer von ihnen war Gabir ibn Hayyan as-Sufi. Er gilt unumstritten als größter Alchemist der Araber und vielleicht des Mittelalters überhaupt. Manche bezeichnen ihn sogar als „Vater der Alchemie".

Durch die lateinische Verdrehung seines Namens in den abendländischen Schriften ist der berühmte Gelehrte meist als „Geber„ bekannt. Über die Person und das Werk dieses Mannes gehen die Meinungen heute auseinander. Er lebte und arbeitete vermutlich in dem mesopotamischen Ort Kufa und die Blüte seines Schaffens dürfte um das Jahr 776 anzusetzen sein. Einige Historiker sind überzeugt, „Geber", der Sohn eines Drogisten, habe von 702 bis 765 gelebt. Er galt als Schüler eines Prinzen der mächtige Omaijaden-Dynastie, der sich mit dem Studium der Alchemie befaßte. Gabir alias „Geber" führte den Beinamen as-Sufi („der Mönch"), doch stammt diese Bezeichnung offenbar erst aus späterer Zeit.

An der Hochschule von Sevilla soll er als Lehrer gearbeitet haben. Seine Schriften kennt man nur in alten lateinischen Übersetzungen. Es ist aber schwer zu entscheiden, ob alle ihm zugeschriebenen Bücher wirklich von ihm selbst verfaßt worden sind. Sicher ist nur, daß sie schon im 13. Jahrhundert in derselben Form vorhanden waren, wie wir sie jetzt vorliegen haben.

Diese Tatsache hat in der Forschung Anlaß dazu gegeben, die „Geber"-Schriften einem lateinischschreibenden, anonymen Verfasser des Hochmittelalters zuzuschreiben. Dieser soll entweder in Spanien oder in Süditalien tätig gewesen sein.

Die Dunkelheit, die über der Persönlichkeit des „Geber" und der Entstehung seiner Schriften liegt, kann auch gegenwärtig nicht erhellt werden. Jahrhundertelang, bis in die neuere Zeit, wurden die Werke „Gebers" nichtsdestoweniger als besonders herausragende Zeugnisse des alchemistischen Schrifttums angesehen und als Lehrbücher gelesen und weiterverbreitet.

Die Handschriften der arabisch-moslemischen Alchemisten sind nicht nur in den großen europäischen Bibliotheken, sondern auch in allen Ländern des islamischen Raumes sowie in Indien zu suchen. Gerade im Orient ruhen noch viele ungehobene Schätze unter dem Staub der Bibliotheken und Sammlungen.

Das Wissen „Gebers" auf dem Gebiet der Chemie war bedeutend umfassender als das seiner Vorgänger. In seinen Werken sind zahlreiche Präparate und Verbindungen erwähnt, die man in früheren Zeiten nicht gekannt hatte. Aber dieses ganze Wissen war doch nur erreicht als ein zufälliger Gewinn durch die Versuche, die unedlen Metalle in Gold und Silber zu verwandeln. Die größte Bedeutung hat „Geber" gerade durch seine Lehre von der Zusammensetzung der Metalle erhalten, welche die Möglichkeit ihrer Verwandlung erklären sollte. Nach seiner Auffassung bestehen alle zusammengesetzten Körper, insbesondere die Metalle, aus zwei Grundstoffen, dem Schwefel und dem Quecksilber. Der Grundstoff Schwefel ist dabei der Träger aller Eigenschaften, die sich durch das Feuer verändern lassen, Quecksilber dagegen der Träger der eigentlich metallischen Eigenschaften, wie etwa des Glanzes und der Schmelzbarkeit. Die verschiedenen Körper unterscheiden sich nur dadurch voneinander, daß sie verschiedene Mengen an Schwefel und Quecksilber enthalten. Nach dieser Lehre fiel es nicht schwer, die Metallverwandlungen zu erklären und Regeln dafür aufzustellen.

„Geber" und seinen Nachfolgern ist es nicht nur gelungen, eine Unzahl chemischer Verbindungen darzustellen, sie entwickelten auch die wichtigsten der noch heute angewandten chemischen Verfahren.

Summa perfectionis magisterii
Die Lehre von der hohen Kunst der Metallveredlung

[Vorrede]

All unser Wissen, das wir aus den Büchern der Alten verschiedentlich zusammengetragen und in abgekürzter Form in unseren Bänden niedergelegt haben, fassen wir hier zu einem Werk zusammen. Was in unseren anderen Büchern nur kurz behandelt ist, haben wir in dieser Ausgabe hinreichend ausgeführt und ergänzt; und manches, das wir früher verhüllten, haben wir hier jetzt klar und deutlich dargestellt, um den Gelehrten diesen hervorragenden und vornehmen Teil der Philosophie zu erschließen.
Du sollst nämlich wissen, lieber Sohn, daß in diesem Werke die ganze Ausübung unserer Kunst, in umfassenden Kapiteln, ohne irgendwelche Einschränkung, ausführlich erörtert wird. Bei Gott! wer nach diesem Buche arbeitet, der wird mit Freude zum wahren Ziele unserer Kunst gelangen.
Wisse aber, mein Lieber, daß man von dieser Kunst weit entfernt ist, wenn man nicht die natürlichen Urstoffe kennt; denn man hat dann nicht die wahre Grundlage, auf der man seinen Arbeitsplan gründen kann. Und wenn auch einer diese Urstoffe und den Ursprung der Mineralien kennt, so hat er doch noch nicht das wahre, nützliche Ziel unserer höchst geheimnisvollen Kunst erreicht. Immerhin ist ihm ihr eigentliches, innerstes Wesen leichter zugänglich als manchem anderen, dem Dummheit den Blick dafür trübt. Wer aber die Grundstoffe, den Ursprung und die Entstehungsweise der Mineralien kennt, wie sie nach dem Plane der Natur festgesetzt ist, der ist der Erfüllung des Werkes (der Veredlung) nahe, durch die unsere Wissenschaft erst ihr eigentliches Ziel findet.
Die Kunst kann allerdings die Natur nicht in ihrem ganzen Schaffen nachahmen, sondern sie tut es, so gut es eben möglich ist.
Wir offenbaren dir, lieber Sohn, dieses Geheimnis, weil die Künstler in dem Punkte irren, daß sie die Natur in allen einzelnen Eigentümlichkeiten ihres Wirkens nachahmen wollen. Arbeite also und studiere in unseren Büchern, und bemühe dich, recht oft darüber nachzudenken, damit du den wahren Sinn meiner Lehren erfassest. Du wirst dann in ihnen eine Grundlage für deine eigenen Gedanken finden und wirst lernen, dich von Irrtümern freizumachen und so durch deine kunstfertige Arbeit der Natur nahezukommen.
Ich will dir nun zunächst kurz die Schwierigkeiten zeigen, durch die der

Künstler bei seiner Arbeit und bei der Erreichung seines eigentlichen Zieles behindert wird. Ferner will ich die Ignoranten und Sophisten bekämpfen, die infolge ihrer Unwissenheit und Unfähigkeit unsere Kunst leugnen und behaupten, daß sie nicht existiere. Ich will ihre Gründe anführen und sie dann ganz klar und scharf widerlegen, und zwar so, daß alle Verständigen ganz deutlich sehen werden, daß an den Argumenten jener Sophisten nichts Wahres ist. Drittens will ich über die natürlichen Grundstoffe sprechen, über die Art und Weise ihrer Entstehung und Mischung, und über ihre Wirkungen – nach den Ansichten der alten Philosophen. Viertens will ich berichten, wie wir diese Stoffe für unser Werk anwenden und wie wir sie nach dem Vorbild der Natur vermischen und verändern.

Über Hindernisse, die sich bei der Ausführung der Arbeiten zeigen

Es gibt zwei Hindernisse, die unsere Arbeit stören: zunächst natürliche Unfähigkeit und das Fehlen der nötigen persönlichen Eigenschaften. Oder auch andere Beschäftigungen und Arbeiten. Die natürliche Unfähigkeit ist verschiedener, und zwar körperlicher oder geistiger Art. Der Körper kann schwach sein oder von Grund aus verdorben. Die geistige Unfähigkeit kann ebenfalls verschiedener Natur sein. Entweder der Geist ist gestört, wie bei Narren und Einfältigen; oder der Geist ist phantastisch und für entgegengesetzte Dinge in übertriebener Weise empfänglich und springt plötzlich von einer wissenswerten Sache zur anderen und dementsprechend von einem Gebiet zu einem ganz entgegengesetzten.
Ich habe dir die Hindernisse, die sich bei unserer Arbeit zeigen, schon im allgemeinen auseinandergesetzt und komme nun in diesem Kapitel auf die Einzelheiten zu sprechen, indem ich dir alle diese Hindernisse ausführlich aufzähle. Ich sage also, wer nicht seine gesunden Glieder hat, wer blind oder verstümmelt ist, wer schwach und krank ist, wer Fieber hat oder den Aussatz, wer altersschwach ist oder dem Tod nahe, der kann es bei unserer Arbeit zu nichts bringen.
Ich komme nun kurz auf die Hindernisse in geistiger Beziehung zu sprechen und sage: Wer keine natürliche Veranlagung hat und keinen Geist, der in die Natur und ihre Gesetze mit scharfem Blick eindringt, und wer nicht imstande ist, die Natur in ihrer Tätigkeit zu belauschen, der kann die wahre Wurzel unserer höchst wertvollen Wissenschaft nicht erlangen. So gibt es viele Hohlköpfe, ohne die nötige Vernunft für Forschungen, ja solche, die kaum das einfachste Wort begreifen und die gewöhnlichsten Arbeiten nur mit Mühe erlernen. Viele andere haben einen phantastischen Sinn. Wenn sie glauben, sie hätten etwas Rechtes gefunden, so ist es nichts als phantastisches Zeug, jeder Vernunft bar und voll von Irrtümern und weit entfernt von allem Natürlichen. Ihr Kopf ist so voll von Phantasien und Hirngespinsten, daß sie das Wahre und Natürliche nicht begreifen. Andere wieder haben einen

bewegten Geist, kommen von einer Ansicht zur anderen, von einem Vorsatz zum anderen, wollen und glauben dieses und jenes, ohne feste Grundlage und Vernunft, so daß sie höchstens einen kleinen Teil ihrer Pläne verwirklichen können und das meiste unfertig liegenlassen. Manche andere wieder sind so unfähig, natürliche Dinge und Wahrheiten zu verstehen, wie Tiere, Einfältige oder kleine Kinder. Wieder andere verachten die Wissenschaft und meinen, sie existiere gar nicht. Solche Leute werden aber gerade so von der Wissenschaft verachtet und von den Ergebnissen unseres Werkes ferngehalten. Manche andere sind die Sklaven ihres Geldes und ihres Geizes. Sie möchten zwar unsere Kunst erlangen und sie arbeiten auch, aber sie scheuen die Geldausgaben. Sie schätzen also die Wissenschaft und treiben ihre Forschungen ganz vernünftig, kommen aber doch zu keinem Ergebnis aus Geiz und Habsucht. Solchen Leuten bleibt unsere Wissenschaft verschlossen.

In den vorhergehenden Kapiteln habe ich die Schwierigkeiten besprochen, die bei der Erlangung unserer Kunst hinderlich sind, und zwar solche Schwierigkeiten, die in der Natur des Künstlers selbst liegen. Es bleibt nur noch übrig, von solchen Hindernissen zu sprechen, die durch äußere Gründe und unglückliche Umstände verursacht sind. Man sieht manche kluge Leute, die sich in den Naturwirkungen gut auskennen, sie nach Möglichkeit erforschen und in ernster, sachlicher Weise alle Naturerscheinungen zu ergründen suchen, die unter dem Kreislauf des Mondes vorkommen. Aber sie sind durch große Armut bedrückt und in ihren Ausgaben so beschränkt, daß sie unser herrliches Werk vernachlässigen müssen. Es gibt ferner vorwitzige Menschen, die sich mit nichtigen weltlichen Dingen, Sorgen und Geschäften abgeben. Solche Leute meidet unsere kostbare Wissenschaft. Das sind also die Hindernisse bei unserer Kunst.

Aus dem oben Gesagten können wir den Schluß ziehen, daß man in der Philosophie und Naturlehre bewandert sein muß, wenn man in unserer Kunst sich betätigen will. Man kann noch soviel Geld haben, tiefen Geist und Forschungseifer: wenn man die Lehren der Philosophie nicht beherrscht, bringt man es doch zu nichts. Denn wo die angeborene natürliche Vernunft nicht genügt, kommen die Lehren der Wissenschaft zu Hilfe. Der Gelehrte muß ferner Fleiß und Forschungseifer besitzen, denn wenn er auch noch soviel Gelehrsamkeit hat: ohne den nötigen Fleiß sind ihm die Früchte der Erkenntnis versagt. Manchen Irrtum, dem man mit der Wissenschaft allein nicht beikommen kann, kann man durch fleißige Arbeit rasch verbessern. Manchem anderen Fehler wieder, den man trotz allen Fleißes nicht vermeiden kann, hilft die Wissenschaft ab. So ergänzen sich Theorie und Praxis. Der Forscher soll ferner festen Willen und Beständigkeit bei der Arbeit haben und nicht heute dies, morgen jenes versuchen. Denn nicht in der Vielheit der Dinge besteht unsere Kunst: es gibt nur einen Stein, eine Medizin *(Medizin, medicina ist das Mittel, die Medizin, mit der die „unvollkommenen", „mangelhaften", sozusagen kranken Metalle und das Quecksilber, das Geber nicht zu den*

Metallen zählt, veredelt, sozusagen gesund gemacht werden), auf denen das Magisterium beruht. Keine fremde Substanz darf man hinzufügen, keine wegnehmen, abgesehen von dem, was bei der Präparierung als überflüssig entfernt wird. Man muß auch emsig bei der Arbeit sein, damit das Werk nicht unvollständig bleibt. Man hat sonst keinen Gewinn für die Wissenschaft und keinen Nutzen davon, sondern nur Schaden und Hoffnungslosigkeit. Man muß natürlich die Prinzipien und grundlegenden Tatsachen beherrschen, die das Wesen unserer Wissenschaft ausmachen. Denn wer die Anfangsgründe nicht kennt, kann das Ende nicht finden. Ich will dir nun diese hauptsächlichen Tatsachen ausführlich darlegen, klar und deutlich genug für verständige Leute, wie es für unsere Kunst erforderlich ist.
Der Forscher soll ein ruhiges Temperament haben und nicht leicht zornig werden, damit er nicht plötzlich einmal einen Wutanfall bekommt und seine angefangene Arbeit in ein Eck wirft und zerstört. Man soll auch sein Geld zusammenhalten und es nicht unnütz ausgeben; sonst ist man später in Armut und Verzweiflung, falls man die Kunst nicht erlangt hat; oder man ist durch fleißige Arbeit schon dem hohen Ziel nahe und muß doch aus Armut darauf verzichten, da die Geldmittel erschöpft sind. Ich sage daher, daß solche Leute traurig zugrunde gehen, die ihr Vermögen für unnütze Dinge verschwenden und auf die edelste Wissenschaft, die sie schon fast erforscht haben, verzichten müssen. Verschwende also dein Vermögen nicht. Wenn du auf unsere Worte recht achtest, kannst du ohne zu große Ausgaben zum wahren Ziele unserer Kunst kommen. Wenn du also dein Geld verlierst, weil du die Warnungen, die ich klar und deutlich in diesem Buch ausspreche, nicht beachtest, so mache mir keine Vorwürfe, sondern schreibe es deiner Dummheit und Verschwendung zu. Für arme und bedürftige Leute ist allerdings unsere Wissenschaft nichts. Es soll sich ferner keiner bestreben, zu einem sophistischen Ziel bei unserer Arbeit zu kommen, sondern man sei nur bedacht, es rechtschaffen dabei zu etwas zu bringen. Unsere Kunst ist ja in Gottes Hand. Er spendet sie und entzieht sie nach seinem Willen, der da glorreich ist, gewaltig, allgerecht und allgütig! Er könnte ja zur Strafe für dein sophistisches Bemühen dir die Kunst entziehen, er könnte dich in dunkles Irren stoßen, in Unglück und ewiges Elend. Der ist zu beklagen und unglücklich, dem Gott am Ende seines Wirkens und Schaffens den Anblick der Wahrheit versagt: Er verbringt und beschließt sein Leben im Irrtum. Er ist mit unaufhörlicher Arbeit geplagt, von jedem Mißgeschick und Unglück verfolgt, ihm sind alle Tröstungen, alle Freuden, alle Vergnügungen dieser Welt versagt, und er hat ein trauriges und nutzloses Dasein. Bemühe dich auch bei der Arbeit, dir alle Erscheinungen, die bei irgendeinem chemischen Vorgang auftreten, ins Gedächtnis einzuprägen und über ihre Ursachen nachzuforschen. Das sind also die Eigenschaften, die ein für unsere Kunst geeigneter Forscher haben soll. Wem eine oder die andere der erwähnten Eigenschaften fehlt, der wird es in unserer Kunst nicht weit bringen.

KRITIK UND WIDERLEGUNG GEGNERISCHER ANSICHTEN

Nachdem ich im vorhergehenden alle Schwierigkeiten besprochen habe, die bei unserem Werk in Frage kommen, und gezeigt habe, wie man unsere Kunst richtig betreiben soll, bleibt mir noch übrig, meine Meinung über die Sophisten und Ignoranten zu sagen. Ich will ihre Ansichten darlegen und allen verständigen Leuten klar und deutlich beweisen, daß nichts Wahres daran ist.

Es gibt manche Leute, die unsere Kunst leugnen und verdammen. Die einen behaupten ganz einfach, unsere Kunst existiere gar nicht, und begründen ihre Meinung folgendermaßen: Von den Dingen gibt es verschiedene Arten, weil die Grundstoffe in ihnen nach verschiedenen Proportionen verteilt sind. Ein Esel sieht anders aus wie ein Mensch, weil in ihm die Grundstoffe in anderen Proportionen angeordnet sind. So verhält es sich auch mit den Verschiedenheiten der übrigen Dinge, also auch mit den Verschiedenheiten der Mineralien. Da wir nun die Mischungsverhältnisse der Grundstoffe, durch welche die Form und Art des Körpers bedingt sind, nicht kennen, wie sollten wir dann etwas Zusammengesetztes darstellen können? Wir kennen aber die wirkliche Proportion nicht, nach der die Grundbestandteile im Gold und Silber angeordnet sind, können also auch nicht imstande sein, die Grundstoffe so anzuordnen, daß Gold und Silber entstehen.

Hieraus schließen sie, unsere Kunst sei nutzlos und unmöglich. Sie bringen noch andere Gründe, um unsere Wissenschaft zu vernichten, und sagen z. B.: Gesetzt den Fall, man kennte die Proportion, nach der die Grundstoffe (in den Metallen) angeordnet sind, so kennt man doch nicht die Art und Weise der Mischung, da die Natur sie in Höhlen, Erzadern und an unzugänglichen Stellen der Erde bewerkstelligt. Da wir also die Art und Weise der Mischung der Grundstoffe (in den Metallen) nicht kennen, so sind wir auch nicht imstande, diese Mischung (künstlich) herzustellen. Sie argumentieren weiter: Gesetzt den Fall, es wäre die Art der Mischung genügend bekannt, so wäre man doch nicht imstande, den richtigen Wärmegrad zu treffen, bei dem die Sache gelingt. Die Natur wendet nämlich bei der Bildung der Metalle eine bestimmte Wärme an, deren Maß wir aber nicht kennen, ebensowenig wie andere Kräfte, mit denen die Natur ihr Werk vollbringt. Ohne Kenntnis derselben kennen wir auch die Arbeitsmethoden nicht, die wir anwenden müßten. Man bringt auch Gegenbeweise aus der Erfahrung und sagt: Die Gelehrten durchforschen diese Wissenschaft schon so lange, daß sie dieselbe schon tausendmal gefunden hätten, wenn es überhaupt möglich wäre, sie auf irgendeinem Wege zu erlangen. Da wir ferner in den Büchern der Philosophen, die diese Wissenschaft behandeln, die Wahrheit nicht finden, so ist es ganz klar, daß diese Wissenschaft überhaupt nicht existiert. Auch viele Fürsten dieser Welt, die unbegrenzte Mittel und eine Menge Gelehrte zur Verfügung hatten, hätten gern diese Kunst erlangt, ohne daß es ihnen gelungen wäre. Das ist doch ein genügender Beweis dafür, daß es mit dieser Kunst nichts ist. Noch ein Argument: Wir können der Natur auch darin nicht folgen, wie sie durch feine Unterschiede in der Zusammensetzung verschiedene Gattungen schafft. Wir können keinen Esel künstlich herstellen und auch keine anderen Wesen, obgleich die Stoffe, aus denen sie zusammengesetzt sind, für uns doch ziemlich erkennbar sind. Wir sind also noch viel weniger imstande, die Mischung der Metalle fertigzubringen, die uns tief verborgen ist. Dies zeigt sich in der Schwierigkeit der Loslösung der Urstoffe aus den Metallen. Man hat auch noch nicht erlebt, daß aus einem Ochsen eine Ziege geworden ist, oder daß sonst eine Gattung künstlich in eine andere übergeführt wurde. Wie sollte man also wagen können, die Metalle, die ja auch je nach ihrer Art voneinander verschieden sind, zu verwandeln und eine Art aus einer anderen herzustellen? Das kommt uns absurd und naturwidrig vor. Übrigens braucht die Natur Tausende von Jahren für die Schaffung der Metalle. Wie solltest du Jahrtausende bei deinen Versuchen, Metall umzuwandeln ausdauern können, der du kaum hundert Jahre erreichst! Man könnte erwidern, was die Natur in sehr großen Zeiträumen erreicht, machen wir künstlich in kurzer Zeit, denn man kann künstlich die Mängel der Natur in vielen Punkten verbessern. Wir behaupten aber, daß auch dies unmöglich ist und ganz besonders bei den Metallen, welche empfindliche Substanzen sind. Sie müssen mäßig erhitzt werden, damit die ihnen eigene Feuchtigkeit sich verdichtet, sich nicht verflüchtigt und die Metalle ganz ohne Feuchtigkeit zurückläßt, die jenen ihre Festigkeit und Dehnbarkeit verleiht. Wollte man also kürzer erwärmen, als wie es in der Natur geschieht, und künstlich die Dauer der Kochung, wie sie in der Natur vor sich geht, abkürzen, so müßte man eine außerordentliche Hitze anwenden, die nicht in geeigneter Weise einwirken, sondern vielmehr die Feuchtigkeit aus den Substanzen entfernen würde. Nur eine mäßige Wärme vermag die Feuchtigkeit zu verdikken und die Mischung zu bewirken, nicht aber eine übertriebene Hitze. Ferner wird alles Sein und alle Vollendung von den Gestirnen beeinflußt. Diese in erster Linie bewirken Veredlung und Verschlechterung der Metalle, das Werden und Vergehen, das Sein und Nichtsein der Arten. Dies geschieht aber plötzlich und in dem Augenblick, da ein Stern oder mehrere in ihrem Lauf in eine ganz bestimmte Stellung am Firmament gelangen, von der aus alles Werden bestimmt wird. Denn jedes Ding verdankt sein Wesen einer bestimmten Stellung der Gestirne, und es kommt nicht nur auf eine einzige Stellung an, sondern auf mehrere, die untereinander verschieden sind, wie auch ihre Wirkungen verschieden sind. Diese Verschiedenheiten kennen wir aber nicht, weil sie unbegrenzt sind und uns unbekannt. Wie solltest du also diesen Mangel bei deiner Arbeit ersetzen, der von der Unkenntnis der Verschiedenheiten in den Stellungen und der Bewegung der Gestirne herrührt? Und wenn du auch die bestimmte Lage der Gestirne kenntest, von der die

Veredlung der Metalle abhängt, so könntest du doch dein Werk nicht durchführen, wie du es vorhast. Die künstliche Darstellung kann ja nicht in einem Augenblick geschehen, sondern allmählich. Die Schöpfung kann also nicht gelingen, da sie nicht in einem Augenblick geschieht. Es ist auch ein Naturgesetz, daß Zerstören leichter ist als Aufbauen. Wir sind nun kaum imstande, das Gold zu zerstören, wie sollten wir wagen, es künstlich herzustellen? Mit solchen sophistischen Argumenten, und anderen, die noch weniger taugen, glaubt man unsere göttliche Kunst zu vernichten. Das sind also die Meinungen und Argumente der Sophisten, die unsere Kunst leugnen. Auf diese Ansichten und Einwürfe unserer Gegner werde ich im folgenden näher eingehen und die richtigen Ansichten darlegen.

Es ist unmöglich und unnötig, die Natur künstlich in allen Einzelheiten nachzuahmen

Ich sage nun: Die Grundstoffe, mit denen die Natur schafft, sind fest und widerstandsfähig miteinander verbunden (z.B. in den Metallen). Diese Grundstoffe sind, wie manche Philosophen sagen, der Schwefel und das Quecksilber. Sie sind (in den Metallen) so fest verbunden, daß man sie schwer loslösen kann. Die Verdichtung und Verhärtung ist so stark, daß man sie (d.h. die Metalle, die aus diesen Grundstoffen bestehen) mit dem Hammer bearbeiten und dehnen kann, ohne sie zu zerbrechen. Dies hat seine Ursache nur darin, daß das Feuchte und Zähflüssige in ihrer Mischung, durch langsame, andauernde Verdichtung und Kochung, bei mäßiger Wärme in der Erde, nicht zerstört, sondern erhalten wurde. Ich will dir eine allgemeine Regel mitteilen: Es verdickt sich eine feuchte Substanz erst, nachdem sich die feinsten Teilchen verflüchtigt haben und die gröberen Teilchen zurückgeblieben sind. Die Feuchtigkeit kann die trockenen Teile überwiegen, oder trockene und feuchte Teile können in gleichmäßiger Mischung vorhanden sein. Der Ausgleich zwischen den feuchten und den trockenen, sowie die Entstehung einer einheitlichen und reinen Substanz, die nicht zu hart und nicht zu weich ist und die durch Schlagen sich dehnt, geschieht nur durch andauernde, innige Mischung von feuchtflüssigen und von feinen festen Teilen, bis Feuchtes und Trockenes eins werden. Dies geschieht aber nicht rasch, sondern allmählich in Jahrtausenden, und zwar deshalb, weil die Grundstoffe einheitlich sind. Würde nun ihre überschüssige Feuchtigkeit plötzlich abgespalten, so würden zugleich mit ihr auch die trockenen Bestandteile losgelöst werden, und es würde sich die ganze Substanz verflüchtigen, da die Mischung eine so innige ist, daß Feuchtes und Trockenes nicht voneinander getrennt werden, weil die Bindung zwischen beiden zu fest ist. Wir haben dafür ein deutliches Beispiel bei der Sublimation *(Trennung, Reinigung fester, flüchtiger Substanzen durch Erhitzen, Auffangen und Verdichten der Dämpfe)* flüchtiger Stoffe. Geht hierbei die Sublimation sehr rasch vor sich, so trennt sich die Flüssigkeit nicht von den festen Stoffen, derart, daß die Mischung der beiden ganz getrennt würde, sondern es geht die ganze Substanz über, oder die Trennung ist sehr unvollständig. Die allmähliche langsame und gleichmäßige Abspaltung der flüchtigen Stoffe ist also die Ursache der Verdichtung der Metalle. Diese Verdichtung können wir auf diese Weise nicht bewirken und können also in diesem Punkte die Natur nicht nachahmen. Wir sind ja nicht imstande, die Natur in allem ihrem verschiedenen, eigentümlichen Schaffen nachzuahmen. Es ist auch nicht unsere Absicht, dies überall zu tun, weder bei den Mischungsverhältnissen der Elemente, noch bei Anwendung der geeigneten Hitze für die Verdichtung. Das ist uns alles unmöglich und ganz unbekannt. Ich will jetzt noch die Meinungen der Sophisten entkräften, die unsere vorzügliche Wissenschaft leugnen, ohne sie zu kennen.

Widerlegung von Gegnern der Kunst der Metallumwandlung

Sie sagen also, daß wir die Proportionen der Elemente (in den Metallen) und die Art und Weise, wie sie gemischt sind, die geeignete Hitze, welche die Verdichtung der Metalle bewirkt, sowie viele andere Dinge und Ercheinungen, die sich beim Schaffen der Natur zeigen, nicht kennen. Wir geben das ihnen zu, aber damit können sie unsere göttliche Wissenschaft nicht abtun. Wir wollen und können jene Dinge nicht wissen und bruachen sie auch gar nicht für unsere Arbeit, sondern wir bedienen uns hierfür anderer Mittel, anderer Methoden für die Darstellung der Metalle, mit denen wir der Natur nachstreben können. Unsere Gegner sagen auch, Gelehrte und Fürsten hätten diese Wissenschaft begehrt, aber nicht gefunden. Darauf antworten wir, daß sie lügen, weil es feststeht, daß es verschiedene Fürsten, wenn auch freilich nur wenige, und Gelehrte in unserer Zeit gegeben hat, die durch ihre Bemühungen unsere Wissenschaft erlangt haben. Sie wollten sie aber keinen Unwürdigen mündlich oder schriftlich mitteilen. Da also unsere Gegner keinen kannten, der im Besitze dieser Wissenschaft war, so sind sie zu der irrtümlichen Meinung gekommen, es hätte sie überhaupt niemand erlangt. Sie bringen ferner ein phantastisches Argument, indem sie versichern, wir seien mit unserer Unfähigkeit nicht einmal imstande, die Natur in solchen Dingen nachzuahmen, deren Zusammensetzung lockerer ist, wie z. B. die eines Esels oder Ochsen. Wir könnten das noch viel weniger bei Dingen, deren Zusammensetzung fester ist. Darauf antworten wir, daß in ihren Argumenten nichts Überzeugendes liegt, das uns zwingen könnte, zuzugeben, es sei nichts mit unserer Kunst. Durch solche Vergleiche stärken sie ihre phantastischen, falschen Ansichten, die, wie ihre meisten Gründe, keine Überzeugungskraft haben. Wir zeigen, und können dies auch auf anderem Wege beweisen, daß jene Leute keine augenscheinliche Ähnlichkeit zwischen der lockeren Mischung und Zusammensetzung der lebenden Wesen und der festen

Zusammensetzung der Mineralien nachweisen können, und zwar aus folgenden Gründen: Bei den lebenden Wesen kommt es nicht nur auf die Mengenverhältnisse der einzelnen Bestandteile an, auf die Qualität derselben, oder auf die Mischungen, die durch die gegenseitige Einwirkung dieser Bestandteile aufeinander, entstehen, sondern es ist nach Ansicht der meisten Menschen die Seele. Sie kommt aus der Tiefe und Verborgenheit der Natur, und sie ist der Ausfluß der ersten, ursprünglichen, schaffenden Kraft. Wir sagen dies, wie es auch die Ansicht der Meisten ist, und wir können das Rätsel nicht lösen. Selbst wenn also die Mischung möglich wäre, so kämen wir doch nicht zum Ziele, da wir unserem Werk die Vollendung, nämlich die Seele, nicht geben können. Daraus geht hervor, daß der Mangel weniger in der richtigen Mischung liegt, wenn wir nicht imstande sind, ein Rind oder eine Ziege künstlich zu schaffen, als daran, daß wir die Seele nicht einflößen können. Bei den Metallen ist die Vollkommenheit geringer und sie ist mehr von den einzelnen Bestandteilen und der Zusammensetzung abhängig, als von anderen Umständen. Deshalb sind wir eher imstande, Metalle künstlich herzustellen, als lebende Wesen. Unser großer, glorreicher Gott macht den Grad der Vollkommenheit in vielfacher Form verschieden, denn er hat den Wesen, deren Zusammensetzung von Natur aus weniger widerstandsfähig ist, eine höhere und edlere Vollendung verliehen, indem er ihnen eine Seele gab. Anderen Dingen gab er eine widerstandsfähigere, festere Zusammensetzung, wie z. B. den Gesteinen oder Mineralien, aber er gab ihnen dafür eine geringere, weniger edle und vollkommene Art, die ihren Grund in der Art der Zusammensetzung hat. Es ist also ganz klar, daß der Vergleich unserer Gegner nicht gut ist. Wir sind nicht deshalb unfähig, einen Ochsen oder eine Ziege zu schaffen, weil wir die Art ihrer Zusammensetzung nicht kennen, sondern weil sie vollkommenere Wesen sind. Denn die Vollkommenheit ist bei einem Ochsen oder einer Ziege größer und geheimnisvoller als bei einem Metall. Wenn sie ferner behaupten, eine Gattung könne nicht in eine andere verwandelt werden, so sage ich, daß sie schon wieder lügen, wie sie es öfters tun; denn eine Gattung kann sich in eine andere umwandeln, beziehungsweise ein Individuum einer Gattung in ein Individuum einer anderen Gattung. Wir sehen, wie sich ein Wurm in eine Fliege verwandelt, ein erwürgtes Kalb in Bienen, Getreide in Lolch, ein toter Hund infolge der Fäulnis in Würmer. Das können aber nicht wir machen, sondern die Natur macht es, und wir können sie dabei nur unterstützen. So verwandeln auch nicht wir die Metalle, sondern die Natur, und wir arbeiten dabei mit und präparieren durch unsere Kunst die Materie. Die Natur schafft durch ihre eigene Kraft, und wir sind nur ihre Helfer. Unsere Gegner bringen ferner folgende Gründe, auf die sie ihre spitzfindigen Ansichten gründen: Die Natur macht die Metalle in Jahrtausenden, du kannst keine tausend Jahre leben. Ich erwidere darauf: Mag auch die Natur nach ihren Gesetzen in Jahrtausenden schaffen und vollenden, wie es die Ansicht alter Philosophen ist, wir kennen diese Gesetze nicht, gleichviel, ob die Natur in Jahrtausenden etwas fertigbringt, in noch längerer oder in kürzerer Zeit, oder in einem Augenblick. Dies kann uns also nicht überzeugen. Daß wir die Natur in den Hauptsachen nicht nachahmen können, habe ich schon oben gesagt und werde es im folgenden noch ausführlich beweisen. Nach Ansicht mancher hervorragender, scharfsinniger Männer vollbringt die Natur ihr Werk ganz rasch in einem Tag, oder in noch kürzerer Zeit. Wenn dies auch richtig ist, so können wir es der Natur doch nicht nachmachen, wie ich schon gezeigt habe. Wenn man ferner sagt, die Veredlung der Metalle werde durch eine bestimmte, uns unbekannte, Stellung eines Sternes oder mehrere Sterne bewirkt, so antworte ich darauf, daß wir uns um diese Stellung und Bewegung (der Sterne) nicht kümmern und sie nicht erforschen müssen. Lebende und vergängliche Wesen aller Gattungen werden und vergehen täglich und in jedem Augenblick. Es ist also klar, daß die Stellung der Gestirne für die einen Lebewesen günstig und Leben bringend, für andere wieder vernichtend ist. Der Künstler (Forscher), braucht also (für seine Experimente und Arbeiten) keine bestimmte Stellung der Gestirne abzuwarten. Nützlich mag es ja immerhin sein. Es genügt der Natur einen Weg zu bahnen und ihr an die Hand zu gehen. Sie wird dann, weise wie sie ist, selbst, durch passende Stellungen der Planeten eingreifen.

Ohne den Lauf und bestimmte Stellungen der Planeten kann nämlich die Natur nichts fertigbringen. Wenn man also das Schaffen der Natur in die Wege leitet und wenn die Versuche (Experimente) richtig gemacht werden, so wird die Veredlung auf natürliche Weise vor sich gehen, ohne daß man die Stellung der Gestirne berücksichtigt. Wenn wir sehen, wie sich Würmer aus einem Hund oder sonst einem verwesenden Tier entwickeln, so beobachten wir nicht die Lage der Sterne, sondern die Einwirkung der Luft und anderer Ursachen der Fäulnis. Die Natur findet für ihre Zwecke eine passende Konstellation, die wir freilich nicht kennen. Unsere Gegner sagen ferner, die Entstehung der Metalle geschehe in einem Augenblick, unsere Präparierung aber nicht und schließen daraus, künstlich könne nichts erreicht werden und mit unserer Kunst sei es daher nichts. Darauf antworte ich, daß ihre blöden Köpfe keine Spur von menschlicher Vernunft enthalten, und daß sie mehr Ähnlichkeit mit Tieren, als mit Menschen haben. Sie gehen nämlich von Voraussetzungen aus, die mit der Sache gar nichts zu tun haben. Ihre Logik sagt etwa: Ein Esel läuft, also bist du eine Ziege. Die Sache verhält sich so: Wenn ja auch die Präparierung der Metalle nicht in einem Augenblick geschieht, so ist dies nicht deshalb unmöglich, weil Gestalt und Vervollkommnung dem Präparat nicht in einem Augenblick gegeben werden kann. Denn Präparierung ist noch keine Vervollkommnung, sondern durch die Präparierung wird ein Körper erst dazu geeignet gemacht, veredelt zu werden.

Sie sagen auch, es sei leichter, die Naturstoffe zu zerstören, als sie künstlich herzustellen, und man sei kaum imstande, das Gold zu zerstören. Daraus schließen sie, es sei unmöglich, das Gold künstlich herzustellen. Darauf antworte ich ihnen, daß ihr Schluß uns nicht von der Unmöglichkeit überzeugt, Gold künstlich herzustellen. Weil es schwer zerstörbar ist, ist es allerdings noch schwieriger, es herzustellen; es ist aber deshalb nicht unmöglich, daß es künstlich hergestellt werden kann, und zwar aus folgendem Grund: Weil das Gold eine feste widerstandsfähige Zusammensetzung hat, so ist es schwierig, es zu zerlegen, und es wird daher nur schwer zerstört. Dadurch werden jene Leute zu der Ansicht gebracht, es sei unmöglich, es künstlich herzustellen. Sie kennen nämlich die künstliche Zerlegung nicht, die auf Grund der natürlichen Verhältnisse möglich ist. Diese Leute haben vielleicht gehört, das Gold habe eine feste Zusammensetzung. Wie groß diese Festigkeit ist, wissen sie aber nicht. Soviel, lieber Sohn, über die Phantasien der Sophisten.

Verschiedene Ansichten von Leuten, welche die Existenz der Kunst zugeben

Bekanntlich gibt es zahlreiche Leute, welche die Existenz unserer Kunst zugeben und verschiedene Ansichten darüber haben. Die einen versichern, man finde die Kunst und das Magisterium *(Musterstück, Kunst der Metallumwandlung; ferner der Vorgang der Metallumwandlung und die Bezeichnung für die Substanz, welche die Metallumwandlung bewirkt)* in flüchtigen Substanzen, andere behaupten, in festen Körpern. Wieder andere sagen, in Salzen, Alaunen, Salpeter, Borax und in Pflanzen. Diese Leute haben teilweise recht, teilweise unrecht, und manche haben das göttliche Magisterium ganz und gar falsch verstanden und haben diese unrichtigen Ansichten der Nachwelt überliefert. Aus ihren vielfach falschen Angaben habe ich das Wahre durch schwieriges und mühsames Suchen, langwierige Forschungen, und mit beträchtlichen Kosten, gesammelt. Ihre Irrtümer sind gar oft mit meinen eigenen Anschauungen und Ansichten in Widerspruch geraten und haben mich zur Verzweiflung gebracht. Sie sollen deshalb in alle Ewigkeit verflucht sein, weil sie der Nachwelt solch schändliches Zeug hinterlassen haben. Sie haben die Forscher mit ihren falschen Ansichten überschwemmt und keine Wahrheit, sondern teufliches Zeug nach ihrem Tode hinterlassen. Ich will selbst verflucht sein, wenn ich ihre Irrtümer nicht verbessere und nicht die Wahrheit über unsere Wissenschaft lehre, damit sie richtig ausgeübt werden kann. Über das Magisterium braucht man keine geheimnisvollen Worte zu machen, braucht aber auch nicht alles ganz und gar zu enthüllen. Ich schreibe deshalb so, daß es kluge Leute verstehen, daß es für mittelmäßige Leute sehr tiefgründig und für Dummköpfe unzugänglich und unverständlich sein wird. Ich komme nun wieder zur Sache und sage, daß diejenigen, welche die Kunst und das Magisterium aus flüchtigen Substanzen ziehen wollen, auch wieder verschiedener Meinung sind. Die einen wollen es aus dem Quecksilber gewinnen, andere aus dem Schwefel und dem ihm verwandten Arsenik, andere aus Markasit und Tutia (Zink), Magnesia und Salmiak. Von denen, die glauben, das Magisterium stecke in den festen Körpern, sagen die einen, es sei im Blei enthalten, andere, es sei in irgendwelchen anderen Metallen, wieder andere suchen es im Glas, in Edelsteinen, in allerlei Salzen, in Alaunen, im Salpeter und Borax, andere in allen möglichen Pflanzen. So glaubt jeder etwas anderes, zieht gegen seine Gegner los und ist überzeugt, daß diese mit ihren Ansichten die Kunst nur beeinträchtigen. Das meiste davon ist ohne Vernunft.

Gegnerische Ansichten über die Erlangung der Kunst, mit Hilfe des Schwefels

Verschiedene Leute, die das Magisterium im Schwefel zu finden glaubten, haben über den Schwefel gearbeitet. Da sie aber seine vollkommene Präparierung nicht kannten, sind sie nicht weit dabei gekommen. Sie glaubten nämlich, die Reinigung genüge, um die Vervollkommnung des Schwefels zu erreichen. Da die Reinigung desselben nur durch Sublimation geschieht, so sind sie zu der Ansicht gekommen, die Sublimation allein sei die vollkommene Präparierung des Schwefels und ebenso des Arseniks. Sobald sie aber mit ihrem Präparat die Projektion machten, welche die Metallverwandlung bewirkung soll, so sahen sie, daß ihr Präparat verbrannte, sich verflüchtigte und nicht bei den Metallen blieb, die dann noch unreiner waren, als vor der Projektion. Wie sie nun am Ende dieser Arbeit diese Enttäuschung erlebten, während sie vorher nach langer Überlegung zu dem Schlusse gekommen waren, sie könnten das Magisterium im Schwefel finden, so kamen sie jetzt zu dem Schlusse, man könne es auch in anderen Substanzen nicht finden. Da man es also weder im Schwefel noch in anderen Körpern findet, so, schließen sie, könne man es überhaupt nicht finden.

Widerlegung dieser Ansichten

Hierauf erwidere ich diesen Leuten kurz und bündig, daß sie die Wahrheit nicht kennen, da sie annehmen, der Schwefel allein sei unsere Materie. Selbst wenn diese ihre Annahme richtig wäre, so täuschten sie sich doch in der Art und Weise der Darstellung, weil sie meinen, die Sublimation allein sei genügend. Sie sind wie Leute, die von ihrer frühesten Jugend bis in ihr Alter nicht aus dem Haus gekommen sind und glauben, die Welt sei nicht weiter als ihr Haus oder ihr Gesichtskreis. Sie haben sich nicht viel mit Mineralien abgegeben und verstehen nicht, woraus man unsere Materie gewinnen kann und woraus nicht. Sie können auch gar nicht wissen, welche Arbeitsmethoden zum Ziele führen, weil sie sich mit solchen Arbeiten nicht genügend befaßt haben. Aus ihren Versuchen ist nichts geworden, weil sie nicht berücksichtigten, daß der Schwefel verbrennt und entweicht, so daß durch ihn keine Veredlung, sondern eher Verschlechterung bewirkt wird.

Gegnerische Ansichten über die Erlangung der Kunst, mit Hilfe des Arseniks; und Widerlegung

Andere glaubten, die Medizin im Arsenik finden zu können, und beschäftigten sich eingehend mit solchen Versuchen. Sie wollten ihn nicht nur durch Sublimation von der schwefelartigen Substanz reinigen, sondern sie versuchten auch, seine erdigen Bestandteile zu entfernen. Wie sie nun damit die Projektion machten, wurden sie enttäuscht, denn die Substanz vereinigte sich nicht fest mit den Metallen, sondern verflüchtigte sich langsam und allmählich, und die Metalle blieben in demselben Zustand wie vorher zurück. Auch sie leugneten daraufhin unsere Wissenschaft, aber ich versichere ihnen, daß unsere Kunst existiert. Ich weiß, daß sie existiert, denn ich habe sie gesehen und ihre Wahrheit erprobt.

Gegnerische Ansichten über die Erlangung der Kunst, mit Hilfe von Schwefel, Quecksilber, Tutia, Magnesia, Markasit, Salmiak; und Widerlegung

Einige andere gingen weiter und behandelten Arsenik so, daß sie ihm Flüchtigkeit und Brennbarkeit nahmen. Sie erhielten so eine beständige, nicht flüchtige, erdartige Substanz, die in der Hitze nicht richtig schmolz, sondern zu einer glasartigen Masse wurde. Sie konnten dieselbe bei der Projektion nicht mit den Metallen vermischen und konnten diese nicht verändern. Sie argumentierten deshalb wie die oben Erwähnten, und ich antworte ihnen auch dasselbe wie den anderen, weil sie aus Unwissenheit nicht verstanden, die Sache richtig auszuführen. Die richtige Einwirkung, die zur Veredlung führt, kannten sie nicht. Die Art der Präparierung ist bei allen flüchtigen Körpern dieselbe, abgesehen vom Quecksilber und der Tutia, bei denen man keine Mühe aufzuwenden braucht, um die brennbaren Teile von ihnen abzutrennen. Diese Körper enthalten nämlich keine verbrennliche Schwefelsubstanz, sondern unreine erdige Substanz. Magnesia dagegen und alle Arten von Markasit enthalten schwefelartige Substanz, und zwar der Markasit mehr wie die Magnesia. Sie können alle verflüchtet werden; Quecksilber und Salmiak leichter als Schwefel. Schwieriger läßt sich Arsenik, noch schwieriger Markasit und Magnesia und am schwierigsten die Tutia verflüchtigen. Durch die Flüchtigkeit dieser Substanzen wurden manche Forscher bei ihren Versuchen und Projektionen stark enttäuscht und kamen dadurch zu einem absprechenden Urteil. Auch für sie haben wir dieselbe Antwort wie oben.

Dasselbe, mit Hilfe von flüchtigen Stoffen, und deren Vereinigung mit Metallen. Widerlegung

Einige andere bemühten sich, die flüchtigen Substanzen mit den Metallen zu vereinigen, aber sie wurden schwer enttäuscht und kamen in ihrer Hoffnungslosigkeit zu der Überzeugung, daß unsere Wissenschaft nicht existiere. Ihre Verwirrung und ihre Ungläubigkeit wurden dadurch verursacht, daß die flüchtigen Substanzen bei der Schmelzung der Metalle sich verflüchtigen und sich nicht mit ihnen vereinigen. Die flüchtigen Stoffe entweichen infolge der heftigen Hitze des Feuers, und nur die widerstandsfähigen Metalle bleiben zurück. Es kommt auch vor und trägt zur Enttäuschung bei, daß die flüchtigen Stoffe die Metalle mitreißen, und zwar dadurch, daß sie sich so fest und untrennbar mit den Metallen vereinigt hatten, daß sie bei ihrer Verflüchtigung die Metalle mit sich nahmen. Aus diesen Gründen urteilen sie wie die anderen, und ich antworte ihnen dasselbe. Der Irrtum dieser Leute hat folgende Ursache: Wenn ihr Metalle verwandeln wollt, ihr Jünger der Wissenschaft, dann muß es mit Hilfe der flüchtigen Substanzen geschehen, wenn es überhaupt mit Hilfe irgendeiner Materie möglich ist. Aber es ist möglich, diese unbeständigen Stoffe mit den Metallen zu vereinigen, denn sie verflüchtigen sich ja und lassen die Metalle unverändert zurück. Hat man sie aber in eine beständige Form gebracht, so kann man sie wieder nicht mit dem Metall vereinigen, da sie zu einer Erde geworden sind, die nicht schmilzt; oder, wenn das Feuer schwach ist, sind sie scheinbar beständig geworden, sind es aber doch nicht und verflüchtigen sich, sowie das Feuer verstärkt wird, und die Metalle bleiben zurück, oder es verflüchtigen sich beide. Diese Leute wissen nicht alles, was sie wissen sollten, daher mißlingen auch ihre Versuche.

Dasselbe, mit Hilfe von Metallen, besonders des Zinns. Widerlegung

Andere wollten unsere Kunst mit Hilfe von Metallen finden, wurden aber enttäuscht, als sie solche Versuche anstellten. Sie glaubten nämlich, daß die beiden Arten des Bleis, nämlich das bläuliche und das weiße, das übrigens auch keine reinweiße Farbe hat, viel Ähnlichkeit mit Gold und Silber hätten, und zwar das bläuliche (das Blei) mehr mit dem Gold, das weiße (das Zinn) mehr mit dem Silber. Manche fanden also, daß das Zinn Ähnlichkeit mit dem Silber hätte, abgesehen von dem knirschenden Ton des Zinns, seiner Weichheit und seiner leichten Schmelzbarkeit. Sie glaubten nun, letztere sei durch einen Überfluß an Feuchtigkeit verursacht, und das Knirschen durch die flüchtige Substanz des Quecksilbers, die zwischen seinen einzelnen Teilchen stecke. Sie brachten es daher in Feuer und calcinierten *(erhitzen)* es in einer so starken Hitze, als es nur vertragen konnte, so lange, bis es zu einer weißen Masse wurde. Als sie diese dann reduzieren *(in Metall überführen)* wollten, konnten sie es nicht und kamen zu der Ansicht, dies sei unmöglich. Einigen gelang es, die Substanz zum Teil zu reduzieren, und sie fanden dann, daß auch das Knirschen, die Weichheit und die leichte Schmelzbarkeit wieder dawaren. So glaubten sie, auf diese Weise gehe es nicht und meinten, man könne die Kunst, das Zinn hart zu machen, überhaupt nicht finden. Einige reduzierten und calcinierten, entfernten wiederholt die Schlacken und calcinierten und reduzierten bei stärkerem Feuer weiter. Als sie dies öfters wiederholten, sahen sie, daß sie Substanz härter geworden war und nicht mehr knirschte. Die leichte Schmelzbarkeit war aber noch da, und so kamen sie zu der irrtümlichen Ansicht, man könne die Sache nicht fertigbringen. Andere wieder wollten dem Metall Härte und Schwerschmelzbarkeit durch Zusatz anderer harter Metalle geben, aber sie wurden ebenfalls enttäuscht, da ihnen alle zugesetzten harten Metalle zerstört wurden, und da keine Arbeitsweise etwas daran ändern konnte. Wie sie nun weder durch Zusatz harter Metalle noch durch Anwendung starker Hitze etwas fertigbrachten, wurde ihnen die Sache langweilig, sie sagten, es sei unmöglich, wurden Gegner unserer Kunst und behaupteten, sie existiere überhaupt nicht. Sie versuchten es auch noch mit vielen anderen Mitteln, sahen aber, daß diese keine Verwandlung (Veredlung) bewirkten, sondern umgekehrt (die Metalle) noch schlechter machten. Da warfen sie ihre Bücher fort, erhoben stolz den Kopf und sagten: unsere Kunst sei lächerliches Zeug. Ich gebe ihnen die gleiche Antwort darauf wie den anderen.

Dasselbe, mit Hilfe des Bleis

Ebenso wird man auch bei Anwendung des Bleis enttäuscht, abgesehen davon, daß es die Metalle, denen man es zusetzt, nicht spröde macht und daß es leichter als das Zinn aus seinem Kalk reduziert werden kann. Seine bläuliche Farbe konnten sie aber nicht wegbringen, da sie es nicht verstanden, und konnten es nicht weißfärben. Sie verstanden auch nicht, es mit anderen beständigen Metallen fest zu vereinigen, denn durch starke Hitze wurde es wieder aus der Mischung entfernt. Am meisten wurden sie bei der Präparierung des Bleis dadurch irregeführt, daß es nach zweimaliger Reduzierung aus seinem Kalk keine Härte angenommen hatte, sondern eher noch weicher geworden war. Und auch in seinen sonstigen Eigenschaften war es nicht verbessert. Sie hatten geglaubt, die Kunst recht gut und leicht zu finden; als ihnen dies nun nicht gelang, so kamen sie zur Überzeugung, unsere Wissenschaft sei Täuschung.

Dasselbe, durch Mischung von harten mit harten, und von weichen mit weichen Metallen

Andere wieder vereinigten harte Metalle mit anderen harten Metallen, und weiche Metalle mit anderen weichen Metallen und meinten, infolge dieser Übereinstimmung sollten sich diese Metalle gegenseitig ineinander verwandeln. Sie brachten dies freilich infolge ihres Unverstands nicht fertig. Wenn sie z. B. Gold und Silber mit Kupfer oder einem anderen Metall vermischten, so verwandelten sie dieselben doch nicht in Gold oder Silber, denn in starkem Feuer wurden die unedlen Metalle verbrannt, während das edle Metall zurückblieb, da die edlen Metalle mehr aushalten, die anderen weniger. Solche Enttäuschungen, die ihnen infolge ihrer Dummheit nicht erspart bleiben, machen sie mißtrauisch gegen unsere Kunst und bringen sie zu der Ansicht, dieselbe existiere nicht.

Dasselbe, durch Mischung von harten mit weichen, und von edeln mit unedeln Metallen

Manche befaßten sich eingehender mit der Sache und überlegten sich gründlicher, wie sie einen Weg finden könnten, die harten Metalle mit den weichen zu vereinigen, daß die letzteren gehärtet und daß die unvollkommenen Metalle durch die vollkommenen verbessert würden, daß sie sich also gegenseitig eins ins andere verwandelten. Sie bemühten sich also, die ähnlichen Eigenschaften und die Verwandtschaft der einzelnen Metalle zu finden, und versuchten durch Anwendung von Feuer und durch Medizinen, die gröberen Metalle, wie Kupfer und Eisen, zu verfeinern, und die feineren, wie das Zinn und Blei, zu verdichten. Einige von diesen Leuten, die sicher glaubten, diesen Plan ausführen zu können, wurden bei der Vermischung dieser Metalle doch enttäuscht. Das Produkt wurde zu spröde oder zu weich. Das weiche Metall war also vom harten Metall nicht umgewandelt worden und das harte nicht vom weichen. Sie erreichten also nichts und leugneten deshalb die Existenz unserer Kunst.

Dasselbe, durch Gewinnung der Anima oder durch Anwendung von Hitze

Andere hatten einen tieferen Einblick. Sie wollten die Anima („*Seele*") der Metalle extrahieren *(herausziehen)* und damit die anderen Metalle umwandeln. Das brachten sie aber nicht fertig und sie kamen dadurch zu einer schlechten Meinung über die Kunst. Andere versuchten durch Hitze allein die Metalle zu veredeln, hatten aber auch keinen Erfolg und glaubten deshalb ebenfalls, daß unsere Kunst nichts tauge. Wir entgegnen ihnen ebenso wie den anderen.

Dasselbe, mit Hilfe von Glas und Edelsteinen. Widerlegung

Die Leute, die meinten, sie könnten unsere Kunst durch Anwendung von Glas und Edelsteinen finden, wollten damit Metalle verwandeln. Aber sie wurden enttäuscht, da solche Körper, die keine Einwirkung haben, keine Umwandlung hervorrufen. Es ist aber eine Tatsache, daß Glas und Edelsteine keine Einwirkung auf Metalle haben, weil sie nicht richtig schmelzen. Und als sie versuchten, Glas mit den Metallen zu verbinden, hatten sie keinen Erfolg, weil sie aus den Metallen ein Glas erhielten. Sie zogen aus ihrem

Mißerfolg einen Schluß auf die ganze Kunst und verneinten ihre Existenz. Wir antworten ihnen, daß sie mit ungeeigneten Materialien arbeiteten. Sie hatten deshalb keinen Erfolg, und ihre Irrtümer können unserer Kunst nichts anhaben.

Dasselbe, mit Hilfe von verschiedenen Mineralien und Pflanzen

Manche Leute meinten, man könne die Kunst mit Hilfe von Salzen, Alaunen, Salpetern und Borax finden. Sie mögen ja solche Versuche anstellen, aber ich glaube durchaus nicht, daß sie dabei etwas Richtiges erreichen. Wenn sie also bei ihren Umwandlungsversuchen wenig Erfolg haben, z. B. mit Lösen, Koagulieren *(Verbinden)* und anderen Operationen, so sollen sie deshalb nicht unsere göttliche Kunst schelten, die ja erprobt ist. Es ist ja wohl möglich, mit Hilfe dieser Substanzen, die Metallverwandlung zu finden, aber es ist umständlich und mit sehr viel Mühe verknüpft. Andere wollen es nach Vorschriften alter Philosophen mit allen möglichen Pflanzen versuchen, aber dies ist sicher noch mühsamer. Diese Leute halten das zwar für möglich, aber sie geben die Arbeit bald auf, ohne etwas fertigzubringen. Sie dürfen deshalb aber nicht behaupten, man könne unsere Kunst überhaupt nicht erlangen.
Alle diese Leute, von denen ich bisher sprach, hatten unrichtige Ansichten. Jeder setzte seine Hoffnung auf eine Materie und ließ sonst nichts gelten. Ich habe sie schon genügend widerlegt. Eine Menge von Leuten gehen bei der Zusammensetzung der Stoffe und bei der Abmessung ihrer Mengenverhältnisse töricht und unwissend vor, und ihre Irrtümer gehen ins Unendliche. Die Mengenverhältnisse bei der Mischung der einzelnen Körper sind unendlich verschieden, unendlich ist auch die Zahl der Materien, die man miteinander vermischen kann, und so ist bei diesen beiden Unendlichkeiten auch die Möglichkeit des Irrtums unendlich groß. Einmal wird zuviel von einer Substanz genommen, einmal zu wenig. Aber ich will dies lange Reden lassen, da ich unsere ganze Lehre kurz abhandeln will. Der Weise kann dann seine Irrtümer verbessern. Zunächst will ich von den natürlichen Urstoffen sprechen und von ihrer Entstehung.

Über die Grundstoffe der Metalle, nach den Ansichten der Alten

Nach Ansicht der alten Naturforscher sind die Urstoffe, aus denen die Metalle entstehen, übelriechende, flüchtige Stoffe, nämlich Schwefel und ein lebendiges Wasser, das man auch ein trockenes Wasser nennen kann. Von dem übelriechenden flüchtigen Stoff gibt es aber verschiedene Arten; er ist nämlich weiß, rot oder schwarz. Ich spreche nun kurz, aber doch genügend ausführlich über die Natur und Entstehung dieser Stoffe und behandle die Grundstoffe ausführlich in einzelnen Kapiteln. Im allgemeinen sage ich, daß diese Grundstoffe einen festen Bau besitzen, und zwar deshalb, weil in ihnen kleinste Teilchen von Erde, Luft, Wasser und Feuer vereinigt sind, derart, daß sich nicht ein Teilchen von den anderen trennen läßt. Die Ursache davon ist die feste, innige Vereinigung dieser äußerst feinen Teilchen untereinander, die durch langsame, allmähliche Kochung durch die natürliche Wärme im Innern der Erde entstanden ist. Das ist die Ansicht mancher alten Philosophen.

Über die Grundstoffe der Metalle, nach den Ansichten neuerer Forscher und nach denen des Autors

Andere, Moderne, sagen: Die Grundstoffe sind nicht Quecksilber und Schwefel in ihrer eigentlichen Natur, sondern in verändertem Zustand, in welchem sie in erdartige Körper verwandelt sind. Ferner meinen diese Leute, sei der Urstoff etwas anderes gewesen als eine übelriechende, flüchtige Substanz, und zwar kamen sie durch folgende Überlegung zu dieser Ansicht. In den Lagerstätten des Silbers und anderer Metalle fanden sie kein Quecksilber und auch keinen Schwefel, sondern sie fanden, daß dieselben jedes für sich in besonderen Minen vorkommen. Sie begründen ihre Ansicht ferner dadurch, daß sie sagen: Ein Übergang zwischen entgegengesetzten Dingen kann nur mit Hilfe eines Zwischengliedes stattfinden. Dadurch kommen sie zu der Anschauung, einen Übergang von der Weichheit des Quecksilbers zu der Härte eines Metalles könne es nur mit Hilfe eines mittleren Zustandes zwischen Weichheit und Härte geben. Da man nun in den Erzlagerstätten nichts findet, was diesen mittleren Zustand zeigt, so wurden sie dadurch zur Überzeugung gebracht, nicht Quecksilber und Schwefel in ihrer eigentlichen Form seien die Grundstoffe, sondern das, was bei der Umwandlung ihres ursprünglichen Wesens in eine erdige Substanz entsteht. Der Vorgang dabei ist der, daß zunächst beide in ihre erdige Natur umgewandelt werden, und daß dann hieraus, infolge der hohen Wärme im Erdinnern, ein feiner Dampf entweicht, der die Materie der Metalle ist. Dieser Dampf wird durch die mäßige Wärme in der Mine in die entsprechenden Erden übergeführt und wird dadurch zu festen Körpern, die durch fließendes Wasser in der Erde verteilt und mit ihr fest vereinigt werden. Auf Grund dieser Anschauung nahm man weiter an, daß die unterirdischen Wasserläufe die löslichen Bestandteile aus der Erde aufnehmen, sie lösen und gleichmäßig mit sich vereinigen, so lange, bis diese gelösten Substanzen und das fließende, lösende Wasser ein Ganzes würden und so zu metallischer Natur sich umwandelten. Zu einer derartigen Vermischung kommen alle Grundstoffe nach natürlichen Proportionen, und eine solche Mischung wird durch andauernde Erwärmung in der Erde fest und hart und wird zu Metall. Die Leute, welche diese Ansicht vertreten, sind der Wahrheit nahe, aber sie haben die reine Wahrheit doch noch nicht erfaßt.

Über die Grundstoffe Schwefel, Arsenik und Quecksilber

Nachdem wir bisher die Grundstoffe der Metalle im allgemeinen behandelt haben, wollen wir jetzt jeden einzelnen Grundstoff für sich in einzelnen Kapiteln behandeln. Und weil es drei sind, nämlich Schwefel, Arsenik und Quecksilber, so wollen wir zunächst ein Kapitel über den Schwefel, dann eines über den Arsenik und drittens eines über das Quecksilber schreiben. Weiterhin werden wir die einzelnen Metalle behandeln, die aus jenen Grundstoffen bestehen. Schließlich wollen wir zu den Grundlagen des Magisteriums übergehen.

Über den Schwefel

Wir sagen also, der Schwefel ist eine fettartige Verdichtung der Erde, die durch mäßige Einkochung im Erdinnern so lange eingedickt wurde, bis sie hart und trocken wurde. Diese erhärtete Substanz wird Schwefel genannt. Die Zusammensetzung des Schwefels ist eine sehr feste, und seine Substanz ist durch und durch homogen. Deshalb kann man durch Destillation kein Öl aus ihm gewinnen, wie aus anderen ölenthaltenden Körpern. Wenn man aber versucht, ihn ohne Substanzverlust zu calcinieren, so arbeitet man vergebens, weil man ihn nur mit großer Mühe unter großen Substanzverlusten calcinieren kann. Bei der Calcination bleiben nämlich von hundert Teilen kaum drei Teile zurück. Ohne ihn zu calcinieren, kann man ihn aber nicht fixieren (beständig machen). Man kann ihn dagegen mit anderen Körpern verbinden und seine Flüchtigkeit dadurch verringern und sein Verbrennen verhindern. In der Verbindung mit anderen Stoffen läßt er sich auch leichter calcinieren. Wer nun versucht, aus ihm allein die veredelnde Substanz zu gewinnen, der erreicht nichts. Nur in seinen Verbindungen mit anderen Stoffen läßt er sich zu einer veredelnden Substanz verarbeiten, und wenn dies nicht der Fall ist, entschwindet einem das Magisterium, bis man verzweifelt. Mit seinem Gefährten, dem Arsenik, zusammen kann er zu einer Tinktur verarbeitet werden, die jedem Metall das volle Gewicht (eines Edelmetalls) gibt und es reinigt und veredelt, und zwar mit Hilfe des Magisteriums, ohne welches diese Stoffe (Schwefel und Arsenik) keine Veredlung, sondern eher Verschlechterung (der Metalle) bewirken. Ohne das Magisterium kann man also den Schwefel nicht für die Veredlung benutzen. Wer aber versteht, ihn durch Präparierung mit anderen Körpern zu vermischen und zu vereinigen, der kennt eines von den Geheimnissen der Natur und einen Weg zur Veredlung, zu der viele Wege führen, mit gleichem Zweck und Ziel. Wenn man irgendwelche Metalle mit ihm calciniert, so nehmen sie ohne Zweifel das richtige Gewicht an. Kupfer (aes) nimmt durch ihn ein goldähnliches Aussehen an. Er vereinigt sich auch mit Quecksilber, und durch Sublimation entsteht Usifur oder Zinnober. Alle Körper werden durch ihn calciniert, außer Gold und

Zinn, Gold noch schwieriger. Quecksilber wird durch Schwefel nicht so leicht zu wirklichem Gold oder Silber verdichtet, wie einige Toren gemeint haben. Die Körper, welche weniger Feuchtigkeit enthalten, werden leichter durch Schwefel calciniert als diejenigen, welche viel enthalten. Beim höchsten Gott, der Schwefel verbessert jeden Körper, denn er ist ein Alaun und eine Tinktur. Er läßt sich schwer lösen, da er keine salzigen, sondern ölige Teile enthält, die sich im Wasser nicht leicht lösen. Was sich leicht oder schwer in Wasser löst, will ich im Kapitel, das die Löslichkeit behandelt, deutlich zeigen. Er sublimiert, da er ein flüchtiger Körper ist, und wenn er mit Kupfer vermischt und vereinigt wird, so entsteht eine wunderbare blaue Farbe. Auch mit Quecksilber vereinigt er sich, und es entsteht dann durch Erwärmung eine köstliche Farbe. Es soll keiner glauben, daß der Schwefel allein das Werk der Alchemie vollbringe. Das wäre eine ganz falsche Meinung, die wir im folgenden klar zeigen. Doch nun genug vom Schwefel.

Über den Arsenik

Wir wollen jetzt den Arsenik behandeln. Er besteht aus subtiler Materie und ist in seiner Natur dem Schwefel verwandt, weshalb man ihn nicht anders als wie den Schwefel definieren kann. Er unterscheidet sich jedoch dadurch vom Schwefel, daß er die Tinktur für Weiß ist, der Schwefel die für Rot. Vom Schwefel und vom Arsenik gibt es zwei Arten, die für unsere Kunst taugen, gelblichen und rötlichen; die anderen Arten nützen uns nichts. Der Arsenik läßt sich wie der Schwefel in eine beständige Form bringen, und beide lassen sich leicht aus ihren Metallenkalken sublimieren. Es sind aber Schwefel und Arsenik keine Materien, die imstande sind, das Werk (der Metallverwandlung) zu vollbringen, doch sind sie Hilfsmittel dabei. Man nimmt dazu helle schuppige und nicht steinige Stücke.

Über das Quecksilber

Das Quecksilber, auch Mercur genannt, ist nach Auffassung der Alten eine dicke Flüssigkeit, die im Innern der Erde aus einer ganz feinen weißen, erdigen Substanz und ganz reinem Wasser entstanden ist, indem diese durch die natürliche Wärme gekocht und ganz innig und fest miteinander vereinigt wurden, bis sich das Feuchte und das Trockene ausglichen. Es rollt leicht über eine ebene Fläche infolge seiner Feuchtigkeit und haftet trotz dieser Feuchtigkeit nicht an, infolge seiner Trockenheit, welche jene ausgleicht und ein Ankleben nicht zuläßt. Es ist auch, nach Ansicht mancher Forscher, mit dem Schwefel zusammen die Materie der Metalle. Es vereinigt sich leicht mit drei Metallen, nämlich dem Blei, Zinn und Gold. Mit dem Silber etwas schwieriger, mit dem Kupfer noch schwieriger wie mit dem Silber. Mit dem Eisen vereinigt es sich nur, wenn man einen Kunstgriff anwendet. Daraus kann man ein Geheimnis erkennen: Es vereinigt sich gern mit den Metallen, die ähnlicher Natur sind wie es selbst, und es ist ein Mittel, um Tinkturen zusammenzusetzen. Es sinkt in ihm nichts unter, außer dem Gold. Zinn, Blei und Kupfer werden von ihm aufgelöst und vermischen sich mit ihm. Ohne das Quecksilber kann man kein Metall vergolden. Man kann es auflösen und beständig machen, und es ist eine Tinktur für Gold von überreichlicher Kraft und hellem Glanz. Solange es in seiner eigentlichen Form in einer Mischung vorhanden ist, entweicht es nicht aus ihr. Es ist an und für sich noch nicht unsere Medizin, aber es kann bei ihrer Darstellung bisweilen mit Nutzen verwendet werden.

Über die Körper, die aus erwähnten Grundstoffen bestehen, nämlich die Metalle

Wir wollen nun von den metallischen Körpern reden, die aus den vorhergenannten, natürlichen Grundstoffen bestehen. Es sind sechs: und zwar Gold, Silber, Blei, Zinn, Kupfer und Eisen. Wir sagen: Ein Metall ist ein mineralischer schmelzbarer Körper, der unter dem Hammer nach allen Richtungen dehnbar ist. Die Metalle sind von dichter Beschaffenheit und fester Zusammensetzung. Sie besitzen eine große, gegenseitige Verwandtschaft zueinander, aber trotzdem kann ein edles Metall ein unedles nicht veredeln, wenn man sie vermischt. Wenn man nämlich Gold und Blei zusammenschmilzt, so wird aus diesem Blei kein Gold, sondern das Blei verflüchtet sich und verbrennt, das Gold aber bleibt bei dieser Prüfung (beim „Probieren") zurück. Dasselbe gilt für die anderen unvollkommenen Metalle (wenn sie mit Gold zusammengeschmolzen werden). So ist es unter natürlichen, gewöhnlichen Verhältnissen. Bei unserem Magisterium aber veredelt das edle Metall das unvollkommene Metall, und das unvollkommene Metall wird bei unserem Magisterium durch sich selbst veredelt, ohne Beihilfe irgendeiner sonstigen Substanz. Ja, bei Gott! Die Metalle verwandeln und veredeln sich gegenseitig ohne weitere Beihilfe.

Über Sol oder das Gold

Wir haben im vorhergehenden allgemeinere Bemerkungen über die Metalle gebracht und wollen nun über jedes einzelne Metall sprechen, zunächst über das Gold, dann über die anderen Metalle. Wir sagen also: Das Gold ist ein metallischer, schwerer, glänzender Körper von gelber Farbe, der im Innern der Erde durch Kochung entstanden und dort sehr lange von den Gewässern gewaschen worden ist. Es ist unter dem Hammer dehnbar, es ist schmelzbar und hält die Aschenprobe und die Cementation (Cupelation) aus. Aus dieser Definition kann man ersehen, daß ein Körper, der die erwähnten Eigenschaften und Merkmale nicht besitzt, kein Gold ist. Jeder Körper aber, der ein Metall durch und durch goldfarbig macht und veredelt und reinigt, hat die Fähigkeit, aus jedem Metall Gold zu machen. So erkennen wir aus Vorgängen in der Natur, daß man künstlich Kupfer in Gold verwandeln kann. Wir haben nämlich folgende Erscheinung beobachtet. Aus Kupferminen abfließendes Wasser führte ganz feine Kupferschüppchen mit sich und wusch und reinigte dieselben mit der Zeit. Als nun später der Wasserzufluß aufhörte, wurden diese Kupferteilchen drei Jahre lang mit dem trockenen Sand zusammen von der Sonne ausgekocht, und nun fand man unter ihnen solche aus feinem Gold. Wir nehmen daher an, daß jene Kupferteilchen durch das Wasser gereinigt und durch die Sonnenwärme in dem trockenen Sand digeriert und veredelt worden sind. Das Gold ist das wertvollste der Metalle, und es ist die rote Tinktur, da es alle Körper färbt und umwandelt. Man kann es calcinieren und lösen, aber ohne Nutzen davon zu haben. Es ist eine Medizin, die erheitert und den Körper jugendlich erhält. Vom Quecksilber und vom Bleirauch wird es sehr leicht zerstört. Der Art nach sind ihm am nächsten Zinn und Silber verwandt, dem Gewicht und der Klanglosigkeit nach das Blei, der Farbe nach das Kupfer, der Wirksamkeit (im Veredeln der Metalle) nach aber zunächst das Kupfer, dann Silber, Zinn, Blei und schließlich das Eisen. Das ist eines der Naturgeheimnisse. Flüchtige Substanzen vereinigen sich mit dem Gold und werden dadurch beständig, wenn man sehr geschickt und scharfsinnig ist. Dummköpfen gelingt es allerdings nicht.

Über Luna oder das Silber

Wir wollen jetzt von Luna, gewöhnlich Silber genannt, reden. Es ist ein metallischer Körper von rein weißer Farbe. Es ist hart, klingend, besteht die Aschenprobe, ist unter dem Hammer dehnbar, feuerbeständig und schmelzbar. Es ist die weiße Tinktur (die Tinktur für die Veredlung in Silber), gibt dem Zinn größere Härte und macht es dem Silber ähnlicher. Es läßt sich mit Gold legieren, ohne es spröde zu machen, aber beim „Probieren" ist es nicht so widerstandsfähig wie das Gold, wenn man keinen Kunstgriff anwendet. – Bringt man es über scharfe Dämpfe, wie Essig, Salmiak und Agresta, so entsteht eine wunderbare blaue Farbe. Es ist ein edles Metall, aber weniger edel wie Gold. Man findet es als besonderes, bestimmtes Vorkommen, bisweilen auch mit anderen Metallen zusammen. Letzteres ist nicht so gut. Man kann es calcinieren und lösen, aber mit großer Mühe und mit wenig Nutzen.

Liber de investigatione perfectionis. – Das Buch von der Erforschung der Metallveredlung

Vorrede

Die Erforschung unserer edlen Wissenschaft, die Frucht eifriger Arbeit und tiefen Nachdenkens, will ich euch bekanntgeben, damit ihr das richtig Erkannte leicht und sicher praktisch ausführen könnt. Was ist die Erforschung der vollendeten Kunst anderes als kluges, sachgemäßes Suchen, Ausprobieren von Feinheiten und Methoden, bis man durch praktische Arbeit, Untersuchung und Experimente zum gewünschten Ziel kommt. In diesem Buch beschreiben wir alles, was wir auf diesem Gebiet erforscht haben ...

Über die Stoffe, welche die Metalle veredeln und verschlechtern

Unsere Wissenschaft handelt von den unvollkommenen Mineralkörpern und ihrer Veredlung. Wir müssen also zunächst zwei Dinge betrachten: Unvollkommenheit und Vollkommenheit. Diese zwei Dinge bilden die Grundlage für unsere Arbeiten. Über die veredelnden und verderbenden Stoffe haben wir auf Grund unserer Erfahrungen und Forschungen dieses Buch geschrieben. Entgegengesetzte Dinge werden ja klarer erkannt, wenn man sie gegeneinanderstellt. Die Substanz nun, welche veredelnd in den Mineralkörpern wirkt, ist die Quecksilber- und Schwefelsubstanz, die in bestimmten Mengenverhältnissen vermischt und durch lange Kochung bei mäßiger Wärme im Innern der Erde verdichtet und beständig gemacht wurde, wobei ihre ursprüngliche, nicht schädliche Feuchtigkeit erhalten blieb. Hierdurch entstand eine gediegene Substanz, die feuerbeständig und schmelzbar, und unter dem Hammer dehnbar ist. Durch diese Definition der Natur dieser veredelnden Materie, kommen wir leichter zum Verständnis der verderbenden Materie, welche die entgegengesetzten Eigenschaften hat. Diese ist also unreine Quecksilber- und Schwefelsubstanz, die nicht in bestimmtem Verhältnis vermischt ist, die zu wenig oder zu viel im Innern der Erde gekocht ist, die nicht richtig verdichtet und beständig geworden ist, die noch ihre verbrennliche und verderbende Feuchtigkeit besitzt und die locker und porös ist, die schmilzt, ohne dabei richtig zu glühen und die nicht hämmerbar ist. Die erste Definition trifft auf die zwei Metalle Gold und Silber zu, infolge ihrer Vollkommenheit (infolge ihrer Eigenschaften, die sie als Edelmetalle besitzen). Die zweite Definition gilt für die vier Metalle: Zinn, Blei, Eisen und Kupfer, infolge ihrer Unvollkommenheit. Diese unvollkommenen Körper kann man nur dadurch vollkommen machen, daß man sie entsprechend behandelt, d.h. daß man ihre (schlechten) Eigenschaften, die sich bemerkbar machen, verdeckt und ihre verborgenen (guten) Eigenschaften zur Entfaltung bringt. Dies geschieht dadurch, daß man die die unvollkommenen Körper präpariert.

Präparieren heißt also, Überflüssiges wegnehmen und Fehlendes ergänzen und dadurch ergänzen und dadurch Vollkommenheit in die unvollkommenen Körper bringen. Die vollkommenen (edlen) Metalle brauchen keine solche Präparierung, da sie nicht unrein sind, sondern sie brauchen eine Präparierung, durch die ihre Teile mehr verfeinert und von ihrer körperlichen zu einer spiritualen beständigen Natur gebracht werden. Der Sinn dieser Präparierung ist der, aus den vollkommenen Körpern einen beständigen spiritualen Körper zu machen, d.h. sie viel feiner und subtiler zu machen, als sie vorher waren ...

Über den Stein der Philosophen

Wir sehen, daß die Modernen uns nur einen einzigen Stein beschreiben, der zum weißen und roten Elixir veredelt wird. Ich gebe zu, daß dies richtig ist. Denn aus welcher Substanz man auch das weiße oder rote Elixir darstellt, nie ist etwas anderes in dieser Substanz als Quecksilber und Schwefel. Von diesen beiden kann eines ohne das andere nichts bewirken und nicht existieren. Und in diesem Sinne sprechen die Philosophen von einem einzigen Stein (als Ausgangsmaterial für das Elixir), obwohl er aus vielen Körpern gewonnen wird.

Den Stein aus etwas gewinnen zu wollen, in dem er nicht enthalten ist, wäre ganz töricht und sinnlos. So etwas tun nur einfältige Menschen. Die Philosophen wollten dies nie. Allerdings sagen sie gar vieles und reden oft in Gleichnissen. Alle metallischen Körper sind aus Quecksilber und Schwefel zusammengesetzt. Diese Bestandteile können nun rein sein, aber auch unrein, und zwar zufällig, und nicht an und für sich, von Urbeginn an. Deshalb kann man diese Unreinheit durch geeignete Präparierung entfernen. Denn die Entfernung zufälliger Bestandteile ist nicht unmöglich. Die Präparierung der unvollkommenen Körper besteht also darin, Überflüssiges wegzunehmen und Fehlendes zu ergänzen. Dies kann nur durch Anwendung geeigneter Operationen und reinigender Stoffe geschehen. Die Präparierung ist verschieden je nach der Art der zu veredelnden Körper. Durch die Erfahrung sind wir zu verschiedenen Arbeitsmethoden gekommen, wie Calcination, Sublimation, Descension *(Vorgang, bei dem reduziertes, geschmolzenes Metall nach unten abfließt, während Schlacken usw. zurückbleiben)*, Lösung, Destillation, Koagulation und Fixierung (Beständigmachung), die wir in der „summa perfectionis magisterii" genügend beschrieben haben. Das sind also Arbeitsmethoden für die Präparierung ...

Spielereien mit Quecksilber ⟨Ludi Mercuriales⟩

Ich will jetzt einige Spielereien mit Quecksilber beschreiben. Mache einen Cement aus Silberglätte und Alkalisalz aus Zoza, bringe ihn fingerdick in einen Tiegel, bringe ein Amalgam aus Quecksilber und Silber darauf, bedecke es mit dem Rest des Cementes, so daß das Amalgam mitten in dem Cement ist. Trockne, verschließe den Tiegel mit Lehm und setzt ihn in ein mäßiges Feuer. Dann verstärke das Feuer, so daß der Tiegel vom Abend bis Tagesanbruch gleich glüht. Nimm ihn mäßig glühend heraus und bearbeite das Produkt durch Kupellation. Es ist Silber nach Gewicht, Klang und Beständigkeit. Ein anderes Experiment: Amalgamiere Silber mit Quecksilber und setze so viel Blei dazu, als Silber verwendet wurde. Bringe die Mischung in einen hohen Tiegel, so daß drei Viertel davon leer sind, bringe Oleum sulphuris darüber und koche, bis es verbraucht ist. Dann lasse den Tiegel zwei Stunden in mäßig starkem Feuer. Es entsteht so ein schwarzer Stein mit geringer roter Färbung. Behandle diesen Stein durch Kupellation, und du wirst finden, daß das Silber an Gewicht, Klang und Beständigkeit zugenommen hat. Noch eine Vorschrift: Verreibe mit Quecksilber amalgamiertes Silber mit seinem zweifachen Gewicht von metallischem Arsenik. Bringe zehnmal soviel Kupferamalgam dazu wie Silber und Arsenik, mache beständig und reduziere zu Metall. Du wirst zufrieden sein ...

Testamentum Geberi – Geber's Testament
Über die Salze der Tiere, Fische, Vögel, Pflanzen und dergleichen

Aus allen Stoffen, auch aus Tieren (Säugetieren), Fischen und Vögeln kann man fixes Salz gewinnen, indem man sie verbrennt und in Asche überführt, auf die gleiche Art, wie man ein Salz aus Holzasche oder aus gewöhnlichem Kalk gewinnt. Wenn die betreffende Substanz von Natur aus rot ist, wie z. B. Blut, so wird auch das Salz, das man daraus gewinnt, rot. Die Verbrennung dieser Stoffe muß aber in einem verschlossenen Gefäß geschehen, und wenn es Blut ist, muß man es zuerst eintrocknen. Es ist nicht schlecht, wenn man in acht Teilen Blut zwei Teile gewöhnliches calciniertes Salz löst. Man trocknet dann und verbrennt nachher in einem Glasmacherofen, Töpferofen oder Reverberationsofen, einen Tag und eine Nacht, oder mit Unterbrechung, zwei Tage ohne die Nächte. Wenn es sich um Fleisch irgendeines Tieres handelt, das man nicht trocknen kann, verbrennt man es in einem gut mit Lehm verschlossenen Gefäß, im Laufe von zwei natürlichen Tagen, ohne Zusatz von Salz. Nach der Verbrennung kocht man mit der vierfachen Menge Regenwasser auf die Hälfte ein und filtriert, bis man eine klare Flüssigkeit ohne Trübung bekommt. Man trocknet sie dann bei gelindem Feuer oder besser an der Sonne ein und erhält so ein animalisches Salz, das andere an Güte übertrifft. Löse es in der doppelten Menge Regenwasser und lasse die Lösung eine Woche lang unter warmem Mist stehen. Das Salz wird dann scharf. Lasse die Lösung dann congelieren (eintrocknen) und bringe das Salz auf Metall. Greift es das Metall an, so ist es gut, andernfalls wiederhole das Lösen und Congelieren. Seine Wirksamkeit lernst du durch Erfahrung kennen. Du sollst wissen, daß das Salz, das man durch Verbrennung eines ganzen Maulwurfs gewinnt, Quecksilber und Kupfer in Gold umwandelt, und Eisen in Silber ...

Abubakr Muhammed Ibn Zakariya al-Razi

Als Alchemist und Medicus ist er weit über die Grenzen seiner Heimat bekannt geworden. Zwar hat er neben einem genauen Verzeichnis seiner Schriften auch eine umfassende Geschichte seines vom Forschergeist bewegten Lebens selbst verfaßt, doch diese Biographie ist verschollen. Das wenige, was man von Al-Razi weiß, stammt aus zweiter Hand, genauer gesagt aus arabischen Quellenschriften.

Im Jahr 865 wurde er als Sohn einer alteingesessenen Familie in Rayy, einer der größten Städte Persiens, geboren. In jugendlichem Alter beschäftigte er sich bereits mit den Wissenschaften, er war erfolgreich in der Musik, im Gesang und in der Dichtung; zu seinen Vorlieben zählte auch die Literatur. Mit dreißig Jahren wandte sich Al-Razi der Medizin zu. Angeblich soll dieses Interesse von einem alten Apotheker in Bagdad geweckt worden sein, der ihn über die Kräfte der Arzneimittel belehrte und ihm merkwürdige medizinische Fälle auseinanderlegte.

Al-Razi blieb schließlich an der Medizin hängen und kam sein Leben lang nicht mehr von ihr los. Er widmete sich ganz den Problemen der Heilkunde und genoß bald einen ausgezeichneten Ruf als Arzt. Sein Erfolg brachte ihm die Leitung des Krankenhauses in Rayy, später in Bagdad ein. Gegen Ende seines Lebens, er starb im Oktober 925, kehrte er wieder in seine Heimatstadt zurück.

Viele Erzählungen ranken sich um seine Person. Al-Razi soll an verschiedenen Höfen als Arzt gewirkt und zahlreiche Schüler um sich gesammelt haben. Außerdem habe er die Armen stets ohne Entgelt behandelt und ansonsten jede freie Minute zum Studieren und Schreiben genutzt, heißt es. Über sein Augenleiden – er erkrankte im Alter am Star – gehen die Meinungen der arabischen Autoren auseinander: Das grelle Licht des Feuers und die Schärfe der Dämpfe sollen sein Augenlicht geschwächt haben, eine andere Version schiebt dem Bohnengenuß und der rücksichtslosen Nachtarbeit die Schuld zu, wieder andere meinen, er sei durch einen Peitschenhieb erblindet.

Des weiteren wird behauptet, er sei geblendet und erdrosselt worden, weil er alchemistische Geheimnisse einem Wesir anvertraut habe. Wie und wann Al-Razi zur Alchemie kam, ist ungeklärt. Sowohl als Arzt wie auch als Philosoph hatte er sich im Orient und im Abendland einen großen Namen gemacht. Außer einem unvollendetem Sammelwerk hat er unter anderem ein groß angelegtes, systematisches Werk zur Medizin „al-Gani" (große Sammlung) verfaßt. Leider sind alle seine Schriften zur Naturwissenschaft verloren gegangen. Insgesamt soll er 237 Schriften verfaßt haben, von denen jedoch nur noch 36 vorhanden zu sein scheinen. Seine naturphilosophischen Bücher fanden ein so großes Echo, daß sie in der Polemik späterer Autoren derart ausgiebig zitiert wurden, so daß die Rekonstruktion seiner Gedankengänge möglich war.

Aus der Widmung, die Al-Razi dem Buch „Geheimnis der Geheimnisse" voranstellte, erfährt man, daß er dieses Werk erst gegen Ende seines Lebens geschrieben hat. Diese Schrift war nicht seine erste alchemistische Abhandlung, viele andere waren ihr bereits vorausgegangen.

Charakteristische Merkmale der Alchemie Al-Razis sind die überall angeführte Verwendung von Salmiak und die wichtige Rolle der Tierstoffe. Es ist sein Verdienst, die Alchemie zum ersten Mal in eine streng wissenschaftliche Form gebracht zu haben. Er entwickelte eine klare methodische Gliederung: Das Studium der Substanzen und Geräte wie Schmelzöfen, Herde, Tiegel und Destilliergefäße soll am Anfang aller Beschäftigung mit Alchemie stehen.

Erst dann ist es die Aufgabe des Schülers, so Al-Razi, das Verhalten der Stoffe bei den verschiedenen Verfahren zu beobachten.

Das Buch Geheimnis der Geheimnisse

Im Namen Gottes des Allbarmherzigen Gott segne unseren Herrn Muḥammad, den Reinen, den Edlen

Es sagte Abūbak Muḥammad Ibn Zakarīyā al-Razī: Preis sei Gott, ein Preis, der seiner Gnade gleichkommt und seinen Wohltaten entspricht. Gott segne unsern Herrn Muḥammad und seine Sippe und seine Gefährten. Preis sei ihm und Friede!

Was mich zur Abfassung dieses Buchs veranlaßt hat, war die Bitte eines Jünglings unter meinen Schülern, eines trefflichen Mannes mit Namen Muḥammad ibn Yūnus, wohlbewandert in Mathematik, Naturwissenschaft und Logik, eines von denen, deren Dienstfertigkeit gegen mich groß ist, und der ein Recht auf meine Gegendienste hat. Er hat mich gebeten – nachdem ich mit den Zwölf Büchern über die Kunst und mit der Widerlegung des al-Kindī und des Muḥammad ibn al-Sinnī al-Rasāʿilī fertig war – ich möchte ihm etwas von den Werken der Geheimnisse der Kunst zusammenstellen, damit es ihm ein Führer sei, den er nachahmen, und ein Vorbild, zu dem er zurückkehren könne. So habe ich also für ihn dies mein Buch verfaßt und ihn mit etwas beschenkt, womit ich nicht einmal einen von den Königen und Fürsten beschenkte. Ich habe ihm von der Wissenschaft der chemischen Kunst auseinandergesetzt, was ihm alle meine anderen Bücher über diesen

Gegenstand entbehrlich macht, und habe ihm ein kurzgefaßtes, feines Buch über diesen Gegenstand zugeeignet, dessen Titel „Buch des Geheimnisses der Geheimnisse" ist. Es werden mit ihm die Metalle (in ihrem Rang) erhöht durch das, was es vom Verfahren anvertraut, und es vernichtet (das erhöhte Metall) und führt es in den ursprünglichen Zustand zurück. Dieses Verfahren also beschreibe ich. Gott leitet zum Rechten, auf ihn richtet sich das Verlangen, zu vollenden, was wir beschrieben haben: er ist der Gnadenspender.

In dem Buch sind auch Kapitel, die die Gelehrten und Forscher nicht beachtet haben. Wüßte ich nicht, daß meine Tage gezählt sind, und daß mein Tod nahe ist, und bestünde nicht die Besorgnis, es möchte, was ich ihm Freundliches erweisen will, durch meinen Tod vereitelt werden, so hätte ich ihm nicht dies alles in meinem Buch zusammengestellt und hätte mich nicht bemüht, es in solcher Vollendung auszuführen.

WAS MAN VON DEN STOFFEN WISSEN MUSS

Die in der chemischen Kunst benützten Stoffe

§ 1. Was die Stoffe betrifft, so sind es drei Klassen: tierische, pflanzliche und erdartige. Die erdartigen aber zerfallen in sechs Gruppen: in Geister, Metalle, Steine, Vitriole, Boraqe und Salze.

§ 2. Geister sind es vier: das Quecksilber, der Salmiak, der Schwefel und der Zarnīch.

§ 3. Metalle sind es sieben: das Gold, das Silber, das Eisen, das Kupfer, das Zinn, das Schwarzblei und das chinesische Eisen.

§ 4. Steine sind es dreizehn: der Marqasit, die Magnīsia, der Dauš, die Tūtia, der Lāzward, der Malachit, der Türkis, der Blutstein, der Schakk, der Kuḥl, der Talq, der Gips und das Glas.

§ 5. Vitriole sind es fünf: der schwarze Vitriol, der Qalqadīs, der Qalqaṭār, der Sūrī und der Qalqant.

§ 6. Boraqe sind es sechs: der Boraq des Brotes, das Naṭrūn, der Boraq der Goldschmiede, der Tinkar, der Boraq von Zarāwand und der Boraq der Weide.

§ 7. Salze sind es elf: Das gute Salz, das bittere Salz, das Salz Ṭabarzad, das Andarānī-Salz, das Nafṭ-Salz, das indische Salz, das Qali-Salz, das Harn-Salz, das Aschen-Salz, das Nūra-Salz und das Ei-Salz.

WAS MAN VON DEN GERÄTEN WISSEN MUSS

Von den Geräten zur Schmelzung der Metalle

§ 1. Wir haben in unserm Buch schon gesagt, daß es zwei Gruppen von Geräten gibt: die eine zur Schmelzung der Metalle, die andere zur Behandlung der Stoffe.

§ 2. Die Geräte der Schmelzung sind bekannt; es sind die folgenden: der Schmelzofen, der Blasbalg, der Tiegel, der Treibhammer, die Feuerzange, der Doppeltiegel, die Blechschere und der Zerbrecher. Sie werden bei den Goldschmieden gefunden, mit Ausnahme des Doppeltiegels; denn dieser wird bei den Goldschmieden nicht gefunden.

§ 3. Der Doppeltiegel besteht aus einem Tiegel unten und einem andern darüber, und im oberen sind zwei oder drei Löcher. Du tust in ihn hinein, was du niederschmelzen willst, mit Naṭrūn und Olivenöl zu Teig angemacht, mit Kohle festgestampft und darauf geblasen wie beim Kupfer, oder wenn es Eisen ist oder was ihm gleicht, oder (beim) Talq dreimal ...

§ 4. Das Geheimnis beim Schmelzen ist, daß der Balg des Blasbalgs groß sein muß und seine Pfeife so weit wie das Auge des Balgs und die Mündung seines Rohrs so groß wie ein Heller sein soll, und daß das Holz am hinteren Ende des Balgs gedrechselt und mit leichten Lederriemen befestigt sein soll.
Weiter ist notwendig, daß der Schmelzofen einen gut sitzenden Deckel und einen gut passenden durchbrochenen Rost besitzt, der auf das Innere des Ofens gestellt wird, und daß du den Tiegel von allen Seiten mit Kohlen umgibst; Metalle.

§ 5. Schmelzen des Eisens. Und das, womit das Eisen geschmolzen wird mit dem Brennen, besteht darin, daß das Eisen, mit seinem Viertel rotem Zarnīch oder der Hälfte gelbem Zarnīch gebrannt wird in einem verlehmten Lappen in einem Ofen (Tannūr), der mit mächtigem Feuer angeheizt ist. Dann wird es mehrfach mit Wasser und Salz gewaschen, getrocknet und mit Olivenöl zu Teig angemacht, nachdem du es mit seinem Sechstel Naṭrūn gemischt hast. Dann schmilzt es und läßt sich mittels des Doppeltiegels niederbringen.

§ 6. Und wenn du willst, daß es weiß werde, so versetze es mit weißem syrischem Glas und bestem kristallartigem Salmiak zu gleichen Teilen, mit Olivenöl zu Teig gemacht, und gieße es auf die Erde, jedesmal in eine trockene Gußform. Du tust dies damit, bis es weiß und weich wird; hierauf vermählst du es mit ebensoviel Zinn, dann ist es feuerbeständig wie Silber. Wir werden unseren Zweck damit erreichen, wenn wir an die großen Kapitel kommen.

Die Geräte zur Behandlung der Nichtmetalle

§ 7. Was die Geräte zur Behandlung der Nichtmetalle anlangt, so sind sie der Kürbis (Kolben) und der Anbīq (Alembik, Helm) mit dem Schnabel und der Vorlage, der Kürbis und der blinde Anbīq, der Uthāl (Aludel), der Herd, die

Becher, die Flaschen und die Phiolen, die Reibplatte und der Reiber, der Ofen, der Ṭābistān, der Selbstbläser, die Schachteln und die Kugeln und anderes dergleichen, was man braucht.

§ 8. Der Kürbis (Kolben) der Anbīq mit Schnabel und die Vorlage sind geeignet zur Destillation der Wässer. Das Geheimnis dabei ist, daß der Kürbis groß und dickwandig sein muß, ohne Sprung am Boden, und daß in seiner Wand keine Blase sein darf, und daß der Anbīq gut passend aufsitzt. Der Kessel, in den der Anbīq gestellt wird soll die Form eines Kochtopfes haben, und der Kürbis muß bis zum höchsten Stand des Mittels, das in ihm ist, in das Wasser (des Kessels) eingetaucht sein. Beim Herd muß ferner ein großer Kessel bereit stehen, in dem sich siedendes Wasser befindet, um damit den Kessel nachzufüllen, wenn es darin abnimmt. Und hüte dich davor, daß den Kürbis kaltes Wasser trifft, und sichere den Kürbis, daß er sich nicht bewegen kann, und daß sein Boden den Boden des Kessels nicht berührt, so daß er zerbricht.

§ 9. Es wird wohl auch in verlehmten Kürbissen hochgetrieben (sublimiert), die im Herd auf einem Untersatz aus Ton aufgestellt sind. Es wird unter ihnen mit gelindem Feuer geheizt, und wenn der Herd heiß ist und es stark zu destillieren beginnt, so höre mit dem Heizen auf, bis sich (der Inhalt der Kürbisse) beruhigt hat und das Destillieren aussetzt.
Die Kürbisse werden wohl auch in einen Kessel mit Asche getan und darunter geheizt. Das ist das beste Verfahren für Anfänger.

§ 10. Anbīqe sind es aber vier Gattungen: ein Anbīq mit sehr weitem Rohr, er ist zum Abdestillieren der Schwärze von den Kalken und zum Hochtreiben des Salmiaks geeignet; dann ein Anbīq ohne besonders weites Rohr, dieser ist zum Destillieren der Essenzen und zum Hochtreiben geeignet; dann ein Anbīq (mit einem Rohr) von noch geringerer Weite; er ist zum Destillieren des Steins beim Beginn des Werks geeignet; endlich ein Anbīq mit sehr engem Rohr, er ist zum Eindampfen des Wassers und seiner Reinigung geeignet.

§ 11. Der Kürbis mit dem blinden Anbīq ist geeignet zur Lösung der Geister und der erweichten Metalle.

§ 12. Der Blinde ist ein passender Becher, der auf einen Kürbis gesetzt wird, in den die zu lösenden Dinge hineingetan werden. Er wird in einen passenden Herd eingehängt und eine brennende Lampe oder Kohlen oder heiße Asche unter ihn getan. Man muß jedoch aufpassen, daß das Feuer nicht ausgeht (und die Asche nicht kalt wird, bevor es sich gelöst hat und fest geworden ist).

§ 13. Die Geräte werden hergestellt aus Glas und Töpferton und Birām und Eisen und Tiegelton; bei keinem von ihnen aber kann man den Kunstlehm entbehren.

§ 14. Gewinnung des Kunstlehms. Du nimmst reinen, roten oder weißen, zähen Ton, frei von Steinen, breitest ihn an einem sauberen Ort aus und spritzest mehrmals Wasser darauf, bis er (hinreichend) durchtränkt und gelöst ist und seine Teile so (dünnflüssig) sind, daß die Hand sie nicht mehr fühlt. Darauf läßt du ihn stehen, bis er (wieder) trocken ist, dann pulverst du ihn und siebst ihn durch Seide (oder durch ein Haarsieb oder ein Mehlsieb); dann tränkst du ihn mit Wasser, worin Reiskleie aufgeweicht wurde, die vom Mehl ausgezogen ist. Knete (den Ton) dann gründlich und laß den Teig einen Tag und eine Nacht lang rotten. Du nimmst dann reinen Reis und siebst ihn und nachdem du ihn (nochmals?) zerstoßen hast, mischest du ihn mit ebensoviel von dem gerotteten Ton, dazu auf jedes Pfund das Gewicht von zehn Dirham Speisesalz, und ebensoviel Reis, und ein Drittel Pfund gepulverte, durch Seide gesiebte Tonscherben und eine Hand voll Tierhaare, so klein wie möglich geschnitten. Läßt du dies drei Tage stehen und wendest es dann an, so ist es das beste, was es von Kunstlehm gibt. Und bei Gott ist der Erfolg.

§ 15. Das Kapitel von der Herstellung des Uthāl. Du nimmst einen Kessel von der Gestalt der Dauraqa, eine Elle lang und zwei Fäuste breit. Dann legst du ihn auf eine ebene Fläche um und streust rings um ihn gesiebte Asche auf. Dann richtest du ihn wieder auf und legst auf die gesiebte Asche um den Kessel einen Mantel, läßt ihn trocknen und hebst ihn ab. Dann überziehst du seine Außenfläche und überstreichst sie mit (einer Mischung von) Bleiweiß und Eiweiß, und überstreichst sie zum zweiten Mal, und bringst an seinem Rand ringsum eine Rinne an, und läßt eine Stelle darin frei, von der die hochgetriebenen Stoffe ausgekehrt werden können.

Du läßt ihn nun trocknen, dann wendest du den oberen Teil des Uthāl mit der Öffnung nach unten und überstreichst ihn gleichmäßig mit Lehm. Dann setze den Mantel auf den Kessel und verlehme die Verbindung von beiden Seiten. Mache auch rings um den Kessel laufende Flügel unter dem Mantel, damit das Feuer nicht trifft, was auf dem Mantel ist, und es etwa verbrennt und verdirbt, und setze ihm den Deckel auf. Es ist ein Geheimnis dabei, das wir erwähnen werden, wenn wir an die Beschreibung der hochgetriebenen Stoffe kommen.

§ 16. Was den Mustauqid (Herd) anlangt, so ist er ein kleiner Ofen (Tannūr) von der Größe des Uthāl. Der unterste Teil des Uthāl wird zur inneren Wand des Herds genau passend gemacht, damit das Feuer die Seiten des Kessels nicht ergreift. Zu unterst ist eine Grube, in welche die Kohle hinein getan wird. Sein oberes Ende ist enger als sein unteres – ich meine den Herd – und gegenüber der Tür des Herds ist ein Loch unter den Flügelrand gebohrt, durch das der Rauch abzieht.

§ 17. Der Uthāl wird zum Hochtreiben (Sublimieren) der trockenen Stoffe angewandt und der Anbīq mit Schnabel zum Destillieren der Wässer.

§ 18. Die Phiolen aber werden gebraucht für das Ersticken des Hochgetriebenen. Und zwar wollen die Gelehrten bisweilen das Ersticken irgend eines der sublimierbaren Dinge. Sie tun es also in die Phiolen und treiben es hoch,

es steigt dann in ihren Hals und erstickt in ihrem oberen Teil [wie das Blei und das Zinn] reiner als vorher. Und wenn es ein sublimierbares Ding ist, und sie sein Ersticken wollen, so kneten sie es mit irgend einem Öl und tun es in die Phiole, so daß es in ihm eine reine Substanz wird.
Die Phiole wird mit einem Teig aus (gepulverter) Eisenschlacke und Eiweiß bestrichen. Man läßt ihn dann trocknen und verlehmt darüber mit Kunstlehm, so daß das Feuer bei ihr überhaupt nicht (unmittelbar auf das Glas) wirken kann. Wenn in ihr nun keine öligen Stoffe sind, so verschließe ihren Kopf nach dem Bestreichen, und wenn in ihr ölige Stoffe sind, so tupfe ihren Kopf mit reiner weißer Wolle ab. Jedesmal, wenn sie vollgesogen ist, nimmst du sie weg, drückst sie aus und setzest an ihre Stelle andere, und wenn diese vollgesogen ist, nimmst du sie wieder weg und setzest die ausgedrückte an ihre Stelle, bis keine Nässe mehr in der Phiole geblieben ist. Ihr Kopf wird dann mit Salz und Lehm dicht gemacht, und zwar muß man für den Teig, der aus Salz und Lehm gemacht wird, heißes Wasser nehmen, damit die Phiole und ihr Inhalt nicht kalt werden. Und dies ist das Geheimnis bei der Verlehmung der Köpfe der Phiolen.

§ 19. Die Becher braucht man nur zur Röstung der Stoffe. Die Leute der Kunst tränken ihre Stoffe oft mit Wässern und tun sie zwischen zwei verlehmten Bechern und stellen zwischen ihnen eine feste Verbindung her mit Schnüren und einem Teig auf einen Lappen geschmiert, oder mit Salz und Gerstenmehl in gleicher Weise mit Eibisch auf einen Lappen geschmiert, oder mit Nūra, die mit Eiweiß zu einem Teig geknetet ist. Dann verlehmen sie auch noch darüber und rösten sie auf einem Mistfeuer oder im Tannūr, soweit das nötig ist.

§ 20. Was die Reibplatte und den Reiber anlangt, so braucht man beide zum Pulvern der Stoffe.

§ 21. Der Atūn ist ähnlich einem kleinen Töpferofen. Er wird zum Verkalken der Metalle verwendet, bis sie zu weißer Nūra werden.

§ 22. Der Ṭābistān ist ein Ofen, ähnlich dem Ofen der Gelbgießer. Es wird in ihn hineingetan, was das Feuer an der Oberfläche berühren soll, und wovon die Öligkeit verbrannt werden soll, oder das, dessen Erhitzung und Röte die Chemiker wollen.

§ 23. Der Selbstbläser ist ein Ofen (tannūr), dessen unterer Teil enger ist als sein oberer Teil. Er steht auf drei Füßen und wird auf einem Untersatz aufgestellt, dessen Wände durchlöchert sind. In der Mitte seines Bodens befindet sich ein Loch, aus dem die Asche herausfällt. In seinen untersten Teil werden Kohlen geschüttet, und das, was verkalkt werden soll, wird darauf gesetzt und in die Kohle eingegraben und mit Kohle zugedeckt. Du stellst ihn hin, wo ihn die Winde treffen. Sein Feuer ist äußerst stark, es verkalkt die Metalle und vereinigt sie und schmelzt sie.

§ 24. Die Kapsel (durǧ) wird aus Ton gemacht und dient zum Reinigen. Man bringt in sie hinein, was gereinigt werden soll, und zwar von Metallen Bleche, eine Schicht von dem Mittel und eine Schicht von den Metallblechen. Es wird eine Schicht auf die andere gebracht, die Verbindung von Schachtel und Deckel fest gemacht und darüber geheizt.

§ 25. Mit dem Ball (kura) werden die Feilspäne der Metalle behandelt. Man mischt mit ihnen die Mittel, mit denen das Pulver des Metalls behandelt werden soll; es wird in einen festen Lappen verschnürt und mit Ton verlehmt, ähnlich wie ein Ball, und es wird nach Maßgabe des Gewünschten geröstet.

Hiermit ist die Beschreibung der Geräte zu Ende. Wir beginnen jetzt mit der Beschreibung der chemischen Verfahren, wie wir am Anfang des Buchs erörtert haben, damit es ein Führer sei für den, der hineinsieht.

VON DEN EINZELNEN TEILEN DES VERFAHRENS

§ 1. Die Verfahren zerfallen in sieben Teile:
Der erste Teil ist das Reinigen der Geister und das Verkalken der Metalle, der Steine, der Eierschalen, der Muscheln und der Rückstände.
Der zweite Teil ist das Erweichen der Geister, der Kalke und der Salze und dergleichen.
Der dritte Teil ist das Lösen der Geister und der erweichten Kalke und der Salze und Boraqe.
Der vierte Teil ist das Mischen der gelösten Stoffe.
Der fünfte Teil ist das Verfestigen, das mit ihnen behufs Vollendung des Werks vorgenommen wird.
Der sechste Teil ist das Hochtreiben (Sublimieren) der Metalle und der Steine behufs Verwandlung des Bleis u. dgl.
Den siebenten Teil bilden die rotfärbenden Wässer ...

DIE KAPITEL DER HOCHTREIBUNG

§ 1. Die Hochtreibung der Metalle und der Steine findet statt durch die Geister, wie der Bestand der Geister auf den Metallen und Steinen beruht. Sie geschieht auf zwei Arten.

§ 2. Eine Art besteht darin, daß die drei Geister gemischt und mit Wasser des Salmiaks getränkt werden; dann wird das Gemisch zwischen zwei Becher getan, von denen der untere verlehmt wird und zwischen denen die Verbindung hergestellt wird. An der untersten Stelle des oberen Bechers ist ein Loch, so groß, daß der kleine Finger hindurchgeht, es wird mit Wolle verstopft, damit die Luft hindurch geht (?) und gesehen werden kann, was hochgetrieben wird. Wenn der Rauch aufhört, läßt du es an seinem Ort kalt werden, dann nimmst du es heraus und machst das Oberste zum Untersten und tränkst es mit gelöstem Salmiak und pulverst es mit ihm, bis es trocken geworden ist, dann bringst du es in die beiden Becher zurück und erweichst es und läßt es stehen, bis der Rauch aufhört. Tue dies damit immerfort, bis nichts mehr unten darin bleibt. Dies ist die eine der Hochtreibungen.

§ 3. Die zweite Art besteht darin, daß du das Mittel mit den Geistern mischest, wie du willst, und es mit Wasser des Salmiaks sorgfältig pulverst, und zwar mindestens einen Tag. Tue es dann in einen neuen Uthāl von Tiegelton oder Birām, und verlehme ihn kunstgerecht und stelle ihn auf den Herd und heize unter ihm mit einem mächtigen Feuer und nimm seine Nässe nicht weg.

§ 4. Der Unterschied zwischen dem Hochtreiben der Geister und der Metalle besteht darin, daß du die Nässe der Geister wegnimmst, nicht aber die Nässe der Metalle. Du machst das Oberste zum Untersten bis alles hochgetrieben ist. Oder du stellst es auf einen Ofen von der Gestalt des Selbstbläsers und blasest auf es mit zwei Blasbälgen, gib aber acht mit dem Blasen, bis es hochgetrieben ist und der Rauch aufhört. Mache dann das Oberste zum Untersten, bis es hochgetrieben ist, so Gott will.

Die Hochtreibung des Goldes

§ 5. Diese ist wirksam und geeignet zur Rötung. Sie besteht darin, daß du Feile von Gold nimmst und mit vier ihresgleichen Quecksilber amalgamierst, und so viel wie ein Viertel des Quecksilbers gelben Schwefel und ebensoviel Vitriol (zusetzest). Du tränkst es mit Wasser des Salmiaks und pulverst es auf einer Reibplatte, dann läßt du es hochsteigen, wie wir beschrieben haben, und machst das Oberste zum Untersten, bis alles hochgetrieben ist. Dann tränkst du es mit der Lösung der fünf Vitriole und röstest es in einer Flasche in einem Kessel mit Asche. Tue dies damit immerfort, bis alles roter Zunġufr geworden ist. Es färbt dir sein Dirham 30 Dirham Silber. Und wenn du dieses erweichst und lösest, so färbt sein eins 100 von welchem Metall du willst. Und wenn du von der Röte des Haares ebensoviel hineintust, so färbt dir sein Mithqāl 700 von jedem Metall, das du willst so Gott will.

Die Hochtreibung des Silbers

§ 6. Sie besteht darin, daß du Feile des Silbers mit vier ihresgleichen Quecksilber amalgamierst und zwischen Alaun, mit Eiweiß zu Teig gemacht, in einer verlehmten Flasche, deren Kopf gesichert ist, eine Nacht in heißer Asche röstest. Nimm es dann heraus und pulvere damit halb so viel wie das Quecksilber (L gelben) geweißten Zarnīch, in dem keine Schwärze (mehr) ist, mit Wasser des Salmiaks auf einer Reibplatte einen vollen Tag. Dann treibe es hoch mit starkem Feuer am Anfang der Sache, und mache das Oberste zum Untersten, und pulvere und tränke es mit Wasser des Salmiaks, bis alles hochgetrieben ist. Dann erweiche alles mehrmals und löse es und verfestige es. Sein Dirham färbt 500 Kupfer zu Silber, so Gott will . . .

DIE VERFAHREN DES METALLWERDENS

§ 15. Was das Gold und das Silber anlangt, so sind sie beide reine (gediegene) Metalle und bedürfen keines Verfahrens. Was das Kupfer und die beiden Bleie anlangt, so hat man nicht viel Arbeit mit ihnen. Nur für das Metallwerden des Eisens (ist ein Verfahren notwendig) unter den Metallen. Und von den Steinen sind es der Marqasit und die Maġnīsia und der Dauṣ, dann der Ṭalq und der Gips und das Glas und weiter nichts.

§ 16. Was das Eisen anlangt, so wird von ihm das Männliche genommen, und was den Dauṣ anlangt, so wird von ihm das isṭaḫrische genommen, der eine feine Rinde besitzt. Er wird erhitzt und im Wasser und Salz eingetaucht, bis er zerbröckelt und zu Pulver wird.

§ 17. Was den Marqasit und die Maġnīsia anlangt, so werden beide gepulvert und ihnen ein Viertel oder weniger roter Zarnīch beigemengt, dann wird es gut gepulvert. Hierauf wird es fest in einen Lappen geschnürt und das Überstehende abgeschnitten und der Beutel mit Kunstlehm umgeben und so gründlich wie möglich getrocknet und eine Nacht in einem Ofen (Tannūr) geröstet, der mit heftigem Feuer geheizt ist. Dann wird es heraus getan, dann mit süßem Wasser gewaschen, bis das Wasser süß ist und die Salzigkeit weggegangen ist. Und unter den Gelehrten gibt es solche, die an die Stelle des roten Zarnīchs ebensoviel gelben geweißten Zarnīch setzen oder geweißten Schwefel. Röste es in einem verlehmten Krug und lasse in ihm eine Stelle offen, aus der der Dampf herauskommt. Mische es dann mit einem Sechstel Naṭrūn und mache einen Teig mit Öl damit im Betrag dessen, was sich mit ihm vereinigt, und laß es im Doppeltiegel niederschmelzen. Gieße es in eine trockene Gußform, schmilz es dann (wieder) und versetze es mit Glas und Salmiak zu gleichen Teilen, beide mit Öl besprengt. Versetze jeweils zehn von ihnen mit dem Gewicht eines Dirhams Glas und Salmiak, und gieß es dann auf die Erde. Tue dies damit mehrmals, bis es weiß und zart wird. Wirf dann von ihm jeweils eins auf zehn Blei und versetze zehn und ein halb Dirham von ihm mit einem Dānaq und zwei Korn von welchem Iksīr du willst. Es wandelt sie zur Weiße um, nachdem im Iksīr Schwefel und Quecksilber gewesen ist.

Es wird in die Metalle und in die harten Steine, wenn du ihre Verkalkung willst, ebensoviel wie sie roter Zarnīch getan, und wenn du ihre Umwandlung in Metall willst, so viel wie ihr Viertel davon. Merke diesen Unterschied, denn es kommen dabei viele Fehler vor.

§ 18. Was den Ṭalq und den Gips und das Glas anlangt, so geschieht ihre Hochtreibung auf eine einzige Art. Sie besteht darin, daß geweißter Schwefel oder geweißter Zarnīch mehrmals von ihnen weg hochgetrieben wird. Pulvere sie mit Wasser des Naṭrūn immerfort, bis es das Siebenfache aufgesaugt hat, und mit Wasser des Tinkār in gleicher Menge. Versetze es dann bei der Schmelzung mit geweißtem Martak, auf 10 eins, so schmilzt es wie Wasser. Gieße es in eine trockene Gußform, so kommt es heraus ähnlich wie Elfenbein als ein Guß. Der Talq und der Gips, die du anwendest, werden beide gelöst mit Bohnenwasser. Was das Glas anlangt, so verkalke es mit dem Wasser des Qali, und zwar indem du es erhitzest und in ihm löschest und mit ihm ebensoviel hochgetriebenes Quecksilber nimmst. Du machst davon einen Teig mit Eiweiß, destilliert mit dem, was in ihm von Schalenkalk ist und dem Salz des Qali; du röstest, tränkst es immerfort, bis es sich zu weißer Nuqra verfestigt. Es verwandelt sein Dirham 30 Dirham Blei in Silber, und wenn du es in 10 Erweichungen erweichst und lösest und es auf ebensoviel hochgetriebenes Quecksilber gießest und es eingräbst, so löst es sich. Laß es dann fest werden, so färbt sein Dirham ein Raṭl von welchem Metall du willst so Gott will.

Es ist zu Ende die Beschreibung des Metallwerdens der Metalle und der Steine, und das ist der Schluß des sechsten Teils von diesem unserem Buch.

DIE KAPITEL DER TIERSTOFFE

§ 1. Beginnen wir jetzt mit dem Verfahren der tierischen Steine. Wir haben in dem, was vorausgegangen ist, gesagt, daß es zehn Steine sind, und zwar das Haar, der Schädel, das Hirn, das Ei, die Galle, das Blut, die Milch, der Harn, die Muschel und das Horn. Beginnen wir also mit der Erwähnung ihrer besten Arten und ihrer Beschreibung, damit das Buch nicht zu lang wird und der Leser nicht ermüdet.

1. Die Verfahren des Haares

§ 2. Nimm frisches schwarzes Haar, wasche es mit Ton möglichst gründlich, dann wasche es auch mit Seife und Uschnān und trockne es und zerschneide es so fein wie möglich, stopfe damit den Kürbis bis zur Hälfte und setze einen Anbīq darauf und destilliere es, bis das ganze Wasser überdestilliert ist. Unterbrich dann das Feuer und nimm den Rückstand heraus, nachdem der Kürbis erkaltet ist, pulvere ihn gut und treibe ihn im Uthāl hoch und nimm, was von ihm weiß hochgestiegen ist. Und wenn es beim ersten Mal nicht weiß hochgetrieben wird, so wiederhole damit das Verfahren des Hochtreibens immer wieder, bis es weiß herauskommt. Tue es auf eine Reibplatte und tränke es mit seinem Wasser und pulvere es, bis es ebensoviel aufgesogen hat, hierauf röste es in einer verlehmten Flasche mit einem Mistfeuer eine Nacht, dann pulvere es und tränke es mit ebensoviel Wasser und pulvere es damit, bis es trocken ist, und röste es. Tue dies damit, bis es weiße Nuqra geworden ist wie der Bergkristall. Es verwandelt sein Dirham 400 Dirham von welchem Metall du willst in weißes Silber, es kehrt zur Reinheit zurück, so Gott will ...

§ 8. Andere Art. Nimm das Haar und reinige es gemäß dem Vorangegangenen und destilliere sein Wasser und sein Öl, wie wir beschrieben haben. Dann wiederhole mit dem Wasser das Destillieren, bis es rein ist, und stelle es weg, und verfestige das Öl in dem blinden Anbīq auf einem kleinen Herd mit dem Feuer einer Lampe oder einer Nafṭlampe oder mit heißer Asche, oder in der Sonne einige Tage in den Tagen des Sommers, bis es fest geworden ist. Dann bring es in einen blinden Anbīq und gieße einen Guß von dem weggestellten Wasser darauf und stelle die Verbindung her und setze es auf heiße Asche einen Tag und eine Nacht. Dann filtere es von ihm ab purpurrot. Erneuere ihm nun das Wasser und das Verfahren, bis du seine ganze Farbe weggenommen hast, und stelle es weg. Darauf nimm das Gold, mit Quecksilber und Vitriol und Schwefel verkalkt, und tränke es mit diesem Wasser in zehn Wiederholungen 20 Mal, und pulvere es bei jeder Tränkung, bis es trocken ist, und röste es in einer verlehmten Flasche mit einem Mistfeuer. Es verwandelt sein Dirham 600 Dirham von welchem Metall du willst in Feingold, so Gott will ...

Die Kapitel des Eies

§ 19. Nimm Eigelb und tue es in einen Glasbecher mit passendem Deckel, gieße dann einen Guß Eiweiß darauf und bring es zur Lösung und grabe es ein während 40 Tagen, bis es sich gelöst hat. Dann destilliere es und stelle sein weißes Wasser weg, und wenn es anfängt sich zu verändern, so vertausche (erneuere) ihm die Vorlage, bis von ihm das gelbe Wasser überdestilliert ist und wenn das rote beginnt, vertausche die Vorlage wieder, bis auch es destilliert ist. Wenn dann die Destillation aufgehört hat, so stelle das Feuer ab, und nimm den Anbīq von ihm weg und setze an seine Stelle einen Anbīq mit weiter Öffnung und destilliere es, so destilliert von ihm sein Teer und sein Brand. Verstärke auf ihm das Feuer, bis nichts mehr von ihm darin bleibt, dann nimm den Rückstand und pulvere ihn und tue ihn in einen nicht verlehmten Krug, nachdem du ihn in einem Zehntel des weißen Wassers zu Teig gemacht hast. Bring es in einen Töpferofen und nimm es heraus, wenn er kalt geworden ist, und wiederhole damit das Verfahren, bis es weiß geworden ist. Dann nimm von dem weißen Wasser und mache damit das hochgetriebene Quecksilber zu einem Teig und röste es an einem gelinden Feuer in einer verlehmten Flasche. Tue dies damit dreimal, aber füge jedesmal so viel von dem Wasser hinzu, als sich seine Teile vereinigen, dann verfestigt es sich zu einem Iksīr. Es verwandelt sein Dirham 60 Dirham von welchem Metall du willst, so Gott will ...

§ 22. Andere Art. Du nimmst vom Rückstand verkalkter Eier einen Teil und vom weißen Wasser einen Teil und pulverst das Ganze mit einem Sechstel von dem weißen Wasser eine gute Stunde bis es trocken ist. Dann gieße auf es den Rest und grabe es ein, bis es sich gelöst hat. Tue dann von dem gelben Wasser einen Teil hinein und von dem roten einen Teil, und grabe es wieder andere vierzig Tage ein, bis es rein ist. Dann laß es fest werden in einem blinden Anbīq so verfestigt es sich zu roter Nuqra. Sein Dirham verwandelt 2000 Mithqāl von welchem Metall du willst in Feingold, so Gott will ...

§ 24. Andere Art. Nimm das Ei und zerbrich es in einen Kürbis, dessen Länge eine Spanne ist, und setze auf ihn einen Becher und stelle die Verbindung her mit Ṣārūǧ und grabe es 40 Tage ein, bis es sich löst. Dann destilliere es und stelle sein Wasser weg und sein Öl, jedes für sich allein, und verkalke seinen Rückstand mit Wasser des Salzes im Ofen (Atūn), bis es weiß geworden ist. Dann tränke den Rückstand mit ebensoviel von seinem Öl unter Pulvern, bis du es wie eine Brühe gemacht hast, und höre mit dem Pulvern nicht auf, bis es trocken geworden ist. Röste es dann in einer verlehmten Flasche mit einem gelinden Feuer, so wird es fest zu Nuqra rot wie Leber. Es färbt sein Mithqāl 100 Mithqāl Silber, es kommt heraus als Feingold, so Gott will ...

§ 26. Sein Ǧauhar. Nimm 100 Mithqāl von syrischem Glas und 100 Mithqāl weiße Kiesel und ebensoviel Zerstoßenes vom Kristall und ebensoviel Kalk des Eigelbs und 20 Mithqāl Naṭrūn und von diesem Iksīr ein Mithqāl; nachdem du das Gemisch gepulvert und gelöst hast mache davon einen Teig mit der Röte der Hörner und pulvere es, bis es trocken geworden ist. Darauf bringe es in den Ofen (Atūn) in einem verlehmten Kessel und nimm es heraus, wenn er kalt geworden ist. Du findest es als ein yāqūtartiges rotes Stück, es gibt weder vor ihm noch hinter ihm etwas an Trefflichkeit, Gewicht und Farbe. Es wirkt kein Ding auf es ein außer dem besten Diamant und er erreicht nicht seinen Wert, so Gott will.

§ 27. Andere Art. Nimm frisches Ei und koche es und tue in das Wasser, in dem du es kochst, etwas Alaun und Salz; dann nimm die Eischale für sich allein und löse von ihr das Eihäutchen ab, und das Eiweiß für sich allein und das Eigelb für sich allein und verkalke die Schale und trockne gut, nachdem du sie gepulvert hast. Verkalke dann den Rückstand von dem Eiweiß mit soviel destilliertem Salzwasser, als sich mit ihm zu einem Teig vereinigt, und pulvere es eine gute Stunde lang, bis es trocken ist. Tue es dann in einen verlehmten Kessel, tue dies damit dreimal und stelle es weg. Dann nimm das Gelbe und destilliere sein Wasser und sein Öl und verkalke seinen Rückstand unter Pulvern mit Wasser des Qali und des Salmiaks. Tränke es damit, bis du es wie eine Brühe erhältst, und pulvere es mit ihm, bis es trocken ist, und bring es in den Ofen in einem verlehmten Kessel. Tue das damit immer wieder, bis es sich verkalkt hat und zu feinstem Pulver geworden ist wie Pulver des Bergkristalls. Dann nimm vom Kalk der Eischale einen Teil und vom Wasser des

Eiweißes ebensoviel, und pulvere beides auf einer ausgehöhlten Reibplatte eine gute Stunde und setze es 40 Tage der Lösung aus, so löst es sich. Tue dann einen Teil vom Öl des Eiweißes hinein und einen Teil von seinem Kalk und vergrabe es 40 weitere Tage in Mist, so löst es sich zu einem reinen weißen Wasser. Laß es dann fest werden im blinden Anbīq, so verfestigt es sich zu weißer Nuqra. Es verwandelt sein eins 4000 Mithqāl von welchem Metall du willst in weißes Silber, so Gott will ...

Die Kapitel des Blutes

§ 30. Nimm vom frischen Blut der Schröpfer, tue es in einen Kürbis und destilliere sein Waser und sein Öl und verkalke seinen Rückstand mit Wasser des Salzes im Ofen (Atūn), so verkalkt es in drei Wiederholungen. Bringe dieses Wasser nochmals zum Destillieren, bis es rein ist, dann nimm von seinem Wasser einen Teil und von seinem Kalk einen Teil und vergrabe es im Mist, so löst es sich in 60 Tagen. Und tue in es von dem zur Weiße hochgetriebenen Quecksilber so viel wie das Gesamte und grabe es 40 Tage ein, bis es sich gelöst hat zu Wasser ohne Rückstand. Dann verfestige es, so wird es fest zu Nuqra, reiner als Bergkristall. Es verwandelt sein Mithqāl 500 Mithqāl von welchem Metall du willst in weißes Silber, so Gott will.

§ 31. Andere Art. Du nimmst von seinem Wasser einen Teil und von seinem Kalk ebensoviel, pulverst beide in einem Mörser von Glas eine gute Stunde und gräbst es ein, bis es sich löst. Dann tue von dem Wachs des geweißten Haares einen Teil hinein und grabe es wieder ein, bis es sich gelöst hat und rein ist; dann laß es fest werden. Es verwandelt sein Dirham 1000 Mithqāl von welchem Metall du willst in weißes Silber, so Gott will.

§ 32. Andere Art. Du pulverst dies und tränkst es mit einem Trank von seinem weißen Wasser im Betrag dessen, was es wie eine Brühe läßt, und gräbst es ein, bis es sich löst. Dann laß es fest werden, so verwandelt dir sein Mithqāl 4000 von welchem Metall du willst, es kommt heraus als weißes Silber, so Gott will.

§ 33. Andere Art. Du nimmst von seinem Wasser einen Teil und von seinem Öl einen Teil und von seinem Kalk ebensoviel wie vom Wasser, dann pulverst du das Gesamte in einem Mörser von Glas einen Tag, und gräbst es im Mist ein, bis sich gelöst hat und rein ist; dann laß es fest werden, so wird es fest zu roter reiner Nuqra. Es verwandelt sein Mithqāl 1000 Mithqāl von welchem Metall du willst.

§ 34. Die Behandlung der Gallen und der Schädel und der Hörner und anderem dergleichen von den tierischen Steinen geschieht nach diesem Verfahren. So merke es und arbeite danach, und du wirst Erfolg haben, so Gott will.

Es ist zu Ende die Beschreibung der Verfahren der erdartigen und der Tierstoffe, wie wir es versprochen haben.

Preis sei Gott, dem Herrn der Welten.

Geheimsymbole der Alchemie und Medizin des Mittelalters

Tausende von symbolischen Darstellungen finden sich weit verstreut in den Handschriften und Büchern zur Alchemie, Medizin oder Arzneikunde des Mittelalters. Das goldene Kreuz zum Beispiel war für die Alchemisten das Symbol für das durch Weisheit erlangte geistige Leben sowie für die Unsterblichkeit. Derartige Zeichen haben meist Ähnlichkeit mit Buchstaben, astronomischen Abbildungen oder auch mit geometrischen Figuren.
Die mittelalterliche Geheimsymbolik trug dazu bei, daß das Wissen weniger Gelehrter auch tatsächlich Geheimwissen blieb, und das aus doppeltem Grund: Zum einen bot die wissenschaftliche Sprache den Ärzten und Alchemisten die Gelegenheit, ihren Patienten einen „blauen Dunst" vorzumachen und sich selber mit dem Nimbus des Mystischen und Elitären zu umgeben. Zum anderen schützte ein solcher „Geheimcode" wirkliche Erfindungen oder Entdeckungen vor mißbräuchlicher Ausbeutung.
Geheimsymbole entsprangen nicht nur der freien Phantasie des Schreibers, sondern sie sind zum Teil nach recht einfachem Schema aufgebaut. Viel bestehen schlicht aus den Anfangsbuchstaben der betreffenden deutschen oder lateinischen Bezeichnungen, bei anderen kehrte man die Anfangsbuchstaben um und kombinierte sie mit wieder neuen Buchstaben oder mit Zahlen, Planeten – und Tierzeichen oder anderen Figuren. Manche Symbole sind gewissermaßen hieroglyphisch, das heißt, sie geben möglichst einfach die äußere Form der fraglichen Körper wieder. Gemäß der herrschenden astrologischen Vorliebe des Mittelalters ist ein Großteil der Darstellungen der astralen Zeichenlehre entnommen.
Die Tatsache, daß vielfach verschiedene Körper mit dem Symbol ausgedrückt werden, dürfte entweder der Absicht, Neugierige irrezuführen, oder aber astrologischen Grundsätzen entspringen: Ein Beispiel hierfür ist das Gesetz der sogenannten Signaturen, wonach jeder Körper entweder nach äußerer Form oder inneren Eigenheiten mit bestimmten Himmelskörpern in Beziehung gebracht wird.

Monat; lat.: *Mensis;* fr.: *Mois;* e.: *Month;* it.: *Mese.*

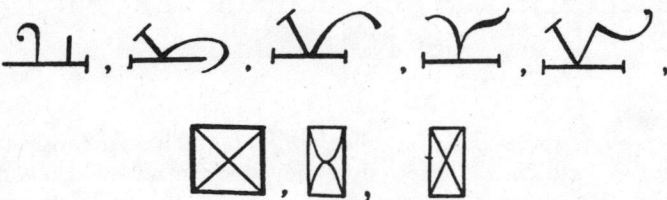

Mond abnehmend; lat.: *Luna decrescens;* fr.: *Lune en décours;* e.: *Te wane of the moon;* it.: *Luna sceme.*

Mond zunehmend; lat.: *Luna crescens;* fr.: *Lune croissant;* e.: *Te increase of the moon;* it.: *Luna crescente.*

Nach der Kunst; lat.: *Lege artis.*

L a , l. a., S. a., S . A .

Nacht, eine; lat.: *Nox;* fr.: *Une nuit;* e.: *One Night;* it.: *Una Notte.*

Tafel der Grundsymbole.

Die drei Substanzen:

Schwefel:	Mercur:	Salz:
⇧		⊖

Die vier Elemente:

Feuer:	Wasser:	Luft:	Erde:

Die planetaren Principe:

Sonne (Gold):	Jupiter (Zinn):	Mercur (Quecksilber):
☉.	♃.	☿.

Mars (Eisen):	Venus (Kupfer):	Mond (Silber):
♂.	♀.	☾.

Saturn (Blei):	Erde (Antimon):
	♁.

Die Tageszeiten:

Tag: Nacht:

☌.   ☊.

Die zwölf Zodiakalzeichen:

Widder: Löwe: Pfeil:

♈. ♌. ♐.

Stier: Jungfrau: Steinbock:

♉. ♍. ♑.

Zwillinge: Waage: Wassermann:

♊. ♎. ♒.

Krebs: Scorpion: Fische:

. ♏. ♓.

Asche; cinis (cineres); *fr.:* cendre; *e.:* cinder; *it.:* cineres.

Aschensalz (Potasche); sal alcali (cineres clavellati); *fr.:* potasse; *e.:* potash; *it.:* potassa.

Baumöl; oleum olivarum (oleum commune); *fr.:* huile d'olive; *e.:* olive-oil; *it.:* olio.

Benzoïnblumen (Benzoèblumen); *flores benzoè; fr.: fleures de benjoin; e.: benjamin flowers; it.: fiori di benzoè.*

Bezoarstein, ostindischer (Spiessglasoxyd); *bezoar orientalis; Vicunna; fr.: bézoard mineral; e.: Bezoar-stone.*

Bezoarstein, westindischer (Giftstein); *bezoar occidentalis (larrago); fr.: bézoard occidentale; e.: Bezoar-stone.*

Blech, ein; *lamina; fr.: plaque; e.: sheet; it.: latta.*

Blei (Bley); *plumbum (Saturnus); fr.: plomb; e.: lead; it.: piombo.*

Arsenik, sublimiert; lat.: *Arsenicum sublimatum*; fr.: *Arsenic sublimé*; e.: *Sublimated arsenic*; it.: *Arsenico sublimato*.

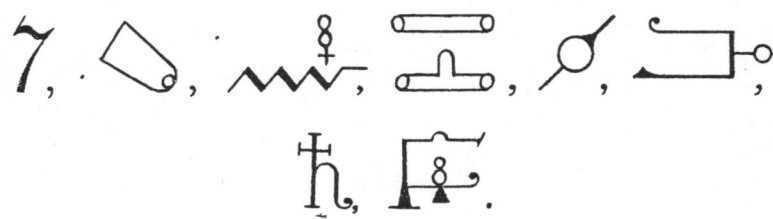

Arsenik, weisser (Mausgift, Rattengift); lat.: *Arsenicum album*; fr.: *Arsenic blanc*; e.: *White oxyde of arsenic*; it.: *Arsenico bianco*.

Campher; camphora; fr.: camphre; e.: camphor; it.: canfora.

Ei, ein; ovum; fr.: un œuf; e.: an egg; it.: uovo.

Eierschalenkalk; calc. ovorum; fr.: caustique des œufs calciné; e.: caustic of eggo burned; it.: caustica di uovo.

C℺.

Eidotter (Eigelb); vitellus (luteum, luteumovi); fr.: le jaune d'œuf; e.: yolk of an egg; it.: tuorlo d'uovo.

F̄, ⊻, ♀, ⊻, Ē.

Eisen (Mars); ferrum; fr.: fer; e.: iron; it.: ferro.

Glockenspeis; lat.: *Cuprum caldarium;* fr.: *Bronze;* e.: *Bronze;* it.: *Bronzo.*

Gold; lat.: *Aurum, sol;* fr.: *Or;* e.: *Gold;* it.: *Oro.*

Salz, Stein-; lat.: *Sal gemmæ; Sal fossile; Sal indum;* fr.: *Sel gemme;*
e.: *Mineral-salt;* it.: *Sal minerale.*

Schweisstreibend Spiessglaskönig; lat.: *Bezoardicum minerale;* fr.: *Antimoine diaphoretique;* e.: *Diaphoretic-antimony;* it.: *Antimonio diaforetico.*

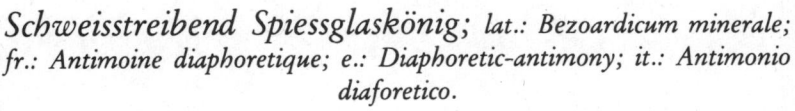

Schweisstreibend Zinn; lat.: *Bezoardicum joviale;* fr.: *Etain diaphoretique;* e.: *Diaphoretic-tin;* it.: *Stagno diaforetico.*

Seife; lat.: *Sapo;* fr.: *Sapon;* e.: *Soap;* it.: *Zapone.*

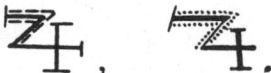

Silberglätte; lat.: *Levor argenti;* fr.: *Frilitharge d'argent;* e.: *Silverlitharge;* it.: *Litargirio d'argento.*

↙ , ☽ , H , ⨎ , ♄ .

Silber; lat.: *Argentum (Luna);* fr.: *Argent;* e.: *Silver;* it.: *Argento.*

) , ☽ , (, ☾ , ☉ , ⊃ , C , ☾ ,

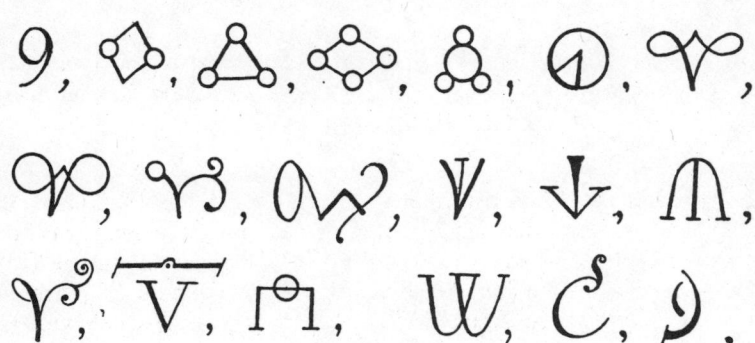

Silberblatt; *lat.: Argentum foliatum; fr.: Argent en feuilles; e.: Foliated silver (Leaf of beaten silver); it.: Foglia d'Argento.*

Silbergeist; *lat.: Spiritus argenti; fr.: Esprit d'argent; e.: Silver-spirit; it.: Spirito d'argento.*

Silber, *Mahler-; lat.: Argentum pictorium; fr.: Argent couleur; e.: Painting-silver; it.: Argento macinato.*

Silberöl; *lat.: Oleum argenti; fr.: Huile d'argent; e.: Silver-oil; it.: Olio d'argento.*

)((.

Alchemistische Rezepte

Per Zufall entdeckte ein Historiker in der Bibliothek von Holkham Hall in England die vorliegenden alchemistischen Rezepte in einem griechischen Sammelkodex, der außerdem auch astrologische und astronomische Traktate enthält. Der griechische Text der Rezepte stammt aus dem 14. Jahrhundert. Wie er nach England gelangte, wo und von wem er geschrieben wurde, läßt sich nicht bestimmen. Vermutlich lebte der letzte Bearbeiter beziehungsweise Abschreiber der Rezepte im griechischen Osten. Genaueres läßt sich anhand der Sprache ermitteln. Diese steht dem heutigen Neugriechisch sehr nahe. Es handelt sich um das Vulgär-Griechisch der Byzantiner. Die Bearbeiter alchemistischer Bücher dürften wegen ihrer „verwilderten" Rechtschreibung keine allzu gebildeten Leute gewesen sein.
Im Original finden sich italienische und türkische Fremdwörter. Dafür gibt es eine plausible Erklärung: Die Venezianer und Genuesen unterhielten im Mittelalter einen sehr regen Handelsverkehr mit der Levante und kamen dabei in Berührung mit dem byzantinischen Reich. In Italien besaß die Alchemie bereits eine lange Tradition. Die Türken erscheinen erst im 14. Jahrhundert im Mittelmeerraum. Von ihnen dürften deshalb einige Ausdrücke persischen und arabischen Ursprungs stammen, die in die Rezeptsammlung eingeflossen sind. Denn ihre Sprache setzt sich aus einheimischen (türkischen), persischen und arabischen Elementen zusammen.

ANFANG MIT HILFE GOTTES, DES HEILIGEN. DIE HILFSMITTEL, DIE PRÄPARATE UND DIE [ZUM ERWÄRMEN DER GEFÄSSE DIENENDEN] MISTE DER ALCHEMIE VON ANFANG BIS ENDE

Der für die Kunst geeignete sogenannte Ton der Philosophen wird auf die folgende Weise bereitet: Nimm einen Teil wohl gereinigten Töpferton, einen Teil wohl gereinigten Ziegelton, einen Teil wohl gereinigten trockenen Pferdemist, d. h. die drei Stoffe in gleicher Menge. Mische diese drei Stoffe und knete sie gut mit ein wenig Wasser, bis sie gründlich vermischt sind. Füge auch ein wenig feine Spreu hinzu, knete das Gemenge und lasse es trocknen. Wenn es trocken ist und Sprünge zeigt, gib Wasser hinzu und knete gut durch, bis die Risse schwinden. Dann trockne es und hebe es auf. Wenn du einen Überzug für ein Glasgefäß machen willst, nimm davon, so viel nötig ist, verreibe es mit Wasser zu feinem Schlamm und knete gut durch. Dann überziehe damit das Glasgefäß von der Mitte aus nach unten zu in einer Dicke von 2 Fingern.

ÜBER DIE WEISSUNG DES KUPFERS

Nimm in Gottes Namen eine Scilla (Meerzwiebel, Scilla maritima) oder auch zwei, oder so viele du willst, reinige sie und bringe sie in einen Steinkrug. Gieße süßes Wasser hinzu, bis es über ihnen als 4 Finger hohe Schicht steht. Erhitze dann, bis die Hälfte verkocht ist. Gieße hierauf den Inhalt in eine Schale, tue die Scilla in ein festes, aber mit Löchern versehenes Gefäß, zerquetsche sie gründlich und presse sie wohl aus, so daß sie allen ihren Schleim abgibt, der in das vorgenannte Wasser übergeht. Rühre dieses um, bis alles gleichmäßig durchgemischt ist. Fülle in ein kupfernes Gefäß und lege Kohlenstäbchen obenauf. Nimm dann Kupfer, 1 Unze oder auch mehr, schmilz es im Tiegel und gieße es auf die Kohlenstäbchen. Da tropft die Aphrodite [das Kupfer] in das Scilla-Wasser herunter gleich Erbsen oder Perlen. Sammle diese wieder auf, schmilz und gieße die Schmelze nochmals auf die Kohlenstäbchen, so daß sie in das Scilla-Wasser abtropft. Das wiederhole 5 oder auch 6 Male, dann findest du das Kupfer weißer als Schnee. Ein solches Verfahren ist sehr geeignet, wenn es gilt, reines Silber herzustellen.

EIN BESSERES PRÄPARAT

Nimm Blei, 5 Drachmen, und Quecksilber, 5 Drachmen, schmilz das Blei, und sobald es geschmolzen ist erhitze das Quecksilber tüchtig, schütte es in das Blei, rühre um, entferne sogleich vom Feuer und laß erkalten. Nach dem Erkalten reibe fein. Nachher nimm Zinnober, 6 Drachmen, und reinen Alaun, 6 Drachmen, reibe sie fein, mische und fülle in ein fränkisches Gefäß. Ferner nimm Honig, 5 Drachmen, und Essig, 5 Drachmen, und vermische sie gut. Damit verrühre den Zinnober und den Alaun, bis zur Honigdicke. Damit verreibe dann das übrige Blei im Mörser und mische gut durch. Halte auch fein geriebenen Schwefel, 5 Drachmen, bereit, den gib hinzu, bis die sämtlichen Stoffe ihn aufgenommen haben. Nun fülle in einen Tiegel, laß so 3 oder auch 6 Tage stehen, schmilz dann, gieße daraus Stangen, und du wirst das Gesuchte finden, nämlich Gold.

HERSTELLUNG VON GOLD

Nimm vier Eier und tue sie in einen geräumigen Becher. Rühre ein wenig Grießmehl und tue es rings um die Eier in dem Becher. Verschließe ihn fest und vergrabe ihn in nicht zu scharfen Mist, 120 Tage, bis sich die Natur der Eier verflüssigt zu lebendigem Blut. Danach mache auf und gib den Inhalt in einen neuen Krug, gib also das Entstandene in einen noch unbenutzten Topf. Mache Kohlen glühend, fache sie durch Umschwenken an und lasse den Dunst der Kohlen auf den vorgenannten Inhalt einwirken, d. i. bringe den Inhalt des Bechers auf die Kohlen. Wenn er geröstet ist, wickle ihn in ein Feigenblatt, aber sieh zu, daß deine Hand nicht daran faßt. Schmilz ihn und tue ihn in einen Becher. Schmilz ein Hexagium Silber, wirf ein Drittel Hexagium von dem getrockneten Pulver hinein und du wirst dich wundern. Dies ist das göttliche, große, gesuchte Geheimnis, das die Armut überwindet und die Feinde besiegt.

HERSTELLUNG VON SILBER AUS QUECKSILBER

Nimm in Gottes Namen von römischem Vitriol 1 Unze, von Salpeter allerhöchster Reinheit 3 Unzen, von sogenannten Roca-Alaun ⅛ Unze. Zerreibe diese Stoffe jeden für sich, mische sie dann zusammen und tue sie in ein der Kunst dienliches Glasgefäß. Dieses Gefäß behalte bei der Hand und bekleide es mit Ton der Kunst, dem sogenannten philosophischen, bis zur Mitte, und zwar in einer Dicke von 2 Fingern. Der Ton wurde oben schon beschrieben. Fülle die vorgenannten Stoffe in das Gefäß oder verteile sie in zwei Gefäße, weil das besser ist. Setze dann auf das Gefäß das Abzugrohr der Kunst. Nimm dann so viel fein gemahlenes Mehl, als für die Kunst nötig ist, tue das Weiße eines Eies dazu und verrühre es, bis es wie ein weicher Teig wird. Nimm dann ein dichtes Tuch, 3 Finger breit und eine Spanne lang, bestreiche das Tuch mit dem genannten Teig, umwickle mit ihm das Rohr samt dem Gefäß und laß es trocknen. Stelle es dann in den philosophischen Ofen, bringe an dem Ende des Rohres ein kleines Glasgefäß an und verschmiere alles gut, so daß die Flüssigkeit nicht wegdunsten kann. Gib dann dem Glasgefäß sanftes Feuer, bis es heiß wird. Steigere danach ganz allmählich das Feuer, bis die Flüssigkeit übergeht. Gib danach noch kräftigeres Feuer, bis keine Flüssigkeit mehr im Gefäß zurückbleibt. Das Zeichen hierfür ist, daß du bemerkst, wie das Ende des Abzugrohres bald hell, bald dunkel aussieht. Wenn du diese Zeichen bemerkst, so wisse, daß das Gefäß keine Flüssigkeit mehr enthält. Dann läßt du es abkühlen. Nimm hiernach das Gefäß ab, das das Übergegangene enthält, verstopfe es wohl, und bewahre es so 24 Stunden auf. Mache hiernach aus feinem Stoffe eine Art Filtrum. Das eine Ende tauche in das Glasgefäß, das andere aber soll in ein zweites solches Glasgefäß herabhängen, geeignet, die Flüssigkeit, die klar herabtropft, aufzunehmen. Wenn du siehst, daß sie ganz klar und daß nichts zurückgeblieben ist, dann nimm reines Silber, dünn wie Papier, – es soll dünn geschnitten sein –, etwa 10 Dramia, wirf es in das Glasgefäß, das die reine Flüssigkeit enthält, stopfe es wohl zu, bewahre es auf, und bald wirst du sehen, daß sich das Silber gelöst hat. Seihe es dann durch ein dichtes Leinen in ein anderes Glasgefäß und bewahre den Rückstand im Leinen wohl auf. Bringe die zweite Flüssigkeit, die des Quecksilbers, zu dem genannten Rückstand im Leinen. Daraus macht man „Bruder und Schwester". Nimm das genannte Glasgefäß und setze es in heiße Asche, bis es ein wenig heiß wird. Da wirst du sehen, daß es eine Farbe grün wie Smaragd bekommen hat. Stopfe es gut zu und bewahre es an einem dunklen Ort auf. Dies ist das erste Wasser, der „Bruder" genannt wird.

DAS ZWEITE WASSER, NÄMLICH DAS DER SCHWESTER

Nun werde ich von dem zweiten Wasser berichten, das aus Quecksilber bereitet wird. Nimm in Gottes Namen Quecksilber, 1 Unze oder auch 2, und gib sie in ein kleines Glasgefäß. Dazu tue scharfen Essig bis zur Mitte des Glasgefäßes, pfropfe möglichst gut zu, und schüttle es 6 Male täglich 8 Tage lang um. Nimm dann Hirschleder [Hirschhaut?] und gib das Quecksilber darauf, damit es trocknet. Wenn es getrocknet ist, tue es wieder in das genannte Glasgefäß, stelle dieses auf heiße Asche, bis es ebenfalls heiß wird, und es wird sich klar auflösen. Nimm dann diese Flüssigkeit und tue sie in die vorher beschriebene. Das sind „Bruder und Schwester". Pfropfe gut zu, so daß nichts entweicht, dann stelle auf Asche und gib mittleres Feuer, so daß ein Drittel zurückbleibt. Dann nimm heraus und laß erkalten. Stelle dann die Lösung an einen Platz, an dem sie weder Sonne noch Tageslicht trifft. Da werden in ihr Steinchen entstehen, die glänzen wie Kristall oder wie die Sonne. Wenn du diese auf erhitztes Kupferblech tust, so werden sie sogleich weiß wie Silber, obgleich es kein vollkommenes Silber ist. Laß jenes Glasgefäß stehen bis zu 8 Tagen, hiernach setze es in warmen Pferdemist, aber so, daß der Hals 4 Finger hervorsteht. Die Einwirkung soll 40 Tage dauern. Wenn die Zeit zwischen März und August fällt, übertrage das Glasgefäß jeden 7. Tag in frischen Mist; fällt sie aber zwischen August und Februar, dann setze es jeden 9. Tag um. Das Glasgefäß muß aber langhalsig sein. Wenn die 40 Tage um sind, nimm es aus dem Mist heraus, tue seinen Inhalt in ein anderes Glasgefäß gleicher Art, pfropfe es gut zu, und vergrabe es in Erde, bis zu 40 Tagen. Nimm es dann heraus, tue den Inhalt in ein anderes Glasgefäß gleicher Art, setze es bis zu 40 Tagen in Sand, der süßes Wasser enthält, und wechsle dieses jeden 7. Tag. Wenn die 40 Tage um sind, nimm das verschlossene Gefäß, stelle es an einen Platz fern vom Sonnenlicht an die Luft und lasse es da bis zu 40 Tagen. Dabei entstehen der „kostbare Stein" oder die „kostbaren Steine" (= Stein der Weisen). Wie reiner Kristall glänzen sie oder wie die Sonne. Derartige Steine erweisen sich bei jeder Probe als vollkommen. Ein solcher Stein ist in reichem Maße erfüllt von Gottes Kräften und Gnaden. Wenn du seine Kraft erfahren willst, verfahre wie folgt: Nimm Quecksilber, 70 Dramia, und von jenem Stein 1 Drami. Nimm einen Tiegel und stelle ihn auf Feuer, bis er rot wird. Nachdem er rot geworden ist, fülle sogleich das Quecksilber hinein, und sobald es heiß geworden ist, auch sogleich den Stein, rühre um, gieße zu Stangen, und du wirst vollkommenes Silber finden. Dieses Silber besteht jegliche Probe. Eine zweite Kraft des Steines ist nachstehende: In warmem Pferdemist wird er bald flüssig, und aus dieser Flüssigkeit können Eisen, Silber und sämtliche anderen Metalle entstehen. Tust du ein Drami vollkommenes Silber in andere 70 Dramia des nach obiger Angabe erhitzten Quecksilbers, rührst um und gießest zu Stangen, so wirst du wieder vollkommenes Silber finden. Auch eine dritte Kraft des Steines ist höchst wirksam: Denn hast du ihn so wie oben angegeben hergestellt und bereitet, und fügst du 1 Teil zu 70 Teilen im Tiegel erhitzten Quecksilbers und erhitzest den Tiegel weiter, so werden 71 Teile entstehen, von ganz denselben Kräften, die dem erwähnten Stein selbst zukommen.

METHODE, UM AUS SILBER GOLD ZU MACHEN

Nimm Zinnober, 1⅙ Unze, Grünspan, 1 Unze, gebranntes Kupfer, ⅙ Unze, gelben Vitriol, 2 Unzen, gelbes Psiastiki, 1 Unze, Crocus ferri, 2 Unzen, Quecksilber, 3 Unzen, gelben Schwefel, 1 Unze, ungelöschten Kalk, 1⅙ Unze, Regenwasser, 8 Unzen. Zerreibe den Schwefel, vermenge ihn mit Kalk, bringe in einen Topf mit dem Regenwasser und koche ganz langsam, bis der dritte Teil des Wassers schwindet, so daß zwei Drittel zurückbleiben. Nimm dann vom Feuer ab, laß erkalten und absitzen. Hierauf nimm ein kleines Tüchlein und seihe in ein Glasgefäß; das verschließe und hebe es auf. Nimm dann die übrigen Stoffe, zerreibe sie, siebe sie, tue sie in einen Marmormörser und durchtränke sie ganz allmählich mit dem Wasser aus dem Glasgefäß sowie mit dem Quecksilber. Wiederhole dies, bis das Quecksilber der Masse völlig einverleibt ist, dann laß bis zu 10 Tagen trocknen. Darauf nimm das Ganze, verreibe es und tue es in das Glasgefäß. Lege auf dessen Öffnung Haare aus einer Pferdemähne und verschließe sie damit, setze dann den Stöpsel auf, drehe ihn ein, und drücke ihn fest an. Stelle das Gefäß in den Ofen und gib sehr allmählich Feuer, bis es heiß wird, bis zu 3 Stunden, sodann kräftigeres Feuer bis zu 9 Stunden. Dann lasse erkalten, und wenn es kalt geworden ist, öffne und nimm den Stöpsel weg, wobei du das Quecksilber an dem oberen Teil [des Gefäßes] haftend finden wirst. Seine Farbe wird ein wenig gelb sein. Nimm aufs neue das Quecksilber, sowie die Stoffe, die unten im Glasgefäß zurückbleiben und bearbeite sie wieder wie vorher, nämlich durch Zerreiben, Kneten, Trocknen und Sieden, bis das „Gesuchte" [der kostbare Stein] zur Goldfarbe gelangt. Nimm ihn und hebe ihn auf. Das so dargestellte heißt „kostbarer Stein". Wenn du nun Silber zu Gold machen willst, so tue das auf die folgende Weise: Nimm beliebig viel Silber und von dem kostbaren Stein davon den neunten Teil, oder so viel wie sich [als nötig] ergeben wird. Ist also das Silber 1 Unze, d. i. 9 Dramia, so beträgt das Erforderliche 1 Drami. Schmilz das Silber und setze das „Gesuchte" dazu. Die Mischung gieße zu Stangen, und wenn sich zeigt, daß das Silber eine [zwar] gelbe, aber noch nicht vollkommene Farbe hat, so nimm es, schmilz es [nochmals], und gib von dem Gesuchten 9 Dramia zu. Die wohlgelungene Mischung im Tiegel gieße zu Stangen, und du wirst finden, daß das Silber vollkommenes Gold geworden ist.

ALAUNWASSER WIRD AUF DIE FOLGENDE WEISE BEREITET

Nimm Alaun, 1 Unze, und reibe ihn in einem Marmormörser, bis er staubfein wird. Laß ihn dann liegen, bis er feucht wie Wasser wird. Gib dann Regenwaser hinzu, 1⅙ Unzen, rühre gründlich um, und laß es einen Abend, eine Nacht und einen Tag stehen. Seihe es danach durch ein Tüchlein, so wie schon erörtert, und bewahre es in einem anderen Gefäß auf. Dies ist das Alaunwasser.

VERFAHREN ZUR DARSTELLUNG DES CROCUS AUS EISEN

Nimm von dem Eisen den reinen zarten Feilstaub, 1 Unze, ferner gelben Vitriol, – er wird sary zakz genannt –, 4 Unzen, verreibe in einem Marmormörser, durchtränke ganz allmählich mit dem Alaunwasser, bis eine dicke Masse entsteht, und lasse dann langsam trocknen. Fülle in ein langhalsiges, richtig vorbereitetes Glasgefäß, verschließe es, setze es in warmen Mist des Monats Juni, und laß in ihm bis 20 Tage. Dann nimm heraus, zerreibe und siebe. Das Feine hebe auf, das Grobe tränke wieder mit dem Alaunwasser in dem Marmormörser, bringe es dann in das Glasgefäß, verschließe, setze in den Mist und laß 10 Tage ziehen. Hierauf nimm es heraus und verfahre wie früher, bis alles fertig ist. Dies ist Crocus ferri.

VERFAHREN FÜR GOLD ODER SILBER, WENN DU GOLD ODER SILBER MACHEN WILLST

Nimm beliebig viel reinen Feilstaub von Gold oder Feilstaub von reinem Silber, ferner gleich viel zerriebenen Borax, ferner gleich viel zerriebene Seife vermenge diese drei Stoffe und verreibe sie gut, bis sie völlig durchgemischt sind. Fülle danach in einen Tiegel und laß 3 Tage stehen. Nachher schmilz und gieße, was du vorhast. Reinige aber den Tiegel wohl. Darauf nimm die Schmelze, zerfeile sie, füge wieder reine Seife zu und zerriebenen Borax, und wiederhole dieses 3 Male so wie früher. Probiere dann, ob sich die Masse auf der Reibplatte zerreiben läßt; läßt sie sich zerreiben, so zerreibe sie gut, bis sie staubfein ist, und hebe sie auf. Nimm dann reinen Salmiak, 9 Dramia, und zerreibe ihn in einem eisernen Mörser, gib darauf hinzu scharfen weißen Essig, 27 Dramia, mische gut durch, und laß 3 Tage stehen. Nimm dann ein reines Tüchlein und seihe die Lösung durch, so daß sie vollkommen klar wird. Diese Lösung nimm, tue das erwähnte „Gesuchte" in einen Marmormörser, laß die Lösung allmählich zutropfen und rühre gut um, bis eine Art Teig entsteht. Den lasse dann 5 Tage stehen, d. i. trocknen. Zerreibe ihn nun, bringe ihn in ein Glasgefäß, verschließe dieses genau mit seinem Deckel, und dichte ihn gründlich. Stelle es in den Ofen und gib ihm erst leichtes Feuer, bis es heiß wird, d. i. bis zu einer Stunde, danach aber stärkeres, bis zu 12 Stunden. Dann laß erkalten. Öffne das Glasgefäß. Was du oben findest, schabe ab und hebe auf. Die unten im Glasgefäß zurückgebliebene trockene Materie nimm, verreibe sie im Marmormörser, tränke sie wie früher, und laß wieder 5 Tage trocknen. Verreibe dann abermals und verfahre wie früher. So fahre fort, bis nichts mehr auf dem Boden des Glasgefäßes zurückbleibt, dann sind die Ceratio und Stillatio völlig gelungen. Soll die Masse Gold ergeben, so setze von ihr 1 Teil zu 7 Teilen des Silbers, und das Ganze wird zu vollkommenem Gold; soll sie dir aber Silber liefern, so nimm von ihr 1 Teil, setze ihn zu 7 Teilen Kupfer oder Zinn, und das Ganze wird durch und durch zu vollkommenem Silber.

SILBER ZUR AUFNAHME VON EISEN ZU BRINGEN

Schmilz Silber in einem beliebigen Tiegel und gieße es in eine Schüssel, die Honig [hier Deckname?] enthält. Das tue 3 Male, dann löst es Eisen auf.

GOLD ZU DEMSELBEN ZU BRINGEN

Schmilz Gold zu einem beliebigen Tiegel und füge ein wenig zerkleinertes reines Silber hinzu. Verrühre die Schmelze mit einem Rührstock, bis das Silber sich mit dem Gold vermischt hat. Das tue 2 oder auch 3 Male, indem du nach dem Hineintun des Silbers allemal gut durchmischest. Hernach gieße zu Stangen.

ZUR VERLEIHUNG VON SCHWERE

Nimm frei liegenden trockenen Mist, reibe ihn fein, bringe ihn danach in ein Glasgefäß und destilliere so wie du weißt. Dieses Wasser verwendest du, wenn die Reihe an ihm ist. Ebenso destilliere auch Chelidonia [eine Pflanze] in ein anderes Gefäß. Von diesen beiden Wassern nimm gleich große Gewichte, mische sie, und hebe sie zur Verwendung auf. Nimm beliebig viel Silber oder Gold und sieh nach, welches das Gewicht ist. Gesetzt, das Silber sei 10 Unzen und ich will diese zu 12 Unzen machen, so fehlen von 10 zu 12 noch 2 Unzen. Nimm nun von dem Wasser so viel, daß du das Silber hineintauchen kannst, erhitze es, tauche das Silber ein, und wäge, bis das Gewicht allmählich zu 12 Unzen ansteigt. Je länger du eintauchst, desto weiter überschreitet es auch noch diese Zahl.

EIN ANDERES REZEPT ZUR VERLEIHUNG VON SCHWERE

Nimm ungelöschten Kalk, 2 Teile, und 1 Teil gereinigtes walachisches Salz [was damit gemeint wird, bleibt dunkel]. Die Reinigung geschieht so: Nimm das Salz, zerreibe es, löse in heißem Wasser, seihe sorgfältig durch, erhitze allmählich, bis das Wasser verdampft ist, trockne und zerreibe gründlich. Nimm dann den Kalk und das Salz, gib sie in einen marmornen Mörser und knete sie mit dazu erforderlichem Öl, bis ein dicker Teig entsteht. Fülle ihn in einen Destillierapparat, dessen Deckel verschmiert wird, und stelle den in den Ofen, wodurch das Öl in ein anderes Gefäß abtropfen wird. Nimm dann wieder dieses Öl nebst ungelöschtem Kalk und gereinigtem Salz, aber weniger als früher, knete gut durch, bringe in den Destillierapparat und destilliere abermals, bis sich die Probe zeigt. Die Probe besteht darin, daß du ein Papier eintauchst und es dann ins Feuer wirfst: Wenn es nicht brennt, ist alles gut, wenn es aber brennt, fehlt der Erfolg noch. Es gibt aber noch eine andere Probe: Wenn du von diesem Öl einen Tropfen in einen Becher voll Wasser fallen läßt und der Öltropfen untergeht, ist alles gut, wenn er aber nicht untergeht, fehlt der Erfolg.

ANWEISUNG ZINNOBER ZU MACHEN

Nimm gelben Schwefel, 50 Dramia, und Quecksilber, 100 Dramia, reibe den Schwefel sehr fein, tue ihn in einen eisernen Tiegel und stelle ihn auf die Kohlen, damit der Schwefel allmählich erhitzt wird, bis er schmilzt. Sobald er geschmolzen ist, gieße ganz allmählich das Quecksilber ein, bis er es alles aufgenommen hat. Wenn das geschehen ist, nimm den Tiegel vom Feuer weg, worauf die Masse alsbald wie ein Stein erscheinen wird. Mache sie los und nimm sie aus dem Tiegel heraus. Reibe sie sehr fein, gib sie in das Glasgefäß der Kunst, und verschließe seinen Abzug mit einem Stöpsel aus Pferdehaaren. Stelle in den philosophischen Ofen, so daß der Abzug ein wenig aus ihm herausragt; das Glasgefäß muß aber gut befestigt sein. Nun gib gelindes Feuer bis zu 6 Stunden. Du wirst sehen, daß aus dem Glasgefäß dunkler Rauch herauskommt, fürchte dich aber nicht. Danach gib etwas stärkeres Feuer, bis zu 6 Stunden, und du wirst sehen, daß weißer Rauch herauskommt. Unterhalte dann das Feuer in derselben Stärke. Beobachte immer den Rauch: im Anfang wird er rot sein, nach einer Stunde röter werden, und wenn er völlig rot ist, entferne sogleich das Feuer aus dem Ofen, und laß ihn erkalten. Nimm dann das Glasgefäß von dem Ofen weg, reinige es äußerlich gut, zerschlage es danach, und du wirst den Zinnober im oberen Teile des Glasgefäßes vorfinden, den Bodensatz aber im unteren. Bewahre den Zinnober auf, damit er zum Gebrauch bereitsteht.

EIN ANDERES REZEPT MIT MONDKRAUT

„Mondkraut" heißt auf griechisch, und „lunaria" auf fränkisch eine Pflanze, die an feuchtem Orte und abgelegenem Platze wächst, nächst dem Berge Faraz. Merke dir, daß es von dieser Pflanze zwei Arten gibt: eine weibliche und eine männliche. Die große ist die männliche und die kleine die weibliche. Die männliche Art hat 10 Blätter und die weibliche 15, gleichend jenen des Klees. Die Knospe ist rot, die Blüte gelb. Der Duft der Pflanze erinnert an Moschus. Ihr Saft gleicht dem der Chelidonia. Ihre Wurzel ist groß und weiß wie die des Rettigs. Ihr Blatt ist dem des Majorans ähnlich und ihr Sproß flaumig. Wenn der Mond zu- und abnimmt, so folgt ihm hierin die Pflanze [alter Aberglaube]. Ihre Knospe ist viereckig wie die der Bohne. Mische ihren Saft in einem Tiegel mit Quecksilber, rühre um, und es wird zu Silber. Nimm den Saft und bringe ihn zu Kupfer, so wird es zu Gold, zu prächigem, rotem. Nimm davon 1 Teil und setze ihn zu 10 Teilen Silber, so wird dieses zu reinem Gold. Bringst du ferner 1 Teil von jenem Saft auf 10 Teile Blei, so wird es zu Gold. Bringst du ferner den Saft der Wurzel entweder auf Zinn oder auf Blei, so wird es zu Silber. Bringst du endlich 1 Teil der gepulverten Wurzel oder der Blätter auf 10 von dem Silber, so wird dieses zu Gold. Diese ganze Kunst ist wahr und richtig.

ÜBER REINIGUNGEN. REINIGUNG VON KUPFER

Nimm gleich große Blätter von Kupfer, 1 Unze, ferner Tartarus und gewöhnliches Salz, 1 Unze. Reibe den Tartarus nebst dem gewöhnlichen Salz fein, und verasche sie. Nimm hierauf die Blätter und besprenge sie mit scharfem Essig. Nachdem du sie besprengt hast, und so lange sie noch feucht sind, bestreue sie mit den zerriebenen Stoffen. Stelle sie auf glühende Kohlen, bis sie rot werden. Sobald sie rot geworden sind, lösche sie in scharfem Essig. Tue dies 2 oder auch 3 und 4 Male. Je mehr Male du sie tust, desto besser gelingt es.

ÜBER REINIGUNG VON ZINN

mit Gottes Hilfe wird es gelingen

Schmilz beliebig viel Zinn in einem eisernen Tiegel, setze zu 5 Teilen des Zinnes 1 Teil Colophonium, d.i. geschmolzenes Harz, verrühre mit dem Eisen, und gieße es 5 Male um. Schmilz dann das Zinn nochmals, und wenn du es geschmolzen hast, setze das Colophonium zu und laß in dem Gefäß, worin du geschmolzen hast, erkalten. Wenn es erstarrt ist, halte gepulverten Salmiak, d.i. tzaparikon vorrätig, schmilz das Zinn, wirf hierauf ein wenig Salmiak hinein, und laß es erkalten. Das wiederhole 4 Male. Laß es mit dem Salmiak nochmals ein wenig stehen, hierauf schmilz es wieder 7 Male um, und gieße es in eine Lösung von Salal-kali oder von dem wie üblich gewonnenen Salze [Kochsalz], oder von gereinigtem und zerriebenem, walachischem Salze. Gieße das Zinn nochmals, füge ein wenig Salmiak zu, und gieße es in die Lösung des Sal al-kali oder in jene des wie üblich bereiteten gewöhnlichen Salzes, oder in die des gelösten walachischen Salzes. Es wird gelingen.

EINE ANDERE REINIGUNG VON ZINN

mit Gottes Hilfe wird es gelingen

Nimm Zinn und schmilz es, gieße es hierauf in Essig, und laß es erhärten. Das wiederhole 12 Male. Gießest du es dann geschmolzen in gelöschtem Kalk, – der Kalk wird in Milch gut gelöscht –, so wird es prächtig weiß werden.

ÜBER REINIGUNG VON BLEI

Schmilz das Blei, dann gieße es in eine Lösung gewöhnlichen Salzes und scharfem Essigs; das Salz muß das etwas gereinigte sein. Schmilz es 14 Male und gieße es in diese Lösung, so wird das Salz die Schwärze des Metalls, der Essig aber auch die metallische Eigenschaft zum Schwinden bringen. Zerreibe nun die Masse und sammle sie in einer Schüssel, bedecke sie gut, und stelle sie in einen Bäckerofen. Laß sie da bis zu 12 Stunden stehen. Wenn du sie des Morgens öffnest, wirst du alles weiß wie Kalk finden.

ÜBER TARTARUS

Nimm Tartarus, d. i. Bodensatz eines Weinfasses, und zerreibe ihn gut. Erhitze ihn in einer Eierschale, bis er schwarz wird. Fülle ihn danach in ein Tüchlein und stelle unter dieses ein Gefäß, um die abtropfende Lösung aufzunehmen. Hebe diese in einer kleinen Flasche auf, und verschließe sie. Sie hilft zu Silber, und mit ihr kannst du davon machen, so viel du willst. Sie ist das vollkommene Fixativum bei der Weißung. Wenn du sie in einem Destillierapparat behandelst, wird sie noch besser.

ANWEISUNG ÜBER DEN MIST ZUM EINSETZEN DER GLASGEFÄSSE

Nimm frischen Mist und fülle ihn in eine Grube, in der er sich erhitzt. Sobald er heiß geworden ist, setze das Glasgefäß in den Mist.

EIN ANDERER MIST

Nimm trockenen Mist, zerreibe ihn gut, seihe ihn, und fülle ihn in eine Grube. Setze auch das Glasgefäß ein, mache es dabei siedend heiß. und setze es so in den Mist. Bedecke diesen und laß bis zu 7 Tagen stehen. Hierauf halte eine zweite Grube mit neuem Mist bereit, setze das wieder erhitzte Glasgefäß in diesen, und verfahre wie früher, und zwar bis zu 40 Tagen.

EIN ANDERER MIST

Nimm feine Spreu, Kalk, und trockenen Mist, die fülle in eine Grube: eine Lage Spreu, und eine Lage Kalk, und eine Lage Mist. Setze dann das Glasgefäß ein. Mache es heiß und setze es so in den Mist. Bedecke ihn 7 Tage lang. Verfahre wie oben gesagt ist: Aus dem ersten Mist bringe in den zweiten, von einer Grube in die andere, wie oben gesagt ist, bis zu 40 Tagen.

EIN ANDERER MIST

Nimm Mistbrocken, zerkleinere sie und laß sie sich erhitzen. Setze hierauf das Glasgefäß in die Mistbrocken in der Grube, und wechsle sie jeden 7. Tag. Tue dies bis zu 40 Tagen.

EINE ANDERE MISCHUNG, UM KUPFER ZU SILBER ZU MACHEN

Wandelung von Kupfer zu Silber. Nimm dünne Stücke von Kupfer, erhitze sie im Feuer, und behandle sie mit scharfem Essig und mit dem Harn eines unverdorbenen Knaben. Tue dies bis zu 9 Malen oder öfter. Beim Erhitzen, – erhitze gleichmäßig –, bestreue sie mit fein gepulvertem Salz. Nachdem dies geschehen ist, nimm Tartarus und Sary zarnik, beide gereinigt und zerrieben. Nimm einen Topf, bringe dieses gelbe vorerwähnte Kupfer hinein, bestreue es mit den zerriebenen Stoffen, bis der ganze Topf gefüllt ist, bedecke ihn gut und stelle ihn in Kohlen, 17 Stunden. Dann nimm ihn ab, zerreibe, siebe, und behandle mit reinstem Tartarus. Gieße 14 Male zu Stangen.

JEDEM METALL SCHWERE ZU VERLEIHEN

Nimm nach Belieben Kalk und Öl, mische sie, und tue sie in einen Destillierapparat, um destilliert zu werden. Mit dem Destillat benetze ein Tuch und zünde es an. Wenn das Tuch brennt, fehlt der Erfolg. Fülle es nochmals ein und destilliere es, bis das Tuch nicht brennt. Dann ist es gutes Öl vom Tartarus.

ÜBER TARTARUS

Nimm Tartarus und erhitze ihn in einer Eierschale oder in einem Tuch, bis er schwarz wird. Zerreibe ihn danach gut, zerreibe auch ein wenig Salz und vermenge den Tartarus mit dem Salz. Dies ist Öl vom Tartarus.

ÜBER FIXIERUNG VON QUECKSILBER

Nimm Wasser vom Strande in einer Austernschale und zerreibe sie recht fein. Gieße dann in das geschmolzene Quecksilber, und es wird fixiert werden.

ÜBER FIXIERUNG VON QUECKSILBER

mit Gottes Hilfe wird es gelingen

Bewirkung einer besseren Fixierung. Nimm die Pflanze, die da heißt Us ... – sie [ihr Name] ist beim Heiligen Gott –, und trockne sie. Mache eine Grube, zünde Feuer an, und bringe die getrocknete Pflanze ins Feuer, damit sie verbrennt. Sobald sie verbrannt und geschmolzen ist, ergibt sie einen festen Rückstand. Nimm diesen, zerreibe ihn gut, und destilliere ihn im Destillierapparat, um eine Flüssigkeit zu erhalten. Die bewahre zu deinem Gebrauch.

ÜBER REINIGUNG VON KUPFER

Destilliere aus Salpeter und Alaun eine Flüssigkeit, nimm nach Belieben von dieser, auch von Tartarus nach Belieben, mische beides, und mache aus ihnen eine Art Teig. Verreibe mit diesem das Metall der Venus, und es wird weiß wie reines Silber.

EIN ANDERES REZEPT MIT QUECKSILBER

Nimm nach Belieben Quecksilber, und fülle es in eine neue Röhre. Nimm danach viel gelben Schwefel, stoße ihn fein, verrühre ihn mit Wasser, so daß eine Art dicker Teig entsteht, bestreiche mit ihm die ganze Röhre. Hierauf nimm „Ton der Kunst", streiche ihn auf den Schwefel, und bestreiche abermals mit Schwefel und mit Ton. Verschließe gut, stelle auf glühende Kohlen, für 2 Tage. Darauf öffne, und du wirst eine Masse wie Gold finden. Nimm danach von reinem Gold 1 Drami, und setze es zu 10 Dramia von dem so behandelten Quecksilber, so wird es zu reinem Gold.

EIN ANDERES ALCHEMISTISCHES REZEPT

Nimm Kupfer, sehr fein geschnitten, erhitze es tüchig und gib es in starken Essig, der drei oder vier Male erhitzt [destilliert?] worden ist, bis er feurig scharf wurde. Setze nach Belieben Quecksilber zu und ebenso gutes Sublimat. Dieses verhält sich bei der Erprobung wie folgt: Lege einen Asper [eine kleine Münze, meist aus Kupfer] darauf, und wenn er glänzend wird, ist jenes gut, wenn er es aber nicht wird, ist es nicht gut. Ferner füge Hefe hinzu aus einem Faß guten Malvasiers. Bringe darauf diese Stoffe in einen Tiegel, schmilz sie da gründlich, und je stärker sie schmelzen, desto besser wird alles gelingen. Doch wird daraus kein vollkommenes Silber. Hierzu nimm einen

Teil reinen Silbers und zwei Teile von jenem Silber, das aus Quecksilber und Kupfer besteht, bringe sie in einen Tiegel, und lasse gehörig schmelzen. Sodann gieße zu Stangen und es entsteht durch und durch vollkommenes Silber.

EIN ANDERES REZEPT

Nimm Blei, 25 [darüber geschrieben 30] Drachmen, und schmilz es. Wenn es geschmolzen ist, halte Schwefel bereit, 5 [darüber geschrieben 20] Drachmen. Wenn jenes geschmolzen ist, nimm es vom Feuer, wirf den Schwefel hinein, und laß erkalten. Du findest dann etwas Zerreibliches. Tue es in einen Mörser, zerreibe und siebe es. Nimm es dann und hebe es auf. Nimm Zinnober, 6 Drachmen, und reinen Alaun, 6 Drachmen, zerreibe sie gut, mische sie und fülle in ein fränkisches Gefäß. Nimm dann Honig, 5 Drachmen, und Essig, 10 Drachmen, und mische sie, bis sie gründlich vermengt sind. Mache damit den Zinnober und den Allaun an, bis zur Honigdicke, verfahre ebenso mit all dem Blei in dem Mörser, und vermenge tüchtig. Halte auch fein geriebenen Schwefel bereit, 5 Drachmen, und gib von diesem hinzu, bis die sämtlichen Stoffe ihn aufgenommen haben. Bringe dann in einen Tiegel und laß in ihm stehen, 3 oder auch 6 Tage. Schmilz dann, gieße zu Stangen, und du wirst das Gesuchte finden, nämlich Gold.

Von göttlichen Visionen und mystischen Einsichten

Petrus Abelaerd

Von einem beschaulichen Klosterleben in aller Stille kann keine Rede sein. Als ältestes Kind eines Ritters wurde Petrus Abelaerd 1079 in der Nähe von Nantes/Frankreich geboren. Er starb 1142 in Klosterhaft bei Châlon-sur-Saône. Dazwischen liegen bewegte Jahre, in denen er sich intensiv der Philosophie widmete, theologische Disputationen auslöste, aber auch Zeit für sein Liebesleben fand. Er handelte sich zahlreiche Feinde ein, dazu kamen Verbannung und Verfolgung.
Zunächst studierte Abelaerd Logik und Dialektik in der Bretagne und in Paris. Er erwies sich bald als wahrer Meister seines Fachs, scharte Schüler um sich und leitete um 1102 eine eigene Schule. In der sogenannten Universalienfrage, die mittelalterliche Theologen und Philosophen in zwei Lager spaltete, kam es zum Streit zwischen Abelaerd und seinem Lehrer Wilhelm von Champeaux.
Abelaerds Lehrtalent und fachliche Beschlagenheit brachte ihm die Begeisterung seiner Schüler weit über die Grenzen Frankreichs hinaus ein. Allerdings stieg ihm wohl sein Ruhm zu Kopf, er sonnte sich in seinem Ansehen, wurde arrogant und undankbar gegenüber seinen Lehrern.
Im Jahre 1113 begann er sich für Theologie zu interessieren und nahm daher in Laon das Studium bei Anselm auf. Seinen Lehrer betrachtete Abelaerd allerdings rundheraus als eine fachliche Null, wie er einem Freund berichtete. Daher kehrte er bald Laon den Rücken und dozierte in Paris als Kanoniker von Notre Dame und Vorsteher der Domschule.
In dieser Zeit findet der berühmte Magister im Hause des Kanonikers Fulbert nicht nur Wohnung und Verpflegung, sondern entdeckt auch eine für ihn ganz neue Leidenschaft – abseits des Wissenschaftsbetriebes. Fulbert wollte seiner intelligenten Nichte Héloise, die bei ihm wohnte, eine gründliche wissenschaftliche Ausbildung zuteil werden lassen. Wer hätte diese Auf-

gabe besser übernehmen können als der gelehrte Dozent Abelaerd? Auf Bitten des Onkels erteilte er ihr Unterricht. 1118 verliebt er sich kopfüber in seine begabte Schülerin und diese erwidert seine Liebe ebenso heftig. Zahlreiche Verse dichtete Abelaerd für Héloise. Schließlich wurde die Freundin schwanger und brachte in aller Heimlichkeit in der Bretagne bei der Schwester Abelaerds einen Sohn, Astrolabius, zur Welt. Darauf bot der Magister dem getäuschten Onkel die Heirat mit dessen Nichte an. Die Ehe sollte allerdings geheimgehalten werden. Gegen den Widerstand von Héloise, die Abelaerds wissenschaftliche Karriere nicht gefährden wollte, wurde die Verbindung in aller Stille geschlossen. Fulbert hielt sich jedoch nicht an die Abmachung und machte die Heirat publik.

Die beiden fliehen zu den Nonnen nach Argenteuil. Auf Anstiftung des zornigen Onkels wurde Abelaerd nachts in seiner Kammer überfallen und entmannt. Über diese Demütigung schrieb er in seiner „Historia calamitatum mearum" *(Geschichte meiner unglücklichen Erlebnisse)*: „Das Gefühl meiner Schmach und Schande schmerzte mich so, wie es der Wundschmerz nicht tat. Eben noch reich an Ruhm und Ehre vor den Menschen – und nun alles dahin, wie weggewischt durch einen kleinen, an sich vorübergehenden Unfall."

Den einzigen Ausweg aus seiner Notlage sah Abelaerd darin, Héloise für das Klosterleben in Argenteuil zu bestimmen und selbst als Mönch in St. Denis Priester zu werden. Damit kehrte jedoch keine Ruhe in sein Leben ein. 1121 wurde seine Schrift über die Dreifaltigkeit auf der Synode von Soissons verurteilt, er selber interniert und in eine Einsiedelei in Nordfrankreich abgeschoben. Dort gründete er das „Oratorium zum Paraklet", das seine ihm immer noch treuen Schüler zur Wohn- und Lehrstätte ausbauten. Wegen seiner theologischen Vorlesungen, in denen er versuchte, philosophische Arbeitsweisen auf theologische Gebiete zu übertragen, wurde er weiterhin als Ketzer betrachtet. In seiner „Historia calamitatum" schildert er seine tägliche Angst vor Verfolgungen und Nachstellungen seiner Widersacher. 1128 ist er gezwungen, in die Bretagne zu fliehen. Den Paraklet vermachte er den Nonnen von Argenteuil, bei denen Héloise mittlerweile zur Äbtissin aufgestiegen war. Von hier aus pflegte sie einen regen Briefkontakt mit Abelaerd. Im Gegensatz zu ihrem Ehemann war ihre Liebe längst nicht erloschen. Abelaerd erwiderte ihren Wunsch nach Liebesbeweisen und Zeichen der Fürsorge nur sehr unzulänglich. Er hatte sich ganz einem Leben der Sühne, des Opfers und der Wissenschaft verschrieben. Schließlich mußte er auch die Bretagne verlassen und begann 1138 in Paris wieder mit Vorlesungen.

Sein Verständnis von Trinität und Willensfreiheit sprengte die damals von der Kirche gesteckten Grenzen. 1141 werden seine 13 Lehrsätze auf der Synode von Sens verurteilt. Eine Appellation an Papst Innozenz II. und selbst die Leugnung der eigenen Thesen fanden in Rom kein Gehör. Abelaerd wird zu dauernder Klosterhaft verdammt. Auf dem Weg in die Verbannung hat er

Glück: Der Abt von Cluny nimmt ihn auf, versöhnt ihn mit der Kirche und betreut ihn fürsorglich bis zu seinem Tod.
Sein Leichnam wurde in Paraklet mit kirchlichen Ehren durch Petrus Venerabilis bestattet. Héloise, die geglaubt hatte, ohne ihn nicht weiterleben zu können, hütete immerhin noch 21 Jahre das Grab ihres Gatten. Endgültige Ruhe fanden die sterblichen Überreste des Paares erst 1817 auf dem Friedhof Père-Lachaise in Paris.

Geschichte meiner unglücklichen Erlebnisse

Ein Menschenherz leidenschaftlicher schlagen zu lassen oder es ganz still zu machen; beides gelingt dem Beispiel oft besser als dem Wort: mündlich hatte ich Dich schon etwas aufrichten können; den vollen Trost will ich Dir in der Ferne mit einer Schilderung meiner eigenen Leiden geben; ein vergleichender Blick auf sie muß Dir zeigen, daß Deine Heimsuchungen ein Nichts oder doch nur ein kleines Etwas sind, und Du lernst Dich fassen.
Mein Heimatort Palais, etwa acht Meilen östlich von Nantes, liegt im Grenzgebiet der Bretagne. Mein schnelles Zufahren verdanke ich der Landesart und dem Blut meiner Väter so gut wie die Empfänglichkeit für die Wissenschaft. Jedenfalls mein Vater hatte schon vor dem Ritterdienst ein wenig studiert und schwärmte später für die wissenschaftliche Bildung: deshalb sollten sich, wie es auch wirklich geschah, alle seine Söhne wissenschaftlich ausbilden, ehe sie das Waffenhandwerk erlernten. Als Erstgeborener war ich sein besonderer Verzug; darum legte er bei mir auch besonderen Wert auf sorgfältigen Unterricht. Und ich – nun, ich machte mühelos große Fortschritte, mein Eifer wurde immer verzehrender, und schließlich gewann ich die Wissenschaft so lieb, daß ich allen Glanz des Rittertums dahingab, auf Erbe und Erstgeburt zugunsten meiner Brüder verzichtete und mich von Mars' Hofhaltung ganz zurückzog, um Minervas Schoßkind zu werden.
Von der ganzen Philosophie sagte mir die Logik am meisten zu: für ihre Waffen gab ich die Ritterwaffen dahin, um nur noch im Geistertunier Ringe zu stechen. Zum Studium der Logik zog ich überall hin, wo man mir Hauptsitze dieser Wissenschaft rühmte, und wurde so ein Wanderphilosoph im Sinn des Altertums.
Schließlich kam ich auch nach Paris, dem alten Mittelpunkt der logischen Studien, und zwar wurde Wilhelm von Champeaux mein Lehrer; seine Logikvorlesungen waren damals berühmt und verdienten es auch. Ich studierte eine Zeitlang bei ihm und war anfangs lieb Kind; später wurde ich ihm mehr als lästig, suchte ich doch etliche seiner Thesen zu widerlegen und gestattete mir, Gegengründe aufmarschieren zu lassen, was mir einige Male im Wortgefecht einen klaren Sieg über den Professor einbrachte ... Das gab

das erste Glied der Leidenskette, die noch kein Ende hat; mit der Ausbreitung meines Ruhms schürte ich den Neid der Fremden; obendrein traute ich meinem Kopf größere Kraft zu, als ich es meinen Jahren nach tun durfte: ich wollte, jung wie ich war, selber eine Schule gründen; als Schulort faßte ich Helun ins Auge; dieser feste Platz hatte damals ohnehin einen Namen und war außerdem königliche Residenz.

Mein Lehrer Wilhelm erriet den Plan. Er wollte die Neugründung von seiner alten Schule wenigstens möglichst weit weg haben und bot deshalb insgeheim alles auf, solange ich noch seiner Schulgemeinde angehörte, die Gründung überhaupt zu hintertreiben oder mindestens den geplanten Schulort mir zu nehmen. Aber einige der Großen des Landes waren seine Gegner, mit ihrer Hilfe konnte ich meinen sehnlichen Plan erfüllen, und weil Wilhelm seine Gehässigkeit nun offen zeigte, bekam ich gerade dadurch noch viele andere Gönner. Gleich diese erste Vorlesungstätigkeit ließ meine Meisterschaft in der Logik überall bekannt werden und brachte den Stern meiner früheren Kommilitonen zum Sinken, ja sogar den meines alten Lehrers. Mein Selbstvertrauen stieg so immer mehr, und ich verlegte meine Schule schleunigst nach Corbeil ...

Wenige Jahre später änderte mein alter Lehrer Wilhelm seinen bisherigen Lebenszuschnitt: Er war bislang Archidiakon von Paris und trat nun in den Orden der regulierten Chorherren ein, angeblich in dem Gedanken, dadurch frömmer zu erscheinen und eine höhere Stellung zu erhalten; jedenfalls wurde er in aller Bälde Bischof von Châlons. Seine neue Stellung veranlaßte ihn aber gar nicht, Paris den Rücken zu kehren oder seine gewohnte Beschäftigung mit der Philosophie aufzugeben; in dem Kloster, in das er sich aus Frömmigkeit zurückgezogen, nahm er alsbald seine öffentlichen Vorlesungen wieder auf.

Ich ging jetzt wieder zu Wilhelm, um Rhetorik bei ihm zu hören. Abgesehen von den sonstigen Redegefechten, die wir einander lieferten, ging der Kampf vor allem um seine alte Lehre von den Universalien: In unwiderleglicher Beweisführung brachte ich ihn dazu, seinen Lehrsatz umzubiegen, besser gesagt aufzuheben. Seine ursprüngliche Lehre von der Gemeinsamkeit der Universalien bestand darin, daß er behauptete, die Allgemeinbegriffe seien die Realitäten und bildeten die Substanz jedes Einzelwesens; das Individuelle habe keine wesenhafte Verschiedenheit, sondern es sei nur konstituiert in den Akzidenzien. Auf meine Angriffe hin modifizierte er seine Theorie dahin, „daß er den Allgemeinbegriff nur als das unterschiedene Gemeinsame in den Individuen real sein ließ, während die Differenzen dann das Individuum konstituierten". In der Frage der Allgemeinbegriffe war nun aber gerade dieser Punkt von jeher ein höchst bedeutungsvolles Hauptproblem der Logik. ... Dadurch, daß Wilhelm von Champeaux seine Meinung modifizierte, besser gesagt, unter meinem Zwang sie sogar aufgab, dadurch verlor seine Logikvorlesung ganz ihren guten Ruf. Man wollte ihn überhaupt kaum noch

Logik lesen lassen, als sei dieses Universalienproblem der Kernpunkt der ganzen Logik.
Durch diesen Vorfall wurde meine Schule innerlich kräftig und bekam einen solchen Namen, daß alles in ihr zusammenströmte, was zuvor auf unseren gemeinsamen Lehrer Wilhelm geschworen hatte und ein Todfeind meiner Schule war ... Lange hielt Wilhelm es nicht aus, sein Mißgeschick brannte ihn zu sehr, und so machte er sich mit List und Tücke daran, mich auch jetzt wieder aus dem Sattel zu heben. Offene Angriffspunkte bot ich ihm nicht, aber er griff den Mann an, der mir seinen Lehrstuhl abgetreten hatte, warf ihm die schmutzigsten Dinge vor und setzte einen anderen auf den erledigten Lehrstuhl, gerade einen meiner Gegner. Ich ging nach Melun zurück und hielt meine Vorlesungen wie zuvor. Mein Ruhm wuchs entsprechend der unverhüllten Eifersucht, mit der mich Wilhelm verfolgte, so wie es Ovid schildert: „Großem nahet der Neid, und der Wind umbrauset die Wipfel."
Wilhelm bekam es bald zu spüren, daß fast alle seine Schüler sein Frommsein nicht mehr für ehrlich hielten und über sein Mönchwerden ziemlich schnöde redeten, weil er sich nicht von Paris hatte trennen mögen. Deshalb zog er mit seiner geistlichen Bruderschaft und seinen Hörern ziemlich weit weg von Paris. Sofort verließ ich Melun und kehrte nach Paris zurück, glaubte ich doch, für die Zukunft vor ihm Ruhe zu haben. Aber weil er meinen Pariser Lehrstuhl ... mit einem meiner Rivalen hatte besetzen lassen, so ließ ich mich mit meinen Studenten außerhalb der Stadt nieder, auf dem Berg der heiligen Genoveva; es sah fast so aus, als wollte ich Wilhelms Stellvertreter belagern. Wilhelm erfuhr davon; er kam gleich nach Paris zurück, ohne sich zu schämen, und besetzte mit den Studenten, so viele ihm zugelaufen, und mit seiner geistlichen Bruderschaft wieder sein früheres Kloster. ... Wilhelm kam zurück, und alle, aber auch alle Schüler liefen dem Stellvertreter weg; er mußte die Vorlesungen einstellen und ging bald darauf ins Kloster, da er sich von dieser Welt mit ihrem Glanz nichts mehr versprach.
Die heftigen Disputationen, die Wilhelms Rückkehr zur Folge hatte, hast Du selbst miterlebt ...
Auch wenn ich schweigen wollte, die Taten selbst reden vernehmlich, und der schließliche Erfolg zeugt für mich. Während dieser Vorgänge bat mich meine geliebte Mutter Luzia dringend heimzukommen. Mein Vater Berengar war schon ins Kloster eingetreten, und sie wollte ihm folgen. Ich wohnte der feierlichen Aufnahmehandlung bei, kehrte aber dann nach Francien zurück, vor allem, um Theologie zu studieren. Wilhelm von Champeaux genoß wohl in seiner Diözese Châlons den Ruf eines tüchigen Theologen; aber sein Lehrer Anselm von Laon galt seit alters her als die größte theologische Autorität überhaupt, und seine Schätzung dauerte damals noch an. Darum entschloß ich mich, bei ihm Theologie zu studieren.
Aber Anselm war eben ein alter Mann und dankte seinen großen Namen der Routine, die er sich in langen Jahren erworben, jedoch kaum einer besonde-

ren geistigen Bedeutung. Wenn man ihn allein besuchte und sich über irgendwelche Fragen beraten lassen wollte, ging man noch ratloser weg, als man gekommen. Eine bewundernswerte Erscheinung, wenn er im Hörsaal allein das Wort führte, aber eine Null, wenn man ihm Fragen stellte. Seine Wortfülle war erstaunlich, aber was dahinter steckte, waren armselige Allerweltsgedanken ...

Sobald mir das klar wurde, lag ich nicht mehr lange untätig in seinem Schatten, ich besuchte seine Vorlesungen immer seltener, zur größten Empörung seiner Lieblingsschüler. Sie machten sich heimlich an Anselm persönlich heran, um mir zu schaden, und ihre erbärmlichen Verleumdungen hatten schließlich Erfolg; in Anselm regte sich die Eifersucht. Nun kam ein Einzelfall noch dazu. Nach der Beendigung einer Privatdisputation saßen wir Studenten im zwanglosen Geplauder noch beieinander; da stellte mir einer absichtlich die verfängliche Frage, was ich vom Lesen der Heiligen Schrift halte. Ich hatte bis dahin tatsächlich nur Philosophie studiert und sagte, das Studium der Heiligen Schrift sei sicher sehr bedeutungsvoll für die Erkenntnis dessen, was zu unserer Seelen Seligkeit not tue; es sei nur höchst erstaunlich, daß die Fachleute sich für die Auslegung der heiligen Schriften nicht mit diesen selbst begnügten und allenfalls noch mit der Glosse, sondern auch noch andere Hilfsmittel brauchten. Die meisten Studenten lachten einfach los und fragten mich höhnisch, ob ich es etwa ohne diese anderen Hilfsmittel fertigbrächte und ob ich zu einem Probestück den Mut hätte. Ich sagte einfach: „Ja, von mir aus!" Jetzt ging das Geschrei und das Gespött erst recht los, und es hieß: „Von uns aus, bitte, nur zu! Wir wollen einen Ausleger zu einem unbekannten Schrifttext ausfindig machen und zur Verfügung stellen; dann wollen wir sehen, wie Ihr Euer Versprechen haltet." Sie einigten sich nun auf eine ganz dunkle Stelle im Propheten Ezechiel. Ich nahm den Ausleger an und lud sie schon für den folgenden Tag zur Vorlesung ein. Da mußte ich mir nun ihren unbestellten guten Rat anhören, ich solle doch bei einer so schwierigen Aufgabe mich nicht überstürzen, ich solle mir als Anfänger recht Zeit lassen, um meine Erklärungen bis ins kleinste auszuarbeiten und ganz unangreifbar zu machen. Das erboste mich; ich sagte, es sei nicht meine Art, von der Routine das Heil zu erwarten, ich verlasse mich auf mein Genie; ich verzichtete auf die ganze Vorlesung, wenn sie sich nicht unverzüglich zu der von mir angesetzten Zeit einfinden wollten. An der ersten Vorlesung nahmen nur ein paar Leute teil; es war ja jedermann zum Lachen, daß so ein ganzer Neuling in der Schrifterklärung sich daran kurzerhand wagte. Aber diese erste Stunde fesselte alle Hörer; voller Begeisterung drangen sie darauf, ich möchte in der mir eigenen Methode die Auslegung fortsetzen. Das sprach sich herum, und wer die erste Vorlesung versäumt hatte, beeilte sich zur zweiten und dritten zu kommen, und es war ein allgemeiner Wetteifer, zuallererst meine Erklärungen aus der ersten Kollegstunde sich bei anderen zu besorgen.

Der alte Anselm wußte sich daraufhin vor Eifersucht überhaupt nicht mehr zu lassen; ich habe schon oben erzählt, wie ihn einige Kommilitonen schon früher mit bösen Redereien gegen mich eingenommen hatten. So verfolgte er mich mit der theologischen Vorlesung nun genau so, wie es Wilhelm mit meiner philosophischen getan hatte. Alberich von Reims und der Lombarde Lotulf galten damals für die bedeutendsten Schüler Anselms; ihre Einbildung war ebenso groß wie ihre Feindseligkeit gegen mich. Sie setzten dem alten Anselm so lange zu – das erfuhr man allerdings erst hinterher –, bis er den Kopf verlor und mir ohne alle Rücksicht die Weiterführung der exegetischen Vorlesung in der Domschule untersagte. Einen Vorwand fand er natürlich auch, ich könne bei meiner mangelhaften theologischen Vorbildung in dem und jenem Punkt fehlgreifen, und er werde dann dafür verantwortlich gemacht. Die Studenten gerieten in große Wut, als sie erfuhren, wie Anselm mich aus Brotneid so unerhört schikanierte. Die Rücksichtslosigkeit des Verfahrens gegen mich war für mich nur ehrenvoll, und auch diese Verfolgung steigerte meinen Ruhm. Ich kehrte bald nach Paris zurück und hatte nun einige ruhige Jahre für meine Lehrtätigkeit ... Es hieß, ich zeige dieselbe hohe Begabung in der Theologie, die man in der Philosophie an mir festgestellt hatte ... Die Philosophien und vollends die Heiligen, das heißt die Männer, die sich in die Sittenlehre der Heiligen Schrift vertiefen, verdankten ihren Ruhmesglanz vor allem ihrer Keuschheit. Das ist nichts Neues; aber ich war damals so schwer erkrankt – Hoffart und Sinnlichkeit hießen die Krankheiten –, daß Gottes Gnadenhand eingreifen mußte; Gottes Gnade heilte mich von beiden, sehr wider meinen Willen; Gott nahm mir zuerst das Mittel, meine Sinnlichkeit zu befriedigen, und dann heilte er meine Hoffart. Diese gründete vor allem auf meinem Wissen, wie schon der Apostel rügend bemerkt: „Wissen bläht auf." Und darum ließ Gott das Werk, mit dem ich besonders prunkte, schimpflich verbrennen zu meiner Demütigung. ...
Es lebte damals in Paris ein junges Mädchen, *Heloisa* geheißen, die Nichte eines Kanonikers Fulbert; er liebte sie zärtlich und wollte darum nichts versäumen, was ihrer geistigen Ausbildung förderlich war. Sie war, ohne damit aufzufallen, eine anmutige Erscheinung, an den ersten Platz rückte sie ihre ausgedehnte Bildung. Wissenschaftliche Bildung ist bei Frauen eine Seltenheit; deshalb war Heloisas Anziehungskraft besonders stark, und man sprach im ganzen Lande von ihr mit größter Wärme. Was einen Mann zur Liebe locken mag, sah ich bei ihr vereint, darum gedachte ich sie in Liebesbande zu verstricken, und am Gelingen zweifelte ich keinen Augenblick: war ich doch hoch berühmt und jugendlich anmutig vor anderen und brauchte von keiner Frau eine Abweisung zu fürchten, wenn ich sie meiner Liebe würdigte. Auf einen leichten Sieg bei Heloisa durfte ich gerade darum rechnen, weil sie wissenschaftliche Bildung besaß und auch zu schätzen wußte. Ich rechnete so: auch wenn wir nicht beisammen sind, können wir mit Briefen ein Zusammensein ersetzen, man kann in einem Brief eher ein kühnes Wort wagen als

von Mund zu Mund, und so hat man in jedem Fall Gelegenheit zu süßen Worten.

Die Liebe zu Heloisa durchglühte mich, und ich suchte nur noch Mittel und Wege, tagtäglich in ihrer Häuslichkeit zu verkehren und so das junge Mädchen zu zähmen, um sie ganz bequem mir gefügig zu machen. Den Weg zu diesem Ziel ebneten mir Fulberts gute Freunde, indem sie bei Heloisas Onkel, eben diesem Fulbert, für mich sprachen. Fulberts Haus lag auch sehr geschickt in der Nähe der Domschule. So vereinbarte ich mit Fulbert, daß er mich in sein Haus aufnehme und den Preis nach seinem Belieben festsetze. Eine eigene Haushaltung mit allem Drum und Dran störe mich in meinem Gelehrtenberuf und sei mir auch zu teuer. Das war doch ein ganz einleuchtender Vorwand; und Fulbert, der immer recht viel Geld machen und außerdem seine Nichte recht viel lernen lassen wollte, Fulbert kam ans Ziel *seiner* Wünsche: mein Geld für sich und meine Gelehrsamkeit für seine Nichte. Und so kam ich ans Ziel *meiner* Wünsche; Fulbert bat mich noch inständig um mehr als das, was ich in meinen kühnsten Träumen zu hoffen gewagt, und wurde selber der Gelegenheitsmacher für meine Liebe; er gab Heloisas weitere Ausbildung ganz in meine Hand: ich möchte sie doch unterrichten, wann meine Vorlesungen mir dazu Zeit ließen, bei Tag oder bei Nacht, und hätte ich den Eindruck, sie sei faul, so solle ich sie ohne Gnade züchtigen. Diese Art und dieses Maß von Harmlosigkeit verwunderte mich doch erheblich; ich konnte nicht verblüffter sein, wenn er sein zartes Lämmlein einem heißhungrigen Wolf zu hüten gegeben hätte. Der eigene Onkel übergab mir den Unterricht, und er gab mir ein Züchtigungsrecht ohne Einschränkung! Das hieß doch, mir für hemmungslose Wünsche Vollmacht geben, ja mir die Gelegenheit geradezu aufdrängen, um durch Drohungen und durch Schläge nachzuhelfen, wenn die feinen Verführungskünste nicht verfingen. Was Fulbert dabei nichts Böses vermuten ließ, das war die Liebe zu seiner Nichte und der leider schon überholte gute Ruf meiner sittlichen Lebensführung.

Ich kann es jetzt wohl kurz machen: der Hausgemeinschaft folgte die Herzensgemeinschaft! Während der Unterrichtsstunden hatten wir vollauf Zeit für unsere Liebe; und wenn Liebende sich wohl nach einem stillen Fleck sehnen, wir brauchten uns dafür nur zur Versenkung in die Wissenschaften zurückziehen. Die Bücher lagen offen da, Frage und Antwort drängten sich, wenn die Liebe das bevorzugte Thema war, und der Küsse waren mehr als der Sprüche. Meine Hand hatte oft mehr an ihrem Busen zu suchen als im Buch, und statt in den wissenschaftlichen Textbüchern zu lesen, lasen wir sehnsuchtsvoll eins in des anderen Auge. Aber man sollte in uns Lehrer und Schülerin sehen, und darum bekam sie manchmal Schläge; es war zärtliche Verliebtheit, die mir die Hand führte, nicht zufahrender Zorn, und ihr war diese Züchtigung linder als kostbarste Salbe. In unserer Gier genossen wir jede Abstufung des Liebens, wir bereicherten unser Liebesspiel mit allen Reizen, welche die Erfinderlust ersonnen. Wir hatten diese Freuden bis dahin

nicht gekostet und genossen sie nun unersättlich in glühender Hingabe, und kein Ekel wandelte uns an. In diesem Sinnentaumel hatte ich für Wissenschaft und Vorlesungen nichts mehr übrig; es ekelte mich förmlich an, zu den Vorlesungen zu gehen und bei meinen Schülern zu weilen. Es war auch ein zermürbendes Leben, bei Nacht für die Liebe zu wachen und bei Tag für den Beruf. Meine Vorträge fanden mich so lau und so nachlässig! Ich konnte nichts mehr aus frischer Eingebung vortragen, sondern mich nur noch auf meine Routine verlassen und nur noch frühere Funde wiederholen. Glückte es je, noch etwas Neues zu finden, so waren es Liebeslieder, keine philosophischen Offenbarungen. Von diesen Liedern lebt bekanntlich noch eine Menge im Mund des Volkes, und die Liebenden singen sie noch allenthalben.
Meine Studenten waren traurig und jammerten und klagten laut – wie laut, kannst Du Dir kaum vorstellen –, als sie errieten, was mich innerlich so beschäftigte und so ganz aus der Fassung brachte. Welches Spiel wir trieben, war ja klar, um Geheimnis zu bleiben. Fast der einzige Ahnungslose war wohl der Onkel, und dabei ging es um seine Ehre am meisten. Der und jener versuchte, ihm die Augen zu öffnen, aber er wollte es eben nicht glauben; die Gründe seines Unglaubens nannte ich schon: er liebte seine Nichte über alle Maßen und verließ sich auf den guten Ruf meiner bisherigen Lebensführung. Es ist ja immer so: wer unserem Herzen am nächsten steht, dem trauen wir nur ungern etwas Böses zu, und eine starke Liebe ist nicht empfänglich für Argwohn. Schon der selige Hieronymus schreibt darum an Sabinianus: „Was im eigenen Haus Schlimmes vorgeht, erfahren wir selber als die Letzten und sind noch ahnungslos, wenn die ganze Nachbarschaft schon über unsere Kinder und Frauen klatscht." Aber Letzte hin, Letzte her, einmal erfährt es auch der Letzte; was sonst alle wissen, muß schließlich der Eine auch noch erfahren. Ein paar Monate ging es noch gut, dann war es auch mit uns so weit.
Der Jammer, als dem Oheim die Augen aufgingen! Und der Jammer bei uns, als der Oheim uns Liebende trennte! Ich verging vor Peinlichkeit und Scham und zerquälte mich mit Vorwürfen, wenn ich an Heloisas Unglück dachte. Und Heloisa schüttelte geradzu die Verzweiflung darüber, daß ich in der Welt Augen entehrt war. Jeder jammerte nur über das Unglück, in das er den anderen gebracht, und über die Leiden, die der andere auszustehen hatte. Uns zu trennen, hatte der Oheim vermocht, unsere Herzen schmiedete er dadurch erst recht zusammen: unsere Liebe flammte, unbefriedigt wie sie jetzt blieb, um so stärker auf. In den Augen der Welt waren wir nun einmal entehrt, also brauchten wir auf die Welt keine Rücksicht mehr zu nehmen; gewiß, es bestand das Passivum, in den Augen der Welt die Ehre eingebüßt zu haben, aber daß wir diese Einbuße unserer Liebeslust verdankten, schien uns ein unschätzbares Aktivum. An uns wiederholte sich also, was Ovid von Mars und Venus und von ihrem gestörten Liebesglück zu erzählen weiß.

...

Nach der Geburt des Sohnes Astrolabius will Heloisa einer Eheschließung nicht zustimmen

Über die grundsätzliche Unvereinbarkeit von Ehe und Wissenschaft, so fuhr Heloisa fort, brauche ich nichts mehr zu sagen; denk aber jetzt auch an das Drum und Dran einer gutbürgerlichen Ehe! Paßt das nicht prachtvoll zueinander, Studenten und Zofen, Schreibstube und Kinderstube, der Spinnrokken lieblich vereint mit Büchern und Heften, Griffel und Feder mit der Spindel! Du bist so richtig versunken in Deine theologischen oder philosophischen Gedankengänge, da fangen die kleinen Kinder an zu quäken, die Ammen wollen sie mit ihrem eintönigen Singsang zur Ruhe bringen, Knechte und Mägde arbeiten auch nicht still vor sich hin, und da soll Deine Versenkung vorhalten! Du willst auch nicht die Nase rümpfen, wenn die Kinder immerzu gesäubert und trockengelegt sein wollen! Du hast ganz recht, reiche Leute können sich das anders einrichten, die haben ganze Paläste, weitläufige Häuser, in denen sich wirklich einer mal zurückziehen kann; sie haben so viel Geld, die spüren es gar nicht, was alles kostet, und das tägliche Brot ist für sie kein quälendes Problem! Aber die Gelehrten stehen sich nun einmal nicht so wie die Reichen, und es ist andererseits ja eine Tatsache: wer Geld machen will und dann die Sorgen hat, das Geld richtig anzulegen, der ist zum Gelehrten verdorben; Theologie und Philosophie verlangen einen ganzen Menschen.
Das ist ja auch der Grund, sagte Heloisa, daß gerade die hervorragenden Philosophen des Altertums die Welt so verachten; sie verschlossen sich nicht bloß vor dem Getriebe, sie entzogen sich ihm fluchtartig; sie schenkten der Frau Welt mit ihrer Lust keinen Blick mehr, um nur noch in den Armen der Frau Weisheit zu liegen. Einer ihrer größten, Seneca, rät seinem Freund Lucilius: „Philosophie ist kein Zeitvertreib für leere Stunden; laß alles andere beiseite, gib Dich ihr ganz und gar hin; sie ist auch dann noch nicht zufrieden mit Deiner Hingabe. Es ist wirklich gleichgültig, ob Du gar nicht mehr philosophierst oder bloß gelegentlich eine Pause einlegst; Du kannst den Faden da nicht mehr aufnehmen, wo Du ihn hast fahrenlassen. Wenn die Welt Anforderungen an Dich stellen will, sag nein, schieb sie ab, versuche bloß nicht, ihnen gerecht zu werden!" Das Opfer, das jetzt bei uns Christen die Mönche aus Gottesliebe bringen, soweit sie ihrem Namen Ehre machen, dieses Opfer haben die großen heidnischen Philosophen des Altertums auch gebracht aus sehnsuchtsvoller Liebe zur Weltweisheit. Bei jedem Volk, ob Heiden, Juden oder Christen, standen immer Männer auf, vorbildlich im Glauben und vorbildlich in der Sittenreinheit, die sich von der Menge des Volkes durch ein besonderes Maß von Selbstbeherrschung und Keuschheit schieden.

Bei den Juden gab es zum Beispiel seit alter Zeit die Nasiräer, die sich nach dem Gesetz dem Herrn weihten, es gab Prophetensöhne, die Nachläufer des Elia und Elisa; sie stellen sich uns im Alten Testament als eine Art Mönche vor, eine Deutung, die der selige Hieronymus bestätigt; und schließlich gab es die drei philosophischen Richtungen, die Josephus im 18. Buch seines Werkes ‚Jüdische Altertümer' als Pharisäer, Sadduzäer und Essäer unterschiedet. Eine entsprechende Erscheinung bei uns Christen ist das Mönchstum; die Mönche leben entweder in Nachahmung des Beispiels der Apostel in Gemeinschaft, oder nach dem älteren Vorbild Johannes' des Täufers als Eremiten. Bei den Heiden vertreten diese Gruppe, wie gesagt, die Philosophen. Mit den Ausdrücken ‚Weisheit', ‚Philosophie' wollten die Alten gar nicht so sehr den Intellektualismus anerkennen, sie begriffen darunter viel mehr ein Leben im Sinn der göttlichen Bestimmung. Daß diese Behauptung stimmt, zeigt die Etymologie des Namens, wie die Kirchenväter sie uns bezeugen. Der selige Augustin sagt im 8. Buch seines ‚Gottesstaates' bei der Besprechung der verschiedenen philosophischen Gruppen. „Die italische Gruppe geht zurück auf Pythagoras von Samos, der auch angeblich den Ausdruck ‚Philosophie' selbst geschaffen hat. Vor ihm hieß man ‚Weise' solche Menschen, die durch sittliche Lebensführung die anderen übertrafen. Als man Pythagoras fragte, welche Profession er betreibe, gab er zur Antwort, er sei ein Philosoph, das heißt, es sei sein Beruf, sich um die Weisheit zu bemühen, die Weisheit gewissermaßen zu umwerben. Es kam ihm zu anmaßend vor, sich schon den *Besitz* der Weisheit zuzuschreiben."

Wenn Augustin, so fuhr Heloisa fort, den Begriff ‚Weise' definierte mit dem Satz: „Die durch sittliche Lebensführung die anderen übertrafen", so zeigt das doch deutlich, daß die Weisen, d. h. Weisheitsjünger des alten Heidentums mit diesem Namen als sittlich besonders hochstehend anerkannt werden sollten; auf den Glanz ihres Intellekts kam es dabei viel weniger an. Diese Heiden haben also vernünftig und keusch gelebt; die Beispiele dafür kann ich mir schenken, sagte Heloisa, sonst meinst du doch, das Ei wolle klüger sein als die Henne. Wenn Laien und dazu Heiden so gelebt haben, ohne durch ein förmliches religiöses Gelübde gebunden zu sein, was ist dann die Pflicht eines Klerikers und Kanonikers, wie Du bist? Willst Du wirklich in sündige Lust versinken und Gottesdienst Gottesdienst sein lassen? Spring doch nicht kopfüber in diesen Sündenpfuhl, aus dem Du nie mehr auftauchen kannst, weil Du Deine Scham verloren hast! Du verzichtest auf den geistlichen Ornat? Nun, dann wirf nicht auch gleich den Philosophentalar weg! Die Ehrfurcht vor Gott hast du verloren? Dann laß das irdische Ehrgefühl Deine Zügellosigkeit zügeln! Du weißt, Sokrates war auch beweibt; er hat diesen Abfall von der Liebe zur Weisheit schwer büßen müssen, ein warnendes Beispiel für die anderen. Hieronymus hat im 1. Buch seiner Schrift gegen Jovinian auch diese Geschichte sich nicht entgehen lassen; da heißt es: „Einmal überschüttete Xanthippe vom Fenster herab den Sokrates mit einer

wahren Flut von Schimpfworten; Sokrates ließ sie ruhig an sich ablaufen. Als Xanthippe ihm auch noch einen Eimer Schmutzwasser über den Kopf goß, trocknete er ihn sich nur ab mit den Worten: Selbstverständlich mußte auf ein solches Donnerwetter auch noch ein Platzregen kommen."
Heloisa wies mich zum Schluß ihrer Ausführungen noch einmal darauf hin, wie gefährlich für mich die Rückkehr nach Paris mit ihr zusammen sein müsse. Ihr sei es das Liebste und für mich das Anständigste, wenn sie ‚Geliebte' heiße statt ‚Gattin'. Die freischenkende Liebe solle mich an sie binden und nicht die drückende Ehefessel. „Wir können uns bei einer zeitweiligen Trennung zwar seltener sehen, aber die Freude und Wonne ist dann um so stärker." Alles gute Zureden, alle Warnungen der Art verfingen bei mir nicht; ich war zu verblendet, und Heloisa wollte mich auch nicht kränken durch noch dringlichere Vorstellungen; sie konnte nur noch mit lautem Schluchzen und Stöhnen herausbringen: „Wenn wir denn beide zugrunde gehen sollen: ein Trost bleibt, die Bitterkeit unseres kommenden Elends wird so stark sein wie die Süße unserer verlorenen Liebe." Diese intuitive Beurteilung der Lage war leider treffend, wie alle Welt bezeugen muß. . . .

Mechthild von Magdeburg

Unnachgiebig und ohne Rücksicht auf ihr eigenes Ansehen hat sie die zunehmende Verweltlichung des Klerus gegeißelt. Doch zu ihren Anliegen zählte ebenso die Sorge für Arme und Kranke. Mechthild von Magdeburg gehört zweifellos zu den interessantesten und schillerndsten Frauengestalten des Hochmittelalters, die nur allzu oft hinter ihren bedeutenden männlichen Zeitgenossen zurückstehen müssen. Sowohl in der Geschichte der Mystik wie auch der deutschen Literatur nimmt sie einen herausragenden Platz ein.
Mechthild wurde um 1210 im Gebiet des Erzbistums Magdeburg geboren. Den leider sehr spärlichen Nachrichten über ihr Leben ist zu entnehmen, daß sie aus einer wohlhabenden, wahrscheinlich adeligen Familie stammte und eine umfassende Ausbildung erhielt. Schon als junges Mädchen erlebte sie ihre erste mystische Entrückung. „Ich wurde gegrüßt vom Heiligen Geist in meinem zwölften Jahre", erzählt sie selbst. Um ganz für Gott zu leben, zog sie etwa zwanzigjährig nach Magdeburg, wo sie über drei Jahrzehnte nach der Regel des heiligen Dominikus als Begine lebte, das heißt sie war Mitglied einer ordensähnlichen organisierten Gemeinschaft bzw. religiösen Frauenvereinigung.
Zwar genoß Mechthild in manchen Kreisen großes Ansehen wegen ihrer Frömmigkeit, doch durch die Eigenart ihrer Mitteilungen über ihr inniges Verhältnis zu Gott sowie durch ihre Kritik an der Ordens- und Weltgeistlichkeit schaffte sie sich auch viele Feinde. Es kam daher nicht von ungefähr, daß sie zuweilen mit Schärfe und tiefer Bitterkeit über Ungerechtigkeit und Verleumdung klagte. Lange verschwieg Mechthild die „Wunder einer gewaltigen Gottesminne", die ihre harten Bußübungen und Selbstkasteiungen begleiteten. Auf den Zuspruch ihres Beichtvaters hin begann sie schließlich um 1250 in teilweise hochpoetischen Versen und Hymnen die Wonnen und Qualen ihrer seelischen Erfahrungen mit Gott zu schildern. Mechthilds Aufzeichnungen, die ersten deutschgeschriebenen in der Geschichte der Mystik, wurden von dem Dominikaner Heinrich von Halle zu sechs Büchern des „Fließenden Lichts der Gottheit" zusammengefaßt.
Das Aufsehen, das Mechthild mit diesem Werk und als unbequeme Mahnerin in Magdeburg erregte, wird sie dazu bewogen haben, ihr Leben zurückgezogen im Zisterzienserinnen-Kloster Helfta zu beenden. Umgeben von gleichgesinnten Mitschwestern verbrachte sie dort noch zwölf Jahre, fügte ihren Aufzeichnungen ein siebtes Buch hinzu und starb 1282 (oder 1294) im Ruf der Heiligkeit. Das niederdeutsche Original des „Fließenden Lichts" ist

verlorengegangen. Erhalten sind die allamannische Übertragung und eine frühe lateinische Bearbeitung. Beide Texte stellen allerdings nur Zwischenglieder einer bisher nicht aufgehellten Überlieferungskette dar.
In kühnen, dabei innigen und vom Minnesang geprägten Bildern schaut Mechthild in ihren Betrachtungen, Sprüchen und Versen, die Geburt der Seele jenseits aller Welt und Zeit aus Gott dem Vater. Christus ist der ihr zugedachte Bräutigam, dem sie sich ohne Vorbehalt hingibt, und der Heilige Geist, der „verschwenderische Ausfluß des Vaters und des Sohnes". Mechthilds Schrift ist reich an Motiven aus der höfisch-ritterlichen Kultur ihrer Zeit und gilt als das beeindruckendste Zeugnis deutscher Frauenmystik. Sie dokumentiert ebenso die Höhe der Frauenbildung im deutschen Mittelalter.

Das fließende Licht der Gottheit

Dies Buch soll man freudig empfangen, denn Gott selbst spricht die Worte

Dies Buch, das sende ich nun als Boten allen geistlichen Leuten, bösen und guten, – denn wenn die Säulen fallen, so kann das Bauwerk nicht bestehen, – und es verkündet allein mich und offenbart rühmlich meine Vertraulichkeit. Alle, die dies Buch wollen verstehen, die sollen es zu neun Malen lesen.

Dies Buch heißt: Das fließende Licht der Gottheit

Eja, Herr Gott, wer hat dies Buch gemacht? – Ich habe es gemacht in meiner Unmacht, da ich mich meiner Gabe nicht zu enthalten vermag. – Eja, Herr, wie soll dies Buch heißen, allein dir zu Ehren? – Es soll heißen: Das Licht meiner Gottheit, in all die Herzen fließend, die da leben ohne Falsch.

Von dreien Personen und von dreien Gaben

Der wahre Gottesgruß, der da kommt von der himmlischen Flut aus dem Brunnen der fließenden Dreifaltigkeit, der hat so große Kraft, daß er dem Leibe benimmt alle seine Macht, und macht die Seele sich selbst offenbar; sie sieht sich selbst den Heiligen gleich und empfängt dann an sich göttlichen Glanz. Da scheidet die Seele vom Leibe mit aller ihrer Macht, Weisheit, Liebe und Begehrung; nur das mindeste Teil ihres Lebens bleibt im Leibe wie in einem süßen Schlafe. Da sieht sie den einen ganzen Gott in drei Personen und erkennt die drei Personen, in einem Gott ungeteilt. Da grüßt er sie mit der Hofsprache, die man in dieser Küche nicht versteht, und kleidet sie mit den Kleidern, die man im Palaste tragen soll, und gibt sich in ihre Gewalt. Da kann sie bitten und fragen, was sie will, es wird ihr gewährt ... Nun zieht er sie an eine heimliche Statt. Da darf sie für niemand bitten noch fragen, denn er will allein mit ihr spielen ein Spiel, das der Leib nicht weiß, noch die Bauern beim Pfluge, noch die Ritter im Turnei, noch seine minnigliche Mutter Maria; das kann sie da nicht haben ...

Vom Anfange aller Dinge, die Gott aus Minne geschaffen hat

Eja, Vater alle Güte, ich unwürdiger Mensch danke dir für alle Treue, womit du mich aus mir selbst in dein Wunder geführt hast, also, Herr, daß ich in deiner vollkommenen Dreifaltigkeit habe gehört und gesehen den hohen Rat, der vor unserer Zeit ist geschehen, als du, Herr, in dir allein warst beschlossen und niemand hattest du zu deiner unzähligen Wonne Genossen. Da leuchteten die drei Personen also schön zusammen, eine jegliche schien durch die andere zu flammen und waren doch ganz beisammen. Der Vater war geziert in sich selbst mit dem starken Gemüte der Allmächtigkeit, und der Sohn war gleich dem Vater in unzähliger Weisheit, und der heilige Geist ihnen beiden gleich in voller Gütigkeit. Da spielte der heilige Geist dem Vater ein Spiel in großer Gütigkeit und schlug die heilige Dreifaltigkeit und sprach zu ihm: Herr, lieber Vater, ich will dir aus dir selbst einen freiwilligen Rat geben, wir wollen nicht länger unfruchtbar leben. Lasset uns haben ein geschaffenes Reich, und bilde die Engel mir gleich, daß sie seien mit mir ein Geist; und das andere wird der Mensch sein. Denn, lieber Vater, Freude heißt das allein, daß man lebt in liebendem Verein und in unzähliger Wonne vor deinen Augen allgemein.
Da sprach der Vater: Du bist ein Geist mit mir. Was du rätst und willst, das behagt auch mir. – Als der Engel geschaffen war, ihr wißt wohl, wie es geschah, – wäre auch der Engel Fall unterblieben, der Mensch hätte doch geschaffen sein müssen. Der heilige Geist gab den Engeln seine Gütigkeit, daß sie uns dienen und sich freuen aller unserer Seligkeit. Dann sprach der ewige Sohn in großer Zucht: Lieber Vater, auch meine Natur soll bringen Frucht. Da wir nun Wunderbares beginnen wollen, so laßt uns den Menschen bilden nach mir. Obwohl ich großen Jammer voraussehe, muß ich den Menschen doch ewiglich minnen. – Da sprach der Vater: Sohn, auch mich berührt eine kräftige Lust in meiner göttlichen Brust und ich töne vor lauter Minne. Wir wollen fruchtbar werden, auf daß man uns wieder minne, und daß man unsere große Herrlichkeit ein wenig erkenne. Ich will mir selbst schaffen eine Braut, die soll mich grüßen mit ihrem Munde und mit ihrem Anblicke verwunden. Und dann erst gehe es an das Minnen.
Da sprach der Heilige Geist zum Vater: Ja, lieber Vater, diese Braut werde ich dir zu Bette bringen. – Da sprach der Sohn: Vater, ich werde noch sterben vor Minne, du weißt es wohl. Aber doch wollen wir diese Dinge in großer Heiligkeit fröhlich beginnen. – Da neigte sich die heilige Dreifaltigkeit zu der Schöpfung aller Dinge und schuf uns, Leib und Seele, in unzähliger

Minne. Adam und Eva waren gebildet und adelig geschaffen nach dem ewigen Sohne, der ohne Anbeginn aus seinem Vater ist geboren. Dann gab der Sohn dem Adam seine himmlische Weisheit und seine irdische Gewalt, also daß er besaß in vollkommener Minne wahre Erkenntnis und heilige Sinne, und daß er gebieten konnte allen irdischen Kreaturen; das ist uns nun verloren.
Dann gab Gott Adam aus herzlicher Liebe eine wohlgezogene, edle, schmucke Jungfrau, das war Eva, und verlieh ihr seine minnigliche rechte Wohlgezogenheit, die er selbst seinem Vater zu Ehren übt. Ihre Leiber sollten rein sein, denn Gott schuf ihnen niemals Glieder der Schande, und sie waren gekleidet mit Engelsgewande. Ihre Kinder sollten sie gewinnen in heiliger Minne, so wie die Sonne spielend in das Wasser scheint und doch das Wasser unzerbrochen bleibt. Aber als sie aßen die verbotene Speise, da wurden sie schmählich verändert am Leibe, wie wir es noch zeigen. Hätte uns die heilige Dreifaltigkeit also häßlich geschaffen, so könnten wir uns wegen der edlen Natur ihres Geschöpfes niemals schämen.
Der himmlische Vater verlieh der Seele seine göttliche Minne und sprach: Ich bin Gott aller Götter, du bist aller Kreaturen Göttin und ich gebe dir mein festes Versprechen, daß ich dich nie verwerfe. Wenn du dich nicht selbst verlierst, so leisten dir meine Engel ohne Ende Dienst. Ich werde dir meinen Heiligen Geist als Kämmerer geben, so kannst du nicht aus Unwissenheit eine Todsünde begehen, und vollen freien Willen gebe ich dir. Lieb vor allem Lieb, nun sieh dich nur weislich für! Du wirst halten ein leichtes Gebot, auf daß du gedenkst, ich bin dein Gott. – Die Seele: Die viel reine Speise, die ihren Gott gelobt hat im Paradeise, die sollte in großer Heiligkeit bei ihrem Leibe bleiben. Aber als sie die ungenehme Speise, die nicht gebührte ihrem Leibe, hatten gegessen, da wurden sie erfüllt von dem Gifte, so voll gemessen, daß sie verloren der Engel Reinheit und vergaßen ihre magdliche Keuschheit.
Da schrie die Seele in großer Finsternis mannig Jahr nach ihrem Lieb mit verbannter Stimme und rief: O lieber Herr, wohin kam deine übersüße Minne? Wie sehr hast du verstoßen deine eheliche Königinne! (Dies ist der Propheten Sinn.) O großer Herr, wie kannst du ertragen diese lange Not, ohne daß du tötest unseren Tod? Du willst doch werden gebor'n! Doch, Herr, alle deine Taten sind vollkommen, so auch dein Zorn!
Da hub sich abermals großer Rat in der heiligen Dreifaltigkeit. Da sprach der ewige Vater: Mich reut meine Mühe. Denn ich hatte meiner heiligen Dreifaltigkeit eine also rühmliche Braut gegeben, daß die höchsten Engel ihr dienstbar hätten sein sollen. Ja, wäre selbst Luzifer in seiner Herrlichkeit verblieben, sie hätte seine Göttin sein sollen. Denn ihr allein war das Brautbett gegeben. Dann aber wollte sie mir nicht länger gleich sein. Nun ist sie verdorben und greulich gestalt; wer wollte diesen Unflat zu sich nehmen?
Eja, da kniete der ewige Sohn vor seinem Vater nieder und sprach: Lieber

Vater, ich will es tun, gibst du mir deinen Segen. Ich will gerne die blutige Menschheit an mich nehmen, und ich will des Menschen Wunden salben mit dem Blute meiner Unschuld und will alles Menschenleid verbinden mit dem Tuche der Verbannung und Schmach bis an mein Ende, und ich will dir, trauter Vater, des Menschen Schuld mit menschlichem Tode vergelten. – Da sprach der Heilige Geist zum Vater: O allmächtiger Gott, laß uns eine schöne Prozession halten und in großer Herrlichkeit unvermischt von dieser Höhe hinabwandeln. Ich bin doch zuvor Mariens Kämmerer gewesen! – Da neigte sich der Vater in großer Minne zu ihrer beider Willen und sprach zum Heiligen Geiste: Trage mein Licht vor meinem lieben Sohn in alle die Herzen, die er mit meinen Worten bewegen wird; und du, Sohn, nimm dein Kreuz auf! Ich werde mit dir wandeln auf allen deinen Wegen, und ich werde dir eine reine Jungfrau zur Mutter geben, damit du die unedle Menschennatur rühmlicher tragen kannst. – Dann ging die schöne Prozession mit großen Freuden hernieder in den Tempel Salomos; da wollte der allmächtige Gott neun Monate Herberge nehmen.

Von dem Leiden der minnenden Seele, die sie von Gott hat.
Wie sie aufersteht und in den Himmel fährt

In wahrer Liebe wird die minnende Seele verraten, im Seufzen nach Gott. Sie wird verkauft – in der heiligen Sehnsucht nach seiner Liebe. Sie wurde gesucht – mit der Schar der mannigfaltigen Tränen nach ihrem lieben Herrn, den sie hätte so gern. Sie wird gefangen – in der ersten Erkenntnis, wenn Gott sie küßt in süßer Einung. Sie wird ergriffen – in mannigen heiligen Gedanken, wie sie ihr Fleisch ertöte, daß sie nicht wanke. Sie wird gebunden – mit des Heiligen Geistes Gewalt, und ihre Wonne wird viel mannigfalt. Sie wird geschlagen – in ihrer großen Unmacht, daß sie nicht ohne Unterlaß das ewige Licht genießen kann. Sie wird vor Gericht gestellt – bebend beschämt, weil ihr Gott wegen ihrer Sündenflecken so oft ist fremd. Sie antwortet auch heiliglich auf alles und kann das nicht ertragen, jemandem etwas Arges zu sagen. Sie wird geohrfeigt vor Gericht, – wenn sie der Teufel geistig anficht. Sie wird zu Herodes gesandt, – wenn sie sich selbst als wertlos und unwürdig hat erkannt und sich selbst verschmäht samt ihrem großen Verstand. Sie wird dem Pilatus zurückgegeben, – wenn sie muß irdischer Dinge pflegen. Sie wird zum Schreien gebracht, geschlagen mit großem Sehre, – wenn sie sich muß zu ihrem Leibe kehren. Sie wird entkleidet, – wenn sie innerlich mit der Seide der schönen Minne geschmückt wird. Sie empfängt in mannigfaltiger Treue süßiglich die Krone, wenn sie begehrt, daß ihr Gott allen ihren Kummer niemals lohne, zu seinem höchsten Lobe. Sie wird verspottet – in heiliger Leerheit, wenn sie so tief in Gott versinkt, daß sie irdische Weisheit verliert. Man kniet vor sie mit großem Spott, – wenn sie sich in niedriger Demütigkeit unter aller Kreatur Füße legt. Ihre Augen werden verbunden – mit ihres

Leibes Unedelkeit, weil sie so sehr gefangen liegt in ihrer Finsternis. Ihr Haupt wird geschlagen mit einem Rohre, – wenn man ihre große Heiligkeit vergleicht mit einem Toren. Sie trägt ihr Kreuz – auf einem süßen Wege, wenn sie sich Gott in allen Peinen hat wahrhaft ergeben. Sie wird mit dem Hammer der starken Minnegelübde so fest an das Kreuz genagelt, daß sie alle Kreaturen nicht zurückrufen können. Sie dürstet auch gar sehr – an dem Kreuze der Minne, denn sie tränke gar gerne den lauteren Wein der Liebe von allen Gotteskindern. So aber kommen alle und schenken ihr Galle. Ihr Leib wird getötet – in der lebendigen Minne, wenn ihr Geist wird erhöht über alle menschlichen Sinne. Nach diesem Tode fährt sie mit ihrer Macht zur Hölle und tröstet die betrübten Seelen mit ihrem Gebete und spricht ihnen von Gottes Güte, alles ohne ihres Leibes Mitwissenschaft. Sie wird in die Seite gestochen – mit einem süßen Speere von einem Blinden, der die verborgene Minne nicht kennt. Da fließen aus ihrem Herzen mannige heilige Lehren. Sie hangt auch an dem Kreuze der hohen Minne, das völlig dürre wird aller irdischen Dinge, hoch im süßen Hauche des Heiligen Geistes, vor der ewigen Sonne der lebenden Gottheit. Dann wird sie von ihrem Kreuze abgenommen – in einem heiligen Tode. Da spricht sie: Vater, empfange meinen Geist. Sie wird gelegt in das verschlossene Grab tiefer Demütigkeit, wenn sie sich stätiglich als die unwürdigste unter allen Kreaturen weiß. Sie steht auch fröhlich auf an einem Ostertage, wenn sie mit ihrem Lieben im engen Brautbette gehabt hat süße Minneklage. Dann tröstet sie des morgens früh mit Maria Magdalena ihre Jünger, wenn sie von Gott die wahre Sicherheit empfängt, daß Gott alle ihre Sünden in der Minnereue getilgt hat. Sie kommt wieder zu ihren Jüngern bei verschlossener Türe, wenn sie ihren fünf Sinnen die heilige Gotteslehre so oft vorsagt. Sie geht fort aus dem Jerusalem der heiligen Christenheit mit manniger Tugenden Schar. Da betrübt sich der Leib, der gerne allen seinen Willen hätte mit allem seinem Wesen, gemäß aller seiner Unedelheit. Da spricht sie: Ich bin euer Meister; folget mir und gehorcht in allen Dingen! Führe ich nicht zu meinem Vater, ihr bliebet wie Toren. – Sie fährt auch auf in den Himmel, wenn ihr Gott in heiligem Wandel benimmt aller irdischen Dinge. Sie wird empfangen in der weißen Wolke heiliger Beschirmung, wenn sie minniglich auffährt und einst fröhlich wiederkommt ohne jedes Leid. Es kommen die Engel und trösten die Männer von Galiläa: wenn wir an Gottes auserwählte Freunde und an ihr heiliges Vorbild gedenken.
Diese Marter leidet jegliche Seele, die in heiliger Ordnung alles ihres Tuns wahrhaft durchflossen ist von wahrer Gottesliebe.

Von zwanzig falschen Tugenden. Wer darinnen wohnt, der lebt in der Lüge

Ich habe einen Meister, das ist der heilige Geist. Der lehrt mich gar sanft, was er will, und das andere enthält er mir vor. Nun spricht er also: Die Weisheit ohne Festigung des Heiligen Geistes, die wird zujüngst ein Berg des Hochmutes. Der Friede ohne das Band des Heiligen Geistes, der wird gar schnell zu eitlem Unsinn. Demut ohne Feuer der Minne wird zujüngst offenbare Falschheit. Die Gerechtigkeit ohne Tiefe der Gottes-Demut, die wird auf der Stelle zu greulichem Haß. Armut mit beständiger Gier, das ist an sich sündliche Üppigkeit. Die greuliche Furcht in wahrer Schuld bringt schreckliche Ungeduld. Schönes Gehaben mit wölfischem Sinne, des werden die Weisen schnell inne. Heilige Begehrung in ganzer Wahrheit, das wird niemandem ohne Mühe zuteil. Gütliches Leben ohne Streit, das wird gar träge zu nützlichen Dingen. Die vermessene Tugend ohne Gottes Gabe, die wird mit Hochmut geschlagen. Schönes Gelübde ohne treue Tat, das ist Falschheit nach des Teufels Rat. Guter Trost ohne wahre Sicherheit der Seele und ohne des heiligen Geistes Bekräftigung, das wird am jüngsten Ende ein unfröhlicher Tod. Große Geduld ohne Neigung des Herzens in Gott, das ist heimliche Schuld, denn alle, die nicht in allen Dingen in Gottes Wahrheit hangen, die müssen dem ewigen Gott mit großer Schande entfallen. Die Minne ohne die Mutter „Demütigkeit" und ohne den Vater „heiliger Schmerz", die ist aller Tugenden bar.

Mit acht Tugenden geh zu Gottes Tisch. Mit edlem Lösepfand löst ein Mensch siebzigtausend Seelen vom greulichen Fegefeuer, das mannigfaltig ist

Ihr viel törichten Beginen, wie seid ihr also vermessen, daß ihr vor unserem allmächtigen Richter nicht bebt, wenn ihr Gottes Leib so oft in blinder Gewohnheit nehmt!
Nun, ich bin die Mindeste unter euch; ich muß mich schämen, erröten und beben. An einem Festtage war ich also verschüchtert, daß ich nicht wagte, ihn zu nehmen, weil ich mich vor seinen Augen auch meiner besten Verdienste schäme. Da bat ich meinen viel Lieben, er möge mir hierin seine Herrlichkeit zeigen. Da sprach er: Wahrlich, wenn du vor mir gehst in demütiger Trauer und in heiliger Furcht, so muß ich dir folgen wie die hohe Flut der tiefen Mühle. Gehst du mir aber entgegen mit der blühenden Begierde fließender Minne, so muß ich dir begegnen und dich mit meiner göttlichen Natur berühren als meine einzige Königinne. Ich muß mich selbst künden, soll ich Gottes Güte wahrhaft vollenden. Das hinderte mich wahrlich nicht mehr, denn es einen heißen Backofen hinderte, daß man ihn all voll weißer Semmeln schübe.
Da ging ich zu Gottes Tisch mit einer edlen Schar. Die bewahrten mich vieltreulich und schufen mir doch viele Gefahr. Die Wahrheit rügte mich, die Furcht schalt mich, die Scham geißelte mich, die Reue verurteilte micht, das Verlangen zog mich, die Minne führte mich ans Ziel, der Christenglaube führte mich, die getreue Meinung zu allen guten Dingen bereitete mich vor, und alle meine guten Werke schrien Wehe über mich. Der gewaltige Gott

empfing mich, seine reine Menschheit vereinigte sich mit mir, sein heiliger Geist tröstete mich.

Da sprach ich: Herr, nun bist du mein, denn du bist mir heute gegeben, auch in der Schrift, wo es heißt: Ein Kind ist uns geboren. Nun begehre ich, Herr, deines Ruhmes und nicht meines Nutzens, und also (begehre ich), daß heute dein hehrer Leib den armen Seelen zu Trost komme. Du bist wahrhaft mein; nun sollst du, Herr, heute den Gefangenen ein Lösepfand sein.

Da gewann sie also große Macht, daß sie ihn führte mit seiner Kraft, und sie kamen an eine so greuliche Statt, wie sie mein Auge nie sah: ein schrecklich bereitetes Bad, gemischt aus Feuer und aus Pech, aus Pfuhl, Rauch und Stank. Ein dicker, finsterer Nebel lag darüber, wie eine schwarze Haut gespannt. Darinnen lagen die Seelen gleichwie die Kröten im Kot. Ihre Gestalt war menschengleich, sie waren aber Geister und hatten des Teufels Aussehen an sich. Sie sotten und brieten miteinander. Sie schrien und hatten unendlichen Jammer um ihres Fleisches willen, das sie so tief gefällt hatte. Das Fleisch hatte verblendet ihren Geist, darum sotten sie allermeist. Da sprach den Menschen Geist: O Herr, wie viele sind dieser Armen? Du bist mein wahres Lösepfand, du mußt dich nun erbarmen. – Da sprach unser Herr: Ihre Zahl geht über Menschenverstand und du kannst sie nicht begreifen, dieweil dein Fleisch irdischen Teil an dir hat. Sie alle sind zerbrochene Gefäße gewesen und haben auf Erden des heiligen Lebens vergessen. Sie sind aus allen Völkern und aus allen Landen.

Da fragte der menschliche Geist: Eja, lieber Herr, wo sind die Klausner? Derer werde ich hier keinen gewahr. – Da antwortete unser Herr: Ihre Sünden waren heimlich, darum sind sie in diesem Grunde allein mit den Teufeln gebunden. Da betrübte sich des Menschen Seele gar sehr und legte sich zu den Füßen unseres vielieben Herrn und begehrte kräftig und minniglich und sprach: Viel Lieber, du weißt wohl, was mein Begehr. – Da sprach unser Herr: Mit Recht hast du mich hierher gebracht; ich lasse sie nicht unbedacht.

Da stand um sie herum eine gar große Schar Teufel, die sie quälten in dem ungesegneten Bade. Ihre Zahl ging auch über meine Kräfte; sie rieben und zwickten und fraßen und benagten sie und schlugen sie mit feurigen Geißeln. Da sprach des Menschen Geist also zu ihnen: Hört, ihr Sündenfresser, seht an das Lösepfand! Ist es wohl kostbar genug, daß euch damit genüge? – Da erschraken sie all bebend in greulicher Scham und sprachen: Ja, nun führt sie von hinnen! Denn, so unselig wir auch sind, wir müssen euch doch die Wahrheit sagen. – Da gab unser Herr den armen Seelen aus seinem göttlichen Herzen süße Sehnsucht, da huben sie sich mit großer Freude und Liebe aus der Pein. – Da sprach die fremde Seele: Eja, lieber Herr, wo werden sie sich nun hinkehren? – Da sprach er: Ich werde sie bringen auf einen Blumenberg, wo sie mehr Wonne finden, als ich kann verkünden. – Da diente ihnen unser Herr und war ihr Kämmerer und ihr vielieber Geselle. Da sagte mir unser Herr, daß ihrer da siebzigtausend wären. Dann fragte die Seele abermals, wie lange ihre Pein dauerte. Da sprach unser Herr: Seit dreißig Jahren sind sie getrennt von ihrem Leichnam, und zehn Jahre hätten sie noch sollen in der Pein leben, wäre nicht ein so edles Pfand für sie gegeben. – Die Teufel flohen; sie wagten es nicht zu nehmen. – Viel Lieber, sprach abermals die Seele, wie lange werden sie hier bleiben? – Da antwortete unser Herr und sprach: So lange als uns gut dünkt.

Von des Ritters Streit in vollen Waffen wider die Begehrlichkeit

Ich bat für einen Menschen, als ich darum gebeten wurde, daß ihm Gott des Leibes Regung benehmen möge, die freilich ohne Sünde geschieht, wenn nicht der böse Wille dazu tritt. Da sprach unser Herr: Schweig! Behagte es dir, wenn da ein Ritter in vollen Waffen und mit edler Kriegskunst und in wahrer Kraft und mit flinken Händen, – wenn der untätig wäre und versäumte seines Lehensherrn Ehre und verlöre den reichen Sold und den edlen Ruhmensklang, den Herr und Ritter in den Landen haben wird? Wäre aber da ein ungeübter Mann, der vor Untätigkeit nie zum Streite kam, und wollte der zu einem Fürstenturnei kommen, dem würde schnell das Leben genommen. Darum muß ich die Leute schonen, die so leicht zu Fall kommen. Die lasse ich kämpfen mit den Kindern, auf daß sie ein Blumenkränzlein gewinnen.

Von der Hölle. Sie hat drei Teile. Wie Luzifer und sechzehnerlei Leute gepeinigt werden. Ihnen wird keine Hilfe. Von Luzifers Kleid

Ich habe gesehen eine Stadt, ihr Name ist: Ewiger Haß. Sie ist im niedersten Abgrunde erbaut aus mannigerlei Steinen, den Todsünden. Die Hoffart war der erste Stein, wie es an Luzifer wohl offenbar ist. Ungehorsam, böse Gier, Unmäßigkeit, Unkeuschheit, das waren vier Steine gar schwer, die brachte zu allererst unser Vater Adam her. Zorn, Falschheit und Mord, diese drei Steine sind seit Kain dort. Lüge, Verrat, Verzweiflung an Gott, Selbstmord, mit diesen vier Steinen tötete sich auch der arme Judas. Die Sünde von Sodoma und falsche Heiligkeit, das sind die Ecksteine, die an dem Baue sind. Die Stadt wurde gebaut mannig Jahr. Weh allen, die ihre Hilfe boten dar! Je mehr sie da hinfür senden, mit desto größeren Schanden werden sie empfangen, wenn sie selbst nachkommen.
Diese Stadt ist so verkehrt, daß gerade die Höchsten an die niederste und unedelste Stelle gesetzt sind. Luzifer sitzt im niedersten Abgrunde, von seiner Schuld gebunden, und ihm fließt ohne Unterlaß aus seinem feurigen Herzen und aus seinem Munde alle die Sünde, Pein, Krankheit und Schande, womit die Hölle, das Fegefeuer und diese Erde so jämmerlich befangen sind.
Im niedersten Teile der Hölle ist das Feuer und die Finsternis und Stank und

Schauder und allerlei Pein am allergrößten; und da sind Christenleute nach ihren Werken eingeordnet. Im mittleren Teile der Hölle ist allerlei mäßigere Pein; da sind die Juden nach ihren Werken eingeordnet. Im obersten Teile der Hölle ist allerlei geringste Pein, und da sind die Heiden nach ihren Werken eingeordnet.
Die Heiden klagen also: O wehe, hätten wir gehabt ein Gebot, so litten wir nicht ewiglich so große Not. Die Juden klagen also: O wehe, hätten wir Gott gefolgt in Moses' Lehre, so wären wir nicht verdammt also sehre! Die Christen klagen noch mehre, weil sie die große Ehre durch ihren eigenen Willen verloren, zu der sie Christus mit großer Liebe hatte erkoren. Ohne Unterlaß sehen sie Luzifer mit großem Jammer an und müssen offenbar, mit aller ihrer Schuld, nackt vor ihn gahn. O weh, wie schändlich werden sie von ihm empfahn! Er grüßt sie greulich und spricht bitterlich: Ihr mit mir Verfluchten, sagt, welche Freuden ihr hier suchtet? Ihr hörtet nie Gutes über mich sagen; wie konnt euch denn so wohl behagen?
Dann ergreift er zuallererst den Hochmütigen und drückt ihn unter seinen Schwanz und spricht also: Ich bin nicht so tief versunken, daß ich nicht noch über dir sein wollte. Alle die Sodomiten fahren ihm durch seinen Hals und wohnen ihm in seinem Bauche. Wenn er seinen Atem einzieht, so fahren sie in seinen Bauch; wenn er hustet, so fahren sie wieder aus. Die falschen Heiligen setzt er auf seinen Schoß und küßt sie gar greulich und spricht: Ihr seid mir Genoß. Auch ich war mit der schönen Falschheit überzogen; davon seid ihr alle betrogen. Den Wucherer benagt er ohne Unterlaß und wirft ihm vor, daß er nie barmherzig war. Den Räuber beraubt er selbst und befiehlt ihn dann seinen Gesellen, daß sie ihn jagen und schlagen und keine Erbarmung über ihn haben. Der Dieb hangt an seinen Füßen und ist in der Hölle Leuchtgefäß; die Unseligen sehen aber deswegen doch nicht besser. Jene, die auf Erden zusammen unkeusch waren, die müssen in solcher Weise vor Luzifer gebunden liegen; kommt einer allein, so ist der Teufel sein Kumpan.
Die ungläubigen Weisen sitzen vor Luzifers Füßen, auf daß sie ihren unreinen Gott recht ansehen können. Er disputiert auch mit ihnen, so daß sie zuschanden werden müssen. Den Geizigen frißt er, denn er wollte immer mehr. Wenn er ihn dann verschluckt hat, so läßt er ihn dann hinten unter seinem Schwanz herausfahren. Die Mörder müssen blutig vor ihm stahn und müssen feurige Schwertschläge von dem Teufel empfahn. Die hier des grimmen Hasses pflegen, die müssen dort sein Riechgefäß sein und hangen immer vor seiner Nase. Die hier Übermaß an Essen und Trank begehen, die müssen mit ewigem Hunger vor Luzifer stehn und essen glühende Steine. Ihr Trank ist Schwefel und Pech. Da wird lauter Bitterkeit für Süßes gegeben; wir sehen, war wir taten hier im Leben. Der Träge ist da mit allen Peinen beladen. Der Zornige wird da mit feurigen Geißeln geschlagen. Der viel arme Spielmann, der mit Hochmut sündliche Eitelkeit wecken kann, der weint in der Hölle Tränen mehr, denn alles Wasser ist im Meer.

Ich sah unter Luzifer der Hölle Grund, das ist harter, schwarzer Flinsstein, der wird das Bauwerk tragen immerdar. Obwohl die Hölle weder Grund hat noch Ende, so hat sie nach göttlicher Anordnung Tiefe und Ende.
Wie die Hölle dröhnt und stöhnt, und wie die Teufel sich mit den Seelen herumschlagen, und wie sie sieden und braten, und wie sie schwimmen und waten in dem Stank und Morast und in den Würmern und in dem Pfuhle, und wie sie baden in Schwefel und Pech, – das könnten weder sie selber noch alle Kreaturen je voll aussprechen. Als ich durch Gottes Gnade diese Qual ohne Beschwerde gesehen hatte, da ward mir Armen vom Stank und von unirdischer Hitze so viel weh, daß ich nicht sitzen noch gehen konnte. Und ich war aller meiner fünf Sinne ungewaltig drei Tage lang, wie ein Mensch, den der Donner geschlagen hat. Meine Seele jedoch litt dort keine Not, denn nicht jene Krankheit hatte sie hingebracht, die da heißt der ewige Tod. Doch wäre das möglich, daß eine reine Seele dort bei ihnen wäre, das wäre ihnen ewiges Licht und großer Trost. Denn die unschuldige Seele muß von Natur immer leuchten und scheinen, denn sie ist geboren aus dem ewigen Lichte sonder Peinen. Nimmt sie aber des Teufels Äußeres an sich, so verliert sie ihr schönes Licht.
Kann in der ewigen Hölle durch Gebet, durch Almosen den Verdammten irgend eine Hilfe kommen? Nein, das habe ich nicht vernommen. Denn sie sind stetiglich so grimmiglich gemut, daß ihnen graut vor allem Gut. – Nach dem jüngsten Tage wird Luzifer ein neues Kleid anziehen, das ist von selbst gewachsen aus dem Miste aller unflätigen Sünden, die je an Menschen oder Engeln war zu finden. Denn er ist das erste Gefäß aller Sünde. Dann ist er denn gebunden, und doch ist sein Grimm und seine Schrecklichkeit mit allen Seelen und allen Teufeln also vermischt, daß man seine Gegenwart nirgends vermißt. Da wird er sich zuweilen aufblähen also groß, und sein Rachen wird ihm viel zu weit; darin verschluckt er mit einem Zuge seines Atems die Christen, Juden und Heiden. Dann haben sie ihren vollen Lohn in seinem Bauche und ihr sonderliches Fest. Wehe dann Leib und Seele! Was Menschenmund hievon zu sprechen vermag, das ist alles nichts wider die unzählige Qual, die ihnen da geschieht. Denn wahrlich, ich kann es nicht ertragen, so lange daran zu denken, als man ein Ave Maria spricht. O wehe, also greulich ist es da!
Die Hölle hat oben ein Haupt, das ist also ungefüge und hat viel mannig greuliches Auge, daraus die Flammen schlagen und die armen Seelen all umfahen, die hier in der Vorburg wohnen, daraus Gott Adam und andere Väter hat genommen. Das ist jetzt das größte Fegefeuer, darein ein Sünder kommen kann. Da habe ich gesehen Bischöfe, Vögte und große Herren in langer Not mit unzähligem Sehre. Alle, die hierher kommen, denen hat Gott gerade noch die ewige Hölle genommen. Denn ich habe da niemanden gefunden, der bei seinem Ende je lauter beichtete mit seinem fleischlichem Munde. Als ihnen durch die Natur des Todes die äußeren Sinne genommen

wurden, da lag der Leib stille, aber noch hatten Seele und Leib ihren Willen. Da hatten sie verloren die irdische Finsternis, da gab ihnen Gott ihrer Schulden wahre Erkenntnis. O wie enge ist da der Weg zum Himmelreiche! Da sprach, noch ungeschieden, die Gemeinschaft des Leibes und der Seele also: Wahrer Gott, begnade mich! Meine Sünden sind mir wahrlich leid. – Das ist ein kurzer Augenblick, in dem hat Gott gar manche Seele, die offenbar verloren schien, heimlich wiedergefunden. Ich habe nicht gefunden, daß dies je einem Menschen geschah, er hätte denn mit gutem Willen etwas Gutes getan. Die Teufel führen die befleckten Seelen vom Leichnam zum Fegefeuer, denn die reinen Engel können sie nicht berühren, dieweil sie nicht gleich ihnen in Klarheit scheinen. Eine Seele kann aber die Hilfe haben von Freunden auf Erden, daß sich die Teufel wohl davor hüten, gegen die Seele zu wüten. Ist sie sehr schuldig, so kann sie doch andere Pein haben. Das kann ihr alles baß behagen, als wenn sie die Teufel dürften fangen und ohne Unterlaß zum Spotte haben.

Als unsere heiligen Vorväter zur Hölle fuhren, was sie da mit sich brachten, das war wahre Hoffnung im christlichen Glauben und heiliger Gottesliebe und viel mannige demütige Tugend und getreue Mühe. Obwohl sie zur Hölle fuhren, waren sie doch fürs Himmelreich bereit. Da konnte ihnen in der Hölle nichts schaden. Was sie mit sich gebracht hatten, das mußte sie da brennen: das war die Liebe. Die wird ewiglich brinnen in allen Gotteskindern, kommen sie auch niemals in den Himmel. Dies hat Gott also bemessen: Was wir mit uns von hinnen führen, das müssen wir dort trinken und essen. Aber die Säumigen, die nun mit so großen Sünden ohne Besserung von hinnen fahren, die können es, ohne verdammt zu sein, nirgends so böse haben als vor der Hölle Munde, wo zu allen Stunden Luzifers Atem mit aller Pein herausschlägt und sie so jammervoll durchbebt, daß die Armen so schmerzlich vereint sind in der Flamme und in dem mannigfaltigen Grimme, als die vielseligen Vorväter vereint waren in der süßen, erkennenden Gottesminne. Ich sah dort von allen Frauen keine anderen, denn die hohen Fürstinnen, die hier gleich den Fürsten allerlei Sünde minnten. Die Hölle hat auch oben auf ihrem Haupte einen Mund. Der steht offen zu aller Stund. Alle, die in diesen Mund kommen, denen wird der ewige Tod nimmer benommen.

Von böser Priester Fegefeuer

Es ist lange her, da sah ich ein Fegefeuer, das war gleich feurigem Wasser, und es sott wie feurige Glockenspeise, und es war oben mit finsterem Nebel überzogen. In dem Wasser schwebten Geister wie Fische, die waren gleich Menschenbildern. Dies waren der armen Priester Seelen, die in dieser Welt in der Gier nach aller Lust gelebt und hier gebrannt hatten in der verwünschten Unkeuschheit, die die Priester also sehr verblendet, daß sie nichts Gutes erwerben können. Auf dem Wasser fuhren Schiffer, die hatten weder Schiff noch Netze, sondern sie fischten mit ihren feurigen Klauen, weil auch sie Geister und Teufel waren. Wenn sie sie ans Land brachten, so zogen sie ihnen grausam die Haut ab und warfen sie sofort in einen siedenden Kessel. Darin stießen sie sie mit feurigen Gabeln. Und die Teufel, denen sie nach ihrem Willen gefolgt waren, die fraßen sie dann mit ihrem Schnabel. Dann huben sich die Teufel wieder auf das Wasser und gaben sie hinten unter ihrem Schwanze von sich und fischten wieder nach ihnen und fraßen sie und verdauten sie abermals.

Von sieben Dingen des Gerichtes. Von Scham und gutem Willen

Die alleredelste Freude der Sinne und der allerheiligste Friede des Herzens und der allerminniglichste Glanz der Werke, die kommen davon, daß der Mensch wahrhaftig ist in allem seinem Tun.
Hier spricht unser lieber Herr und lehrt mich selber sieben Dinge, die alle jene Seligen an sich haben werden, die mit Jesus Christ das jüngste Gericht halten werden über alles Menschengeschlecht. Wer diese Dinge nicht hat, der muß vor Gericht stehn wie ein leibeigener Knecht vor seinem Herrn. Denn alle, die sich hier mit der schlimmen Lüge wider die Gotteswahrheit sträuben, die verkaufen diese Tugenden.
Das erste ist: gerecht im Umgang. Dies ist die Erklärung: Sehe ich, daß mein Freund meinen und Gottes Feinden unrecht tut, so soll ich meinem Freunde getreulich Schuld geben und meinen Feinden minniglich helfen.
Das andere ist: barmherzig in der Not. Dies ist die Erklärung: Sehe ich meinen Freund und meinen Feind in gleichen Nöten beisammen, so soll ich ihnen gleicherweise helfen.
Das dritte ist: getreu in der Freundschaft. Erklärung: Ich soll meinen Genossen nie schelten, außer allein wegen seiner reuelosen Seele.
Das vierte ist: hilfreich in Vertraulichkeit. Erklärung: Man suche und frage, wo die Landfremden, die Siechen und Gefangenen sind, und tröste sie mit freundlichen Worten und bitte sie, dir ihre verborgene Not zu sagen, damit du ihnen zu Hilfe kommen könnest. O wehe, daß man ohne Seufzen und ohne Tränen und jederlei Barmherzigkeit an den fremden Siechen vorbei weggeht! Wie übel das geistlichen Leuten steht und sie leider also ferne von Gott löst, daß sie auf der Stelle die süße Vertraulichkeit Gottes verlieren! Und doch wollen sie nicht erkennen, daß Gottes Urteil also lautet.
Das fünfte ist, daß man sprachlos sei in Nöten. Erklärung: nämlich, daß man die gierigen Worte, die da aufsteigen aus einem hochmütigen, zornigen Herzen, nicht ausspreche. Dann findet man grundlos von Gott geschenkte Gnade in seiner Not.
Das sechste ist, daß man voll Wahrheit sei. Erklärung: Der Mensch ist wahrlich voll der Wahrheit, dem sein Herz in seinem besten Wissen und Gewissen lauterlich seine Schuld angibt, und der sich dessen freut, daß Gottes Auge in

sein Herz sieht, und sich auch dessen nirgends zu schämen brauchte, wenn alle Leute in sein Herz sähen.
Das siebente ist, daß man der Lüge feind sei. Erklärung: daß wir die Lüge an allen Leuten schelten und daß wir sie auch an uns selbst nicht verdecken.
Diese sieben Dinge sollen wir üben und vollbringen wider den Geschmack unseres armen Fleisches und wider die Wollust und Schwäche menschlicher Sinne; wir können es anders nicht vollbringen. Unserer Seele Edelkeit zu allen guten Dingen, die gibt uns mit rechter Gottessüßigkeit den ersten Rat, aber unser böses Fleisch versäumt in seiner Unedelkeit viel mannigen göttlichen Tag. Wenn wir gedenken an die gebenedeite Stunde, da uns Gott aus seinem unergründlichen Herzen und aus seinem weisen Sinne und aus seinem fröhlichen Gemüte, das ohne Unterlaß fließt vor aller Güte, und aus seinem süßen Munde also wohlgeordnet geschaffen hat, geistig in unserer Seele, weislich in unserem Sinne, nützlich an unserem Leibe, – so müssen wir uns äußerlich unserer bösen Sitten und innerlich unseres ungetreuen Herzens schämen. Wir können uns leider auch unserer Sinne schämen, daß wir die edlen, mannigfaltigen Gottesgaben also unnütz tragen, daß sie also wenig Frucht zurück an die Statt bringen, daraus sie geflossen, das ist: zu Gottes Herzen. O wehe meiner schuldigen Schmerzen! Der gute Wille bringt alle Tugenden an die rechte Statt, wenn auch der Leib die Werke nicht vermag.
. . . von dem leide ich mannige Not wegen seiner bösen Sitten, also daß er mir in seinen Dingen folgen will. Das klagte ich Gott mit aller meiner Begehrung und wunderte mich sehr, wovon das sein könnte. Da sprach unser Herr: Sieh, was es hindert. – Da sah ich, daß ein sonderlicher Teufel dem Menschen anhing und sie zurückzog von allen guten Dingen. Da sprach ich: Wer hat dir die Gewalt gegeben, daß du Gott also große Schmach bietest an diesem Menschen? – Da sprach der Teufel: Mir hat niemand anderer diese Gewalt gegeben denn allein ihr eigener Wille.
Bei diesen Worten sah ich, daß der Teufel allen geistlichen Leuten mit schmählichem Spotte nachfolgte, die ihm Erlaubnis über sie selbst geben, indem sie in Lüge leben, so daß er sich damit vor Gott und allen Kreaturen entschuldigen kann. Da sprach ich: Wer wird diesem armen Menschen dazu helfen, daß er von dir erlöst werde? – Da sprach, von Gott gezwungen, der Teufel: Ihr kann niemand helfen als ihr eigener Wille. Denn Gott hat ihr die Gewalt gegeben, daß sie ihren Sinn umkehren kann. Wenn sie das tut, so muß ich von ihr eilen. – Nun frage ich dich in der ewigen Wahrheit: Wie heißest du? – Da sprach der Teufel: Ich heiße der „Widerhaken"; und diese Schar, die du hinter mir siehst, das sind lauter Gesellen von mir in diesem selben Amte, das ich habe. Und derer sind also mannige, als wir mannigen Menschen finden, der seiner getreuen Führerschaft nicht zu guten Dingen folgen will.
Hievon ward meine Seele also schnell zu Gott, daß sie sich ganz ohne Mühe erhob, und barg sich ganz in die heilige Dreifaltigkeit, wie ein Kind sich birgt

in den Mantel seiner Mutter und sich recht an ihre Brust legt. Dann sprach meine Seele mit der Macht und mit der Stimme aller Kreaturen also: Eja, viel Lieber, nun bedenke meine Not mit diesem Menschen, also daß du, Herr, seinen Sinn verwandelst durch deine göttliche Süßigkeit! – Nein, sprach unser Herr. Meiner Süßigkeit ist sie nicht würdig. Aber ich werde sie siech machen an ihrem Leibe, daß sie durch die Pein also lahm wird, daß sie ungerne sündliche Wege geht. Und ich werde sie also stumm machen, daß sie böse Worte verschweigen wird. Sie wird auch also blind werden, daß sie sich schämt, Eitelkeit zu sehen. Aber was man ihr dann tut, das tut man mir. Wahrlich, das geschah vierzehn Tage danach. Alleluja.

Zwischen Gott und Luzifer ist zweierlei Fegefeuer.
Wie der Teufel die Seelen peinigt

Unser menschlicher Bruder Jesus Christus, der ist mit allen Tugenden aufgefahren in den Himmel in die Höhe seiner Gottheit. Und ihm kann dahin niemand folgen, er habe denn auch alle Tugenden, – in gleicher Weise als sich die heilige Dreifaltigkeit herrlich ob allen Dingen in die wonnigliche Höhe gesetzt hat mit allen seinen tugendlichen Freunden, je darnach herrlich schön und freudenreich, als sie das rühmliche Ebenbild seiner göttlichen Tugenden mit sich bringen. Eine jegliche Tugend, die hier auf Erden gefördert wird, mit gutem Willen sonder Falsch, geziert mit der Minne und vollbracht ohne Sünde, – das sind im Himmelreich die Saiten, die da klingen immer ohne Ende aus der getreuen Seele und dem gutwilligen Leibe empor in die heilige Dreifaltigkeit, so daß der Vater seinem Sohne dafür dankt, daß er sie mit Tugenden hierher geführt hat; und daß der Sohn den Vater dafür ehrt, daß er sie geschaffen hat; und daß der Heilige Geist den Vater und den Sohn also zärtlich zwingt, daß die ganze heilige Dreifaltigkeit also sehr kräftiglich gegen sie fließt und also süß singt, daß alle Dinge sie mit Gott meinen und minnen.
Ebenso ist der sündige Teufel Luzifer unter alle Dinge versunken mit allen denen allein, die Untugenden minnen. Zwischen Gottes Höhe und des Teufels Abgrund ist noch zweierlei Fegefeuer. In diesen zwei Fegefeuern ist mannigerlei Pein und Not. Das erste Fegefeuer, das ist der nütze Jammer, den wir in dieser Welt leiden in mannigfaltigen Peinen. Das andere Fegefeuer, das ist nach diesem Leben, also groß, daß es anhebt vor der Hölle Mund und endet vor der Himmelpforte. Aber die Teufel können die Seelen nicht fürbaß peinigen denn auf der Erde, in der Luft und an allen den Stätten, da der Mensch gesündigt hat, und in aller der Höhe, da er die Luft befleckt hat mit seinen Sünden. Damit überführt sie der Teufel, daß ihre Scham und Pein noch größer sei wegen aller der Sünden, die hier ungewandelt bleiben.
Wenn sie aber also selig werden, daß sie einmal aus des Teufels Händen

gelöst werden, so brennen sie in sich selbst peinvoll wegen kleiner Schuld. Darnach kommen sie durch die Hilfe und das Mitleid der Menschen über alle Not hinaus, das ist, dem Himmelreiche also nahe, daß sie alle Freude haben. Nur dreierlei Freude haben sie noch nicht: sie sehen Gott nicht, sie haben ihre Glorie nicht empfangen, sie sind nicht gekrönt. – Also beschaffen ist das Fegefeuer auf Erden und in der Luft zwischen der Hölle und dem Himmelreich. Es ist aber in geistiger Weise also, daß die Seele, wenn sie kommt aus diesem Leibe, durch irdische Dinge keine Pein kann erleiden.

Wer die Heiligen ehrt, den ehren sie und trösten ihn im Tode

Daß man die Heiligen ehre mit schönem Gedächtnis und mit aller der (frommen) Meinung, die man haben kann, an dem Tage, da sie Gott geehrt hat mit einem heiligen Ende, – das ist ihnen also wohl zu Danke, daß sie dabei gegenwärtig erscheinen mit aller der Glorie, die sie von Gott für ihre Trefflichkeit empfangen haben. Das sah ich wahrhaftig an Sankt Maria Magdalenas Tag, als man Gott ehrte mit Lobgesange für die große Glorie, die sie als Lohn hat empfangen. Sie tanzte im Chore nach dem heiligen Sange, und sie sah einem jeglichen Sänger in die Augen und trat hin und sprach: Alle diejenigen, die mein Ende ehren, zu deren Ende werde ich kommen, und ich werde sie ebenso ehren. Ganz nach dem, was sie können empfahn, werde ich ihnen zu statten gahn.
Vier große Erzengel, die führten sie zwischen sich, und der lieblichen Engel Zahl war weit über Menschenvermögen. Da fragte ich, wie die vier Fürsten hießen. Da sprach sie: Der erste heißt Kraft, der andere heißt Begehrung, der dritte guter Wille, der vierte heißt Stätigkeit. Denn mit diesen vier Tugenden habe ich überwunden all mein Herzeleid. Darum hat mir Gott gegeben zu Lohne diese Fürsten als Dienstmannen und die Krone. – Mit anderen Heiligen ist es auch also. Dann sprach unser Herr: Wenn man den kleinsten Funken bläst, so gibt er Hitze und Glanz in dem Himmelfeuer, darin die leuchtenden Heiligen sind.

Wie die böse Pfaffheit wird erniedert werden. Wie die Predigerbrüder allein predigen werden und Bischöfe sein; und von den letzten Predigerbrüdern

O weh, Krone der heiligen Christenheit, wie sehr bist du verdunkelt! Deine Edelsteine sind dir entfallen, denn du schwächst und schändest den heiligen Christenglauben. Dein Gold, das ist verfault im Pfuhle der Unkeuschheit, denn du bis verarmt und hast nicht die wahre Minne. Deine Keuschheit ist verbrannt im gierigen Feuer des Fraßes. Deine Demut ist versunken im Sumpfe deines Fleisches. Deine Wahrheit ist zunichte geworden in der Lüge dieser Welt. Deine Blumen aller Tugenden sind dir abgefallen. O weh, Krone der heiligen Pfaffheit, wie bist du verschwunden! Und nichts mehr hast du

denn deinen äußeren Umfang, das ist die priesterliche Gewalt; mit der kämpfst du gegen Gott und seine auserwählten Freunde. Darum wird dich Gott erniedern, ehe du etwas weißt. Denn unser Herr spricht also: Ich will dem Papste zu Rom sein Herz rühren mit großer Trauer, und in dieser Trauer will ich zu ihm sprechen und ihm klagen, daß meine Schafhirten von Jerusalem Mörder und Wölfe sind worden, weil sie vor meinen Augen die weißen Lämmer morden. Und die alten Schafe, die sind alle siech, weil sie nicht die gesunde Weide essen können, die da wächst auf dem hohen Bergen, das ist: göttliche Liebe und heilige Lehre. – Wer den Höllenweg nicht kennt, der sehe die böse Pfaffheit an, wie gerade ihr Weg zur Hölle geht mit Weiben und mit Kinden und mit anderen offenbaren Sünden.
So ist es not, daß die letzten Brüder kommen. Denn, ist der Mantel alt, so ist er kalt. So muß ich also meiner Braut, der heiligen Christenheit, einen neuen Mantel geben; das werden die letzten Brüder sein, als davor geschrieben steht. Sohn Papst, das sollst du vollbringen; dann kann dir ein langes Leben gelingen. Daß jetzt deine Vorgänger also unlange lebten, das kommt davon, daß sie meinen heimlichen Willen nicht vollbrachten.
Also sah ich den Papst in seinem Gebete, und da hörte ich, daß ihm Gott diese Rede verkündete.

Wie Gott die Seele gemacht hat aus Wollust und Pein.
Wie Gott gleich ist einer Kugel

Ich sagte an einer Statt in diesem Buche, daß die Gottheit mein Vater ist von Natur. Das verstandest du nicht und sprachst: Alles was Gott mit uns getan hat, das ist nur aus Gnade und nicht von Natur. – Du hast recht, und ich habe auch recht. Nun höre ein Gleichnis! Wie gute Augen ein Mensch auch habe, er kann nicht über eine Meile Weges sehen; wie scharfe Sinne der Mensch habe, er kann unsinnliche Dinge nicht anders erfassen denn mit dem Glauben und greift sonst wie ein Blinder in der Finsternis. Die minnende Seele, die alles das minnt, was Gott minnt, und alles das haßt, was Gott haßt, die hat ein Auge, das Gott erleuchtet. Damit sieht sie in die ewige Gottheit, wie die Gottheit mit ihrer Natur in der Seele gewirkt hat. Er hat sie gebildet nach sich selbst, er hat sie eingepflanzt in sich selbst, er hat sich mit ihr allermeist vereint unter allen Kreaturen. Er hält sie in sich beschlossen und hat seiner göttlichen Natur so viel (in sie) ergossen, daß sie nicht anders sprechen kann, denn dies: daß er in aller dieser Einung mehr denn ihr Vater ist.
Der Leib empfängt seine Würdigkeit vom Sohne des himmlischen Vaters in brüderlicher Genossenschaft und im gemeinsamen Lohne für diese Mühsale. Auch der Gottessohn Jesus Christus hat sein Werk gewirkt in herzlicher Liebe, wegen unsrer Not in Armut, in Pein, in Mühsal, in Schmachheit bis an seinen heiligen Tod. Auch der Heilige Geist hat, wie du sagst, seine Werke gewirkt mit seiner Gnade in aller unserer Gabe, die wir je empfangen.

Dieses Wirken ist also dreifach; doch hat es ein ungeteilter Gott in uns gewirkt.

Zwei Dinge wirken ohne Unterlaß mit der Gotteskraft auf Erden und im Fegefeuer. Das eine davon wirkt allein in der Hölle, das andere allein im Himmel, das ist: Wonne ohne Pein im Himmelreich und Pein ohne Wonne in der Hölle.

Wo war Gott, ehe er etwas schuf? – Er war in sich selber und ihm waren alle Dinge gegenwärtig und offenbar, wie sie heute sind. Und wie war unser Herr damals gestaltet? – Recht in gleicher Weise wie eine Kugel, und alle Dinge waren in Gott beschlossen ohne Schloß und ohne Tür. Das Niederteil dieser Kugel, das ist eine grundlose Feste unter allen Abgründen; das oberste Teil der Kugel, das ist eine Höhe, darüber es nichts gibt. Der Umfang der Kugel, das ist ein unbegreiflicher Zirkel. Noch war Gott damals nicht Schöpfer geworden. Da er aber alle Dinge erschuf, da ward diese Kugel aufgeschlossen. Ist also ein Riß in Ganzen entstanden? Nein. Sie ist noch ganz, und sie wird immer ganz bleiben. Als Gott Schöpfer ward, da wurden alle Kreaturen in sich selbst offenbar: der Mensch, um Gott zu minnen, zu genießen und zu erkennen und gehorsam zu bleiben; Vogel und Tier, um ihre Natur zu erkennen; die toten Kreaturen, um in ihrem Wesen zu bestehen. – Nun höre: was wir erkennen, das ist alles nichts, wenn wir Gott nicht wohlgeordnet in allen Dingen minnen, so wie er selber alle Dinge in wohlgeordneter Minne geschaffen hat und auch uns das Gleiche geboten und gelehrt hat.

Berthold von Regensburg

Er gilt als größter Volksprediger des deutschen Mittelalters, dennoch weiß man nur relativ wenig über das Leben Bertholds. Ob er tatsächlich aus Regensburg stammte, ist unklar, ebenso sein Familienname und sein Geburtsjahr. Wahrscheinlich wurde er um 1210 geboren, um 1226 trat er in den Franziskanerorden ein. Er studierte vermutlich in Magdeburg, wo Bartholomaeus Anglicus lehrte. 1246 erscheint Berthold urkundlich als Visitator der Benediktinerinnen in Niedermünster, gemeinsam mit dem Theologen David von Augsburg, der Berthold als Lehrer und Freund auch später begleitete.
Seit 1250 trat Berthold als Prediger auf, zunächst in Süddeutschland, dann auch in der Schweiz, in Schlesien, Österreich, Böhmen und Mähren. Zwischen 1262 und 1263 predigte er in Ungarn gegen Geißlerfahrten und Judenverfolgungen. Seine Auftritte erfreuten sich eines immer größeren Zulaufs – die Chronisten sprechen oft von über 40 000 Zuhörern. Wenn auch solche Angaben stark übertrieben sein dürften, so interessierte sich doch zweifellos eine ungewöhnlich große Menschenmenge für die Botschaft, die Berthold im Freien, auf Feldern und Wiesen, verkündete. Der Grund für diesen Erfolg lag zum einen darin, daß Berthold anschaulich und lebendig predigte. Neu war an seiner Form der Verkündigung, die in Frankreich bereits im 12. Jahrhundert eingeübt worden war, daß konkrete Gegenwartsfragen mit Hilfe der Bibel und mit Zitaten der Kirchenväter gelöst wurden. Bisher stellte man den Kommentar einer Schriftstelle mit praktischen Hinweisen in den Mittelpunkt der Predigten.
Zum anderen muß man den Grund für das außergewöhnliche Echo, das Berthold fand, in der damaligen politischen und gesellschaftlichen Not suchen. Das Wirken des Predigers fällt in die Zeit des Interregnums (1250–1272), als sich nach dem Tode des Staufers Friedrich II. das Kaisertum in einer schweren Krise befand. Nach den zähen Auseinandersetzungen zwischen weltlicher und geistlicher Vorherrschaft erschütterten nicht nur Doppelwahlen das Deutsche Reich; auch ein allgemeines Faustrecht machte sich breit, das weder Person noch Eigentum verschonte. Fürsten und Stände bekriegten sich untereinander, sie plünderten und versuchten, das Reichsgut an sich zu ziehen. Der niedere Adel bereicherte sich auf Kosten der Städte und geistlichen Stiftungen, zahlreiche Pfarrstellen waren vakant – ein günstiges Klima für Irrlehrer, die die allgemeine Verwirrung zu nutzen verstanden. Vor diesem Hintergrund erhält die Predigertätigkeit Bertholds besonderes Gewicht. Ein Breve Papst Urbans IV. bestimmte 1263, daß der fromme Ordensbruder seinem Freund Albertus Magnus als Gehilfe in der sogenann-

ten Kreuzpredigt gegen die Ketzer dienen sollte. Wieder zog Berthold durch Deutschland, die Schweiz, und er kam schließlich bis Paris, wo er dem heiligen Ludwig IX. und dem König von Navarra begegnete.
Im Dezember 1272 starb Berthold in Regensburg. Die Predigten sind in der ursprünglichen Form nicht mehr erhalten. Die vorliegenden Textauszüge sind wohl freie, um 1275 entstandene Bearbeitungen von Hörernachschriften seiner Augsburger Ordensbrüder.

Predigt von den sieben Planeten

Der allmächtige Gott hat uns zwei große Bücher gegeben, uns Pfaffen, darin wir lernen und lesen und singen. Alle Dinge, die uns not sind an Seele und Leib, alle Tugend, die wir bedürfen gegen Gott und gegen die Welt, wie wir Gott minnen sollen, und wie wir ihn loben und ehren sollen, und wie wir die Sünde lassen und fliehen sollen, und die Untugend und alle Bosheit lassen und verschmähen sollen, das lesen wir Pfaffen allessamt in zwei Büchern. Das eine ist das Alte Testament, und das andere das Neue Testament, und eines lesen wir bei der Nacht und das andere bei Tag. Das ist gerade wie weiß und schwarz; das Alte Testament ist die Nacht, das Neue Testament ist der Tag. Und also hat uns Gott alle Nacht und Tag in seiner Hut und in seinem Schirm mit diesen zwei Büchern. Und daß das wahr sei, das zeigt uns Gott im alten Bund. Als er das israelitische Volk durch die Wüste führte in das verheißene Land, da gab er ihnen zweierlei Weisungen. Des Tages gingen Wolken über ihnen, des Nachts wies er sie mit dem Lichte der Sterne. Und also gab er ihnen die Weisung des Tages und des Nachts, wie sie in das verheißene Land kommen sollten. Und also hat uns Gott diese Bücher gegeben zu Weisungen, wie wir in das verheißene Land sollen kommen, das ist das Himmelreich, das er uns seit Anbeginn der Welt bereitet hat.
Da nun den Laien das Himmelreich so not ist wie uns Pfaffen, darum hat euch Gott zwei große Bücher gegeben, worin ihr lesen und lernen sollt alle Weisheit, die euch not ist an Leib und Seele, die euch in das Himmelreich weisen soll. Das ist der Himmel und die Erde. Daran sollt ihr lesen und lernen alles, das euch not ist an Leib und Seele, an der Erde bei Tag, an dem Himmel bei Nacht. Denn der allmächtige Gott hat uns alle Dinge zu Nutz und auch zu Gut geschaffen, einerseits für den Leib und andererseits für die Seele. So sollt ihr das Erdreich gebrauchen zu des Leibes Nutzen, ihr sollt es bauen mit Korn und mit Wein und mit allen Dingen, denen ihr zu des Leibes Not bedürft. Aber auch mancherlei Tugend könnt ihr daran lernen und lesen, die euch in das Himmelreich weisen soll, in das verheißene Land, wenn ihr es verstündet, wie der gute St. Bernhard. Als man den fragte, wovon er so weise wäre, da sprach er: Ich lerne an den Bäumen. Und also könnt auch ihr an

den Bäumen große Tugend lesen und lernen, indem ihr denkt in euerem Herzen: Gepriesen seist du, lieber Gott! wie mannigfaltig ist deine Gnade und deine Gewalt, daß du uns so viel Nützes und Gutes hast gegeben, daß die Bäume des Winters so dürr und so blaß sind, und nun gegen den Sommer so schön blühen und Laub auswerfen, und dnach edles Obst tragen, das so gut und wohlschmeckend ist; und daß die Weinreben so gar unscheinbar sind, und daß sie doch so guten Wein hervorbringen, der den Leuten so wohl bekommt und die Leute so froh macht; und daß du, Herr, so mancherlei Kraut aus der Erde heraustreibst, das niemand weder baut noch säet, und das je zu etwas nützlich und gut ist: so ist die Wurzel gut, so ist der Same gut, so ist das Kraut gut, so ist die Blume gut; so gefärbt ist die, so gefärbt ist jene; die rot, die gelb, die braun, die weiß; die groß, die klein, die kurz, die lang; und diese Wurzel ist für dies Siechtum gut, und jene für ein anderes; – und also könnet ihr Leib und Seele gesund machen durch die Schöpfung unseres Herrn.

Denn wenn ihr ihn also darum lobt und ihn darum ehrt mit Gebet, mit Lob und mit Dank, so macht ihr sie euch zwiefach zu Nutz, am Leib und an der Seele; unser Herr will, daß man ihn lobe wegen all seiner Werke, wie ihr Frauen da lest in dem Psalter. – Des Nachts sollt ihr am Himmel lesen und lernen; da hat euch Gott viel gute Lesungen angeschrieben, und ich bin willens, euch heute eine Lesung zu sagen, die ihr lesen sollt am Himmel, an den sieben Sternen. Bittet alle unseren Herrn, daß er mir so zu sprechen gebe, daß er gelobt werde oben in dem Himmel, und daß ihr gesegnet werdet an Leib und an Seele, und darum spreche ein jeder ein Pater noster und ein Ave Maria, unsere liebe Frau!

Es stehen sieben Sterne an dem Himmel, daran sollt ihr lesen und Tugend lernen; denn unser Herr hat uns alle Dinge zu Nutz und auch zu Gut geschaffen, einerseits für den Leib und andererseits für die Seele, wie ich schon sprach. Und so hat unser Herr die Sterne auch geschaffen. Die haben gar große Kraft über alle Dinge, die auf Erden sind unter dem Himmel. Wie er den Steinen und den Kräutern und Gewürzen Kraft hat gegeben, also hat er auch den Sternen Kraft gegeben, daß sie über alle Dinge Kraft haben, außer über ein Ding. Sie haben Kraft über Bäume und Weingärten, über Laub und Gras, über Kraut und Gewürz, über Korn und alles das, was Samen trägt; über die Vögel in den Lüften und über die Tiere im Walde und über die Fische in den Wogen und über die Würmer in der Erde; über das allessamt, das unter dem Himmel ist, darüber hat unser Herr den Sternen Kraft gegeben, außer über ein Ding. Darüber hat niemand Kraft noch Gewalt, weder Sterne noch Engel noch Teufel noch sonst jemand, als Gott allein; der will es aber auch nicht tun, der will auch nicht Gewalt darüber haben: es ist des Menschen freier Wille. Darüber hat niemand Gewalt, als du selber. Wollte Gott Gewalt haben über des Menschen Willen, so ginge keiner von uns verloren; da er aber den Menschen nach sich selber gebildet hat, der edle freie Herr, so wollte er ihm seinen Willen nicht binden, noch zwingen, wie dem Esel: der muß den Sack tragen, er tu' es gern oder ungern; ebenso muß der Ochs den Wagen ziehen oder den Pflug. Man bindet einen Menschen wohl, wie man will, aber seinen Willen kann man nicht binden noch zwingen. Wie große Kraft die Sterne auch haben über Regen und über Wind und über alles, was unter dem Himmel ist, so haben sie doch keine Gewalt über des Menschen Willen. Der Wille steht in deiner Gewalt, Gott hat dir Böses und Gutes vorgelegt, tu', welches du willst; das steht bei dir, Gott hat es deiner freien Willkür anheimgestellt. Der allmächtige Gott leite euch zum Besten nach seiner großen Güte! Ich gebe euch den Wunsch, der allmächtige Gott gebe euch den Willen, da niemand Gewalt hat über eueren Willen, als ihr allein, so gebe euch Gott das Beste! Das bitte ich Gott wohl für euch, ich kann aber euch nicht zwingen. Denn könnte ich euch zwingen, so ließ ich keinen von euch je eine Sünde tun. Nun habe ich keine Gewalt darüber, auch nicht die Sterne, so große Kraft die Sterne auch haben über alle Dinge. Sie haben Kraft über deinen Leib und über deine Gesundheit und über deine Kraft, aber über deinen Willen haben sie keine Gewalt. Sie haben halt so große Kraft über alle Dinge, und die hat ihnen Gott verliehen: wenn der allermindeste Stern mangelte, der irgend am Himmel ist, so stünde die ganze Welt desto schlimmer an Gesundheit, des Leibes Kräften, an langem Leben, und alles, das auf Erden lebt, und alles, das auf Erden schwebt, wäre desto unfruchtbarer und tauber an seiner Frucht und an seinem Samen. Seht, so weislich hat unser Herr alle Dinge geschaffen und alle Dinge geordnet. Darum spricht Herr David: „Herr! du hast alle Dinge mit Weisheit geschaffen." Und wie gar große Kraft die Sterne allesamt miteinander haben, doch haben die sieben Planeten sonder große Kraft vor allen Sternen, die am Himmel sind; und doch haben sie keine Kraft über die Willkür. Und an selben Sternen sollt ihr sieben Tugenden lernen, wenn ihr sie nicht habt; denn wer sie nicht hat, kann niemals kommen in das verheißene Land. Und darum hat euch Gott die selben sieben Tugenden gewiesen an den sieben Planeten, daß sie euch zum Himmelreich weisen; denn da kann nimmer ein Mensch hinkommen, er habe denn die selben sieben Tugenden. Alle Tugenden sind zu nichts, wenn du die selben sieben Tugenden nicht hast. Die haben alle Heiligen gehabt, die im Himmel sind. Da die selben Tugenden so nützlich sind, so hat sie euch Gott auf zweierlei Weise gezeigt. Die sieben Tage der Woche nämlich sind geheißen nach den sieben Sternen, und die sieben Tugenden sind danach bezeichnet, alles darum, daß ihr die sieben Tugenden desto lieber habt, und desto öfter daran denkt. So oft ihr der Sterne einen seht, sollt ihr je an eine der sieben Tugenden denken und sollt sie lernen, daß ihr sie an euch selber übet, und sollt Gott mit allem Fleiße bitten, daß er euch die selbe Tugend gebe, wenn ihr sie nicht habt, die nach demselben Stern geheißen ist. Und dasselbe sollt ihr tun, so oft der sieben Tage einer kommt, der nach demselben Stern geheißen ist, und der Tugenden eine bezeichnet.

Denn die sieben Sterne kennen manche Leute nicht, darum sind die sieben Tage dnach geheißen. In Latein und in welschen Landen und in Frankreich heißen sie sieben Sterne wie die sieben Tage, und auch die sieben Tage wie die sieben Sterne; hie in deutschem Lande heißt man sie nicht so ganz dnach wie im Lateinischen und in Frankreich und in welschen Zungen. Und das ist mir leid. Denn so der Sonntag kommt, solltet ihr an die Tugend denken, die nach dem Sonntag bezeichnet ist, und am Montag dasselbe, und so alle Tag der Reihe nach solltet ihr der Tugenden gedenken.

Der erste Planet heißt Sol, das ist die Sonne. Nach diesem Planeten heißt derselbe Tag Sonntag. Und wenn ihr selben Planeten seht, und wenn der selbe Tag kommt, der Sonntag, so sollt ihr an die Tugend denken, die der selbe Stern bedeutet, die Sonne, und sollt Gott bitten, daß er euch die selbe Tugend stetiglich lehre und sie stäte in eurem Herzen mache. Denn hättet ihr alle Tugenden, die die Welt hat, und hättet die einzige Tugend nicht, so sähet ihr Gott nimmer in seinen Freuden und in seinen Ehren. Sie heißt lautrer Christenglaube. Was immer der Mensch tut, das gefällt Gott nicht ohne den rechten Christenglauben. Faste so viel als Elias, und leide so viel Wehetage als Hiob, und sei so geduldig wie Hiob, und tu alles, was du kannst oder magst, dir gibt Gott das Himmelreich nicht, denn das gefällt Gott alles nicht ohne den Christenglauben. Gute Werke ohne den Glauben sind vor Gott tot, und guter Glaube ohne die Werke ist vor Gott ebenso. Denn gleichwie die Sonne lichter ist als alle Sterne, und wie die Sonne alle Dinge überleuchtet, also überleuchtet Christenglaube über allen Glauben. Ketzerglaube stinkt und ist faul und ist dunkel und scheint nur in der Finsternis ein wenig, wie ein faules Holz, das niemals scheint, außer in der Finsternis, in den Winkeln. Gleicherweise ist es um den Ketzerglauben: wenn man den ans Licht trägt, so scheint er nicht, denn er ist faul, wie das faule Holz; so man das zu Licht trägt, so stinkt es und ist faul. Du unseliger Ketzer! magst du den Glauben da her zu mir an das Licht tragen? – Du sollst auch in Einfalt glauben, was du zu Recht von Gott glauben sollst, und das dir dein Christenglaube sagt. Du sollst nicht zu fest in die Sonne sehen; denn wer fest in die Sonne sieht in den blendenden Glanz, der wird entweder an den Augen so übel, daß er es nimmermehr überwindet, oder er erblindet ganz und gar, daß er nimmermehr sieht. In gleicher Weise steht es um den Glauben; wer zu fest in den heiligen Christenglauben sieht, also daß euch viel Wunder nimmt, und zu tief darin rumpelt mit Gedanken, wie das sein könne, daß der Vater und der Sohn und der heilige Geist ein Gott ungeschieden sind, und wie das sein möge, daß sich wahrer Gott und wahrer Mensch in ein Brot verwandle, und daß eine Jungfrau ein Kind gebar; und wie das sein könne, daß ein Priester, der selber in Sünden ist, einen sündigen Menschen von seinen Sünden kann entbinden. Der allmächtige Gott, der alle Dinge tun kann, wie der gute St. Peter sprach, der kann auch das tun. Darum sollst du nicht nachsinnen, denn daran haben die hohen Meister genug. Werde ein guter Mensch; wenn dann die Seele aus dem Leibe geht, so siehst du alles wohl ein; willst du aber zu viel darüber grübeln, so kannst du entweder so schwach am Glauben werden, daß du es nimmer überwindest, oder du wirst gar zumal zu einem Ketzer. Und darum sollst du stetiglich ohne Wanken und einfältiglich ohne Nachgrübeln glauben, was dir dein Christenglaube sagt, und sollst dich dann hüten, daß er dir nicht gestohlen werde durch ketzerische Lehre noch durch einen andern Glauben.

Der zweite Stern bezeichnet die zweite Tugend; er heißt der Mond; und nach diesem Stern heißt der zweite Tag in der Woche Montag. Wenn ihr den Mond seht, so sollt ihr an die zweite Tugend denken, und wenn ihr an den Montag kommt, so sollt ihr Gott bitten um die selbe Tugend, die da heißt Demut. Denn der Mond ist der allerniederste Stern, der am Himmel ist, und so viel er niederer ist als andere Sterne, so viel soll sich der Mensch demütigen; das sollt ihr an diesem Sterne merken und lernen. Du sollst dich selber nicht zu hoch setzen an den Platz, wohin man die Vornehmen setzt, wie unser Herr in dem Evangelium spricht: „Wenn sich einer zu hoch setzt, so kommt der Wirt, und will gar leicht einen anderen dorthin setzen; dann muß er schimpflich den Platz räumen, und muß gar leicht dort hinter die Türe sitzen. Darum sollt ihr euch demütigen, dann heißt euch der Wirt ehrenvoll an jenen Platz sitzen; so daß es euch weit nützlicher und besser ist, wenn euch der allmächtige Gott erhöht, als wenn ihr euch selber erhöht; denn wer sich selber erhöht, den erniedrigt Gott, und wer sich selber erniedrigt, den erhöht Gott." Wäre unsere liebe Frau St. Maria nicht demütig gewesen, der heilige Geist wäre nicht über sie gekommen, wie viel andere Tugenden sie auch gehabt hätte. Nun aber macht ihr's gar zu hoffärtig, ihr Frauen! mit Gewändern, mit Vorgang zum Opfer, mit „ebentüren" *(kostbaren Steinen?)*, mit Tüchelchen, mit gelben Bändern, mit Schleiern und mit kunstreichen Nähereien, so näht ihr hier den Schild, da das Netz, hier den Turm, da den Affen *(Berthold tadelt die schmucken Stickereien (gestickte Figuren), die die Frauen auf ihren Kleidern trugen. So hatten sie darauf u. a. den strik, das ist wohl ein (mit Perlen) über das Gewand gesticktes Netz).* Euch fehlt die Tugend gar sehr, die da heißet Demut. Hast du sonst nichts denn Eitelkeit und Hoffart, ach! so hast du weder hier noch dort etwas. – Ihr Männer! ihr treibt auch zu viel Hoffart mit zierlichen Schnitten an euerm Gewand, mit neuen Schnitten an Hüten und an anderem. – Die befolgen die Weisung unseres Herrn nicht, darum kommen sie nimmer in das verheißene Land.

Der dritte Stern heißt Mars, der zeigt uns die dritte Tugend, und nach dem selben Stern heißt der dritte Tag in der Woche ein wenig nur in dem Lande hie zu Bayern; der Stern heißt Mars, der Tag heißt Ergetag, wäre nur ein Buchtabe mehr da, ein R, so hieße er nach dem Stern *(Muß wohl heißen ein M, statt R).* Der bezeichnet uns eine gute Tugend, Stärke des Geistes heißt diese Tugend, und ist aller Tugenden beste. Ihr sollt stark sein gegen die Untugend, wenn sie euch anficht, nämlich des Fleisches Gier, und der Welt

Süßigkeit und des Teufels Rat; streite dawider, so besiegst du die drei Feinde, wie der gute St. Paulus da spricht: „Kämpfe wie ein guter Ritter, bis daß du die Krone des Lebens ergreifst. Ich habe einen guten Streit gestritten, meinen Lauf habe ich vollbracht, den Glauben habe ich bewahrt." Also sollt ihr arbeiten und streiten wider die Sünde. Wenn du eine Sünde zu tun gedenkst, so streite dawider, und spreche in deinem Herzen: „O Herr! hilf mir, daß ich dich nicht verliere mit einer Sünde," und bedenke in deinem Herzen, daß die Sünde viel besser zu lassen als zu büßen ist. Wenn du auf Unkeuschheit denkst, sei es durch des Leibes Gelüste oder durch der Welt Freude oder durch des Teufels Rat, so streite dawider. Willst du einen schlagen oder verwunden vor Zorn, daß dir fast das Herz herausbrechen will, so streite dawider und denke daran, wie hoch du Gott und der Welt büßen mußt. So du stehlen oder rauben willst, so streite dawider; so du Fasten brechen willst oder Sonn- und Feiertag durch Fraß oder Gier nach Gut, so streite dawider. Pfui, Geiziger und Wucherer und Vorkäufer und Satzunger! du bist besiegt worden; deshalb kommst du nimmer in das Reich unseres Herrn, du vergütest denn und gebest zurück. Ihr anderen Sünder, wenn ihr besiegt worden seid in euerm Streit, und in Sünde gefallen seid, so gewinnt allesamt wahre Reue und tut lautere Beichte, und empfangt Buße nach Gottes Gnaden und nach euerm Vermögen, und streitet fürder immer mit der Tugend, die da heißt Stärke des Geistes. Wenn Gott euern Ernst sieht, so hilft er euch streiten, daß ihr sieget über alle Anfechtungen. Nun seht, ob ihr streiten wollt oder besiegt werden. Wollt ihr, daß euch der Teufel ohne Wehr hinziehe in den Grund der Hölle? Ihr wißt wohl, daß es ein schändliches Wort ist, wenn man zu einem anderen spricht: Du bist ein rechter Feigling. Ihr müßt euch noch mehr schämen als andere Leute, wenn ihr feige besiegt werdet, weil uns Gott so manches vollkommene Werk zum Beistand gegeben hat in dem Streit wider die Sünde: die heilige Taufe, die heilige Firmung, die sieben Sakramente alle, das heilige Kreuz, den heiligen Glauben; wenn du deine Waffen zu dir nehmen wolltest, und es dir ernst wäre mit dem Streit, dir könnte weder dein eigenes Fleisch, noch der Welt Süßigkeit, noch die Teufel mit allen ihren Räten etwas schaden, du unterläßt es nur durch deinen freien Willen, daß du die Wehre bei dir nicht bewahren willst: die heilige Beicht und Gebet und dich fleißig Gott empfehlen mit dem heiligen Kreuze – denn nichts besseres gibt es gegen die Sünde. Und gedenke, was du Gott gelobtest in der heiligen Taufe, da dir der heilige Christenglaube übergeben ward. Und dazu nimm die heilige Minne, die du zu Gott haben sollst, und die Verheißung, daß dir Gott für deinen Streit das ewige Leben geben will. Wenn du diese Wehre zu dir nimmst, so wisse, daß du siegest über alle Sünden, die dich anfechten.
Der vierte Stern heißt Merkurius und bezeichnet uns die vierte Tugend, die uns zum Himmelreich weist in das verheißene Land. Und nach diesem Stern heißt auch der Tag Mittwoch oder Mittich. Der Stern heißt Merkurius und

ist ein mittlerer Stern, es sind drei vor ihm und drei nach ihm: ebenso sind auch drei Tage vor dem Mittwoch und drei Tage dnach. Wenn ihr diesen Stern seht oder nennen hört, so sollt ihr der Tugend gedenken, Mittler zu sein, und da ihr nicht alle den Stern kennt, so sollt ihr diese Tugend an dem Tage lernen, der da ist mitten in der Woche; und also sollt ihr Mittler sein, daß ihr Frieden machet. Untereinander sollt ihr Frieden und Versöhnung machen, denn das ist eine große Tugend, Frieden zu machen. Darum spricht Gott in dem heiligen Evangelium: Selig sind alle, die da Frieden machen. Denn er kam selber von dem Himmel um des wahren Friedens willen. Wegen dreierlei Frieden kam Gott vom Himmel herab: daß Friede werde zwischen dem Menschen und dem Menschen, zweitens zwischen dem Engel und dem Menschen, drittens zwischen Gott und dem Menschen. Den ersten Frieden zwischen dem Menschen und dem Menschen, den seid ihr von Gottes- und Rechtswegen schuldig zu machen. Und ihr Herren und ihr alle, denen der allmächtige Gott Gericht und Gewalt gegeben und verliehen hat auf Erden, daß ihr ausgleicht und versöhnet alles, wovon Feindschaft und Streit kommt, und Krieg und Brand und Unheil kommen kann, das sollt ihr alles schlichten und versöhnen, wenn ihr es vermögt und sofern es euch angeht. Als der allmächtige Gott vom Himmelreich herabkam um des wahren Friedens willen, da war das sein Gruß zu seinen Jüngern und zu anderen Leuten: Der Friede sei mit euch! Darum, ihr Herren, sollt ihr Frieden stiften, oder ihr müßt Gott am jüngsten Tage allen Schaden verantworten, der durch Unfrieden geschieht, und den ihr von Rechtswegen versöhnen und schlichten solltet. – Ihr geringen Leute, ihr sollt auch untereinander Frieden machen, nicht eins zum anderen gehen und böse Dinge sagen, und aufreizen und Verwirrung machen. Ihr sollt ein jegliches Ding zum Besten kehren, und Frieden und Versöhnung machen. Pfui, Kupplerin! wie steht es um deinen Frieden, zu dem du verführst und betrügst? Dein Friede heißt des Teufels Friede: den kann er dir wohl lohnen, ihm zerrinne denn alles Feuer, das er irgend hat. – Der zweite Friede, wegen dessen Gott auf die Erde kam, ist, daß ihr Frieden machen sollt zwischen dem Menschen und dem Engel, d. i. daß ihr euch vor allen Todsünden hüten sollt. Wenn ihr Todsünden begehet, so werden euch die Engel, die euch da hüten, so feind, daß sie euch gerne ertöteten, wie man liest in dem heiligen Evangelium, wo die Hüter sprachen: „Herr! deine Feinde haben Unkraut gesäet unter den edlen Weizen; laß uns das Unkraut ausreißen." „Nein, sprach der Herr, laßt mir es miteinander wachsen, bis es zeitig wird." Der Herr, das ist unser Herr im Himmelreich, die Engel, das sind die Hüter. Und wie der Mensch eine tödliche Sünde (Todsünde) tut, alsbald ist der Friede aus zwischen dem Engel und dem Menschen. Denn die Engel minnen Gott gar stark, darum werden sie euch herzlich feind, wenn ihr wider Gott handelt, und töteten euch wundergern. Darum sollt ihr euch hüten vor allen tödlichen Sünden, auf daß Friede sei zwischen euch und den heiligen Engeln; alsdann behütet euch Gott desto mehr vor allen üblen Dingen, denn Gottes Segen ist alle über des gerechten Menschen Haupt. – Der dritte Friede, wegen dessen der allmächtige Gott auch auf die Erde kam, ist der sieben Heiligkeiten (Sakramente) eine, d. i. wenn ihr Unfrieden gemacht habt zwischen euch und Gott mit tödlichen Sünden, so sollt ihr zwischen euch und Gott einen steten Frieden machen durch wahre Reue und aufrichtige Beichte und durch Buße nach Gottes Gnaden und nach euern Kräften, und sollt scharfe Pein haben und bitteres Leid um all' euere Sünden. Denn wenn du bitteres Leid hast, so ist Gottes Friede in dir. Und davon sangen die Engel über die Krippe, als unser Herr geboren ward: „Ehre dir in dem Himmel, Herr Gott! und gut Friede auf der Erde allen denen, die guten Willen haben mit der wahren Reue." Hast du dich aber vor tödlichen Sünden wohl bewahrt, so sollst du den guten Willen haben, daß du dich bis an deinen Tod vor allen tödlichen Sünden wollest behüten. Die da gut sind, werden besser, die da heilig sind, werden heiliger! – Und also kam unser Herr vom Himmelreich auf das Erdreich, um uns zu versöhnen mit dem Vater im Himmelreich.

Der fünfte Stern zeigt uns die fünfte Tugend, die uns auch Weisung gibt in das verheißene Land. Und nach diesem Stern heißt auch der fünfte Tag in lateinischer Zunge oder Sprache und in französischer Sprache und in welscher Sprache. Hie zu Land heißt er gar nicht nach dem Stern, nicht ein Haar groß. Denn der Stern heißt Jovis oder Jupiter, Jovis pater, d. h. ein hilfreicher Vater. Also zeigt er uns die Tugend, die uns lehrt, hilfreich sein gegen unsere Nebenchristen, wo immer er der Hilfe bedürftig ist, und das ist der edelsten Tugenden eine, die unter allen Tugenden ist, sie mit den sechs anderen. Darum sollte auch der fünfte Tag nach dem fünften Stern heißen hie in deutschem Lande, wie in anderen Landen, damit, wenn derselbe Tag käme, ihr an dieselbe Tugend dächtet und sie lerntet und sie dann auch an euch selber übtet. Nun heißt er aber Donnerstag oder „phintztag". Wie das Jovis oder Jupiter gleicht! Ich meine eben, die Tugend ist hie zu Land teuer und fremd. Die Tugend heißt Mildtätigkeit, ihr sollt milde sein mit dem, was euch Gott verliehen hat, wie unsere liebe Frau, St. Maria, die war gar milde, und wie St. Kunigund und St. Elisabeth und St. Oswald und St. Martin und der anderen ein großer Teil; viele tausend Heilige sind durch ihre Mildtätigkeit in das Himmelreich gekommen; und darum sollt ihr armen Leuten hilfreich sein. Pfui, Geiziger! wie hilfst du diesen armen Gottes-Kindern? du hilfst ihnen, daß sie vollends zu Bettlern werden müssen. Wehe dir und wehe allen Abbrechern *(Die an dem verdienten Lohn, an dem Preis einer Ware abbrechen)* und allen Räubern! wie sehr euch diese Tugend fehlt! Ihr Räuber, ihr Abbrecher, ihr ungerechten Vögte und ungerechten Richter und ihr habgierigen Wucherer, was wollt ihr Gott zur Antwort geben am jüngsten Tage, wenn diese armen Gottes-Kinder über euch rufen? Denn deren sitzt mancher vor meinen Augen, der jetzt hundert Pfund besitzen sollte durch seine Arbeit, und hat nicht so viel, daß er sich des Frostes erwehren möge; und ist mancher daher gelaufen in diesem kalten Reifen barfuß in ganz dünnem Gewande: O wohl euch, ihr seligen Gottes-Kinder! leidet gütlich eure Not, die nimmt ein Ende, eure Armut nimmt bald ein Ende, aber eure Freude und euer Reichtum nimmt nimmer ein Ende. Und ebenso wechseln *(D. h. sie werden ihr kurzes Wohlleben mit ewiger Qual vertauschen)* auch die Abbrecher, die hier genug haben und schön leben mit dem Raube, den sie an euch begehen mit ungerechter Steuer, mit ungerechter Vogtei, mit Beherbergen, mit Zwangsabgaben, mit Raub, mit Brand, mit Diebstahl, mit unrechter Gewalt, mit unrechtem Gewichte, mit ungerechten Zöllen und Ungeldern, mit Betrügerei, mit Wucher, mit Vorkauf, mit Borgen. Nun seht, ihr armen Leute! wie vielerlei sie auf euere Arbeit setzen; davon seid ihr auch so arm, daß diese Unseligen so manche gierige List auf euch wenden; darum habt ihr so wenig und habt so manchen üblen Tag gelebt mit großer Arbeit spät und früh, und müßt alles arbeiten, was die Welt bedarf; und für das alles wird euch mit Not kaum so viel, daß ihr ein wenig besser esset als euere Schweine; und doch hat Gott alles um euretwillen so gut geschaffen, als um ihretwillen. Ihr Geizigen aber tut ihnen Abbruch mit so mancher Betrügerei, daß ihnen nicht so viel bleibt, daß sie je Hunger und Frost recht vertreiben können. Denn was sie da essen, davon sollte sich kaum ein Schwein nähren. Dagegen ihr Abbrecher wißt nicht, wie ihr euch Mühe geben sollt, daß es euerem Leibe wohl sei mit sanftem und schönem Leben. Doch, das nimmt bald ein Ende, aber euere Marter nimmt nimmer ein Ende. – Ihr Frauen tut auch einen großen Teil, daß euere Männer Abbrecher werden mit so manchem unrechten Gewinn. Denn so ihr nicht viererlei Kleider habt oder sechserlei, so leben sie nimmer einen guten Tag mit euch, und eher, daß sie immer mit euch übel leben, werden sie Abbrecher, in welcher Weise es sei. Und so legt ihr die Schreine voll, und hängt die Stangen voll, und laßt es lieber übereinander verfaulen, als daß ihr einem nackten Dürftigen einen alten Lumpen gebt, den schlechtesten, den ihr habt. Und doch hat es Gott ebenso wohl um ihretwillen geschaffen, als um euretwillen, denn er hat alle Dinge mit Weisheit geschaffen; darum hat er auch das mit Weisheit geordnet und geschaffen, daß alle Menschen hinreichend Gewand haben und Fleisch und Brot, Meth und Wein und Bier, und Fische, Wild und Zahmes, das hat er allesamt zur Genüge geschaffen, gleichmäßig für alle Welt, gerade so genug, wie er die Sterne am Himmel geschaffen hat: wenn nur ein einziger Stern mangelte am Himmel, so stünde es schlimm mit der Welt an Gesundheit und allen guten Dingen. Gerade so gleich, wie er die Sterne am Himmel erschaffen hat, daß ihrer weder zu viel noch zu wenig sind, so gleich hat er es auf dem Erdreich geschaffen, Silber, Gold, Speise und Gewand. – „O wehe, Bruder Berthold! er hat es doch gar ungleich verteilt; denn ich und manch armer Mensch genießen selten mehr etwas, das gut ist, Essen oder Trinken; und haben weder Gold noch Silber, noch Gewand!" – Sieh! da hat dir's der Abbrecher abgebrochen, dieser mit Wucher, jener mit Raub etc. Darum ist auch der Geiz aller Sünden schlimmste. Sie rauben euch mit Unrecht, was euch Gott mit Recht geschaffen hat; so ihr es dann mühsam verarbeitet mit euerem Schweiße, legt ihrer einer so viel davon übereinander, daß zehn daran genug hätten. Mancher legt mit Geiz übereinander, es hätten tausend daran genug in rechter Weise; denn er hat alles genug geschaffen, unser Herr. Und davon, daß ein Geiziger zu viel hat, haben anderswo hundert zu wenig, oder es hat einer, was dreißig haben sollten, und läßt es eher bei sich verfaulen, als daß er es den Leuten zu Nutz werden ließe. Pfui, Aufhäufer! wie teuer dir die Tugend ist, die da heißet Mildtätigkeit! deshalb wirst du auch begraben in den Abgrund der Hölle, wie der reiche Mann. Man liest nicht, daß er irgend einen Pfennig unrechtes Gut hatte, sondern nur, daß er mit dem gerechten Gute so geizig war, und die Tugend nicht hatte, die da heißet Mildtätigkeit. Pfui, Geiziger mit dem unrecht erworbenen Gute! was hast du für einen Trost dabei? – Ihr armen Leute, ihr freuet euch ohne Not. Ihr wähnet die ganze Zeit, sie wollten euch vergelten und zurückgeben durch meine Predigt, oder ihr wähnet, sie wollten milde werden. Das tut ihr ohne Not. Predigte ja Gott selber einem Geizigen dritthalb Jahre, und half an ihm nichts, bis daß er den Prediger verkaufte um dreißig Pfennige. Er ließ es eher zehnmal verfaulen, es sei Korn oder Wein, es sei Fleisch oder Käse. Dasselbe tut ihr Frauen mit euren Gewändern im Schreine, ihr laßt sie eher verfaulen, als daß ihr Mildtätigkeit damit übtet. – Ein Heiliger spricht hierüber ein gar gutes Wort, und spricht also: „Herr, wovon sind die Vögel so schön und so feist und tun weder dies noch das, und sind alle müßig und haben weder dies noch das und haben gar genug? Das ist davon: so einer genug hat, so läßt er auch den anderen essen; so einer satt ist, läßt er auch den anderen satt werden; – aber wenn ein geiziger Mensch so viel hat, daß zwanzig daran genug hätten, so hätte dennoch gerne noch mehr, daß hundert davon genug hätten oder fünfhundert." Darum müßt ihr armen Leute so wenig haben. Gott hat für alle genug geschaffen, und allen Mangel, den wir in der Welt haben mögen, den haben wir allen durch die Abbrecher und durch diese geizigen Leute. Wir hätten alle genug, wenn man es gleich teilte. Doch ihr seligen Gottes-Kinder, geduldet euch! habt ihr hier zu wenig und sie zu viel, so habt ihr dort im Überfluß, wo sie gar wenig haben. Davon spricht Gott selber: Selig sind die Armen, denn ihnen ist das Himmelreich. Darum, ihr armen Leute! sollt ihr gar froh sein. Wollen sie das Himmelreich, die Reichen, sie müssen es von euch kaufen mit der Tugend, die da heißet Mildtätigkeit, tun sie das nicht, so sehen sie das Himmelreich nimmermehr. Aber eine Art Milde ist Gott vor aller Milde, die die Welt je gewann, oder zu gewinnen mag, das ist: Vergüten und Zurückgeben. Wenn du alle Tage drei Spenden gäbest, das wäre Gott nicht so lieb, als wenn du einen einzigen Schilling ersetzen solltest und ihn zurückgäbest. Oder stifte alle Tage ein Kloster oder ein Spital, das wäre Gott so lieb nicht, als wenn du einen Schilling ersetzen solltest und ihn wiedergäbest. Und schuldest du einem nur acht Pfennige, und ersetzest sie ihm nicht, deiner Seele wird nimmer Rat, du mußt so lange in der Hölle sein, als Gott ein Herr im Himmel ist.

Der sechste Stern zeigt uns die sechste Tugend, und nach diesem Sterne heißt auch die sechste Tugend und der sechste Tag der Woche in lateinischer und in welscher Zunge, und dann noch in Frankreich. In deutscher Zunge heißt er ein wenig danach. Der Stern heißt Venus, der sechste Tag heißt Freitag, Venretag sollte er eigentlich heißen. Wann dieser Tag kommt, der da heißet Freitag, so sollt ihr an die sechste Tugend denken, die da heißet Minne; denn der allmächtige Gott hat uns die größte Minne erwiesen am Freitage, wo er durch die wahre Minne und wahre Liebe gefangen ward, und vorgeführt ward wie ein Dieb, und wie ein Schächer, und angespien ward, und an der Säule bitterlich gegeißelt und geschlagen ward, und eine scharfe dornene Krone auf sein Haupt gedrückt ward, und gezwungen ward, den Galgen des Kreuzes selber zu tragen, woran er mit Nägeln geschlagen ward, und woran er starb an dem Durste. Und darum sollt ihr an diese Tugend von Rechtswegen denken am Freitage. Ihr sollt euch aber zu allen Zeiten üben in dieser Tugend, die Woche hindurch und das Jahr hindurch; denn er hat uns mit großer Treue geminnet, und er hat uns am Freitag allein nicht geminnet, er hat uns vom Anbeginne der Welt geminnet, und darum sollen wir Gott minnen von unserm ganzen Herzen und mit unserer ganzen Seele, und sollen unsern Nebenchristen minnen wie uns selber; unser Nächster, das ist unser Nebenchrist. Du sollst unsern Herrn minnen von deinem ganzen Herzen und deiner ganzen Seele, d.i. du sollst Gott zu keiner Zeit vergessen, du sollst immer etwas Gutes von ihm denken, und alles, was du Gutes tun willst, das sollst du tun ihm zum Lob und zur Ehre; du sollst ihm in allweg zu dienen gedenken mit wahrer Andacht, und nicht aus Gleisnerei oder um des Lobes willen. Ach! wie viele falsche Pfennige werden geopfert! wie viel eitles Gehen zur Kirche und zur Predigt aus Gleisnerei! Davor hüte sich alle Welt; denn davon kann ein Land desto unseliger werden, daß du es wagest, unsern Herrn zu nennen in Hauptsünden aus Heuchelei. Vor der Heuchelei beschirme uns alle der Vater, der Sohn und der heilige Geist! Heuchler und Heuchlerin! dich kennt der allmächtige Gott wohl, wie du dich auch verstellen magst. Daß das wahr sei, zeigt uns Gott im Alten Testament. Da ging eine Königin in eines Propheten Haus in fremdem Kleidern. Und der Prophet war blind, und er sprach: „Geh herein, du bist des Königs Jeroboam Hausfrau, ich kenne dich wohl." Also kennt der allmächtige Gott dein Herz gar wohl. Du bist in fremdem Gewande hergekommen, du kannst Gott nicht betrügen; der dir das Herz in deinen Leib geschaffen hat, kennt es auch wohl. Darum sollt ihn minnen mit ganzer Seele, mit ganzem Herzen und mit all euern Kräften, ohne alle Heuchelei und ohne arge Täuschung und ohne schwache List. Und deinen Nächsten sollst du wie dich selber minnen. Du sollst deinem Nebenchristen gönnen, was du dir selber gönnst, wenn du dir Gutes gönnst. Denn es gibt gar Viele, die sich selber nichts Gutes gönnen, wie die Näscher *(Näscher sind in Sinnlichkeit versunkene Menschen)* und die Ehebrecher, die gönnen sich selber nichts Gutes und kein Heil. Wenn du den Willen hast, deine Ehe zu brechen, und dir diese Sünde gönnst, so sollst du die doch niemandem gönnen, oder du bist falsch in deiner Minne, die du deinem Nebenchristen schuldig bist. Oder bist du ein Betrüger in deinem Handwerk, das sollst du niemanden mehr gönnen, weder dir selber, noch jemand anders, und sollst es niemanden raten noch lehren: und tu es selber ab, oder dein wird nimmer Rat. Du sollst dir selber gute Dinge gönnen, und dasselbe deinem Nebenchristen auch gönnen, oder du hast die wahre Minne nicht, die der Stern bezeichnet, der da heißt Venus, und der heilige Freitag. Pfui, Geiziger! wie du verdammt bist vor allen Sündern! denn du stehst auch allenthalben auf dem Blatt bei den Bösesten *(Auf dem Blatte stehen bedeutet: auf der Seite des Buches stehen, die heute gelesen wird).* Wie minnest du deinen Nebenchristen? Du minnst den Teufel weit mehr als Gott oder deinen Nächsten. Du tust des Teufels Willen zu allen Zeiten; und tust wider Gott und wider deinen Nebenchristen; denn du läßt den lebendigen Gott nimmer ruhen. So gönnest du deinem Nächsten, daß er immerfort durstig sein müßte, wenn du nur sein armes Gütlein hättest zu deinem Gute, und du es ihm entrissen hättest mit Wucher oder mit Vorkauf oder mit Betrug oder mit anderen Dingen, die wider Gottes Hulden sind. Dir mangelt von diesen Tugenden nicht eine, dir mangeln ihrer gar viele, beinahe alle. – Ihr anderen Sünder! gewinnet alle heute wahre Minne, daß ihr Gott vor allen Dingen minnet, und alle Sünden lasset aus Liebe zu unserem Herrn. Und liebet euere Nächsten, wie euch selber, d. h. tut keinem Menschen zu Lieb etwas, das wider Gott ist, und laßt alle Feindschaften aus euerm Herzen, und tragt gegen niemand weder Haß noch Neid.

Der siebente Stern heißt mit Namen Saturnus, er bezeichnet euch die siebente Tugend; er kommt in gar vielen Jahren, er kommt in dreißig Jahren nur einmal herum, und geht nur einmal um, so träg ist er, und lehrt euch eine Art Tugend, die heißt Stetigkeit. Und wenn ihr den siebenten Stern hört nennen, oder ihn seht, so sollt ihr an die siebente Tugend denken, und sollt Gott bitten, daß er euch die selbe Tugend gebe, die da heißet Stetigkeit. Ihr könnt den selben Stern wohl erkennen; er geht manchmal morgens auf, dann heißt ihr ihn den Morgenstern, manchmal geht er abends auf, und ihr nennt ihn den Abendstern, und darum, weil er so langsam ist, bis daß er herumkommt, sieht man ihn nicht in gleicher Weise wie den Mond, den sieht man bald gegen Abend, bald um Mitternacht, bald um Mittag aufgehen. Während der Mond zwölfmal umgeht in einem Jahre, lauft dieser Stern dreißig Jahre und kommt nicht mehr als einmal herum. Und er hat große Kraft in dem Jahre, in welchem der Stern mit ihm aufgeht, der da heißt Mars, der Krieger und der Streiter. Ich mein' aber nicht, daß ihr Herren miteinander kriegen sollt, ihr sollt streiten wider die Untugend. So lehrt euch dieser Stern, daß ihr diese sechs Tugenden, die ich euch genannt habe, immer an euch selber übet, und damit stete bis an euern Tod bleibet, und tapfer vollends hinauslaufet bis an das Ziel eures Lebens, so daß ihr dann fröhlich sprechen könnt, wie St. Paulus spricht: „Meinen Lauf habe ich vollbracht, den Glauben hab' ich bewahrt." Seht, das ist die erste Tugend, und fällt zu der letzten. Ihr müßt die Tugenden alle sechs haben; wer vier hat und zwei nicht, deß wird nimmer Rat. Hast du sie alle sechs, und hast die siebente nicht, die da heißet Stetigkeit, dein wird nimmer Rat. Du mußt die Tugenden alle sechs haben, und die siebente dazu, und mußt mit diesen Tugenden stete sein wie ein Diamant, denn dieser Stein ist gar stete mit seiner Kraft. Und der siebente Tag heißt nach dem Stern gar recht Samstag; aber im Lateinischen noch besser und in welscher Zunge und in Frankreich. Und wann Mars und Saturnus miteinander aufgehen, so kommt Streit und Krieg und Sterben und Mord und Pestilenz und Hunger, und ist Not, daß sich Gott über euch erbarme.

Also haben die Sterne große Kraft über alle Dinge, die auf dem Erdreich sind, außer des Menschen freie Willkür. Da nun über euch niemand Kraft noch Gewalt hat, als ihr selber, so helfe euch Gott mit all seiner Kraft, daß ihr euere Willkür an diese Tugenden bindet, und stete daran bleibet bis an das Ende, und damit gewiesen werdet in das verheißene Land zu den ewigen Freuden. Denn wer im Guten ausdauert bis an das Ende, der wird gerettet. Daß uns das widerfahre, zuerst an der Seele, und am jüngsten Tage an Leib und Seele, das verleihe uns allensamt, mir mit euch und euch mit mir, unser Herr, der allmächtige Gott! Sprechet alle: Amen!

Meister Eckhart

Als „Reformator vor der Reformation" hat man ihn bezeichnet. Seine kühnen Gedanken und die Sprachgewalt, mit denen er ihnen Ausdruck verlieh, mögen für dieses Urteil ausschlaggebend gewesen sein. Obwohl viele Abschnitte seines Lebens im dunkeln liegen, zählt Meister Eckhart zu den bedeutendsten Vertretern der deutschen Mystik.

Um 1260 in Hochheim bei Gotha geboren, trat er in jungen Jahren dem Konvent der Dominikaner in Erfurt bei, studierte Theologie und Philosophie in Köln und Paris und wurde schließlich in den neunziger Jahren Prior des Erfurter Klosters und Vikar von Thüringen. Aus dieser Zeit stammt sein erstes uns bekanntes Werk in deutscher Sprache: „Die Reden der Unterscheidung", Niederschriften abendlicher Tischgespräche, in denen es um die Gegenüberstellung von echten und äußerlichen Verhaltensformen geht.

1302 erhielt Eckhart in Paris die Magisterwürde und nannte sich seitdem „Magister in Sacra Theologia", „Meister" Eckhart – ein Titel, den er zu Recht führte, wie der Historiker Franz von Baader feststellte. Diesem ist es zu verdanken, daß die Werke Eckharts im 19. Jahrhundert wiederentdeckt worden sind.

Nach der Rückkehr Eckharts nach Deutschland wurde er 1303 Ordensprovinzial von Sachsen, vier Jahre später Generalvikar der böhmischen Provinz. 1311 erhielt der Gelehrte wieder eine Berufung nach Paris, übte dort zwei Jahre sein Lehramt aus und weilte schließlich von 1314 an in Straßburg. Am Oberrhein entfaltete Eckhart als berühmter und verehrter Prediger eine rege theologische Tätigkeit. Vermutlich sind in dieser Zeit das „Buch der göttlichen Tröstung" und die Predigt „Vom edlen Menschen" entstanden. 1323 wurde Eckhart auf den Lehrstuhl des Albertus Magnus in Köln berufen. In der Domstadt hielt er jene Predigten in deutscher Sprache, denen seine Gegner häretische Äußerungen entnehmen wollten.

Schließlich eröffnete der Kölner Erzbischof Heinrich von Virneburg ein Inquisitionsverfahren gegen den Magister wegen „Verbreitung glaubensgefährdender Lehren unter dem Volke". Anstößige oder häretische Sätze wurden für den Prozeß zusammengestellt. Eckhart erklärte darauf das erzbischöfliche Gericht für ihn, den Dominikaner und Lehrmeister, als nicht zuständig, nahm aber dennoch in einer „Rechtfertigungsschrift" zur Anklage Stellung. Er beteuerte im Februar 1327 in der Dominikanerkirche seine Rechtgläubigkeit und seine Bereitschaft, ihm nachgewiesene Irrtümer zu widerrufen. Die Akten wurden an die Kurie gesandt und Eckhart reiste nach Avignon, um seine Sache vor dem päpstlichen Stuhl selbst zu vertreten.

Eine Theologenkommission erachtete nach mehrjähriger Untersuchung schließlich 17 seiner Thesen als häretisch und weitere 11 als der Häresie verdächtig. Die Verurteilung in der Bulle von Papst Johannes XXII. „In agro dominico" (vom 27. März 1329) erlebte Eckhart nicht mehr, denn er war bereits vor dem 30. April 1328 in Avignon (oder Köln) gestorben.

Im Zusammenhang seiner Lehre lassen sich die verurteilten Sätze aus den Schriften Eckharts, soweit sie seine Aussprüche überhaupt richtig wiedergeben, doch als rechtgläubig bezeichnen. Allerdings bestand der päpstliche Vorwurf, „zahlreiche Lehrschriften vorgetragen zu haben, die den wahren Glauben in vielen Herzen vernebeln", nicht ganz zu Unrecht: Tatsächlich nahm Eckhart in seiner übersteigerten Ausdrucksweise keine besondere Rücksicht auf die vielen, die ihn nicht verstanden oder ihn einfach mißverstehen mußten.

Von der Erfüllung

Predigt über Lukas 1, 20

So schreibt Lukas: „Zu jener Zeit wurde ein Engel von Gott gesandt, Gabriel." „Sei gegrüßt du Gnadenreiche, Gott mit dir!" Wenn man mich fragt: „Warum beten wir, warum fasten wir, warum tun wir alle guten Werke, warum sind wir getauft, warum (was das Höchste ist) ist Gott Mensch geworden?" – ich antworte: Darum, damit Gott in der Seele geboren werde und die Seele wiederum in Gott. Darum ist die ganze Schrift geschrieben, darum hat Gott die ganze Welt geschaffen: damit Gott in der Seele geboren werde und die Seele wiederum in Gott. Des Kornes innere Natur meint Weizen, und alles Metall Gold, und alle Geburt den Menschen! Darum sagt ein Meister: Man findet wohl kaum ein Tier, es sei denn irgendwie ein Gleichnis den Menschen.

„In der Zeit." Wenn ein Wort empfangen wird – in meiner Vernunft, da ist es zuerst etwas so Lauteres und Unkörperliches, da ist es wahrhaft: Wort! Bis es, indem ich es vorstelle, zu etwas Bildhaftem wird. Und erst drittens wird es gesprochen, äußerlich, mit dem Munde; und es ist da nur ein Offenbarmachen jenes inneren Wortes. So wird auch das ewige Wort innerlich gesprochen, in dem Herzen der Seele, in ihrem Innersten und Lautersten. In dem Haupt der Seele aber, in der Vernunft, da vollzieht sich die Geburt. – Wer auch nichts weiter als ein Ahnen, ein Hoffen hierzu hätte, der möchte gerne wissen, wie diese Geburt zustande kommt und was dazu hilft: Paulus sagt: „Als die Zeit erfüllt war, sandte Gott seinen Sohn." Augustinus erklärt es, was „Erfüllung der Zeit" sei: Wo es Zeit nicht mehr gibt, da ist die „Erfüllung" der Zeit. Dann ist der Tag voll, wenn vom Tage nichts mehr

übrig ist. Soviel ist sicher, alle Zeit muß fort sein, wo diese Geburt anheben soll! Denn nichts gibt es, was sie so sehr hinderte wie Zeit und Kreaturen. Kein Zweifel, Zeit hat im Wesen weder mit Gott noch mit der Seele etwas zu schaffen: vermöchte die Seele von der Zeit berührt werden, sie wäre nicht Seele; und vermöchte Gott von der Zeit berührt zu werden, er wäre nicht Gott. Gesetzt aber, es hätte die Zeit mit der Seele etwas zu schaffen, so könnte nimmermehr Gott in ihr geboren werden: dazu muß alle Zeit abgefallen oder sie der Zeit entfallen sein mit ihren Wünschen und Trachten.
Ein anderer Sinn von „Erfüllung der Zeit". Wer die Kunst besäße und die macht, daß er die Zeit und alles, was in den sechstausend Jahren geschehen ist, und noch geschehen wird bis an das Ende, wieder zusammenziehen könnte in ein gegenwärtiges Jetzt, das wäre „Erfüllung der Zeit". Das ist das Jetzt der Ewigkeit, wo die Seele in Gott alle Dinge neu und frisch und gegenwärtig gewahrt, mit all der Lust, wie ich sie jetzt nur am sinnlich Gegenwärtigen habe. Ich habe in einem Büchlein gelesen, von einem der's ergründen konnte: Gott mache die Welt jetzt genau so, wie an dem ersten Tage, da er sie erschuf. Das gerade macht seinen Reichtum aus. Die Seele, in der Gott geboren werden soll, der muß die Zeit und sie der Zeit entfallen sein, sie muß sich emporschwingen und ganz verstarrt stehn in diesem Reichtum Gottes: Da ist Weite und Breite, die nicht weit noch breit! Da erkennt die Seele alle Dinge und erkennt sie da in ihrer Vollendung! Die Meister, was sie auch schreiben wie weit der Himmel sei: das geringste Vermögen, das es in meiner Seele gibt, ist weiter als der weite Himmel. Ganz zu geschweigen von der Vernunft, die weit ist über alle Weite: in dem Haupte der Seele, der Vernunft, in der bin ich einer Stelle über tausend Meilen jenseits des Meeres genau so nahe wie der Stelle, auf der ich jetzt hier stehe. In dieser Weite, diesem Reichtum Gottes, da erkennt die Seele alles, da ist ihr nichts entfallen, und auf nichts braucht sie mehr zu warten.
„Der Engel ward gesandt." Die Meister lehren, der Engel Menge übersteige alle Zahl. Sie ist so groß, daß keine Zahl sie begreifen kann; sie kann nicht einmal gedacht werden! Doch wer Unterschied zu fassen wüßte ohne Zahl und Vielheit, dem wären hundert wie eins. Wären auch hundert Personen in der Gottheit: wer Unterschied zu fassen wüßte ohne Zahl und Vielheit, der gewahrte doch nicht mehr wie einen Gott. Da wundern sich ungläubige Menschen und manche ungelehrte Christenleute, und auch manche Pfaffen wissen davon so wenig wie ein Stein: die nehmen drei Personen wie drei Kühe oder drei Steine. Aber wer Unterschied in Gott zu erfassen weiß ohne Zahl und Vielheit, der erkennt, daß die drei Personen ein Gott sind.
Und so hoch steht der Engel: unsere besten Meister lehren, jeder von ihnen habe eine Natur für sich. Wie wenn es einen Menschen gäbe, der alles besäße, was alle Menschen je besaßen, besitzen und noch besitzen werden an Gewalt, an Weisheit und an allem, der wäre ein Wunder; und doch wäre er nur ein Mensch und stände immer noch tief unter den Engeln! So hat jeder

Engel eine Natur für sich und ist unterschieden von dem andern wie ein Tier von einem andern, das von anderer Art ist. In dieser Menge der Engel besteht Gottes Reichtum, und wer sich die vergegenwärtigt, der bekommt einen Begriff, wie reich Gott ist! Sie erweisen seine Macht, wie eines Herrn Macht erwiesen wird durch die Menge seiner Ritter. Darum heißt er bei uns ein Herr der Heerscharen. – Und alle diese unzähligen Engel, wie erhaben sie auch sein mögen, die müssen dazu mitwirken und helfen, wenn Gott in der Seele geboren wird. Das will sagen, sie haben Lust und Freude und Wonne an der Geburt – zu tun haben sie dabei nichts! Geschaffene Wesen haben überhaupt nichts dabei zu tun, Gott wirkt diese Geburt allein. Nur ein diensthaftes Werk steht den Engeln dabei zu.

„Der Engel hieß Gabriel." Er tat so, wie er hieß; eigentlich hieß er so wenig Gabriel wie Konrad. Niemand kann des Engels Namen wissen; wo der seinen Namen hat, dahin drang nie ein Meister noch Menschensinn. Vielleicht hat er überhaupt keinen Namen! Die Seele hat auch keinen Namen. So wenig man für Gott einen eigentlichen Namen finden mag, so wenig kann man der Seele eigentlichen Namen finden – obwohl davon größere Bücher geschrieben sind! Sofern sie aber ein Herauslugen hat zu Werken, davon gibt man ihr einen Namen. Ein Zimmermann: das ist doch sein Name nicht, sondern den Namen erhält er von dem Werke, worin er ein Meister ist. Den Namen „Gabriel", den erhielt er von dem Werke, für das er ein Bote war. Denn Gabriel bedeutet „Kraft": in dieser Geburt betätigte sich Gott – und betätigt sich noch – als Kraft.

Was meint jede Kraft der Natur? Daß sie sich selber hervorbringen will! Was meint jegliche Natur, wo sie sich in der Zeugung betätigt? Daß sie sich selber hervorbringen will! Meines Vaters Natur wollte – innerhalb seiner (menschlichen) Natur – einen Vater hervorbringen. Da sie dazu nicht imstande war, so wollte sie wenigstens etwas zuwege bringen, was ihm in jeder Hinsicht ähnlich wäre, und erzeugte – das Ähnlichste, was sie konnte – einen Sohn! Und wenn die Kraft noch weniger langt oder sonst ein Unfall geschieht, so bringt sie ein dem Vater noch unähnlicheres Menschenwesen hervor.

In Gott aber ist unbeschränkte Kraft! Darum bringt er sein Ebenbild hervor in dieser Geburt: alles, was er ist, an Gewalt, an Wahrheit und an Weisheit, das gebiert er restlos in die Seele. Sankt Augustinus sagt: Was die Seele liebt, dem wird sie gleich; liebt sie irdische Dinge, so wird sie irdisch, liebt sie Gott – so könnte man fragen: „Wird sie dann Gott?" Spräche ich das, das klänge unglaublich für die, deren Sinn dazu zu schwach und die es darum nicht verstehen. Ich sage es nicht, sondern ich verweise euch auf die Schrift, die da spricht: „Ich habe gesagt, ihr seid Götter!" – Wer irgend dem Reichtum, von dem ich vorhin gesprochen habe, ein Blick, ein Hoffen oder eine Zuversicht zuwendet, der vernehme dies wohl: nie ward etwas durch Geburt einem anderen so verwandt, so gleich, so mit ihm eins, wie die Seele es Gott wird in dieser Geburt. Stößt es irgend auf ein Hindernis, so daß sie ihm nicht in aller

Hinsicht gleich wird, das ist nicht Gottes Schuld! Soweit alle Unvollkommenheit von ihr abgefallen ist, soweit macht er sie auch sich selber gleich. Daß der Zimmermann nicht ein schönes Haus herzustellen vermag aus wurmichtem Holz, das ist nicht seine Schuld, der Fehler liegt am Holz. So auch bei Gottes Wirken in der Seele. Würde sich der niedrigste Engel in der Seele widerspiegeln oder geboren werden, dagegen wäre schon diese ganze Welt ein Nichts; denn von einem einzigen Fünklein des Engels grünt und blüht und leuchtet alles, was auf Erden ist. Und diese Geburt wirkt Gott selber! Der Engel hat dabei nichts weiter als ein diensthaftes Werk.
„Ave!" das bedeutet: „Ohne Weh." Wer ohne Kreatur ist, der ist ohne Weh und ohne Hölle; und die Kreatur, die es am wenigsten ist und davon an sich hat, die hat am wenigsten Weh. Ich sage manchmal: Wer von der Welt am wenigsten besitzt, der besitzt von ihr am meisten. Niemandem gehört die Welt so zu eigen, als wer die ganze Welt aufgegeben hat. Wißt ihr, wovon Gott ist? Davon, daß er ohne Kreaturen ist! Er hat seinen Namen nie genannt in der Zeit. In der Zeit ist Kreatur und Sünde und Tod. Die bilden gewissermaßen eine Sippe, und wenn die Seele sich der Zeit entzogen hat, so gibt es in ihr auch kein Weh mehr und keine Höllenpein. Selbst Ungemach wird ihr da zur Freude. Alles, was man nur erdenken mag an Lust und Freude, an Wonne und Liebesglut, hält man das gegen die Wonne, die in dieser Geburt gefühlt wird, es ist nicht mehr Freude!
„Sei gegrüßt, du Gnadenreiche!" Das geringste Werk der Gnade ist von höherer Natur als das aller Engel. Sankt Augustinus sagt: ein Gnadenwerk, welches Gott wirkt, wie wenn er einen Sünder bekehrt und zu einem guten Menschen macht, sei etwas Größeres, als wenn er eine neue Welt erschüfe. Denn so leicht ist es Gott, Himmel und Erde umzukehren, wie es mir ist, einen Apfel umzukehren in meiner Hand. Wo in einer Seele die Gnade ist, die ist so lauter und gottähnlich und gottverwandt! Und doch bewirkt eigentlich die Gnade nichts – so wie es in der Geburt, von der ich eben sprach, kein Wirken gibt. Gnade bewirkt keine Werke: Sankt Johannes hat nie ein Zeichen getan. – Und doch ist das Werk, das dem Engel in Gott obliegt, so erhaben, daß nie ein Meister oder Menschensinn imstande war, es zu begreifen. Von diesem Werk fällt ein Span ab, wie bei einem Hause ein Span abfällt, den man abhaut: ein Blick, womit der Engel – als seine geringfügigste Verrichtung – den Himmel in Bewegung setzt, davon grünt und blüht und lebt alles, was auf Erden ist.
Ich bediene mich gern des Ausdrucks: Born – mag es auch seltsam klingen, wir müssen nach unserem Sinne reden! Der eine Born ist der, wo der Vater seinen eingeborenen Sohn aus sich herausgebiert. Aus eben diesem Borne entspringt die Gnade und strömt von ihm aus. Ein zweiter Born ist der, wo die Kreaturen aus Gott ausfließen. Der ist dem, aus dem die Gnade entspringt, so fern, wie der Himmel es der Erde ist.
Gnade wirkt nicht: da, wo das irdische Feuer in seiner wahren Natur ist, da

brennt und versehrt es nicht; die Hitze, die vom Feuer ausströmt, nur die brennt hienieden. Doch wo die Hitze noch in der Feuernatur beschlossen ist, da brennt sie nicht und ist unschädlich. Und doch steht sie, auch da, wo sie noch in dem Feuer beschlossen ist, der wahren Natur des Feuers so fern wie der Himmel der Erde. Die Gnade bewirkt keinerlei Werk, sie ist zu vornehm dazu: Wirken liegt ihr so fern, wie der Himmel von der Erde ist. Ein Innesein und Anhaften und Einssein mit Gott, das ist Gnade, und da ist „Gott mit dir". Denn das folgt hernach.

„Gott mit dir": dann geschieht die Geburt! Es darf niemanden unmöglich dünken, hierzu zu kommen. Mag es noch so schwer sein, was macht mir das, da er es ja wirkt? Alle seine Gebote sind mir leicht zu halten! er heiße mich, was er wolle, das achte ich für nichts, das ist mir alles ein Kleines: sofern er mir seine Gnade dazu gibt. Es sprechen manche: sie hätten's nicht! Da erwidere ich: Das ist mir leid! Ersehnst du es aber auch nicht, das ist mir noch leider. Könnt ihr es denn nicht haben, so habt doch ein Sehnen danach! Mag man aber auch das Sehnen nicht haben, so sehne man sich doch wenigstens nach einer Sehnsucht! Wie David sagt: „Ich habe ersehnt, Herr, ein Sehnen nach deiner Gerechtigkeit!"

Daß wir nach Gott uns so sehnen, daß es ihn selber verlangt, in uns geboren zu werden, dazu helf uns Gott! Amen.

Von der Abgeschiedenheit

Ich habe viele Schriften gelesen, beides, von heidnischen Meistern und von Propheten, aus dem alten und aus dem neuen Bunde, und habe ernstlich und mit allem Fleiße geforscht, welches die beste und höchste Tugend sei: durch welche der Mensch sich Gott am engsten anzubilden vermöge und dem Urbilde wieder möglichst gleich würde, wie er in Gott war, in welchem zwischen ihm und Gott kein Unterschied war, als bis Gott die Kreaturen erschuf? Und wenn ich allem, was darüber geschrieben ist, auf den Grund gehe, soweit meine Vernunft mit ihrem Zeugnis und ihrem Urteil reichen mag, so finde ich keine andere als lautere, alles Erschaffenen ledige Abgeschiedenheit. In diesem Sinne sagt unser Herr zu Martha: „Eins ist not!" das bedeutet: Wer ungetrübt und lauter sein will, der muß eines haben, Abgeschiedenheit.

Viele Lehrer rühmen die Liebe als das Höchste, wie Sankt Paulus tut, wenn er sagt: „Was für Übungen ich auch auf mich nehme, habe ich keine Liebe, so bin ich nichts." Ich aber stelle die Abgeschiedenheit noch über die Liebe. Einmal darum: Das Beste an der Liebe ist, daß sie mich Gott zu lieben nötigt. Nun ist das aber etwas weit Bedeutsameres, daß ich Gott zu mir her-, als daß ich mich zu Gott hinnötige, und zwar deshalb, weil meine ewige Seligkeit darauf beruht, daß ich und Gott eins werden. Denn Gott vermag einfüglicher in mich einzugehen und sich besser mit mir zu vereinigen, als ich mich mit ihm. Daß nun Abgeschiedenheit Gott zu mir nötige, beweise ich damit: Jedes Wesen ist gerne an seiner natürlichen, ihm eigenen Stätte. Gottes natürliche, eigenste Stätte ist Einheit und Lauterkeit; die aber beruhen auf Abgeschiedenheit. Darum kann Gott nicht umhin, einem abgeschiedenen Herzen sich selber zu geben.

Der zweite Grund, warum ich Abgeschiedenheit über die Liebe stelle, ist der: Bringt die Liebe mich dahin, um Gottes willen alles zu erdulden, so bringt die Abgeschiedenheit mich dahin, nur noch für Gott empfänglich zu sein. Dies ist aber das Höhere. Denn im Leiden hat der Mensch immer noch ein Absehen auf die Kreatur, durch die er leidet; hingegen steht Abgeschiedenheit aller Kreaturen ledig. Daß aber Abgeschiedenheit nur noch für Gott empfänglich sei, beweise ich damit: Was aufgenommen werden soll, das muß irgendwohinein aufgenommen werden. Nun steht Abgeschiedenheit dem bloßen Nichts so nahe, daß es nichts gibt, was fein genüg wäre, um in ihr Raum zu finden, außer Gott: der ist so einfach und so fein, daß er in dem abgeschiedenen Herzen wohl Raum findet. Aufgenommen und erfaßt wird ein Aufnehmbares immer nur nach der besonderen Art des Aufnehmenden; ebenso jedes Erkennbare wird aufgefaßt und verstanden nach dem Vermögen dessen, der es erkennt, und nicht so, wie es an sich genommen ist.

Auch Demut preisen die Meister vor vielen anderen Tugenden. Ich aber stelle die Abgeschiedenheit über alle Demut. Und zwar deshalb: Demut kann bestehen ohne Abgeschiedenheit, aber vollkommene Abgeschiedenheit nicht ohne vollkommene Demut. Denn diese geht hinaus auf Vernichtung unseres Selbst. Nun streift Abgeschiedenheit so nahe an das Nichts, daß es zwischen vollkommener Abgeschiedenheit und dem Nichts keinen Unterschied gibt. Daher kann es vollkommene Abgeschiedenheit garnicht geben ohne Demut. Zwei Tugenden aber sind allezeit besser als eine. Mein zweiter Grund ist der: Vollkommene Demut beugt sich unter alle Kreaturen – womit der Mensch aus sich herausgeht auf die Kreatur; Abgeschiedenheit aber bleibt in sich selber. Mag nun ein solches Herausgehen etwas noch so Vortreffliches sein, das Innebleiben ist doch immer noch etwas Höheres. Darum sagt der Prophet: „Die Königstochter hat alle ihre Herrlichkeit aus ihrem Innern." Vollkommene Abgeschiedenheit kennt kein Absehen auf die Kreatur, kein Sichbeugen und kein Sicherheben, sie will weder darunter noch darüber sein, sie will nur auf sich selber ruhen, niemandem zu Liebe und niemandem zu Leide. Sie trachtet weder nach Gleichheit noch nach Ungleichheit mit irgend einem anderen Wesen, sie will nicht dies oder das, sie will nur: mit sich selber eins sein! Aber dies oder das sein, das will sie nicht, denn wer das will, der will etwas sein, Abgeschiedenheit aber will nichts sein! Darum stehen alle Dinge von ihr unbeschwert.

Nun könnte man einwenden: In unserer lieben Frau waren doch alle Tugenden, folglich auch die Abgeschiedenheit, in höchster Vollkommenheit vorhanden. Ist nun diese höher als Demut, warum rühmte sich dann unsere Frau ihrer Demut und nicht ihrer Abgeschiedenheit, indem sie sprach: „Er sah an die Demut seiner Magd"? Darauf antworte ich: In Gott ist sowohl Abgeschiedenheit wie Demut – soweit man bei Gott überhaupt von Tugenden reden kann. Seine liebevolle Demut war es, die Gott dazu brachte, sich in die menschliche Natur herabzulassen, und doch blieb er, indem er Mensch ward, in sich selber so unbewegt, wie da er Himmel und Erde schuf. Weil also der Herr, als er Mensch werden wollte, in seiner unbewegten Abgeschiedenheit verblieb, da wußte unsere Frau wohl, daß er das Gleiche auch von ihr erwarte, wenn er auch dabei auf ihre Demut und nicht auf ihre Abgeschiedenheit sehe. Darum blieb sie in unbewegter Abgeschiedenheit, rühmte sich aber nur ihrer Demut und nicht ihrer Abgeschiedenheit. Denn hätte sie deren auch nur mit einem Worte gedacht, etwa daß sie gesagt hätte: „Er sah an meine Abgeschiedenheit", damit wäre diese bereits getrübt worden, weil sie ja damit aus sich herausgegangen wäre. Denn mag ein solches Herausgehen noch so gering sein, immer trübt es die Abgeschiedenheit. Darum sagt der Prophet: „Ich will schweigen und hören, was mein Herr und Gott in mir rede." Als ob er sagte: Will Gott zu mir reden, so komme er herein, ich will nicht hinaus! ...

Heinrich Seuse

„Ein Ritter und Sänger im Solde der Gottesminne. Ein geistlicher Poet der deutschen Mystik, dessen Prosa ganz Empfindung und Anschauung ist." So wird Heinrich Seuse (lat. Suso) beschrieben, der wegen seiner außerordentlichen Begabung bereits mit 13 Jahren in das Inselkloster der Dominikaner in Konstanz aufgenommen wurde. Der Sproß eines Patriziergeschlechts namens von Berg wurde wahrscheinlich 1295 im schwäbischen Überlingen geboren. Aus Verehrung für seine Mutter, einer „viel großen Leiderin", nahm er später deren Mädchennamen von Saus an.
Nach fünf Klosterjahren erlebte Heinrich achtzehnjährig seine große Bekehrung, ein inneres Gnadenerlebnis, durch das er zum „Diener der Ewigen Weisheit" wurde. Über seine Anfangszeit im Orden schreibt Seuse selbst: „Zwar biß er allezeit gegen dies Leben, das ihn an seiner Kette hielt, doch konnte er sich selbst nicht helfen, bis ihm der milde Gott durch eine plötzliche Wendung die Kette abnahm".
Als Heinrich wenig später nochmals eine Ekstase durchlebte, begann er endgültig ein streng asketisches, verinnerlichtes Klosterleben. Um 1322 wurde er von seinem Orden zum Studium Generale nach Köln geschickt, wo er sich zu einem begeisterten Schüler Meister Eckharts entwickelte. Dieser soll den jungen Ordensbruder von seinen jahrelangen Gewissensbissen, lediglich aufgrund hoher Geldgeschenke seinerzeit in das Kloster aufgenommen worden zu sein, befreit haben. Tatsächlich hatten seine Eltern den Konstanzer Konvent mit reichlichen Wohltaten bedacht.
Es ist nicht genau gesichert, wann Heinrich Seuse von Köln an den Bodensee zurückkehrte, um dort die Aufgabe eines Lektors und später auch das Amt eines Priors auszufüllen. In Konstanz verfaßte er das „Büchlein der Ewigen Weisheit", das bis ins 16. Jahrhundert hinein zu den meist gelesenen deutschen Andachtsbüchern zählte. Noch in die Kölner Zeit fällt das „Büchlein der Wahrheit", in dem Heinrich die mystischen Lehren Meister Eckharts gegen dessen Widersacher verteidigte. Gleichzeitig versuchte er, sich von der häretischen Gefolgschaft der Beginen und Begarden abzugrenzen. Seine geistige Verbindung zu Meister Eckhart brachte Heinrich eine Anklage vor dem Generalkapitel in Utrecht (oder Maastricht) 1330 ein. Er mußte sich dort gegenüber dem Vorwurf der ketzerischen Lehre rechtfertigen.
Da jedoch die Verleumdungen über Unzucht, Diebstahl und Brunnenvergiftung weiter gegen Heinrich aufrecht erhalten wurden, mußte er sich überdies maßregeln lassen. 1348 schoben ihn seine Ordensoberen nach Ulm ab. Dort starb er im Januar 1366. 1831 sprach ihn Papst Gregor XVI. selig.

Seine Lebensbeschreibungen sind im Grunde einem „Beichtkind" Heinrichs, der Dominikanerin Elisabeth Stagel, zu verdanken. Als begeisterte Schülerin Heinrichs zeichnete sie in ihrer Verehrung heimlich alles auf, was der Beichtvater ihr im Laufe der Jahre von seinem Leben erzählt hatte. Seuse entdeckte allerdings eines Tages diesen „geistigen Diebstahl", beschwerte sich, forderte die Schriftstücke von ihr und verbrannte sie kurzerhand. Schließlich fielen ihm weitere Aufzeichnungen in die Hände, und er fand wohl Geschmack daran. Nach dem Tod Elisabeth Stagels fügte er diesen unfreiwilligen Memoiren noch einige Zusätze aus der Perspektive seines Beichtkindes hinzu – die Biographie war geboren. Sie besteht aus zwei Teilen: Der erste befaßt sich ausschließlich mit Heinrichs Leben, bevor er Elisabeth traf, der zweite beginnt mit ihrer Bekanntschaft und endet mit dem Tod der Nonne.

Aus dem „Briefbüchlein"

ZWEITER BRIEF

Vom demütigen Untergang eines gottseligen Menschen

Als der Herr der Natur herabkam und Mensch wurde, wollte er neue Wunder wirken und machte das Wilde zahm, das Grimme sanftmütig, wie der weissagende Isaias sprach: Der Wolf wird bei dem Lamme wohnen.
Mein Kind, ich las einst ein Wort in der Schrift, das beginne ich jetzt erst zu verstehn: Liebe macht ungleiche Dinge gleich. Darum malt man Frau Venus blind und ohne Augen, weil sie an den Liebsten ihren eignen freien Willen verliert. Und wenn dies gilt für zeitliche Liebe, so noch viel mehr für geistige Liebe. Um solcher Liebe willen hat mancher hohe würdengeschmückte Mensch all seine Herrlichkeit abgelegt. Einige, die hohe Fürsten zu Rom waren, gaben alles auf und wurden armer Leute Diener, um ganz dem göttlichen Lieb, dem kleinen Kindlein, gleich zu werden. Darum, mein Kind, reiße den heimlichen Hochmut auf deinen leiblichen Adel und die falsche Zuversicht auf deine Verwandtschaft aus deinem Herzen, wo beides bisher verblendet sich unter dem geistlichen Kleide versteckte! Neige dich heute zu dem Kindlein in seine Krippe, in seine Verworfenheit, damit es dich erhebe in seine ewige Herrlichkeit! Wer kärglich sät, der schneidet auch ärmlich, aber wer reichlich sät, der sammelt auch reichlich. Tue es ganz zu deinem Nutzen und beuge dich unter die Füße aller Menschen, als ob du ihr Fußtuch seiest! Das Fußtuch zürnt mit niemand, was man auch mit ihm tun mag, es ist ja ein Fußtuch.
Ein wahrhafter Untergang des Menschen ist eine Wurzel aller Tugend und

aller Seligkeit. Daraus entspringt sanfte Stille in wahrer Gelassenheit seiner selbst, die sich im kleinsten wie im größten bewährt. Es tut freilich weh: wohl reden können und doch schweigen, böse Lästerworte hinnehmen und sich nicht rächen, als wohlvermögender, angesehener Mensch vor einem ungeachteten, lasterhaften Menschen verstummen; und doch heißt das sich nach dem edlen Christus bilden. Was kann dem Menschen mehr nützen und Gott mehr verherrlichen? Es fördert dich auch, wenn du schweigst und den Mund nicht auftust zum Reden, es sei denn rechte Sanftmut und wohlgezügelter Verstand dabei, so daß nichts geredet wird, als was zum Lobe Gottes oder aber zum Nutzen des Nächsten unbedingt gesagt werden muß.

Sieh, ich mute dir keine große Strenge zu: du sollst essen und trinken und schlafen, so lange und so viel du nötig hast, und es sei dir alles erlaubt, was deine Schwachheit verlangt. Willst du aber selig werden, so mußt du dich in dem üben, was ich dir eben sagte, und verzage nicht, wenn du nicht gleich am Ziele bist! Wie wäre es möglich, daß sich all das Gerümpel, das sich zwanzig Jahre an einem Plätzlein sammelte, so schnell hinaustreiben ließe. Es wird schon selbst von Tag zu Tag mehr hinausgehn, wenn es sieht, daß es sein Plätzlein nicht mehr findet. Heilige Betrachtungen, andächtiges Gebet und rastloser geistiger Eifer werden dir helfen. Läßt gott dich nicht viel Süßigkeit kosten, so werde darum nicht schwermütig, du sollst dich dessen für unwürdig halten; liege vor seinen milden Füßen, bis er dich begnadigt und laß Gott wirken, wie er will! Es muß noch manch wandelbares Wetter über dich hingehn, ehe die himmlische Heiterkeit ständig über dir blaut. Ging es dir denn zuvor immer gleich gut? Nein, es kamen Freud und Leid, Leid und Freud, je nachdem sie aus dem Glücksrade fielen. So nimm denn auch dasselbe vom herrlichen Gotte an und verlaß dich recht auf ihn; sein lieberfülltes Zürnen ist besser als falsches Liebkosen; übersieh ihm manches, er hat dir auch manches übersehen! Habe volles Vertrauen zu Gott, denn er verläßt dich nicht! Sieh, er ist ein so tugendsamer Ritter, daß sein mildes Herz es nicht über sich bringen könnte, den Menschen zu verlassen, der sich ihm ganz anvertraut hat.

Mein Kind, wohl mag es kaum jemand geben, der nicht manchmal in Lauigkeit verfällt, das eine Mal mehr, das andere weniger; doch muß ich dir eines sagen: der Berg ist hoch, der Weg ist schlüpfrig, er kann nicht im ersten Anlauf erklommen werden; es heißt wieder und wieder anheben, bis das Ziel erfochten ist. Der ist kein herzhafter Ritter, der nicht wieder keck anstürmt, wenn er vor der Überkraft des Heeres einmal weichen mußte. Dies Streiten ist auf Erden das Kennzeichen guter Menschen.

Ich kenne einen Prediger, wenn der von mancher starken Welle zurückgeworfen wurde und meinte, jetzt habe sein Herz allen rechten Eifer und alle Andacht verloren, so ging er in sich und fing wieder an, sich Abbruch zu tun, den Leib zu kasteien, sich von den Leuten abzusondern, sich ernsthaft ans Werk zu wagen und selbst zu hüten, neue Gebete zu erdenken, neue Übungen an sich vorzunehmen und alle die Wege, auf denen er vorhin ausgeglitten war, zu umgehen; so trieb er es Tag und Nacht, bis sein Herz wieder in gottseligem Eifer und frommer Andacht entbrannte und, was nachher kam, oft viel beser wurde als je etwas zuvor. Dann betrachtete sein Herz das Einst und Jetzt und begrub so den alten Menschen, als ob er nie gewesen wäre, fand auch manch neue Wege sich zu hüten, Wege, an die er vorher nie gedacht hatte, und wurde also immer weiser und weiser. Doch wenn er abermals strauchelte, so fing er wieder von vorne an. Also mag ihm unzählige Male geschehen sein. Siehe, dasselbe lehrt die Ewige Weisheit durch den Mund St. Bernhards, der sagt: „Dies ist das einzige Pünktlein, das die Auserwählten von den Nichtauserwählten unterscheidet, daß die Verdammten liegen bleiben, wenn die Auserwählten sich immer wieder erheben; denn dauernde Beständigkeit kann keiner haben in der Zeit."

VIERTER BRIEF

Wie ein im geistigen Leben unerprobter Mensch sich nur um sich selbst kümmern und andere Menschen in Frieden lassen soll
Quomodo potest caecus caecum ducere?

Liebe, wie läßt du dich an? Wie kannst du die getreuen Lehren deines geistigen Vaters so verwerfen und schon wieder anfangen, dich an jene Dinge zu hängen, denen ich dich kaum eben entrissen hatte, weil sie dir Seele, Leib und Ehre zerstörten? Meinst du, du könntest nun hingehn und tun, was dir in den Sinn kommt? Bist du jetzt so gefestigt, daß du dir selbst alle Dinge erlauben kannst? O weh, warum denkst du nicht an all das, was hinter dir liegt, was dir Gott nachsichtig übersehen hat, wie du mit Mühe und Not gerade noch bis hierher kamst und noch ganz und gar nichts bist? Warum kümmerst du dich nicht um dich allein und läßt alle andern Menschen ihre Wege gehn? Siehst du den Teufel nicht, der dir einen seidenen Faden um die Kehle gebunden hat und dich gern hinter sich her schleppen möchte? Du wußtest doch dir selbst nie Rates, du bist doch schwächer als Eva im Paradiese, und nun willst du andre Leute zu Gott führen? Du willst Stroh zu dem Feuerbrand legen, der kaum ein klein wenig zugedeckt und noch nie ganz erloschen ist.
Freilich sagst du, du wolltest alles in den Strom des Geistes leiten. Weiß Gott! es mag wohl im Geiste anfangen, es wird aber bald im Fleische enden. Bist du noch nicht genug gewitzigt? Dünkt dich nicht, Gott habe Geduld genug mit dir gehabt? Wahrlich, du willst nicht eher Ruhe haben, als bis du an des Teufels Seil gebunden wirst. Ih habe es dir oft gesagt: Ihr wähnt Gott und die Welt fein höfisch zu betrügen, und wenn man es dann rundum besieht, seid ihr selbst betrogen. Du mußt fest in dir selber stehn, allem Anhang aus dem

Wege gehn, sonst wirst du nicht den Kampf bestehn. Laß es dir wohl genügen, wenn du selbst dem Teufel entfliehen kannst!
Ich muß dir hier noch etwas erzählen: Sieh, der Diener war eines Tages hinausgezogen und hatte sich in den Hinterhalt gelegt, um dem Teufel einen geistigen Raub abzujagen und ihn Gott wiederzubringen; dieser Raub war eine Frau im geistlichen Gewande wie du. Sie hatte ihr Herz in leichtsinnige Liebe verstrickt und konnte nicht wieder loskommen; denn sie wollte es mit Schonung versuchen, wo weder Schonung noch Rücksicht angebracht war. Als diese Frau nun, angetrieben durch die guten Lehren des Dieners, es über sich gewann, ihrem alten Leben den Rücken zu kehren und sich an Gott zu halten, da begannen die bösen Geister um ihren Verlust zu bangen und sich zu regen, wollten ihr auch die Bekehrung schwer machen, daß ihr war, als sei ein schwerer Berg auf ihr Herz gefallen.
Als der Diener sich in der gleichen Nacht nach der Mette niedergelegt hatte, sah er ein Gesicht, und es war ihm, als komme eine große Schar gewaltiger Vögel vor seine Zelle gestürmt. Sie waren alle ganz ungestalt, aber doch sah nicht einer aus wie der andere: einer glich dem Wiedehopf, einer dem Specht, einer dem hohen Reiher, andere wieder anderen Vögeln, und sie verwandelten sich oft vor seinen Augen. Einer unter ihnen war grün und nahm einen Anlauf, als wolle er gegen die Zelle stürmen, doch kam keiner von ihnen hinein. Da beugte sich der Diener verwundert zum Zellenfenster hinaus und fragte einen Jüngling, der neben ihm stand: „Ach, Waffen, was für unstät Gesindel ist das?" Der antwortete: „Das hier ist eine Teufelsmesse, und sie sind zornig und wütend auf jene Frau, die sich von ihnen scheiden will; deshalb flattern sie hier herum und suchen, wie sie die Frau in ihrem guten Vorsatze irremachen und sie wieder ins alte Leben zurückreißen könnten."
Als der Morgen tagte, schrieb er ihr gleich auf seiner Tafel einen Brief und entbot ihr also:
Viriliter agite et confortetur cor vestrum, omnes, qui speratis in domino! Wenn ein ehrsamer Ritter zum ersten Male einen Lehrknappen gewaffnet an der Hand in den Ring streitbarer Übung führt, so richtet er sein Haupt auf und spricht ihm wacker zu: „Ei, schmucker Held! Halte dich heute wie ein braver Mann, tritt keck heran und streite frisch! Laß dir das Herz nicht entfallen! Besser ehrlich sterben als unehrlich leben! Wenn nur der erste Speerstoß ausgehalten ist, so wird es leichter." So ermutigt geistig auch der kühne Ritter David alle die Lehrknappen geistigen Lebens und führt sie ein in den Ring des geistigen Streites, in dem es gilt, vergänglicher Liebe und zeitlicher Dinge sich zu entschlagen; er ruft ihnen zu: „*Viriliter agite* ... Tummelt Euch kühn und mannhaft und habt ein keckes Herz, ihr alle, die ihr zu Gottes Fahne steht!" Ach, mein Kind, dasselbe rufe auch ich dir zu; du bedarfst dessen noch sehr, meine Tochter, damit du feststehst und den bösen Räten des Teufels nicht folgest. Du stehst jetzt in der größten Bitternis, die über dich her-

einbrechen mag; kommst du aber über diesen schmalen Steg, so wirst du auch bald fürbaß auf die schöne weite Heide eines ruhigen geistigen Lebens kommen. Wollte Gott, ich könnte in deinen Fußtapfen den Kampf für dich bestehn und die harten Schläge auffangen, die dein umfochtenes Herz jetzt empfängt! Aber das wäre dein Schaden; denn wo bliebe dann die grüne Palme, die du wie andere erlesene Gottesritter in ewiger Würde tragen sollst, wenn du siegst? So viele Pfeile auf dich geschossen werden, so viele Rubine wirst du in der Krone tragen.

Eija, mein Kind, darum reiche mir deine Hand und halte dich fest, nicht an mir, sondern an dem starken Herrn, in dessen Dienst du nun diesen Streit durchfechten sollst! Du weißt, er verläßt dich nicht, wenn du dich ganz auf ihn verläßt.

Nun will ich dir aber noch eines sagen und nimm es mir nicht übel: Ich habe dir angemerkt, daß dein Sinnen und Trachten sich noch nicht ganz in Gott geborgen, daß du noch nicht entschlossen alle Dinge von dir geworfen hast. Wahrlich, du mußt entweder haben oder lassen, sonst wirst du nie dein Glück gründen. Kann jemand zwei Herrn dienen? Nein, niemals! Wage einen Sprung, so bist du frei und gerettet! Laß den Menschen von Grund aus – du verstehst mich doch –, laß ab von dem Getriebe vergänglicher Liebe, ob es nun in Gesellschaft oder in Briefen und Botschaften bestehen mag! Laß dich nicht wieder dazu verführen, nicht durch Drohen und nicht durch Liebkosen! Sage dich öffentlich los von allen deinen Gespielinnen, die dir zu solchem Treiben rieten oder dabei behilflich waren oder noch dasselbe Leben führen, das du lassen willst und lassen mußt; denn ohne alles Schönreden, sie sind Gift für dich, und das weißt du selbst sehr wohl. Du mußt allen Ausfahrten entsagen und keine Nebelmänteleien mehr hervorzaubern, um eine Ursache zu finden, wie du deinen Obern ein scheinbar notwendiges Ausfährtlein abringen kannst. Gott und die Leute wissen wohl, daß von solchen Ausfahrten noch nie viel Gutes heimkam. Statt dessen muß es früh und spät deine Sorge sein, wie du dein sündhaftes Leben bessern, deine mannigfaltigen Gebrechen ablegen und dich mit dem gestrengen Richter versöhnen kannst. Wahrlich, du tust nicht genug, wenn du schön zierlich den Klee auszupfst und die Disteln stehen läßt, du mußt deinen übermütigen Leib angreifen, deine geschliffene Zunge binden, deine ungesammelte Seele wieder sammeln, auf daß dein Herz nicht wie ein gemeines Gasthaus sei, wie ein offenes Weinhaus, eine Taverne, wo jedermann freisteht zu verlangen, was er sich erdenken mag. Eija, treibe aus den Pöbel, oder du kannst gewiß nie mehr den zarten Herrn empfangen! Bedenke, daß er dich zu seiner Gemahlin gefordert hat, und darum hüte dich, daß du nicht zur Schenkdirne werdest!

ACHTER BRIEF

Wie sich ein gottseliger Mensch in göttlicher Süßigkeit verhalten soll

An Elsbeth Stagel.

Stelle dir vor, es sitze ein Mensch an einem Sommertage vor einem Keller, kühl überschattet von dem schönen Gezelte des Laubwaldes, bekränzt mit der bunten Schönheit der Blumen; und diesem Menschen tische man Zyperwein auf in durchleuchtenden Gläsern und lasse ihn trinken, so viel sein Herz begehrt! – Aber ein anderer Mensch sitze draußen durstig in der Glut der dürren Heide unter einem stacheligen Wacholderbaume und zupfe dessen Beeren ab, um damit dämpfige Menschen gesund zu machen! – Fragte nun der Zecher den mit dem dürren Munde, wie er beim süßen Saitenspiel, das zum Weine erklingt, tanzen solle, der Durstige gäbe ihm zur Antwort und spräche unwirsch: „Der mag wohl trunken sein; er wähnt, aller Welt sei zumute wie ihm; mir ist ein wenig anders zumute, wir sind ungleich gestellt. Auf dem vollen Leibe steht das fröhliche Haupt."

Mein Kind, so könnte auch ich dir antworten auf die Botschaft, die du mir gesandt hast; du erzählst da, eine inbrünstige Fackel ganzer, gieriger, glühender Liebe zur wonnigen Ewigen Weisheit sei in deinem Herzen entbrannt; und du sprichst von dem neuen Lichte und den nie geschauten Wundern, die sie in dir wirkt, und wie dein Herz dabei süßes Weh und liebeseliges Zerfließen und so überschwengliche Seligkeit genossen hat, daß du sie nicht schildern kannst. Nun aber begehrst du, ich soll dich lehren, wie du dich deinem Geliebten am allerliebsten erzeigen und dich gegen solche Wunder verhalten sollst.

Tochter, unermeßliche Freude steht auf in meinem Herzen, weil sich der liebreiche Gott so liebreich erzeigt und dich und einige andere empfinden läßt, was ich so oft und eindringlich wiederholte, daß er ganz Liebe ist. Könnten das alle Herzen so wonnig wie du empfinden, so wollte ich gerne dafür durstig bleiben. Es ist ein großes Staunen in mir, daß du in so kurzer Zeit diesen Gipfel erstiegen hast. Nur deine gänzliche Hingabe an Gott, deine vollkommene Abkehr von den Dingen, dein nie erschöpfter Eifer und die Schmerzen deines Leibes, mit denen du dein altes Leben getilgt und alle Dinge so ganz unter deine Füße gezwungen hast, konnten solche Wunder wirken.

Ein Mensch, der zum ersten Male Wein trinkt, wird heiß von ihm erfaßt. Also scheint mir, sei auch dir von der lauteren, süßen Liebe der Ewigen Weisheit geschehen, die dich so kraftvoll überwunden hat. Das bedeutet entweder, daß Gott dich locken, dich bald von hinnen nehmen und aus dem grundlosen Brunnen tränken will, aus dem du jetzt nur ein Tröpflein verkostet hast; oder aber es bedeutet, daß er nach dem Überfluß seiner Güte seine

Wunder hier an dir erzeigen will. Verhalte dich dabei so, daß du nach seinem Willen ausspähst, ohne Lust für deine Selbstheit zu suchen! Doch brauchst du auch nicht ängstlich zu sein, es kommt alles zusammen von Gott und ist ein Minneköder Gottes in der Seele; es geht seinen geraden Weg, dem soll so sein. Doch sollst du auf deine leibliche Kraft achthaben, daß du nicht zuviel dabei verzehrt werdest. Wenn der Zeiten Lauf weitergeht, kann es sich fügen, daß dir ein gut Teil dieser Seligkeit wieder genommen wird, nur damit du in Höheres eingesetzt werdest.

Die schöne Erscheinung, die du am heiligen Tage zu Weihnachten hattest, wo du sahst, wie licht und liebevoll die Ewige Weisheit sich freudig mit des Dieners Seele vereinigte und ihm entbot, er könne wohl ein fröhlicher Diener der Ewigen Weisheit sein, – diese Erscheinung hat mich herzlich seufzen gemacht; denn ich bin nicht Gottes Liebling. Mir kommt oft vor, ich sei sein Kärrner und fahre aufgeschürzt durch die Lachen, suchend, wie ich die Menschen aus dem tiefen Pfuhle ihres Sündenlebens ziehe und zur Schönheit emporhebe; darum soll mir genügen, wenn er mir einen Roggenlaib als Dankeslohn in die Hand legt.

Und doch muß ich dir noch etwas von dem Geliebten erzählen, was er, ich weiß nicht wie oft, in mir gepflogen hat.

An jenem lichten Morgen, wo man den fröhlichen Gesang von dem väterlichen Glanze der Ewigen Weisheit zur Messe singen sollte, war der Diener frühmorgens in seiner Kapelle in eine stille Ruhe seiner äußeren Sinne versunken. Da hatte er ein Gesicht, und es war ihm, als werde er in einen Chor geführt, wo man die Messe sang. Im Chore war eine große Schar himmlischen Ingesindes, von Gott dahin geschickt, damit sie eine süße Melodie himmlischer Töne sängen. Das taten sie und sangen eine neue fröhliche Weise, die er noch nie gehört hatte: die war so süß, daß er meinte, seine Seele müsse vor übergroßer Freude zerfließen. Aber das Sanctus wurde besonders herrlich gesungen, und er hub auch an und sang mit ihnen. Als man an das Wort kam: *Benedictus, qui venit,* erhoben sie ihre Stimmen zu den höchsten Tönen, und da bot auch der Priester unsern Herrn empor. Zu ihm sah der Diener auf mit demütiger Hingabe an seine wahre, leibliche Gegenwart, und es war ihm, als ginge, unaussprechlich allen Zungen, eine Art lieberfüllten, geistigen Glanzes von ihm aus und rühre an seine Seele. Und damit wurden sein Herz und seine Seele so überfüllt mit neuer, heißer Inbrunst, und mit innerem Lichte, daß es ihm all seine Kraft nahm: es war, als wenn sich Herz mit Herz in bloßer Geistigkeit vereinigte. Er kam in eine solche Zerflossenheit seiner Seele, daß er diesem Zustand nichts Irdisches vergleichen könnte. Als er so kraftlos und schwach nach Hilfe rang, lachte der himmlische Jüngling, der neben ihm stand, was er nicht gemerkt hatte. Da sprach der Diener zu ihm: „O weh, warum lachst du? Siehst du nicht, daß ich mit meiner großen Ohnmacht und inbrünstigen Liebe fast zusammenbreche?" Bei diesen Worten sank er wirklich zur Erde nieder wie ein

Mensch, der vor Kraftlosigkeit zusammenbricht. Doch im Niedersinken kam er wieder zu sich und tat die äußeren Augen auf: die standen voller Tränen, aber seine Seele war erfüllt mit lichten Gnaden. Und er trat vor den Altar, in dem unseres Herrn Fronleichnam war, und summte heimlich die Weise: *Benedictus qui venit,* so wie die geistlichen Klänge noch in seiner Seele webten.

Nikolaus von Kues

Von sich selbst soll er gesagt haben, daß er den größten Teil seines Lebens auf dem Rücken des Pferdes zugebracht habe. Die Biographie des Nikolaus von Kues ist sehr wechselvoll, seine Persönlichkeit läßt sich nicht einfach einordnen. Als Sohn des wohlhabenden Moselschiffers Johannes Chryfftz (oder Krebs) und dessen Frau Katharina wurde er 1401 in Kues geboren. Als er 1464 in Todi/Umbrien starb, hatte er sich als Kardinal und früher Theoretiker der Naturwissenschaft, als Humanist, der Handschriften der Klassiker studierte, als Kirchenpolitiker und Philosoph zugleich hervorgetan. Seine Werke spiegeln den Übergang vom Mittelalter zur Neuzeit, zur humanistischen Stadtkultur der Renaissance.

Bereits 1416 nahm er in Heidelberg ein naturwissenschaftliches Studium auf und lernte dort die verschiedenen Richtungen der mittelalterlichen Schulwissenschaft kennen. An der Universität von Padua beschäftigte er sich von 1417 bis 1423 mit Kirchenrecht, Naturwissenschft, Mathematik und Philosophie. 1424 promovierte er zum „Doctor decretorum". In die Heimat zurückgekehrt übernahm er ohne Priesterweihe 1425 die Pfarrei Altrich, dozierte in Köln Kirchenrecht und begann im selben Jahr, Theologie zu studieren. 1433 begab sich Nikolaus zum Konzil nach Basel und vollendete dort seine Schrift „De concordantia catholica", ein bedeutendes Werk über die allumfassende christliche Eintracht in Kirche und Reich.

In den folgenden Jahren kämpfte er für die Anerkennung der päpstlichen Gewalt auf verschiedenen Reichs- und Fürstentagen. Als Gesandter des Vatikans reiste er 1437/38 auch nach Konstantinopel. Zehn Jahre später kamen seine Bemühungen um die päpstlichen Ansprüche auf dem Fürstentag in Aschaffenburg zu einem erfolgreichen Abschluß. Seine Verdienste belohnte der Papst mit der Ernennung zum Kardinal, und er verlieh ihm 1450 das Bistum Brixen. Bevor Nikolaus jedoch seine Amtspflichten in Südtirol übernehmen konnte, reiste er als päpstlicher Legat kreuz und quer durch das Reich, um durch seine Predigten und Klostervisitationen die Reform der deutschen Kirche im Sinne einer religiös-sittlichen Erneuerung voranzutreiben.

Nachdem er 1452 sein Bischofsamt in Brixen angetreten hatte, mußte er einen langwierigen Kampf gegen die territorialen und landeskirchlichen Ansprüche des Erzherzogs Sigismund Graf von Tirol führen, der das Fürstbistum in seine Abhängigkeit bringen wollte. In dieser unruhigen Zeit findet der Bischof dennoch Muße für spekulative Schriften. Unter dem Eindruck der Eroberung Konstantinopels 1453 durch die Türken entstehen die Werke „De visione Dei" (Gottesschau) und „Dialogus de pace fidei" (Dialog vom

Glaubensfrieden). In der Vision läßt er 17 Vertreter verschiedener Nationen und Religionsgemeinschaften vor dem Thron Gottes die Verschiedenheit und Gemeinsamkeit aller Religionen erörtern. Der philosophische Hintergrund der Toleranzschrift „De pace fidei" ist die Vorstellung von der unendlichen Einheit vor dem Auseinanderstreben der Gegensätze. Diese Einheit wird in den Religionen „Gott" genannt. So schreibt Nikolaus: „Gott ist nicht die Wurzel des Widerspruchs, sondern die Einheit selbst vor jeder Wurzel".
1458 rief Papst Pius II. Nikolaus nach Rom, wo er hohe Ämter bekleidete und der im gleichen Jahr gegründeten Reformkommission von Kardinälen, Bischöfen und Prälaten angehörte.
Den Querelen mit Erzherzog Sigismund um das Bistum Brixen konnte sich der Kirchenmann allerdings nicht vollständig entziehen. Seine Klosterreform in Südtirol scheiterte, er selbst wurde 1460 in Brunneck von Anhängern Sigismunds gefangengenommen und mußte sein Bistum verlassen. Seine letzten Lebensjahre verbrachte Nikolaus in Italien.
Zu seinen philosophischen Hauptwerken gehören „De docta ignorantia" (Die wissende Unwissenheit) und „De coniecturis" (Die Mutmaßungen). Nikolaus von Kues stand als Diplomat, streitbarer Bischof und Gelehrter im praktisch-politischen Leben. Dementsprechend spiegeln seine Schriften konkrete Situationen, sie lassen das buchstabentreue, an Traditionen gebundene Schulwissen der Scholastik hinter sich. Nikolaus wendet sich mit seinen Werken nicht mehr an die Universitäten, sondern seine Bücher werden von Humanisten und kirchlichen Gesandten, vor allem von den Benediktinern in Tegernsee gelesen, wo ihm stets eine Zelle zur Arbeit in aller Stille offenstand.
In der vorliegenden Schrift „Dialogus de Deo abscondito" (Dialog über den verborgenen Gott) bringt er theologische Einsichten in Form eines Zwiegesprächs zwischen einem Heiden und einem Christen zum Ausdruck.

Der verborgene Gott

Dialog eines Heiden mit einem Christen

Heide: Ich sehe Dich ganz in Demut und Tränen der Liebe vergießen, nicht falsche, sondern Tränen aus dem Herzen. Sag mir: wer bist Du?
Christ: Ich bin ein Christ.
Heide: Was betest Du an?
Christ: Gott.
Heide: Wer ist der Gott, den Du anbetest?
Christ: Ich weiß nicht.
Heide: Wie kannst Du so ernst anbeten, was Du nicht kennst?

Christ: Weil ich kein Wissen habe, bete ich an.
Heide: Es verwundert mich, ich sehe da einen Menschen, den etwas berührt, was er nicht kennt.
Christ: Noch verwunderlicher ist es, wenn etwas einen Menschen berührt, was er zu wissen nur glaubt.
Heide: Warum dieser?
Christ: Weil er das weniger weiß, was er zu wissen glaubt, als das, wovon er weiß, daß er es nicht weiß.
Heide: Bitte, erkläre mir dies.
Christ: Wer glaubt, etwas zu wissen, obwohl er nichts wissen kann, scheint mir von Sinnen zu sein.
Heide: Es scheint schon eher Du mir ohne Vernunft zu sein, der Du behauptest, man könne nichts wissen.
Christ: Unter Wissen verstehe ich das Einsehen der Wahrheit. Wer also sagt, er wisse, sagt, er habe die Wahrheit erfaßt.
Heide: Das glaube ich auch.
Christ: Wie aber kann die Wahrheit erfaßt werden, wenn nicht durch sich selbst. Dann wird sie nicht erfaßt, wenn der Erfassende früher und das Erfaßte später wäre.
Heide: Ich sehe nicht ein, daß die Wahrheit nicht erfaßt werden kann, wenn nicht durch sich selbst.
Christ: Du glaubst also, daß sie anderst und in anderen Dingen faßbar ist.
Heide: Ja, das glaube ich.
Christ: Da irrst Du offensichtlich: denn außerhalb der Wahrheit ist keine Wahrheit, außerhalb des Kreises gibt es keinen Kreis, außerhalb des Menschen gibt es keinen Menschen. So kann also auch die Wahrheit nicht außerhalb der Wahrheit gefunden werden; weder anderst noch in anderen Dingen.
Heide: Wie ist mir dann bekannt, was ein Mensch ist und ein Stein und all das andere, wovin ich ein Wissen habe?
Christ: Nichts davon weißt Du, sondern Du glaubst es nur zu wissen. Wenn ich Dich nämlich über das Wesen befrage, was Du zu wissen glaubst, so wirst Du sagen, daß Du das wahre Wesen des Menschen oder des Steins nicht zu erklären vermagst. Wenn Du weißt, daß der Mensch kein Stein ist, so stammt das nicht aus jenem Wissen, durch das Du den Menschen, den Stein und ihren Unterschied kennst, sondern aus etwas, was zum Wesen selbst hinzukommt, nämlich aus der Verschiedenheit ihrer Wirkarten und Gestalten und indem Du sie unterscheidest, gibst Du ihnen verschiedene Namen. Denn die Tätigkeit der unterscheidenden Vernunft setzt die Namen.
Heide: Gibt es nur eine oder mehrere Wahrheiten?
Christ: Es gibt nur eine, denn es gibt auch nur eine einzige Einheit: und die Wahrheit fällt mit der Einheit zusammen, da es wahr ist, daß es nur eine Einheit gibt. Wie also bei der Zahl nur eine Ein-Zahl zu finden ist, so bei all den vielen anderen Dingen nur eine Wahrheit. Wer darum das Eine nicht faßt,

wird nie ein Wissen vom Wesen der Zahl haben und wer die Wahrheit in der Einheit nicht faßt, kann in Wahrheit nichts wissen. Und mag einer noch so sehr glauben, er wisse etwas wahres, so erfährt man doch leicht, daß man das, was er zu wissen glaubt, der Wahrheit noch besser entsprechend wissen kann: denn das Sichtbare kann der Wahrheit noch besser entsprechend gesehen werden, als es von Dir gesehen wird, insofern besser entsprechend, als es mit schärferen Augen gesehen wird. Wie das Sichtbare aber in Wahrheit ist, das siehst Du nicht; das gleiche gilt vom Gehör und von den anderen Sinnen. Da aber alles, was man weiß, nicht kraft desjenigen geistigen Vermögens, auf Grund dessen allein man etwas wissen kann, gewußt wird, gründet dieses Wissen nicht in der Wahrheit, sondern in anderer Erkenntnis- und Seinsweise. Jedoch in anderer Erkenntnis- und Seinsweise als der, in welcher die Wahrheit selber gründet, gibt es kein Wissen von der Wahrheit. Darum ist von Sinnen, wer da glaubt, er wisse etwas in der Wahrheit und dabei von der Wahrheit gar kein Wissen hat. Würde man nicht jenen Blinden für närrisch erklären, der meint, Farbunterschiede zu kennen, da er doch überhaupt keine Farbe kennt ... Ich verehre Gott: nicht den, welchen Ihr Heiden fälschlicherweise zu erkennen meint und dem Ihr einen Namen gebt, sondern Gott selbst, der die unsagbare Wahrheit selber ist ...

Heide: Ich bitte Dich, Bruder, führe mich soweit, daß ich von Deinem Gott etwas verstehen kann; antworte mir: was weißt Du von dem Gott, den Du anbetest?

Christ: Ich weiß, daß alles, was ich von ihm weiß, nicht Gott ist und daß alles, was ich erfasse, ihm nicht ähnlich ist, sondern daß er vielmehr alles übersteigt ...

Heide: Kann man ihn nicht benennen?

Christ: Man kann nur dem Kleinen einen Namen geben; seine Größe aber kann man nicht erfassen und so bleibt er unsagbar.

Heide: So ist er also der Unsagbare?

Christ: Er ist nicht der Unsagbare; man kann von ihm eher etwas sagen, als von allem anderen, da er der Ur-Grund aller Dinge ist, die Namen tragen. Wie könnte auch der, welcher allen anderen Dingen den Namen gibt, selber ohne Namen sein? ...

Heide: Ist Gott die Wahrheit?

Christ: Nein, sondern er geht aller Wahrheit voran.

Heide: Ist er ein von der Wahrheit Verschiedenes?

Christ: Nein, denn Verschiedenheit kann ihm nicht zukommen. Er geht all dem, was als Wahrheit durch uns erfaßt und benannt wird, unendlich hervorragend voran.

Heide: Warum nennt ihr ihn Gott (Deus), obwohl ihr seinen Namen nicht kennt?

Christ: Wegen der Ähnlichkeit mit seiner Vollkommenheit.

Heide: Ich bitte Dich, erkläre dies.

Christ: Das Wort „Deus" (Gott) kommt von „theoreo", d. h. ich schaue. Gott ist nämlich in unserem Bereich, was die Sehkraft im Bereich der Farbe ist. Denn eine Farbe kann nicht anders erfaßt werden als durch die Sehkraft, und damit sie alle Farben frei erfassen kann, ist ihr eigenes Wesen frei von Farbe. So wird also im Bereich der Farbe die Sehkraft nicht angetroffen, da sie ja unabhängig von der Farbe ist. Darum ist die Sehkraft im Bereich der Farbe eher ein Nichts als ein Etwas. Denn der Bereich der Farbe berührt sich außerhalb seines Bereiches mit keinem anderen Sein, sondern bekräftigt nur, daß alles, was ist, in seinem eigenen Bereich existiert; dort aber trifft man die Sehkraft nicht an. Also ist die Sehkraft, die ja ohne Farbe ist, im Bereich der Farbe unbenennbar, da ihr kein Name entspricht, der aus dem Bereich der Farbe genommen ist. Die Sehkraft gab aber jeder Farbe in Unterscheidung den Namen. So hängt von der Sehkraft jede Namengebung im Bereich der Farbe ab: ihr eigener Name allerdings, von dem doch jeder Name im Bereich der Farbe stammt, ist eher für ein Nichts als für ein Etwas zu nehmen. Geradeso wie die Sehkraft zum Sehbaren verhält sich Gott zu allem.

Heide: Was Du sagtest, findet meinen Beifall und ich sehe vollkommen ein, daß im Bereich der gesamten geschaffenen Welt Gott nicht angetroffen wird, noch sein Name. Gott entzieht sich vielmehr jedem Begriff, als daß irgendeine Aussage über ihn zulässig wäre ...

Darum sei Gott, der vor den Augen aller Weisen der Welt verborgen ist, hochgepriesen in Ewigkeit.

Von Giften, Krankheiten und heilsamen Kräutern

Gabir ibn Hayyan as-Sufi
Das Buch der Gifte

„Ich hoffe, daß du über das, was ich sage, glücklich bist, es behältst und gepriesen wirst. So Gott will, denn bei ihm ist die Kraft." Dieser Segenswunsch soll wohl allen Mut geben, die sich mit dem Studium der Gifte und Gegengifte befassen. Mit großer Wahrscheinlichkeit ist Gabir ibn Hayyan as-Sufi, der bereits als der sogenannte Geber vorgestellt wurde, der Verfasser dieses umfangreichen Kompendiums. Das Buch der Gifte gehört zu den interessantesten Beispielen des islamischen Zeitalters. Es verweist auf die engen Beziehungen, welche zwischen der Alchemie und der Heilmittellehre des arabischen Mittelalters geknüpft worden sind. Die Schrift beschreibt die vielen verschiedenen Gifte von Tieren und Pflanzen, die auf den Körper einwirken können, und zeigt bis ins Detail die Symptome und Folgen der Vergiftungen. Außerdem kann sich der Leser eingehend darüber informieren, welche Salben und Säfte er im Notfall zur Behandlung des Unglücklichen mischen und anrühren soll.
Das Buch der Gifte als „faulen Zauber" abzutun, wäre ungerecht; es besteht kein Zweifel, daß hier neben alten Traditionen vor allem genaue Naturbeobachtungen eingeflossen sind.

Buch der Gifte und der Abwehr ihrer Schäden

Im Namen Gottes, des Barmherzigen und Erbarmers. Es sagte Ǧābir ibn Ḥayyān aṣ-Ṣūfī:
Ich komme hiermit deinem Auftrage nach – langes Leben möge dir Gott geben – und bringe diese Darlegung heraus, von der ich weiß, daß sie dei-

nem Verständnis entspricht, mit der ich deinem Wunsche nachkomme und dein Verlangen erfülle. Ich hoffe, daß du dadurch Segen erlangst und deinen Zweck erreichst, daß du damit zufrieden bist und daß es deiner Absicht genügt, so Gott will, bei ihm ist die Kraft.
Einige haben gesagt, das Gift ist ein existierender Körper mit überwindenden Natureigenschaften, die die Mischung der Körper der Lebewesen in gewisser Weise zerstören, ein anderer, es (das Gift) ist eine Mischung von Natureigenschaften, die allein durch ihr Wesen die Mischung der Lebewesen überwindet. Wieder einer sagt, es ist so zu erklären daß es eine unwiderstehlich wirkende Kraftmischung ist, die zugleich schädlich und heilsam sein kann. Dies sind die Ansichten der Leute zur Definition desselben.
Wir haben in diesem Buche die Absicht, die Namen der Giftarten, das Wesen ihrer Wirkungen, die Menge, die davon eingegeben werden muß, die Kenntnis ihrer guten und schlechten Arten sowie die Abstufungen ihrer (Erscheinungs-)formen und die Organe, die speziell durch ihre Wirkung betroffen werden und für das Wesen ihrer spezifischen Eigenschaften empfänglich sind, zu erläutern. ...

Ich sage, die Bildung und der Aufbau der Körper erfolgt ursprünglich durch die vier Elemente, und zwar meine ich mit den Elementen: Feuer, Luft, Wasser und Erde; vorher aber, in der gedanklichen Vorstellung, durch Stoff und Form, worunter man die Substanz und die vier (Grund-) Qualitäten versteht, nämlich Hitze und Kälte, Feuchtigkeit und Trockenheit. Nachdem er (der Körper) entstanden war, seine Teile und Verbindungen sich ausgebildet hatten, erfolgte sie (die Bildung des Körpers) durch die vier Feuchtigkeiten, nämlich helle Galle (Cholé), Blut (Haima), dunkle Galle (Melancholia) und Schleim (Phlegma) und danach endlich durch Wachstum und Nahrungsaufnahme.
So zerfallen die Körper in viele Klassen, je nachdem, ob in ihnen die helle Galle, das Blut, die dunkle Galle oder der Schleim vorherrscht. So werden diese Körper in viele Gruppen eingeteilt. Nichtsdestoweniger sind ihre Wurzeln und primären Grundlagen, auf die man alle späteren Ableitungen zurückführen kann, auch nur vier: der dicke (massige), weiße Körper, der rot durchsetzt ist. Der so beschriebene weiße Körper wird seinerseits in Teile eingeteilt, die wir nach Erledigung der Einteilung der Wurzeln anführen werden. Ferner der braune, dicke Körper, der rot durchsetzt ist. Bei ihm liegt es bezüglich der Unterteilung in Unterarten ebenso wie bei dem ersten. Dann der schmächtige, weiße Körper, der rot durchsetzt ist. Bei ihm liegt es bezüglich der Unterteilung in Arten dieser Gattungen ebenso. Dann der magere, braune Körper, der rot durchsetzt ist. Zu dieser Gruppe gehören auch der, welcher stets gelb durchsetzt ist, und der, welcher manchmal gelb und manchmal rot durchsetzt ist, und zwar tritt die Röte bei Freude und Furcht u. dgl. auf. Dazu gehört auch der weiße Körper mit seinem grünen Ein-

schlag. Zu diesem letzteren gehören auch der gipsfarbene und der bleifarbene Körper sowie andere derartige Gattungen, die sich nur in der Farbe ändern. Sie weisen nur auf den Zustand der Temperamente hin, der durch das Überwiegen von Naturen bestimmt ist.
Was den weißen Körper angeht, der dauernd starke Röte aufweist, so ist er ein sanguinischer Körper, in dessen Blutmischung die Hitze vorherrscht. Ist bei diesem Körpertyp Rotes und Weißes ausgeglichen, so sind in seinem Blute auch die beiden Grundqualitäten Hitze und Feuchtigkeit ausgeglichen. Der aber, bei dem das Weiße stärker ist, hat auch eine kalte Mischung seines Blutes.
Im Temperament desjenigen Körpers, der gelb durchsetzt ist, herrscht die helle Galle vor. Je nachdem, ob die helle Galle ausgeglichen ist oder von der Ausgeglichenheit nach einer der beiden Seiten hin abweicht, ist die Farbe mehr oder weniger gelb.
Der weiße, bleifarbene Körper und der grüne zeigen eine Neigung zur dunklen Galle. Deswegen fassen sich diese Körper stets kalt an. Bisweilen kommt das Grüne von dem Übergewicht an Hitze. Wenn es von der Hitze kommt, sind Reinheit seines Glanzes und trübe Farbe die Merkmale.
Der gipsfarbene Körper, d. h. der intensiv weiße Körper, ist in seiner Blutmischung sehr kalt und hat viel Fett im Blute. Dies ist eine Anzahl der Unterarten dieses Körpers.
Der rot durchsetzte Körper ist ebenfalls sanguinisch und stark durch das Blut und das Vorherrschen von Wärme und Hitze gekennzeichnet. Dazu gehört der braune dicke Körper, dessen Farbe ins Dunkle geht, weil die dunkle Galle überwiegt und diese mit Blut vermischt ist. Solche Körper sind sehr kalt. Wenn es Frauen sind, so sind sie ohne Reiz und (wie die Männer) Träger schlechter Denkungsart. Der Körper, der rein gelb durchsetzt ist, verhält sich bei Männern und Frauen umgekehrt. In ihrem Temperament sind helle Galle und Blut vorherrschend.
Der gipsfarbene aht das kälteste Temperament und den schlechtesten Zustand. Der grüne Körper ist dauernd krank, d. h. jemand, dessen Farbe braun ist mit grünem Einschlag, der ist selten bewahrt vor Fieber und schlechtem Körperzustand.
Für den mageren weißen Körper, der rot durchsetzt ist, gilt dasselbe wie für den dicken weißen Körper, nur daß der magere Körper weniger Feuchtigkeit in sich hat als der dicke und das Feurige in ihm schneller entflammt. Im ganzen aber verhält sich der magere weiße Körper in allen seinen Zuständen wie der dicke weiße, außer daß er sich von ihm in der Menge der Feuchtigkeit unterscheidet, die der dicke besitzt, ferner auch bezüglich Festigkeit und Ausdauer gegenüber den Wirkungen von Arzneien u. dgl., da kein Unterschied zwischen den beiden Körpern in ihren Farben ist, außer dem Grade nach, und in der Fettleibigkeit. So steht es auch mit dem Zustand des braunen dicken Körpers.

Bilde dein Urteil danach und werde geschickt darin; denn das ist die Grundlage der medizinischen Wissenschaft und unseres Unternehmens.
Die Fachleute haben über diese Körper und die Art, wie man die Gifte in sie hineingelangen läßt, sehr verschiedene Ansichten, von denen wir eine Anzahl bringen müssen, die das Wesen des Zustandes in ihnen (den Körpern) zeigen. So meint eine Gruppe, daß die Gifte besonders schnell in die dicken Körper eindringen, weil sie feucht sind, Hitze und Kälte aber in Feuchtigkeit energisch eindringen, sie in irgendeiner Form gestalten und verwandeln je nach dem Wesen der Gifte, mit denen die Körper zusammentreffen. Eine andere Gruppe jedoch sagt dies von den mageren Körpern. Diejenigen, die die erste Meinung vertreten, sagen: Der Beweis dafür ist die Unversehrtheit der Feuchtigkeit und ihre Fähigkeit, eine ähnliche Form in ihrem Wesen anzunehmen, während dies der Trockenheit abgeht. Jene aber sagen: Das Richtige ist euch entgangen, daß nämlich die dicken Körper dabei die Fähigkeit haben, die Wirkungen von Fieber- und Durstanfällen längere Zeit ertragen zu können, während die mageren Körper schwere Anfälle nicht in diesem Maße aushalten. Wenn daher solche Anfälle sie treffen, wirken sie zerstörend und vernichtend auf sie, schwächen ihre Kräfte und erschöpfen sie in der denkbar kürzesten Zeit.
Die Wirkung der Gifte ist zweifach, entweder ein Entzünden und Verbrennen oder ein Erstarren und Erkaltenlassen. Die mageren Körper können das, wenn es über sie kommt, nicht aushalten, vermögen ihm nicht Widerstand zu leisten und es abzuwehren. Es stellt sich schnell ihre Angst davor, ihre Auflösung und Zersetzung durch die Gifte ein. Die dicken Körper dagegen leisten ihnen Widerstand und halten ihnen stand; denn sie haben eine Fähigkeit, sie zu ertragen und zu bekämpfen, sowie die Möglichkeit, dies zu erreichen und ein Verfahren dafür zu entwickeln und aus solcher Sache frei zu werden, deren Schatten sich näherte. Wenn das Gift in ihm (dem dicken Körper) beginnt, ihn in seine Teile zu zersetzen, ihn in höchste Glut zu bringen oder die äußerste Erstarrung hervorruft, so hat er doch viel mehr Zeit zu bestehen und sich gegen die Gifte zu behaupten als der magere Körper.
Diese Lehre ist richtig. Alle Philosophen bezeugen sie und führen Analogien dazu an. . . .
Dies ist es unter anderem, was man am Anfang dieses Kapitels und in dieser Wissenschaft an erster Stelle wissen muß.
Da die Körper aus den vier Elementen – nämlich den Elementen Feuer u. s. f. – sowie den Humores – helle Galle u. s. f. – zusammengesetzt sind, da die Wirkungen der Humores sich an den animalischen Körpern als Aktion, die Wirkungen von Feuer, Wasser, Luft und Erde als Accidens zeigen, und diese die Körper regieren, und da die Aktionen des Lebens und der Seele (Pneuma) wiederum jene regieren, indem nämlich die Aktionen des Lebens in den Körpern diesen die Bewegung geben, die Aktionen des Pneumas die Sinneswahrnehmung und die willkürliche Bewegung verleihen, dazu die

Aktionen der Natur Wachstum, Vermehrung, Entstehen und Vergehen darstellen, so daß sich die Organe der Lebewesen wie miteinander im Kampf stehende Stücke verhalten mit besonderen Eigenschaften, die nicht in jedem einzelnen von ihnen vorhanden sind, und die Tätigkeiten der Organe und ihrer Teile mannigfaltig sind, so ist dadurch der Mensch vollkommen geworden; seine Handlungen sind vernunftgemäß und nicht von der Natur (instinktiv) bestimmt; und zwar sind seine Handlungen denkbar vollkommen; daher ist er das edelste Lebewesen, wie wir schon an anderen Stellen unserer Schriften mit Gründen dargelegt haben, die wir in diesem Buche nicht anführen könnten, ohne vom Ziel des Buches abzuweichen und etwas darin zu bringen, was seinem Grundgedanken nichts Nützliches zufügte, sondern was schädlich wäre und vom Zwecke des Buches ablenkte.
Die Organe gliedern sich in Hauptorgane und solche, die den Hauptorganen dienen. Die Alten stellten vier Hauptorgane auf, nämlich Gehirn, Herz, Leber und Hoden. Meinungsverschiedenheit bestand bei den Leuten nur darüber, ob Gehirn oder Herz Sitz der Urteilskraft und des Denkens seien. Galen (bedeutendster Mediziner der Antike, Leibarzt u.a. des römischen Kaisers Mark Aurel) aber lehrte, daß das Gehirn Sitz des psychischen Pneumas ist, das sowohl das Wahrnehmungs- wie das Unterscheidungsvermögen gibt, daß das Herz die animalische und empfindende Bewegung bewirkt, die Leber die natürliche, begehrende (sinnliche) und ernährende Seele und die Hoden Nachkommenschaft, Gestalt und Ähnlichkeit geben. ...
Ich sage also: Die übrigen Organe sind Diener dieser Hauptorgane: Hände, Füße, Auge, Nase, Ohr, Brust, Lunge und alle anderen Organe, ebenso die Organelemente wie z.B. die Knochen, Muskeln, Nerven, Sehnen, Schlagadern und Venen – d.h. die Adern, die nicht pulsieren. Auch diese sind Diener und Stützen, die geschaffen wurden, um viele der natürlichen psychischen und verstandesmäßigen Funktionen zu übernehmen, mit denen die Seele besonders ausgestattet ist, um den animalischen Körpern vier edle seelische Kräfte zu geben. Sie hat diese Kräfte zu Lenkern der animalischen Körper gemacht und besonders mit Hilfe der Elemente und Feuchtigkeiten (Grundsäfte) in ihnen. Diese vier Kräfte sind: die festhaltende Kraft, die abstoßende, die anziehende und die verändernde Kraft. Von ihnen ist die anziehende Kraft die edelste: sie lenkt den heißen, trockenen, feurigen Grundsaft (Temperament). Die nächstedle ist die verändernde Kraft, die den heißen, feuchten, sanguinischen Grundsaft lenkt. An dritter Stelle folgt als edel die festhaltende Kraft, die den kalten, trockenen, dunkelgalligen Grundsaft lenkt. Ihnen folgt im Werte die niedrigste der Kraftstufen, die abstoßende Kraft, die den kalten, feuchten, wässerigen Grundsaft lenkt.
In diesem Punkt, mein Bruder, haben viele Leute geirrt und gemeint, daß diese Kräfte, die diese Grundsäfte leiten, Natureigenschaften in ihrem Wesen haben. Einige ahben sogar gemeint, daß die die animalischen Organe lenkenden Kräfte die helle Galle, das Blut, die dunkle Galle und der Schleim

sind. Ein vom Richtigen weit entfernter Tor hat geglaubt, daß die Kräfte, die den Zustand der animalischen Körper und die in ihnen vorhandenen Grundsäfte bestimmen, ihrem Wesen nach ein Feuer sind, das in den animalischen Körpern verborgen ist, sowie Luft, Wasser und Erde, nichts anderes. Diese Ansicht haben wir schon in einer anderen von unseren Schriften zerstört, besonders im *Buche der Mischung*, in dem wir den Standpunkt der Philosophen vertreten, und haben die Nichtigkeit dieser Anschauungen erklärt und die richtige Ansicht verkündet. Wir müssen nun über diese Kräfte sprechen und wie es sich mit ihnen verhält.

Ich sage also: Die Vorsehung, die diejenige Form des Vollkommenen ist, um deretwillen alles Seiende existiert und von der aus es ihm gelingt, das zu sein, was es ist, sie ist es, die eine klare Wirkung auf jene animalischen Körper hat und ihnen zweierlei Bewegungen gibt, die substanzielle und jene, die etwa qualitativer Art ist. Daher erscheinen die animalischen Körper als Substanz und Accidens, und zwar ist die vollkommene Bewegung Substanz, die unvollkommene aber ihre (der Substanz) Wirkungsfolge und ein Werden. Da dies so ist, sage ich, daß die Seele, indem sie auf die animalischen Körper solche substanziellen und accidenziellen Einwirkungen ausübt, die animalischen Körper in dem Maße lenkt, wie diese fähig sind, ihre (der Seele) verschiedenen Einwirkungen aufzunehmen. Sind nun die Körper in ihren Mischungen vollkommen, so sind auch die Wirkungen der Seele in ihnen vollkommen. Wenn aber das Gegenteil der Fall ist, so sind auch die Wirkungen der Seele in ihnen (den Körpern) unterschiedlich. Die Vollkommenheit der Mischungen hängt ab von der Reinheit der Elemente, die in ihren Materien vereinigt sind, d. h. in dem Samen, der aus ihm (dem Körper) entsteht, und (hängt ab) von der Ausgeglichenheit jener reinen Bestandteile, aus denen jene Materien bestehen, nicht anders. Aus dieser Ordnung können sie (die Mischungen) nur herauskommen durch eine Trübung, die der Reinheit entgegensteht, oder durch Verlassen der Ausgeglichenheit durch ein Mehr oder Weniger oder durch beides, soweit sie nach verschiedenen Seiten hin liegen.

Die vier Kräfte aber lenken die Zustände jener Mischungen in den Körpern, die aus ihnen erzeugt werden und aus ihren Mischungen entstehen. Würden die vier Kräfte aus jenen einfachen Elementen und Grundsäften, die im Körper der Lebewesen vorhanden sind, erzeugt werden, so würden sie sich dauernd verändern und ihre Einwirkungen wegen der Veränderungen der Mischung der Körper und wegen ihrer Verschiedenheit in ihrem Wesen verschieden werden gemäß den Bedingungen, denen die animalischen Körper in ihrer Veränderlichkeit und Verschiedenheit unterliegen. Da die Wirkung der vier Kräfte auf die animalischen Körper in Wahrheit nur eine einzige, unveränderliche ist, die einem einheitlichen System folgt, solange sie (die Kräfte) nicht aus den Naturen (Elementen) hervorgehen, sondern Kräfte wirken, die von der Seele aus gesandt wurden, der Lenkerin der Naturen, so sind die Körper für natürliche Wirkungen nicht auf natürlichem Wege empfänglich.

Ich sage also, daß diese seelischen Kräfte nur eine Kraft sind. Man unterteilt sie nur und spricht von vier Kräften in ihr wegen der Anwendung auf die vier Grundsäfte infolge ihrer unterschiedlichen Wirkungen, die in ihnen liegen gemäß dem Unterschiede in ihren Naturen, wie auch die Seele in den animalischen Körpern unterteilt wird, indem man von einer das Wachstum fördernden, ernährenden, natürlichen, tierischen Seele, von einer zornigen animalischen Seele, und einer psychischen, vernünftigen Seele spricht, wie man davon spricht, daß die begehrende Seele ihren Sitz in der Leber, die zornige animalische im Herzen und die lenkende Seele im Gehirn hat. So wird die Seele auf ihre Aktionen und deren Auswirkungen auf die Körper bezogen. Ebenso liegt es bei der Kraft, die auf die Naturen der Lebewesen aufgeteilt wird.

Wenn sie (die Kraft) daher die helle Galle zur Aktion in Anspruch nimmt, heißt es, daß sie anziehend ist, insofern als das Feuer, das die Dinge zu sich hin umwandelt, die Oberhand gewinnt. Ebenso steht es mit Hitze und Kälte, den beiden aktiven, sowie Feuchtigkeit und Trockenheit, den beiden passiven Teilen. Der Grund dafür, daß etwas aktiv heißt, besteht darin, daß es Dinge zu sich hin umwandelt. Die Auswirkung der Handlungen geht von Hitze und Kälte auf Feuchtigkeit und Trockenheit; denn ständig verwandeln jene diese (zuletzt genannten) in Richtung auf sich hin, während nie Hitze und Kälte zu Feuchtigkeit und Trockenheit verwandelt werden. ... Die Hitze nämlich trennt die Dinge, die nicht einheitlichen Wesens sind und bringt die wesensgleichen zusammen; die Kälte wirkt umgekehrt, schweißt die im Gegensatz zueinander stehenden zusammen und trennt die ähnlichen (Dinge). Die Trockenheit ist der Anteil, der mit Leichtigkeit zusammenfaßt, mit Geschmeidigkeit zurückhält und mit überwindender Kraft festhält. Bei der Feuchtigkeit ist es umgekehrt: sie hat weder Fähigkeit zum Zusammenfassen, noch zum Zurückhalten, noch zum leichten Festhalten; daher ist sie im Wesen empfänglich für alle Schädigungen. So sind also das heiße, aktive und das trockene, zurückhaltende das, was mit Leichtigkeit festhält. Die festhaltende Kraft ist also diejenige, die den feurigen, heißen und trockenen Grundsaft verwendet. Mit gewissem Recht führt sie ihren Namen, und das wollten wir erklären.

Was die verändernde Kraft betrifft, so bedient sie sich des sanguinischen Grundsaftes, d.h. das Chymussaftes, der der heißen, feuchten Luft ähnlich ist. Mit gewissem Recht hat man sie die verändernde Kraft genannt. Da nämlich der Grundsaft eine Substanz ist, die Gestalten und Formen annehmen kann, und die Hitze diese Formen schafft und Trägerin der Auswirkungen der Handlungen der Seele ist mit Kraft und Güte, die jene zur Aufnahme dessen gut vorbereitet, so ist der sanguinische Grundsaft derjenige, der für das Werden schnell empfänglich ist. Deshalb heißt sie die verändernde Kraft, da sie stets leicht in (neue) Formen übergeht. ...

Während die Natur den Körper regiert, ihn stützt, seinen Gesundheitszustand erhält und ihn wieder dahin zur Gesundheit zurückbringt, wenn er sie verloren hat, so ist die Seele seine Stütze und gibt ihm die göttliche Konstitution, wie sie der göttliche Schöpfer für ihn geschaffen hat. Aus diesem Grunde auch gestatten die Organe das Austreten aller Säfte mit Ausnahme des Blutes. Dieses bewahren sie äußerst sorgfältig und erlauben ihm nicht auszutreten. Sie haben die Mittel es festzuhalten, und lassen es freilich herausgehen, sobald kein Vorteil mehr besteht, wenn man es festhält. Das aber ist nur der Fall, wenn die Trennung vom Leben bevorsteht. Zweifellos ist das Gift, das Blut mit Gewalt heraustreten läßt, das am promptesten wirkende und am schnellsten tötende Gift ... Aus diesem Grunde liegt der Tod darin, daß das Gift das Blut hat austreten lassen, weil dann das Gift die Organe ihrer accidentellen Materie beraubt hat, durch die ihre sämtlichen Kräfte entstehen. Diese Materie ist es, der die Seele die größte Fürsorge widmet, und deswegen heißt sie die verändernde (Seele) ...

ABHANDLUNG ÜBER DIE TIERISCHEN GIFTE UND WIE SIE AUF DEN KÖRPER EINWIRKEN

Zuerst über den Vipernbiß. Die Ausführungen über diese Art der Arzneikunst müssen weit über dies hinausgehen. Der Arzt, der sich der Behandlung dieser (Krankheits)arten besonders befleißigt, muß seit langem Einblick in die Arten der Vipern und Gattungen der Schlangen haben, muß, soweit es möglich, sie gesehen haben oder ihr Verhalten äußerst genau kennen, muß wissen, welche Arten tödlich sind, ohne daß es bei ihnen eine Heilung gibt, welche mittelmäßig und welche schwach sind. Wir haben schon begonnen, darüber zu sprechen, und uns lang darüber verbreitert an einer besonderen, nur hierfür bestimmten Stelle, trotzdem die Leute schon oft diese Dinge beschrieben und ihren Zustand erwähnt haben und eine Einteilung dieser Schlangen und Vipern brachten, nach ihren Formen und den Plätzen, wo sie vorkommen und entstehen.
Da wir nun zu diesem Abschnitt gelangt sind, so sage ich, daß die Vipern die ärgste der Schlangengattungen sind, besonders diejenigen, welche in sandigen Gegenden, bei wenig Wasser und in selten beregneten Gebieten aufwachsen. Dann kommen die Schlangenarten mit schlechten Säften; diese verhalten sich in ihrer schädlichen Wirkung genauso. Ferner solche, die in heißen, fauligen Gegenden vorkommen, in denen oft Epidemien auftreten u.dgl. unter diesen Bedingungen. Ich sage nun, daß der Schaden, der an den animalischen Körpern durch den Biß von Schlangen und Vipern verursacht wird, darin besteht, daß er die Körper in der denkbar kürzesten Zeit vernichtet. Die Leute haben hierin viele Zweifel. So isst es zweifelhaft, woher der Schmerz und der Tod kommt, die vom Vipern- oder Schlangenbiß auftreten; ob das durch den Speichel des Vipern- oder Schlangenmundes verursacht ist

oder von etwas, das die (die Schlange) aus ihrem Backenzahn entleert; oder durch einen anderen Vorgang als diesen. Die Leute sprechen zwar von all diesen Vorgängen, aber die allgemeine Übereinstimmung geht dahin, daß (die Vergiftung) ihre Ursache nur in der schlechten Säftemischung des Speichels hat, der durch den Biß in das Innere des Körpers gelangt. Wenn aber jemand sagt, daß die Viper irgend etwas aus ihrem Backenzahn in den Körper des Menschen entleert, so ist das absurd ... Einer der stärksten Hinweise hierauf ist auch der Biß des Menschen. Es gibt nämlich einige Menschen, die beißen, in manchen Fällen sogar tödlich, meistens aber bewirken sie dadurch nur eine Krankheit und verletzen die Stelle, bis sie aufgeschnitten und geheilt wird, ähnlich der Heilung des Gebissenen oder Gestochenen. Hier aber geht nichts von den Zähnen des Menschen in den Körper des Gebissenen. Man sagt ferner: Die Ursache liegt also in der Bösartigkeit der Chymussäfte des Speichels, und die Zähne sind nur das Werkzeug, um das Gift eindringen zu lassen, indem sie das Fleisch aufreißen. Wenn sich die Viper bei ihrem Biß umwendet, tut sie dies nicht, um das Gift zu entleeren, sondern um ihren Backenzahn wieder aus dem Fleisch herauszuziehen, wenn sie ineinander geraten waren. Im Innern des oberen Backenzahnes ist nämlich ein kleiner Backenzahn, der ihm gegenübersitzt. Wisse dies.

Was nun die Einwirkungen angeht, die durch den Biß verursacht werden, so sind deren sehr viele, wie Schlaffheit und Tiefschlaf, Aufregung und Hin- und Herlaufen; Durst, den nichts zu stillen imstande ist, Weinen, Aufgeblasensein und Anschwellen der Organe, Veränderungen ihrer Farbe nach schwarz und grün, Rotwerden, Schwarz- und Gelbwerden der Augen, und ähnliches infolge der Gifte, die früher erwähnt wurden. Der Arzt braucht bei dem Gebissenen aber ausschließlich vier Symptome zu untersuchen, nicht mehr. Erstens soll er genau die Sorte der Viper oder Schlange, die gebissen hat, erforschen, die Stelle der Gegend, in der dies geschehen ist. Dies ist der erste und stärkste Punkt, worüber er sich vorerst Kenntnis beschaffen muß. Dann soll er sehen, ob das Tier zu den bösartigen Gattungen gehört, die wegen ihrer tödlichen Wirkung bekannt sind, und wenn eine Arznei kaum heilen könnte, dann soll er sich beeilen und einzig und allein dieses Glied ausschneiden. Zweitens: wenn er sieht, daß der Zustand des Kranken ruhig ist und der Schmerz nur von der Bißstelle ausgeht, so soll er beginnen, die Bißstelle zu behandeln, und kann des Erfolges sicher sein; denn wenn der Schmerz nur an der Bißstelle allein sitzt, dann ist dies ein Zeichen dafür, daß die Natur (des Körpers) gegen das Gift ankämpft. Nur wenn der Biß in einem edlen Organe lag, dann liegt die Sache schwerer. Wenn aber die Lage des Kranken die ist, daß sein ganzer Körper sich in Aufregung befindet, sich verändert und dauernd in Ohnmacht und Schmerzen befindet, und die Symptome an den übrigen Körperteilen mehr hervortreten als an der Bißstelle, so soll er sich nicht mit der Bißstelle abgeben, sondern sich auf die ganze Heilbehandlung stürzen, indem er sich eifrig der Behandlung des Körpers wid-

met, Herz und Gehirn in Ordnung bringt und stärkt. Dies ist das dritte Symptom: Wenn der Zustand des Kranken so beschaffen ist, daß sein ganzer Körper und ebenso auch die Bißstelle in Aufregung sind, dann ist es noch viel schwieriger; dann werden zur Behandlung des ganzen Körpers einige Leute beauftragt und andere wieder nur zur Behandlung der Bißstelle. Die meisten Ärzte beginnen in diesem Falle damit, die Leiden am edelsten Organ oder jenem, an dem die größten Schmerzen fühlbar sind und am stärksten die Symptome hervortreten, zu behandeln. Die meisten sind nicht der Ansicht, daß man die Bißstelle (besonders) behandeln solle, wenn zugleich der ganze Körper deutlich in Aufregung ist. Ich aber bin anderer Meinung. Wenn auch der gesamte Körper edler ist als die Bißstelle, welche Stelle dies immer sei, so ist doch die Ursache für die Aufregung des Körpers eben jene Bißstelle, die ihn erst dazu bringt. Wenn also diese Stelle in die eigentliche Heilung des Körpers miteingeschlossen wird, so geht doch die Rettung vor ihrer Vernichtung augenscheinlich schneller vor sich und das Heilmittel ist viel nachhaltiger. Da wir nun schon diese vier Symptome gebracht haben, so sei in ihnen geschickt und hüte dich, daß du nicht vorher an die Behandlung dieser Krankheiten herangehst, bevor du sie genau kennst. Beeile dich, sie anzuwenden, bevor noch ihre Mischung über die Säftemischung des Körpers Macht gewinnt, so Gott will. ...
Nämlich die Furcht vor einem Tier und einer Sache ist einer der wichtigen Gründe für das Eindringen des Giftes in die animalischen Körper. Wisse dies.
...
Über den Stich der Skorpione und die Aufzählung ihrer Arten; ferner (über) den Gecko, die Spinnen, die Eidechsen, die Wespen und andere Insekten.
Von den Skorpionen gibt es viele Arten, nämlich eine, die auf der Erde lebt, eine, die im Wasser lebt, und eine, die fliegt; eine Klasse heißt ǵarârât; dies sind Skorpione, die ihren Schwanz überhaupt nicht erheben. Eine andere Art hat einen Knoten, der am Stachel und Körper anliegt, und dies sind die ärgsten. Wenn den Skorpionen der Schwanz abgeschnitten wird, so wächst er wieder nach, wie wir schon erwähnt haben. Das gleiche gilt von dem Schwanz der Schlangen und des Geckos u. dgl. Von den Skorpionen gibt es eine gelbe, sehr lange und tödliche Art in den Gegenden von Persien. Das Symptom für den [durch diesen Skoprion veranlaßten] Tod ist das Gelbwerden der Augen des von ihm Gestochenen. Wenn nämlich das Weiße seiner Augen gelb geworden ist, so gibt es für ihn keine Rettung mehr.
Auch der Skorpion gehört mit zu den Bösartigen ihrer Art. Einige von ihnen sind rot; deren Schaden ist sehr schwach, nur manchmal wirken sie tödlich. Die grünen und schwarzen von ihnen sind sehr wenig schädlich, und die Leute wissen (ihren Stich) auszuheilen, außer bei einigen Körpern, indem sie in ihnen zur vollkommenen Reife gelangen. Dies ist meistens in den dunkelgalligen und schleimigen Körpern der Fall; denn die Mischung der Natursäfte ist bei den meisten Skorpionen kalt und trocken. Aus diesem Grunde

bewirken sie sofort den Tod ohne Verzug, wenn sie einen Körper mit sanguinischer Mischung stechen.
Die roten Skorpione unter ihnen und im besonderen die fliegenden und die gelben haben eine sehr heiße Mischung. Sie besitzen viele Symptome, doch ist dieses Buch von uns zu kurz gefaßt, um darzulegen, was dazu zu sagen ist. Was nun das Tier anbetrifft, das von diesen Skorpionen erzeugt wird, so entsteht es aus dem Gemüse und aus dem Zucker. Es tötet alle tierischen Säftemischungen vollkommen, denn es mengt sich mit ihnen wegen der Ähnlichkeit. Ihre Mischungen gleichen, auch wenn sie kalt sind, ein wenig dem Blute; eben deshalb haben sie tödliche Wirkung. So verhält sich die Sache auch bei jedem anderen Tier.
Die Symptome, die sich beim Biß dieser Skorpione zugleich mit dem starken Schmerz an der Bißstelle ergeben, sind: Schwere und Gefühllosigkeit des Organs, das der Stich traf, Zittern und viele Anzeichen und Spuren, je nach den Beziehungen der beiden Mischungen, der des animalischen Körpers und der des Skorpions. Über das Heilmittel werden wir erst im folgenden sprechen, so Gott will.
Die Zecke vergrößert sich und hat tödliche Wirkung, wenn sie aus Zucker oder Honig entsteht. Sie kommt oft bei Hunden oder bei Schafen vor. Diejenige (Art), die bei Hunden vorkommt, ist ungefährlich, und das gleiche gilt von der, die bei (Haus-)tieren vorkommt. Die Schafzecke dagegen ist schädlich, und in manchen Fällen tötet sie vollends. Sie kommt in den Gegenden von Chûz (persische Stadt in Chuzistan) sehr häufig vor.
Was den Gecko betrifft, so tötet der rote, wenn er eingenommen wird, mit Kraft, besonders wenn er in Drehung versetzt wurde und dem (Trank) etwas hinzugefügt wird, was seine Wirkung erregt; davon werden wir aber erst nach diesem Kapitel berichten, wenn wir über die zusammengesetzten Gifte sprechen. Das gleiche gilt vom kleinen Salamander, der den Gattungen der Gecko zugezählt wird. Wenn er eingenommen wird, beißt er die Zunge, verwirrt den Verstand, erregt Zittern, macht die (Körperfarbe) blaß, läßt den Körper erstarren und verändert die Säftemischung in Eile, Heilmittel gegen ihn kommen ebenso selten vor, wie er selten vorkommt. Wir werden sie erst im folgenden erwähnen, so Gott will.
Die Eidechse hat nur geringe schädliche Wirkung, nur läßt sie die Zähne an der Bißstelle zurück. Manchmal hat sie tödliche Wirkung, wenn es sich trifft, daß sie gerade ein Stück verwester Leiche, Gifte und ähnliches gefressen hat.
Die Wespen und Bienen im besondren sind alle trocken und gallereich, und ihr Schaden ist daher viel größer in sanguinischen und cholerischen Körpern als in den übrigen. Manchmal töten sie, wenn sie dazu Aufnahmefähigkeit vorfinden. Sie bewirken Entzündung, Angst und heftige Schmerzen.
Das gleiche gilt von einigen fliegenden Ameisen u.dgl.; die Heilmöglichkeiten sind in diesen Fällen zahlreich. Wir werden im folgenden noch darüber sprechen, so Gott will.

Von den Taranteln und Spinnen gibt es viele Klassen, im ganzen bezeichnet man sie aber als Spinnen, weil man sie nur nach ihrer Kleinheit und Größe, nach ihren Farben kennt und einteilt. Du, den Gott stärken möge, mußt das genau untersuchen, was ich von ihnen beschreibe. Die Tarantel ist sehr klein; sie ist tödlich und ebenso einige Arten der Spinnen, die sehr viele Namen haben, welche wir aber nicht zu erwähnen brauchen, da ihre Symptome sich nicht aus ihren Namen, sondern aus ihren Farben und Eigenschaften ergeben. Ich sage also, die Farben dieser Spinnen liegen zwischen gelb – dies sind die ärgsten von ihnen – und weiß, welches jenem folgt, darauf kommt die rote, die hinter der weißen folgt. Ferner gehört auch zu ihnen die weiß und schwarz getupfelte (Spinne), von der dasselbe gilt, dann die sternförmige mit schwarzen und andersfarbigen Strichen, mit Strahlen und Glanz. Die gefährlichste Spinnengattung ist aber die, die in heißen Ländern vorkommt oder in Ländern, in denen wenig Regen fällt, und in pestverseuchten Gegenden, z. B. Ḥiǧāz und Ägypten. Die Vertreter aller ihrer Arten sind meistens heiß und trocken und erregen Furcht im Körper, heftigen Schmerz, Kratzen. Große Unterschiede herrschen gegenüber den cholerischen Arten u. dgl. Diese Einteilung gilt für ihre sämtlichen Gattungen außer der gelben. Die gelbe große (Spinne), d. h. wenn sie schon alt geworden ist und lange Zeit lebt, die als Merkmal hat, daß etwas Flaumartiges sie überragt, bereitet übermäßige Schmerzen, läßt (den Körper) zittern und schafft im Bauche Durchfall. Manchmal wird der Bauch verstopft und aufgebläht. Wenn dann hierauf reichlich Schweiß auftritt, so ist sie tödlich. Verspäte dich nicht, sondern beeile dich mit der Behandlung, und in der gleichen Art wirst du diese Tiere untersuchen müssen und daraus entnehmen, was außer diesem noch vorkommt, aber nicht erwähnt wurde. Du sollst seine (des Giftes) Symptome und Heilverfahren kennenlernen in der Art, wie wir schon vorher darüber geredet haben, so Gott will.
Nun sind wir das, was [an Giften] in den Tieren vorkommt, durchgegangen. Wir beginnen jetzt, die pflanzlichen Gifte zu behandeln, wie wir es früher versprochen haben, so Gott will.
Mutterkorn, Secale cornutum: Dies ist eine sehr heiße Droge, und es scheint, wenn es getrunken wird, daß es in seiner Wirkung fast stärker ist als das Aconit und die übrigen Gifte, da Symptome der Angst dabei auftreten. Aber die Sache liegt nicht so; denn es braucht längere Zeit und die Schädigung seiner Wirkung ist geringer, auch wenn es tödlich wirkt. Es ist eine Droge, die eingenommen eine akute Brustfellentzündung erzeugt, und zwar, da sie die Brust und deren Umgebung angreift. Die erste Schädigung und das, was von seinen Wirkungen deutlich hervortritt, ist, daß der (Betroffene) Blut uriniert, sein Verstand schnell in Verwirrung gesetzt wird und ins Delirium kommt, und dann führt dies zum Schwarzwerden der Zunge. Dann laß jeden Zweifel fallen; denn es gibt für ihn keine Hilfe; es sei denn, Gott selbst will es so. Wichtig ist die schnelle Heilbehandlung. Das Stärkste, was es in

der Heilung solcher Schmerzen und Krankheiten gibt, besteht darin, daß man den Verdacht auf diejenigen Krankheiten bei dem legt, den man in einem solchen Zustand erblickt. Die Krankheiten nämlich, die plötzlich das, was in ihnen von den letzten deutlichen Symptomen ist, zeigen, kommen nicht aus den Chymussäften, die im Innern der Adern und ähnlichem entstehen, sondern nur von der Veränderung der Mischung, abgesehen von Einzelfällen. Diese [Veränderung] aber entsteht aus der dauernden Veränderung der Kraft eines der beiden Elemente über das andere, so daß es einzig und allein zu dem führt, was aus dem Verderben der Mischung entsteht. Da dies sich nun so verhält, so ist es Pflicht des kundigen Arztes, daß er diese Verhältnisse kennenlernt, damit sie nicht überraschend über ihn kommen, so daß es ihm nicht möglich ist, den entstehenden Schaden wiedergutzumachen. Das Opium: Das Aconitum steht am Ende des vierten Grades der Wärme, das Mutterkorn (Secale cornutum) an ihrem Anfang und das Opium ebenso wie das Secale cornutum am Beginn des vierten Grades. Nur ist das Mutterkorn heiß und das Opium ist kalt und gewaltig schädigend. Aber in ihm ist Dicke und Körperlichkeit und nicht die Feinheit des Aconitum und anderer. Deswegen ist der Betrag, der von ihm eingenommen werden kann, groß. Das gleiche gilt von all dem, was dem Opium ähnlich ist, wovon eine große Menge eingenommen werden muß. Diese Arznei hat sehr deutliche Wirkungen, so daß sie beinahe alle Ärzte kennen, da sie sehr verbreitet ist und viel verwendet wird. Es (das Opium) hat sehr bemerkenswerte Symptome; zu ihnen gehören der Tiefschlaf und das Hervortreten eines Geruches aus dem Mund und dem übrigen Körper des Kranken. Du findest dabei den Geruch des Opium, besonders wenn schon einige Zeit [seit dem Einnehmen] verflossen ist. Ja, der Geruch ist früher da, als es nötig ist. Auch tritt beim Trinkenden ein starkes Zittern auf, so daß seine Organe nicht mehr zusammenhalten; dann viel kalter Schweiß, dessen Beschaffenheit wie die von Schneewasser ist. Wenn man es dann lange in diesem Zustand läßt und nicht sofort in Eile (an die Behandlung) geht, so zeigen sich Krampferscheinungen und die Organe trocknen ein. Dies ist der letzte seiner Zustände und steht beim Tode. Dann schwitzt der Körper ganz kalten Schweiß. Bei manchen Leuten schwillt die Zunge beim Trinken an ... Er kann dann schwer sprechen, möchte gern schlafen und wird angetroffen, als wäre er Lumpen oder etwas Dahinsiechendes. Wisse dies und beeile dich, es auszuheilen, wie wir es dir noch beschreiben werden, so Gott will ...

BESCHREIBUNG DER ZUSAMMENGESETZTEN GIFTE UND DER ERSCHEINUNGEN, DIE BEI IHNEN AUFTRETEN

... Zu diesen Kapiteln gehört auch die Lehre über die Narkotika, Betäubungs- und Schlafmittel und was man „die Erlaubten" nennt. Dazu gehört

die Anwendung betäubenden Rauchwerks. Man nimmt von Mohnblättern oder der Rinde seiner Frucht zwei Dirham, von Opium zwei Dirham, Mandragorakörner zwei Dirham und pulvert dies sehr fein, bis es zu feinstem Staube wird. Dann wirft man es zusammen mit allem, mit dem geräuchert wird, wie Aloëholz, Kostwurz, Rinde von Weihrauchpflanzen und anderen Räuchermitteln. Es hat für lange Zeit betäubende Wirkung, so Gott will.
Ein anderes derselben Art. Man nimmt Mandragora, Mohnschalen und Lattichkörner, pulvert dann sehr fein und legt es auf die Schläfen oder räuchert damit. Der Mensch nun, der das riecht und damit beräuchert wird, schläft so ein, daß er nicht weiß, wo er ist, im vollen Schlaf, und wenn er aufwacht, so ist er wie einer, der [von Nieswurz] stark benommen ist.
Ein anderes der gleichen Art. Man nimmt Mandragora, Bilsenkraut, Lattichkörner und Mohnschalen, zerstößt sie fein und räuchert damit. Dies ist noch wirkungsvoller als das erstgenannte und tötet sogar bisweilen ...
Zu dem Wunderbarsten dieser Art gehört es, daß, wenn man Eselsgurke sät und sie mit Nieswurz auf einen Ölbaum aufpfropft, und dann in den gleichen Boden etwas Gemüse sät, dies vollkommen tötet. Ganz besonders, wenn es zum Beispiel Schlangengurken, Gurken, Kürbisse oder Melonen sind, am wirksamsten aber ist die Aubergine und die rote Rübe. Sie empfangen von jenem einen (Chymus-) Saft, vor dem man sich durch keine Klugheit retten kann. Ihr Geschmack und ihre Bitterkeit kommt in ihnen nicht zum Vorschein. Wenn auch diese Gifte lange Zeit brauchen und sie nicht sichtbar sind, so können sie doch nicht verleugnet werden. Man schreibt ihre Wirkung einem plötzlich eingetretenen Tode zu und [sagt], daß sie das Ende und das vorbestimmte Schicksal erreicht hat. Wenn dies nun so sei, so meine ich dennoch, daß einer nur zu seinem Zeitpunkt stirbt. Denn die Dinge haben Ursachen, und der Eintritt des Todes hat seine Zeit. Diese (Stoffe) aber rufen Zeiten hervor und sind die Schlüssel jener Ursachen. Wisse es – Gott gebe dir Kraft – und lerne es, noch eine Schlußfolgerung darüber zu ziehen, und stark sei der Wunsch danach.
Denn diese Dinge (Gifte) sollen nicht als List von Menschen untereinander verwendet werden, auch nicht für eine große Anzahl von ihnen, sondern sie sollen gemacht und aufgezeichnet werden gegen die Feinde, die sich weigern [sich zu übergeben] und in großer Zahl und voller Macht sich wehren in Burgen und uneinnehmbaren Schlössern. Du sollst den demütigen, der Schutz suchte, nachdem er im Recht befindliche Leute mit Unsinnigem und Nichtigem hinterging, der die Sätze der Propheten zu widerlegen versuchte, auf denen der Segen Gottes ruht. Ihre Verwendung finde nur statt für den König eines großen Besitzes. Ebenso verwendet man Listen gegen Talismane und Kriegswerkzeuge; denn die kleinste List ist im Kriege nützlicher als eine reichliche Anzahl, und die unscheinbare List kann mehr helfen als irgendein Ding und reicher sein als irgendein tödliches Mittel. Diese Dinge werden nur unternommen zur Genüge (Vergeltung) vor den Feinden, von einem Punkte

aus, wo sie es nicht merken und nicht begreifen können; da kommt es über sie, unter ihnen und vor ihnen, hinter ihnen und über ihnen, von rechts und von links. Sie gehen mit Zorn zugrunde, wie solche Dinge schon oft in der Welt geschahen, die wir insgesamt in den *Büchern über die Kriegslisten und Listen* erwähnt haben.

Was gibt es denn Wunderbareres als die List einiger weniger bei Eroberung einer Stadt, die ihnen große Schwierigkeiten macht und vor der sie schon lange lagerten, aber der Schaden gering war. Ihre Kraft war schon verschwendet, ebenso ihre Tapferkeit und die Feinheit der List; auch die nützte ihnen nichts. Da dachten sie lange nach, bis sie einen Entschluß fanden, der die Ursache der Vernichtung der Verteidiger der Stadt und der Eroberung jener Stadt war. Sie gingen nämlich zu einem der Kaufleute hin und sagten ihm, er soll etwas Ware nehmen und außerdem sollen Burschen und Freunde mit ihm gehen zusammen etwa 20 Mann oder etwas mehr. Die sollten mit all den Waren, die sie mit sich führten, auch ein Öl mitnehmen, und unter diesem war auch ein Öl, das sie ihnen gaben. Sie sollten nun auf einem anderen Wege gehen als dem, der direkt zu ihnen führte, sondern hintenherum; sie sollten sich verstecken, so daß es scheint, als fürchteten sie sich. Man würde dann zu ihnen schicken, und sie sollten ihnen sagen, wie es mit den Waren, die sie mit sich haben, bestellt sei, und daß sie nicht wollten, daß der Feind sie überfiele. Sie zeigten ihnen den Durchlaß. Die Tatsache dieses Durchlasses gab für die Leute (Belagerer) den notwendigen Grund, der sie zwang, vom Kampfe abzustehen und sich ein wenig aus der Nähe der Stadt und längs derselben zu entfernen, damit die Stadtbewohner die Handelsleute durch eines der Stadttore zu sich einlassen könnten. Die Leute taten so und betraten die Stadt. Als sie aber in die Stadt einzogen, da taten sie von jenem Öl, das ihnen auf die Reise mitgegeben worden war, in einzelne Behälter und banden diese Behälter zu. Bei jedem Mann war ein Behälter, in dem jenes Öl war, zwischen den Beinen. Am unteren Teil eines jeden Behälters war ein kleines Loch, damit durch dieses das Öl zur Erde fließe. Sie zogen dann durch die ganze Stadt, stellten sich an die Dungstätten und Öffnungen von Bädern, überall wo es Holz, Bäume und ähnliches gab. Dieser Rundgang fand aber am Ende des Tages statt, nachdem die Sonne schon untergegangen war. Da nahmen die Stadtbewohner jenes an, die Männer reichten ihnen den Morgentrunk mit Töten; sie befaßten sich damit, bis, als der Tag anbrach und die Sonne ihre Strahlen ausbreitete, die Stadt von allen Seiten zu brennen begann. Man lief herbei, um das Feuer abzuwehren, aber es war nicht möglich, denn sein Umfang war zu groß. Die Mannschaften aber bemächtigten sich der Stadt und ihrer Gebäude in der Nähe der Mauern und erstiegen die Mauern; die Stadt wurde erobert und die Männer darin getötet. Ein jeder hatte nur das Ziel, sich selbst zu retten. So kam es über sie von ungeahnter und unvermuteter Seite, und sie gingen insgesamt zugrunde durch die unscheinbare Sache und die unbedeutendste Mühe...

BESCHREIBUNGEN DER HEILMITTEL, DIE GEGEN DIE GIFTE HELFEN, WENN MAN SIE EINGENOMMEN HAT, OHNE SICH VORHER GEGEN SIE ZU SCHÜTZEN

Lehre über den Vipernbiß und seine Behandlung: Wir haben über das Wesen dieser Vipern, ihre schädlichen Wirkungen und was aus ihrem Biß entsteht, schon vorher gehandelt, daß es dir genügen mag. Hierzu gehört, daß du weißt, daß die Behandlung der Vipernbisse und der Schmerzen, die durch ihren Biß auftreten, in drei Richtungen gehen. Die erste Art ist das Ausschneiden, wenn (der Biß) ein Organ traf, das man gegebenenfalls ausschneiden kann. Man muß dann das Organ, das höher liegt, fest abschnüren, damit das Gift nicht in den Körper hineindringt. Oder aber, daß man sich Mühe gibt, dem Kranken starke Arzneien zu trinken zu geben, die entgegenwirken jener anderen, die mit Gewalt auftritt. Oder auch durch Spalten (der Wunde) mit der Lanzette und Entziehen des Giftes daraus mit Hilfe von Feuer oder Aussaugen sowie Behandlung darauf mittels Pflaster, die die Gifte herausziehen oder die Wunden wieder schließen. Diese drei Grundsätze gelten nicht nur für die Vipern und werden bei ihrer Heilung angewendet, sondern bei vielen Erkrankungen, die durch andere Gifte entstehen. Wenn es unter den Vipernarten solche gibt, bei deren Biß es keine Rettung mehr gibt, so finden sich auch Gattungen von Schlangen, Skorpionen und viele Arten von Tieren, die übergroße Schmerzen verursachen können, deren Gift sich über den ganzen Körper verbreitet, deren Behandlung in ähnlicher Weise vor sich geht wie die eines von bösartiger, tödlicher Viper Gebissenen. Das Ausschneiden setzt am Gelenk ein; doch muß es frühzeitig geschehen, damit sich nicht das Gift ausbreitet und dann das Ausschneiden keinen Nutzen bringt, oder doch man dann ein anderes Gelenk, das edler ist als das erste, größer und nützlicher, einbeziehen muß. Nur ist es wichtig, sich, so gut man es kann, zu beeilen, um diesen Schaden abzuwehren und auszuheilen. Handelt es sich um einen großen Muskel oder um eine Stelle in der Nähe der Rippen und der Edelorgane, so gebrauche Arzneien, deren beste der Schlangentheriak ist, der aus Fleischstücken von Vipern hergestellt wird. Wenn es in einem Muskel ist, in dem ein Aufschneiden möglich ist, so beeile dich dazu, lege den Schröpfkopf auf mit Hilfe von Feuer oder durch Saugen. Dann verwende Pflaster und Arzneien, die das Gift herausziehen und den Schmerz beruhigen. Gib ihm in aller Eile Fleischtunke zur Nahrung, wenn sein Puls abfällt und seine Kraft nachläßt. Sei nicht um die sehr vielen Ohnmachtsanfälle und die starke Unruhe besorgt; denn Besorgnis zerbricht deine Sorgfalt und das Gift gewinnt über den Körper des Kranken Oberhand. Du sollst allein das tun, was im (Bereich) der Heilkunst ist. Wenn sich dann die Behandlung bewährt, so hast du eben Glück gehabt, bewährt sie sich nicht, so sollst du das Pflichtgemäße an [Heil-]Kunst getan haben ...

Wenn aber die Stelle zu faulen anfängt, dann bestreiche die Seiten der faulenden Stelle mit abkühlenden Dingen wie armenischem Lehm, geschälten Linsen, Essig und klein wenig Opium. Auf die faulende Stelle selbst tue schälende Arzneien, die das Fleisch verzehren, wie Grünspan, Salz von Pottasche, Arsenik; Pottasche und Grünspan aber sind das Wirkungsvollste von ihnen. Wenn du die scharfe Arznei anwendest, so ist sie die beste von allen; man nimmt nämlich einen Teil gelöschten Kalk und ebensoviel Pottasche, gießt darauf sechs Teile Wasser und läßt es einen Tag und eine Nacht darin. Dann wird abgegossen und dies dreimal wiederholt, indem man die Arznei auf dem Wasser erneuert, bis sie dessen Kraft gut annimmt. Darauf nimmt man sublimiertes Quecksilber und sublimierten Salmiak, von jedem eine Unze, nimmt Grünspan und Pottasche, pulvert das Ganze in jenem Wasser und bringt es in die Sonne, bis es „stirbt", oder man läßt es in einer Schüssel, die innen grün ist. Darauf verlehmt man deren oberes Ende, erhitzt es und sublimiert es in der Aludel. . . . Darauf hebt man es auf. Wenn davon ein klein wenig auf allerlei Geschwüre gestreut wird, so verzehrt und vernichtet es sie sofort. Es verzehrt das überflüssige und tote Fleisch, die Maulbeergeschwulst, den Hautriß, die Skrofeln und die Hämorrhoiden.

Taranteln und Spinnenarten: Wer in die Theorie, wie wir sie zuerst besprachen, Einblick gewonnen hat, kann, wenn er jene Beispiele bei der Behandlung gut durchgeht, dieses Gift heilen. Er ist nicht fern davon und dem, womit bei der Behandlung begonnen werden muß, daß er (den Kranken) ins Bad gehen läßt oder ihn in heißem Wasser sitzen läßt oder doch die Stelle, an der der Biß ist, lange Zeit in heißes Wasser halten läßt oder mit warmer Kleie fomentiert. Der Schmerz nämlich läßt oft nach, solange der Mensch im heißen Wasser ist oder auch das Organ im heißen Wasser ist. Dann soll er einige Zeit ruhen. Kehrt der Schmerz wieder zurück, so setze, wenn es dir gefällt, dies fort, bis die Heilung vollkommen ist. So tue es. Es ist nämlich ein ausgezeichnetes Heilverfahren. Nur soll der Gebissene nachher noch viele Tage ununterbrochen im Bad sein und seinen Aufenthalt im Bade so lange wie möglich ausdehnen. Sollte er darüber unzufrieden werden, so kann er eine Zeitlang hinausgehen und dann den Rest des Tages wiederum zurückkehren. So wird er gesund. Sollte noch etwas übrigbleiben, so lege an die Stelle ein Pflaster aus Feigen, die ganz fein mit gelöschtem Kalk zusammen gepulvert sind. Es gehört zu den großen Arzneien, wenn man nämlich gelbe fette Feigen und gelöschtem Kalk fein pulvert, sie mit Fruchtsaft knetet und damit die Stelle verbindet. Es ist dafür ausgezeichnet. Oder aber man verbindet sie mit einem Pflaster aus Asche von Feigenholz und Pottasche, die in heißem Wasser oder in Fruchtsaft geknetet werden. Dies gehört nämlich zu den sehr nützlichen Arzneien dabei. Zu den Arzneien, die man verordnet, gehören folgende: Man zerreibt Nigella sativa für sich allein und läßt davon zwei Dirham einnehmen. Wenn man zwei Dirham Selleriesamen und zwei Dirham von Nigella sativa einnehmen läßt, so ist das auch gut. Lorbeersamen und Samen der Sellerie sind dabei auch nützlich. Nützlich sind noch: gerollte Aristolochia longa, Enzian, Selleriesamen gepulvert und Nigella sativa und Theriak der Vier. Nimmt man alle diese zusammen und knetet sie mit Honig, so sind sie eine heilsame Arznei gegen diese Gifte, so Gott will. Wenn man dem noch getrocknete Blätter von Raute, Cyperus rotundus und getrocknete Endivia hinzugibt, besonders wenn Schaum [vor dem Mund] kommt, die Gliedmaßen kalt werden und Zeichen der Kälte auftreten, so hilft es, so Gott will.

Die Heilverfahren bei der Eidechse Chalcides tridactylis und all jener Tiere, die ihre Zähne in der Wunde zurücklassen: Bad, heißes Wasser, Umschläge mit Asche, Abreiben mit Öl und all dem, was schon bei der Behandlung des Tarantel[-bisses] beschrieben wurde. Dies ist daher sehr nützlich.

Mutterkorn: Dieses Gift ist, wie wir dich schon im Vorhergehenden wissen ließen, stark heiß. Die Ärzte wählen bei seiner Behandlung äußerste Abkühlung. Man legt nämlich dem Körper Umschläge von kalten Arzneien an, wie Sandelholz, Opium, Kampfer, Endivienwasser und verordnet viel Kampfer zusammen mit Rosenwasser mehrmals. Zuallererst heißt es, soll man ein Mitqal davon zusammen mit Rosenwasser und dem Schleim von Plantago psyllium verordnen, in Schnee eingraben, mit Fächeln beleben, die Organe mit Schnee einreiben und davon essen und Gerstenbrei mit Schnee trinken. Wenn sich (der Kranke) dann ein wenig erholt, so gieße über ihn aus Granatäpfel und den Saft davon, Gruken und Gurkenwasser und sehr stark saure Milch u. dgl. Dann erhalte man seine Kräfte mit kaltem Hühnchen und kalten Speisen, so Gott will.

Opium: Die erste Behandlung geschieht mit Wasser, in das Dill, Salz und Honig getan wurde. Einige Ärzte erwählten dafür, daß man zwei Gran Kundus hineingeben solle, der so stark ist, daß man damit behandeln kann. Dann gibt man ihm Fruchtsaft zu trinken, in den Moschus, Ambra und Zimt aufgelöst sind, darauf nimmt man großen Theriak oder Miṯrīdīṯūs und was ähnlich wirkt und den Schlaf verhindert, bringt ihn mit Hilfe von Kundus, Nigella sativa u. dgl. zum Niesen und wiederholt die Behandlung. Man reibt die Gliedmaßen mit heißen Salben ein, denen Moschus und ähnliches zugesetzt wurde, behandelt es, so gut man kann, nähert ihm den Glutofen, setzt das Feuer des Hauses, in dem er sich befindet, in Brand. Wenn seine Kraft nachläßt, so erhält man sie mit Nahrung, wie Knoblauch, Walnuß, Fleisch mit Pfeffer, gibt ihm Bibergeil und Asa foetida und gehe in seiner Behandlung in dieser Richtung, so Gott will.

Ali ibn Sina – genannt Avicenna

Die ganze Nacht verbrachte er über seinen Büchern, und wenn er müde wurde, stärkte er sich mit einem Glas Wein: Abu Ali el-Hosein ben Abdallah ben el-Hosein ben Ali ibn Sina, der „Fürst der Ärzte", widmete sein ganzes Leben der Wissenschaft, wenn er auch durchaus den weltlichen Freuden nicht abgeneigt gewesen sein soll.

Im August 980 wurde er in Afschena, einer Stadt in der persischen Provinz Korazan, geboren. Nach den latinisierten letzten Teilen seines Namens wird er gewöhnlich Avicenna genannt. Sein Vater, ein erfolgreicher Geschäftsmann, bekleidete verschiedene Staatsämter. Er sorgte dafür, daß sein Sohn in Buchara schon frühzeitig eine umfassende Ausbildung erhielt: Auf den Gebieten der Mathematik, Philosophie, Logik, Chemie, Medizin, Rechtskunde und Natur- bzw. Heilkunde genoß der Sprößling den besten Unterricht, den die Wissenschaften damals bieten konnten. Bei einem Gewürzhändler lernte er außerdem das indische Zahlenrechnen.

Seine Karriere war damit vorgezeichnet: Mit 10 Jahren beherrschte der junge Moslem den Koran vollständig, mit 17 wurde er bereits bei einer Krankheit des Sultans hinzugezogen, mit 18 Jahren war sein wissenschaftliches Studium abgeschlossen. Bedeutende Werke legte Avicenna bereits im Alter von 21 Jahren vor. Als Arzt und Lehrer erwarb er höchste Anerkennung; Entsprechend der unruhigen Zeitumstände war sein Leben bewegt und wechselvoll.

Avicenna hielt sich an verschiedenen Fürstenhöfen in Persien und im Zweistromland, dem heutigen Irak, auf und stellte seine Fähigkeiten in den Dienst der jeweiligen Herrscher. Als das Samanidenreich erobert und Buchara 999 zerstört wurde, mußte er sich auf die Flucht begeben. Über mehrere Stationen gelangte er schließlich nach Isfahan, wo ihn der Emir Ala el-Daula aufnahm. Als die Stadt 1030 von den Feinden des Herrschers eingenommen wurde, plünderten sie das Haus des Avicenna und verschleppten seine Bibliothek. Im Juni 1037 starb Ali ibn Sina alias Avicenna, erst 57 Jahre alt, in Hamada an einem zu scharfen Klistier, das er sich zur raschen Heilung eines Kolikanfalls selbst verordnet hatte.

Insgesamt 100 Schriften verfaßte der Gelehrte, die meisten sind nur dem Titel nach bekannt. Besondere Bedeutung kommt dem Perser bei der Vermittlung von griechischer Literatur und lateinisch-abendländischer Kultur zu. Avicenna ist einer der großen Kommentatoren der Schriften des Aristoteles und dessen Schule. Das Hauptwerk Avicennas, das „Buch der Genesung", umfaßt die Gebiete Logik, Mathematik, Physik und Metaphysik.

Von seinen medizinischen Schriften ist vor allem das Buch „al-Qanun fi' l-tibb", in lateinischer Übersetzung „Canon medicinae", berühmt geworden. Der Wert dieses Werkes liegt nicht in einer wesentlichen Bereicherung oder einem Fortschritt auf dem Gebiet der Heilkunde. Vielmehr hat Avicenna die medizinischen Lehren in erster Linie gesammelt und übersichtlich dargeboten – und das zu einer Zeit, in der im christlichen Abendland die Beschäftigung mit den klassischen antiken Werken ganz aufgehört hatte.
Sein „Canon medicinae" gab der abendländischen Heilkunde des 12. Jahrhunderts eine wissenschaftliche Grundlage und blieb für rund 500 Jahre das maßgebliche Lehrbuch an den medizinischen Fakultäten in Europa. Die erste dieser Fakultäten entstand zu Beginn des 13. Jahrhunderts an der Universität in Montpellier.
Neben dem Canon hat Avicenna noch ein kleines Kompendium der Medizin verfaßt, eine Art Kurzfassung für den Anfänger, wie er selber in der Einleitung schreibt. Dieses „Lehrgedicht über die Heilkunde" beinhaltet insgesamt 1313 Verse in Doppelzeilern. Es gibt wohl kaum ein Büchlein der klassischen oder mittelalterlichen Medizin, das einen so raschen Einblick in die Grundgedanken und das Wesen jener Wissenschaft vermittelt, wie sie von Galen (129–199) bis Paracelsus (1493–1541) gelehrt wurde. Die letzte lateinische Gesamtausgabe der medizinischen Summa des Avicenna erschien noch im Jahr 1608.

Das Lehrgedicht über die Heilkunde

Im Namen Gottes des Barmherzigen und Gnädigen

Es erbarme sich Gott unseres Herrn Muhammed und sei ihm gnädig! Es sagt der Meister, der Fürst, der geistreiche Gelehrte, der höchste der Könige. Abu Ali el-Hosein ben Abdallah ben el-Hosein ben Ali ibn sina, dessen sich Gott der Hohe erbarmen möge:
Lob sei Gott dem Hohen, dem Mächtigen, dem Herrn von Macht und Gewalt, dem Außerordentlichen, dem Allherrscher;
Er hat uns in Vollkommenheit erschaffen und leitet uns in seiner Gnade zum Wissen.
Er hat uns gelehrt, was wir nicht imstande waren zu wissen, und läßt uns verstehen, was begreifen zu können wir nicht ahnten.
Lob sei ihm für das hierdurch uns reichlich gespendete Glück, und dafür, daß er uns behütet vor vielen Krankheiten.
Er hat uns in seiner Güte mit dem Geschenk der Sprache der gesamten Schöpfung gegenüber bevorzugt.
Ferner wollen wir alle beten, so lange diese Welt und das Jenseits bestehen,

zu dem auserwählten Propheten Muhammed, dem Verehrungswürdigen, dem Hohen, dem Reinen.
Ich bitte Gott um Hilfe, daß er mir weitere Gnade zu teil werden läßt und seinen Sklaven unterstützt bei der Zusammenfassung und Herausgabe dieses Lehrgedichtes.
Jedem Arzte wird die Kenntnis seines aus allen Büchern zusammengesuchten Inhaltes nützen,
und es wird dem Gelehrten andere Bücher ersetzen, da es den Stoff aufs beste angeordnet enthält.
Es umfaßt im ganzen dreizehnhundert und dreizehn Verse.
Für jemanden, der sie noch nicht kennt, ist es eine Einführung in die Wissenschaft und in die Kunst,
leicht auswendig zu lernen und für längere Zeit zu behalten;
denn es tönt im Ohre mit wellenförmigem Rhythmus, bei dem eines mit Notwendigkeit auf das andere folgt.
Ich werde also jetzt den Begriff der Heilkunde bestimmen und sie sachgemäß in Kapitel einteilen.

ERSTER TEIL: HEILWISSENSCHAFT

Die Heilkunde umfaßt die Fürsorge für die Gesundheit und die Befreiung von der Krankheit, die im Körper durch gewisse Ursachen entsteht.
Zuerst wird sie eingeteilt in die Heilwissenschaft und die Heilkunst; die Wissenschaft wiederum zerfällt in drei Teile,
nämlich die Kenntnis des siebenfachen normalen Körperbestandes, und der sechsfachen Lebensverhältnisse,
sowie der Krankheiten, deren Erscheinungen, Wesen und Ursachen in einzelnen Abschnitten beschrieben werden sollen.
Die Heilkunst kann auf zweierlei Weise ausgeübt werden, nämlich entweder durch tätliche Eingriffe,
oder durch Anwendung von Arzneien oder heilkräftigen Nahrungsmitteln.

NORMALER KÖRPERBESTAND

1. Die Grundstoffe

Zum normalen Bestand des Körpers gehören die Grundstoffe, aus deren Mischung die Körper bestehen.
Hippokrates führt sie ganz richtig auf: nämlich Wasser, Feuer, Erde und Luft.

Daraus, daß der Körper nach seinem Tode zu diesen Grundstoffen zerfällt, kann man schließen, daß er daraus wirklich besteht.
Wenn nur einer von diesen Grundstoffen vorhanden wäre, würde der Körper nicht von Schmerzen geplagt werden.
Es folgt die Lehre von den Mischungen, deren Kenntnis bei der Krankheitsbehandlung ausschlaggebend ist.

2. Die Mischungen

Es gibt vier Mischungen, deren Wirkung man einzeln oder vereinigt feststellen kann.
Die Mischungsarten warm, kalt, trocken und feucht kann man durch Berührung ermitteln.
Diese Mischungen finden sich vor in den Grundstoffen, in den Jahreszeiten, in den Lebensverhältnissen und an den verschiedenen Körperteilen.
Zuerst kommen unter den sich durch ihre Mischungen unterscheidenden Dingen die Grundstoffe.
Wärme ist im Feuer und in der Luft, Kälte in der Erde und im Wasser, Trockenheit im Feuer und in der Erde und Feuchtigkeit im Wasser und in der Luft.
Sie haben in ihrem Wesen gewisse Unterschiede, die man je nach ihrem Zustande und nach ihrer Zusammenstellung erkennen kann.
Die Mischungen der Menschen unterscheiden sich, denn sie sind sichtlich nicht alle gleich, und sie gehören doch auch wieder zusammen, denn sie sind offenbar auch nicht vollkommen entgegengesetzt.
Wir bezeichnen eine Mischung nach demjenigen Grundstoffe, der unter den anderen, mit denen er zusammengesetzt ist, vorherrscht.
Als normal und regelrecht bezeichnet man eine Mischung, wenn alle vier Arten gleichmäßig vereinigt sind,
dann sind sie im rechten Verhältnis gemischt, so daß die Rechnung wie in einem Geschäftsbuche stimmt.
Wenn aber irgendwo eine Veränderung stattfindet, so daß sich der Schwerpunkt nach einer Seite hin verschiebt,
so sind dann die betreffenden Kräfte nicht etwa verschwunden, sondern nur außer Wirksamkeit gesetzt.
Man bezeichnet dann die Mischung je nach dem vorherrschenden Grundstoffe als feurig oder erdig oder wäßrig
oder luftig; das sind die hierfür gebräuchlichen Fachausdrücke.
Durch Vereinigung von je zweien sind die neun möglichen Mischungsarten erschöpft; weitere lassen sich dann nicht erfinden.
Ich führe jetzt die einzelnen Jahreszeiten auf, deren übersichtliche Einordnung sich von selbst ergibt:
Im Winter herrscht der Schleim, der Frühling ist die Zeit des Blutes,

im Sommer gibt es vorwiegend Gelbgalle und im Herbst Schwarzgalle.
Die Lebensstoffe werden eingeteilt in die drei Klassen der Steine, der Pflanzen und der einen lebenden Körper besitzenden Tiere.
Was einen lebenden Körper zerstören kann, bezeichnet man als Gift, und was ihn in seinem Leben fördert, als Nahrungsmittel.
Die Mischung der letzteren stellt man durchaus sicher vermittelst des Geschmackes fest:
Süßes, Salziges, Bitteres und Scharfes ist trocken und warm,
Beißendes, Saures und Zusammenziehendes ist trocken und kalt,
Wäßriges und Geschmackloses gehört zur regelrechten, normalen Mischung,
Öliges ist warm und feucht und Mildes ist kalt und feucht.
Die lebenden Wesen, insbesondere auch die Menschen, haben je nach dem Alter verschiedene Mischungen.
Jugendliche und Kinder sind warm,
Jugendliche jedoch mehr trocken, während Kinder sich feucht anfühlen.
Ältere Leute werden kalt, am meisten die Greise,
und zwar ist ihre Mischung auch trocken; bei den Greisen werden die Säfte schließlich roh.
Männer sind trocken und warm, Frauen aber kalt und feucht.
Wohlgenährte und fette Körper sind kalt und feucht,
magere und schlanke aber trocken.
Wer äußerlich sichtbare, weite Blutgefäße hat, ist warm,
wer aber gar keine sichtbare hat, ist kalt.
Personen mit wohlgebautem, mittelernährtem Körper haben eine regelrechte, normale Mischung.
Die Farbe der Haut ist nicht ohne weiteres zu Schlußfolgerungen zu verwerten, da die verschiedenen Gegenden Einfluß darauf haben.
So bewirkt bei den Äthiopiern die Wärme, daß die Haut sich schwarz färbt,
während bei den Slaven die Haut so zart ist, daß sie ganz weiß aussehen.
Man kann sieben verschiedene Klimata unterscheiden, deren Mischungen sich aus der Hautfarbe erkennen lassen:
das vierte ist das gleichmäßigste, und dieser seiner Mischung entspricht auch die Hautfarbe.
Im übrigen spricht eine braune oder gelbe Farbe für Gelbgalle, eine schmutzige oder graue für Schwarzgalle,
eine rote Hautfarbe kommt vom Blute, und eine weiße oder elfenbeinartige Färbung hängt mit dem Schleim zusammen.
Weiß und rot zusammen ist ein Zeichen für eine regelrechte Mischung.
Weiße Haare haben eine kalte Mischung, während solche mit warmer Mischung schwarz sind.
Weniger kalt sind blonde und weniger warm braune Haare.

Haare, deren Farbe aus blond und braun zusammen besteht, haben eine regelrechte Mischung.
Wenn die Linse und der Glaskörper des Auges in allen ihren Teilen klar, rein,
gut gewölbt und für das Licht in der Richtung der Strahlen durchgängig sind,
dann sind die Augen hellblau; im umgekehrten Falle sind sie aber schwarz.
Liegen die Verhältnisse aber teils für eine Schwarz-, teils für eine Blaufärbung günstig, so sieht das Auge grau aus.
Wenn der Sehgeist sich verringert, wird es trübe, wenn er sich vermehrt, wird das Auge leuchtend.

3. Die Säfte

Der Körper enthält Säfte, die sich durch ihre Farbe und ihre Mischungen unterscheiden,
nämlich Schleim, Gelbgalle, Blut und Schwarzgalle.
Der Schleim ist meistens mild und mäßig kalt;
es gibt aber auch glasigen Schleim, welcher dick und kalt ist,
Es gibt ferner einen süßen Schleim, der mehr warm ist,
und einen sogenannten salzigen, der warm und trocken ist,
und endlich einen sauren, ganz kalten, der im Magen aus verdorbenen Speisen entsteht.
Die Gelbgalle kann verschieden gefärbt sein: die eine wird als rauchfarbig beschrieben,
eine andere, und zwar besonders bösartige, sieht wie Grünspan oder Lauch aus,
eine weitere ist eigelb und ziemlich harmlos,
und endlich gibt es noch die eigentliche Gelbgalle, die sich in der Gallenblase vorfindet; alle diese Sorten neigen zur Wärme.
Das Blut stammt aus der Leber, wo es gebildet wird; von da aus geht es durch den ganzen Körper;
auch das Blut im Herzen gehört dazu;
Blut ist warm und feucht.
Die Ansicht, daß der Sitz der Schwarzgalle in der Milz ist, wird für durchaus richtig gehalten.
Während sich das Blut normaler Weise in Bewegung befindet,
ist eine Bewegung der Schwarzgalle abnorm.
Zweifellos entsteht die Schwarzgalle durch eine Vereinigung und Verbrennung der anderen Säfte.

4. Die Organe

Der Körper hat vier Hauptorgane und eine Anzahl Nebenorgane, die von ersteren abhängig sind.
Eines dieser Hauptorgane ist die Leber, welche die Ernährung des Körpers besorgt.
Das zweite ist das Herz, welches den Körper mit dem Lebensgeist versorgt; ohne das Herz wäre er wie eine Pflanze.
Die Wärme des Körpers stammt von dem Lebensgeist, der durch eine gewisse Kraft in die Hauptschlagader hineingetrieben wird.
Das Gehirn mit dem Rückenmark und den Nerven schützt die Wärme des Herzens vor Entzündung
und besorgt die Bewegung der Gelenke. Die Hoden sind die Fortpflanzungsorgane,
durch welche vermittelst der Zeugung die Art erhalten bleibt; werden sie abgeschnitten, so erlischt die Art.
Fleisch, Fett und verschiedene Arten von Drüsen sind gleichsam als Diener für jene Hauptorgane vorhanden.
Knochen, Häute und Bänder dienen zum Schutz und zur Stütze des Körpers.
Die Nägel an den Fingern sind eine Art Hilfswerkzeuge, während die Haare eigentlich überflüssig oder nur zum Schmucke vorhanden sind.
Alles zusammengenommen, ist der Aufbau der Körpergestalt bis zum letzten Glied ganz vollkommen.

5. Die Geister

Der Lebensgeist wird eingeteilt in den Stoffgeist, der aus reinem, lauterem Dampf besteht,
in den im Herzen gereinigten Luftgeist, durch den das Leben erhalten wird,
und in den in das Gehirn eindringenden Seelengeist, der seinerseits in den Gehirnhäuten umgebildet wird,
und den die Hirnhöhlen eigenartig gestalten; auf seiner Wirksamkeit beruht die Vernunft und die Sinne.

6. Die Kräfte

Jeder Geist hat eigentümliche Kräfte, die den anderen Geistarten abgehen.
Es gibt sieben Kräfte des Stoffgeistes, die sich folgendermaßen unterscheiden:
Eine den Samen entwickelnde Kraft, die sich mit nichts anderem irgendwie vergleichen läßt.

Eine Kraft, die die besonderen Eigenschaften und Größen- und Zahlenverhältnisse des Körpers bildet.
Eine anziehende, eine verdauende, eine zurückhaltende und eine aussondernde Kraft,
und eine Kraft, welche die dem Körper genehmen Teile der Nahrungsmittel zu Körperbestandteilen umwandelt.
Es gibt zwei Kräfte des Luftgeistes, deren jede wiederum in zwei Richtungen tätig ist:
Die eine, mit dem Herzschlag zusammenhängende, führt zur Ausdehnung und Zusammenziehung der Schlagadern,
die andere ist die Ursache dafür, wenn der Körper irgend etwas zu sich nimmt,
nämlich Eßlust und Ekel und Ein- und Ausatmung.
Es gibt neun Kräfte des Seelengeistes; dazu gehören die fünf Sinne:
Gehör, Gesicht, Geruch, Geschmack und allgemeines Gefühl,
ferner die zu den Muskeln gelangende Kraft, durch die die Gelenke bewegt werden,
die Kraft, vermittelst deren man sich die Gegenstände vorstellen kann, als ob man sie in einem Spiegel sähe.
und endlich die Kräfte, mit Hilfe deren man über etwas nachdenken oder sich etwas in die Erinnerung zurückrufen kann.

7. Die Tätigkeiten des Körpers

Die Tätigkeiten des Körpers, welche ja nur die Folge einer Wirksamkeit der Kräfte sind,
werden je nach der wirkenden Kraft benannt, wie zum Beispiel die Anziehung, die Entwicklung, die Zurückhaltung,
die Nahrungsaufnahme und die Eßlust. Während indessen die Anziehung die Wirkung nur einer einzigen Kraft ist,
wird die Lust zur Nahrungsaufnahme von zwei Kräften hervorgerufen: nämlich von dem Gefühl und der Anziehung zusammen.
Das Gefühl und das Vorwärtsstoßen haben die Aufnahme der Nahrung zur Folge: es handelt sich also hier um die Wirkung zweier Kräfte.

NORMALE LEBENSVERHÄLTNISSE

1. Die Luft

Die Luft steht unter der Herrschaft der Sonne; das kann man aus ihrer Veränderung in den verschiedenen Jahreszeiten und beim Sonnenuntergang erkennen.

Sie ist aber auch vom Klima abhängig, sonstige Einflüsse machen sich nicht bemerkbar.
Die Konstellation der Luft ändert sich genau so, wie die aller anderen auf- und niedersteigenden Gestirne.
Nähert sie sich der Sonne, so wird die Luft ein Raub ihrer Flammen, entfernt sie sich aber von den Sonnenflammen, so kühlt sich die Luft beträchtlich ab.
Wenn die Unglückssterne hoch stehen, so bedeutet das für die Menschen Verderben;
stehen aber die Glückssterne auf ihrem Höhepunkt, so ist dies für uns alle hinieden ein Segen.
Eine hoch im Gebirge gelegene Gegend ist kalt,
während sie eine wärmere Mischung hat, wenn sie tief im Tale liegt.
Wenn ein Ort südlich von einem Gebirge liegt, so wird er beim Wehen des Windes noch wärmer werden;
Liegen aber südlich von einem Orte Berge, so bringt ihm ein wehender Wind Kälte.
Liegt ein Ort östlich, so ist seine Luft fein, liegt er westlich, so ist sie dick.
Das Meer hat nach Ansicht aller Gelehrten die entgegengesetzte Wirkung auf einen Ort wie das Gebirge.
Die Winde folgen einander in der Luft ebenso, wie die Gestirne am Himmel.
Der Südwind ist warm und feucht und erzeugt Fäulnis,
der Nordwind aber ist kalt und trocken und schadet durch Husten.
Der Ostwind ist warm und fein, und der Westwind ist kalt und dick.
Landstriche, die sumpfig sind und in ihrer Umgebung viel Wasser haben, sind, wenn es sich um Süßwasser handelt, kalt und haben eine feuchte Mischung;
wenn aber Wüsten und Salzwasser die Nachbarschaft bilden, ist die Luft trocken.
Eine Wohnstätte mit vielen Öffnungen bietet den Winden offenen Zutritt und ist infolgedessen im Winter kalt und im Sommer warm.
Eine Wohnung mit niedrigem Zugang wird aber die entgegengesetzten Verhältnisse bieten.
Seide und Baumwolle halten warm, während glatte Stoffe und Leinen kühl sind.
Haarige Wollstoffe sind auch warm, aber zugleich trocken.
Bei allen duftenden Pflanzen kann man annehmen, daß sie eine warme Mischung haben;
nur die folgenden fünf: Myrte, Weide, Seerose, bunte Rosen und Veilchen erzeugen kalte Mischungen.
Wohlgerüche und andere Geruchstoffe sind gleichfalls warm, außer Sandel und Kampher.

Am besten für das Auge sind schwärzliche oder grünliche Farben; Weiß und helles Gelb sind schädlich, denn sie zerstören das Augenlicht.

2. Speisen und Getränke

Der Zweck der Nahrung ist, zum Aufbau des Körpers zu dienen, soweit ihre Bestandteile hierzu geeignet sind,
und das, was im Körper verbraucht und ausgeschieden wird, zu ersetzen.
Manche Nahrungsmittel enthalten Bestandteile, die sich in reines Blut umwandeln können;
dazu gehören feine Nahrungsmittel, wie Weißbrot, zartes Fleisch von jungen Hühnern,
und Beermelde; so etwas eignet sich zur Krankenkost.
Es gehören dazu aber auch dicke Nahrungsmittel, wie Semmel, gute Schlikkermilch in geringer Menge,
Fische, die sich in kiesigen Gewässern aufzuhalten pflegen: das ist eine geeignete Kost für solche, die sich angestrengt haben und müde sind.
Andere Nahrungsmittel sind fein und scharf, wie Senf, Zwiebel oder Lauch;
diese erzeugen Gelbgalle und verursachen so bisweilen sogar Krankheiten.
Andere Nahrungsmittel erzeugen Schwarzgalle und verursachen bei dazu geneigten Personen entsprechende Krankheiten,
wie altes Bock- und Rindfleisch, Kleienbrot und Käse.
Endlich gibt es auch Nahrungsmittel, die Schleim erzeugen können, wie fette Fische, und verschiedene Milchspeisen.
Süßes Flußwasser hat gewöhnlich eine feuchte Mischung;
es hilft bei der Ausscheidung der Abfallstoffe und befördert die Nahrungsstoffe durch die Blutgefäße hindurch.
Am besten werden die Säfte durch Regenwasser, weil dieses am wenigsten schädliche Beimengungen enthält.
Es gibt aber auch Wasser, denen abnorme Bestandteile beigemischt sind; diese müssen je nach diesen Beimischungen beurteilt werden.
Getränke, die zugleich dem Körper Nahrungsstoffe zuführen, sind Wein, Dattelwein und Milch.
Ein Getränk, das, abgesehen von seinem sonstigen Nutzen, dem Körper seine normale Beschaffenheit wiedergibt, ist der Sauerhonig.

3. Schlaf und Wachsein

Der Schlaf läßt die Kräfte der Seelen- und Sinnestätigkeit ausruhen, macht den Körpere warm und hilft bei der Verdauung der Speisen.
Wenn aber der Schlaf übermäßig ausgedehnt wird, so füllen sich die Kopfhöhlen mit Säften,

die den Leib und die Brust feucht machen, und die Wärme, die sie belebt, auslöschen.
Wachsein, im richtigen Maße betrieben, erhält die Spannkraft in guter Verfassung,
Stärkt die Kräfte in ihrer Tätigkeit, und reinigt den Körper von den Abfallstoffen.
Wenn das Wachsein aber übertrieben wird und zur Schlaflosigkeit führt, stellt sich Unruhe und Erregbarkeit ein,
es zehrt den Körper und den Geist auf, verdirbt die Gestalt und die Farbe, schädigt die Augen, stört die Verdauung, macht zu Gedankenarbeit unfähig und richtet überhaupt den Körper zu Grunde.

4. Bewegung und Ruhe

Man muß sich unbedingt einem gewissen Maße von Anstrengungen unterziehen;
Dadurch wird der Körper ins Gleichgewicht gebracht, die Abfallstoffe und der Schmutz werden entfernt,
der Körper wird besser zur Nahrungsaufnahme befähigt, und selbst Stoffe, die eigentlich kaum zum Körperaufbau dienen, werden dazu geeignet.
Wenn man aber die Anstrengungen übertreibt, und sich überarbeitet, dann schwinden die Lebensgeister, man kommt herunter,
die fremde Wärme entzündet sich, die Feuchtigkeit des Körpers schwindet,
die Nerven werden durch übermäßige Schmerzen geschwächt und der Körper altert vor der Zeit.
Gib dich aber auch nicht zu sehr der Ruhe hin; auch davon ist ein Übermaß durchaus nicht gut;
denn dadurch füllt sich der Körper mit Säften an, wird zu dick und nicht mehr geneigt, Nahrung aufzunehmen.

5. Entleerung, Zurückhaltung und Reinigung

Das Gehirn und alle anderen Organe des menschlichen Körpers bedürfen zeitweise einer Entleerung:
im Frühling nimmt man am vorteilhaftesten eine Reinigungskur mit Messer und Arzneien vor,
im Sommer sorge man für Erbrechen und im Herbst für Ableitung der Schwarzgalle.
Man gurgle und benütze die Zahnbürste zur Reinigung der Zähne und des Gaumens,
man lasse häufig den Harn ablaufen, weil man sonst die Wassersucht bekommt, und leite bei der Regel das Blut aus den Körperorganen ab;

man entleere die Eingeweide bei Leibschmerzen, um dadurch Erleichterung zu schaffen.
Bei Beschmutzung sorge man für ein gründliches Bad,
um die Ausscheidungsstoffe von der Körperoberfläche zu entfernen und den Körper von dem sichtbaren Schmutz zu befreien.
Man gestatte den Mannbaren den Beischlaf, damit sie dadurch vor Selbstbefleckung bewahrt bleiben;
nur den Mageren, älteren Leuten und Geschwächten verbiete man ihn.
Wer den Beischlaf kurz nach dem Essen ausübt, dem droht Gicht und andere Schmerzen.
Zu häufiger Beischlaf schwächt den Körper und verursacht die verschiedensten Leiden.

6. Gemütsbewegungen

Heftiger Zorn macht heiß und kann dadurch dem Körper schädlich werden,
während Furcht kalt macht, und im Übermaße auch zu Störungen führen kann.
Viel Glück treibt den Körper auf und kann durch zu starken Fettansatz zu Störungen Veranlassung geben.
Trauer hat Abmagerung zur Folge und kann deshalb einem, der notwendiger Weise abnehmen muß, ganz förderlich sein.

ABNORME VERHÄLTNISSE DES KÖRPERS

1. Das Wesen der Krankheiten

Die verschiedenen Krankheitszustände können an den einzelnen Körperteilen lokalisiert sein.
Wärme ohne Ausscheidungsstoffe findet sich beispielsweise bei Auszehrung oder Abmagerung,
Wärme mit Erkrankung der Säfte bei Fieber infolge von Fäulnis,
Kälte ohne Eiter beim Erfrieren durch Nachtreif oder Frost,
und Kälte mit Säftebildung findet sich beispielsweise bei Halbseitenlähmung infolge übermäßiger Schleimbildung.
Es wird auch Feuchtigkeit ohne Ausscheidungsstoffe beobachtet, zum Beispiel bei Anschwellung der Haut,
oder Feuchtigkeit mit Säftebildung im Körper, zum Beispiel bei der Anfüllung des Leibes bei der Bauchwassersucht,
oder trockene Krankheitszustände mit Eiterbildung, zum Beispiel Krebs und Drüsenschwellungen,

und endlich auch Trockenheit ohne Säftebildung bei Zusammenschrumpfung infolge von Schwund.
An den verschiedenen Körperteilen kann man Verbildungen finden, wenn sich bei ihnen störende Einwirkungen geltend gemacht haben:
bei vermehrtem Wachstum wird zum Beispiel der Kopf zu groß, beim Zusammenschrumpfen wird der Magen zu klein;
bei fehlerhafter Bildung kann der Kopf hohl wie ein Topf aussehen,
und andererseits kann durch eine krankhafte Störung an einer hohlen Stelle, zum Beispiel am Fußgewölbe, die Höhlung durch Fleischmassen ausgefüllt sein.
Kanäle können durch Fremdkörper verstopft werden, wie zum Beispiel die Nieren durch Steine.
Der Magen, der eigentlich rauh sein müßte, kann durch zu reichliche Flüssigkeit glatt werden,
und der Rachen, der eigentlich glatt sein müßte, kann infolge Trockenheit rauh werden.
Die Zahl kann von der Norm abweichen, wie zum Beispiel beim Vorhandensein von sechs oder nur vier Fingern.
Endlich können manchmal zwei Finger miteinander verwachsen, oder der Mund kann gespalten sein.
Zusammenhangstrennungen können in der Mitte von Gliedmaßen oder auch da entstehen, wo zwei Gliedmaßen aneinanderstoßen.
Letzteres ist der Fall bei Verrenkungen, zum Beispiel des Armes, oder Abtrennung eines Fußes oder einer Hand.
Trennungen im Verlaufe von Knochen nennt man Brüche und solche von Häuten und Blutgefäßen Zerreißungen.
Wenn etwas der Länge nach zertrennt wird, so spricht man, wie zum Beispiel bei den Sehnen, von einer Spaltung, und bei Trennung der Breite nach von einem Querriß.
Von einer Quetschung spricht man bei Bändern und Sehnen, wenn die Haut nicht eingerissen oder durchlöchert ist.
Sind die Weichteile betroffen, so entsteht eine Wunde, und wenn diese längere besteht, so nennt man sie Geschwür.
Wenn der Muskel verletzt wird, klafft die Wunde. Wird nur die Haut entfernt, so nennt man die Verletzung eine Abschürfung.

2. Die Ursachen der Krankheiten

Die Ursachen der Krankheiten können unmittelbare sein, die auf den Körper einwirken,
wie Feuer oder Eis oder ein Schlag oder ein Stoß gegen einen festen Gegenstand;
sie können aber auch mittelbare verschiedenster Art sein,

wie zum Beispiel die Fäulnis: so lange diese dauert, hält auch das durch sie bedingte Fieber an.

Gewisse Krankheiten entstehen auch durch eine im Körper bereits vorhandene Anlage.

Wenn eine Mischung durch Säfteabsonderung verdorben wird, so kann dies folgende Ursachen haben:

die aussondernde Kraft kann zu stark oder die zurückhaltende zu schwach sein, oder die Menge der fließenden, verdorbenen Säfte ist zu groß,

oder die Kanäle sind zu weit oder die umwandelnde Kraft ist ungenügend; die Hauptursache aber ist,

daß manchmal die Mischung des Körpers derjenigen entgegengesetzt ist, welche er eigentlich haben müßte.

Alles das, was den Körper für gewöhnlich warm macht, kann auch zu warmen Krankheiten Veranlassung geben.

Der Lauch zum Beispiel erzeugt warme Kräfte und deren Wirkung ist wie warmer Südwind;

Warme Krankheiten werden auch verursacht durch zornige Gemütsbewegungen, durch ermüdende, körperliche Arbeit,

durch Fäulnis, spärliche Nahrung und durch Verstopfung der Hautporen.

Ursache kalter Krankheiten kann folgendes sein: jede Zusammenhangstrennung, oder

Bilsenkraut, welches kalte Kräfte erzeugt, so daß deren Wirkung wie Schnee ist, oder

Hunger, bei dem die Nahrungsstoffe für die Lebensgeister mangeln, wie bei einer Lampe, deren Brennöl ausgegangen ist.

Auch eine übermäßige Sättigung erstickt die Wärme;

andauernde Übermüdung führt zur Entleerung der Lebensgeister und macht so den Körper kalt;

andererseits kühlt die Ruhe durch den Mangel an Bewegung den Körper ab, wie wenn eine Flamme durch den Rauch erstickt wird.

Unbeholfenheit infolge übermäßiger Fettleibigkeit hält das Feuer des Körpers nieder, bis es erstickt.

Ein Körper mit weiten Hautporen ist auch kalt, weil er zur Abgabe der Wärme sehr geeignet ist.

Feuchte Krankheiten können durch fünf verschiedene Ursachen entstehen:

eine feuchte Wirkung haben warme Übergießungen mit Süßwasser,

feuchte Kräfte werden durch Milch, zarten Fisch und Molken erzeugt,

ferner körperliche Ruhe, übermäßige Sättigung und Zurückhaltung der im Körper angesammelten Feuchtigkeit.

Trockene Krankheiten können ebenfalls durch fünf verschiedene Ursachen entstehen:

trockene Wirkung übt der Nordwind, trockene Kräfte erzeugt der Senf,

ferner Hunger, bis die Feuchtigkeit verschwindet, anstrengende Arbeit, und schließlich austrocknende Entleerungen infolge von Abführmitteln.
Wenn einzelne Körperteile zu groß werden, so liegt dies an zu starken bildenden oder ernährenden Kräften,
und wenn sie zu klein bleiben, so ist das Kräfteverhältnis umgekehrt.
Wenn die äußere Form mißgestaltet ist, wenn also entsprechende Teile verschieden sind,
so kann das daran liegen, daß die Gebärmutter sie verdrückt hat, oder daß zu wenig Samen eingeführt worden ist,
oder weil die Geburt in der Austreibungszeit schlecht verlief, so daß hierbei die Gestalt verbogen wurde,
oder daß die Amme die Binden beim Wickeln schlecht angelegt hat,
oder daß sie zu viel Nahrung gegeben oder beim Entwöhnen einen Fehler gemacht hat.
Auch kann ein Kind fallen und sich einen Knochen brechen,
oder die Nase wird so eingedrückt, daß eine Sattelnase entsteht, die nicht wieder ausgeglichen werden kann,
oder gebrochene Knochen werden, ehe sie fest verheilt sind, wieder bewegt und brechen wieder.
Auch kann, wie bei dem sogenannten Elephantenbein, die Säftemasse zu groß sein, oder sie ist zu klein, wie bei langsamem Schwund.
Der Mund kann durch Schlaffheit der Nerven verzogen werden, oder der Hals wird durch Faltung der Haut verbogen,
oder Narben von Geschwülsten oder Geschwüren verderben die äußeren Formen.
Verstopfungen von Kanälen können nach Ansicht der Gelehrten auf folgende Ursachen zurückzuführen sein:
Starke zurückhaltende und schwache ausstoßende Kräfte, oder Kälte vereinigt mit
Trockenheit führt zu reichlichen Ansammlungen, anziehende Kräfte, wenn sie an engen Stellen sitzen,
Geschwülste, die durch Druck verengend wirken, Stellen, an denen zusammenziehende Arzneien eingewirkt haben,
ferner wenn Geschwüre oder Verdickungen ein Hindernis bilden, zielloses wucherndes Fleisch,
Säftemassen, Eiter, Blut, verhaltene Milch und verhaltenes Wasser,
Pillen, Würmer, Steine, harter Kot und auch Luft können zur Verstopfung von Kanälen führen.
Wenn aber Kanäle unzweckmäßiger Weise nicht genügend verschlossen sind, so kann dies die Folge von zu starken ausstoßenden oder zu schwachen zurückhaltenden Kräften sein;
auch haben alle öffnend wirkenden Pflanzen, sowie Wärme und Feuchtigkeit denselben Erfolg.

Sobald am Körper etwas der Größe nach zunimmt, so geschieht dies durch Körpermaterie,
sei es durch erwünschten Eiter, wie beim Fingerwurm, sei es durch schlechtere Stoffe, wie bei der Froschgeschwulst der Zunge.
Wenn sich etwas der Größe nach vermindert, so verhält es sich umgekehrt.
Alles, was eine vorhandene Glätte beseitigt, verursacht die Bildung von Rauhigkeiten,
wie zum Beispiel Säfteniederschläge, Rauch, Staub, bittere Nahrungs- und Heilmittel.
Eine vorhandene Rauhigkeit kann dagegen geglättet werden durch schlüpfrige Säftemassen oder ölige Stoffe.
Veränderungen in der Lage können bedingt sein durch Verwundungen oder teilweise Abtrennungen.
Wenn etwas, was seiner Lage nach eigentlich vereinigt sein sollte, getrennt ist,
was vorkommen kann, wenn eine Wunde, die zuheilen sollte, sich nicht vereinigt,
so ist dies eine Folge einer besonders starken verändernden und einer besonders schwachen bildenden Kraft.
Wenn aber etwas, was eigentlich seiner Lage nach getrennt sein sollte, sich vereinigt hat,
so kommt das daher, daß die Krankheit eine verbindende Kraft hatte.
Bei der Trennung von Zusammenhängen kann es sich um folgende Ursachen handeln:
Brennende und scharfe Säftemassen, zerfressende und zernagende Fäulnis,
ein schwerer Druck, der zerquetscht oder zermalmt, oder die Beweglichkeit erleichternde Schlüpfrigkeit,
oder ein Sturz, der zerschlägt oder zerdrückt, oder ein Steinwurf, der zersplittert oder zerreißt,
oder brennende, fressende Arzneien, das zertrennende Messer,
oder Gase, die etwas zum Zerplatzen bringen, oder das die Haut versengende Feuer ...

ZWEITER TEIL: HEILKUNST

Behandlung durch Arzneien

Die höchst wichtige Methode der Behandlung durch ärztliche Verordnungen
kann sich in zwei Richtungen erstrecken, nämlich einmal auf den Schutz der Gesunden

und sodann auf die Erleichterung der Beschwerden bei Kranken, und letzteres ist bei meiner Seele der Gipfel der Heilkunst.

1. Der Schutz der Gesundheit

Der Schutz der Gesundheit kann sich erstrecken auf solche Personen, die im vollsten Sinne des Wortes gesund sind,
und auf solche, deren Gesundheit nicht ganz sicher ist; und zwar teilt man letztere wieder für die Behandlung in zwei Gruppen ein:
die eine Gruppe ist schwach am ganzen Körper und unter allen Umständen und zu jeder Zeit,
wie zum Beispiel Greise, Genesende und Säuglinge; diese haben im ganzen eine schwache Säftebildung,
und man kann bei ihnen Zeichen finden, welche den Ausbruch von Krankheiten befürchten lassen.
Die andere Gruppe dagegen ist nur an einem Teile des Körpers schwach, an der Haut, an den Muskeln, an den Knochen,
oder jemand hat einen schwachen, von Natur kalten und zarten Magen,
und eine andere Person hat eine verlagerte Gebärmutter, oder einen sechsten Finger oder eine Geschwulst,
und wieder bei anderen äußert es sich je nach ihrem Alter oder nach der Jahreszeit,
wie zum Beispiel eine Person mit einer feuchten Mischung in der Jugend schwach, im späteren Alter aber kräftig,
und eine Person mit einer trockenen Mischung im Herbst schwach, im Frühling aber durchaus kräftig sein kann.
Die Heilkunst kann den Schutz der Gesundheit auf zweierlei Weise erreichen:
Will man die vorhandene Säftemischung erhalten, so kann man dies durch eine Ernährung von gleicher Mischung tun;
will man aber den Körper aus seinem normalen Mischungszustande herausbringen, so erreicht man dies durch eine Ernährung von entgegengesetzter Mischung.
Einem vollkommen Gesunden soll man verordnen, was ihn in seinem Zustande zu erhalten geeignet ist:
Er soll im Frühling eine Wohnung mit heilsamer Luftfeuchtigkeit bewohnen,
die sich etwas über die Ebene erhebt und nach Osten liegt; denn dies ist das feinste Klima.
Im Sommer soll er Berge und eine nach Norden offene Gegend vorziehen.
Die Nächte verbringe er in den oberen Gemächern, und halte sich tagsüber in den unteren Räumen auf.
Man kleide sich weniger mit Wolle und Baumwolle, als lieber mit leichtem Leinen.

Man bevorzuge vor allem die kälteren Wohlgerüche und unter den Ölen das Rosenöl.
Die Augen schütze man vor Staub, Rauch, Dämpfen und
vor dem Glanze der Sonne, und den Körper vor heißem Winde und vor strahlender Hitze.
Man betrachte nicht lange feine Zeichnungen und durcheinandergehende Schriftzeichen.
Eine einzige Mahlzeit innerhalb eines Tages und einer Nacht ist etwas zu wenig
und zwei Mahlzeiten sind wieder etwas zu viel; drei innerhalb zweier Tage stellen den Mittelweg dar.
Man nehme sich viel Zeit, um ordentlich zu essen, und kaue fein, um gut zu verdauen.
Alles, was man nicht erkleinern kann, ist auch schwer zu verdauen.
Wenn man einmal Lust hat etwas zu essen, was man sonst als schlecht verabscheuen würde,
so muß man daran denken, daß man ja jede Mischung mit ihrem Gegenteil behandelt,
und daß bisweilen auch einmal eine an sich gar nicht so schlechte Mischung durch verderbliche Nahrungsmittel noch verbessert werden kann.
Die Gewohnheit der Menschen ist ein Umstand, den man gerade bei der Ernährung nicht vernachlässigen darf;
jede Änderung schadet dem Betreffenden; man muß deshalb solchen Angewohnheiten ganz allmählich die Wurzeln abschneiden.
Nach feuchter Speise genieße man etwas Zusammenziehendes, Süßes mische man mit Saurem,
Trockenes verbessere man mit Feuchtem und Kaltes mit Warmem;
denn das Warme ist ein Gegenmittel gegen das Kalte und das Feuchte gegen das Trockne.
Wenn man infolge von Fett oder Öl, das die Verdauung ungünstig beeinflußt, an Verdauungsstörungen zu leiden befürchten muß,
nimmt man als Gegenmittel Salziges oder Scharfes; denn dies hilft die Speise leichter verdaulich zu machen.
Die Mahlzeiten sollen stattfinden, nachdem man sich angestrengt und für Entleerung der Ausscheidungen gesorgt hat.
Man wähle für die Mahlzeit den Feierabend und einen luftigen Ort
und eine kühle Tageszeit; diese Ratschläge befolge man genau.
Im Sommer nehme man nur wenig Nahrung zu sich und bevorzuge dabei dei leichtverdaulichen Nahrungsmittel.
Man vermeide fette Fleischsorten und esse lieber Gemüse, Milchspeisen, frische Fische, Ziegen- und Schaflämmer,
Küken, Fleisch von Haus-, Reb- und Haselhühnern,
Koriander, Essigfleisch, Bitteröl, Ragouts,

man vermeide Süßigkeiten, wie Datteln mit Sahne oder Eierkuchen, und Lauch und Knoblauch,
und halte sich lieber an Fleischsalat, Essiggemüse und verschiedene Brühen und Soßen.
Wenn man sich gesund erhalten will, muß man allen drei Arten von Nahrungsstoffen seine Beachtung schenken,
nicht nur der Luft und der Speise, sondern auch dem Getränk:
eine geringe Menge kalten Wassers stillt den Durst, während noch so viel laues Wasser nichts hilft.
Eiswasser trinke man nicht zu reichlich, denn es schadet den Nerven;
Eiswasser soll man überhaupt nur fetten, vollblütigen, fleischigen und kernigen Leuten geben.
Bei Tisch soll man möglichst gar nichts trinken, oder nur, wenn jemand einen Bissen nicht herunterschlucken kann.
Man soll kein Wasser trinken zugleich mit Speisen, sogleich nach dem Bade,
nach strengen Anstrengungen und nach dem Beischlaf; denn das reibt auf.
Wenn man aber wegen zu geringer Widerstandsfähigkeit dazu gezwungen ist, so nehme man möglichst wenig zu sich,
nicht mehr, als daß die Speisen in den Gedärmen richtig verdaut werden können.
Man soll also nur so viel Wasser trinken, daß der Durst eben gestillt wird, und von anderen Getränken auch möglichst wenig.
Hat man so viel getrunken, daß der Durst gerade gestillt ist,
und es stellt sich wieder Durst ein, so lasse man sich nicht wieder zum Trinken verleiten; denn dieses Durstgefühl ist nur scheinbar vorhanden.
Man trinke Wein nicht in zu großer Menge, sondern begnüge sich mit wenigem.
Man trinke ihn auch nicht jeden Tag, nicht in nüchternem Zustande,
nicht mit leicht verdaulichen Speisen oder scharfen Genußmitteln zusammen.
Man hüte sich, längere Zeit hindurch trunken zu sein; man sei es höchstens einmal im Monat.
Wenn der Wein jemandem Kopfschmerzen, Hitzegefühl oder einen roten Kopf macht,
so lasse man den Betreffenden stark riechende Getränke oder saure Granatäpfel,
Quitten oder Kassien nehmen; außerdem soll er den Wein mit Wasser vermischen.
Wer Beschwerden durch Blähungen in den Gedärmen hat, trinke wohlriechenden,
gelben, starken Wein, mit salzigem Zusatz; der ist für solche Beschwerden sehr geeignet.

Im Sommer trinke man weißen, wäßrigen Wein, weil dieser am besten bekömmlich ist,
und vermische ihn mit Wasser und setze etwas Saures dazu, und genieße nachher etwas Zusammenziehendes.
Man schlafe nicht zu lange, weil dies die Geisteskräfte verdirbt, und beraube sich auch nicht des Schlafes, weil dies die Sinnesorgane erschöpft.
Längerer Schlaf ist gut für Personen, die die Speisen nicht rasch verdauen oder an Verdauungsstörungen leiden.
Im Hungerzustande soll man nicht zu lange schlafen, weil sonst Zersetzungsgase in den Kopf steigen,
und auch nicht, bevor die Speisen bis zu der Stelle, wo sie verdaut werden sollen, gelangt sind.
Man soll sich nicht überanstrengen, aber auch nicht vor jeder Anstrengung fürchten: das richtige liegt in der Mitte.
Man übe die Glieder, damit sie nicht durch Säftestauung steif werden, durch Spaziergänge oder Turnübungen, bis die Atmung beschleunigt wird.
Man setze solchen Übungen aber ein Ziel, wenn die Atembewegungen hoch gehen und sichtbar werden.
Magere sollen größere Anstrengungen vermeiden, damit nicht bei ihnen die Abzehrung zu groß wird;
dagegen sollen große und starke Personen sich tüchtig anstrengen; Dickbäuche sollen dabei eine Leibbinde tragen.
Im Sommer enthalte man sich größerer Anstrengungen, weil man zu dieser Zeit schon durch den Schweiß seine Säfte reinigt.
In dem Abschnitt über die Heilwissenschaft habe ich schon erwähnt, was man für einen Körper verordnen soll,
bei welchem die Säfte entleert oder zurückgehalten werden müssen und bei welchem man die Atmung fördern muß.
Alle diese von mir erwähnten Arten von Anordnungen, die für den Sommer geeignet sind,
soll man auch bei warmer Mischung, bei Jünglingen und in südlichen Gegenden treffen.
Im Winter aber verordne man das Gegenteil davon, also das, was der Kältewirkung entgegenzuarbeiten geeignet ist.
Im Frühling und im Herbst soll man zwischen den winterlichen und den sommerlichen Verordnungen einen Mittelweg einschlagen.
Im Frühling soll man Trockenes verordnen und im Herbst Feuchtes, und dafür das Trockene vermeiden.
Im Spätfrühling und im Frühherbst soll man sich mehr an die sommerlichen Verordnungen halten,
im Vorfrühling und im Spätherbst soll die Verordnung
mehr so wie im Winter sein, das heißt, es sollen warme Nahrungsmittel verordnet werden.

Nach diesen Ratschlägen soll man sich richten, so lange man am Wohnorte bleibt; auf Reisen soll man sich nach den folgenden Wanderregeln richten.
Wer eine Reise zu Wasser unternehmen und sich mehr als einen Tag auf dem Meere aufhalten will,
der vermeide es, im Winter zur See zu gehen und die Reise beim Sonnenuntergang anzutreten.
Er versorge sich reichlich mit Wasser in geeigneten Krügen,
und mit feuchten Nahrungsmitteln und leicht abführenden Arzneien.
Wer sich vor der Seekrankheit fürchtet, nehme vor dem Betreten des Schiffes erst eine Abführkur vor,
und genieße vorher saure Säfte und zusammenziehende Flüssigkeit.
Um sich unterwegs vor Unsauberkeit zu schützen, ziehe man zuvor reine Kleider an.
Wenn aber auf der Reise die Läuse überhand nehmen, und man sich ihrer nicht anders erwehren kann,
dann nehme man Wolle, drehe einen Faden hiervon, knete in Fett Quecksilber hinein und fette hiermit den Faden ein,
und hänge diesen zwischen den Kleidern auf, bis man sieht, daß die Läuse tot herunterfallen.
Wer auf dem Festlande eine Reise unternehmen will, bereite sich auch darauf in Ruhe vor.
Wenn man in der Kälte reist, hüte man sich vor Schnee, damit man nicht erfriert.
Man nehme Nahrung bis zur völligen Sättigung zu sich, damit man nicht Hungers stirbt.
Ist man kalt geworden, so nehme man ein Bad und wärme sich an üppigen Personen.
Wenn sich der Blick durch den Glanz des Schnees trübt, werfe man ein schwarzes Tuch über die Augen,
und nehme schwarze Gegenstände in die Hände, um sie lange Zeit anzusehen.
Die Gliedmaßen schütze man vor der Kälte und bestreiche Binden mit Fett,
damit man mit diesen Binden die Füße sorgfältig einwickeln kann, ehe man die Stiefel anzieht.
Wenn die Gliedmaßen unter der Kälte gelitten haben, und die Schmerzen nicht aufhören, so kann man annehmen, daß sie erfroren sind.
Solche Glieder können sich vom Körper ablösen; man reibe sie tüchtig ab, erwärme sie,
fette sie mit warmem Senföl ein und stelle sie durch einen Verband ruhig.
Sind sie schwarz geworden, so schneide man sie ab, und wenn sie zu faulen anfangen, reinige man sie.
Was dabei abgerissen ist, entferne man, denn dies ist doch abgestorben.

Wer sich die Glieder erfroren hat, soll fettige und im übrigen leicht verdauliche Speisen bekommen,
im Bade abgerieben und geknetet werden und darnach sich einige Tage ausruhen.
Wenn jemand in der Wärme reisen will, so verordne man ihm vor der Ausreise und der Rückreise folgendes:
Er hüte sich vor dem heißen Winde, damit er nicht etwa durch ihn zu Grunde geht.
Er soll sich zur Ader lassen, und eine genügende Menge Blut herauslassen, damit er durch diesen Aderlaß vor Geschwüren behütet wird ...
Nabelbrüche, Verstimmungen der Galle,
Schmerzen in den Gelenken und schwarze, grüne oder schmutzige Verfärbung ihrer Haut,
wäßrige Ansammlungen im Hodensack, im Zellgewebe und in der Bauchhöhle.
Bei diesen Krankheiten wähle man die bei kalten und feuchten Mischungen üblichen Behandlungsweisen;
zu ihrer Feststellung halte man sich an die Erscheinungen, welche beim Vorherrschen des Schleims zu beobachten sind,
und entleere ihn mit den Arzneien, die ich als schleimentfernend bezeichnet habe;
dann gebe man solche Mittel, die eine warmmachende Wirkung auf den Körper haben,
und außerdem solche Arzneien, die eine trockene Wirkung haben, und warme, feine Nahrungsmittel.
Alles in allem behandle man also innerlich und äußerlich warm
und mit den bei Lähmungen nützlichen, übelriechenden Pillen und Abkochungen.
Zu den durch Schwarzgalle bedingten Krankheiten gehören
Warzen, Viertagefieber, Krampfadern, Fallsucht,
Gewächse, Knoten und Schleimhautfaltungen in der Nase,
Kollern im Leib, Krebs, Flechten, Blutandrang nach dem Kopfe mit Kopfschmerzen und Schlaflosigkeit,
harte Geschwülste, Aussatz, Zersetzung der aufgenommenen Speise im Magen, trockener Husten, versetzte Winde oder Verhärtungen in der Milz,
krankhafter Trübsinn, Harnverhaltung,
krankhafte Leibschmerzen, krankhafter Haarschwund, der Biß eines tollwütigen Hundes,
Knotenflechte, Gerinnung der Milch im Magen, Kälte in der Leber,
krankhafter Heißhunger, Risse am After,
Steine in der Niere und der Harnblase, schmerzhafte Blähungen im Magen,

Blähungen im Leib und in den Seiten, Blähungen im Kopfe und in den Ohren,
Umstülpungen beider Augenlider, und Erfrierungen der Füße.
Bei diesen Krankheiten wähle man die gleiche Behandlung wie bei dem Aussatz;
zu ihrer Feststellung halte man sich an die Erscheinungen, welche beim Vorherrschen der Schwarzgalle zu beobachten sind,
und entleere sie mit Tüpfelfarn und Quendel und den anderen von mir erwähnten Mitteln,
und gebe dann warm- und feuchtmachende Mittel; das ist die richtige Behandlungsweise.

Hildegard von Bingen

Eine Frau, die in der Welt des „dunklen" Mittelalters inmitten einer von Männern bestimmten Gesellschaft zum Gesprächspartner und Ratgeber des Kaisers, von Königen, Päpsten, Bischöfen sowie Laien aus dem „einfachen Volk" wurde, deren ernormes Schaffen neben den Gebieten Theologie, Philosophie und Musik auch Natur- und Heilkunde umfaßte – das ist Hildegard von Bingen. Geboren wurde sie 1098 in Bermersheim bei Alzey als zehntes Kind des Grafen Hildebert von Bermersheim und seiner Frau Mechtild. Bereits im Alter von acht Jahren wurde Hildegard zur geistlichen Erziehung der Meisterin Jutta von Spanheim anvertraut. Dort, in der dem Kloster Disibodenberg angeschlossenen Klause, entschloß sie sich als junge Frau zum klösterlichen Leben nach der Benediktinerregel. 1136, nach Juttas Tod, wurde Hildegard zur Äbtissin gewählt.
Seit ihrer Kindheit besaß sie die Gabe der „Vision". „Bei meiner ersten Gestaltung, als Gott mich im Schoße meiner Mutter durch den Hauch des Lebens erweckte, prägte er dieses Schauen meiner Seele ein", erzählt Hildegard in ihrem Lebensbericht.
Rund 35 Jahre verbrachte die gelehrte Ordensfrau in der Stille des Disibodenberger Klosters, bis sie 1141 den Auftrag Gottes vernahm, ihre visionären Erfahrungen niederzuschreiben. Vom Papst dazu ermutigt schuf Hildegard in den folgenden Jahrzehnten ein gewaltiges Werk. Es umfaßte neben umfangreichen mystischen Visionsbüchern auch eine beachtliche Zahl an Briefen, Gedichten und Liedern. Herauszuheben sind außerdem ihre beiden Schriften über Naturkunde („Physica") und Heilkunde („Causae et Curae"), in denen sie ihr erstaunliches medizinisches und biologisches Wissen darlegte. Während erstere vor allem die Heilkräfte beschreibt, die den Pflanzen, Elementen, Bäumen, Steinen, Tieren und Metallen innewohnen, hat letztere eine systematische, durch und durch christlich geprägte Lehre vom Menschen zum Gegenstand. Darin befaßt sich Hildegard, die auch als „erste deutsche Ärztin" bezeichnet wird, mit den Lebensvorgängen im menschlichen Körper, mit den Krankheiten und den Voraussetzungen für die Gesundheit. An den Anfang ihrer Krankheitslehre und Heilkunde stellt sie das Ereignis der Schöpfung; von ihr her ist der gesunde wie der kranke Mensch in seinem Grundwesen zu begreifen. In einem praktischen Teil führt sie anschließend eine Vielzahl von Anwendungen und Rezepten an, die sich gegen alle möglichen Gebrechen und Krankheiten bewährt haben. Unter den naturwissenschaftlich-medizinischen Werken des Mittelalters haben beide Schriften seit langer Zeit eine besondere Beachtung gefunden.

Doch neben dem Schreiben vernachlässigte Hildegard nie ihre geistlichen Aufgaben als Konventsvorsteherin. Seit 1150 leitete sie das von ihr gegründete Kloster Rupertsberg bei Bingen. Dort widmete sich die berühmte Äbtissin auch der Sorge um die Armen und Kranken, die ihre Hilfe erbaten. Bis ins zwölfte Jahrhundert gab es außerhalb der Klostermauern nur wenige Ärzte, die im übrigen für die Mehrheit der Bevölkerung unerschwinglich waren. Die Sorge um die Kranken gehörte daher zu den vordringlichsten Aufgaben der Mönche und Nonnen. In jedem Kloster befand sich zu diesem Zweck ein eigenes Gebäude, das als Behandlungsraum diente. Aus den Heilpflanzen, die in den Klostergärten angebaut wurden, stellten die Mönche die Arzneien selber her.
Das ganze Mittelalter hindurch bemühten sich die Ordensbrüder und -schwestern darum, ärztliche Kenntnisse zu erwerben; sie schrieben die medizinischen Lehrwerke antiker Autoren ab, lernten aus deren Erfahrungsschatz und bereicherten diesen um eigene Beobachtungen und Einsichten. Auf diese Wissensfülle konnte auch Hildegard zurückgreifen. Obwohl sie selbst erklärte, sie verdanke ihre medizinischen Kenntnisse göttlicher Schau, standen ihr auch die Handbücher der Mönchsmedizin zur Verfügung. Nicht zuletzt schöpfte sie aus ihrer eigenen langjährigen Erfahrung und Naturbeobachtung.
Trotz mehrerer schwerer Krankheiten unternahm sie vier größere Predigtreisen im Reich, auf denen sie vor Klerus und Volk in unerhört offener Sprache alle Mißstände, vor allem die aufkommende Ketzerbewegung der Katharer und die um sich greifende Zuchtlosigkeit ihrer Zeit, geißelte und die Menschen zu Umkehr und Buße aufforderte. Im September 1179 starb Hildegard, die sich zeitlebens als Prophetin verstanden hatte, im 82. Lebensjahr.

NATURKUNDE

ÜBER DIE PFLANZEN

Bei Erschaffung des Menschen aus Erde wurde eine andere Erde genommen, welche den Menschen darstellt, und alle Elemente waren ihm untertan, weil sie fühlten, daß Leben in ihm war, und sie halfen ihm in allen seinen Bemühungen und er ihnen. Und die Erde spendete ihre Kraft nach dem Geschlecht, nach der Natur, nach der Lebensweise und dem ganzen Verhalten des Menschen. Denn die Erde zeigt mit den nützlichen Kräutern das Verhalten der feineren Sitten des Menschen, sie in den Grenzen zu unterscheiden, aber in den unnützen Kräutern offenbart sie seine nichtsnutzigen, teuflischen Eigenschaften.
Es gibt einige Kräutere, welche mit bestimmten Speisen gekocht werden, diese fördern die Verdauung des Menschen, sie sind leicht, weil sie den Men-

schen nicht viel beschweren, und sind ähnlich dem Fleische des Menschen. Der Saft der Obstbäume ist ungekocht schädlich, gekocht nützlich, er ist dem Blute des Menschen zu vergleichen. Die nicht fruchttragenden Bäume, welche sich nicht fortpflanzen, sind Hölzer und keine Bäume, sie haben wohl Blätter, welche den Menschen zur Speisebereitung nichts taugen, so daß sie weder viel schaden noch nützen, sie sind dem Dahinwelken des Menschen zu vergleichen. Was aber in den Bäumen und Hölzern ist, woraus die Taue gefertigt werden, gleicht den Adern des Menschen. Auch die Steine der Erde können mit Knochen des Menschen gleichgehalten werden und die Feuchtigkeit der Steine dem Mark des Knochen, weil der Stein mit der Feuchtigkeit zugleich Wärme hat. Die Steine jedoch, mit denen die Dächer gedeckt werden, gleichen den Nägeln des Menschen an Händen und Füßen. Einige Pflanzen wachsen in der Luft, auch diese sind zuträglich für die Verdauung des Menschen und heiterer Natur, so daß sie auch den Menschen, welcher sie genießt, fröhlich stimmen, und sie gleichen den Haaren des Menschen, weil diese selbst immer leicht und luftig sind. Andere Pflanzen hingegen sind windig, weil sie durch den Wind wachsen; daher sind sie auch trokken und schwer für die Verdauung und von strenger Natur, so daß sie den Menschen beim Genuß traurig machen; sie gleichen oder ähneln aber dem Schweiß des Menschen. Der Saft der ungenießbaren Kräuter ist giftig, weil sie selbst giftig und dem Auswurf des Menschen vergleichbar sind.

Auch die Erde hat Schweiß, Feuchtigkeit und Saft. Denn der Schweiß bringt die nutzlosen Kräuter hervor, ihre Feuchtigkeit die nützlichen, eßbaren und auch zum anderweitigen Gebrauch des Menschen dienenden Kräuter. Der Saft erzeugt die Weinbeere und die lebensprießenden Bäume. Die Pflanzen, welche des Menschen Mühe sät, werden allmählich emporkommen und wachsen wie die Haustiere, sie verlieren durch die Anstrengung des Menschen beim Ausstreuen und Säen die Herbe und Bitterkeit ihrer Säfte, so daß die Feuchtigkeit ihrer Säfte die Qualität des Saftes des Menschen etwa erreicht und sie ihm zu Speise und Trank einigermaßen zusagen.

Die Pflanzen aber, welche sich freiwillig ohne des Menschen Zutun säen und rasch und unvermutet wie die ungezähmten Tiere wachsen und emporkommen, sind für den Menschen ungenießbar, weil der Mensch durch Saugen, durch Speise in gemessener Zeit ernährt wird, was bei den genannten Pflanzen nicht der Fall ist. Demnach aber gleichen einige derselben als Medizin die schädlichen und kranken Säfte in den Menschen aus.

Jede Pflanze ist aber entweder kalt oder warm und wächst so, weil die Wärme der Pflanzen die Seele, die Kälte den Körper bedeutet, und dann entwickeln sie sich nach ihrer Art, indem sie mehr Wärme oder mehr Kälte haben. Denn wenn alle Pflanzen warm wären und gar keine kalt, so würden sie bei denen, welche sie anwenden, das Gegenteil bewirken. Wenn aber alle kalt wären und keine warm, so würden sie in derselben Weise den Menschen Unbehagen bereiten, weil die warmen der Kälte, die kalten der Wärme des

Menschen Widerstand leisten. Einige Pflanzen haben die Kraft der stärksten Gewürze, die Strenge der bittersten Gewürze in sich. Deshalb beschwichtigen sie auch die meisten Übel, weil die bösen Geister diese verursachen und zu Schaden wirken lassen. Es gibt aber auch einige Pflanzen, welche gleichsam den Schaum der Elemente in sich haben, aus denen die Menschen, von Täuschung befangen, ihre Schicksale zu erforschen suchen; diese liebt der Teufel und gesellt sich ihnen zu.

Über den Weizen

Der Weizen ist warm, eine volle Frucht ohne Fehl. Das Mehl aus dem rechten Weizen ist zuträglich für Gesunde und Kranke. Aber Brot aus dem herausgeschüttelten „grieß"-ähnlichen Mark, „donst medullam", ist nicht so gut, weil es viel Schleim, „slim", im Menschen schafft. Der Genuß von Weizen ohne die inneren Körner gibt auch viel Schleim und ist fast unverdaulich. Rechtes Fleisch und Blut schafft er nicht.
Wer aber wegen Mangel an Gehirn und an Verrücktheit leidet, den soll man die ganzen, in Wasser gekochten Weizenkörner als warmen Umschlag um den Kopf legen, wodurch das Gehirn vermehrt und gekräftigt wird. Beim Hundebiß soll zunächst eine Paste aus Weizenmehl und Eiweiß auf die Wunde gelegt werden, damit sie das Gift ausziehe, dann eine solche aus Schafgarbe und Eiweiß, später mögen dann die üblichen Salben angewendet werden.

Über den Roggen

Der Roggen ist warm, etwas kälter als der Weizen, das aus ihm gebackene Brot ist kräftig und Gesunden zuträglich, bei fetten Menschen bewirkt es Abmagerung, aber es kräftigt sie. Denen, die an Magenschwäche leiden, ist es nicht zu empfehlen.
Wer aber Geschwülste, „glandes", jeglicher Art am Körper hat, der lege am Feuer gewärmtes oder heißes, aus dem Ofen gekommenes Roggenbrot auf, sie werden dann schwinden. Gegen Kopfgrind wird gemahlene Brotrinde zum Aufstreuen empfohlen.

Über den Hafer

Der Hafer ist warm, eine vorzügliche und gesunde Speise für den Menschen, er verschafft ihm einen heiteren Geist, reinen und hellen Verstand, gute Farbe und gesundes Fleisch. Den Schwachen ist er zu empfehlen, nicht aber den Kranken. Wenn jemand gelähmt, „vergichtet" ist, so daß seine Geisteskräfte beeinträchtigt werden, so soll er zur Heilung trockene Bäder nehmen, indem man Wasser, in welchem Hafer gekocht ist, über glühende Steine gießt.

Über die Gerste

Die Gerste ist kalt, ihr Genuß ist Gesunden und Kranken nicht bekömmlich, weil sie nicht so große Kraft besitzt wie die anderen Fruchtarten. Vorzügliches leistet ein Gerstenbad bei vollständig Siechen. Wer so schwach ist, daß er kein Brot mehr vertragen kann, der soll sich einen Trank aus gleichen Teilen Hafer und Gerste mit etwas Fenchel bereiten und diesen statt des Brotes genießen, bis er gesund wird. Eine harte und rauhe Gesichtshaut „et quae de vento faciliter se schebet" wird durch Waschen mit Gerstenwasser lind, weich und schön von Farbe.

Über den Kümmel

Der Kümmel ist von massiger Wärme und trocken und heilsam gegen Dämpfigkeit. Gesunden ist sein Genuß zu raten, er stärkt den Verstand, Schwachen dagegen ist er schädlich.
Auf gekochten oder gebratenen Käse soll Kümmel gestreut werden. Gegen Übelkeit nehme man Kümmel und dazu den dritten Teil Pfeffer und Bibernelle und den vierten Teil von Kümmel. Man pulvere dieses und gebe reines Weizenmehl hinzu, mache daraus mit Eigelb Brötchen, welche im heißen Ofen oder in heißer Asche getrocknet werden.

Über die Hirschzunge

Die Hirschzunge ist warm und heilkräftig bei Leber-, Lungen- und Eingeweideschmerzen. Man koche dieselbe tüchtig in Wein, gebe reinen Honig zu und lasse noch einmal aufwallen, dann gepulverten, langen Pfeffer und zweimal soviel Zimt, lasse wieder einmal aufkochen und coliere durch ein Tuch; so erhält man einen klaren Trank, welcher sowohl nach der Mahlzeit als auch nüchtern genossen der Leber heilsam ist, die Lunge reinigt, die kranken Eingeweide heilt und den Schleim sowie innere Fäulnis entfernt. Wer an Kopf- und Brustschmerzen leidet, „lecke" aus der Hand Hirschzunge, die an der Sonne oder auf heißen Ziegelsteinen getrocknet und dann gepulvert ist. Wer von Schmerzen ohnmächtig, „unmechtig", wird, nehme das Pulver in warmem Wein.

Über den Hauswurz

Die Hauswurz ist warm und dem Menschen nicht nützlich, weil sie fett ist, ihr Genuß würde Wollust erzeugen und bis zum Wahnsinn steigern. Gegen Impotenz soll Hauswurz in Ziegenmilch so lange gelegt werden, bis sie ganz davon durchzogen ist, dann soll man sie mit der Milch kochen und einige Eier zugeben. Dieses Gericht drei oder fünf Tage lang genossen, soll Zeugungskraft verleihen. Gegen Sterilität der Frau nützt dieses Gericht nicht. Gegen Taubheit nehme man Milch von einer Frau, welche einen Knaben geboren hat, zehn oder zwölf Wochen nach der Geburt, mische Saft von der Hauswurz dazu und tröpfle öfters drei oder vier Tropfen in die Ohren.

Über den Dill

Der Dill ist trocken und warm, sein Genuß stimmt den Menschen zur Traurigkeit. Roh genossen ist er nicht gesund, weil er die Feuchtigkeit und etwas Fettigkeit der Erde an sich hat; gekocht vertreibt er die Gicht. Gegen Nasenbluten soll frischer Dill und zweimal soviel Schafgarbe als Umschlag um Stirn, Schläfen und Brust gelegt werden. Im Winter, wenn keine frischen Pflanzen zur Verfügung stehen, wrid das Pulver derselben angewandt ...

Über den Knoblauch

Der Knoblauch hat die richtige Wärme und wächst durch die Kraft des Taues, und zwar von der ersten Nachtzeit an, bis es zu tagen beginnt. Als Speise ist er Gesunden und Kranken besser als Porree. Er muß aber roh genossen werden, weil er durch das Kochen, wie verdorbener Wein, kraftlos wird, dabei auch nur mäßig, damit nicht das Blut zu sehr erhitzt wird.

Über den Lattich

Die Gartenlattiche sind sehr kalt; sie greifen, ohne Würze genossen, vermöge ihres schädlichen Saftes das Gehirn an und schwächen den Magen. Vor dem Genuß sollen sie mit Dill oder Essig oder mit Knoblauch eine Zeitlang hingestellt, gewürzt und gemildert werden. So zubereitet stärken sie das Gehirn und schaffen gute Verdauung. Wenn jemand Schmerzen oder Schwellung im Zahnfleisch erleidet, dann möge er Lattich nehmen, oder, wenn er ihn nicht hat, dann möge er zuerst hervorsprießende Blätter der Eiche nehmen und möge ein wenig „cerefolium" hinzufügen und dieses mäßig zerreiben und Wein hinzufügen, und möge es in seinen Mund hineinlegen. Er möge es eine Zeitlang im Munde behalten und es vertreibt die unrechten Säfte in dem Zahnfleisch.

ÜBER DIE STEINE

Jeder Stein enthält Hitze und Feuchtigkeit. Vor den Edelsteinen schreckt der Teufel zurück, haßt und verachtet sie, weil sie ihn daran erinnern, daß ihr Glanz schon erschien, ehe er aus seiner Pracht herabstürzte, die Gott ihm verliehen hatte, und weil einige Edelsteine in dem Feuer entstanden, in welchem er gestraft wird. Denn durch den Willen Gottes wurde er durch Feuer besiegt und stürzte in Feuer, wie er auch durch den ersten Anhauch des Heiligen Geistes besiegt wird, wenn ihm die Menschen durch den ersten Anhauch des Heiligen Geistes entrissen werden.

Die Edelsteine entstehen im Osten und in den besonders heißen Zonen. Von der Sonne haben dort die Berge Hitze wie Feuer und die Flüsse wallen immer. Manchmal gibt es eine Überschwemmung, und wo das Wasser die brennend heißen Berge berührt, werfen sie Schaum aus – sie „singelent" – wie es glühendes Eisen oder glühender Stein tut, wenn Wasser darauf kommt.

Der Schaum haftet an der Stelle, fest wie Kletten; in drei bis vier Tagen erstarrt er zu Stein. Nach der Überschwemmung trocknen die Auswürfe aus. Je nach der Temperatur beim Trocknen erhalten sie ihre Farben und ihre Kräfte. Durch das Trocknen werden sie zu Edelsteinen erhärtet und fallen wie Fischschuppen von ihren Plätzen in den Sand. Bei der nächsten Überschwemmung nehmen die Flüsse viele der Steine mit sich und bringen sie in andere Gegenden. Dort werden sie später von den Menschen gefunden. Die Berge, an denen auf diese Art viele große Edelsteine entstehen, sind hell wie das Tageslicht.

So entstehen die Edelsteine aus Wasser und Feuer. Deshalb enthalten sie auch Hitze, Feuchtigkeit und viele Kräfte und taugen zu vielerlei Gutem, Anständigem und Nützlichem, nicht aber zu Verführung, Unzucht, Ehebruch, Feindschaft, Mord und dergleichen lasterhaften und schädlichen Handlungen. Denn ihre Natur sucht das Anständige und Nützliche und verschmäht das Schändliche und Schädliche, wie die Tugenden die Laster verwerfen und wie Tugenden und Laster nicht zusammenwirken können. Es gibt noch andere Steine. Sie entstehen nicht auf diesen Bergen und nicht in der beschriebenen Weise, sondern aus irgendwelchen anderen wertlosen Dingen. Mit ihnen kann – je nach ihrer Natur – mit Gottes Einverständnis Gutes und Böses bewirkt werden. Gott hatte den ersten Engel wie mit Edelsteinen geschmückt.

Dieser – Luzifer – sah sie im Spiegel der Gottheit glänzen. So empfing er das Wissen und an ihnen erkannte er, daß Gott viel Wunderbares schaffen wollte. Und weil der Schmuck der Steine an ihm in Gott widerstrahlte, wurde er hochmütig und glaubte, er könne ebensoviel, sogar mehr als Gott. Deshalb wurde sein Glanz ausgelöscht. Aber wie Gott den Adam in ein besseres Los zurückgewann, so ließ er auch die Pracht und die Kraft der Edelsteine nicht untergehen, sondern wollte, daß sie zu seiner Ehre, zum Segen und als Heilmittel auf der Erde blieben.

Über den Diamant

Wie der Amethyst wirkt der Diamant gegen Spinnen- und Schlangengift, gegen Fallsucht und Mondsüchtigkeit, bewahrt das Haus vor Dieben und schenkt seinem Träger Tüchtigkeit, Verstand und Weisheit in der Rede.

Über den Magnet

Der Magnet entsteht aus dem Geifer eines giftigen Wurms. Er erstickt Bosheit, Lüge und Zornwut. Er macht das Fasten leicht, wenn man ihn im Munde hat. Er hilft bei Lähmung, nach Apoplexie und bei Gelbsucht. Dem Teufel ist er sehr verhaßt, weil er Standhaftigkeit verleiht.

Über den Karneol

Der Karneol ist mehr von warmer als von kalter Luft und wird im Sande gefunden. Gegen Nasenbluten mache Wein warm und lege einen erwärmten Karneol hinein und gib dem Kranken davon zu trinken und die Blutung wird gestillt.

Über die übrigen Steine

Die übrigen Steine, die in verschiedenen Erden und Regionen ihren Ursprung haben und sich aus den verschiedenen Naturen und Farben der Erden, in welchen sie entstehen, zusammengezogen haben, taugen nicht zur Medizin. Dazu gehören: „marmor, grieszstein, calckstein, ducksteyn, wakken" und ähnliche.

ÜBER DIE ELEMENTE

Über die Luft

Die Luft läßt die Keime in der feuchten Erde warm werden, so daß alles grünt; sie bringt die Blumen hervor und läßt durch ihre Wärme alles reifen. Die Luft in der Nähe des Mondes und der Sterne benetzt diese, so wie die Luft um die Erde alle Wesen gemäß ihrer Natur am Leben erhält und bewegt.

Über das Wasser

Das Wasser stammt aus einer lebendigen Quelle. Diese spendet auch das salzhaltige Wasser, das jeden Schmutz abwäscht. Wenn infolge hohen Alters oder einer sonstigen Schwäche Blut und Wasser im Auge eines Menschen übermäßig gesunken sind, gehe er zu Fuß oder schöpfe frisches Wasser in ein Gefäß und beuge sich darüber. Auf diesem Wege entziehen die Augen dem Wasser die Feuchtigkeit und nehmen sie in sich auf. Die so gewonnene Feuchtigkeit bringt in den Augen selbst, wo es versiegt war, neues Wasser hervor und macht sie wieder klar. Außerdem soll er mit einem in frisches, kaltes Wasser getauchten Leintuch einen Aufschlag auf Schläfen und Augen machen. Dabei muß er Vorsicht walten lassen, damit er die Augen selbst nicht berührt, damit sie nicht von dem Wasser entzündet werden. Wer gesunde, kräftige Zähne haben will, nehme morgens, wenn er sich von seinem Bette erhebt, reines, kaltes Wasser in seinen Mund und lasse es während einer mäßigen Stunde in seinem Munde, damit der „Livor", der um die Zähne sitzt, aufgeweicht wird. Mit demselben Wasser, das er im Munde hat, soll er sich die Zähne putzen und dies oft wiederholen. Es wird sich dann der livor um die Zähne nicht mehren und diese werden gesund bleiben, weil nämlich der Zahnbelag während des Schlafes anhaftet. Wenn der Mensch vom Schlafe aufsteht, dann möge er den Mund mit kaltem Wasser reinigen, denn dadurch werden die Zähne mehr als mit warmem Wasser gereinigt, weil das warme Wasser diese gebrechlicher macht. Wenn eine Frau zu unrechter Zeit unter starken Blutungen leidet, soll sie in ein in Wasser getauchtes Leintuch oft auf die Oberschenkel auflegen. Durch die Kälte des Tuches und des Wassers wird der unrechte Blutstrom zurückgehalten. Dann muß sie ihre Adern in den Schienbeinen, im Leib, in der Brust und in den Armen durch wiederholtes leichtes Aufwärtsdrücken mit ihren Händen in Bewegung halten oder bringen, d.h. massieren. Dadurch wird erreicht, daß das Blut keine falsche Bahn einschlägt. Außerdem soll sie darauf achten, daß sie nicht durch übermäßige Arbeit und weite, ermüdende Gänge das Blut in Aufruhr bringe. Harte und bittere Speisen sind zu vermeiden; sie könnten die Verdauung stören. Dagegen sind leichte und süße Speisen zu empfehlen; sie heilen von innen heraus. Wein und Bier soll sie trinken, weil diese Getränke sie kräftigen, so daß sie den Blutstrom zurückhalten kann.

Über das Meer

Das Meer entsendet die Flüsse, die die Erde bewässern, so wie das Blut in den Adern den menschlichen Körper ...

Über die Erde

Die Erde ist von Natur kalt und enthält sehr viele Kräfte. In den tieferen Schichten ist sie selbst im Sommer kalt, während die oberen Schichten durch die Glut der Sonne erwärmt werden. Im Winter ist sie in den tieferen Schichten warm und in den oberen kalt. Es gibt weiße, das ist blasse Erde, schwarze, fuchsrote („rufa") und grünliche. Die weißblasse Erde ist sandig und ziemlich trocken, enthält aber eine dicke („grossa") Feuchtigkeit und dicke Regentropfen. Deshalb trägt sie Wein und Obstbäume, aber wenig Getreide. Die schwarze Erde trägt wegen ihrer maßvollen kalten Feuchtigkeit zwar nicht alle Früchte, aber die, die sie trägt, sind sehr ergiebig. Dagegen trägt die rote Erde wegen ihrer Ausgewogenheit an Temperatur und Feuchtigkeit zwar alle Früchte; aber wegen ihrer Fülle können sie nicht bis zur Vollendung gedeihen ...
Die Erde, die nicht weiß, schwarz oder rötlich ist, sondern grünlich und steinig, ist kalt und trocken. Deshalb trägt sie weder Wein noch Getreide noch andere Früchte, bis auf einige, die aber gleich wieder verdorren. Wenn ein Mensch an Lähmung leidet, soll ein anderer rechts und links von den Stellen, an denen im Bett dessen Kopf und Füße liegen, etwas Erde ausgraben und dabei sprechen: „Du, Erde, schläfst in dem Menschen N..." Dabei soll er die Erde auf den Kopf und die Füße des Kranken legen, daß Kopf und Füße davon warm werden, und weiter sprechen. „Du, Erde, in (auf) dem Menschen N..., mache, daß er die Kräfte zurückgewinnt, im Namen des Vaters und des Sohnes und des Heiligen Geistes, der ein lebendiger, allmächtiger Gott ist." So soll man drei Tage lang verfahren.

KRANKHEITEN VON KOPF BIS FUSS

Ein Mensch, dessen Glatze groß und breit ist, hat eine mächtige Wärme in sich. Diese Wärme wie auch der Schweiß des Kopfes werfen die Haare heraus; die Feuchtigkeit des Atems aber ist bei einem solchen Menschen fruchtbar und befeuchtet die Gewebe an den Stellen, wo der Bart wächst, so daß sich dort ein starker Bartwuchs erhebt. Ein Mensch hingegen, der nur einen dürftigen Bartwuchs zeigt, dagegen überschüssiges Haar auf dem Scheitel besitzt, ist von kalter Natur und nicht besonders fruchtbar; wenn bei diesem der Atem das Gewebe um seinen Mund berührt, dann läßt er dieses Gewebe unfruchtbar bleiben. Sind aber die Haare auf dem Kopfe eines Menschen einmal ausgefallen, dann können sie fürderhin mit keinem Heilmittel wiederhergestellt werden, weil die Feuchtigkeit und die Grünkraft, die er bis dahin in der Haut seines Kopfes gehabt hat, bereits verdorrt sind ...
Das akute Fieber und das tägliche sowie das Drei- und Viertagefieber, aber auch andere Fieberarten berühren bisweilen die Schwarzgalle; diese sendet bei solcher Berührung einen wäßrigen Rauch zum Kopf und in das Gehirn

des Menschen und läßt diesen unter heftigem und andauerndem Kopfweh leiden.
Auch der halbseitige Kopfschmerz rührt von dieser Schwarzgalle samt den anderen schlechten Säften im Organismus her. Er befällt nur die Mitte des Kopfes, nicht den ganzen, so daß er bald auf der rechten Seite des Kopfes, bald auf der linken zu finden ist. Bei übermäßigem Vorkommen der Säfte ergreift er die rechte Kopfpartie, wenn aber die Schwarzgalle übermäßig produziert wird, die linke. Dieser halbseitige Kopfschmerz hat eine solch große Wucht in sich, daß der Mensch es bei gleichzeitigem Befallensein des ganzen Kopfes nicht aushalten könnte. Dies Leiden ist recht schwierig anzugehen, weil unter Beruhigung der Schwarzgalle die schlechten Säfte gleichzeitig angeregt werden und weil durch die Beruhigungsmittel für die schlechten Säfte zugleich wieder die Schwarzgalle zur Produktion gebracht wird; aus diesem Grunde ist es so schwierig, hier heilend einzugreifen, weil die Schwarzgalle und die schlechten Säfte nur schwer gleichzeitig ruhiggestellt werden können.
Auch ein Nahrungsmittel, welches einen feucht-triefenden Saft enthält, wie etwa der Saft der Gartenkräuter oder der Saft des Obstes, bringt dem Menschen zuweilen Kopfweh, wenn es häufig und ohne Beigabe von trockenem Brot verzehrt wird; ein solcher Schmerz aber kann bald beruhigt werden, weil er von einem nur schwachen Saft herrührt ...
In einem weiteren Fall wird ein Mensch ohne die leitende Aufsicht wissenschaftlicher Unterweisung und ohne jede Not rein aus freien Stücken sich mit weitläufigen Gedankenspielen beschäftigen: ein solcher nimmt dann seinen Säften die geordnete Bahn, so daß er einmal übereilig, dann wieder träge ist und im ganzen ohne rechte Gesichtspunkte für die Anordnung seines Stoffes. Dadurch wird der Kopf eines solchen Menschen von Schwindel befallen, so daß bei ihm Wissen und Gefühl nachlassen.
Treten aber die hier verzeichneten Qualen einmal alle zugleich auf, so daß sie gleichzeitig im Kopf des Menschen herumwüten, dann können sie ihn bis zum Wahnsinn treiben, ihn durcheinanderbringen und bar jeder Einsicht werden lassen, so wie ein Schiff, wenn es im Sturm geworfen wird, schließlich zerbirst. Daher glauben viele, ein solcher Mensch sei von einem Dämon besessen; dies ist jedoch keineswegs der Fall; die Dämonen eilen wohl zu diesem Leiden mit seinen Schmerzen hinzu und machen einen Anschlag, weil das Zum-Wahnsinn-Treiben zu ihren Aufgaben gehört, sie haben aber keine freie Verfügung über ihre Worte, weil ein solcher Mensch nicht von einem Dämon besessen ist. Darf aber einmal ein Dämon mit göttlicher Erlaubnis in einem Menschen seine Worte frei gebrauchen, dann übt er dort an Stelle des Heiligen Geistes seine Räubereien mit Worten und Wutanfällen so lange aus, bis Gott ihn davonjagt, wie er ihn ja auch aus dem Himmel hinausgeworfen hat.
Das Gehirn wird betroffen sowohl von guten wie schlechten Säften des

Organismus; daher ist es immer weich und durchfeuchtet. Tritt der Fall ein, daß es austrocknet, dann wird es in kurzer Zeit krank. Ist ihm doch von Natur aus der Feuchte und Fette eigen. Auch ist das Gehirn die materielle Basis für Wissen, Weisheit und Vernunft des Menschen; alle diese Eigenschaften erhält es, indem es sie ausschickt und wieder an sich nimmt; dabei hält es auch die besonderen Funktionen der Gedanken zurück. Die Gedanken selbst wohnen im Herzen und haben entweder eine süße oder bittere Stimmung: ihre Süße macht das Gehirn fett, und ihre Bitternis dörrt es aus. Auch hat das Gehirn besondere Bahnen, so wie eine Räucherkammer ihre Abzüge, wo der Qualm hinaus kann. Diese Bahnen liegen in den Augen, den Ohren, der Nase und sind auch an diesen Stellen nachzuweisen. Wenn nun jene Süße im Gedankenleben vorherrscht, dann zeigen sich Augen, Ohren und Sprache des Menschen in aller Heiterkeit. Wenn aber Bitterkeit in ihnen ist, dann tun dies die Augen durch Tränen, Gehör und Sprache aber durch Zorn und Trauer kund.

Die Augen des Menschen sind als ein Gleichbild des Firmaments geschaffen. Dabei hat die Pupille Ähnlichkeit mit der Sonne; die schwärzliche oder graue Färbung rings um die Pupille ist dem Mond vergleichbar und das mehr außen liegende Weiß den Wolken. Das Auge hat seinen Betand aus dem Feuer und dem Wasser. Durch das Feuer wird es gehalten und so gestärkt, daß es existieren kann; durch das Wasser aber wird seine eigentliche Funktion, das Sehvermögen, gewährleistet. Wenn Blut an der Oberfläche des menschlichen Auges die Oberhand gewinnt, dann erstickt es die Sehkraft des Auges, weil es dann das Wasser, das doch dem Auge das Sehen ermöglicht, austrocknet. Auf der anderen Seite hat das Wasser, das im Auge zum Sehen dienen soll, nicht genügend Kraft für diese Funktion, wenn der Fall eintritt, daß das Blut dort über das Maß verringert wird; denn gerade das Wasser, das dem Blut des Auges diese Funktion wie eine Säule tragen sollte, fehlt dann. Aus diesem Grunde werden auch bei den alten Leuten die Augen kurzsichtig, weil es bei ihnen an Substanz verliert und das Wasser samt dem Blut bei ihnen geringer wird. Darum sehen junge Leute auch schärfer als alte, weil in ihren Gefäßen noch die richtige Mischung von Wasser und Blut zu finden ist; Feuer und Wasser haben in ihnen die Wärme und Kälte noch nicht so über das Maß hinaus ausgetrocknet und verringert.

Ein Mensch mit grauen, dem Wasser ähnlichen Augen hat diese hauptsächlich aus der Luft; daher sind sie auch schwächer als andere Augen, weil die Luft durch die verschieden getönte Atmosphäre der Wärme, Kälte und Feuchtigkeit oftmals verändert wird. Darum werden auch solche Augen leicht von schlechter, weichlicher und feuchter Luft wie auch durch Nebel geschädigt; wie diese nämlich die Reinheit der Luft beeinträchtigen, so schädigen sie auch die aus Luftsubstanz entstandenen Augen ...

Die Haut, in der nach Art einer Membran das Gehirn liegt, ist von äußerst feinen Gefäßen umgeben, die sich auch bis zum Zahnfleisch und zu den

Zähnen selbst ausbreiten. Wenn diese mit schlechtem, überreichlichem und fauligem Blut angefüllt sind und durch das Schaumige bei der Gehirnreinigung beschmutzt werden, dann bringen sie Fäulnis samt Schmerzen vom Gehirn in das Zahnfleisch und an die Zähne selbst heran. Das Zahnfleisch um die Zähne schwillt dann an, ebenso die Kiefer: dann leidet der Mensch am Zahnfleischschmerz.
Der Mensch muß immer wieder die Zähne zwischendurch durch Spülen mit Wasser reinigen; tut er dies nicht regelmäßig, dann entsteht als Folge mitunter im Fleisch um die Zähne ein Livor und vermehrt sich, so daß das Zahnfleisch krank wird. Auch entstehen aus dem Livor, der sich um die Zähne abgelagert hat, schon einmal Zahnwürmer, die ebenfalls das Zahnfleisch anschwellen lassen; so hat der Mensch seinen Zahnschmerz.
Wenn jemand krank zu Bett liegt und dabei eine rote Gesichtsfarbe zeigt, dann hat er ein Blut, das von einem Eingeweideleiden her krank und giftig ist; deshalb sieht er so rot im Gesicht aus. Denn der schlechte Saft tritt aus dem Gefäßsystem heraus, geht auf die Gewebe über und durchzieht sie so, daß sie an ihren schwachen Stellen aufgetrieben werden und anschwellen, als seien sie von tausend kleinen Öffnungen durchlöchert. Ein solcher Mensch ist nicht traurig, sondern eher vergnügt und kann in seiner Krankheit ganz gut ertragen werden.
Wer aber in seiner Krankheit blaß aussieht und abmagert, bei dem vereinigen sich Schwarzgalle und Lähmung, so daß er hiedurch kühl wird. Wegen dieser Kälte hat er ein bleiches Aussehen und zeigt keinen rechten Fortschritt in der Entwicklung seiner Gewebe. Dieser Mensch ist traurig in seiner Krankheit und wird leicht zum Zorn gereizt.
Der Magen gibt den menschlichen Eingeweiden die Feuchtigkeit, und die Blase regelt ihren Wasserhaushalt. Auf diese Weise lassen die Eingeweide die Nahrung immer hin und zurück fließen, werden fett dabei und bekommen verschiedenartige Säfte. Wird nun der Magen durch verschiedenartige und schädliche Speisen gereizt und die Blase durch verschiedenartige und schädliche Getränke beeinträchtigt, dann tragen beide den Eingeweiden schlechte Säfte zu; so kommt es, daß sie einen üblen Rauch zur Milz aussenden ...
Es gibt andere Menschen, deren Kopf gesund und so stark ist, daß die erwähnten schlechten Säfte nicht imstande sind, ihr Gehirn anzugreifen, weil sie nicht recht an dasselbe herankommen. Und weil sich diese Säfte nicht bis ans Gehirn erheben können, bleiben sie in der Luftröhre des Menschen stecken und machen diese krank: solche Leute können dann nur mit großer Mühe die Atemluft wieder herausbringen ...
Wenn ein Mensch rohe Äpfel und Birnen oder rohes Gemüse oder sonstwie rohe Speisen zu sich genommen hat, die nicht auf dem Feuer gekocht wurden oder mit irgend einem Gewürz zurechtgemacht sind, dann können sie in seinem Magen nicht mehr so leicht durchgekocht werden, weil sie vorher nicht temperiert wurden. Dann steigen die schlechten Säfte aus den Speisen –

die doch auf dem Feuer gekocht werden oder mit Gewürzen, wie Salz oder Essig, zurechtgemacht sein sollten, wobei sie temperiert und geschreckt worden wären, was beides nun nicht der Fall war – zur Milz auf und verwandeln diese unter großer Schmerzhaftigkeit zu einem Tumor. Weil die Milz nämlich naß ist und von den Säften durchfeuchtet werden muß, nimmt sie die guten wie die schlechten Säfte auf. Haben sich also diese schlechten Säfte erhoben, dann kommen sie zur Milz, beschädigen diese und machen sie schmerzhaft ...

Der Magen ist im menschlichen Organismus so eingerichtet, daß er alle Speisen aufnehmen und verdauen kann: er ist zäh und an der Innenfläche gerunzelt, damit er die Speisen für dieses Verdauungsgeschäft festhalten kann, daß sie nicht zu schnell in die weiteren Verdauungsphasen abgleiten; so rauht ja auch der Maurer seine Steine auf, damit sie den Mörtel annehmen und festhalten, damit er nicht zerfließt und abbröckelt. Wenn aber manche Menschen bei Gelegenheit übermäßig solche Speisen zu sich genommen haben, die roh, ungekocht, nicht ganz gar oder auch übermäßig fettig, schwerverdaulich oder aber auch saftlos und zu trocken waren, dann vermögen Herz, Leber, Lunge und die übrigen Wärmespeicher nicht immer dem Magen mit so viel und so bereitem Feuer beizustehen; so kommt es, daß die Speisen im Magen gerinnen, hart und schimmelig werden ...

Ein Mensch, der den Harn nicht halten kann, besitzt einen kalten Magen und eine kalte Blase: so kann das Getrunkene in ihm nicht genügend durchgekocht werden. Bevor es in ihnen gekocht ist, fließt es ab wie lauwarmes Wasser; das ist so, wie wenn Wasser auf dem Feuer warm zu werden beginnt und oben abfließt, ehe es sidet. So geht es ja auch den kleinen Kindern, die ihren Harn noch nicht verhalten können, weil weder ihr Magen noch die Blase die vollkommene Wärme besitzen, sondern kalt sind ...

VON DEN HEILMITTELN

Für die oben besprochenen Krankheiten sind von Gott die nachstehenden Heilmittel angewiesen worden: sie werden entweder den Menschen befreien, oder er wird sterben, oder Gott will ihn nicht von seiner Krankheit frei machen ... Die verschiedenartigen und oft recht edlen Kräuter und Pulver, wie auch Gewürze aus edlen Pflanzen, werden einem gesunden Menschen nichts nützen, wenn sie ohne feste Anordnung zu sich genommen werden; viel eher bringen sie ihm Schaden, und zwar dadurch, daß sie sein Blut austrocknen und sein Gewebe abmagern lassen, weil sie ja nicht jene Säfte in ihm vorfinden, an denen sie ihre spezifischen Kräfte ausüben könnten. So fördern sie weder die Kräfte des Organismus, noch lassen sie sein Gewebe gedeihen, vermindern vielmehr nur die schlechten Säfte, denen sie entgegenwirken. Wenn sie aber von jemanden genommen werden, dann soll dies mit aller Umsicht und nur im angebrachten Falle geschehen. Die Mittel sollen mit Brot oder auch in Wein oder mit einer anderen Speisezutat, nur ausnahmsweise nüchtern, eingenommen werden. Im anderen Falle beengen sie beim Genuß die Brust und schädigen die Lunge, machen auch den Magen schwach, wenn sie in ihn hineinfallen, indem sie ohne Zutat genommen werden. Wie nämlich der Staub der Erde dem Menschen, der ihn schlucken muß, schadet, so führen auch diese sinnlos gebrauchten Mittel dem Menschen mehr Schädliches als Nützliches zu. Deshalb sollen die Gewürze hauptsächlich mit oder nach der Mahlzeit aufgenommen werden, weil dann die Speisesäfte sie verdünnen und den Organismus fähig machen, sie zu verdauen. Als Ausnahme darf gelten gelassen werden, wenn der Mensch ein solches Leiden hat, gegen das er edle und kräftige Kräuter oder kostbare Pulver in ausgesprochen nüchternem Zustand einnehmen soll.

Rezept gegen Haarausfall

Wenn bei einem jungen Mann schon vor der Zeit die Haare auszufallen beginnen, nehme er Bärenfett und ein bißchen Asche, die aus Weizenstroh und Winterweizen bereitet wurde. Dies soll er verreiben und sich dann damit den ganzen Kopf einsalben, hauptsächlich dort, wo die Haare anfangen zu schwinden. Danach unterlasse er es für eine Woche, diese Salben abzuwaschen. Und die Haare werden, soweit sie noch nicht ausgefallen sind, durch die Einreibung so durchfeuchtet und gekräftigt, daß sie für eine längere Zeit nicht mehr ausfallen. Dies soll er häufiger tun und unterdes seinen Kopf nicht waschen. Denn die Wärme, die dem Bärenfett eigen ist, vermag reichlich Haarwuchs zu fördern, und die Asche vom obenerwähnten Stroh stärkt die Haare, daß sie nicht zu rasch ausfallen. In der angegebenen Mischung aber schützen sie das Haar um so länger vor dem Ausfallen.

Rezept gegen Migräne

Wer an halbseitigem Kopfschmerz leidet, soll Aloe und doppelt soviel Myrrhe nehmen und beides zu einem äußerst feinen Pulver verreiben; dann nehme er Weizenmehl, füge dem Ganzen Mohnöl hinzu und mache daraus eine Masse wie einen Sauerteig. Mit diesem Teig muß er den ganzen Kopf bis an die Ohren und bis zum Hals herunter bedecken, darüber eine Mütze stülpen und dies drei Tage und drei Nächte auf seinem Kopfe liegenlassen. Die Wärme der Aloe und die Trockenheit der Myrrhe beseitigen mit der milden Wirkung des Weizenmehls und der Kälte des Mohnöls diesen Kopfschmerz, und der solcherart zubereitete Teig gibt dem Gehirn seine Feuchtigkeit wieder.

Rezept gegen Augenschwäche

Werden Blut und Wasser in den Augen eines Menschen, sei es durch hohes Alter oder durch eine Krankheit, zu stark mitgenommen, so soll der Mensch hinausgehen auf eine grüne Wiese und sie so lange anschauen, bis seine Augen wie vom Weinen naß werden: das Grün dieser Wiese nämlich beseitigt das Trübe in den Augen und macht sie wieder sauber und klar.

Er kann auch an einen Fluß gehen oder frisches Wasser in ein Gefäß schütten und darüber gebeugt die Feuchtigkeit mit den Augen auffangen: diese Feuchtigkeit regt dann das austrocknende Wasser in den Augen wieder an und macht sie klar.

Man kann aber auch ein leinenes Tuch nehmen, in sauberes und kaltes Wasser tauchen, um es dann über die Augen und Schläfen zu legen und festzubinden; dabei soll man sorgfältig vorgehen, damit das Auginnere nicht berührt und so durch das Wasser geschwürig werde.

Rezepte gegen Zahnleiden

Wer gesunde, kräftige Zähne haben will, soll frühmorgens, wenn er sich aus dem Bett erhebt, reines und kaltes Wasser in den Mund nehmen und es eine geraume Weile in seinem Mund halten, damit der „livor", der sich um die Zähne angesammelt hat, aufgeweicht werde. Mit demselben Wasser, das er in seinem Munde hält, soll er die Zähne putzen; dies soll er häufiger tun, damit der „livor" um die Zähne nicht zunehme. Dann werden diese gesund bleiben.

Der, dem das Fleisch um die Zähne fault und dem die Zähne krank sind, soll warme Asche der Weinrebe in Wein legen, wie wenn er ein „lixivium" machen würde.

Dann soll er mit diesem Wein Zähne und Zahnfleisch putzen. Dies muß er häufiger tun, und das Fleisch wird heil und die Zähne werden fest werden. Aber auch wenn die Zähne gesund sind, wird ihnen die Reinigung guttun, und sie werden schön werden.

Der Mensch, der beim Zahnen eitert und bei dem die Zähne schwach und brüchig werden, möge vom Knochen des Salm-Fisches ein Pulver machen und ein wenig Salz beifügen.

Dieses Pulver soll er nachts mehrmals um die Zähne legen und den Speichel für das Zahnfleisch herausfließen lassen. So reinigt er sein Zahngewebe und macht es gesund.

Wer an den Zähnen leidet, soll mit einem kleinen Phlebotom oder mit einem Dorn das Fleisch um den Zahn mit einem Schnitt etwas einschneiden, damit der Eiter dort herauskann, und es wird ihm dann besser gehen.

Vom Aderlaß

Wenn die Gefäße eines Menschen voll von Blut sind, müssen sie durch einen Einschnitt von dem schädlichen Livor-Saft und ihren flüssigen Zersetzungsstoffen gereinigt werden. Wenn aber nun eine Ader des Menschen angeschnitten wird, wird sein Blut wie durch einen plötzlichen Schock erschüttert: was dann zuerst austritt, ist Blut, das faulige und zersetzte Blut fließt aber gleichzeitig mit ab. Daher zeigt das Ausfließende eine verschiedenartige Färbung, weil es aus Fäulnis und Blut besteht. Sobald nun die Fäulnis mit dem Blut abgeflossen ist, folgt reines Blut: dann hat man mit dem Aderlaß aufzuhören. Entzieht man einem Menschen, der im übrigen gesund und kräftig ist, Blut, so soll die Menge des gelassenen Blutes so viel betragen, wie ein kräftiger und durstiger Mann mit einem Zug an Wasser trinken kann. Wenn einer körperlich schwach ist, soll der Aderlaß so viel betragen, wie in ein Ei von gewöhnlicher Größe hineingeht. Ein übermäßiger Aderlaß schwächt nämlich den Körper gerade so wie ein Regenguß, der ohne Maß auf die Erde stürzt und diese schädigt. Jene Blutentziehung aber, die das richtige Maß einhält, nimmt die schlechten Säfte weg und hält den Körper gesund; genau so macht es auch ein Regen, der milde und in nicht zu reichlicher Menge über die Erde fällt, um sie zu bewässern und bereit zu machen, ihre Früchte hervorzubringen.

Wie schon gesagt, ist das erste, was aus der Wunde und der angeschnittenen Ader heraustritt, das Blut, und gleichzeitig mit ihm fließen die verderblichen und krankheitbringenden Stoffe ab. Wenn dann das Ausgeflossene seine richtige rote Farbe und eine andere Farbe angenommen hat, stehen Blut und Säfte im gleichen Verhältnis zueinander. Fließt dann dieses Blut noch weiter ab, so folgen die guten und schlechten Säfte gleichzeitig mit dem übrigen Blut nach. Dann muß man mit dem Aderlaß aufhören.

Würde man die Blutentziehung noch weiter fortsetzen, so würden die Livor-Säfte in dem zurückgelassenen Blut über ihr Verhältnis zunehmen und die Schwarzgalle und andere krankheiterregende Stoffe in einem solchen Organismus reizen, und zwar so, daß das beeinträchtigte Blut diesen keinen Widerstand leisten kann. Denn wie der Hunger die Kräfte des Körpers schwinden läßt, so macht auch ein übermäßiger Aderlaß den Körper schwach, während der gemäßigte Aderlaß dem Körper Gesundheit bringt, ebenso wie auch mäßiges Essen und Trinken den Körper auf der Höhe halten ...

Ein Mensch, dessen aus der Ader entleertes Blut einen trüben Hauch zeigt, so wie der Atemhauch eines Menschen ist, wobei dann in dieser Trübung noch schwärzliche Flecken auftreten und ringsum am Rande wachsartige Veränderungen in Erscheinung treten, wird bald sterben, falls Gott ihn nicht zum Leben zurückbringt. Denn die trübe Färbung in seinem Blut zeigt an, daß die Säfte in ihrer Kälte auf den Tod zugehen; die schwarzen Streifen im

Blut aber lassen erkennen, daß die Schwarzgalle dem Tod entgegenkommt, und die wachsartige Umrandung ist ein Zeichen dafür, daß sich auch die Galle auf dem Weg zum Tod hin bewegt. Ist dagegen die Farbe des Blutes bei einem Menschen trübe und wachsartig, jedoch ohne die schwarzen Flecken, dann kann er dem Tode entrinnen. Wohl wird er schwer krank, weil ja die Säfte in ihrer Kälte schon am Absterben sind, obwohl die schwärzlichen Streifen der Schwarzgalle sich noch nicht gebildet haben. Daher kann er dem Tod entrinnen.
Wenn aber das Blut schwarz und trüb ist, jedoch ohne die wachsartige Verfärbung, dann handelt es sich um einen verzweifelten Fall: der Mensch kann nicht mehr von seinem Leiden befreit werden, wenn Gott ihn nicht erlöst. Dennoch kann er dem Tod entrinnen; obwohl nämlich die Schwarzgalle und die Säfte vor dem Absterben stehen, bleibt die Galle doch an ihrem Ort und in ihrer Haltung; deshalb braucht dieser Mensch nicht zu sterben. Wenn aber diese Farben beim Einschneiden des Gefäßes alle zugleich sichtbar werden, dann ist höchste Lebensgefahr, und der Mensch kann dem Tod nicht mehr entgehen, es sei denn, daß Gott selber ihn am Leben erhält. Denn sowohl die Säfte als auch die Schwarzgalle und die Galle haben in gleicher Weise die Richtung zum Tod hin eingeschlagen. Sind dagegen die Farben voneinander getrennt, so daß eine von ihnen fehlt, dann kann der Mensch, wenn auch mit großen Beschwerlichkeiten, dem Tod entkommen.
Dies ist das Vorauswissen aus der Farbe des Blutes bei Menschen, sei es, daß sie es schon wissen oder noch nicht, daß sie krank sind ...

Vom Badewesen

Es ist nicht gut für den Menschen, wenn er zu häufig ein Wasserbad nimmt, es sei denn, daß er mager und dürr ist; ein solcher Mensch wird leicht kalt und wieder warm, weil er ein dünnes Gewebe besitzt: er kann ruhig baden, damit er seinem Körper etwas Wärme zuführt und ihn durchfeuchtet. Fettleibigen Menschen aber bekommt das Baden weniger, weil sie in ihrem Inneren schon warm und feucht sind und weil sie ihren Organismus schädigen würden, wollten sie ihm noch mehr Wärme und Feuchtigkeit zuführen. Ausnahmsweise dürfen sie, aber nur ganz selten, ein Wasserbad nehmen, um den Schmutz abzuwaschen, dann aber sollen sie rasch wieder das Bad verlassen. Alle Wasser, die zum Trinken geeignet sind, sind auch für die Bäder brauchbar. Sie sollen etwas erwärmt sein; denn so kann der Mensch lange in ihnen sitzen, wenn er will, weil die Bäder ihn nicht schwächen, sondern ihm eine gute und frische Farbe verleihen. Wasser aber, die schlecht zum Trinken sind, taugen auch nicht für Bäder. Ergibt sich die Notwendigkeit, daß einer in ihnen baden muß, so sollen sie erst richtig durchgekocht werden, damit der Unrat, der sich darin befindet, etwas weniger wird; auch soll sich der Mensch nicht zu lange darin aufhalten, weil sie nicht gesund sind.

Das Regenwasser ist recht scharf und stark, weil die Wolken und die Luft den Regen aus den verschiedenen guten wie schlechten Flußwässern und aus der Feuchtigkeit der Erde zu sich heraufziehen; deshalb ist es keineswegs gesund ...
Wer zur Sommerszeit im strömenden Flußwasser ein Bad nimmt, kann dies ohne Schaden tun, weil die Flüsse durch die Glut der Sonne und der Luft so durchtemperiert sind, daß sie nicht zu warm und nicht zu kalt, sondern grad geeignet sind. Gleichwohl beeinflussen sie die schädlichen und schlechten Säfte nicht besonders, wie auch anderseits die schlechten Säfte durch sie nicht wirksamer werden.
Gewisse unauslöschliche Feuer liegen, angezündet durch die verschiedenartigen Werke des Menschen, in der Luft; sie, die diesen zur Ehre gereichen sollten, werden nun durch die Verrichtungen der Menschen zu strafenden Feuern; und auf diese Weise steigen sie in gewisse irdische Orte hinab. Dort strömen sie zusammen, und zwar an den Stellen, an denen auch die Flüsse entspringen und ausströmen können, welche die Glut und den Brand der besagten Feuer zusammengezogen haben, wie ja auch durch Gottes Richterspruch gewisse Seelen in solchen Feuern und in eben diesen Wassern geprüft werden. Gewisse Bäche aber fließen aus diesen Wassern bisweilen in verschiedenen Erdstrichen unter die Menschen, Bäche, die immerfort warm sind, weil sie aus den unauslöschlichen Feuern stammen.
Es gibt aber auch einige Gegenden, auf die zuweilen als göttliche Strafe das Feuer herabfällt, wie geschrieben steht: „Er wird über die Gottlosen regnen lassen feurige Kohlen, und der Geist der Stürme wird ihres Bechers Gabe sein" (Ps. 10,6). Das Land um die Berge und die Steine, die von jenem Feuer betroffen wurden, werden bis zum Jüngsten Tage brennen, und an jenen Orten, die so brennen, entspringen bisweilen Bäche, die davon erwärmt werden und warm fließen. Die Menschen können nun durch kunstreiche Erfindungen gewisse Bäche zu solchen Stellen hinleiten, damit sie sich daran erwärmen; sie fließen dort hindurch, nehmen die Hitze an und fließen als heiße Quellen weiter. Den Menschen, die in solchen Gewässern ein Bad nehmen wollen, schaden diese nicht, bringen ihnen vielmehr Genesung, weil deren Hitze die ungeordnete Hitze in ihrem Organismus ausgleicht und die schlechten Säfte in ihnen aufzehrt.
Einem Menschen, der mager und trocken ist, bekommt ein heißes Bad, das auf glühenden Steinen bereitet wird, nicht besonders, weil er dadurch nur noch mehr austrocknet. Wer aber fettes Fleisch hat, dem ist ein solches Schwitzbad gut und nützlch, weil er die überflüssigen Säfte in seinem Organismus dadurch eindämpft und vermindert. Besonders einem Gichtkranken sind diese auf heißen Steinen bereiteten Bäder bekömmlich, weil die Säfte, die sich immer wieder in ihm erheben, durch das heiße Bad einigermaßen unterdrückt werden. Nach einem Wasserbad beginnen sich diese Säfte in ungeregelter Weise zu erheben und zu regen, weil die Gewebe, das Blut und

die Gefäße solcher Gichtleidenden in Unbeständigkeit auseinanderfließen. Die Steine aber haben Feuer in sich sowie verschiedene Feuchtigkeiten. Wenn sie ins Feuer gelegt werden, kann die Feuchtigkeit in ihnen nicht vollständig weggenommen werden; deshalb ist es nicht heilsam, aus ihnen ein heißes Bad zu bereiten, vielmehr ist dies gesünder mit Ziegelsteinen, weil diese gebrannt und trocken sind; alle Feuchtigkeit in ihnen ist ja durch das Brennen im Feuer verzehrt und weggenommen worden. Wer also in einem Schwitzbad baden will, soll dies mit Ziegelsteinen herrichten. Kann er keine bekommen, so nehme er Sandsteine, weil diese milderes Feuer und mildere Feuchtigkeit besitzen als die anderen Steine. Kieselsteine aber soll er nicht verwenden, weil diese ein starkes Feuer in sich tragen und weil sie durch allerlei Feuchtigkeit im Wasser aufgefüllt wurden ...

VON DEN ZEICHEN DES LEBENS

Wenn ein Mensch gesund am Leibe ist, hat er die Zeichen des Lebens, solange er reine und ganz klare Augen, gleich welcher Farbe, hat; gesund ist er auch, wenn seine Augen auf die Art durchsichtig sind, wie eine weiße Wolke es ist, durch die mitunter eine andere gleichsam glasklare Wolche scheint. Solch einer ist lebensfähig und wird nicht rasch sterben. Der Blick der Seele kommt in den Augen eines solchen Menschen stark zum Ausdruck, wenn seine Augen rein und ganz klar sind, weil die Seele in seinem Leibe kraftvoll wohnt, um noch viele Werke mit ihm zu verrichten. Die Augen des Menschen sind ja die Fenster der Seele.
Wer trübe Augen hat, so daß seine Augen, gleich welche Farbe sie tragen, nicht mehr ganz klar sind, der trägt das Zeichen des Todes an sich, auch wenn es ihm gut dabei geht. Das gleiche gilt für einen, dessen Augen so trüb sind wie eine Wolke, die an der Oberfläche so dicht ist, daß unter ihr die gleichsam glasklare Wolke nicht mehr beobachtet werden kann. Solch einer wird schnell erkranken, und der Tod wird die Folge sein. Im Blick der Augen eines solchen Menschen ist die Seele nicht mehr kraftvoll, weil sie nur mehr wenig Werke dort verrichten wird und weil sie gleichsam bewölkt dasitzt, wie ein Mann, der noch überlegt und im Zweifel ist, wann er seinen Platz verlassen und aus dem Hause weggehen soll.
Der Mensch ist gesund, dessen Farbe auf den Wangen rötlich oder hellrot durch die Haut leuchtet, so daß diese Farbe unter der Haut wie bei einem Apfel sichtbar wird, der ganz klar und blank ist. Er hat das Kennzeichen des Lebens, wenn auf diese Art die rötliche Farbe auf seinen Wangen durch die Haut hindurchscheint, wie es mit einer weißen Wolke geschieht, durch die mitunter eine glasklare Wolke scheint. Solch einer kann leben und wird so bald nicht sterben. Denn das erwähnte Wangenrot unter der Haut bedeutet den feurigen Hauch des Lebens, das heißt der Seele, weil die Seele Feuer ist.

Auf diese Weise zeigt sich auf den Wangen, daß die Seele in ihrem Leibe sicher wohnt und ihn so bald nicht verlassen wird.

Wenn aber ein Mensch sonst gesund ist, die rote oder hellrote Farbe auf seinen Wangen indes so auf der Haut liegt, daß unter der Rötung die Wangenhaut nicht mehr beobachtet werden kann, dann trägt er das Zeichen des Todes. Die Röte der Wangen liegt dann so dicht auf die Haut gepreßt, daß darunter die Haut nicht mehr gesehen werden kann, wie bei einem roten Apfel, unter dessen Röte man auch die Haut nicht mehr sieht, sondern nur das Rotsein darauf. Solch einer siecht schnell dahin, und der Tod folgt darauf. Die rote Farbe auf seinen Wangen, die über der Haut liegt, bedeutet nämlich den feurigen Hauch der Seele, die indes bei einem solchen Menschen ihre Stärke außerhalb des Körpers erkennen läßt, weil sie sich im Leib als schwach und unsicher erweist; das ist wie bei einem Menschen, der immer wieder nur an die Tür seines Hauses eilt, da er doch die Absicht hat, durch sie hinauszugehen.

Auch die Stimme, die bei einem Menschen stets einen klaren Klang hatte, weist auf den Tod hin, wenn die Stimme dieses Menschen, der bislang gesund und stark war, sich ins Rauhe verändert, und zwar so, daß er dann heiser bleibt wie aus Gewöhnung und ohne ein besonderes Leiden. Es ist so, wie wenn eine helle Trompete, die immer einen klaren Klang von sich gegeben hat, mißtönend wird, sobald sie aus irgendeinem Grund beschädigt wurde. Daß aber des Menschen Stimme immer so klar bleibt, das macht der kraftvolle Schwung des Bewußtseins (impetus scientiae), weil es lange an seinem Platz aushalten soll; von daher ist auch der Mensch ein vernünftiges Wesen (homo sapiens). Fällt nun der Mensch ohne erkennbare Krankheitsursache in eine nicht zu beeinflussende Heiserkeit, dann bereitet sich an der Stelle die Seele darauf vor, ihren Körper zu verlassen. Desgleichen hat eine Stimme, die von Natur aus im gesunden Menschen ohne vorliegendes Leiden rauh und belegt war, als Hinweis auf den Tod zu gelten, wenn sie plötzlich in Klarheit umschlägt, so daß der Mensch jetzt regelmäßig und ohne ein Leiden eine klare Stimme hat ...

Wenn ein Mensch krank zu Bett liegt, ganz gleich durch welches Leiden er bettlägerig wurde, und wenn dabei das Gewebe in seinem Gesicht gedunsen ist wie das Gewebe eines Schlafenden, der aus dem Traum aufwacht, und wenn seine Augen dabei ganz klar sind wie Brunnenwasser und nur etwas wässerig, dann wird ein solcher Mensch zweifellos von seiner Krankheit nicht mehr genesen, sondern sterben. Daß das Gewebe seines Gesichtes so aufgequollen ist, kommt von den verschiedenen schwächenden Säften her, die sich auf seinem Gesichte bemerkbar machen; daß seine Augen aber dabei leuchtend klar bleiben, wie oben erwähnt wurde, kommt daher, weil die Seele ihr Feuer in diesen Augen noch zeigen kann, daß sie dabei aber auch wässerig sind, hat seine Ursache darin, daß das Feuer der Seele seine Flamme zum Verlöschen bringt, da sie im Begriff steht, ihn bald zu verlassen.

Wer aber mäßig in seinem Gesicht aufgedunsen ist, dabei aber keine wässerigen Augen hat, der wird mit knapper Not und unter großer Gefahr noch grad dem Tod entrinnen; die schlechten Säfte bringen zwar das Gesicht eines solchen Kranken zum Aufdunsen, aber die klargebliebenen Augen zeigen an, daß das Feuer der Seele noch in ihm vorhanden ist; sind sie aber nicht wässerig geworden, dann bringt die Seele ihre Flamme nicht zum Verlöschen, sondern stellt sie nur niedriger, um das Leben zu erhalten.

Sind die Augen eines Kranken zwar hell, aber doch etwas trübe und reichlich wässerig, dann wird er bald genesen und leben. Daß aber die Augen eines solchen Leidenden nicht ganz und gar klar sind, das bedeutet, daß die Seele ihr Feuer noch nicht zum Weggehen in diese Augen geschickt hat; daß sie dabei getrübt sind, kommt vom Überschuß an Blut, das sich dort als Kennzeichen des Lebens zeigt; daß sie schließlich reichlich wässerig sind, kommt daher, weil dieses überschüssige Blut sich im Aufschäumen reinigt und die Fäulnis ausscheidet, um weiterleben zu können.

Wenn ein Mensch, der sich bishere durchweg klug und besonnen verhalten hatte, solange er gesund war, nun während einer Krankheit den Verstand verliert, wie einer, der in seinem Denken durcheinander ist und in diesem Unverstand verbleibt, wird er sterben und nicht am Leben bleiben. Daß er durchweg so klug und besonnen war, verdankt er gleichsam den Schwingen seiner vernunftbegabten Seele; während er nun in seinem Leiden dauernd so verwirrt ist, zieht die Seele die Flügel ihrer Vernunft ein und bereitet sich zum Exitus vor.

War aber einer während seiner Gesundheit durch die Flügel seiner Vernunft immer weise und klug und verliert nun, wo er krank zu Bett liegt, seinen Verstand, so zieht sich die Seele gewissermaßen von dem Leben zurück, um erst einmal vernünftig zu überlegen. Kehrt er dann plötzlich während dieses Leidens zu seiner früheren Besonnenheit in Beständigkeit wieder zurück und kann sich darin halten, dann läßt die Seele die Flügel ihrer Vernunft, die sie früher zeigte, von neuem als ein Zeichen des Lebens sehen, und so entkommt dieser Mensch noch gerade dem Tode.

Ein Mensch, der sich ständig unbesonnen und töricht verhielt, solange er seinen gesunden Leib hatte, bei dem hat die Seele die Flügel der Vernunft nicht vollständig sichtbar werden lassen; wenn er nun in einer bettlägerigen Krankheit einsichtig wird und in dieser Einsicht dauernd verbleibt, wird er sterben und kann nicht mehr leben, weil seine Seele schon das Verständnis und die Wege, die sie in einem anderen Leben nehmen wird, bereits beim Scheiden kenntlich macht. Bei einem Menschen nämlich, der im gesunden Zustande sich dauernd unbesonnen und töricht verhielt, weil seine Seele die Flügel der Vernunft nicht vollständig entfaltete, bereitet sich die Seele, wenn er nun als Leidender verständig wird, zum Verständnis und für die Wege in einem anderen Leben vor. Wenn aber der Mensch während seiner Krankheit dann doch wieder zu seiner früheren Torheit plötzlich zurückfindet und so dabei verbleibt, dann kann er noch gerade dem Tode entgehen, weil sich dann seine Seele an den gewohnten Platz und den alten Zustand, den sie früher im Körper einnahm, zurückwendet, indem sie nun doch nicht von ihm Abschied nehmen will.

Ist ein Mensch durch eine bestimmte Krankheit bettlägerig geworden und zeigt er dabei an der Ader seines rechten Armes einen geordneten und regelmäßigen Puls, wie ein Mensch, der seinen Atem geordnet und regelmäßig einzieht und ausbläst, dann wird er leben und nicht sterben. Denn wie mächtig sich auch eine Krankheit durch die brennenden Fieber der Säfte bei einem Menschen entwickelt, die Seele behält gleichwohl geordnet die Art und Weise ihres Hauchens bei, da sie nicht die Absicht hat, ihren Leib zu verlassen. Daher ist der Puls der Ader geordnet und regelmäßig, weil die Seele das Gefäß nicht wie beim Hinscheiden erregt.

Wenn aber die Ader am rechten Arm eines Kranken beschleunigt hastet, wie bei einem Menschen, dem beim eiligen Rennen die Kehle zugeschnürt wird, und wenn nach keinem Pulsschlag eine Pause eintritt, dann stirbt er, weil seine Seele zum Exitus gezwungen wird. Dann aber bewegt sie das Gefäß nur noch schwach und löst sich von ihm los, woher dann der Puls des Leidenden dem Tod entgegenhastet.

Wenn aber diese Ader bei solcher Beschleunigung einen oder zwei Pulsschläge geordnet gegeben hat und dann wieder hastet in Art der früheren Beschleunigung, dann zeigt die Seele mit dieser hastigen Art an, daß sie Angst hat, ihren Leib zu verlassen; deshalb erregt sie das Gefäß so hastig. Sie zeigt dabei einen oder zwei Pulsschläge geordnet, weil sie sich an das Leben in diesem Menschen erinnert und weil sie sich zu dem noch vorhandenen Leben zurückbemüht: so stirbt jener Mensch nicht und kann noch leben.

Der Pulsschlag der Ader ist aber deshalb besonders am rechten Arm zu beobachten, weil die Symptome, die Leben oder Tod vorauskündigen, besonders gut am rechten Arm wahrgenommen werden können; liegt doch die größte Kraft in der Rechten. Die Rechte ist es, die immmerfort wirksam ist; demgegenüber besteht in der Linken eine Art Trägheit, und sie leistet nichts Besonderes. Auch kann an der Beuge des rechten Armes und an der Beuge des rechten Beines, also unter dem Knie, der Pulsschlag der Ader wirklichkeitsgetreuer beurteilt werden, weil sich dort die Kraft der Seele befindet. Die Seele nämlich hält die Verbindung der Glieder fest in ihrer Gewalt und löst diese Gelenke erst, wenn sie den Körper verlassen will. Aus diesem Grunde zeigt auch der Puls ihrer Gefäße die stürmische Unruhe vor dem Tode durch sein Verhalten an. Hat die Seele aber nicht die Absicht zum Verscheiden, wiewohl ihr Leib viele Schmerzen durchzustehen hat, dann bleibt der Puls in den Gefäßen dieser Gelenke ruhig und geordnet, weil die Seele sich nicht auf ihren Austritt vorbereitet.

Was auch der Mensch trinkt, Wein, Bier, Met oder Wasser: jeder Harn zeigt die Beschaffenheit seiner Gesundheit oder Krankheit an, von welch einem

Trank er auch herkommen mag. Nun ist ein Harn nicht besser als der andere, da jeder Urin aus den Abfallstoffen stammt, ganz gleich, ob das eine Getränk wertvoller eingeschätzt wird als ein anderes . . .

Albertus Magnus

Den Ehrentitel „Doctor universalis" verliehen ihm bereits seine Zeitgenossen. Albertus Magnus, Philosoph, Theologe und Naturwissenschaftler zugleich, wurde um 1200 in Lauingen an der Donau als Sproß einer staufischen Ministerialenfamilie geboren. Schon in jungen Jahren besuchte er die alten und hochgeachteten Universitäten von Bologna und Padua. Hier kam er auch erstmals mit den Bettelorden der Franziskaner und Dominikaner, deren Armutsideal ihm imponierte, in Berührung.

In Padua tritt Albert dann 1233 in den Dominikanerorden ein, zu dessen Programm neben Armut und Bibelstudium auch Wissenschaft, Lehre und Predigtarbeit gehört. Zunächst absolviert der junge Mönch sein Theologiestudium, dann wird er recht bald mit Lehraufgaben in den deutschen Klöstern seines Ordens betraut. 1242 geht er an die Universität von Paris, erwirbt den Doktorgrad und lehrt als erster deutscher Magister der Theologie bis 1247 an der berühmten französischen Fakultät.

Um die wissenschaftliche Tätigkeit des Albertus Magnus verstehen zu können, muß man sich zunächst das Wesen der sogenannten scholastischen Philosophie und die damit verbundene Aufnahme des aristotelischen Denkgebäudes in die spätmittelalterliche Weltsicht vergegenwärtigen: Scholastik ist letztlich ein Sammelbegriff für die früheste Form christlicher Philosophie und Theologie, wie sie in Klöstern und Universitäten des europäischen Mittelalters gelehrt wurde. Sie stellt einen über mehrere Jahrhunderte währenden Lernprozeß dar, in dem es vor allem darum ging, Glaube und Vernunft miteinander in Einklang zu bringen. Denn die Scholastik war angetreten mit dem Anspruch, sich das geistige Erbe der griechisch-römischen Antike anzueignen; dazu zählte die hellenistische Philosophie, die Staatslehre des klassischen Rom aber auch die christliche Theologie der Kirchenväter. Es war der Versuch, einen ungemein großen Bestand an bereits Gedachtem aufzunehmen. Die Arbeit der mittelalterlichen Lehrer konzentrierte sich daher in erster Linie auf das Ordnen, Sortieren und Gliedern des überlieferten Stoffs.

Vor dem Hintergrund dieses mittelalterlichen Schulwesens ist es wichtig festzuhalten, daß erst im 13. Jahrhundert – quasi auf einen Schlag – die Werke des Aristoteles bekannt wurden. Albertus Magnus gilt als der „erste Theologe des Mittelalters, der dem Aristotelismus klar und scharf ins Auge geschaut hat".

Aufgrund innertheologischer Auseinandersetzungen in den ersten nachchristlichen Jahrhunderten waren das Werk des griechischen Philosophen, aber auch das mathematische und medizinische Schrifttum seiner Schule aus dem Blickfeld des Abendlandes geraten. Im islamisch-arabischen Weltreich dagegen hatten die klassischen Schriften, durch Kommentatoren wie Avicenna und Averroes erschlossen, in syrischen und arabischen Übersetzungen weitergelebt. In der lange Zeit vom Islam geprägten, spanischen Bischofsstadt Toledo wurden gegen Ende des 11. Jahrhunderts das überlieferte Textmaterial und die Kommentare aus dem Arabischen ins Lateinische übersetzt und gelangten damit über Umwegen in die westlichen Universitäten.

Albertus Magnus versuchte nun, dieses Werk mit seiner präzisen Systematik und Deutungsweise für seine wissenschaftlich interessierten Zeitgenossen zugänglich zu machen. Obwohl ihm die griechische Sprache völlig fremd war, verfaßte er Kommentare zu sämtlichen Aristoteles-Schriften. In kritischer Auseinandersetzung mit den arabischen Kommentatoren wollte er beweisen, daß das aristotelische Denken, besonders die naturphilosophischen Ansätze, mit dem christlichen Glauben vereinbar sei – ein schwieriges Unterfangen, denn die Haltung der Kirche gegenüber diesen neuen Tendenzen war gespalten. Einerseits wurden öffentliche Vorlesungen zur Physik und Metaphysik des (heidnischen) Aristoteles an den Universitäten nicht geduldet, andererseits übersetzte man im Auftrag Papst Urbans IV. gleichzeitig dessen Schriften direkt aus dem Griechischen ins Lateinische.

Albertus Magnus bewältigte als theologisch-philosophischer Schriftsteller ein enormes Pensum, schließlich schlossen seine Studien unter anderem auch das Gesamtwerk des frühmittelalterlichen Mystikers Dionysios Areopagites und die Schriften des Kirchenlehrers Augustinus ein. 1284 wurde Albert von Paris abberufen, um die Leitung der neugegründeten Ordenshochschule in Köln zu übernehmen. Hier zählten vor allem Thomas von Aquin und Ulrich von Straßburg zu seinen Schülern. Nur kurze Zeit später wurde er zum Vorsteher der deutschen Ordensprovinz bestimmt, seine Lehrtätigkeit mußte er deshalb aufgeben.

Als päpstlicher Legat und Kreuzzugsprediger reiste er kreuz und quer durch Europa. Da ihm als Bettelmönch kein Reittier zustand, mußte er seine nicht immer gefahrlosen Wege zu Fuß zurücklegen. Nach Zwischenstationen in Regensburg, dort war er sogar von 1260 bis 1262 Bischof, in Würzburg und Straßburg kehrte er 1270 nach Köln zurück. Auf seinen langen Wanderungen hat Albert noch ausreichend Zeit gefunden, um als aufmerksamer Beobachter die Natur zu erkunden. Gleichsam als Frucht seiner Studien entstanden die Bücher „De vegetabilibus" und „De animalibus", in denen der Gelehrte bis ins kleinste Detail Pflanzen und Tiere beschrieben hat. Bei seinen naturkundlichen Darlegungen verzichtet Albert bewußt auf alle theologischen Erwägungen. Er geht von dem Grundsatz aus, daß bei der Beschreibung der (Natur-)Phänomene allein die Erfahrung Gewißheit vermittle; „Über das Konkrete gibt es keine Philosophie", ist er überzeugt. „Was mich betrifft, ich hasse logische Argumentationen in den Wissenschaften , die es mit Sachen zu tun haben." Allerdings brachten ihm seine naturwissenschaftlichen Kenntnisse den fragwürdigen Ruf eines Alchemisten und Zauberers ein. 1280 ist der große Gelehrte in Köln gestorben.

Von den Kräutern und Pflanzen

(De Vegetabilibus et Plantis)

ÜBER DIE KRÄUTER

In diesem unserem 6. Buch befriedigen wir mehr den Wissensdurst der Studenten als die Wissenschaft. Es ist nicht möglich, wissenschaftlich auf Einzelheiten einzugehen. Doch sind wir bestrebt, in diesem 6. Buche gewisse Besonderheiten aufzuzeigen, die man bei einzelnen Pflanzen vorfindet.
In den vorangegangenen Büchern haben wir darauf hingewiesen, daß es den Umfang eines Bandes übersteigen würde, wenn wir auch nichts anderes als nur die Namen aller Pflanzen anführen würden; aus dem gleichen Grunde werden nur solche vorgestellt, die bei uns mehr bekannt sind und die anderen werden vollständig weggelassen.
Von denen, die wir vorstellen, können wir einen gewissen Teil aus eigener Erfahrung empfehlen. Über andere berichten wir nach den Aussagen von Leuten, von denen wir wissen, daß sie nicht leicht über etwas anderes reden als solches, das sie aus Erfahrung kennen. Nur der Erfahrungsbeweis gibt nämlich Sicherheit.

Knoblauch riecht schärfer als Porree, löst sehr Blähungen, macht aber starkes Kopfweh; gekocht oder gebraten lindert er Zahnweh, reinigt Brust und die Stimme, löst den Bauch, unterstützt die Verdauung.

Die Sellerie

Sellerie hilft bei Blähungen, öffnet Verstopfungen, treibt Schweiß und lindert Schmerzen. Die Gartensellerie macht einen guten Mundgeruch, aber sie ist schlecht für den Kopf, weil sie zu Epilepsie reizt. Man sagt auch: wenn die Wurzel am Hals getragen wird, hilft sie bei Zahnweh. Sie ist gut für Leber, Milz, bewirkt aber Rülpsen; sie wird nur langsam verdaut und wandert langsam durch den Darm.
Im Samen ist etwas, was Übelkeit erregt. Galenus sagt, Sellerie soll man zusammen mit Lattich essen. Der Samen ist gut bei Wassersucht. Er erwärmt die Leber und reinigt sie. Da der Samen zu Urin und Menstruation reizt, ist

er schlecht für Schwangere. Auf den Unterleib gesalbt reizt Sellerie den zurückgehaltenen Urin, besonders wenn er mit weißem und hellem Wein getrunken wird. Es ist sogar gesagt worden, Sellerie sei schlecht für die Ammen, weil sie zur Unzucht reizt; weil sie so subtil ist, steigt sie von den Brüsten herab zu den Geschlechtsteilen.

Der Beifuß

Beifuß ist bekannt und wird angewendet gegen Sterilität. Wenn man sie an den Beinen befestigt und trägt, nimmt Artemisia die Müdigkeit von den Beinen der Wandernden.

Die Zwiebel

Die Zwiebel öffnet kräftig, zieht das Blut nach außen und rötet so die Haut. Ungekocht nährt sie nicht oder nur wenig; wenn sie gekocht wird, macht sie einen dicken, nahrhaften Saft. Der Samen mit Honig entwurzelt Warzen. Die Zwiebel gehört in die Reihe jener, die dem Intellekt schaden, weil sie einen schlechten Saft erzeugt und den Speichel vermehrt. Sie stärkt aber den schwachen Magen und macht Appetit auf Speise, öffnet Hämorrhoiden, setzt Koitus in Gang und sein Wasser lindert den Bauch. Wenn man sein Wasser auf den Biß eines tollen Hundes streicht, hilft es, auch wenn er als Brei auf die Wunde gestrichen wird. Es ist auch schon behauptet worden, er erzeuge im Magen einen Saft in großer Menge, der die Schäden von Giften breche. Er hat noch andere Kräfte.

Der Rettich

Wenn er mit dem Mehl des Lolchs und mit Honig gemischt wird, läßt er auf der Glatze Haare wachsen. Als Brei aufgestrichen vermindert er Flecken und Spuren von Schlägen, auch vervielfacht er die Läuse an den Körpern. Sein Samen mit Essig beseitigt vollständig Krebs und Schorf. Er schadet aber Kopf, Gaumen und Augen. Bemuesange sagt, daß seine Blätter die Sehkraft stärken. Gesotten hilft er gegen giftige Pilze. Für den Magen ist er schlecht, da er Aufstoßen verursacht; nach dem Essen genossen macht er den Bauch weich, aber vor dem Essen genossen läßt er die Speisen schwimmen und kommt nicht zur Ruhe: darum kommt es leicht zum Erbrechen. Sein Samen mit Essig erregt Übelkeit. Sein Wasser ist gut für den Wassersüchtigen, es wirkt gegen den Biß der Schlange und wenn man ein Stück Rettich auf den Skorpion legt, so stirbt er. Auch sagt Democrit: „Wer seine Hand mit reifem Rettichsamen eingerieben hat, nimmt ohne Schaden Schlangen in die Hand." Hermes (in alchimicis) überliefert: „Wenn Rettichsaft gemischt mit dem Saft zerstoßener Regenwürmer durch ein Tuch gepreßt und ein Schwert darin eingetaucht wird, dann durchschneidet dieses Schwert Eisen wie Blei.

Das Radieschen

Sein Geschmack ist ein bißchen scharf aber nicht so sehr wie der Rettich. Es bläht sehr auf. Sein Genuß nach dem Essen unterstützt die Verdauung.

Die Bohne

Die Bohne ist ein Kraut mit hohem, kantigem Stengel und einer weißroten Blüte. Der Bohnenkern hat viele Farben und vielerlei Qualität entsprechend der Verschiedenheit der Länder, in denen sie wächst. Die ägyptischen und morgenländischen sind bewährter durch ihre Vorzüge: dieses Kraut erzeugt nämlich eine lange Schote, in welcher in einer Reihe viele Samen angeordnet sind und das hat sie gemein mit der Erbse und vielen anderen Hülsenfrüchten: aber ein Unterschied besteht darin, daß in der Schote der Bohne zwischen den Bohnen ein dünnes weißes Häutchen ist, durch welches die Bohnen abgetrennt sind wie beim Kürbis. Das ist nicht gleich in allen Schoten, sondern in der einen mehr, in der anderen weniger. Der Stengel erzeugt nicht nur an einer Stelle Bohnenschoten, sondern erzeugt Schoten der Länge des Stengels nach an jeder Stelle rundum, ob der sich verzweigt oder nicht.
Diese Art Hülsenfrucht will einen feuchten Boden. Auch wenn sie in einen sonst wegen zu viel Feuchtigkeit unfruchtbaren Boden gesät wird, wird dieser gut, wenn Bohnen darauf gesät werden, weil die Bohne die überschüssige Feuchtigkeit an sich zieht. Solange die Bohne grün und jung ist, strotzt sie vor Saft; und wenn sie nicht langsam verdaut und stark blähen würde, würde sie nicht weniger nähren als Gerstenbrei. Zum Gebrauch sind die größeren Bohnen besser wie bei jeder Art von Körnern. Auch sind die weißen besser, wenn sie nur nicht von Würmchen durchbohrt sind. Weniger gut sind die jungen, doch kommt das in Ordnung, wenn sie eine Zeitlang eingeweicht und mit Verstand abgekocht werden, das heißt, daß der erste Sud weggeschüttet wird und sie mit Pfeffer, Salz, Öl, Origano und dergleichen gegessen werden.
Betrachten wir ihre Eigenschaften: Sie blähen stark auf. Doch das wiederholte Abkochen nimmt ihre blähende Wirkung. Wenn man sie häutet und längere Zeit einweicht und dann das Abkochen wiederholt ohne im Gefäß umzurühren, dann gibt es keine Blähung, wenn man aber umrührt, dann blähen sie umso mehr. Sie erzeugt molliges Fleisch und grobes Blut. Hippocrates sagt, die Bohnen seien eine gute Nahrung und die Gesundheit werde durch sie erhalten.
Eine Besonderheit der Bohne ist das: teilt man sie in zwei Hälften und legt sie auf das fließende Blut einer Schnittwunde, so hilft das sehr. Futtert man Hühner mit Bohnen, dann hören sie auf zu legen. Macht man einen Brei aus den Schalen und legt ihn auf die Haare, so werden diese fein. Eine Auflage damit auf den Unterleib und die Oberschenkel eines Kindes verhindert den

Haarwuchs am Unterleib; und wenn diese Auflage an einer rasierten Stelle wiederholt wird, dann verlangsamt sich der Haarwuchs an dieser Stelle. Zusammen mit der Schale wischen sie Flocken und Sommersprossen vom Gesicht und verschönern die Haut, machen aber einen schweren Kopf. Es gibt von ihr noch viele andere Präparate, die auf den menschlichen Körper wirken.

TIPS FÜR DEN OBSTGARTEN

Der Obstgarten soll gegen Süden offen sein, weil dieser Wind die Pflanzen herauslockt und ans Licht bringt. Der Nordwind aber tötet und schließt sie ein. Die Erde sei locker und süß. Die Bäume sollen einen Abstand von 30 Fuß haben, gut umzäunt, damit sie von Tieren nicht verletzt werden.
Die Obstbäume werden auf zweifache Art gepflanzt: durch Kerne und Aufpfropfen, die aber von Kernen gewonnen werden, sind wilder als die durch Einfügen und Aufpfropfen. Die Setzlinge sollen 2 Monate vor dem Einsetzen eine offene Grube haben, in welcher Stroh verbrannt worden ist. Der eingesetzte Stamm sei von der Stärke eines Armes und seine Rinde sei glatt, von frischem Holz, nicht knotig, an keiner Stelle des Holzes verletzt; wenn er von seinem Baum abgeschnitten wird, soll er nach Osten oder Süden gerichtet sein. Wenn aber ein junger Baum mit der Wurzel eingegraben wird, bringt er rascher Frucht. Seine Äste und Zweige müssen abgeschnitten sein, damit das, was in seiner Wurzel ist, nicht zerstört wird und die Wurzel selbst nicht nach und nach austrocknet.
Der Kirschbaum sucht frische Luft und feuchten Boden, darum bleibt dieser Baum in lauwarmen Gegenden klein. Hitze hält er nicht aus; er wird auf kalten Bergen und Hügeln angesiedelt. Er will tiefe Gruben und ständiges Umgraben; Verwelktes und Überflüssiges muß man abschneiden. Wenn sein Saft fault, sollst du ein Loch in den Stamm machen, durch welches die überflüssige Feuchtigkeit abfließen kann.
Wenn auf einen Pfirsichbaum Kirsche aufgepfropft wird, gewinnt sie wieder den Kleber, den sie verloren hatte.
Führt man eine Rebe durch einen durchbohrten Kirschbaum, und läßt ihn gehen bis ein Holz entsteht, dann schneidet man sie ab nach dem Kopfe. Man sagt, der Weinstock trage dann reife Trauben, wenn die Kirschen reif sind.
Prunus, der Pflaumenbaum, will einen leichten feuchten Platz, milde Luft; er verträgt aber auch kalte Luft und steiniger Boden bekommt ihm gut. Gras ist nicht gut, weil die abfallenden Früchte Würmer machen. Viel Feuchtigkeit und ständiges Umgraben ist nützlich.
Wenn sie in eine ähnliche Art oder in einen Pfirsichbaum eingesetzt werden sollen, werden sie in das feste Holz des Stammes eingefügt und sie erholen

sich besser als unter der Rinde. Dieses Einsetzen soll Ende März erfolgen. Will man sie aber aus Kernen gewinnen, soll man sie 3 Jahre lang beizen, damit sie rasch treiben, im Februar muß man sie säen.

Aufbewahrt werden Pflaumen wie die Kirschen: trockene, feste Früchte legt man an die Sonne bis sie einschrumpfen und dann an einen trockenen, rauchigen Ort auf Roste oder sie werden aufgehängt über Rauch.

Pyrus, der Birnbaum gedeiht auf lockerem und süßem Boden. Ist dieser bewässert, so blüht er gut und setzt schwellende Früchte an. Wird er durch Pfropfen gewonnen, soll im Februar oder März auf dem Stamm eines wilden Birnbaums gepfropft werden: Das Pfropfreis der Fichte, das eingesetzt werden soll, muß vor der Sonnenwende des Vorjahrs entstanden sein. Ein wilder Stamm muß im November in eine tiefe Grube gesetzt werden, damit er mit seinen Wurzeln gut Saft zieht vor dem Pfropfen.

Birnen, die man aufheben will, halten länger, wenn sie in der letzten Quadratur des Mondes gesammelt werden, das ist vom 22.–28.

Damit dieser Baum stark wird, braucht er viel Feuchtigkeit und Pflege durch beständiges Umgraben. Es bekommt ihm sehr gut, wenn man ihm alle 2 Jahre immer Dünger gibt.

Wenn aber dieser Baum verholzt, dann reiße an seinen Wurzeln und lege einen eichenen Keil unter. Hat er Würmer, gieße Stiergalle auf die Wurzeln. Die Birnen sollen in Spreu aufbewahrt oder an der Sonne getrocknet aufgehängt werden.

Malus, der Apfelbaum wird im Monat Februar oder März aufgepfropft auf einen Stamm seiner Art. Aber er gedeiht und bringt Frucht auch wenn er auf Pflaume, Pfirsich, Weide oder Dornstrauch aufgepfropft wird. Er will einen feuchten Boden oder Bewässerung.

An dunklen Stellen, wohin kein Wind kommt, werden die Früchte auf Holzboden, der mit Spreu bedeckt ist, abgelegt und mit reinem Stroh zugedeckt, so halten sie sich lange.

Der Nußbaum wird Ende Februar gepflanzt in einer feuchten, bergigen, kühlen und steinigen Gegend. Die Nüsse müssen aber 2 Tage lang in einfachem Wasser eingeweicht werden, bevor sie eingesetzt werden. Die Nuß wird mit dem runden Teil nach unten und mit dem spitzen Teil nach Norden hingelegt.

Man lege aber einen Stein unter, damit die auf ihn gerichtete Wurzel gezwungen wird, nicht einfach sondern vielfältig sich in die Erde einzuheften; der Baum wird höher, wenn er öfter versetzt wird. Ist der Baum 2 Jahre alt, soll er in kalten Boden, und wenn er 3 Jahre alt ist in warmen Boden verpflanzt werden.

Es heißt, wenn frühzeitig die Wurzeln besprengt werden, dann kann er zweierlei oder beides zugleich machen: nämlich eine dünne Schale oder einen großen, dicken Kern. Die Grube, in die er gesetzt wird, sei tief für einen möglichst großen Baum.

Er soll von anderen Bäumen durch einen großen Abstand getrennt sein, weil sein gefallenes Laub sogar der eigenen Art und allen anderen Bäumen schadet. Mache oft Gruben um den Nußbaum, damit er im Alter nicht hohl wird. Aufgepfropft wird er einem Stamm seiner Art oder auch einem Pflaumenbaum.
In Spreu oder Sand werden die Nüsse lange aufbewahrt oder zugedeckt mit dem eigenen trockenen Laub. Tauche die noch grünen Nüsse, nachdem die äußere Schale entfernt ist, in Honig, und ein Jahr später wirst du sie noch wie frisch finden.
Avellana, der Haselnußbaum, muß im Februar gesetzt werden. Dem Baum bekommt magerer, kühler und sandiger Boden.

Die Tanne

Die Tanne überragt durch ihren Wuchs die anderen Bäume. Der Grund ist: sie hat gerade Poren (für den Strom des Nährsaftes) und einen fetten Saft. Dazu tragen auch bei der Feuchtigkeitsgrad der Örtlichkeit und die Kälte: sie kommt ja in kalten Berggegenden häufiger vor. Solche Plätze aber schikken von unten her sehr warme Dämpfe und fetten Saft zu den Wurzeln, welche die Kälte der umgebenden Luft in dem Stamm der Bäume zusammenfließen läßt und zwingt hochzusteigen.
Dieser Baum hat die Eigentümlichkeit, daß bei seinem jährlichen Zuwachs immer fünf Zweiglein zu sehen sind, von denen das mittlere direkt über dem Stamm aufsteigt und zu einem Teil und der Länge des Stammes wird. Und dieses allein wächst und verstärkt sich viel mehr als die vier andern. Und wenn man den Baum an der Ansatzstelle dieser Zweige abschneidet, dann kommt es häufig vor, daß der ganze Baum austrocknet und eingeht. Das Holz der Tanne ist sehr brüchig und brennbar. Es ist leicht zu bearbeiten, weich, als Bauholz geeignet, unverderblich ob es an der trockenen freien Luft oder im Wasser lagert.
Von diesem Baum gibt es viele Arten: der mit einem weißeren, weicheren Holz und höherem Wuchs heißt Tanne.
Dann gibt es einen nicht so hohen, dessen Äste sich weiter ausdehnen und der mehr zur Röte neigt; seine Nadeln sind auch nicht so starr wie die der Tanne. Dieser ist weniger zum Bauen geeignet und feuchter als der erstere.
Der dritte wächst dicht an der Erde, besonders an der Wurzel ist er sehr hell und voll Harz: und diese gebraucht man als Fackeln.
Eine vierte Art heißt Pinus, Kiefer und trägt Nüsse. Die Kiefer ordnet ihre Zweige nach Art einer Pyramide, weshalb auch die Pyramidenfigur pinealis heißt. Dieser Baum ist unter den vieren der am wenigsten hohe. Alle aber stimmen darin überein, daß sie Harz ausscheiden, daß sie ihre Äste geradeaus hochstrecken und daß sie hochwüchsig sind. Ihre Nadeln stimmen mit denen des Wacholders überein, nur sind die Nadeln der Tanne weniger

scharf. Alle diese vier Arten strecken ihre Äste nach oben und darin unterscheiden sie sich von der Eiche, Linde oder Kirschbaum. Aber sie gleichen darin der Zypresse, nur unterscheiden sie sich darin, daß sie sich nicht so dem Stamm anpressen wie die Äste der Zypresse, die gleichsam hochgebunden sind.

Das Holz der Tanne und aller ihrer Arten ist, solange es grün ist, sehr aromatisch, weil das viele Harz darin verdampft, denn die Weichheit des Holzes verhindert das Verdampfen nicht. Wird es aber trocken, dann hört der Duft auf – aber sein Luftgehalt und seine Weichheit lassen viele Töne entstehen, wenn man daran schlägt. Es tönt aber nicht so sehr, wenn es konkav gestaltet wird: und so taugen die Bäuche von Musikinstrumenten wie Viellen, Lyren, Monochord und ähnlicher nichts, wenn sie aus Tannenholz gemacht sind. Aber als Deckholz für die Bäuche ist das Tannenholz sehr gut. Zu Figuren kleiner Engel läßt sich dieses Holz nicht verarbeiten und darum werden von ihm keine Bildnisse hergestellt, denn seine weiche Beschaffenheit enthält keine Oberfläche. Seine Porosität aber ermöglicht rasch die Ansammlung von Schmutz und Bildnisse aus diesem Holz wären grob und roh und bald überaus häßlich.

Das Holz hat noch die Besonderheit, daß es weniger ästig ist, weil seine Äste von der Mitte des Marks ausgehen. Seine spärlichen Aststellen, zusammengezogen im Ursprungsgebiet der Äste, werden nach dem Austrocknen des Holzes so hart, daß auch ein scharfes Beil zerbricht oder schartig wird. Den Grund dafür haben wir an früheren Stellen angegeben. Soviel sei gesagt über die Tanne und ihre Arten.

Über die Rebe

Der Weinstock ist ein Baum und bei fast allen Menschen bekannt. Sein Blatt heißt Weinlaub, es gibt ihm Schutz vor Blitz und Sonne, von denen seine Trauben sehr verletzt werden, wenn sie nicht geschützt sind. Mit seinen Ranken klettert er über Pflanzen und Stützen in der Nähe, wie Gurke und Efeu über ihre Nachbarn klettern. Die Ranke ist ein Teil des Rebstocks, eingerollt wie eine Saite, mit Knoten. Der Rebstock schickt sie zu den benachbarten Stützen und sie umschlingend hebt er sich in die Höhe. Bei der Beschneidung ist zu beachten: die mittleren Teile erhalten den Stock bei Kräften. Alle alten, groben Teile und die herabhängende Rinde sollen weggenommen werden, weil dann weniger Hefe im Wein sein wird.

Wenn der Rebstock durch Kälte geschädigt ist, bestreiche man die Wunden mit Schafs- oder Ziegenmist und decke ihn mit Erde zu.

Gräser und Kräuter, besonders Kohl und Haselstrauch sind zu entfernen, weil sie die Weinstöcke schädigen. Die weisen Griechen sagten, man solle im Monat Juli Unkraut und Gräser ausreißen, wenn die Sonne im Krebs steht, welcher das Haus des Mondes ist.

Es wird erzählt: wenn man die Zweizinker und Hacken aus Kupfer macht und sie in Hirschblut eintaucht und sie nach der Gluthitze nicht mit Wasser sondern mit Hirschblut abkühlt, dann wächst das mit ihnen ausgerissene Gras nicht mehr nach.
In kalten Gegenden ist es gut, die Rebstöcke abzulauben, d. h. einen Teil der Reiser in dieser Zeit: wenn die Ranken noch so zart sind, daß sie beim Zusammenpressen mit den Fingern ein schmatzendes Geräusch machen. Dann nämlich werden die Trauben rascher reif und saftiger. In heißen Gegenden soll man die Trauben eher abdecken als beschneiden.
Die Frucht des Rebstocks heißt Traube, die drei Bestandteile hat: 1. der Stiel. Er ist grüner als das Holz der Rebe, alle Beeren stehen auf ihm, die zu einer Traube gehören. 2. das Stengelchen der Beere, denn die Beere hat ein Verbindungsstäbchen, mit dem sie an der Trauben befestigt ist und durch das sie Saft saugt aus der Traube. 3. die Beere, die wiederum aus vier Teilen besteht.
Ihr erster Teil ist die Haut der Beere, der zweite ihr Saft. Der dritte ist ein erdiger Bestandteil vermischt mit Flüssigkeit und der verwandelt sich in Hefe nach der Reinigung des Weines. Ihr 4. Bestandteil sind die Samenkörner der Traube, sie heißen arilli. Von diesen hat der Traubenstiel mehr Weingeschmack als das Laub, aber weniger als die Spitze der Ranke (ancha). Auch die Haut schmeckt nach Wein, etwas mehr als der Stiel. Der Saft hat am meisten Weingeschmack, weil er der Wein ist. Die Samenkörnchen haben überhaupt keinen, sondern sie sind bitter. Der Wein, welcher aus Stielen, Körnchen und der Haut herausgepreßt wird durch die übergroße Kraft der Presse, ist schlecht: was gleich herausfließt, ist gut, weil darin nur Geschmack des Weines ist; den anderen Säften aber ist der Geschmack von anderen Dingen beigemischt.
Es ist eine Besonderheit der Rebe, daß sie die Traube einem Blatt gegenüber ausbildet und an einer andern Stelle die ancha, weil ancha und Traube unvollkommen sind; da die Natur abgelassen hat in der Vollendung, hat sie diesen Teil gebildet, um mit Hilfe dieser „Hände" die schwerbeladene Rebe zu tragen. Der Rebstock unterscheidet sich von allen anderen Bäumen, weil jeder andere Baum in seinen Früchten Saft der gleichen Farbe hat: der Weinstock aber erzeugt Saft von vielerlei Farben, weil in einunddderselben Rebe sowohl weiße als auch rote Trauben hervorgebracht werden, wenn dieser Rebe Reiser verschiedener Natur und Farbe aufgepfropft werden.
Die eine Rebe bringt weißen, die andere roten Wein, eine andere gelben und darum gibt es viele Arten von Wein. Doch stimmt der Rebstock mit den andern Bäumen darin überein, daß sein Wein nach der Art des eingesetzten Reises gerät und nicht nach der Art des Baumes, dem eingesetzt wird: so bringt ja ein Eichenreis, eingesetzt einer Ulme, Eicheln; und ein Birnenreis eingesetzt in eine Eiche bringt Birnen. So ist es auch bei allen anderen Bäumen.

Der Weinstock fortgeschritteneren Alters macht bessere Beeren und besseren Wein, aber er bildet weniger Beeren verglichen mit dem Eretrag in seiner Jugend. Jung ist eine Rebe, wenn sie mindestens weniger als 7 Jahre alt ist. Der Mandelbaum dagegen macht im fortgeschrittenen Alter mehr und bessere Früchte; und der ältere Apfelbaum macht schlechtere und mehr. Die Rebe aber, die ein so schwaches Holz hat, bringt überreichlich viel Trauben, weil die Natur in den Samen setzt, an der Substanz aber spart, wie ja auch die kleinen Lebewesen mehr überhand nehmen oder in den Samen setzen.
Fortpflanzungskraft hat die Rebe in der Wurzel, im Stamm, in den obersten Ranken und in den Samenkörnchen, aber die meiste in den Ranken. Aus den Körnchen kommt entweder nichts oder wenn etwas kommt, gedeiht es kaum zu einer kräftigen Rebe und man hat gesehen, daß aus den gesäten Körnchen eine Menge Reben wachsen, aber ihr Holz war sehr dürftig und schwach.
Manche sagen, die Rebe bilde keine Blüte, sondern was ihr anhafte, sei gelber Staub: und das ist falsch, denn dieses Gelbe ist seine Blüte; es hat gewisse fadendünne Auswüchse (emissiones), die oben gewisse Knötchen haben. Und weil diese feinen Auswüchse mit ihren Knötchen bei andern Blüten innerhalb der Blütenblätter stehen, darum sagen manche Leute, die Rebe habe keine Blüten. Das aber ist nicht wahr, denn diese Fäden fallen bei der Bildung der Beeren ab. Bei andern Bäumen aber fallen sie nicht, sondern sie werden zurückgehalten als Spitzen und zu Samenhülsen. Diese Fäden stehen rings um die gebildeten Beeren.
Die Rebe hat auch diese Eigenheit: wenn sie nach Sonnenaufgang hin angelegt ist, droht ihr viel Schaden, aber die Südlage tut ihr gut. Wenn sie vom Reif befallen worden ist, treibt sie neue Blätter, aber keine Früchte oder nur selten und wenige. Es wird erzählt, daß bei Teres die Reben so groß seien, daß mehrere Leute kaum eine Traube tragen können.
Die Rebe ist nach Dioskorides geeignet für brennende Medizinen, besonders der wilde Wein und der Bergwein. Das Laub dieser Rebe wird gleich nach seiner Entstehung gegessen.
Die Rebe hat auch eine ausschwitzende Feuchtigkeit (lacrima), die bei der Beschneidung reichlich auftritt, sodaß Gefäße damit gefüllt werden; Geschmack und Farbe ist fast wie von Wasser. Deshalb hat Empedokles gesagt: wenn dieses Wasser in der Rebe in Fäulnis übergeht, entsteht der Wein und daß der Wein nichts anderes ist als in Fäulnis übergegangenes Wasser in der Rebe. Dieses Wasser hat die Natur von Kleber (gummarum). Aber die lacrima der Hausrebe ist schwächer in dieser Wirkung.
Die Rebe hat eine der Länge nach teilbare Rinde, aber transvers ist sie nicht teilbar wie die des Kirschbaums und des Haselstrauchs.
Das, was nach dem Auspressen der Trauben übrig bleibt ist der Trester. Seine Asche wirkt gegen Schlangenbiß. Der Saft der Blätter ist gut bei Dysenterie. Die lacrima zusammen mit Wein bricht den Stein. Die Asche des Tresters

wird auf Hämorrhoiden am Ende des Afters gelegt. Genau so gut ist die Frucht für den After, weil sie reizt und reinigt.
Es gibt die weiße, rote und schwarze Traube, aber die weiße ist feiner und lobenswerter, wenn sie süß ist, mit fester Haut, in der Farbe zum Gelblichen neigend. Die mit dünner Haut, mit breitem und dünnem Laub stammt von der weiblichen Rebe, die beim Volk Sklavenrebe heißt.
Nach der Lese muß die Traube 2–3 Tage liegen bis sie Feuchtigkeit abgibt und sich ihr Dampf mit der Feuchtigkeit vermischt hat, denn sie ist unbeständig und veränderlich. Kühle und trockene Rinde wird darüber gebreitet, bis sie nachläßt; dann nämlich hat sie ausgedunstet und ist ein gutes Nahrungsmittel. Es stärkt den Körper, sein Nährwert ist gleich dem der Feige, eher etwas weniger als der der Feige.
Die reife Traube schadet weniger als die unreife. Die innerhalb einer Stunde gesammelte Traube bringt den Bauch in Bewegung, doch jede Traube schadet der Blase. Der Süßwein aus getrockneten Trauben ist ein Freund für Magen und Leber. Dieser Süßwein *(Sekt)* wird bisweilen mit Zucker oder Honig gemischt.
Der Wein ist unter den einfachen Flüssigkeiten ein recht zusagendes Getränk und zu den nahrhaftesten gehört der süße Rotwein. Weil er aber Dämpfe enthält, verstopft er die Wege des Gehirns und wirkt berauschend. Da er warm ist, vermischt und vermengt er die Tätigkeiten des Verstandes. Und das ist der Grund, warum die Betrunkenen die Gewalt über ihre Zunge verlieren: wegen der Verstopfung und weil er schlechte Stoffe zum Gehirn und den Nerven bringt. Gemischter Wein berauscht rascher als der reine, denn durch die Mischung wird der Wein verfeinert und dringt nun mehr durch. Aber diese Trunkenheit dauert nicht so lange wie die Trunkenheit durch ungemischten Wein. Weil er feurig ist, läßt er das feine Blut und den Geist nach oben steigen und läßt sie dort verweilen.
Der Wein erfreut das Herz des Menschen, macht kühn und zuversichtlich. Wenn nur so viel getrunken wird, daß er bewegt und nicht durch seine zu vielen Dämpfe verstopft, macht er einfallsreich und gesprächig. Darum trinken die Perser mäßig Wein, wenn sie über etwas beraten.
Der Weinkeller muß nach Norden offen sein und Licht haben, nach Süden aber geschlossen sein: er muß dunkel sein, frei von allem Modernden und Dämpfenden. Der Boden sei fest und trocken. Wenn der Wein noch unreif ist, soll er der Winterkälte ausgesetzt werden. Dann zieht er sich zusammen und die dem Wein eigene Wärme bringt ihn zum Reifen. Willst du aber aus einem schwachen Wein einen starken machen, so gib Blätter der alten oder abgekochte Wurzeln zu oder eine Handvoll Bux oder Selleriesamen oder Asche von den Zweigen, fein verbrannt, und dann wird der Wein stark. Aus einem harten wird lieblicher Wein, wenn die Hefe des lieblichen dem harten beigegeben wird. Zum Trinken wird der Wein am besten, wenn du eine genügende Menge Fenchel hineingibst und den Wein in Unruhe bringst.

Man sagt, die Reben haben noch eine Besonderheit, weil sie durch das Feuer in weiße oder schwarze oder rote Asche verwandelt werden. Mischt man Asche in den Wein, dann bekommt der Wein die Farbe dieser Asche so, daß aus der schwarzen der Wein dunkel, aus der weißen aber gelb wird. Es ist zweckdienlich, daß eine große Menge Asche beigegeben wird z. B. ein subdecuplum zu einem decuplum. Unruhiger Wein wird rein, wenn man gewaschenen Sand mit viel weißen gekörnten Eierschalen versetzt zugegeben wird.

TIPS ZUR KÖRPERPFLEGE

Die Frau ist ihrer körperlichen Verfassung entsprechend dem Mann gegenüber im Nachteil, ja ein mißratener Mann. Aber die Natur läßt sie nicht im Stich. Die Sterne am Himmel, die Pflanzen der Erde, die Tiere des Feldes, Steine und Metalle, auch der Fisch im Wasser ist bereit für sie. Die Frau braucht nur nach diesen Mitteln zu greifen und sie anwenden.
Das Bild der Venus bringt ihr Schönheit und Zierde, besonders wenn es in einen Stein geschnitten ist, der mit Hilfe der Sterne der Frau wohlgesinnt ist.
Myrte als Badezusatz erfrischt. Foenum graecum (Bockshorn) z. B. macht schöne Haut, senapsis, Senf, macht die Haut rein, ebenso rubea tinctorum, Krokus getrunken macht schöne Hautfarbe wie auch die Kichererbse als Brei aufgetragen oder gegessen. Napellus als Brei aufgestrichen nimmt Flechten von der Haut weg, im Getränk hilft sie sogar gegen Aussatz. Wenn man unreife Feigen als Brei auf Verfärbungen und Warzen streicht, dann bringt das die Hautfarbe in Ordnung; die gleiche Wirkung hat auch der Saft ihrer Blätter. Narde mischt man in die Salbe der Frauen. Den meisten, denen Narde zu teuer ist, hilft die Pappel.
Zur Schönheit der Haut gehört guter Duft. Da gibt es Aloa – man besprengt die Betten der Frauen damit, auch mit Wermut – Balsam, Raute, das noch stärkere Amomium und Weihrauch. Wer gute Gerüche gewohnt ist, dem ist der Gebrauch von Galbanum ein Vergnügen. (Galbanum ist ein Harz aus Syrien) Wer guten Mundgeruch will, der mische Myrrhe und Alaun mit Wein, auch Mundspülungen mit Mastixwasser helfen. Gutes Mundwasser erhält man von Cassia fistula (tropische Hülsenfrüchte), Sellerie macht guten Mundgeruch, Verbena beseitigt Mundfäule.
Übler Geruch wird entfernt durch Myrrhe; Bockshorn macht schöne Farbe und guten Geruch. Auch der Absud von Knoblauch, Zwiebel und Raute ist sehr wirksam. Für eine gute Mundspülung bietet sich die gelbe Pflaume an; Nießwurz in Essig hilft bei Zahnweh sowie Zirumber, Knoblauch und Zwiebel in Wein genommen.
Zur Gesichtspflege gibt es den Wurzelabsud der Lilie; ferner: Senf, Osterlu-

zei, Cimium und geriebenen Mastix mit Wasser vermischt macht ein schönes Gesicht. Gegen Flecken und Sommersprossen gibt es Zinziber, Ingwer und Galbanum. Ebenholz wird verarbeitet zu einer guten Salbe; Augenfisteln werden geheilt durch Solatrum. Flecken im Auge werden beseitigt durch Balsam, – und Zimt macht klare Augen.
Auch gegen Warzen gibt es Abhilfe: sie werden vertrieben durch ein Gemisch von Zwiebeln und Honig. Streicht man Schafsmist aufgelöst in Essig auf die Warzen, so verschwinden sie.
Gegen Runzeln helfen Gamander, Lilie und Feige. Ein Produkt des Krokodils verwenden die Dirnen. Aus seinem Mist machen die Dirnen eine Salbe, mit der sie die Runzeln im Gesicht zudecken. Wenn man aber das Gesicht gewaschen hat, macht sie die früheren Runzeln noch schlimmer.
Ein einfaches und billiges Mittel zur Haarpflege: Bohnenschalen auf die Haare gelegt machen sie fein, auch Sesam macht das Haar lang und fein. Ein gutes Haarwuchsmittel liefert Dama (die Geiß aus einem Rehgeschlecht, stark verbreitet in Arabien): der Kot dieses Tieres läßt die Haare wachsen und mit Öl zubereitet wirkt er noch besser. Verbrannte Leber zerrieben nach Art einer Salbe, flüssig gemacht mit Bärenfett und Öl bis zur Dicke des Honigs, dann wird etwas davon auf die Lider gelegt, und die Haare wachsen wieder nach. Dazu ein etwas schwieriges Rezept: Igelasche mit Gallen vom Brombeerstrauch und Gallen der Bittermandel und dazu halbsoviel Mausmist, das alles mit Essig gut zerrieben und auf die haarlose Stelle gelegt, das heilt sie.
Es gibt auch eine größere Maus, die wir Ratte nennen. Wenn der Kot der Maus zerrieben und der mit dem Saft der eruca (Raute), Kresse, Zwiebel und Knoblauch zubereitete Brei auf diese Stelle aufgestrichen wird, dann ist das zuträglich gegen eine Glatze. Wenn das Pulver aus verbrannten Mausnestern in einem Topf gemischt wird und daraus auf die Glatze eine Auflage gemacht wird, und wenn diese Stelle an mehreren Tagen massiert worden ist, dann wachsen dadurch die Haare nach. Das Blut eines getöteten Maulwurfs auf einen haarlosen Kopf gestrichen läßt die Haare zurückkommen.
Ziegengalle auf die Lider und Haare gestrichen läßt keine Haare mehr wachsen. Wenn man einen Brei von den Schalen der Bohne auf den Unterleib und den Oberschenkel eines Neugeborenen schmiert, verhütet das das Wachstum von Haaren am Unterleib; und wenn diese Auflage oft wiederholt wird an einer rasierten Stelle, dann verzögert dies das Wachstum von Haaren an dieser Stelle.

Über die Frau

Von der Glückseligkeit als Ehrenpreis

... Für das, was man über die Gorgo und Helena erzählt, genügt es, daß es Frauen waren. Die Frau ist nichts Vollkommenes in der Menschennatur, sondern ein Notbehelf. Das Rechte bei der Frau ist wie das, was beim Manne verkehrt ist ... und darum ist sie nicht imstande zu vollkommenen Tätigkeiten und Verrichtungen.
(aus: Alberti Magni Ethicorum Lib. X Tr. VIII)

Über Natur und Ursprung der Seele

Der Samen der Frau hat in sich das vegetative Vermögen (vegetativum in potentia) und der Samen des Mannes das sensitive.
(aus: De natura et origine animae Tr. I Caput IV.)

Haben die Männer mehr Blut als die Frauen?

Die Frau ist ein „unvollkommener Mann", also hat sie mehr Blut. Wie es zweierlei Samen gibt, gibt es zweierlei Blut. In den Männern ist der Same gut verarbeitet, schlecht verarbeitet ist er in den Frauen. Die Frauen haben grobes, sehr schlaffes und schleimiges Blut. Seine Wärme ist kraftlos und schwach ... Die Frau entsteht aufgrund mangelhafter Wärme im Samen; die Frau hat zu viel schlaffes und unreifes Blut. –

Haben die Männer bei der Vereinigung mehr Vergnügen als die Frauen?

Es wird gelehrt, die Materie erstrebe die Form und die Frau den Mann, weil alles Unvollkommene von Natur aus nach Vollendung strebt; und die Frau ist im Vergleich zum Mann ein unvollkommener Mensch, darum erstrebt jede Frau, unter der Männlichkeit zu sein. ... Außerdem sind die natürlichen und geistigen Kräfte in den Frauen schwächer und mehr unterdrückt als in den Männern, daher ist ihr Verlangen heftiger. –

Albertus Magnus

Erstrebt die Natur die Entstehung der Frau?

Sie erstrebt die Frau als etwas, ohne das die Erhaltung der Art nicht möglich ist. Prinzipiell ist ihr Ziel der Mann, in zweiter Linie und occasionaliter (als Mittel zum Zweck?) die Frau ... *Die heißeste Frau ist kälter als der kälteste Mann (nach der hellenistischen Philosophie gibt es kein Leben ohne Wärme).* –

Ist der Mann mehr geeignet zur Sittlichkeit als die Frau?

Die Frauen sind lügenhafter, unbeständig, ängstlich, schamlos, geschwätzig und betrügerisch und kurz gesagt: die Frau ist nichts anderes als das Abbild des Teufels. Ich sah eine in Köln, die anscheinend heilig war, dennoch in kurzer Zeit alle in ihre Liebe verstrickte. Die Beschaffenheit der Frau besteht aus zu viel Flüssigkeit (humidum) und es ist die Eigenschaft des humidum, leicht anzunehmen und schlecht zu behalten. Es ist leicht bewegbar, darum sind die Frauen unbeständig und neugierig. Wenn sie mit einem Mann Verkehr hat, möchte sie zur gleichen Zeit unter einem anderen sein. Die Frau kennt keine Zuverlässigkeit. Kluge Männer teilen ihren Frauen ihre Pläne und Taten nicht mit. Die Frau ist ein mißratener Mann und hat im Vergleich zum Mann eine defekte und fehlerhafte Natur. Sie ist in sich unsicher; was sie selber nicht erhalten kann, versucht sie zu erreichen durch Verlogenheit und teuflische Betrügereien. Darum, um es kurz zu sagen, muß man sich vor jedem Weibe hüten wie vor einer giftigen Schlange und dem gehörnten Teufel. Wenn ich sagen dürfte, was ich über die Weiber weiß, würde die ganze Welt staunen.
Im Bereich der Gefühle ist die Frau gelehriger als der Mann, aber wenn es auf Verstand und Überlegung ankommt, ist sie das Gegenteil, weil wegen der Kälte ihrer Verfassung die sensitiven Kräfte in der Frau geschwächt werden. Darum haben sie einen schlechteren Sinn für Wirkungen und folglich haben sie einen schwächeren Verstand.
Zweitens ist zu sagen, daß die Frau genau gesagt nicht klüger ist als der Mann, sondern sie ist listiger. Darum klingt Klugheit nach gut und Schlauheit nach böse. Darum ist auch in bösen und perversen Handlungen die Frau klüger, das heißt schlauer als der Mann. Ihre Sinnesart (sensus) treibt die Frau zu allem Bösen, wie der Verstand den Mann zu allem Guten.
(aus: Quaestiones de animalibus. Fragen über die Lebewesen, Lib. III, V, XV)

Insoweit der Mensch ein in der Ehe lebendes Wesen ist, ist die Frau als Gehilfin des Mannes geschaffen und hat keine eigene Bestimmung: so ist sie ein unvollkommenes Geschöpf. Wenn die Tochter schlecht ist, dann ist sie ein Muster der Schwäche, Zündstoff der Begierde, Störenfried der Verwandtschaft und Zerstörung der Heimat: ein Beweis für das alles ist Dina, die Tochter Jakobs (siehe Genesis 34,1). –

Wie Chrysostomus sagt, ist die eigentliche Sünde der Frau Vergnügungssucht und Ehebruch (siehe Makk 6,4 und Ekkl 9,9 und 10): Die Schönheit des Weibes hat viele zugrundegerichtet; und durch sie entbrennt die Begierde wie das Feuer. Jede Hure wird wie der Straßendreck von allen, die vorüber gehen, zertreten.
(aus: Erklärung des Evangeliums nach Lukas)

Von Wundern, Heiligen und einem brennenden Kloster

Ekkehard IV., Mönch in St. Gallen

Unter all den bedeutenden Köpfen, die die mittelalterliche Abtei St. Gallen hervorgebracht hat, erscheint keiner so tief vom Geiste seines Klosters geprägt wie gerade Ekkehard IV. Leidenschaftlich pflegte er das Gedächtnis an die Vergangenheit des berühmten Benediktinerkonvents, dessen Anfänge bis ins 7. Jahrhundert zurückreichen. Heiligenlegenden zufolge soll St. Gallen um 612 im Verlauf der Missionsreisen iroschottischer Mönche entstanden sein, zunächst eine kleine Zelle in der Einöde, erbaut von Gallus, der seinem weiter nach Italien ziehenden Lehrer Kolumban nicht mehr folgen wollte. Die eigentliche Klostergründung erfolgte gut ein Jahrhundert später, als der Priester Otmar dort am Gallusgrab eine richtige Mönchsgemeinschaft einrichtete. Otmar selbst wurde der erste Abt des Ortes (um 720). Unter ihm begann in St. Gallen auch jene Schreibertätigkeit, die dem Kloster später zu besonderem Ansehen verhelfen sollte.
Ekkehard IV. versenkte sich immer wieder in die Gründungsgeschichte seines Konvents, in die Zeit der großen Äbte, über die schon die Klosterchronik „Casus sancti Galli" des Ordensbruders Ratpert berichtete. Mit einem leider unvollendeten Erzählwerk hat auch Ekkehard dazu beigetragen, daß die Schule von St. Gallen im ganzen Reich berühmt wurde.
Der nur in späteren Handschriften erhaltene Bericht führt Ratperts Chronik unter demselben Titel weiter und schildert die Epoche von Altbischof Salomo III. (890–919) bis auf Abt Notker (971–975). Mündlicher Überlieferung folgend ist sein Werk zwar stellenweise recht ungenau, doch andererseits lebendig und amüsant geschrieben und überaus wertvoll im kulturhistorischen Detail.
Äbten und Lehrern widmet Ekkehard teilweise sehr ausführliche Portraitdarstellungen. In die verklärende Rückschau mischen sich am Rande auch mehrfach kritische Bemerkungen über die eigene Zeit, deren reformerische,

vom berühmten Kloster Cluny ausgehende Tendenzen mit Mißtrauen betrachtet werden.
Über die Person Ekkehards liegen nur spärliche und undeutliche Nachrichten vor. Schon sein Geburtsjahr bleibt weitgehend im Dunkeln. Einige Hinweise in seiner Chronik lassen jedoch auf ein Datum etwa aus den frühen achtziger Jahren des 10. Jahrhunderts schließen. Nach dem Tod seines Lehrers Notker des Deutschen im Pestjahr 1022 finden wir Ekkehard recht unvermittelt in Mainz wieder, wo er unter Erzbischof Aribo an der Domschule wirkte. Die Dauer des Aufenthalts in der alten Reichsstadt ist jedoch unsicher. Seine Rückkehr nach St. Gallen, wo er – wie schon zuvor – als Lehrer arbeitete, dürfte ein oder zwei Jahre nach Aribos Tod im Jahr (1031) erfolgt sein. Vermutlich war Ekkehard noch nach der Jahrhundertmitte mit Schreiben befaßt. Allem Anschein nach erreichte er ein beträchtliches Alter.
In seinem Leben lassen sich drei verschiedene Schaffensperioden einigermaßen klar voneinander abgrenzen: Zu Ekkehards ersten, noch vor 1025 anzusetzenden Versuchen zählen, neben einer Reihe von Schulübungen und Gelegenheitsgedichten, die Titel, die er für geplante Bilderzyklen des Gallus-Klosters entwarf; bereits den Mainzer Jahren gehören seine bedeutenden Versdichtungen an, nämlich die Titel zu Gemälden der Mainzer Domkirche, poetische Tischsegnungen und Verssegen zu den Lesungen des Kirchenjahres; einem dritten und letzten Abschnitt entstammen die „Casus sancti Galli". Seine umfangreichen Schriften verraten, daß Ekkehard nicht nur sehr belesen war, sondern auch über ein beachtliches enzyklopädisches Wissen verfügte. Seine Gelehrsamkeit bezeugen darüber hinaus die Glossen und Kommentare, die er in zahlreichen Manuskripten hinterlassen hat. Intensiv bemühte sich Ekkehard auch um die in der großen St. Galler Kosterbibliothek aufbewahrte ältere Literatur, aus der er wiederholt kleine Werklisten vorlegte.

Sankt Gallener Klostergeschichten

Von den Brüdern unseres Klosters, die das der Mühe wert fanden, ließen wir uns dazu bewegen, etwas von dem Glück und dem Unglück im Hause der Heiligen Gallus und Otmar zu erzählen, womit wir uns auf eine höchst schwierige Sache eingelassen haben. Tatsächlich zweifeln wir nicht, angeprangert zu werden; denn wie ja jetzt Sitten und Zeiten sind: berührst du irgendeinen und zumal die Zucht betreffenden Mißstand, und du gibst dir nicht den Anschein, das freie Schalten und Walten der Bösen zu loben, dann wirst du bei denen, die da im Leichtsinn wandeln, für einen Lügner und Lästerer gelten. Indessen haben auch andere über Glück und Unglück in

unserer Geschichte berichtet, je wie es war und ohne dabei die Wahrheit zu vertuschen; und so nun versuchen wir gleichfalls – mit demselben Eifer wie sie und so getreulich als es überhaupt möglich ist, mit Feder und Tinte die Wahrheit zu streifen –, das was wir von den Vätern gehört haben, Glück und Unglück unseres Klosters, ausführlich und ohne Beschönigung der Wahrheit darzulegen. . . .
Von hier an will ich versuchen, die – um es so auszudrücken – nicht verächtlichen Viten von Magister Iso und seinen Schülern, Notker dem Stammler, Tuotilo und Ratpert, zu schreiben.
Iso war der Sohn nicht nur wohlgeborener, sondern auch frommer Eltern. Und wie sie sich denn häufig durch Enthaltsamkeit von Speisen und anderen Dingen in einstimmigem Verlangen für Gott zu kasteien pflegten, so hatten sie einmal die Fastenzeit hindurch getrennte Lager, bis sie endlich am Karsamstag ein Bad nahmen. Und nach Asche und rauhem Gewand schmückten sich beide zum Kirchgang mit den Bürgern, so wie sie es sich als Wohlgeborene erlauben konnten. Ermüdet von den Wachen ging die Frau nach dem Bade zum Schlafen in ihr Bett, das nunmehr entsprechend prächtiger aufgeschlagen war. Da kam unter Führung des Versuchers zufällig ihr Mann in jenes Gemach. Er trat zu ihr, und ohne daß sie sich sträubte, legte er sich an diesem heiligen Tage zu ihr. Nach vollbrachtem Frevel erhoben die beiden im Gemach dort so großes Wehklagen, daß das Gesinde, das rasch zur Stelle war, nicht zu fragen brauchte, was geschehen sei, da sie mit lautem Flehen zu Gott selber kundtaten, was sie getan. Unter Tränen gingen beide abermals sich waschen; wieder zogen sie die Bußkleider an, die sie so viele Wochen hindurch getragen hatten. Und mit Asche bestreut und barfüßig fielen sie angesichts aller Bürger dem Priester des Ortes zu Füßen. Er aber billigte in gütiger Einsicht ihre Bußfertigkeit und gab ihnen Erlaß, während das Volk für sie laut zu Gott rief; und da er sie aufgerichtet hatte, ließ er sie diesen Tag und die Nacht zur Strafe vor dem Kirchenportal stehen und nicht am Abendmahl teilnehmen. Nach Abschluß des Tagesoffiziums gingen sie dann zu einem Priester ins nächste Dorf, der im Rufe der Heiligkeit stand, und in derselben Gewandung enthüllten sie ihm und seinen Bürgern unter Wehklagen ihren Fehltritt und baten um seine Erlaubnis, am folgenden Tag das Abendmahl empfangen zu dürfen. Da schalt er sie ernstlich und verwies ihnen ihren Leichtsinn; gleichwohl erhielten sie seinen Segen, worauf sie nach Hause zurückkehrten und die Nacht unter Fasten und Weinen wachend verbrachten . . .
Aber die Frau ward von jenem Beilager schwanger, und als sie nach Ablauf der Zeit schon nahe der Geburt war, träumte sie, sie habe einen Igel geboren und viele kleine Buben seien herzugelaufen, um ihm die Stacheln auszureißen und damit die Wände zu bekritzeln. Beim Erwachen erzählte sie überaus erstaunt den Traum ihrem Mann. Und er, voller Gottvertrauen, daß der Traum nichts Böses anzeige, ging zu dem Inklusen Eusebius auf dem Vic-

torsberg und bat ihn, den Traum auszulegen. „Einen Sohn", sagte der Seher, „wird deine Frau zur Welt bringen; den wirst du dem heiligen Gallus angeloben. Denn bei Gallus erzogen, wird er ein glänzender Lehrer sein und, selber scharf in der Zucht, viele Knaben mit Griffeln bewaffnen."
Es geschah, wie jener vom Geiste Gottes Erfüllte und Landsmann des heiligen Gallus vorausgesagt hatte. ... Der Knabe kam zur Welt, erhielt seine Erziehung und wurde der gelehrteste Mönch des heiligen Gallus ... Aber unser (stellvertretender Abt) Hartmut, dem Burgunderkönig Rudolf gut bekannt und auch verwandt mit ihm, bat sich von (Abt) Grimald, als Rudolf für Kloster Grandval einen Lehrer von den Unsrigen begehrte, eben ihn für den König auf drei Jahre aus, wobei man unter Handschlag überein kam, daß Iso dreimal im Jahr auf Kosten des Königs die Klausur seines Mutterklosters besuchen dürfe. Als dann jenes Gefäß des Heiligen Geistes dorthin gekommen war, bot es St. Gallens süßeste Becher dar und wurde gepriesen in Ländern und Reichen.
Dort nun glänzte jene Leuchte des heiligen Gallus zuweilen gar durch Wunder. Denn da er in gar vielem Bescheid wußte und Salben herzustellen verstand, heilte er Aussätzige und Gelähmte, aber auch einige Blinde. Daß er dies aber mehr kraft seiner Heiligkeit vollbrachte, kam endlich, ob er wollte oder nicht, an den Tag, nachdem er es lange verhehlt. Denn da er gehört hatte, an der Türe bettle ein armer kleiner Blinder, ergriff ihn Mitleid für den Wicht; er hieß eine Salbe herbeibringen und ging hinaus, um nachzuschauen. Als er ihn nun segnete und ihm mit den Fingern die Augen berührte und sie mit der Salbe zu bestreichen begann, platzte der Knabe heraus: „Ich kann sehen, Herr, ich kann sehen!" Und in einigen Tagen genas er völlig und vermochte mit seinen Augen endlich ganz klar zu sehen. Um es jedoch geheimzuhalten, beteuerte Iso, ohne dabei zu lügen, dies sei kraft der überaus kostbaren Salbe in seiner Hand geschehen.
Während der Gottesmann seinen Herrn, den heiligen Gallus, wo immer er war, durch derlei Wundertaten zierte, schärfte er seine Stacheln für zahlreiche Schüler, und obwohl er über so wunderbare Kräfte gebot, wollte er doch eingehüllt bleiben wie ein Igel. Nach seinem Unterricht lechzten die Geister von ganz Burgund und ebenso von Gallien. Es gab darunter auch manche, die zufrieden waren, wenigstens zur Stunde Schüler des Iso zu heißen, selbst wenn sie sich nicht an seinen Stacheln schärfen ließen. Denn weit herum ging von ihm der Ruf, daß er selbst stumpf erfundenen Geistern zur Schärfe verhelfe. Es behagte ihm dann auch – sei es wegen der liebenswerten Art der Schüler, sei es um mit seinem Pfunde zu wuchern –, nach den drei dem König zugestandenen Jahren von seinem Abt eigens noch weitere Jahre des Bleibens zu erbitten. Also verharrte er schließlich manche Jahre hindurch bei seiner menschenfreundlichen Pilgerschaft, und sooft er zu den ihm gesetzten Terminen sein Kloster, den Abt und die Brüder besuchte, sah er, gestärkt durch ihren Segen, die Schüler wieder, die ihn mit Sehnsucht erwarteten.

Endlich aber nach Fügung dessen, der das Ziel gesetzt, welches sich nicht überschreiten läßt, ward Iso von Krankheit dahingerafft, und er starb zum Schmerz von gar vielen hier und dort, während er noch in rüstigen Jahren stand, höchlich betrübt darüber, daß er dem eigenen Kloster ferne war und sein Grab nicht auf dem Friedhof des heiligen Gallus finden durfte. Von überallher aber scharten sich seine Schüler zusammen, als er in der Kirche des heiligen Germanus bestattet wurde. Wie er dort dann in Wundern erglänzte, wurde sein Leib insgeheim, wie es heißt, nach Burgund in die Kirche eines mächtigen Mannes überführt. Zwar liegen hierfür nur zweifelhafte Beweise vor; dennoch haben wir es nicht übergehen wollen. Aber so viel steht fest, daß er nicht mehr in dem Grab ist, worin man ihn beigesetzt hat.
Von seinen Schülern Notker, Ratpert und Tuotilo, die ein Herz und eine Seele waren, beginnen wir vermischt zu erzählen, was die drei zusammen vollbracht, soviel wir hierüber von den Vätern erfahren haben. Von Iso zuvor in den göttlichen Dingen sattsam geschult, schlossen sie sich dann dem Marcellus an. Der war in göttlichem und menschlichem Wissen gleicherweise beschlagen und führte sie den sieben freien Künsten zu, insonderheit aber der Musik. Diese Kunst ist ursprünglicher als die übrigen Künste und, obzwar schwieriger zu erlangen, in ihrer Anwendung gewiß lieblicher. In ihr brachten sie es am Ende zu solcher Meisterschaft, wie sie in den Werken eines jeden deutlich sichtbar wird. Aber freilich waren diese drei, obgleich sie in ihrem Sinnen und Trachten völlig eins waren, in ihrem Naturell begreiflicherweise doch voneinander verschieden.
Notker, dürr an Leib, aber nicht an Seele, stammelnd in der Rede, aber nicht im Geiste, hochragend in göttlichen Dingen, geduldig in irdischem Ungemach, milde bei allem, drang bei den Unsrigen auf scharfe Zucht. Vor jähen und überraschenden Geschehnissen verzagte er leicht, nur nicht vor dem Angriff der Dämonen, denen er sich ja regelmäßig kühn entgegenstellte. Im Beten, im Lesen, im Dichten war er unermüdlich. Und um all die Gaben seiner heiligen Persönlichkeit bündig zusammenzufassen: er war ein Gefäß des Heiligen Geistes so überquellend reich, wie es zu seiner Zeit kein anderes gab.
Dagegen war Tuotilo auf gänzlich andere Art tüchtig und trefflich, ein Mann von Armen und lauter Gliedern, gleichwie Fabius lehrt, Ringkämpfer auszulesen. Er war beredt, von heller Stimme, in Relieftechnik und Malkunst ein Meister von Geschmack. Ein Musiker war er wie auch seine Gefährten, aber allen überlegen in jeglicher Art Saiten- und Blasinstrument. Unterwies er doch auch die Söhne des Adels in einem vom Abt hierzu bestimmten Raum im Saitenspiel. Botengänge fern und nah versah er mit Geschick, und im Bauen und anderen praktischen Fertigkeiten leistete er den Seinen große Dienste; des Dichtens kundig in beiden Sprachen (Latein und Deutsch) und hierzu von Natur aus befähigt, verstand er im Ernst und im Scherz unterhaltlich zu sein, und zwar so sehr, daß einmal unser Karl (Karl III.) den ver-

wünschte, der einen Mann von solchem Schlage zum Mönch gemacht. Doch bei alledem war er, vor seinen anderen Vorzügen, eifrig im Chordienst, im Verborgenen aber voller Tränen; meisterlicher Schöpfer von Versen und Melodien, erwies er sich in seiner Keuschheit als ein echter Schüler des Marcellus, welcher vor Frauen die Augen verschloß.

Ratpert aber hielt zwischen den beiden Genannten die Mitte; Schulmeister seit seinen Jünglingsjahren, als Lehrer verständlich und verständnisvoll, war er in Dingen der Zucht doch recht streng; er setzte den Fuß noch seltener als die Brüder aus dem Klosterinnern hinaus und hatte im Jahr bloß zwei Schuhe; Ausgehen nannte er den Tod, und oft beschwor er unter Umarmungen den reisefrohen Tuotilo, sich vorzusehen. Emsig in der Schule tätig, kümmerte er sich meist nicht um Tagzeiten und Messen, indem er sagte: „Gute Messen hören wir, sooft wir lehren, sie zu halten." Und wiewohl er als größtes Verderben für ein Kloster die Straflosigkeit bezeichnete, kam er doch nur, wenn man ihn rief, zum Kapitel; denn ihm sei, wie er sagte, das schwierigste Amt, zu kapiteln und zu strafen, anvertraut.

Solcherart also waren die drei Senatoren unseres Gemeinwesens; wie es aber kundigen und tüchtigen Leuten immer ergeht, hatten sie von Nichtstuern und Windbeuteln beständig Verleumdungen und üble Nachrede zu erleiden, besonders aber, weil er sich gewöhnlich weniger zur Wehr setzte, Herr Notker – der heilige Notker, um die Wahrheit zu sagen. Tuotilo freilich und Ratpert, die solchen Gesellen schärfer begegneten und sich minder leicht verunglimpfen ließen, wurden nur ganz selten von ihnen gekränkt. Notker jedoch, der mildesten einer, mußte am eigenen Leibe erfahren, was Injurien sind.

Aus der Zahl der Beleidiger wollen wir einen einzigen auftreten lassen, damit du an dem einen sie alle erkennest, soweit nämlich Satan auf solches Gesindel baut. Dieser eine war der Speisemeister namens Sindolf; zufolge seiner gespielten Ergebenheit wurde er aber zuletzt von (Abt) Salomo zum Dekan der Werkleute bestellt, wiewohl er im übrigen zu nichts nütze war, als den Brüdern Verbrechen zur Last zu legen, die er sich bloß zusammengereimt hatte. Tatsächlich bereitete er während seiner Zeit als Refektorarius jenen, bei denen er sich traute, statt Behagen Unbehagen, vor allen anderen aber Notker. Nun war Salomo aber gar viel beschäftigt und nicht in der Lage, auf jede Einzelheit zu achten, und da den Brüdern die Nahrung manchmal vorenthalten oder geschmälert wurde, beschwerten sich viele über das Unrecht; und unter ihnen äußerten sich einmal offenbar auch unsere drei dahin. Sindolf jedoch, wie immer ein Zunder der Zwietracht, kannte die alte Glut und Ursache des Hasses zwischen den Mitschülern und verschaffte sich bei Salomo Gehör, als müßte er ihm die Sache um seiner Ehre willen berichten. Jener aber fragte, was er Neues bringe, obschon er wissen mußte, daß für Vorgesetzte nichts abträglicher ist, als sich Flüsterreden von den Untergebenen anzuhören. Sindolf indessen log, die drei, immer gewohnt, über ihn herzuziehen, hätten am gestrigen Tag Dinge gesagt, die Gott unerträglich seien.

Salomo glaubte die Rede, und während sie an nichts Böses dachten, hegte er den alten Groll und zeigte ihn endlich auch. Da sie aber von ihm nichts über ihre Schuld herausfinden konnten, ahnten sie, daß sie von Sindolfs Manövern umstellt seien. Die Sache kam schließlich vor den Brüdern zur Sprache, und da nun überwanden die drei den Sindolf im Verein mit den anderen, die alle bezeugten, daß sie keinen Ton gegen den Bischof geäußert hatten, und jeder wünschte sich ein Strafgericht über das Lügenmaul. Jener aber ließ sich nichts anmerken, und so schwiegen sie still.

Die drei Unzertrennlichen besaßen die Gewohnheit, mit Erlaubnis freilich des Abtes, in der nächtlichen Zeitspanne zwischen den Laudes im Skriptorium zusammenzukommen und Bibelgespräche miteinander zu führen, wie sie einer solchen Stunde wohl angemessen sind. Aber Sindolf, im Bild über Zeit und Zusammenkünfte, schlich sich eines Nachts von außen her an das Glasfenster, an dem Tuotilo saß, heftete sein Ohr an die Scheibe und horchte, ob er etwas erhaschen könne, um es verzerrt dem Bischof zu hinterbringen. Tuotilo ward seiner gewahr, und unerschütterlich und seiner Muskelkraft gewiß wandte er sich auf lateinisch, damit es Sindolf, der nichts hiervon verstand, verborgen bleibe, an die Gefährten: „Jener ist da und hält sein Ohr ans Fenster gedrückt. Aber du, Notker, weil du zaghaft bist, zieh dich in die Kirche zurück! Mein Ratpert dagegen, hole du rasch die Peitsche der Brüder, die im Pyrale (d. h. im heizbaren Kapitelsaal) hängt, und lauf von außen herzu! Sowie ich nämlich merke, du kommst heran, werde ich das Fenster aufreißen, ihn bei den Haaren greifen und zu mir herziehen und ihn gewaltsam festhalten. Du aber, mein Herz, rüste dich und sei stark, und mit der Peitsche lege los gegen ihn mit allen Kräften und nimm für Gott Rache an ihm!" Ratpert aber, wie immer leicht entflammt zu Maßnahmen der Zucht, ging unauffällig hinaus, holte dann flink die Peitsche, stürmte hin und züchtigte den Menschen, der mit dem Kopf nach innen gezerrt war, aus Leibeskräften von hinten mit Schlägen wie Hagel. Und siehe, wie Sindolf sich mit Händen und Füßen widersetzte, kriegte er die geschwungene Peitsche zu fassen und hielt sie fest. Aber der andere sah eine Rute ganz in der Nähe, erwischte sie und versetzte ihm die kräftigsten Streiche. Nachdem Sindolf schon übel zugerichtet war, jedoch umsonst um Gnade gebeten hatte, sagte er: „Ich muß rufen" und brach in lautes Zetern aus. Aber ein Teil der Brüder hörte das Rufen, das zu solchem Zeitpunkt ungewöhnlich erschien; sie eilten mit Lichtern verblüfft herbei und fragten, was denn los sei. Tuotilo aber wiederholte ein um das andere Mal, er habe den Teufel gefangen, und bat, ein Licht heranzuhalten, um deutlicher zu erkennen, in wessen Gestalt er ihn ertappt hatte. Er drehte aber den Kopf des Widerstrebenden überall in Richtung der Zuschauer hin und fragte, als ob er's nicht wüßte, ob es Sindolf sei. Da nun alle laut schrieen, er sei es wirklich in Person, und baten, ihn loszulassen, gab er ihn frei mit den Worten: „O, ich Unglückseliger, daß ich den Ohrenbläser und Busenfreund des Bischofs angetastet habe!" Ratpert aber

war beiseite getreten, während die Brüder herzugelaufen kamen, und hatte sich fortgeschlichen. So konnte denn selbst der Betroffene nicht wissen, von wem er geprügelt ward. Es fragten aber einige, wo denn nur der Herr Notker und Ratpert geblieben seien; sa sagte Tuotilo: „Als sie den Teufel witterten, sind beide zum Chorgebet weggegangen und haben mich allein gelassen mit jener Pest, die da umgeht im Dunkel. Ihr aber sollt alle der Wahrheit gemäß wissen, daß ihm ein Engel des Herrn die Schläge mit eigener Hand beigebracht hat!"
Endlich gingen die Brüder auseinander, und wie es geschieht, erhob sich unter dem Anhang der Parteien vielerlei Gerede. Die einen sagten, es sei durch Gottes Gericht geschehen, um die heimlichen Lauscher an den Pranger zu stellen; die anderen dagegen meinten, abgesehen davon, daß er den Engel des Herrn nur vorgewendet, habe sich so eine Tat für so einen Mann nicht geziemt. Es hielt sich aber Sindolf verborgen, an Leib und Seele gleicherweise gebrochen. Und endlich fragte der Bischof nach einigen Tagen, wo denn nur so lange sein Gerüchteerzähler bleibe – so nämlich nannte er gewöhnlich den Mann, der ihm insgeheim immer etwas Neues zutrug. Da er nun die Sache wahrheitsgetreu, so wie sie war, erfahren hatte, wollte er um eines so schimpflich Verklagten willen einem Manne von solchem Ansehen nichts ankreiden; er ließ darum Sindolf herbeirufen und tröstete ihn mit den Worten: „Haben dir jene, die meine Neider von Jugend auf sind, übel getan, so werde ich nun, bei meinem Leben, besser an dir handeln müssen." Nicht viel später schon ergab sich die Gelegenheit dazu, und obgleich fast alle widerrieten, eine so rühmliche Aufgabe im Kloster in einem solchen Menschen herabzuwürdigen, wurde Sindolf, wie oben schon erwähnt, von ihm zum Dekan der Werkleute ernannt.
St. Gallen besaß in jener Zeit auch andere heilige Mönche, deren gerechter Wandel bei Gott nicht vergessen ist und von denen wir wenigstens viele glorreiche Taten vernommen haben: worunter Hartmann, gleichfalls ein hochgelehrter Mann und Abt des Klosters nach Salomo, und Waltram gar, dessen Melodien noch zeigen, wer er gewesen, und Ruodker, und wahrlich noch viele andere, Heilige unter Heiligen, Auserwählte unter Auserwählten ...
Notker aber erschien in den Dingen, die wir schon unter seinem eigenen Kapitel berührten, Tag und Nacht als der immer gleiche und neue, und was Ratpert in der Schule tat, das tat er – die Schläge abgerechnet – seinerseits in der Klausur mit aller Strenge der Liebe. Denn mit Erlaubnis der Oberen, vielmehr sogar auf ihre Weisung, waren die Jüngeren und hierzu Befähigten bei Nacht und bei Tage, wenn er jeweils in seinen Gebetsübungen pausierte, gleichsam auf der Lauer. Keine Stunde nämlich galt für unpassend, so einer, ein Buch in Händen, sich mit dem Herrn Notker unterhielt. Da er sie selber aber in Rücksicht auf den Wortlaut der Regel zuweilen durch Zischen und Scharren von sich scheuchte, ward ihm, was er so zurückgewiesen, von den Äbten bei seiner Gehorsamspflicht auferlegt. Wie honigfließend er aber in

seinen Antwortreden gewesen ist, bezeugen die Tränen derer, die ihn erlebt haben. Nun hat er aber durch den Geist Gottes guten und bösen Menschen vieles, sei es Glück, sei es Unglück, prophezeit. Wie zum Beispiel – um Warnung halber auf Früheres zurückzugreifen – einem Kapellan Karls, welcher voller Hochmut war.

Selbiger König nämlich erschien im Kloster, um nach seiner Gewohnheit für die Brüder Liebesmahle zu halten, und aus Achtung vor den Konventualen verweilte er daselbst drei volle Tage und bedachte unsere Heiligen mit Geschenken, und als er zum Aufbruch rüsten ließ, kam eben jener hochmütige Kapellan an Notker vorbei und sah den Gottesmann wie gewöhnlich am Psalterium (einem Saiteninstrument) sitzen. Und da er sich darauf besann, daß es der war, welcher tags zuvor auf die vielen Fragen Karls die gesuchten Lösungen gab, sprach er zu seinen Begleitern: „Seht, sage ich, da ist der, von dem man behauptet, es gebe im Reiche Karls keinen Gescheiteren. Doch wenn ihr wollt, werde ich den so alles überragenden Kopf für euch zum Spotte auf die Probe stellen und etwas fragen, was der hochgerühmte Mann überhaupt nicht weiß." Jene aber drängten voll Neugier, es zu tun, und miteinander gingen sie hin und begrüßten ihn. Demütig erhob sich Notker und fragte nach ihrem Begehr. Aber er, der Unglückselige, von dem wir sprachen, sagte: „Uns ist bekannt, gelehrtester Mann, daß du alles weißt. Was aber der liebe Gott im Himmel jetzt gerade tut, das möchten wir von dir erfahren, falls du es weißt." „Ich weiß es", entgegnete Notker, „und zwar weiß ich es ganz genau. Jetzt gerade nämlich tut er, was er immer tat und wie er alsbald auch dir tun wird: Er erhöht die Demütigen und demütigt die Stolzen." Da zog jener Versucher und Spötter unter dem Spott der Seinigen ab, ohne viel darauf zu geben, was ihm nach Notkers Worten noch blühen würde. Gleich darauf ertönte das Zeichen zur Sammlung und zu den Laudes für den scheidenden Kaiser. Jener, schon dicht vor seinem Unglück, ergriff die Fahne seiner Abteilung, die an dem Tage dem Herrn voranziehen sollte. Und auf stolzem Rosse dahinsprengend, kam er vor dem Tore der Stadt zu Fall, verletzte sich elendiglich im Gesicht und brach das Bein. Man übergab ihn zur Pflege dem neuen Abt Bernhard als dem Nachfolger Hartmuts. Und ihm offenbarte er endlich selber Notkers Prophezeiung und den ganzen Sachverhalt und wünschte danach von dem Gottesmann sehnlichst Vergebung und persönliche Segnung, falls er ihn überhaupt besuchen wolle.

Was er über Notker hörte, nahm Bernhard aber abschätzig auf, und indes er versicherte, es sei ihm durch dessen Weissagung nichts Böses geschehen, vermochte jener Bruch durch keine Umschläge zusammenzuwachsen, durch keine Verbände zusammenzuheilen. Mitten in einer Nacht endlich wandte man sich, voller Erbarmen über sein Schreien, bittflehend an Notker. Dieser kam, und als er das Bein tastend berührt hatte, spürte der Verunglückte es sogleich zusammenwachsen und lernte so auf herbe Weise, künftighin demütig zu denken.

Und damit wir zur gehörigen Ordnung zurückkehren und weiter beschreiben, wie Sindolf unter Salomo ungehemmt seine Tollheiten trieb: Eines Tages setzte er – was zur Aufgabe des Refektorarius gehörte – Notker und Ratpert, die zusammen Wochendienst hatten und nebeneinander saßen, ihr Maß an Getränk in dem einen Gefäß nicht so, wie es seine Schuldigkeit war, vor, sondern warf es, Verwünschungen bei sich murmelnd, noch ehe sie da waren, gewissermaßen einfach hin; und da nun fiel jenes Gefäß gleichwie schwebend vom Tisch auf die Erde, und während der Deckel weit davonrollte, blieb es zur Seite gekippt liegen und hielt den Wein, gleich als stünde es aufrecht, fest umschlossen. Mürrisch kam Sindolf wieder zurück – denn er war hastig einige Schritte weitergegangen –, und nachdem er das Gefäß aufgehoben hatte, sagte er zu denen, die von weitem Zeuge geworden waren und nun herbeiliefen, auf den Boden starrten und wissen wollten, ob von dem Wein etwas vergossen sei: „Wundert euch nicht, wenn der Teufel, von dem sie nächtelang die schwarzen Bücher erlernen, die Becher seiner Adepten vor dem Ausleeren bewahrte." Als aber Hartmann nachher davon erfuhr und dem Frechen begegnete, sagte er: „Gib acht, guter Mann, daß du es gegen diese Männer, die deine Beleidigungen so geduldig ertragen, am Ende nicht zu toll treibst!" Ihm antwortete Sindolf mit seiner gewohnten Unverschämtheit, die bis zu offener Schmähung ging, worauf ihn Waltram, der damalige Dekan, in der nächsten Kapitelsitzung der Strafe unterwarf, wie sie die Regel vorschreibt.
Tuotilo aber zog mit Erlaubnis der Äbte, unter denen er diente, und meist sogar auf ihre Weisung, durch viele Länder um der Kunst und zugleich auch um der Wissenschaft willen, wie wir in dem Abschnitt über ihn erwähnt haben. Seine Malereien und auch seine Reliefarbeiten zierte er mit unschätzbaren Versen und Aufschriften. Und wo immer er sich befand, trat er als ein so bedeutender Mann in Erscheinung, daß niemand, der ihn sah, bezweifelte, daß er ein Mönch des heiligen Gallus sei. In den göttlichen und menschlichen Dingen aber war er zu jeder Antwort bestens gerüstet, und nahm er irgendwo, namentlich bei Mönchen, etwas Unziemliches wahr, so gab er sich nach Ort, Zeit und Person als aufrechter Eiferer, wie unter anderem in dem einen Fall, den wir nun zu erzählen haben.
Tatsächlich war er ja ein reiselustiger Mann, der Länder und Städte weit herum kannte, und daher schickte man ihn einmal für ein gemeinsames Anliegen nach Mainz, wohl zum Einkauf von wollenen Tüchern, die man Sarewat oder Tuniken nennt. Da er also bei seinem Eintritt in die Stadt unweit des Klosters St. Alban Herberge bezog, schickte er gleich seine Leute um Futter und Proviant zum Markt und setzte sich selber müde auf eine Bank, um ein Weilchen auszuruhen. Es waren aber die Tage der Weinlese, an denen die Brüder zu den Klosterdomänen in den Weinbergen umhergeschickt werden. Und siehe, kaum war das erste Zeichen zur Vesper geschlagen, da kam der Aufseher, der die Brüder sammeln sollte, in frommer Allüre

auf einem Esel geritten und näherte sich dem Eingang des besagten Gasthofs, gerade als wenn er auch dort jemanden suche. Insgeheim jedoch ritt er heran, um auszuforschen, ob seine Gevatterin zu Hause sei. Aber als jene aus der Kammer trat und den Gevatter begrüßte, wähnte sie, der Gast dort schliefe, und brachte dem Manne Most. Der, gar nicht faul, trank ihn aus, und da er den Krug zurückgereicht hatte, kitzelte er die Frau, die sich's gefallen ließ, am Busen. Doch der Gast hatte den Greuel gesehen, sprang auf, schimpfte jenen laut einen Schurken, griff ihn bei den Haaren und warf ihn zu Boden, und mit der Peitsche, die er zum Reiten benutzte und noch in der Hand hielt, schlug er den Mann heftig und setzte hinzu: „Das hat dir der heilige Gallus, der Bruder des heiligen Alban, verabreicht!" Der andere war um seiner Schuld willen wohl zerknirscht und ließ es über sich ergehen, bat dann aber doch furchtsam um Tuotilos Verzeihung und darum, ihn gütigerweise nicht bloßzustellen. Da sagte der Gast zu ihm: „Wofern du nur nicht weiter Sünde an Sünde fügst, kannst du, soviel an mir liegt, ruhig unentdeckt bleiben!"

Dem Abt wurde gemeldet, vor der Pforte des Klosters sei ein Bruder aus St. Gallen einquartiert. Man rief ihn herein. Sie erkundigten sich nach seinem Namen und erkannten den lange und überall berühmten Mann. Und indem sie ihn voller Liebe behandelten, leisteten sie ihm den Dienst der Martha. Er dagegen bot den dafür Empfänglichen das Werk der Maria. Und sie luden ihn zum Bleiben ein, bis er auf der goldenen Platte des Altars den Thron Gottes ziseliert hatte. Ein damit vergleichbares Relief aber bekommt man bis heute kaum je zu Gesicht. In die Kreisfläche schrieb er folgenden Vers: „Siehe, ich habe den Himmel zum Thron, die Erde zum Schemel."

Während Tuotilo nun dort einige Zeit verweilte, konnte es nicht gänzlich verborgen bleiben, was er draußen getan hatte. Gebeten, sich zu äußern, sprach er: „Ich sah dort einen Bruder, dem die Zucht fehlte, und um ihn zu schlagen, habe ich die Peitsche gezückt: was man ihm und mir doch verzeihen möge." Auf diese Weise hielt er Wort, indem er die Wahrheit schonte, ohne doch zu lügen.

Man erzählte sich aber von ihm ein Stückchen, das ich, ob es gleich einem Mönch nicht wohl anstand, zur Charakterisierung des Mannes dennoch zum besten geben will. Er zog einmal durch einen Wald, ein richtiges Räuberrevier, und ließ sich von zwei eigenen Leuten begleiten, einem Reisigen mit und einem Reisigen ohne Lanze. Und siehe, da wurde er von zwei verwegenen Kerlen überfallen, wobei jeder der beiden einen der Seinen vom Pferde warf. Während sie noch mit der Beute beschäftigt waren, erspähte er einen kräftigen Eichenkloben, riß ihn an sich und kam drohend mit großem Schrecken über sie. Aber kaum erblickten die Räuber den reckenhaften Mann, so ließen sie die Beute fahren und kehrten ihre Schilde, die sie auf den Rücken geworfen hatten, gegen ihn. Und Tuotilo hieß seine Leute, die Lanzen der Räuber, die diese aus Sorglosigkeit weitab hingeworfen hatten, eiligst ergreifen, und feuerte sie grimmig an, sich zu wehren. Rasch bemächtigten sich die abgeworfenen Knechte der Lanzen; da sahen die Feinde ein, daß sie den Ansturm eines solchen Führers nicht bestehen würden, und von ihm entwaffnet, schlugen sie sich in die Büsche. So zogen denn die Männer unerschrocken durch den Wald, nachdem sie auch noch die eigene Lanze aufgenommen hatten, um sie allenfalls dem Herrn zu geben, wenn die Räuber zurückkommen sollten.

Notker hingegen war, wie wir sagten, tapfer im Geiste, und soviel Tuotilo gegen Menschen, soviel vermochte er gegen Dämonen; im übrigen aber war er bei all seinem Fasten und Wachen, wie gesagt. von zartem und schmächtigem Körper. Nun geschah es aber, daß er eines Nachts vor der Zeit in die Kirche kam und nach seiner Gewohnheit von Altar zu Altar ging, während er laut betete. Als er jedoch in die Krypta der zwölf Apostel und des heiligen Kolumban gelangte und nächst dem Altar noch heftiger in Tränen zerfloß, war ihm, als höre er einen Hund knurren. Und da er dazwischen die Stimme eines grunzenden Schweines unterschied, erkannte er den Versucher und sagte: „Bist du abermals da? Wie recht ist dir geschehen, Elender, wenn du jetzt knurren und grunzen mußt, nach jenen strahlenden Stimmen, die du im Himmel besessen!" Und er zündete ein Licht an und suchte, in welchem Winkel er stecke. Als er aber nahe an die linke Ecke kam, zerriß ihm jener wie ein toller Hund die Kleider. „Wohlan", sprach Notker, „ich muß es dir außerhalb der Krypta besorgen. Jene Strafen, die du angeblich schon leidest, wirken offenbar nicht: ich will dir etwas Schärferes verpassen. Ich befehle dir aber im Namen dieser Heiligen und meines Herrn, daß du in der gleichen Hundegestalt, die du jetzt angenommen hast, auf mich wartest." Und jener sagte: „Ich tu's, wenn ich mag." Notker aber entfernte sich rasch mit den Worten: „Ich vertraue auf den Herrn; da wirst du mich erwarten, ob du magst oder nicht." Er ging aber eilig zum Altar des Gallus und holte sich des Heiligen und seines Meisters (d. h. Kolumbans) Krummstab, den Vollstrecker vieler Wunder, mitsamt jener berühmten Kugel des heiligen Kreuzes; und nachdem er die Kugel am Eingang der Krypta zur Rechten hingelegt hatte, wandte er sich mit dem Stock nach links wider jenen Teufel in Hundegestalt. Als er aber anfing, ihn mit dem heiligen Stabe zu schlagen, steigerte er die früheren Töne zu noch lauterem Kläffen und Grunzen. Er versuchte aber zu entfliehen und kam schließlich im Zurückweichen vor dem Schlagenden zu der heiligen Kugel, und weil er nun nicht weitergehen konnte, stand er still, bis er so viele Hiebe und Prügel nicht mehr ertrug und auf deutsch herausschrie: „Au weh mir, weh!" Doch hatte unterdessen der Küster die Kirche betreten, und wie er die schrecklichen Stimmen hörte, nahm er rasch ein Licht in die Hände und eilte zur Krypta. Gerade aber hatte Notker dem Teufel den letzten Streich versetzt, als er den heiligen Stab auf der Stelle zerbrach. Und hätte nicht der Küster die Kugel bemerkt und aufgehoben und so den Hund entwischen lassen, hätte Notker ihn noch weiter schlagen können.

Der Küster aber schaute auf den Stock und fragte betroffen: „Den heiligen Stab, mein Herr, hast du an einem Hund entehrt?" Und als jener schwieg, setzte er hinzu: „Wer war denn jener, der ‚Ach weh!' geschrien hat?" Und in der Meinung, daß Notker aus Güte nur irgendeinen Dieb decke, ging er Schritt um Schritt durch die ganze Kirche, begierig den Dieb zu erwischen. Allein, er fand weder Dieb noch Hund, und während er dahinschritt, nahm es ihn wunder, was sich wohl zugetragen haben mochte, da er doch die Kirche beim Eintreten hinter sich abgesperrt hatte. Dennoch wollte er sich nicht erdreisten, den regelgetreuen Mann, der ihm schon einmal bloß mit Schweigen begegnet war, noch weiter anzureden. Und Notker, demütig und klug, wie er war, bedeutete dem Küster hinauszukommen, nahm ihn auf die Seite und sprach, nachdem er ihm zuvor den Segen erteilt: „Nun ich den Stab zerbrochen habe, mein Sohn, müssen meine Geheimnisse zutage treten, wenn du mir nicht beistehst. Aber weil es nicht meine Art ist, in großen Dingen zu wandeln, die mir zu hoch sind, vertraue ich dir unter dem Siegel der Verschwiegenheit an, was geschehen ist!" Und so erläuterte er ihm die Sache und ihren Hergang bis ins einzelne. Während aber der Stock durch den Schmied insgeheim wieder hergestellt wurde, verschwieg der Küster zunächst, was sich zugetragen. Im Laufe der Zeit jedoch kam die Sache, so wie sie war, ans Licht.

Und damit du den frommen Geist unseres Klosters auch am Psalmodieren erkennest, so verfügte es über dreizehn Sitze mit Psalterien, die entweder mit Gold bemalt oder sonstwie edel gestaltet waren; auch besitzt jene Kirche des heiligen Gallus mehr Kapellen als andere Kirchen. Auf einem dieser Sitze war es, einem Eckplatz dicht an der Tür, wo Notker zu psallieren pflegte. Es geschah aber, daß er eines Tages zur Versammlung der Non nicht erschien und diese auch nicht für sich alleine sang. Als er nun nach der Schlußhore noch bei hellem Tageslicht auf jenem Sitze verharrte und betete, sah er über sich in den Balken der auseinandergerissenen Decke den Teufel sitzen und mit einem Griffel auf einer Tafel schreiben. Und auf die Frage, was der Bösewicht da schreibe, entgegnete er: „Die Non notiere ich, die du Bösewicht dir erspart hast." Aber Notker rief ihm augenblicks zu: „O Gott, eile, mir zu helfen!" und da sah er, wie der Teufel mit flinker Hand austilgte, was er geschrieben hatte. Und als Notker zum Stundengebet zur Erde niederfiel, warf der Teufel die Tafel aus der geborstenen Decke auf ihn herab. Er aber bemerkte es und sprang rasch hoch, um dem Wurf auszuweichen. Da lachte jener höhnisch und sagte sodann: „Hab' ich doch wenigstens erreicht, daß du vor mir aufstehst!" „Fürwahr", spottete auch Notker, „wenn du wie neulich in Hundegestalt erscheinst, werde ich mich abermals mit dir plagen müssen."

Als er schließlich verschwunden war, fanden sich rasch etliche Brüder ein, die ganz auf der anderen Seite der Kirche beteten und das Krachen der Tafel und die Stimmen hörten und sich verwundert fragten, was da vor sich gehe.

Und da sie Notker zur Erde hingestreckt sahen, wie es seine Gewohnheit war, wollten sie ihn nicht stören, zumal es auch eine ungehörige Stunde war. Endlich aber gab ihm Tuotilo – als einer von ihnen – doch ein Zeichen und rief ihn freundschaftlich hinaus und sagte ihm leise ins Ohr: „Große Aufregung stiftet ihr unter den Brüdern, du und deine Dämonen." Aber jener fragte: „Haben die Brüder alles gehört, mein Herz?" „Nicht alles", sagte Tuotilo, „aber ich möchte, du würdest mir Punkt für Punkt verraten, was das für ein Aufruhr gewesen ist." Notker indessen wollte nichts davon wissen und entzog sich ihm hastig mit der Bemerkung, es sei dort bloß eine Tafel herabgestürzt; doch gab es andere, die Augenzeugen waren und das tatsächliche Geschehnis nicht verheimlichten.

Zur selben Zeit lebte hier im Kloster ein junger, recht gebildeter Mönch, ein Grafensohn namens Wolo; der war ein unruhiger und unsteter Geist, und seinem inneren Trotz konnten weder der Dekan noch der Herr Notker noch die übrigen gebieten, und während er häufig mit Worten und Schlägen gezüchtigt wurde, ohne daß er sich läuterte, tat es allen leid um den Mann, der so schöne Begabung zeigte. Denn hatte auch St. Gallen immer nur Mönche von freier Geburt besessen, so wichen doch die Vornehmeren unter ihnen häufiger vom Wege ab. Bekümmert über ihn, kamen Wolos Eltern ins Kloster, und während er bei ihren Ermahnungen wohl etwas in sich ging, war er nach ihrem Weggang wieder der alte. Nun erschien aber der Teufel eines Tages in der Frühe dem Herrn Notker und sprach: „Eine böse Nacht will ich dir und deinen Brüdern besorgen." Jener entgegnete: „Böser Vogel pflegt böse Kunde zu melden." Doch gab er das Gehörte warnend den Brüdern bekannt, damit sie sich an dem Tage in acht nahmen. Da aber Wolo gleichfalls davon reden hörte, sagte er: „Greise faseln ewig hohles Zeug." Es war aber just ein Tag, da ihm der Dekan, wie alle wußten, untersagt hatte, aus der Klausur irgendwohin zu gehen, wie er gewöhnlich tat. Und als er beim Schreiben saß, war die letzte Zeile, die er schrieb: „Denn er war am Sterben." Und sogleich sprang er auf, indes ihm die anderen zuriefen: „Wohin nun, Wolo, wohin?", und begann über die Stufen, die eben dazu für uns angelegt sind, zum Glockenturm der Galluskirche hinaufzusteigen; denn da er schon nicht hingehen durfte, wollte er die Berge und die Fluren ringsum mit den Augen schauen, um seinen unsteten Sinn wenigstens so zu befriedigen.

Wie er aber emporstieg und über den Altar der Jungfrauen gelangt war, stürzte er, wohl auf Einwirkung des Teufels, durch die Holzdecke herab und brach sich den Hals. Viele aber hatten es gesehen oder gehört und liefen herbei, und da man ihm eilig die Wegzehrung brachte, legte er die Beichte ab und empfing das Abendmahl. Doch als sie ihn hinaustragen und zum Krankensaal bringen wollten, sagte er: „Laßt mich zuvor die heiligen Jungfrauen anrufen! Denn sie wissen, daß ich bei all meiner Verruchtheit doch nie ein Weib berührte." Derweil er laut wehklagte, eilte Notker herbei, und ihm

streckte Wolo die Hände hin: „Dir, mein Herr", sagte er, „und den heiligen Jungfrauen, die du allezeit lieb hattest, befehle ich meine sündige Seele." Aber Notker warf sich bei ihm nieder und sprach: „Ihr heiligen Jungfrauen, auf euch vertraue ich, und so nehme ich die Vergehen dieses Bruders auf mich und gebe uns beide in eure Hände." Und bei diesen Worten weinte und klagte er laut. Und da man Wolo hinausbrachte, bat er vor dem Portal um eine Weile Rast, und während er Notker ganz fest bei der Hand hielt, gab er unter den Gebeten der Brüder seinen Geist auf ...
Es war der dem heiligen Markus geweihte Tag (25. April), und wie es denn die Schülerlein an Festtagen sich oft einbrocken, daß man sie anderntags züchtigt, so hatten sie für Montag durch Fürbitter Vergebung oder richtiger gesagt Aufschub erlangt. Doch am Dienstag erinnerten die Aufseher, die wir Rundengänger nennen, den Lehrer wieder an ihre Vergehen, und da ward allen befohlen, sich auszuziehen. Einen der Prügeljungen schickte man in die oberen Räume des Hauses, um die dort verwahrten Ruten herunterzuholen. Der aber riß in der Absicht, sich und seine Kameraden zu befreien, blitzschnell ein brennendes Scheit aus einem Öfchen, steckte es in das trockene Holz nächst dem Dach und fachte es an, soviel Zeit ihm noch blieb. Wie ihm aber die Aufseher zuriefen, weshalb er säume, schrie er lauthals zurück, das Haus brenne. Die trockenen Ziegel aber fingen Feuer, und dazu wehte der Nordwind, und so ging das ganze Gebäude in Flammen auf.
Alle Schüler waren im Nu wieder in den Kleidern; ohne auf den Lehrer zu achten, stürzten sie davon und stiegen auf die Dächer. Die auseinandergerissenen Ziegel ergriff der Nordwind, und mitsamt dem Feuer trug er sie im Flug gegen die Giebel an einem Turm, welcher der Galluskirche benachbart war. Es war just der Turm, den seinerzeit Hartmut gerade für den Fall von Feuersnot mit drei Mauergürteln hatte umkleiden lassen, damit man bei einem allfälligen Brand den Kirchenschatz durch die Krypta, die einen Durchgang dorthin hatte, rasch in den Turm schaffen könne. Dieser Turm war aber mit Holzziegeln über den Steinziegeln gedeckt und fing, wie gesagt, Feuer, und da er über die Apsis der heiligen Jungfrauen ragt, zehrten seine Flammen gar heftig an ihr, wie man noch heute sehen kann. Wunderbar war, so hörten wir von den Alten, die damals als Jünglinge dabei waren, wie die Feuersbrunst innehielt, ehe sich der obere Teil des Daches entzündete. Alle Glocken nämlich konnten sie herunterholen und zusammen mit dem ganzen Kirchengerät fortschaffen. Die Chorgitter zerbrachen sie und türmten sie rings um und über den Altar des heiligen Gallus auf, damit nicht etwa seine Gebeine durch das Feuer zerstört würden. Zuletzt trugen sie den Leib des heiligen Otmar hinaus; und sämtliches, was sie hinaustrugen, stellten sie in den Räumen des Abthofes, die dem Brand gerade noch entgangen waren, unter die Hut von Wächtern.
Als sich danach die Feuersbrunst legte, wurden die Ascherückstände nächst den Wänden der Kirche behutsam gesammelt und im fließenden Wasser

gereinigt, und tropfenweise ließen sich die schimmernden Goldtalente Hartmuts herausschürfen. Eine bunte Menge von Menschen lief, wie das geschieht, aus der Umgebung zusammen und trug vieles diebischerweise davon. Ja, wie es heißt, bewahrten nicht einmal die Wächter der Stücke selbst die Treue. Viele Bücher wurden geraubt und anderes mehr.
Nach solchem Brandunglück hatten die Brüder für einige Zeit weder Obdach noch Nahrung – ein günstiger Moment für Versuchungen. Indes es sich ja nicht verhindern ließ, daß die Brüder durch Berge und Täler und die nächsten Dörfer, wo sie nur konnten, geeignete Unterkunft suchten, tauchten, wie es so geht, teils wahre, teils falsche Gerüchte auf. Unter dem Zwang der Umstände nämlich ging Thieto bald persönlich, bald durch geeignete Boten aus der Reihe der Brüder einen jeden, bei dem er auf Mitleid hoffen durfte, um Hilfe für die Not des Klosters an. Beim Brandplatz und bei der Asche des Gallus blieben die Alten zusammen mit den Jüngeren, die den Vorschriften noch nicht so recht parierten. Zu den Hütten, die eben für diesen Zweck aus der Brandstätte zusammengezimmert wurden, kam, wer wollte und wann er wollte. Geübt ward die Zucht durch die Fügsamen, angefochten durch die Unfügsamen. Etliche nämlich von denen, die sich der Zucht entzogen und auf die man in so stürmischer Zeit sogar besonders bauen würde, schüttelten das Joch ab und schlugen aus.

Roswitha von Gandersheim

Die Benediktinernonne Roswitha gilt als eine der ersten deutschen Dichterinnen, wenn sie auch in lateinischer Sprache geschrieben hat. Wahrscheinlich wurde Roswitha, Tochter einer sächsischen Adelsfamilie, um 935 geboren. Wie zahlreiche ihrer adeligen Zeitgenössinnen trat sie schon früh, etwa um 959, in das Kloster Gandersheim ein, einer von den Ottonenkaisern reich ausgestatteten Stiftung. Von ihren Lehrerinnen, besonders von der späteren Äbtissin Gerberga, wurde Roswitha mit den römischen Klassikern Horaz, Ovid, Vergil, Plautus und Terenz sowie den christlichen Dichtern Prudentius und Sedulius vertraut gemacht. In den frühen Klosterjahren widmete sie sich also in erster Linie ihrer theologischen und literarischen Ausbildung.
Über die Lebensumstände der sächsischen Nonne ist nur wenig bekannt. Roswitha selber teilte ihre Werke in drei Bücher ein: Das erste enthält acht in Distichen und Hexametern erzählende geistliche Gedichte, auch Legenden genannt, das zweite sechs Dramen und das dritte zwei historische Chroniken.
Roswithas Theophilus-Legende behandelt – erstmals im deutschen Sprachraum – einen Stoff, in dessen Mittelpunkt ein Teufelspakt steht. Die Dichtung wird oft als Vorläufer der Faust-Sage betrachtet. Allerdings ist die Vorstellung, daß der Mensch im Kampf mit einer Macht des Bösen liegt, nicht neu. Bereits in den christlichen Evangelien und in den apokryphen Petrus-Akten findet sich dieses Motiv. Im christlichen Osten wurde dieses Thema immer wieder aufgegriffen und variiert. Bei Roswithas Theophilus-Legende liegt das Schwergewicht der Erzählung auf der Bekehrung und der Reue des Sünders. Die Gottesmutter Maria schaltet sich als Vermittlerin zwischen Christus und dem Sünder ein. Ihr gilt Roswithas besondere Verehrung.
Die Versbearbeitung des Legendenstoffes diente durchaus der Erbauung und war wohl zum Vorlesen bei gemeinsamen Mahlzeiten im Kloster bestimmt.
Bedeutender als die Heiligenlegenden sind Roswithas Dramen, die jedoch nicht für Bühnenaufführungen geschrieben wurden. Sie sind vielmehr als christliches Gegenstück zu den lasziven Komödien des heidnischen Dichters Terenz gedacht und gelten mit ihrem lebendigen Dialog als einzigartige Versuche christlichen Schauspiels im frühen Mittelalter. Mit dem Drama „Abraham" hat Roswitha wahrscheinlich einem ihrer geistlichen Berater ein bleibendes Denkmal gesetzt. Freimütig und geradezu naiv schildert die Nonne die Begegnung des gottesfürchtigen Mannes mit der „verirrten" Sünderin im Freudenhaus.
Wahrscheinlich starb Roswitha um 1002, gleich nach ihrer Äbtissin Ger-

berga, deren Tod im Jahr 1001 feststeht. Im Mittelalter galten die Schriften der Benediktinerin als verschollen, das wissenschaftliche Studium in Gandersheim stagnierte, und die Abschriften der Werke gerieten in Vergessenheit. Auf Umwegen gelangte jedoch eine Handschrift in das berühmte Reichsstift St. Emmeran in Regensburg. Im Zuge der Säkularisierung zu Beginn des 19. Jahrhunderts kam die Abschrift in die königlich-bayerische Hof- und Staatsbibliothek in München. Dieser Codex bildet die Grundlage aller späteren Ausgaben der Werke Roswithas.

Fall und Bekehrung des Vizedominus Theophilus

Bald schon nachdem unsres Glaubens Licht in entferntesten Zonen
leuchtete und auch Sizilien befreit war vom heidnischen Dunkel,
wuchs dort im Lande heran ein herrlicher Knabe,
vornehmer Abkunft und reich an besonderen Gaben.
Diesen – Theophilus ward er geheißen mit Namen –
hatte das heilige Wasser der Taufe gereinigt.
Ihn bestimmte die fromme Sorge der Seinen
schon in den ersten Jahren der Kindheit zum Dienst in der Kirche;
früh übergab man den lieblichen Knaben, besorgt um sein Wohlsein,
einem gelehrten und vielerfahrenen Bischof.
Dieser sollte auf allen Gebieten ihn bestens erziehen
und den noch bildsamen Geist mit Sorgfalt betreuen
und mit dem siebenfältigen Strome der Wissenschaft tränken.
   Als nun der strebsame Jüngling sein Studium beendet,
ward er gebührend belohnt mit Verleihung
eines höheren Amtes, für das er besonders geeignet.
Vizedom wurde er nun – so hieß man den Träger des Amtes.
War er auch jetzo von strahlendem Pomp umgeben,
blieb er doch stets bestrebt, seinem Bischof zu dienen, dem Klerus
brüderlich sich zu erweisen und gütig gesinnt allem Volke.
Sorgsam wachte er über der gläubigen Herde,
liebreich bemühte er sich, den Geringsten – den hilflosen Waisen,
ehrsamen Witwen und wandernden Pilgern – reichlich zu geben,
Kleidung und Nahrung mit vollen Händen zu spenden;
niemals versagte er elenden Bettler ein Obdach.
Einmütig schätzten ihn deshalb auch alle im Volke,
hingen an ihm mit der herzlichsten Liebe;
wie einen gütigen Vater verehrte ihn jeder.
   Alsbald schloß der verdienstvolle Bischof die Augen,
seine dem Himmel genehme Seele begab sich ins Jenseits.

Kaum war sein Leib im Schoße der Erde bestattet,
als schon das Volk den Wünschen des Klerus
einstimmig laut seinen Beifall bekundend,
ihn, den Vizedom, einzig für würdig erklärte,
jenes verstorbenen Bischofs Thron zu besteigen
und als oberster Hirte die gläubige Schar zu betreuen.
Eiligst richteten sie an den obersten Träger der Würden
eine schriftliche Botschaft, um ihn für die Wahl zu gewinnen;
seiner erfahrenen Weisheit oblag's, zu entscheiden,
welcher Geistliche diese höhere Ehrenstellung verdiene.
Als er des Priesters Frömmigkeit rühmen hörte,
da versprach er, die Bitten der Gläubigen zu erfüllen,
und ersuchte ihn, selber baldmöglichst zu kommen,
wußte er doch, daß die Liebe des Volkes ihm gehörte.
Der aber wehrte sich gegen so hohe Ehre beharrlich –
ja er lehnte es ab, dem erteilten Befehle zu folgen.
Erst der Menge gelang's, den sich Sträubenden mit sich zu ziehen.
Als sie ihn schließlich zum Erzbischof führten,
warf er sich hin auf den Boden und schrie's in die Lüfte,
daß er, mit vielerlei Makeln behaftet,
niemals geeignet wäre, das christliche Volk zu regieren.
    Diesen mehrmals beharrlich geäußerten Klagen
fügte der geistliche Oberherr, wenn auch gezwungen, sich endlich
und entließ ihn, der solche Ehrenverleihung verschmähte,
ohne ihn mit der Bürde des Amts zu belasten,
um einen anderen würdigen Mann zu ernennen.
Dieser nun ließ sich bereits nach wenigen Tagen,
heimlich von Schmeichlern verführt, dazu raten,
einen anderen Vizedom für die Gemeinde zu wählen
und entfernte den höchst verdienstvollen Priester Theophilus
ganz aus dem Amt, das er jahrelang hatte verwaltet.
Der aber trug geduldig der flüchtigen Ehren
jähen Verlust und verbannte aus seinem Gemüt jede Trauer,
ja, er empfand sogar Freude, da endlich
er sich dem Dienste Christi und geistlichen Studien
widmen konnte, befreit von beruflichen Lasten.
    Doch dem alten und tückischen Erbfeind des Menschengeschlechtes
war das gefaßte Gebaren des Gottesdieners zuwider
und genau wie er einstmals die ersten Menschen betrogen,
also versuchte er nun des Gerechten Ruhe zu stören
und seinen schwachen Sinn zu betören, indem er ihm wieder und wieder
rief ins Gedächtnis zurück die Macht seiner früheren Stellung
und die Schmach, die er kürzlich erlitten.

Eher gab es der Böse nicht auf, seine Schlingen zu legen,
bis ihm der Diener Christi zuletzt in die Falle gegangen.
Alsbald verließen die Edlen, durch früheren Wandel Berühmten,
Tugend und Rechtschaffenheit – wie von Sinnen warf er sie von sich
und bemühte sich nicht, der bösen Versuchung
zu widerstehen: besiegt ergab er sich schmerzlichem Grübeln.
Er, der zuvor es verschmähte, als Bischof dem Volk zu gebieten,
grämte sich um den Verlust der geringeren Würde.
Schließlich begab sich der Ärmste in seiner Verblendung
eilenden Fußes zu einem verruchten Hebräer,
der mit teuflischer Kunst schon zahlreiche Fromme betrogen.
Fußfällig küßt' er die Füße des Mannes,
weinend bestürmte er ihn, ihm den gottlosen Beistand zu leisten.
Der nun, über den Fall eines Sünders frohlockend,
hieß ihn bereits in der kommenden Nacht ohne Zögern
pünktlich sich einzufinden; er werde ihm schnellstens verhelfen
zu der verlorenen Stellung, wofern er nur seiner Ermahnung
wolle gehorchen und seinem Herrn sich verpflichten.
    Diesen verlockenden Reden erlag der Unsel'ge
und erklärte sich willig, dem Satan zu dienen,
einzig allein um vergängliche Ehren zurückzugewinnen.
Eiligst führte ihn nun, den das Zeichen des Kreuzes nicht schützte,
ja, der lieber den teuflischen Ratschlägen traute,
jener verfluchte Zaub'rer mit sich auf heimlichen Wegen,
quer durch die Stadt, im Schutze des Dunkels
an einen Ort, wo die Geister ihr Unwesen trieben
und die höllischen Diener, in weißen Gewändern,
Kerzen in Händen haltend, den Meister umstanden.
In dieser Mitte thronte der Fürst der Verworf'nen,
König des Todes und Sohn der Verderbnis,
der seinen Knechten befiehlt, mit verwerflicher Schlauheit
unermüdlich den Menschen Schlingen zu legen
und die Bereiten als Beute für ihn zu gewinnen.
    Ohne zu zögern, führte der Magier den gottlosen Sünder
ein in den Kreis der verworfenen Frevler,
warf sich dem höllischen Meister zu Füßen
und erklärte sogleich ihm den Grund seines Kommens.
Dräuend entgegnete ihm sogleich der ruchlose Unhold:
„Sage", so sprach er, „wie kann ich dem Frommen denn nützen,
der mit dem Wasser der christlichen Taufe geweiht ist?
Will er mein Anhänger werden, dann muß er schriftlich verleugnen
Christus und Christi magdliche Mutter,
die durch des Sohnes Geburt mir gewaltigen Schaden verursacht.

Wird er der Meine, so werde ich ihn – ich vermag es – erhöhen,
ihm, allen sichtbar, so glänzende Ehrenstellen verschaffen,
daß selbst der Bischof sich nicht mehr würde erdreisten,
seinen Befehlen entgegen zu sein, wenn er sieht, daß sie alle
huldigen ihm, den sie heut' noch verachten."
   Diesen mit Arglist gesprochenen Worten der Schlange
setzte der Arme kein einziges Wort mehr entgegen,
wünschte, der Drache möge erfüllen, was er versprochen;
also ergab der Verräter sich ganz dem Verderben,
freiwillig mit dem Pakt sein eigenes Unglück besiegelnd.
Er bezeugte damit, als Genosse der höllischen Geister
dereinst auf ewig die qualvollen Strafen erdulden zu wollen.
Kaum war der Pakt geschlossen, zerstoben die spukhaften Wesen.
Frohgemut kehrte der Arme zurück, von dem schurkischen Freunde begleitet.
Schon am Tage darauf rief der Bischof zusammen die hohen
Geistlichen und die Ersten des Volkes,
ließ auch Theophilus kommen und richtete huldreiche Worte
an den Zurückgekehrten, den alle umdrängten,
ja, er beugte sich seiner Gewalt mit der heitersten Miene
und unter schmerzlichen Klagen gestand er, gesündigt zu haben,
als er es wagte, Theophilus zu verstoßen.
Dieser jedoch, berauscht von den plötzlich erwiesenen Ehren,
spielte sich auf in verblendetem Hochmut;
herrisch begann er, die ihm untergebenen Leute
hart zum Gehorsam zu zwingen und sie zu bedrücken.
Ohne sich mehr um Erlangung der himmlischen Ehren zu kümmern,
lag ihm einzig an irdischen Prunkes Entfaltung.
Lange ergab er sich völlig der Jagd nach törichten Freuden,
stets von dem Zaub'rer ermahnt, gebührenden Dank zu entrichten
jenem satanischen Meister, dem Herrn, dem allein er's verdanke,
daß er den Gipfel der Herrschaft erstiegen
und sich des höchsten Wohlseins erfreue.
Doch da erbarmte sich seiner die endlose Güte des Vaters,
die noch niemals den Tod eines Frevlers begehrt hat,
sondern es vorzieht, den reuigen Sündern das Leben zu schenken.
Wahrlich, es schmerzt' sie der Fall des verdienstvollen Mannes,
der einst, berühmt überall auf dem festgegründeten Erdkreis,
allen gütig geholfen, die seiner bedurften.
Also erregte nach göttlicher Weise das gnädige Mitleid
Angst des Gewissens in ihm, dem in Sünde Verstrickten.
   Plötzlich von tiefster Trauer im Herzen ergriffen,
stellt er erschauernd sich wieder und wieder vor Augen,
welche Qualen er wohl durch Verleugnung des Höchsten verdiene,

welche Strafen ihm drohten im Reiche der Hölle.
So von unendlicher Trauer erschüttert,
ließ er – so heißt es – in ständigen Klagen sich also vernehmen:
„Wehe, mir Ärmsten, mit jeglicher Sünde Befleckten!
Wehe mir, der ich aus eigenem Antrieb gefrevelt,
der ich schriftlich den Sohn des mächtigen Vaters verleugnet
und auch die liebreiche Mutter des göttlichen Sohnes.
Wehe, welch' grausamen Strafen geh' ich für immer entgegen,
Finsternis wird mich auf ewig gefangen halten,
da ich aus eigener Wahl mich begab in satanische Knechtschaft
und mich verband mit jener teuflischen Brut am Ort der Verdammnis,
blindlings verführt vom Verlangen nach weltlichem Glanze.
Wie nur werde ich Sünder verteidigen mich am Gerichtstag –
an dem Tage, den selbst die Heiligen fürchten,
wenn ein jeder gerechte Belohnung empfängt für sein Wirken,
wenn auf der Waage des himmlischen Richters
alles gewogen wird jeweils nach unsern Verdiensten?
Wer erbarmt sich dann meiner – wer fühlt dann noch Mitleid,
da der Gerechte kaum Lohn für sein Tun darf erhoffen?
Einzig die Mutter Christi, die mächtige Herrin des Himmels,
makellos reiner schimmernder Tempel des Heiligen Geistes,
sie, die den Sohn uns gebar und doch magdliche Jungfrau geblieben,
die sich noch stets allen Reuigen gütig erwiesen,
niemals den Schuldigen liebreiche Nachsicht versagte –
sie allein kann für mich die Verzeihung erlangen,
wenn sie, mir gnädig, den eigenen Sohn darum bittet.
Doch wenn ich jetzt – die Lippen befleckt – ihre Fürsprache suche,
ich, der erst kürzlich mit gänzlich verblendetem Sinn sie verleugnet,
schreckt mich die Angst, ein Feuer vom Himmel werde mich töten,
da diese Erde mein schweres Verbrechen nicht duldet.
Dennoch wage ich es in der drängenden Qual meines Herzens.
zu ihr zu flehen, sie möge mir Nachsicht schenken
und meine Seele barmherzig vorm Untergang retten."
Während nun solcherlei bitt're Gedanken sein Innres erfüllten,
eilte er ohne Verzug, seiner weltlichen Bürden nicht achtend,
geradewegs zu der Kirche, die ihr, der geheiligten Mutter
Christi, der keuschesten Jungfrau, geweiht war.
Vierzig Tage und Nächte verweilte er dort vorm Altare,
seine Vergehen mit reuigem Herzen beweinend;
auch enthielt er sich, nur von bitteren Zähren gesättigt,
jeder erquickenden Nahrung zur Stärkung des Leibes
und verzichtete auf des Schlafes so liebreiche Tröstung,
wachte die ganze Nacht in frommen Gebeten.

Also kasteite er hart seinen Leib und entsühnte
seine mit Sünden geschändete Seele mit Tränen.
   Als er nach Ablauf der Frist ganz ermüdet
nachts seine Glieder im Schlafe entspannte,
da erschien ihm im Traume die Mutter des ewigen Königs,
sie, die keuscheste Jungfrau, die Herrscherin über das Weltall,
Hoffnung und Zuflucht für alle, die gläubig
ihrem Schutz sich vertrauen in andachtsvollen Gebeten.
Ihre Worte versetzten den Armen in tiefe Bestürzung:
   „Sage, warum du hier wachst am Altar meiner Kirche?
Glaubst du, du dürftest sogleich Verzeihung erhoffen,
könntest mich nachsichtig stimmen, nachdem du verblendeten Sinnes
meinen Sohn hast verleugnet und mich, seine Mutter?
Sage, wie könnte ich je vor dem leuchtenden Antlitz
meines in himmlischem Glanze erstrahlenden Sohnes erscheinen,
wie vor dem furchtbaren Thron des Allmächtigen stehen
und es wagen, für dich, einen Frevler, um Gnade zu bitten?
Selbst wenn ich alles, was je gegen mich du früher gefehlt hast,
dir sogleich aus barmherziger Liebe verzeihe,
denn meine gütige Liebe gilt allen Christen auf Erden;
jenen bin ich vor allem in herzlicher Liebe gewogen,
hege, tröste und schütze sie selbst in meiner Umarmung,
die mit Gebeten und Liedern mich häufig verehren
und ihre Nächte in meiner Kirche verwachen.
Aber die mächtige Liebe zu meinem Sohne
zwingt mich dazu, dir heftig zu zürnen,
da du, verworfener Frevler, vermessen es wagtest,
meinen heiligen Sohn zu verhöhnen und zu verraten,
der, alleiwger Gott, gezeugt vom allmächtigen Vater,
lange Zeit vor dem ehrwürd'gen Anfang der Dinge,
einst sich herabließ, von mir in der Zeit geboren zu werden
und in den Tod ging aus Liebe zum Menschengeschlechte."
   Christi Mutter, der keuschesten Jungfrau,
gab, tieftrauernd im Herzen, der Sünder zur Antwort:
„O meine Herrin, ich weiß und mein Wissen zermürbt mich im Innern,
daß ich sündigte über Gebühr, verblendet von nichtigem Wahne;
mein Verbrechen wiegt schwerer als alle Vergehen,
weil ich den Gott verschmähte, den du, die Reine, geboren.
Würdig fühl' ich mich nicht des Geschenks der Verzeihung,
doch läßt auf Rettung mich hoffen das Beispiel der zahlreichen Sünder –
jener, die frevelnd Unrecht begangen und dennoch
für die Verbrechen am Ende Vergebung erhielten.
Haben nicht Niniveh's Bürger die Nachsicht Christi erfahren,

als sie die eigenen Sünden in echter Reumut beklagten?
Fanden sie nicht nach drei Tagen bereits die ersehnte Verzeihung?
Hat nicht David, Jehovahs Prophet, der einstmals regierte
über das jüdische Land als der König der Juden,
da ihn die sündige Liebe ergriff zu dem Weib eines andern –
hat er nicht damals auf tückische Wege gesonnen,
um ohne Grund einem schuldlosen Manne das Leben zu rauben,
nur damit er des Weibes Umarmung straflos genösse?
Später, als der Prophet ihn mit Warnung erschreckte,
lernte er seine zweifache Schuld mit Zähren beklagen,
Tränen vergießend tilgte er seiner Schandtaten Flecken.
Hat ihn der Höchste nicht wieder beschenkt mit prophetischer Gabe?
Soll ich an Petrus erinnern, den Christus erhöht hat,
dem er die Schlüsselgewalt verlieh und die Vollmacht,
Menschen von Sünden zu lösen sowohl als zu binden –
als die verdiente Belohnung für standhafte Treue?
Hat nicht derselbe einst Christus verleugnet,
einzig aus Angst vor der Frage der frechdreisten Dienstmagd –
und nicht nur ein Mal, nein, zwei Mal und drei Mal
leugnete er, daß er Christus kenne, den teueren Meister;
dennoch, weil er die Lüge gebührend mit Tränen bereute,
hat er das Labsal der vollen Verzeihung erworben.
Bald ward er ausersehen zum Hirten der gläubigen Herde,
ward – wie es billig – der Schützer der heiligen Kirche.
Ja, durch diese und andere Beispiele mutig geworden,
wag' ich's, auf ähnliche Güte und Nachsicht zu hoffen,
durch deiner Fürbitte Kraft von Christus begnadigt zu werden."
   Ihm erwiderte drauf mit liebreicher Miene Maria,
Tröstung dem Traurigen spendend mit sanften und liebreichen
Worten:
„Wenn dich dein frevler Verrat beschwert, dein Vergehen,
mußt du mit Mund und Herzen bekennen,
was du, töricht verblendet, zuvor hast geleugnet:
daß der von mir Geborene wahrhaft der Sohn ist des mächtigen Vaters,
daß er als Richter einst kommt und den Erdkreis im Feuer erneuert.
Hast du dich dazu bekannt, dann darf ich für dich mich verwenden."
Drauf entgegnete ihr unter Tränen der Priester:
„O, du von Gott Geliebte, du heil'ge Gebärerin Christi,
die du mit gnädigem Zuspruch die Trauernden tröstest,
wie nur, mit welchem Recht darf ich's wagen, zu nennen
Gott des Allmächtigen heiligen, herrlichen Namen! –
ich, ein unseliger Frevler, der jüngst mit sündigen Lippen
Christus, die Taufe, das Kreuz und die Mutter des Heilands,

dich, die Keusche, verlästert' in schriftlichem Bündnis
und zugleich die heiligen Sakramente – die heilsamen Gaben?"
  Seinen beweglichen Klagen erwiderte voller Erbarmen
gütig der Reinheit Urbild mit freundlichem Zuspruch:
„Bist du auch noch so beladen mit schweren Vergehen,
zögere nicht, meinem Rate zu folgen und Gott zu bekennen,
der um unsretwillen einst Mensch geworden,
nur um den Reuigen Hoffnung auf Nachsicht zu schenken."
  Jetzt erst den Mahnungen endlich gehorchend,
ließ er mit laut erhobener Stimme sich weinend vernehmen:
„Demütig flehend verehre und preise und lobe ich Christus,
Gottes eigenen Sohn, vor der Weltzeit geboren,
der vom Throne des Vaters in unseren Zeitraum gesendet,
also daß er von dir, die rein, und vom Heiligen Geiste
unsres Fleisches vergängliche Hülle annehme;
ebenso zweifle ich nicht und bekenne, daß Christus
wahrhafter Gott ist und Mensch, der einst fleischgeworden,
der nur um unsretwillen gelitten
Backenstreiche und wüste grausame Schläge;
seinen heiligen Leib mißhandelten sie mit Striemen
und sein leuchtendes Antlitz bespie'n sie mit Geifer.
Als er dann endlich, mit Dornen gekrönt, den Essig getrunken
und bis zum Letzten erfüllt, was die heiligen Schriften geweissagt,
als er – die Arme gebreitet – ans Kreuz ward geheftet,
gab er für uns, den Tod erleidend, sein kostbares Leben,
er, der wahrhafte Hirte im Ehrenglanz seiner Güte.
Huldvoll ließ er sich würdig begraben,
fuhr dann zur Hölle hernieder und öffnete ihre Pforten,
siegte über den Tod und legte den Erbfeind in Fesseln
und befreite die Seinen, die Frommen, aus ihrem Gefängnis,
stieg dann als Sieger, begleitet von Scharen Erlöster
auf in die Höh' in der gleichen Gestalt, die zuvor ihm,
als ihn das marmorne Grabmal umschlossen, noch eigen gewesen.
Später, nachdem er am drittem Tag von den Toten erstanden,
sahen ihn seine begnadeten Jünger des öftern;
bald erschien er zum Mahle, bald mahnte er sie in Gesprächen,
sie an das künftige Reich in liebreichen Worten erinnernd.
Kurz danach, vor den Augen der staunenden Jünger,
stieg er im Leib, den er angenommen, hinauf über Sterne;
also wird er auch kommen am Tag des Gerichtes,
um einem jeden Belohnung und Strafe nach seinem Verdienst zu erteilen.
Dazu bekenne ich mich und gelobe es, gläubig zu wahren;
flehentlich bitte ich dich, gewähre mir dein Erbarmen,

heilige Jungfrau, empfiehl deinem Sohn mich,
wirke für mich, den reuigen Frevler, Verzeihung."
   Ihm, der ohn' Unterlaß weinte und klagte,
gab die heilige Gottesgebärerin, die Herrin des Himmels,
Antwort mit Zuspruch und liebreichen Worten:
„Um der heiligen Taufe erhab'nen Geheimnisses willen,
die du dereinst nach christlichem Brauche empfangen,
und um der süßen Liebe willen zu meinem mir teuren Sohne,
der, wie ich weiß, auch für dich sein kostbares Blut hat vergossen,
als er die Welt vorm Untergang hat gerettet,
werde ich ihm vor die heiligen Füße mich werfen,
ihn, den ich einstmals gebar, den gerechtesten Richter,
bitten und nicht mit flehenden Worten sparen,
bis ich zu gütiger Nachsicht ihn zwinge
und er dir deine so schweren Verbrechen verzeihe."
Nach diesen Worten entschwand die heilige Jungfrau,
ließ den Ärmsten zurück mit balsamischer Tröstung.
   Drei Tage später schien sie ihm wieder;
schon ihr Antlitz verriet das Geschenk, das sie brachte.
Heiteren Angesichts ließ sie sich also vernehmen:
„Höre, Mann Gottes, die Angst deines reuigen Herzens
ist von Gottvater und seinem allewigen Sohne
angenommen; durch Tränen erwarbst du dir volle Verzeihung.
Niemals werden dich höllische Strafen bedrohen,
bleibst du in Zukunft nur treu, ohne Falschheit, im Glauben."
Ihr erwiderte er sogleich mit flehender Stimme:
„Sicherlich werde ich wahren des Glaubens heilige Satzung,
niemals werde ich deine Gebote frevelnd verletzen,
niemals deinen Befehlen, o gütigste Herrin, mich widersetzen,
da du allein, nächst dem Herrn, läßt Heilung mich hoffen,
also damit ich nicht bitteren Strafen als Opfer verfalle.
Wunder nimmt es mich nicht, daß du meine Rettung erwirktest,
hast du ja einstmals die Welt von der Sünde der ersten Mutter
aus der Verdammnis nach Gottes Ratschluß errettet.
Wen hast du je, der an dich sich gewendet und Billiges heischte,
ohne zu hören verzweifelt im Stiche gelassen?
Also bitte ich dich – ich Sünder, befleckt mit Verbrechen –
dich, den ewigen Quell des Erbarmens, in Andacht,
gütige Gottesmutter, versag' mir nicht deinen Beistand,
hilf, daß der Teufelsvertrag, den ich einging,
der an die Macht des Verderbers mich bindet,
wieder an mich, seinen Klauen entrissen, gelange,
sonst muß ich fürchten, daß ich einstmals am Tag des Gerichtes

ich um des Bündnisses willen die furchtbarsten Strafen erleide,
wenn es nicht vorher gelingt, ihn dem Bösen wieder zu rauben."
  Sprach's und durchwachte die folgenden Nächte
und enthielt sich drei Tage lang jeglicher Nahrung.
Als er am vierten Morgen aus tiefstem Schlafe erwachte,
fand er auf seiner Brust das vertragliche Schriftstück.
Freudiger Schrecken durchzuckt' seine Glieder beim Anblick,
Dankbarkeit füllte sein Innres, er lobte
Christus und Christi magdliche Mutter.
  Drauf – es begab sich an jenem festlichen Tage,
der seinen heiligen Namen vom Höchsten herleitet –
eilte er in die Kirche, wo gläubige Scharen versammelt
standen zur Feier der heiligen Messe und lauschten,
während der Bischof das Evangelium erklärte.
Rasch begab er sich, allen sichtbar, zum heiligen Altare,
warf sich zu Boden und küßte die Füße des Bischofs;
dann erzählt' er mit laut erhobener Stimme von Anbeginn alles –
wie er zuerst, von den tödlichen Künsten verführt, sich versündigt
und wie zuletzt ihn der ewigen Jungfrau Vermittlung gerettet.
Als er das alles in klaren Worten ausführlich berichtet,
wandte der Bischof sich, vom Gehörten zuinnerst erschüttert,
staunend zur Menge und ließ sich vernehmen:
  „Eilet herbei, ihr Gläubigen, freut euch von Herzen!
Preiset mit dankbarem Sinn die Taten des Höchsten!
Glaubt nur daran, daß Gott in seiner unendlichen Güte
niemals sich freut am Tode des Sünders,
sondern es vorzieht, dem Reuigen ewiges Leben zu schenken.
Wahrlich, geliebte Brüder, vernehmt und bewahrt es im Herzen:
in seiner Güte erträgt der Herr geduldig die Sünder –
jene, von denen er weiß, daß sie später ihr Unrecht bereuen.
Wen erfaßte nicht Staunen, wer ehrt nicht in Demut
Christi beglückendes, mildes Verzeihen, mit dem er
allen stets Hilfe gewährt, die ihn allein suchen.
Er ist es auch, der diesem erbarmend verzieh und ihn schonte,
als seine herrliche, heilige Mutter ihn bat für den Sünder,
sie, die uns einst vor der Erbsünde Fluch hat errettet,
sie, die der ganzen Welt ist zum Segen geworden.
Bleibe uns gnädig, du heiligste Mutter des Höchsten;
wir verehren mit gläubigem Herzen, Gebeten und Mund dich;
möge der Hirte die gläubige Herde gütig behüten,
er, der die tückische Schlange, den Erbfeind, bezwungen.
Wir, noch auf Erden Verbannte und hilflose Menschen,
loben dich immer, dich keusche Mutter des ewigen Königs,

und deinen Sohn, den König und Herrscher des Weltalls,
preisen vereint dich in vielfachen Liedern,
weil unser Bruder, nachdem er dem Tod schon verfallen,
einzig durch dich, o Jungfrau, dem Leben wiedergeschenkt ist."
   Sprach's und verbrannte sogleich das verfluchte Schriftstück;
darauf zelebrierte er fromm die heilige Wandlung.
Als nun die Feier beendet, erstrahlte des Priesters
Antlitz, als wär' es von Phoebus' Strahlen getroffen,
herrlich; der Glanz seines Innern, die Reinheit der Seele
spiegelten sich im Gesicht des Verklärten.
Tief erschüttert verharrten die Frommen,
bis mit erhobenen Stimmen dem Höchsten sie dankten,
dem es gefiel, die Verdienste des Edlen so sichtbar zu lohnen.
Doch er selber eilte zurück zu der heiligen Stätte,
wo er die himmlischen Gnadenerweise empfangen.
Dort überfiel den Entkräfteten plötzliche Schwäche;
bald, nach drei Tagen, bezwang ihn die schleichende Krankheit
und, befreit vom Gefängnis, des, ach, so vergänglichen Fleisches,
stieg seine Seele jubelnd hinan zum himmlischen Zelte,
hilfreich gestützt von Maria, der heiligen Herrin.
Feierlich unter Beteiligung aller wurde der Leichnam
dort in der Kirche mit höchsten Ehren bestattet,
wo er vor kurzem Vergebung gesucht und erhalten.
   Das war das Ende des einstmals verlorenen Frevlers,
der es gelernt hat, den eigenen Fall zu bereuen,
und der sich selbst mit verdienter Buße bestrafte.
Christi Allmacht und Ruhm sei für alle Zeiten gepriesen,
der den uralten Erbfeind der Menschheit geschlagen
und das Geschöpf seiner Hand dem Rachen der Schlange entrissen.
Ihm gebührt unser hohes Lob und der holdesten Mutter,
sie hat dem Elenden gütig Tröstung gespendet. Amen.

Fall und Bekehrung der Maria, der Nichte des Einsiedlers Abraham

Einsiedelei in einsamer Gegend: Abraham. Effrem.

Abraham: Bruder und Miteremit Effrem, willst du mich noch länger anhören
   oder soll ich dich, solange du Gott lobpreist, nicht stören?
Effrem: Ein jedes Gespräch von uns zwein soll eine Lobpreisung sein für Ihn,
   der denen nahzusein verhieß, die zusammenkamen in seinem Namen.

Abraham: In nichts wird mein Wort, ich weiß, entgegen sein dem göttlichen Geheiß.
Effrem: Ich entziehe mich dir nicht einen Augenblick mehr, sondern schenke dir sogleich Gehör.
Abraham: Der Gedanke an ein Vorhaben durchglüht mich allein: ich wünschte, du stimmtest mit mir überein.
Effrem: Da wir ein Herz und eine Seele sollen sein, sei eins auch unser Ja und Nein.
Abraham: Ich habe eine Nichte, zart gar sehr, der Eltern süßen Trost kennt sie nicht mehr; zu dieser Waise zieht mich mein mitfühlend Herz, um sie quält mich ein steter Schmerz.
Effrem: Dich, der sich über alles Zeitliche gestellt, was kümmern dich die Sorgen dieser Welt?
Abraham: Ich bin nur besorgt, daß ihre unendlich reine Schönheit befleckt werden könnte von schmutziger Niedrigkeit.
Effrem: Die Sorge, nein, kann nicht zu tadeln sein.
Abraham: Ich hoffe.
Effrem: Wie alt ist sie?
Abraham: Ein Jahr ihrem Alter noch zugegeben, dann atmet sie zwei Olympiaden, ist sie acht Jahre am Leben.
Effrem: Ein noch unreifes Mägdelein!
Abraham: Darum muß ich in steter Sorge um sie sein.
Effrem: Wo weilt sie?
Abraham: In meiner Klause. Denn auf Bitten ihrer Verwandten habe ich sie zu mir genommen, um sie aufzuziehn; ihre Schätze sollen die Armen bekommen.
Effrem: Alles Zeitliche verachtet eine Seele, die ganz allein zum Himmel trachtet.
Abraham: Es ist mein einziges Streben, sie Christus als Braut zu geben und seinem Dienste zu weihen ihr Leben.
Effrem: Wie löblich!
Abraham: Schon ihr Name zwingt mich.
Effrem: Wie wird sie denn genannt?
Abraham: Maria.
Effrem: In der Tat? Eines solchen Namens Erhabenheit gebührt der Kranz der Jungfräulichkeit.
Abraham: Zweifellos wird sie sich uns willfährig beugen, wenn wir ihr sanft den Weg anzeigen.
Effrem: Wohlan! Laß uns erwecken Begier nach einem keuschen Leben in ihr!

Dieselben. Maria.

Abraham: O Pflegetöchterlein, Teil der Seele mein, Maria, füge dich meinem väterlichen Rat und den segensreichen Lehren, die dir mein Mitbruder Effrem gegeben hat, trachte danach, das Urbild der Jungfräulichkeit, du trägst ja seinen Namen, auch in der Keuschheit nachzuahmen.

Effrem: Nicht ziemlich wär's, wenn du, Tochter, die du mit der Mutter des Christ durch Namensgeheimnis verbunden bist und leuchtest in Himmelsfernen unter den niemals sinkenden Sternen, wenn du, geringer an Verdienst, von Irdischem ein Raub, wandeltest im Staub.

Maria: Ich kenne nicht das Geheimnis in meinem Namen, vermag daher die Bedeutung eurer Worte auch nicht zu ahnen.

Effrem: Maria heißt „Stern des Meeres". Um ihn drehen sich Erde und Himmelszelt, die ganze Welt.

Maria: Warum wird er „Stern des Meeres" genannt?

Effrem: Weil er sich niemals zum Untergang neigt und den Schiffern den rechten Weg anzeigt.

Maria: Wie aber könnte es möglich sein, daß ich, aus Erde geschaffen und so klein, durch Verdienste einstmals dahin gelangt', wo meines Mysteriums Namen prangt?

Effrem: Bewahre deines Leibes Keuschheit, deiner Seele reine Heiligkeit.

Maria: Groß ist die Ruhmesehre, erreicht ein Mensch die strahlende Sternensphäre.

Effrem: Denn bleibst du unberührte Jungfrau auf Erden, wirst du dereinst gleich einem Engel werden; in die englische Schar dann eingereiht, von schwerer Körperlast befreit, durch Lüfte entfliegend, den Äther besiegend, durcheilest du des Tierkreises Bahn und hältst den Schritt nicht eher an, bis dich der Jungfrau Sohn in seine Arme schließt, im Gemach seiner Mutter, das von Licht überfließt.

Maria: Wer das geringschätzt, muß ein Esel sein! Darum, das Zeitliche verachte ich, ja, ich verleugne mich, um mir zu verdienen die Wonne einer so großen Glückssonne.

Effrem: Sieh her, in diesem Kind Reife und Weisheit des Alters sind.

Abraham: Des Herrn Gnade wirkte das.

Effrem: Sicherlich.

Abraham: An ihr, fürwahr ward Gottes Gnade offenbar. Denn ein so junges Leben vermag noch nicht eigene Meinung abzugeben.

Effrem: Gewiß.

Abraham: So werde ich ihr ein Zellchen erbauen, nah bei mir, ohne Tür, sie durch das Fenster den Psalter und die Gebote lehren und nach ihr sehen für und für.

Effrem: Recht so.

Maria: Deiner Fürbitte, Vater Effrem, empfehle ich mich.

Effrem: Der himmlische Bräutigam, dem du dich schon in zartem Alter geweiht, er schütze dich, Tochter, vor des Teufels Verschlagenheit!

Zwanzig Jahre später. Abraham. Effrem.

Abraham: Bruder Effrem, was mir das wechselvolle Schicksal auch beschert, zu dir eile ich zuerst, damit du mir Rat gewährst. So wende dich nicht ab von meiner Klage, hilf mir im Schmerze, den ich trage.
Effrem: Abraham, Abraham, welches Leid? Warum die übergroße Traurigkeit? Es ziemt sich nicht, daß ein Eremite verzweifelt sei nach weltlicher Sitte.
Abraham: Unbeschreibliche Trauer, über mich verhängt! Unerträglicher Schmerz, der mich bedrängt!
Effrem: Halt mich nicht hin mit Weitschweifigkeit! Gestehe mir dein Leid!
Abraham: Maria, meine Pflegetochter, die ich mit höchster Sorgfalt aufzog durch zwanzig Jahr', sie eifrig bildete fürwahr –
Effrem: Sie ist?
Abraham: – Weh mir, verloren!
Effrem: Wie ist es möglich?
Abraham: Elendiglich! Sie entrann heimlich.
Effrem: Durch welche Tücken gelang es der alten Schlange, sie zu berücken?
Abraham: Verführt, von sündiger Liebe zu einem Heuchler gerührt, der sie im Mönchskleid öfter unter einem Vorwand aufgesucht, bis ihr junges, unbelehrtes Herz so sehr zu entflammen ihm gelang, daß sie um Sünde willen aus dem Fenster sprang.
Effrem: Ach, ich höre und schaudre!
Abraham: Und als die Unselige erkannt, daß sie verführt, schlägt sie sich an die Brust, und mit der Hand zerkratzt sie ihr Gesicht, zerreißt sie ihr Gewand, rauft sich das Haar und klaget laut an der Verzweiflung Rand.
Effrem: Mit Recht, denn, ach! eine solche Schmach ist zu beweinen mit einem ganzen Tränenbach.
Abraham: Sie beklagte es in Litanei'n, was sie einst war, nicht mehr zu sein.
Effrem: Weh, Unglückliche!
Abraham: Sie trauerte, daß sie, entgegen unsern Lehren, habe gefrevelt schwer.
Effrem: Gar sehr.
Abraham: Und weinte, daß aller Nachtwachen, Bet- und Fastübungen Mühn nützten nichts mehr.
Effrem: Wenn diese Reue Wurzel faßte in ihres Herzens Grund, dann würde sie gesund.
Abraham: Ach, wär' es so geblieben! Aber sie hat es noch schlimmer getrieben!
Effrem: Schmerz durchbohrt meine Eingeweide, ich zittere am ganzen Leibe.

Abraham: Nachdem sie sich mit diesen Anklagen selbst gestraft, ist sie, vom Übermaß des Schmerzes bezwungen, in der Verzweiflung Abgrund gesprungen.
Effrem: Weh, weh, welch tiefer Fall!
Abraham: Und da sie zweifelte, wieder Verzeihung zu erlangen, beschloß sie, ihr weiteres Leben eitler Weltlust hinzugeben.
Effrem: Ha, noch nie ist es gelungen, daß böse Geister über Eremiten einen solchen Sieg errungen.
Abraham: Von den Dämonen sind wir nun bezwungen.
Effrem: Doch wundere ich mich, daß sie so unbemerkt entwich.
Abraham: Mein Sinn war unterdes verstört, von einem schrecklichen Gesicht betört, und wäre ich nicht so verwirrt gewesen, ich hätte daraus die Prophezeiung ihres Falls gelesen.
Effrem: Berichte mir!
Abraham: Mir war als stände ich vor meiner Zellentür', da kam mit eins ein Drache, groß und gräulich und ganz abscheulich, in rasendem Flug herangeeilt, erspäht ein weißes Täubchen, das an meiner Seite weilt, bezwingt es, verschlingt es und ist plötzlich verschwunden.
Effrem: Ein deutliches Gesicht.
Abraham: Doch ich, wieder zur Besinnung gekommen, überdachte, was ich gesehn, und fürchtete, es zeige neue Gefahr für die Kirche an, vielleicht daß einige ihrer Getreuen würden verleitet zum Irrwahn.
Effrem: Begründete Furcht.
Abraham: So betete ich demütig zu dem Herrn über alles zukünftige Leben, mir die Lösung dieses Traumbildes zu geben.
Effrem: Wohl getan.
Abraham: Und als ich, drei Nächte später, müde im Schlummer lag, war mir, als sähe ich dasselbe Drachentier geborsten zu meinen Füßen liegen, das Täubchen jedoch unversehrt entfliegen.
Effrem: Deine Worte machen mich froh, ich zweifle nicht einen Augenblick: Maria kehrt wieder zu dir zurück.
Abraham: Als ich erwachte, war auch tröstlicher gestimmt mein Herz; ich mäßigte meinen ersten Schmerz und gedachte meiner Schülerin, o traurige Erinnerung! Denn schon waren zwei Tage vorbei, ohne daß ich vernommen ihre gewohnte Loblitanei.
Effrem: Zu spät bedacht!
Abraham: Ich gesteh es. Ich trat an ihr Fenster heran und begann anzuklopfen, rief sie immer wieder bei ihrem Namen an.
Effrem: Ach, vergeblich getan!
Abraham: Ich merkte es nicht gleich zu Anfang und fragte, warum sie die heiligen Übungen vernachlässigt habe so lang, doch nicht ein leiser Laut als Antwort zu mir drang.
Effrem: Und was hast du darauf getan?

Abraham: Als ich gewahrte, daß sie, die ich suchte, verschwunden, kam mich Furcht an und durchschüttelte meine Eingeweide hin und wider, vor Schreck erbebten mir die Glieder.
Effrem: Kein Wunder, denn fürwahr, deine bloßen Worte erschüttern mich sogar.
Abraham: Mit Wehgetön erfüllte ich die Luft und mit immer neuen Fragen, welcher Wolf mein Lamm wohl aufgespürt, wer heimlich meine Tochter entführt!
Effrem: Mit Recht trauertest du, als jene zugrunde ging, die deine väterliche Liebe einst umfing.
Abraham: Endlich kamen Leute mit sicherer Kunde und brachten mir den Bescheid, sie führe ein Leben in Welteitelkeit.
Effrem: Und nun ist sie an welchem Ort?
Abraham: Darüber sagten sie kein Wort.
Effrem: Was ist zu tun?
Abraham: Ein treuer Freund will Stadt und Land durchwandern und nicht eher ruhn, bis er entdeckt, wo sie weilet nun.
Effrem: Und wenn er es erfahren?
Abraham: Zieh' ich ein ander Kleid mir an, um mich wie ein Liebhaber ihr zu nahn. Vielleicht daß sie nach diesem schweren Schiffbruch, von mir belehrt, in den ruhigen Hafen von einst wiederkehrt.
Effrem: Doch wie, wenn man dir Wein und Fleisch vorsetzt?
Abraham: Nicht weigern werd' ich's, damit man mich nicht erkennt.
Effrem: Löblich ist fürwahr dein Unterscheiden, da du die strengen Gelübde lockerst beizeiten, um eine verirrte Seele zu Christus zurückzuleiten.
Abraham: Es wächst mir zu dem Wagnis der Mut seitdem ich weiß, auch du heißt es gut.
Effrem: Der in die Tiefen des Herzens geschaut hat, er kennt den Ursprung einer jeden Tat. In seinem strengen Gericht erklärt er den nicht als Sünder, der von der harten Regel eine Weile abgewichen ist und es nicht verschmähte, sich den Schwächeren anzugleichen um die Wiedergewinnung einer verirrten Seele umso sicherer zu erreichen.
Abraham: So steh mir du mit Gebeten bei, daß ich nicht strauchle durch listige Teufelei.
Effrem: Das höchste Gut, das alles Gute wirkt, es wende auch deinen Plan zu einem guten Ende.

Dieselben. Freund des Abraham.

Abraham: Ist das nicht mein Freund, den ich vor zwei Jahren auf die Suche nach Maria aussandte? Er ist's.
Freund: Gegrüßt seist du, ehrwürdiger Vater.
Abraham: Gegrüßt auch du. Lang harrte ich dein, ließ alles Hoffen sein.

Freund: Ich kehrte zurück so lange nicht, um dich nicht zu quälen mit unsicherem Bericht. Doch sobald ich die Wahrheit vernommen, bin ich eilends zurückgekommen.
Abraham: Sahst du Maria?
Freund: Ich sah sie.
Abraham: Wo?
Freund: In der nächsten Stadt.
Abraham: So sage, mit wem verbringt sie ihre Tage?
Freund: Es sträubt sich mein Mund –
Abraham: Was ward dir kund?
Freund: Zur Trauer Grund –
Abraham: Sag, ich beschwöre dich!
Freund: Eines Kupplers Haus hat sie zum Wohnsitz erwählt, der sie mit zartester Liebe bei sich hält. Und nicht umsonst: denn jeden Tag geht ihm kein kleines Sümmchen Geld von ihren Liebhabern ein.
Abraham: Von Marias Liebhabern?
Freund: Gewiß.
Abraham: Mehrere sind es gar?
Freund: Eine ganze Schar!
Abraham: Weh mir! Du guter Jesus, welch ein Wahnsinn, daß sie, die ich als deine Braut erzogen, nun fremden Liebhabern ist gewogen.
Freund: Bei Dirnen ist es Brauch seit alter Zeit, daß fremder Leute Liebe sie erfreut.
Abraham: Halt mir ein zahmes Roß bereit, dazu ein Kriegerkleid, damit ich sie, nachdem ich die Kutte abgetan, unter der Maske des Liebhabers besuchen kann.
Freund: Alles bereit!
Abraham: Ich beschwöre dich, bring mir noch einen Hut, der meine Tonsur versteckt.
Freund: Gewiß, damit dich niemand entdeckt.
Abraham: Den einzigen Taler, den ich habe, steck ich ihn ein, für den Wirt als Gabe?
Freund: Anders wird es dir nicht gelingen, bis zu Maria vorzudringen.

Wirtshaus: Abraham. Wirt.

Abraham: Herr Wirt, schön guten Tag!
Wirt: Bist du ein Gast, so sag –
Abraham: Hast du für den Wanderer noch einen Platz frei, der zum Übernachten geeignet sei?
Wirt: Sicherlich. Noch keinem der hier Obdach begehrt, ward es verwehrt.
Abraham: Das lob' ich mir!
Wirt: Tritt ein, die Mahlzeit wird bald fertig sein.

Abraham: Für die freundliche Aufnahme danke ich dir sehr, doch fordere ich von dir noch mehr.
Wirt: Sprich nur, damit ich dein Begehr erfülle.
Abraham: Die kleine Gabe, nimm sie hier und sorge dafür, daß die Schöne, die hier in deinem Hause weilt, die Abendmahlzeit mit uns teilt.
Wirt: Warum willst du sehen jene?
Abraham: Weil ich mich nach ihrer Bekanntschaft sehne, gar oftmals pries man mir die Schöne.
Wirt: Der dir gepriesen ihre Züge, sprach keine Lüge. Durch ihre Lieblichkeit, fürwahr, ragt sie hervor aus der Frauenschar.
Abraham: Für sie bin ich in Liebe erglüht.
Wirt: Mich wundert, daß dir, einem Greis, der abgebrüht, im Herzen noch Liebe zu einer Jungen blüht.
Abraham: Aus keinem andern Grunde kam ich her, nur sie zu sehn, ist mein Begehr.

Dieselben. Maria.

Wirt: Herbei, herbei, Maria! Ein neuer Verehrer deiner Schönheit ist da!
Maria: Ich komme schon –
Abraham (für sich): Woher nehme ich Selbstvertrauen und Standhaftigkeit, wenn mein Herz nun sie, die ich erzog in mönchischer Einsamkeit, erblickt, nach Dirnenart geschmückt! Doch ist es jetzt nicht Zeit, daß das Antlitz entdeckt, was das Herz versteckt; den Tränenstrom will ich bezwingen mit männlichem Willen, mit falscher Heiterkeit die bittere Herzenstraurigkeit verhüllen.
Wirt: Maria, freue dich: denn nicht wie bisher nur Junge allein, jetzt kommen sogar schon Greise herein, von Liebe zu dir übermannt, liebentbrannt.
Maria: Wer mich mit Liebe beschenkt, gleiche Liebe von mir empfängt.
Abraham: Tritt näher, Maria, und gib mir einen Kuß.
Maria: Du sollst nicht nur an süßen Küssen erwarmen, deinen greisen Nakken umschlinge ich mit weichen Armen.
Abraham: So gefällt es mir.
Maria: Nach diesem Kuß, was fühle ich? Wie seltsam überkommt es mich? Im Duft und in der Leidenschaft ein Ahnen, daß mich an einstige Leidenschaft zum keuschen Leben will gemahnen?
Abraham: Nun heißt's Verstellung üben! Nun einem losen Buben gleichend Scherz getrieben! Damit mein würdiger Ernst mich ihr nicht entdecke und sie sich aus Scham vor mir verstecke.
Maria: Weh, unglücklich, wie tief sank ich! In welchen Abgrund des Verderbens stürzt' ich mich!
Abraham: Dies ist kein Ort zum Jammern, wo sich versammelt frohe Gästeschar!

Wirt: Verehrteste Maria, warum dies traurige Sehnen? Warum die Tränen? Seit du hier weilst, in diesen zwei Jahren, ist niemals ein Seufzer, nie ein trauriges Wort dir entfahren!
Maria: O hätte mich vor drei Jahren der Tod genommen! In diese Schande wär' ich nie gekommen!
Abraham: Ich kam nicht hierher, um mit dir deine Sünden zu bereuen, sondern mich deiner Liebe zu erfreuen.
Maria: Leichte Reue hat mich gerührt und mich zu solchem Geschwätz verführt. Doch laß uns fröhlich sein bei Schmaus und Wein! Denn du hast recht: über Sünden zu trauern paßt hier schlecht!
Abraham: Wir haben genug zu essen gehabt und uns genug gelabt am Tank, für deine Freigebigkeit, guter Wirt, schönen Dank. Erlaube, daß wir uns vom Mahl erheben, um den müden Leib zu Bette zu legen und süßer Ruhe zu pflegen.
Wirt: Wie es beliebt.
Maria: Erhebt Euch, Herr, erhebet Euch! Zum Lager geh ich mit Euch zugleich.
Abraham: Recht so. Den möchte ich wohl sehen, der mich zwingen könnte, ohne dich zu gehen.

Im Schlafgemach: Abraham. Maria.

Maria: Hier ist ein Lager sehr bequem und für uns beide angenehm. Und hier ein Bett mit schönen Decken gepolstert nett. Setz dich, ich zieh dir die Schuhe aus, damit du dich nicht selber zu mühen brauchst.
Abraham: Leg erst den Riegel an, damit kein anderer eintreten kann.
Maria: Das laß dir nicht zur Sorge sein! Ich steh dafür, so leicht kommt keiner hier herein!
Abraham: Jetzt schnell die Kopfbedeckung abgenommen! Sie sehe, wer zu ihr gekommen. O Pflegetöchterlein, Maria, Teil der Seele mein, erkennst du den Greis, der dich erzog seinerzeit, der dich dem Sohn des Himmelskönigs geweiht?
Maria: Weh mir, mein Vater und Lehrer Abraham ist's!
Abraham: Tochter, was wurde aus dir?
Maria: Schweres Unglück widerfuhr mir.
Abraham: Wer hat dich belogen, wer dich betrogen?
Maria: Derselbe, der die ersten Menschen zu Fall gebracht.
Abraham: Wohin der englische Lebenswandel, den du auf Erden geführt?
Maria: Dahin, dahin!
Abraham: Wohin deine jungfräuliche Frömmigkeit, deine wundersame Enthaltsamkeit?
Maria: Verloren!
Abraham: Welch Lohn für aller Fasten, Gebete und Nachtwachen Mühn

könnte dir, wenn du nicht umkehrst, denn erblühn, dir, die du gestürzt vom höchsten Himmelsrund in der Hölle tiefen Schlund?
Maria: Wehe!
Abraham: Warum hast du mich so entehrt? Meinen Schmerz noch vermehrt? Warum hast du mich nicht sogleich über deinen Fall belehrt, damit ich mit Effrem, von mir geliebt, an deiner Statt die Buße geübt?
Maria: Nachdem ich diesen Sündenfall getan, wagt' ich es nicht aus Scham, mich deiner Reinheit zu nah'n.
Abraham: Wer bliebe jemals sündenrein! Doch nur der Jungfrau Sohn allein.
Maria: Niemand.
Abraham: Zu sündigen ist Menschen Art, des Teufels, wer in Sünden verharrt. Nicht den trifft Tadel, der Sünde begeht, nur den, der nicht rasch wieder nach dem Fall aufsteht.
Maria: Weh, ich Unselige!
Abraham: Was fällst du nieder, liegst auf dem Boden, unbewegt die Glieder? Erhebe dich von der Erde, hör, was ich sagen werde!
Maria: Furcht hat mich niedergeschlagen, die Macht der väterlichen Ermahnung vermochte ich nicht zu ertragen.
Abraham: Nur meine Liebe sollst du gewahren, die Furcht laß fahren!
Maria: Ich kann nicht.
Abraham: Hab ich um deinetwillen nicht verlassen die geliebte Einsamkeit, nicht fast durchbrochen das Gelübde strenger Enthaltsamkeit, so sehr, daß ich, ein alter Eremite, huldigte lockrer Zechersitte, scherzte auf leichte Art, um unerkannt zu bleiben, ich, der stets nur Schweigen bewahrt? Warum senkst du zu Boden deinen Blick? Warum gibst du mir kein Wort zurück?
Maria: Mein Schuldbewußtsein verwirrt mich ganz. Daher vermag ich nicht zum Himmel aufzusehen und wage es nicht, dir Rede zu stehen.
Abraham: Mißtraue nicht, Tochter! Verzweifle nicht! Laß die tiefe Verzweiflung fahren dahin! Und richte auf Gott deinen hoffenden Sinn.
Maria: Das Übermaß meiner Sünden läßt mich keinen Ausweg aus der Verzweiflung finden.
Abraham: Groß sind gewesen, ich gesteh' es, deine Sünden; doch Gottes Gnade gegen alle Lebewesen wirst du größer finden. Darum zerbrich deine Traurigkeit und laß dich's nicht verdrießen, noch Buße zu tun in der kurzen Zeit, denn die göttliche Güte wird dich überströmen, sobald dich Verdruß über deine Sünden erfaßt.
Maria: Könnte mich noch Hoffnung auf Vergebung erfreuen, so wollte ich keine Buße scheuen.
Abraham: Erbarm dich meiner um der Mühen, die ich ertragen! Laß die verderbliche Verzweiflung schwinden und laß dir sagen, daß sie die schwerste ist von allen Sünden. Wer daran zweifelt, daß Gott voll Erbarmen für die Sünder wär', ganz unverzeihlich sündigt der: denn ebensowenig wie ein

Feuerstein vermag ein Meer zu entzünden, so wenig schwindet die Süße göttlicher Gnade durch unsre bittren Sünden.
Maria: Die Herrlichkeit göttlicher Gnade leugne ich nicht, bedenk ich aber meiner eigenen Sünden Gewicht, dann fürchte ich, daß meine Buße nicht genügt, daß sie meine Fehler nicht aufwiegt.
Abraham: So komme deine Schuld auf mich; kehr wenigstens dahin zurück, von wo du dich einst fortbegeben, beginne ein zweites Mal dein früheres Leben.
Maria: Ich will deinen Wünschen in nichts entgegen sein, gehorchen deinem Geheiß allein.
Abraham: Nun bist du wieder wirklich mein, das ich erzog, das Töchterlein; vor allen andern lieb' ich dich allein.
Maria: Ich besitze noch etwas Gold und so manches Kleid: verfüge du darüber, ich füge mich deinem Entscheid.
Abraham: Den Sündenlohn mit deinen Sünden fort! Aus deinen Händen!
Maria: Ich glaubt', man könnt' ihn für die Armen noch verwenden oder zu Altarspenden.
Abraham: Was Sünde heimste ein, kann niemals gottgefällige Gabe sein.
Maria: So soll mich diese Sorge nicht mehr quälen.
Abraham: Der Morgen naht, es wird hell. Fort, fort, nur schnell!
Maria: Wie ein guter Hirt dem wiedergefundenen Schäflein, geh du, geliebter Vater, voran, ich folg' in deinen Spuren deiner Bahn.
Abraham: Nicht so! Ich werde neben dir schreiten. Du sollst auf meinem Pferde reiten, damit nicht am Wege der Steine Spitzen deine zarten Sohlen ritzen.
Maria: O wem soll ich dich vergleichen? Wodurch deine Güte je ausgleichen, da du mich, die ich kein Mitleid verdiene, nicht schreckst, sondern durch deine Sanftmut Reue in mir erweckst!
Abraham: Nur darum bitte ich dich allein: du mögest dein zukünftiges Leben wieder Gott weih'n.
Maria: Aus freiem Willen werde ich nicht ruhn, nach meinem Vermögen alles tun, damit, selbst wenn es mir an Kraft gebricht, es doch an meinem guten Willen fehle nicht.
Abraham: Es ziemt sich mit gleichem Eifer nach dem göttlichen Willen zu leben, mit dem du dich der Weltlust hingegeben.
Maria: Ich flehe, daß um deiner Verdienste willen Gottes Wille an mir geschehe.
Abraham: So laß uns eilen.
Maria: Gewiß, mich verdrießt jedwedes Verweilen.

Einsiedelei: Abraham und Maria nähern sich.

Abraham: Mit welcher Schnelligkeit haben wir den schwierigen rauhen Weg zurückgelegt!
Maria: Was man mit demütigem Sinn begann, ward noch immer leicht getan.
Abraham: Deine verlassene Zelle, sieh her –
Maria: Erst jetzt drückt mich mein Schuldbewußtsein schwer; mich schaudert's sie zu betreten, zu sehn –
Abraham: Wohl zu verstehn! Den Ort meidet man bang, wo der Feind einst einen Sieg errang.
Maria: Wo soll ich nach deinem Willen denn Buße tun?
Abraham: Geh' in den Raum, der weiter innen ist, damit die alte Schlange dich nicht wieder aufspürt mit List.
Maria: Ohne Widerstreben bin ich deinem Geheiß ergeben.
Abraham: Nun will ich mich zum lieben Effrem begeben, damit er, der allein meinen Schmerz teilte in Treue, sich über meinen Fund nun mit mir freue.
Maria: Gewiß.

Abraham. Effrem.

Effrem: Bringst du eine gute Botschaft zu mir her?
Abraham: Wohl sehr!
Effrem: Wie schön! Sicher hast du Maria wiedergewonnen!
Abraham: Sie ist wieder mein, welch Glück! Ich führte sie froh zur Herde zurück!
Effrem: Erfüllt hat sich das göttliche Gesicht.
Abraham: Ich zweifle nicht.
Effrem: Doch möchte ich wissen: wie verbringt sie nun ihr Leben?
Abraham: Nach meinem Wunsche, gottergeben.
Effrem: Das wird ihr Segen sein.
Abraham: Jedes Geheiß erfüllte sie mit Fleiß, ganz ohne Zagen, nichts hat sie ausgeschlagen, selbst wenn es schwer zu ertragen.
Effrem: Wie löblich, das von ihr zu sagen.
Abraham: Mit härenem Gewand bekleidet, durch ständige Bet- und Fastübungen abgezehrt, ist es ihr in strenger Zucht gelungen, hat sie den zarten Körper unter Geistes Herrschaft gezwungen.
Effrem: Billig ist es, daß die Flecken sündiger Eitelkeit getilgt werden durch der Kasteiungen Bitterkeit.
Abraham: Wer ihren Klagen nah, der fühlt selbst Schmerz, wer ihre Reue sah, dem greift die Reue selbst ans Herz.
Effrem: So ist es.
Abraham: Nach Kräften müht sie sich, daß sie jene durch ihre Bekehrung rührt, die sie einstmals durch ihren Fall verführt.

Effrem: Begreiflich.
Abraham: Sie ist bestrebt, so wenig sie früher rein, nun umso strahlender zu sein.
Effrem: Durch deine Worte fürwahr erfüllst du mit Freude mein Herz ganz und gar.
Abraham: Mit Recht, denn auch das himmlische Heer preist mit freudigem Sinn den Herrn ob der Bekehrung dieser Sünderin.
Effrem: Kein Wunder: den Himmel beglückt eines Gottlosen Bußfertigkeit mehr als des Gerechten Beharrlichkeit.
Abraham: Maria preist man umso mehr als man verzweifeln mußte an ihrer Umkehr.
Effrem: Wir rühmen und preisen mit lobenden Weisen den eingebornen und verehrten, den auserkorenen und liebenswerten Gottessohn: er hat nicht den Tod derer gewollt, für die er gab sein heiliges Blut als Sold.
Abraham: Ihm sei Ehre und Herrlichkeit, Lob und Preis in alle Ewigkeit! Amen.

Caesarius von Heisterbach

Seine Mitbrüder rissen ihm seine Schriften, teilweise unvollendet und noch nicht korrigiert, förmlich aus der Hand, um sie hinter seinem Rücken – leider oft fehlerhaft – abzuschreiben. Caesarius hat die 1192 gegründete Abtei Heisterbach bei Königswinter, oberhalb des Rheins am Fuße des Siebengebirges gelegen, vor allem mit seinen erzählenden Werken, den sogenannten Exempla-Sammlungen, berühmt gemacht.
Vermutlich wurde er um 1180 in Köln geboren, wo er auch seine Jugend verbrachte. Es steht fest, daß er zwischen 1188 und 1198 in der Schule des dortigen St.-Andreas-Stiftes seine Ausbildung und Erziehung bei dem bekannten Scholasticus Rudolf erhielt. Nach seinem eigenen Bericht wurde Caesarius damals schwer krank, und nur ein tüchtiges Schwitzbad konnte sein Leben retten. Die Stadt Köln wird in seinen Exempla häufig als Schauplatz von Erzählungen erwähnt, auch schreibt er im „Dialogus miraculorum" über Begebenheiten seiner Jugend in der alten Reichs- und Bischofsstadt.
Es war im Oktober 1198, als ihn Abt Gerhard von Heisterbach aufforderte, in sein Zisterzienserkloster – an das heute nur noch eine Ruine der Kirchenapsis erinnert – einzutreten. Um ein Gelübde zu erfüllen, begab sich Caesarius jedoch erst einmal auf eine dreimonatige Wallfahrt zur heiligen Maria von Rocamadour bei Cahors in Frankreich. Vom Jahr 1199 an verbrachte er die restlichen rund 40 Jahre seines einfachen und an Höhepunkten armen Lebens in Heisterbach. Als Novizenmeister und später als Prior unternahm er gemeinsam mit seinen Äbten Gevard und Heinrich immerhin einige Visitationsreisen, die ihn bis an die Mosel, nach Aachen, Utrecht und Groningen führten. Nach Marburg begab er sich wahrscheinlich 1233, um dort die Elisabeth-Wunder aufzuzeichnen, von denen damals im Reich die Kunde ging. Sein genaues Todesjahr ist unbekannt, doch einer späteren Angabe zufolge soll er im September 1240 gestorben sein.
Während der langen Klosterjahre verfaßte Caesarius theologische, erzählende und historische Schriften. Dabei erwarb er sich seinen Ruf als Schriftsteller vor allem mit den bereits erwähnten Exempla-Sammlungen, mit denen er sich im Unterricht an seine Novizen wandte. Im Mittelalter zählte der „Dialogus magnus visionum et miraculorum" zu den meistgelesenen Büchern überhaupt.
Zwischen 1219 und 1223 schrieb Caesarius immerhin 746 Kapitel zur religiösen und moralischen Belehrung der jungen Ordensbrüder. Der Titel des „Dialogus" ergibt sich aus dem Inhalt und der Form dieses Werkes: Viel Wunderliches wird hier erzählt im Rahmen eines Zwiegesprächs zwischen

dem fragenden Novizen und dem antwortenden Mönch, mit dem sich Caesarius wohl identifiziert haben dürfte.

Der Dialog ist in zwei Bestandteile mit jeweils sechs „distinctiones" (Unterscheidungen) gegliedert: Die ersten sechs Bücher behandeln meist Themen des religiösen Lebens in recht systematischer Ordnung, die er im zweiten Abschnitt jedoch nicht mehr durchhält. Die eigentlich lehrhafte Erörterung ist – und das wird die Novizen sicher gefreut haben – vergleichsweise kurz gehalten. Den Hauptteil der 12 Bücher bilden kleine Erzählungen verschiedenen Inhalts, die Caesarius' Werk den Charakter einer großen geistlichen Anekdotensammlung verleihen. Darin sind außerordentlich spukhafte und abergläubische Elemente nicht zu übersehen. In den 746 Wundergeschichten findet sich auch die originelle Lebensgeschichte des Dechanten Ensfrid, den Caesarius wohl kaum mehr als Lehrer im Kölner Andreasstift erlebt hat.

Der begabte Erzähler aus Heisterbach legte Wert auf einen schlichten und klaren Stil ohne gekünstelte Schnörkel. Damit wollte er sich bewußt von rhetorischen Ausschmückungen, Wortspielen und Metaphern der Philosophen seiner Zeit abheben. Zur Erbauung des Lesers beziehungsweise der Zuhörerschaft fügt Caesarius lediglich einige Bibelsprüche ein. Der „Dialogus" fand schließlich eine Fortsetzung in den acht „Libri miraculorum", die der rheinische Zisterzienser als Fragment hinterließ. Besondere Beachtung fand außerdem seine „Vita Engelberti", in der er um 1226/27 in drei Bänden die Biographie des Erzbischofs Engelbert von Köln (1204–1225) niederschrieb. Caesarius wollte dem 1225 ermordeten Kleriker ein literarisches Denkmal in Form einer Märtyrervita setzen. Die Schrift sollte dessen Nachfolger, Erzbischof Heinrich, als Streitwaffe für die Heiligsprechung Engelberts dienen.

Dialogus magnus visionum et miraculorum – Wunderbare Geschichten

Das Leben des Herrn Ensfrid, Dechanten zu St. Andreas in Köln

Ensfrid, Dechant zu St. Andreas, stammte aus dem Bistum Köln und war ein einfältiger, gerader und durch Werke der Barmherzigkeit ausgezeichneter Mann. Wie sein Leben war, bevor er Priester geworden, und was er als junger Mann betrieben, ist mir unbekannt. Daß aber die Mildherzigkeit mit ihm gewachsen und erstarkt sei, schließe ich aus den unten folgenden Tatsachen; daß er gelehrigen Geistes und eifrig im Lernen gewesen, hat der Erfolg bewiesen. Schon in frühen Jahren hatte er einen so guten Grund gelegt, daß er, wie ich von ihm selbst gehört habe, bereits als ganz junger Mann Schulen leitete und viele durch Ermahnung wie durch Beispiel nicht bloß im Lernen,

sondern, was mehr ist, in tugendhaftem Lebenswandel unterwies. Priester geworden, übernahm er die Kirche zu Siegburg, eine gute, mit reichlichem Einkommen versehene Pfarrei, auf welcher er sein Wissen betätigen konnte.
Draußen blieb kein Fremdling, seine Türe war offen jedem Wanderer; er war der Vater der Witwen, der Tröster der Waisen, die Feile der Sünder. Da er in seinem Hause mehrere Schüler in Pflege hatte, sagte er einmal, als die Kirschen reif waren, in seiner wahrhaft taubenartigen Einfalt zu seinem Kellner: „Guter Mann, erlaube den Knaben, daß sie auf die Bäume steigen und Kirschen essen, soviel sie Lust haben, und du brauchst ihnen keine andere Speise zu geben, da sie an keiner sich so ergötzen werden." Dies sagte er nicht etwa aus Kargheit, sondern aus Herzensgüte.
Als es einige Tage so geschehen und es den Knaben, wie Knaben sind, behagt hatte, sagte der Kellner: „Sicherlich, Herr, wenn sie nichts anderes zu essen bekommen, werden sie bald an Kräften abnehmen", und Ensfrid gab sich damit zufrieden. Dann wurde er Stiftsherr zu St. Andreas in Köln und bald nachher, seines trefflichen Lebenswandels halber, zum Dechant an demselben Stift befördert. Er führte auch dort das tadelloseste Leben und zeichnete sich besonders durch die Tugend der Reinheit aus; mit besonderm Eifer gab er sich jedoch den Werken der Barmherzigkeit hin. In der St. Paulus-Pfarrei, welche zur Kirche des h. Andreas gehört, gab es keine arme Witwe, deren Häuschen er nicht kannte, der er nicht Wohltaten zukommen ließ. Von seinem Tische wurde den Straßenbettlern soviel Brot verabreicht, soviel Geld wurde von ihm in der Schatzkammer Christi, das heißt in den Händen der Armen niedergelegt, daß viele, welchen Ensfrids Jahreseinkünfte bekannt waren, sich darüber verwunderten.
Er hatte einen Verwandten, Namens Friedrich, welcher Stiftsherr an derselben Kirche war und zugleich das Amt eines Kellners verwaltete. Dieser schalt den Oheim häufig seiner übertriebenen Freigebigkeit wegen; der Oheim aber machte ihm Vorwürfe wegen allzugroßer Sparsamkeit. Sie besaßen nämlich gemeinschaftliche Einkünfte, und darum war Friedrich oft recht ärgerlich, weil der Dechant alles, dessen er sich habhaft machen konnte, heimlicher Weise den Armen gab. Einmal besaß dieser Friedrich aus seinen Amtserträgnissen viele und starke Schweine; er ließ sie schlachten und die Schinken in der Küche aufhängen, um sie bis zur geeigneten Zeit aufzubewahren. Der Dechant betrachtete sie häufig und mit einem gewissen Neid; da er aber von seinem Verwandten keine zu erhalten hoffen durfte, erfand er folgende merkwürdige fromme List. Sobald er wußte, daß niemand in der Küche war oder sich ihm Gelegenheit geboten hatte, die Diener auszuschicken, schlüpfte er heimlich hinein, stieg mit einer Leiter zu dem Platze, wo die Schinken hingen, und schnitt die hintere Hälfte nach der Wand zu ab; die vordere Hälfte hingegen ließ er unberührt, so daß man nicht merkte, wie die hintere abgeschnitten war. Dies setzte er mehrere Tage fort und verteilte das

Fleisch unter die Witwen, Waisen und Bedürftigen. Was aber geschah weiter? Endlich wurde doch der Hausdiebstahl bemerkt, der Dieb gesucht und auch bald gefunden. Der Verwandte wütet, der Dechant schweigt; und als jener sich heftig beschwerte, er habe den Ertrag seiner Präbende und den Nahrungsvorrat eines ganzen Jahres verloren, da versuchte jener heiligmäßige Mann ihn, soviel er konnte, mit sanften Worten zu beruhigen und sagte: „Lieber Vetter, es ist besser, daß du einigen Verlust erleidest, als daß die armen Leute Hungers sterben. Der Herr wird es dir schon wiederersetzen." Durch diese Worte beruhigt, schwieg jener.
Als Ensfrid eines Tages nach Gereon ging, ich glaube zu einer Festlichkeit dieses heiligen Märtyrers, verfolgte ihn ein Bettler mit dem ungestümsten Geschrei; da der Dechant aber nichts bei sich hatte, befahl er einem ihn begleitenden Schüler, er solle eine Weile vorausgehen; er selbst aber begab sich in einen Winkel bei der Kirche der Gottesgebärerin Maria, wo die Bischöfe am Palmsonntag dem Volke den Ablaß zu erteilen pflegen, löste, da er sich keines andern Kleidungsstücks entäußern konnte, seine Beinkleider und ließ sie vor den Augen des Bettlers fallen; dieser hob sie auf und eilte erfreut von dannen. Obwohl der heiligmäßige Mann diese mildherzige Handlung verbergen wollte, ist sie doch nach dem Willen Gottes auf den Leuchter gestellt worden, um den Nachkommen ein Beispiel zu sein.
Vom heiligen Gereon zurückgekehrt, setzte er sich in die Nähe des Feuers; da er aber nicht, wie er sonst wohl pflegte, um sich zu wärmen; sein Oberkleid aufhob, sprach der schon öfter erwähnte Friedrich: „Hebt doch euer Pelzwerk auf und wärmt euch!" Es war nämlich kalt und Ensfrid schon ein alter Mann. Als dieser erwiderte: „Es ist nicht nötig", fuhr jener fort: „Ich glaube wahrhaftig, ihr habt keine Hosen an!" – er schloß dies aus der Verlegenheit des Dechants; endlich bekannte dieser, die Hosen seien ihm entfallen, und versuchte auf solche Weise jene gute Handlung zu verschweigen. Der Geistliche lachte, und durch ihn wurde die Sache bekannt. Wegen dieses und ähnlicher Vorfälle behaupteten manche, sie hätten nie von einem Menschen gelesen, welcher so mitleidig, barmherzig und gütig gegen die Armen gewesen sei. Seine Kleider verteilte er ohne Unterschied an die Bedürftigen; und wenn er fror und ihm andere Kleider geschickt wurden, machte er es stets wieder so. Immer hatte er jenes Wort des Heilands im Herzen: „Gebet, und es wird Euch gegeben."
Der ehrwürdige Pfarrer von St. Jakob, Herr Everhard, welcher mit Ensfrid ein Herz und eine Seele im Herrn war, hatte Mitleid mit diesem, und als er ihm einst ein Kleid zu längerm Gebrauch schenken wollte, sagte er vorher: „Es ist euch aber nur geliehen."
Mit welcher Leutseligkeit er Gäste aufnahm, das wird folgende Erzählung dartun. Als er eines Tages Ordensleute – ich weiß nicht, ob es Cistercienser oder Prämonstratenser gewesen sind – gastlich aufgenommen hatte, und keine Fische vorhanden waren, sagte er zu seinem Koch: „Wir haben keine

Fische; es sind aber einfache Mönche und sie haben Hunger. Geh, mach ein Fleischgericht, nimm die Knochen heraus, bereite es mit Pfeffer und setze es dann mit den Worten vor: „Laßt euch diesen guten Butt wohl bekommen!" Als dies geschehen, bemerkten die guten Mönche nichts von dem frommen Betrug ihres guten und gleichfalls so einfältigen Gastherrn; frugen auch nicht, teils des vorschriftsmäßigen Stillschweigens halber, teils aus Gewissenhaftigkeit, und verzehrten so das Vorgesetzte als Fisch. Als die Schüssel zu Ende ging, fand einer ein Schweinsöhrchen und zeigte dasselbe seinem Tischnachbarn. Dies bemerkte der Dechant, und scheinbar erzürnt sagte er: „Eßt in Gottes Namen! Mönche sollen nicht so vorwitzig sein: auch der Butt hat Ohren!" – Der Feind des menschlichen Geschlechts aber, der Teufel, beneidete ihn um so vieler Tugenden willen und um ihn zu beunruhigen, erschien er ihm sichtbar und redete ihn mit folgenden Versen an: „Dir beweiset der Tod, daß auch du bald gehst aus dem Leben, daß, Enfrid, auch du scheidest nicht ohne Verlust." Damit verschwand er. Da sieht man aber, wie der Teufel trotz seiner Schlauheit doch recht dumm ist. Wodurch er jenen gottseligen Mann zu verwirren und in Bestürzung zu versetzen gedachte, dadurch hat er ihn vielmehr gefördert. Während der dreißig Jahre, welche derselbe noch lebte, war er um so eifriger in den Werken der Gerechtigkeit, je näher er sich, jener Prophezeiung nach, dem Tode glaubte. – Bei einer gewissen Feierlichkeit hat ihn Herr Adolf, damals Domdechant, nachher Erzbischof von Köln, zu Tafel geladen, Ensfrid dankte jedoch, indem er selbst hohe Gäste zu Tische habe. Als er nach beendigter Messe heimeilte, bemerkte sein Mitkanonikus, der Notar des Domdechants, Godefrid, der mir den Vorgang selbst erzählt hat, von einem Fenster im obern Stockwert der Pfaffenpforte (porta clericorum) aus, wie eine Schar von Armen dem Dechant folgte, darunter Lahme und Blinde; da sie aber über die Steine in jener Straße nicht gut wegkommen konnten, reichte Ensfrid, obwohl selbst bejahrt und kränklich, den einzelnen die Hand. Sofort rief der Geistliche seinen Herrn ans Fenster und sagte: „Sehet da, Herr: das sind die hohen Gäste, welche mein Dechant zu Tische geladen hat." Beiden gereichte dies zu nicht geringer Erbauung.

Ein anderes, diesem nicht unähnliches Werk der Nächstenliebe habe ich selbst gesehen. Am Jahrestag Herrn Brunos, des Erzbischofs von Köln, als die Geistlichen der Konventualkirchen in der Kirche des Märtyrers Pantaleon, welche der genannte Erzbischof erbaut hat, zusammenströmten, und nach beendigtem Seelenamt die Prioren, alter Einrichtung gemäß, im Refektorium zu Tische gingen, erschien auch Ensfrid, von wie vielen Armen begleitet, weiß ich nicht, an der Tür des Speisesaals. Als der Türhüter ihn einlassen wollte, die Armen jedoch zurückwies, rief Ensfrid entrüstet aus: „Ohne sie geh auch ich nicht hinein!" Er wußte in seiner hohen Einsicht, die Armen seien die Freunde Gottes und die Kämmerer des Himmelreichs, gedenkend jenes vom Sohne Gottes gegebenen Rates: „Machet euch

Freunde vermittelst des ungerechten Mammons, damit, wenn es mit euch zu Ende geht, sie euch in die ewigen Wohnungen aufnehmen." (Luk. XVI, 9). So geschah es auch, daß er, als er eines Tages Reliquien vorzeigte und die Eintretenden aufzufordern hatte, zum Bau der Kirche, deren Kustos er damals war, milde Gaben zu verabreichen, die Menge folgendermaßen anredete: „Ihr lieben Leute, ihr sehet wohl, wie groß diese Gebäude und wie schwer sie zu unterhalten sind; darum ist es gut, wenn ihr etwas dazu hergebt; besser und sicherer ist es aber doch, wenn ihr euer Geld bei den Armen anlegt." Unser Mönch Friedrich seligen Andenkens, welcher sich damals mit einigen Rittern in der St. Andreaskirche befand, hat diese Ansprache selbst gehört und mir hernach öfters erzählt. – Aus seinen Einkünften unterhielt Ensfrid auch gottesfürchtige Personen, um an deren Verdiensten teilzuhaben. So unterstützte er jene Inkluse unseres Ordens, jene Heyleka (Eilika), eine wahre Heilige schon ihrem Namen nach, deren Klause sich bei der Andreaskirche befand, so lange er lebte, aus den Erträgnissen seiner Pfründe; von andern Personen wollte sie kein Almosen annehmen. Er pflegte aber die Armen die himmlischen Schätze zu nennen, die weder durch Rost, noch durch Motten verzehrt und von keinen Dieben ausgegraben und gestohlen werden. Die Tröstung der Armen lag ihm weit mehr am Herzen, als vergängliche Gebäude, Schätze und Schmuckgegenstände der Kirche. Arme Knaben mit wunden oder vernachlässigten Händen nahm er, wenn er allein speiste, an seinen Tisch und aß mit ihnen aus derselben Schüssel.
Ein Bürger in Köln, namens Lambert, der in seiner Nachbarschaft wohnte, war sehr befreundet mit ihm. Als dieser einmal bei dem Notar Godefrid speiste und sie sich über die Wohltätigkeit des Herrn Ensfird unterhielten, vernahm ich, wie Lambert sagte: „Hört, wie er mich einmal bewirtet hat. Er hatte mich und meine Frau zum Essen eingeladen, und als wir mit ihm bei Tische saßen, warteten wir lange, daß ein Gericht aufgetragen werde, denn wir hatten nichts weiter als Brot vor uns. Da ich aber seine Art und Weise kannte, rief ich einen seiner Diener zu mir und flüsterte ihm zu: „Sag mir, guter Freund, bekommen wir etwas zu essen?" Dieser erwiderte: „Wir haben nichts mehr; es war hinlänglich für euch gesorgt; vor der Essensstunde aber kam mein Herr in die Küche und verteilte, obwohl wir Einsprache erhoben, alles an die Armen." Lachend schickte ich den Diener in mein Haus und ließ soviel holen, als für die Tischgesellschaft nötig war.
Ein anderes Mal kam ich in seine Küche, als eine Anzahl Gänse gebraten wurde; ich dachte bei mir: „Der Dechant hat einmal gut für seine Leute gesorgt." Als die Gänse fertig waren, erschien er, teilte sie in Stücke, verteilte diese in einzelne Schüsseln und schickte alles zusammen an arme Witwen und sonstige Bedürftige. Oft bekam er Gänse und Hühner, teils als Lieferungen an die Dechanei, teils als Geschenk, da viele ihn hoch verehrten und seine Mildtätigkeit kannten; was er davon in seiner Freigebigkeit an Mitbrüder oder Nachbarn wieder verschenkte, sandte er, damit sie es alsbald ver-

zehren sollten, nicht lebendig, sondern bereits getötet. So groß war sein Mitleid mit den Armen, daß er manchmal etwas tat, was nach menschlicher Auffassung nicht ganz recht war. Ein Bürger aus Köln, wie mir einer der Geistlichen von St. Andreas erzählt hat, frug nicht viel nach seiner Frau und gab ihr sogar häufig Schläge. Um hiefür Rache zu nehmen, stahl sie ihm einmal eine bedeutende Summe Geldes. Als der Mann sie des Diebstahls beschuldigte, leugnete sie hartnäckig, in der Furcht aber, von ihm ertappt zu werden, warf sie das Geld in eine Kloake. Über ihre Tat Reue empfindend, ging sie zum Dechant und eröffnete ihm in der Beichte den Diebstahl und die Umstände, welche sie zu demselben getrieben hatten. Ich glaube nun wohl, daß er ihr geraten haben wird, ihrem Mann das Geld zurückzuerstatten; weil sie jedoch mit eidlicher Beteuerung die Tat abgeleugnet hatte, wagte sie dies nicht, indem sie fürchtete, dann von ihrem Manne noch schlimmer mißhandelt zu werden. Da sagte der Dechant: „Wenn ich, ohne daß deine Ehre darunter leidet, mich in Besitz des Geldes setze, willst du, daß ich es den Armen gebe?" – „Das will ich von ganzem Herzen", erwiderte die Frau. Nach einigen Tagen sprach der Dechant zum Bürger: „Erlaubst du mir, daß ich deine Kloake fegen lasse und, wenn der Herr mich etwas darin finden läßt, ich dasselbe behalten darf?" Da jener ihn für einen Heiligen ansah und auch bedachte, Gott könne ihn einer Offenbarung gewürdigt haben, gab er die Erlaubnis.
Die Kloake wurde gereinigt, das Geld gefunden, und binnen wenigen Tagen durch den Mann Gottes unter die Armen verteilt. Die Umstände können bei diesem Vorgang in Erwägung gezogen werden und beweisen, daß Ensfrid keine Sünde begangen hat. Erstens gehörte das Geld wie dem Manne so der Frau; zweitens wäre das Geld doch verloren gewesen, da es wegen der Beichte nicht erlaubt war, die Sache zu verraten; drittens endlich hat er es an die Armen gegeben: schließlich war es doch auch die Nächstenliebe, welche ihn angetrieben hat. Öfters pflegen Priester Ehefrauen zu erlauben, ihren geizigen und unbarmherzigen Männern Geld zu entwenden und es den Armen zu spenden...
Niemals vergalt er Böses mit Bösem, weil taubengleiche Einfalt in ihm herrschte; wenn er aber auch, wie gesagt, eine wunderbare Barmherzigkeit besaß, brannte in ihm nicht weniger der Eifer für Gerechtigkeit. Einstmals begegnete ihm die Äbtissin des Klosters der elftausend Jungfrauen. In ihrem Gefolge befanden sich Geistliche in Mänteln, die mit Grauwerk besetzt waren; es folgte ihr junge Nonnen und andere Begleiterinnen, welche die Luft mit dem Lärm unnützen Geschwätzes erfüllten; dem Dechant aber folgten die Armen und baten um Almosen. Der gerechte Mann, erfüllt von dem Eifer für Zucht, rief so laut, daß es alle vernehmen konnten: „Frau Äbtissin, eurem Stande würde es mehr angemessen sein, eurem frommen Beruf würde es zu anderer Zierde gereichen, wenn euch wie mir die Armen folgten und nicht Possenreißer!" Jene errötete vor Beschämung, wagte

jedoch nicht, einem solchen Manne etwas zu entgegnen. So groß war in ihm der Eifer für die Gerechtigkeit, daß, als einmal in seiner Gegenwart jemand sich über das schlimme Leben der Weltgeistlichen aussprach, ihm plötzlich die Worte entfuhren: „Es ist ganz gleichgültig, wie sie leben!" als hätte er damit sagen wollen: aus einer schlechten Wurzel kann kein guter Stamm entsprossen. Er wußte nämlich zu gut, daß sehr wenige Geistliche kanonisch zu ihrem Pfründen kommen, sondern daß sie entweder Sanguiniten sind, durch Verwandtschaft hineingebracht, oder Choriten, durch die Macht der Großen aufgedrängt, oder Simonisten, das heißt durch Geld oder Dienstleistung hineingekommen. Es herrscht dieses Übel namentlich in solchen Kirchen, in welchen die Prälaten die Pfründen ohne kanonische Wahl vergeben...

Von den zu Anrath durch Priester verschütteten Hostien

Im Dorfe Anrath lebte ein Priester, Namens Everhard. Dieser hatte vor etlichen Jahren Geistliche aus der Nachbarschaft zur Kirchweihe eingeladen. Am Abend wurde in der Kirche ein weltliches Fest veranstaltet, und als die Lustigkeit der Herren den höchsten Grad erreicht hatte, geschah es, daß einer von ihnen die Büchse, welche über dem Altar hing und geweihte Hostien enthielt, zufällig umstieß und fünf Hostien herausfielen. Kaum war dies bemerkt worden, so hörte der Festjubel auf; die Leute wurden entfernt und die Tür der Kirche geschlossen; man suchte an allen Orten und Enden, aber die Hostien fanden sich nicht vor. Da bestieg einer wie auf göttliche Eingebung den Umgang auf der Mauer und gewahrte dort, also weit höher, als die Büchse hing, die Hostien in Form eines Kreuzes liegen. Die Luft als fromme Dienerin ihres Herrn hatte den Leib desselben, damit er nicht zu Boden falle, emporgetragen und Engel hatten ihn an jenem höhern Orte niedergelegt. Dies hat Mechtilde, die Meisterin von Füssenich, mir erzählt.

Von einem Bauer, welchem der Teufel einen feurigen Grenzpfahl in den Mund zu stoßen drohte

Als ein Bauer aus dem Dorf Rathein am Sterben lag, kam der Teufel und drohte, ihm einen feurigen Grenzpfahl in den Mund zu stoßen. Wohin der seiner Schuld sich bewußte Bauer sich auch drehen und wenden mochte, immer war der Teufel mit dem Grenzpfahl da. Einen Pfahl von gleicher Größe und Form hatte aber der Bauer von seinem Acker in den eines dortigen Ritters, Namens Godefrid, vorgerückt, wodurch er sich zugeeignet, was er dem Ritter weggenommen hatte. In seiner Angst und Not schickte er seine Leute zum Ritter und erbot sich, das Weggenommene zurückzuerstatten; zugleich ließ er ihn um Vergebung bitten. Der Ritter gab zur Antwort: „Ich werde ihm nicht vergeben; laß den Sohn des Weibes seine Qual erdulden." Wiederum erduldete dieser seine Schrecken, wiederum entsendet er seine

Leute, aber die Vergebung erfolgt nicht. Zum dritten Mal kommen sie unter Tränen: „Wir flehen euch an, Herr; um Gottes willen nehmt das eurige wieder und verzeiht jenem Unglückseligen, weil er sonst weder leben noch sterben kann!" Da erwiderte er: „Nun bin ich gerächt und will ihm verzeihen." Von diesem Augenblick an verschwand die schreckhafte Erscheinung.

Von einem Bauer Heinrich, der im Sterben einen glühenden Grenzstein über seinem Kopfe sah

Im Dorfe Pütt, Diözese Köln, war ein Bauer, namens Heinrich. Als es mit ihm zu Ende ging, erblickte er über sich einen großen glühenden Stein. Der Sterbende litt unter der Hitze, welche der Stein ausströmte, ganz entsetzlich und brüllte: „Seht doch, seht doch! Der Stein über meinem Kopf wird mich noch ganz verbrennen." Man holte einen Priester; der Mann beichtet, aber es hilft nichts. Da sagte der Geistliche: „Besinn dich doch noch einmal, ob du nicht jemand durch einen Stein geschädigt hast?" Jener besann sich und erwiderte dann: „Ich erinnere mich, daß ich, um meine Äcker zu erweitern, gerade solch einen Stein auf das Grundstück eines meiner Nachbarn gerückt habe." – „Jetzt wissen wir die Ursache der Erscheinung!" antwortete der Priester; der Mann beichtet noch einmal und verspricht Genugtuung: Sofort ist er von jenem schrecklichen Gesichte befreit.

Vom Widdertanz und dem Maibaum zu Aachen

Als Oliver, der Scholastikus von Köln, vor etlichen Jahren durch ein Dorf kam, sah er dort einen Widder aufgerichtet und um denselben einen Reigen mit Gesang und Musik-Instrumenten aufführen; so oft aber die Tanzenden bei dem Kopfe des Widders vorbeikamen, schauten sie zu demselben auf und verbeugten sich gesenkten Hauptes, als ob sie ihn anbeteten. Wegen dieses verabscheuenswürdigen Gebahrens wollte Oliver jenes Dorf nie wieder betreten. – Neulich habe ich von einem frommen und gelehrigen Mann gehört, der Ort, wo man solch ein Unding aufrichte, würde durch Hagel, Feuer oder eine sonstige Plage verwüstet werden. Denn als in diesem Jahre, um vom Widder zu schweigen, in Aachen ein Kranz aufgerichtet worden war, und Johannes, der Pfarrer dieser königlichen Stadt, den Baum, wie auch andere Kränze hatte abhauen lassen – der Pfarrer wurde dabei durch Leute, die sich widersetzten, verwundet – befahl Wilhelm, der Vogt von Aachen, gegen den Priester in heftige Schmähungen ausbrechend, alsbald einen noch höhern Baum aufzurichten; wie jedoch viele vorausgesagt, verhängte Gott wegen der ihm und seinem Priester angetanen Schmach und ältern Sünden des Volkes eine schwere Strafe. Schon nach wenigen Tagen vernichtete eine so große und entsetzliche Feuersbrunst nahezu die ganze Stadt, daß viele seufzten: „Schwer liegt auf uns die Hand des Herrn!"

Vom Teufel, welcher den Ritter Everhard nach Jerusalem gebracht hat

In dem Jahre, in welchem König Philipp zum ersten Mal gegen König Otto zu Felde lag, war ein ehrbarer Ritter aus dem Dorfe Amel, namens Everhard, schwer erkrankt. Als ihm die Materie ins Gehirn gestiegen, geriet er so in Tobsucht, daß ihm seine eigene Gattin, die er vor seiner Erkrankung sehr geliebt hatte, ganz zuwider war und er sie weder hören noch sehen wollte. Eines Tages erschien ihm der Teufel in menschlicher Gestalt und sagte: „Everhard, willst du dich von deiner Frau scheiden lassen?" – „Das ist mein innigster Wunsch", entgegenete der Ritter. Da fuhr der Teufel fort: „Ich werde dich auf meinem Pferde nach Rom bringen und dort wirst du vom Papste bald erlangen, daß er dich scheidet."
Es kam nun dem Ritter vor, als ob er mit dem Teufel das Pferd bestiegen habe und auf dem Rücken des höllischen Rosses sitzend nach Rom gekommen sei; dort habe auf Verwenden seines Begleiters der Papst in Gegenwart der Kardinäle die Scheidung ausgesprochen und durch eine Bulle bestätigt. Seit der Stunde aber, da der Geist des Kranken durch den Teufel entrückt worden, lag der Körper beinahe vollständig blutlos, so daß nur noch an der Brust ein bißchen Wärme verspürt wurde, weshalb man die Beerdigung noch aufschob. Da der Ritter, wie es schien, über die Scheidung sehr erfreut war, sagte der Teufel: „Willst du nun, daß ich dich nach Jerusalem bringe, wo dein Herr gekreuzigt und begraben worden, sowie nach den übrigen heiligen Orten, welche von den Christen so gern besucht werden?" Aus diesen Worten besonders hat der Ritter späterhin gemerkt, daß sein Führer der Teufel gewesen ist. Als der Ritter geantwortet: „Das will und wünsch ich", hat der Geist den Geist plötzlich über Meer geführt und ihn in der Grabkirche abgesetzt. Dann zeigte er ihm die übrigen heiligen Orte, wo der Ritter seine Gebete verrichtete. Und wiederum sagte der Teufel: „Willst du dir nun auch euern Feind, den Sephadin, mit seinem Heere betrachten?" Der Ritter sagte wieder Ja, und sofort brachte in der andere ins Lager. Während dieser alles erklärte, besah sich Everhard den König und dessen Fürsten, die Ritter, Fahnen, Zelte und das ganze Heer. Hierauf sagte der Teufel: „Möchtest du jetzt wieder in dein Vaterland zurückkehren?" „Es wäre wohl an der Zeit", entgegnete der Ritter, „daß ich heimkehre." Da hob der Geist ihn wieder empor und versetzte ihn nach der Lombardei. „Siehst du jenen Wald?" frug ihn hier der Teufel. „Eben hat ihn ein Mann aus deinem Ort nebst seinem Esel und den Waren, die er feil bietet, betreten und wird darin von Räubern umgebracht werden. Willst du ihn davor behüten?" – „Sehr gerne", antwortete der Ritter, ging sogleich zu dem Manne und sagte ihm, es wären Räuber im Walde. Der Mann begrüßte hocherfreut seinen ihm wohlbekannten Landsmann und schlug dankend einen andern Weg ein. Als sie nach Frankfurt gekommen, begann der Teufel wieder: „Kennst du Waleram, den Sohn des Herzogs von Limburg?" – „Recht gut; ich bin oft mit ihm zu Felde gelegen."

– „Willst du ihn sehen?" – „Er ist ja über Meer." – „Keineswegs. Er geht so eben mit König Philipp ein Bündnis ein und wird bald eure Gegend durch Raub und Brand heimsuchen." Dies haben wir erfüllt gesehen, als unter seinem Befehl Andernach, Remagen, Bonn und viele andere Orte in Brand gesteckt worden sind. „Das schmerzt mich tief!" entgegnete der Ritter. Nachdem sie noch den König und Waleram gesehen, ist der Geist Everhards ohne jede Verletzung in das Bett und den Leib zurückgebracht worden. Bald atmete er wieder und fing auch an zu genesen und hatte auch seine Frau, die ihm so widerwärtig geworden war, jetzt wieder lieb wie zuvor. Zum Erstaunen vieler berichtete er, was er alles gesehen und gehört hatte. Was er in Rom und Jerusalem, in der Lombardei und in Deutschland sowohl an Städten wie an Personen gesehen, das hatte er besser gemerkt und behalten, als wenn er es mit leiblichen Augen gesehen hätte. Den Bau der Stadt Rom und ihre Kirchen, die äußere Erscheinung des Papstes Innocenz und der Kardinäle, im heiligen Lande die Gestalt des Sephadin und wie dessen Heer aussah, in gleicher Weise die Berge, Flüsse, Schlösser und Ortschaften, durch die er gekommen war, wußte er so genau zu schildern und zu benennen, daß alle, welche dasselbe mit leiblichen Augen geschaut hatten, in seinen Angaben keine Widersprüche finden konnten. Inzwischen kam auch der Bauer mit seinen Waren aus der Lombardei zurück und bezeugte vor vielen Personen, daß er den Ritter dort gesehen und durch ihn vor der Gefahr, in die Hände von Räubern zu fallen, befreit worden sei.

Vom Glöckner, welchen der Teufel auf die Spitze des Schloßturms zu Isenburg entrückt hat

In einem Dorfe, welches noch vor wenigen Jahren zur Diözese Köln gehört hat und Amel heißt, war ein Glöckner – und vielleicht lebt er noch – der eine Wallfahrt versprochen hatte. Als er mit einer Frau aus dem Dorfe verabredet hatte, sie wollten am nächsten Morgen sich miteinander auf den Weg machen, bat ihn diese, er möge doch etwas früher zur Matutin läuten, damit sie nicht in der großen Hitze zu gehen brauchten, und er versprachs ihr. In derselben Nacht kam der Teufel an sein Bett, stieß ihn an und sagte: „So läute doch zur Matutin!" Darauf verschwand er. Der Glöckner stand sofort auf und ging zur Kirche; als er darin ein brennendes Licht sah, glaubte er, weil der Hahn noch nicht gekräht hatte, jene Frau habe dieses Licht angezündet, und verließ die Kirche in der Absicht, zu seiner Reisegefährtin zu gehen und ihr zu sagen, er wolle sich, weil es noch so früh sei, noch einmal schlafen legen. Als er sie nicht gleich fand und nach ihr suchte, stand plötzlich ein schwarzer Ochse vor ihm. Dieser faßte den Glöckner mit der Zunge und schwang sich ihn auf den Rücken; dannflog er mit seinem Reiter durch die Luft und setzte ihn auf der obersten Turmspitze des Schlosses Isenburg nieder. „Fürchtest du etwas?" fragte ihn hier der Teufel. „Mit Gottes Zulassung", antwortete der Glöckner, „bin ich hierher gebracht worden; wenn Gott es nicht zuläßt, vermagst du nichts gegen mich." – „Huldige mir," sagte jetzt der Teufel, „und ich werde dich wieder hinablassen und dir viele Reichtümer schenken. Willst du nicht, so magst du hier elendlich Hungers sterben oder in die Tiefe stürzen." Der Glöckner aber, der seine Hoffnung auf Christum setzte, gab zur Antwort: „Ich beschwöre dich im Namen Jesu Christi, daß du mir nichts zu leide tust und mich ohne Gefahr für meinen Körper wieder von hier wegbringst." Alsbald hob der Teufel ihn auf und setzte ihn, noch bevor es Tag geworden, auf einem Felde bei Gerresheim ziemlich unsanft ab. In diesem Orte war gerade Kirchweihe, und als die Leute während der Morgendämmerung noch mit Lichtern zur Feier der Matutin in die Kirche eilten, fanden sie den Mann in äußerster Schwäche auf dem Felde liegen, brachten ihn wieder zu sich und erstaunten nicht wenig, als sie vernahmen, wie es ihm ergangen war. Als er am vierten Tage wieder nach Hause gekommen, wußte er die Lage der Orte, wie der Gebäude, die er zuvor nie gesehen hatte, so genau anzugeben, daß niemand an seiner Entrückung zweifelte.

Von der Äbtissin Sophia zu Hoven

Zu Hoven, einem Nonnenkloster Zistercienser-Ordens, dessen Beaufsichtigung unserer Abtei zusteht, ist im verflossenen Jahre eine Äbtissin gestorben, welche Sophia hieß. Diese war so eifrig und streng in der Zucht, daß die Schwestern oft unwillig darüber waren und einen Fehler nannten, was eine Tugend war. Ihr hat sich einmal dünnes Bier in Wein verwandelt; ein anderes Mal, als sie von der Matutin kam, hat ihr ein Engel des Herrn mit der Laterne vorgeleuchtet; beide Wunder hat sie auf dem Sterbebett unserm Abt, Herrn Heinrich, bekannt.

Von der Nonne Eufemia, welche der Teufel angefochten hat

Als die Nonne Eufemia im Kloster Hoven noch im Hause ihres Vaters verweilte, ist ihr der Teufel öfters in verschiedenen Gestalten leibhaftig erschienen und hat sie bereits in ihrem zartesten Alter in Schrecken und Bestürzung versetzt. Da sie fürchtete, durch diese teuflischen Erscheinungen und Anfechtungen um ihren Verstand zu kommen, beschloß sie, in unsern Orden zu treten, und gab diesen Entschluß kund. Eines Tages erschien ihr der Teufel wieder in Gestalt eines Mannes und sagte zu ihr, um sie von jenem Entschluß abwendig zu machen: „Eufemia, tritt nicht in den Orden, sondern nimm einen hübschen, jungen Mann, mit ihm die Freuden der Welt zu genießen. An kostbaren Kleidern und leckern Speisen wird es dir niemals mangeln. Trittst du jedoch in den Orden, so wirst du elend und in jämmerlichen Kleidern einhergehen, wirst Hunger, Durst und Kälte erdulden müssen, und nie ergeht es dir gut in deinem Leben." Sie entgegenete ihm: „Wie würde es

mir aber ergehen, wenn ich in den Genüssen, welche du mir versprichst, sterben sollte?" Hierauf wußte der Teufel nichts zu erwidern, sondern faßte die Jungfrau und versuchte sie aus dem Fenster der Kammer, in welcher sie schlief, hinauszustürzen. Als sie jedoch den englischen Gruß betete, ließ der Teufel sie los und sagte: „Gehst du ins Kloster, so bin ich für immer dein Feind. Hättest du in dieser Stunde nicht jenes Weib angerufen, so würde ich dich getötet haben." So wurde die Jungfrau, als sie die heilige Jungfrau und Gottesgebärerin um Hilfe angerufen, durch diese bereit. – Bereits Nonne geworden, lag sie einst wach im Bett. Da sah sie plötzlich mehrere Teufel, die wie Männer aussahen, um ihr Bett stehen; einer, und zwar der scheußlichste von ihnen, stand ihr zu Häupten; zwei standen ihr zu Füßen und der vierte zur Seite. Da rief dieser mit lauter Stimme: „Was steht ihr hier? Packt sie doch auf, wie sie da liegt, und dann fort." Die andern erwiderten: „Das ist nicht möglich; sie hat das Weib angerufen." Dennoch riß der Teufel sie am rechten Arm und drückte sie dabei so heftig, daß auf den Druck eine Anschwellung und auf die Anschwellung ein blaues Mal entstand. Sie hatte ihre linke Hand noch frei, wagte aber nicht, sich damit zu bekreuzen, indem sie in ihrer kindlichen Einfalt glaubte, mit der linken Hand nütze es nichts; in ihrer Not tat sie es dennoch und verscheuchte so die Teufel. Fast außer sich eilte sie zum Bett einer Schwester und teilte ihr unter Verletzung des Stillschweigens mit, was sie gesehen und erlitten hatte. Wie mir Frau Elisabeth seligen Andenkens, die Äbtissin des Klosters, erzählt hat, legten die Nonnen sie wieder auf ihr Lager und lasen über sie den Anfang des Evangeliums Johannis; am Morgen fand man sie auf dem Gesicht liegend.
Ein Jahr nachher, als sie wieder einmal um Mitternacht in ihrem Bette wach lag, erblickte sie in der Ferne zwei Teufel in Gestalt zweier von ihr sehr geliebter Schwestern. Sie riefen ihr zu: „Steh rasch auf, Schwester Eufemia, und komme mit uns in den Keller, um für den Konvent Bier zu holen!" – Sowohl die ungewohnte Zeit, als der Bruch des Stillschweigens machte Eufemia stutzig; es graute ihr, und das Haupt verhüllend erwiderte sie nichts. Sofort kam einer der bösen Geister näher und gab ihr einen so heftigen Stoß vor die Brust, daß aus Mund und Nase Blut strömte. Dann verwandelten sich die Teufel in Hunde und sprangen zum Fenster hinaus. Als die Nonnen zur Matutin aufstanden und ihre Mitschwester in solchem Zustand erblickten, totenblaß und fast wie entseelt, suchten sie durch Zeichen den Grund zu erfahren, und nachdem sie den Sachverhalt in Erfahrung gebracht hatten, gerieten sie in keine geringe Bestürzung, sowohl über die Grausamkeit der Teufel, als über die Qualen, welche das arme Mägdlein auszustehen hatte. – Vor zwei Jahren wurde ein neuer Schlafsaal gebaut, und als die Betten aufgestellt wurden, sah Eufemia den Teufel in Gestalt eines häßlichen, alten Männchens, wie er umherging und jedes einzelne Bett anrührte, als ob er sagen wollte: „Ich werde mir die einzelnen Lagerstätten fleißig merken; denn ich habe vor, sie dann und wann zu besuchen."

Von dem Verräter Steinhard, welcher durch Knoblauch zu Grunde gegangen ist

Im Bistum Köln sind zwei Rittergeschlechter sowohl durch ihre zahlreichen Familienglieder, als durch Reichtum und Tapferkeit sehr mächtig, aber auch sehr hochfahrend. Das eine stammt aus dem Dorfe Bachem, das andere aus dem Dorfe Gürzenich. Es waren aber zwischen ihnen so heftige Zwistigkeiten und Todfeindschaften ausgebrochen, daß dieselben durch niemand, nicht einmal durch den Herrn der beiden Geschlechter, den Bischof, beigelegt werden konnten; täglich erneuerten sie sich mit Raub, Brand und Mord. Nun hatten sich die von Gürzenich in einem Walde innerhalb ihres Gebiets ein befestigtes Haus gebaut, weniger aus Furcht vor ihren Gegnern, als um einen Ort zu haben, in welchem sie sich zusammenfinden und ausruhen, und von wo aus sie ihre Feinde um so leichter bekämpfen konnten. Sie hatten einem Hörigen, namens Steinhard, die Schlüssel dieser Feste anvertraut; derselbe schickte jedoch auf Antrieb des Teufels heimlich einen Boten an die Herren von Bachem und versprach ihnen, er wolle seinen Herrn, sowie die Feste in ihre Hände bringen; er nahm hierfür irgend einen Klagepunkt gegen seinen Herrn zum Vorwand. Die Ritter von Bachem befürchteten jedoch Verrat und beachteten seine Anträge nicht. Nachdem er aber zum zweiten und sogar zum dritten Mal einen Boten gesandt hatte, rüsteten sie an einem festgesetzten Tage eine größere Anzahl ihrer Leute aus, da sie einen Hinterhalt fürchteten, und erwarteten den Hörigen an einem in der Nähe der Feste gelegenen Ort.

Der Verräter kam und brachte, um aller Ungewißheit ein Ende zu machen, sämtliche Schwerter seiner Herren mit, welch letztere gerade in dem genannten Schlößchen ihren Mittagsschlaf hielten. Nun fielen die Bachem in dasselbe ein und töteten alle ihre Gegner; den Hörigen aber nahmen sie, wie sie geschworen hatten, bei sich auf. Durch das Entsetzliche seiner Untat erschreckt und von Reue erfaßt, weilte jedoch dieser Elende nicht lange bei ihnen, sondern begab sich zum Heiligen Stuhl, bekannte seine Schuld und erhielt eine sehr schwere Buße auferlegt. Er erfüllte sie jedoch nicht, sondern fiel aufs Neue in Sünden.

Nach einiger Zeit aber ergriff ihn abermals Reue, er kehrte zum Papste zurück, erfüllte indessen auch diesmal die auferlegte Buße nicht. Nachdem sich dies öfter wiederholt, verlor der Beichtvater endlich die Geduld, und überzeugt, daß nichts fruchten würde, sagte er: „Weißt du mir nichts anzugeben, was du als Buße auf dich nehmen und auch erfüllen könntest?" – „Ja", erwiderte Steinhard, „ich konnte niemals Knoblauch ausstehen, ich bin fest überzeugt, verbietet ihr mir den Genuß von Knoblauch, so werde ich dieses Verbot niemals übertreten." „So gehe denn", versetzte der Beichtvater, „und iß um deiner schweren Vergehen willen keinen Knoblauch."

Kaum hatte der Mann die Stadt hinter sich, so sah er in einem Garten Knoblauch stehen und sofort begann ihn auf Antrieb des Teufels danach zu gelü-

sten. Er blieb stehen, betrachtete sich den Knoblauch und geriet in die heftigste Versuchung. Die Begierde wuchs so, daß er von dem Orte gar nicht wegkonnte; doch wagte er es nicht, das Verbotene anzurühren.
Um es kurz zu machen – endlich siegte die Begierde über den Gehorsam, er trat in den Garten und aß von dem verbotenen Gewächs. Und sonderbar! den Knoblauch, den er früher nicht ausstehen konnte, selbst wenn derselbe gekocht, gut zubereitet und ihm zu genießen erlaubt war, aß er jetzt in rohem Zustand und ohne jegliche Zubereitung. So schmachvoll der Versuchung erlegen, kehrte er wieder an den päpstlichen Hof zurück und erzählte dort, was er getan. Jetzt aber wies ihn der Beichtvater mit höchster Entrüstung zurück und gebot dem Elenden, ihn nie wieder zu belästigen. Was später aus dem Manne geworden ist, habe ich nicht in Erfahrung gebracht.

Über die Strafe Wilhelms (II.) von Jülich

Graf Wilhelm von Jülich war auf seinem Schlosse Nideggen schwer krank geworden, begab sich aber dennoch um einer Unbilde willen nach Köln. Auf dem Heimweg verließen ihn seine Kräfte, und er stöhnte: „Ach, ich werde die Stadt Köln niemals wiedersehen!" Man legte ihn auf den Boden; der Arzt erklärte, der Tod stehe vor der Tür, und fügte dann hinzu: „Ich rate euch, daß ihr euer Weib wieder in Gnaden aufnehmt!" Als der Graf mit Nein antwortete, bat der Arzt, er möge einen eingekerkerten Ritter losgeben. „Niemals", erfolgte die Antwort, „niemals wird er, so lange ich am Leben bin, aus seinem Gefängnis herauskommen." – „Er wird es noch am morgigen Tage verlassen", entgegenete der Arzt; und so ist es auch geschehen. Während der Todesstunde lag der Graf im Schoß einer Ehebrecherin, seiner Kebse, welche er ihrem Manne geraubt hatte. Als sie ihn frug: „Herr, was soll aus mir werden, wenn ihr gestorben seid?" sagte er: „Du mußt einen jungen Ritter nehmen." Dies waren seine letzten Worte.
In derselben Nacht, wie mir ein Abt unseres Ordens erzählt hat, wurde eine Nonne von St. Mauritius in Köln an den Ort der Strafen entrückt und sah dort einen schauderhaften Brunnen ganz in Schwefelflammen eingehüllt und mit feurigem Deckel versehen. Als sie ihren Führer hierüber befragte, sagte dieser: „Es befinden sich darunter nur zwei Seelen, die des Kaisers Maxentius und die des Grafen von Jülich." Morgens erzählte die Nonne ihre Vision und als an diesem Tage die Kunde vom Ableben des Grafen nach Köln gedrungen, erkannte sie, daß es eine wahre Erscheinung gewesen sei. Daß er aber nach so vielen Jahren und nachdem inzwischen so viele Tyrannen gestorben, gerade mit dem Kaiser Maxentius an denselben Strafort gekommen ist, geschah wegen der Ähnlichkeit ihrer Schuld; denn es ist nicht mehr wie recht, daß diejenigen, welche Gleiches verschuldet haben, auch gleiche Strafen erhalten. Beider Leben kenne ich, das des Maxentius aus Büchern, das des Grafen Wilhelm durch die Aussagen vieler Personen. Beide waren

Tyrannen, beide ausschweifend über alles Maß. Wie man in den Chroniken liest, gab es in und um Rom keine so edle, keine so reine Frau, die Maxentius nicht, sobald sein Auge Wohlgefallen an ihr gefunden, ihrem Gatten wegnahm und mißbrauchte. Ähnlich trieb er es mit Witwen und Jungfrauen. Die Männer sahen es und seufzten, die Eltern schwiegen; und so weit ging seine Grausamkeit, daß die Unglücklichen, wenn ihr Herz auch mit tiefster Trauer erfüllt war, ihr Herzeleid verheimlichen mußten; so weit ging seine Tyrannei, daß er Senatoren, Bürger, Krieger ohne Unterschied töten ließ, wenn nur der geringste Verdacht auf sie gefallen war.
Ganz ähnlich verfuhr Graf Wilhelm, wenn auch nicht mit gleicher Macht, so doch mit gleichem Wollen. Wie ich gehört habe, ist er so jeder Ausschweifung, jeder Unzucht ergeben gewesen, daß er kaum einen Dienstmann gehabt hat, dessen Weib oder Tochter er nicht geschändet, wobei er zwischen Mutter und Tochter, rechtmäßiger und unrechtmäßiger Frau nie einen Unterschied machte. Wie grausam er gegen seine Untertanen und Nachbarn gewesen ist, davon weiß das ganze Bistum Köln zu erzählen. Maxentius hat seine eigene Gattin ermordet, Graf Wilhelm die seinige eingekerkert. Jener hat die Kirche verfolgt, indem er viele ihres Glaubens wegen tötete; dieser hat während des Zwiespalts im römischen Reich die dem Heiligen Stuhl Gehorsamen verfolgt, Priester von ihren Sitzen vertrieben, andere verstümmelt und die Güter der Kirche beraubt. Dies geschah zu den Zeiten des Papstes Innocenz II.
Im verflossenen Jahre erzählte mir ein Stiftsherr aus Aachen folgende entsetzliche Vision über diesen Grafen Wilhelm. Nach seinem Tod, so lautet die Mitteilung dieses Stiftsherrn, ist er einer Eingeschlossenen, welcher er einige Wohltaten erwiesen, mit blaßgelbem, eingefallenem Gesicht erschienen und hat zu ihr gesprochen: „Ich bin jener Wilhelm, der einst Graf von Jülich gewesen ist." Als sie gefragt, wie es ihm ergehe, hat er erwidert: „Ich brenne ganz und gar!" und als er sein elendes Gewand in die Höhe gehoben, ist die Flamme darunter herausgeschlagen; worauf er mit einem Schmerzensschrei verschwunden ist. Als dieser Graf Wilhelm noch am Leben war, hat ihm Gott, welcher die Güte und Barmherzigkeit selbst ist, einen Blick in seine Herrlichkeit gewährt, um ihn von seinen Sünden abzubringen. An einem Weihnachtstage ließ er ihn im Kanon der ersten Messe süße Stimmen mit den süßesten, wie aus dem Himmel stammenden Weisen vernehmen. Als sich der Graf bei Herrn Engelbert, dem damaligen Dompropst und nunmehrigen Erzbischof von Köln, erkundigte, ob er auch diese himmlische Musik vernommen, und Herr Engelbert mit Nein antwortete, wuchs des Grafen Erstaunen. Im Kanon der zweiten wie auch der dritten Messe hörte er dieselben Töne, die lauteten, als ob sie von verschiedenen jüngern und ältern Stimmen herrührten. Als dies dem Abt von Marienstatt erzählt wurde, suchte er den Grafen auf und hörte den Vorfall aus dessen eigenem Munde. Der Graf rief Gott als Zeugen an, daß er nicht lüge, wobei er den Schwur tat, sollte er

noch einmal gewürdigt werden, einen solchen Gesang zu vernehmen, wolle er sein bisheriges sündhaftes Leben aufgeben. Aber diese Mahnung vom Himmel hat nicht lange nachgewirkt, indem seine vielen Sünden und Verbrechen ihm zu sehr im Wege standen.

Vom Wucherer Dietrich, der, als er im Sterben lag, Geldmünzen kaute

Vor zwei Jahren starb in der Diözese Köln ein Ritter, der als Wucherer sehr berüchtigt war. Als er schwer krank darniederlag, und ihm die Materie ins Gehirn gestiegen war, trat Delirium ein; er bewegte fortwährend Mund und Zähne, so daß ihn die Diener frugen: „Herr, was speiset ihr?" – „Ich kaue Denare", erwiderte der Fieberkranke. Es kam ihm nämlich vor, als ob Teufel bei ihm wären, die ihm fortwährend Geld in den Mund steckten. Endlich rief er aus: „Ich kann es mit diesen Teufeln nicht länger aushalten. Bringt mich nach dem Kloster Rode! Dort sind gute Menschen, die mich vielleicht von ihnen befreien!" Man brachte ihn dorthin; aber da schrie er: „Bringt mich heim! Bringt mich heim! Hier sehe ich noch mehr Teufel, als zu Hause." Er stammte aus dem Dorfe Würm. Man brachte ihn dorthin zurück und er starb, bis zu seinem Ende von den Teufeln gequält. Durch diese Qualen sollte er vielen ein Beispiel geben, welch ein verabscheuungswürdiges Laster der Wucher ist. Mehrere Personen behaupten, im Mund und Gaumen des Ritters Goldstücke gesehen zu haben.

Eine Vision über die zwiespältige Wahl im römischen Reich, den Jammer der Diözese Köln, das heilige Land und die Ankunft des Antichrists

Als Bruder Simon vor dem Altar der Mutter Gottes im Gebete lag, hörte er eine Stimme, welche so zu ihm sprach: „Mahne deinen obern Hirten und sage ihm: Deine Schafe werden Blut vergießen! und befiehl ihm, er solle nicht diesen und sich selbst mit Gift vergeben; denn er selbst hat sein Herz gelegt in die Bäuche weit den Rachen aufreißender Wölfe. Meine Glieder werden von dem grausamen Tier, das Mensch geworden ist, zusammengerüttelt werden. Geh hinaus und verkündige überall die schwere Unbilde, die man Gott dem Allmächtigen zugefügt hat, und rufe: Wenn ihr euch nicht bekehret und bessert, werdet ihr getötet und in das ewige Feuer geworfen! Meine Feinde werden die Schmach rächen, die mir angetan worden ist." Darauf erschienen fünf sehr fette Schafe und dann drei sehr magere Ochsen. Als Bruder Simon frug, was dies bedeute, erhielt er die Antwort: „Die fünf Schafe sind fünf Jahre großen Überflusses; die drei Ochsen drei Jahre gewaltigster Hungersnot." Und wieder hieß es: „Falsche Römer werden schlimme Gerüchte verbreiten und durch bösen Rat die römische Macht spalten und zerstören." Und wieder: „Jerusalem wird erobert und zerstört werrden, und meine Feinde werden meinen Zorn rächen, weil sie die Wege, auf welchen

ich selbst gewandelt bin, besudelt haben. Gewaltige Hungersnot wird sie bedrängen, Himmel und Erde werden erzittern, aber der Mensch wird nicht erzittern vor dem grausamen wilde Tiere. Dann wird die Sonne sich verfinstern; dann wird der Tag kommen, welcher die Länge von zwei Tagen hat. Nach der Verfinsterung der Sonne aber wisse man, daß das grausame wilde Tier den zehn eingeschlossenen Stämmen gezeigt wird. Jeder Glückliche – nämlich der, welcher zu meinen Gliedern gehört – wird sein Blut vergießen, weil die alten Verfolgungen wieder anheben; jeder Glückliche wird sich bereit machen, daß er recht lebe in diesem kurzen Leben." Hierauf erblickte Bruder Simon einen Dämon mit Panzer und Helm und Schuppen wie jene des Fisches, den man Karpfen nennt; die Augensterne sind scheußlich und glühend gleich Fackeln, die vom Winde bewegt werden; aus dem Munde und den Nasenlöchern strömt eine Schwefelflamme; die Zähne sind teils weiß, teils schwefelgelb. Und wieder ertönte die Stimme: „Nach der Verfinsterung der Sonne wird das grausame wilde Tier durch einen schlimmen Kunstgriff einige Juden scheinbar von den Toten erwecken; es werden aber keine Juden sein, sondern falsche Sendboten, die behaupten von den Toten auferstanden zu sein und den wahren Juden trügerische Hoffnungen vorspiegeln, sie in Unglauben und Irrtum bestärken und so viele täuschen." Noch setzte die Stimme hinzu: „Wehklage, o Köln, über die Leiden, welche dich heimsuchen werden, nicht allein durch Verschuldung deines Erzbischofs, sondern der allgemeinen Sündhaftigkeit wegen. Gleichwohl wird der Bischof am meisten dulden, da er allen Übrigen vorgeht."
Als unser Konvent auf den Stromberg geschickt wurde, fand er daselbst diese Vision vor. In demselben Jahr ging Jerusalem mit dem Heiligen Lande verloren, wie es in jenem Gesichte vorausgesagt war. Dasselbe scheint sich einesteils auf die Ereignisse unserer Zeit im Bistum Köln, andernteils auf die Ankunft des Antichrists zu beziehen. Daß aber diese Offenbarung dem Bistum Köln angehört und an dessen Bischof gerichtet ist, entnehme ich aus dem Schluß; wer jedoch jener Simon gewesen, das ist mir gänzlich unbekannt. Unter jenem obern Hirten verstehe ich den Bischof Adolf, welcher nach dem Tode des Kaisers Heinrich das Reich gewissermaßen feilbot; mit dem Gifte der Habgier vergab er sich selbst und hat viele in den Tod gestürzt. Kein Wunder, denn er legte sein Herz, das heißt seinen Rat, in die Bäuche der Wölfe, die nach den Schätzen des Königs Richard von England weit die Rachen aufsperrten; auf ihren Rat wählte er Otto von Sachsen, den Schwestersohn jenes, zum römischen König. Da ist das grausame wilde Tier, das heißt die Habgier, Mensch geworden, das heißt den Menschen so lieb und vertraut geworden, daß um ihretwillen die christlichen Mächte, entfremdet der Gerechtigkeit und Treue, ihre Eide vergaßen und den Meineid gering achteten. Um diese Zeit wurde ein Kardinal nach Köln geschickt, um die Wahl Ottos zu bestätigen und die Fürsten von ihrem dem jetzt regierenden Friedrich geleisteten Eide zu lösen, was wie der Ausgang gezeigt hat, eher

eine Spaltung des Reichs, als eine Kräftigung desselben gewesen ist. Von dieser Zeit an werden die Länder verwüstet, die Kirchen beraubt; viel Blut wird vergossen, Adolf abgesetzt, Köln belagert. Damals ist der Schlußteil jenes Gesichts in Erfüllung gegangen: „Wehklage, o Köln" etc. Nachdem ein paar Jahre großen Überflusses vorhergegangen, kamen, sobald Adolf die Leitung des Bistums übernommen hatte, drei so unfruchtbare Jahre, daß im ersten derselben der Scheffel Weizen eine Mark Silber kostete. Das Übrige in jener Vision ist dunkel und entzieht sich meinem Verständnis.

Weiteres von zwei Jungfrauen aus der Zahl der elftausend, welche durch eine Offenbarung gefunden und uns geschenkt worden sind

Als Frau Äbtissin Eufemia, welche vor einigen Jahren gestorben ist, noch als junges Mädchen in der Schule war, erschienen ihr im Traum zwei Jungfrauen und beklagten sich schwer, sie lägen unter dem in der Nähe des Kellers befindlichen äußersten Ende des Schlafsaals in ganz unziemlicher Weise beerdigt. Wie eben Kinder sind, hielt Eufemia das Gesicht für einen gewöhnlichen Traum und schwieg darüber. Nachdem sie herangewachsen war, zeigte sich ihr an demselben Ort und in gleicher Weise die nämliche Erscheinung; es waren abermals wunderschöne Jungfrauen, jedoch nur bis an den Gürtel sichtbar, als ob sie damit sagen wollten: „Ohne dich können wir aus dieser Lage nicht heraus." Da gedachte Eufemia jenes ersten Gesichts und frug diejenige, welche ihr die vornehmere zu sein schien: „Wie ist dein Name?" – „Anastasia", erwiderte die Erscheinung. Von jener Zeit an suchte Eufemia den Nonnen den Gedanken beizubringen, den Keller bis an jenes Ende des Schlafsaals zu erweitern; man würde ohne Zweifel dort die Leiber von zwei heiligen Jungfrauen finden. Sie versprach, zu den Kosten drei Goldstücke beizusteuern. Endlich erklärte der Konvent seine Bereitwilligkeit, und wie unser Laienbruder Renbodo, welchem die Arbeit übertragen wurde, mir erzählt hat, war kaum die Erde herausgeworfen, als auch schon unter dem Mauerfundament die beiden Leiber zum Vorschein kamen. Bevor noch Eufemia Äbtissin geworden, sandte sie uns dieselben und wurde an dem Tage ihrer Ankunft ihnen zu Ehren eine feierliche Messe gehalten.

Von einem Pferdeknochen, der auf wunderbare Weise aus echten Gebeinen der heiligen elftausend Jungfrauen herausgeschleudert worden ist

Als einmal viele Gebeine von Gefährtinnen der heiligen Ursula nach Altenberg gebracht worden waren, machten die Mönche sich sofort daran, die Leiber zu waschen, breiteten dann reine Tücher auf die Sitze im Kapitelsaal und legten die Gebeine darauf, um zu trocknen. Plötzlich bemerkten die Anwesenden einen abscheulichen Geruch, welcher von den Gebeinen herzukommen schien. Abt Goswin fürchtete sofort, es liege ein Blendwerk des

Teufels zu Grunde, der beabsichtige, auf solche Weise die Ehrfurcht der Brüder vor jenen Reliquien der Märtyrer zu vernichten; er nahm alsbald einige Priester mit, zog die heiligen Gewänder an und rief dann in der Nähe der Tür stehend: „Ich beschwöre dich, unreiner Geist, im Namen dessen, welcher kommen wird zu richten die Lebendigen und die Toten und die Welt durch Feuer zu zerstören, daß, wenn dieser Gestank von dir herrührt, solches offenbar werde und du so Gott und diesen seinen Heiligen die gebührende Ehre erweisest!" Wunderbar!
Kaum hatte er diese Worte gesprochen, sieh, da flog vor aller Augen mitten aus den Gebeinen ein großer Pferdeknochen und fiel wie von einem Sturmwind getrieben außerhalb des Kapitelsaals zu Boden. Mit ihm war aber auch der Gestank verschwunden und es machte sich der süßeste Wohlgeruch bemerkbar. Da priesen alle Gott, der das Werk des Teufels zunichte gemacht, seine Heiligen aber verherrlicht hat.

Von den Leuten, welche gesehen haben, daß Reliquien vom Godesberg auf den Stromberg verbracht worden sind

Zu der Zeit, da Herr Dietrich, Erzbischof von Köln, welcher noch am Leben ist, das Schloß zu Godesberg erbaute, sah ein von Köln heimkehrender frommer Priester, als er sich dem genannten Berg näherte, wie der Erzengel Michael in bekannter Gestalt vom Godesberg nach dem benachbarten Stromberg, auf welchem der heilige Petrus der Apostelfürst verehrt wird, mit ausgebreiteten Flügeln hinüberflog.
Zu gleicher Zeit sah ein gewisser Dietrich, als er in Begleitung seiner Frau aus dem nächstgelegenen Dorf zur Kirche eilte, wie ein Kästchen mit Reliquien, das er öfter gesehen hatte, durch die Luft vom Godesberg weg nach dem Stromberg geführt wurde. Beide haben dies gesehen und können heute noch für die Erscheinung Zeugnis ablegen. Willst du aber mir weniger Glauben schenken, so frage Herrn Wilhelm, den Priester auf dem Stromberg, und er wird dir bezeugen, daß er alles aus dem Munde der Leute, die es gesehen, vernommen hat. Es hatte nämlich und hat noch der heilige Erzengel auf dem Gudinsberg (Godesberg) oder, wie andere sagen, auf dem Wudinsberg eine auf seinen Namen geweihte Kirche. Obwohl nun dieser Berg ziemlich stark und für den Schutz des Landes höchst geeignet ist, hatte es niemand gewagt, auf demselben eine Feste zu errichten, weil es nach Aussage der Umwohner der genannten Verehrung wegen nicht geschehen dürfe. Obengenannter Erzbischof Dietrich achtete jedoch nicht auf solche Reden, sondern begann dort ein festes Schloß zu erbauen; bevor er aber mit den Mauern fertig geworden, wurde er abgesetzt. Kein Wunder, wenn diesem Schloß der himmlische Beistand entzogen wurde, da fast der ganze Bau aus den Wuchergeldern eines Juden, welchen der Erzbischof gefangen genommen hatte, errichtet worden ist.

Von einer jähzornigen Jungfrau, deren Oberkörper nach ihrem Tode vom Feuer verzehrt worden ist

Es erzählte mir im verflossenen Jahre der Schultheiß des uns nächstgelegenen Dorfes Königswinter folgenden schrecklichen Vorfall. Es ist noch nicht lange her, so lautete seine Erzählung, daß ein frommer Pilger in unserer Kirche der heiligen Messe beiwohnte. Neben ihm standen feine Damen, die Frauen gewisser Ritter; sie schwatzten aber so, daß jener Pilger kaum seine Gebete verrichten konnte. Nach Beendigung der Messe nahm er ein Paar von jenen Rittern beiseite und sagte: „Ihr Herren, ich bin um zu beten in diese Kirche gegangen, aber auf Antrieb des Teufels machten jene Frauen solch einen Lärm, solch ein Gezischel, daß ich nicht imstande war, meine Gebete zu verrichten. Ich will euch eine schreckliche Geschichte erzählen, welche sich zu meinen Zeiten und in meinem Dorf zugetragen hat. Es lebte dort ein Mädchen von guter Geburt und reicher Leute Kind; dieses Mädchen war jedoch so jähzornig, so zanksüchtig und scheierisch, daß es, wo es sich befand, zu Hause oder in der Kirche, Streit anfing und Haß säte, so daß jeder sich glücklich schätzte, wer sich der Geißel dieser bösen Zunge entziehen konnte. Endlich starb die Jungfrau und wurde auf dem Friedhof der Kirche beigesetzt. Als wir am Morgen in die Kirche gingen, sahen wir aus ihrem Grab wie aus einem Ofen Rauch aufsteigen. Erschreckt wollten wir sehen, was dies bedeutete, und schafften die Erde fort – sieh da! den obern Teil ihres Körpers hatte das Feuer verzehrt, der untere Teil abwärts vom Nabel erschien unverletzt."

Vom Ritter Heinrich, welcher nicht glauben wollte, daß es Teufel gäbe, aber mit Hilfe der Nigromantie solche gesehen hat

Ritter Heinrich aus dem Schloße Falkenstein war Schenk des Abts Cäsarius von Prüm, unseres spätern Mönchs. Da er, wie ich von eben diesem erzählen hörte, an keine Teufel glaubte, und was er von ihnen vernommen hatte oder noch vernahm, für albernes Zeug erklärte, ließ er einen in der schwarzen Kunst sehr bewanderten Geistlichen rufen und bat ihn dringend, er möge ihn Teufel sehen lassen. Dieser erwiderte: „Der Anblick der Teufel ist entsetzlich, ist gefährlich, und nicht allen ist es gut, sie zu sehen." Als aber der Ritter seinen Wunsch mit Ungestüm wiederholte, erklärte endlich der Nigromant: „Wenn du mich sicher stellst, daß mir weder von deinen Verwandten, noch von deinen Freunden Böses widerfährt, falls du von den Dämonen übermäßig erschreckt oder vereltzt oder berückt werden solltest, werde ich deinen Willen erfüllen." Der Ritter gab die erwünschte Sicherheit.
Um Mittagszeit, weil dann der Mittagsdämon seine höchste Kraft besitzt, führte Philipp den Ritter an einen Kreuzweg, beschrieb mit dem Schwert einen Kreis, in welchen er den Ritter stellte, und machte diesen mit dem

Gesetz des Zirkels bekannt. „Wenn du, bevor ich zurückgekommen bin, eines deiner Gliedmaßen über diesen Kreis hinausstreckst, bist du ein Kind des Todes; die Teufel werden dich hinausziehen und du bist verloren." Ferner mahnte er ihn, er solle, wenn sie etwas begehrten, nichts hergeben oder versprechen, auch sich nicht bekreuzen, indem er beifügte: „Auf mancherlei Art werden die Teufel dich versuchen und erschrecken; sie können dir aber nicht schaden, wenn du meine Befehle genau befolgst."

Er ging weg, der Ritter saß im Kreise auf dem Boden. Und sieh da! Wasserfluten sieht er gegen sich heranbrausen; dann hört er Grunzen von Schweinen, Windstöße und ähnliches Getöse, womit ihn die Teufel zu erschrecken suchen; wie jedoch Pfeile, die nicht unerwartet kommen, seltener treffen, so war auch der Ritter gegen Erscheinungen solcher Art bereits gekräftigt. Zuletzt aber sieht er aus dem nahen Wald einen schwarzen Schatten wie den eines Menschen, an Größe die Wipfel der Bäume überragend, auf sich zueilen.

Der Ritter dachte gleich, es müsse der Teufel sein, und er war es auch. Vor dem Kreise machte derselbe Halt und frug den Ritter, was er begehre. Er sah aber aus wie ein großer, ja überaus großer schwarzer Mann in dunkelm Kleid und war von einer solchen Häßlichkeit, daß der Ritter ihn nicht anblicken konnte. „Es ist gut", sagte der Ritter, „daß du gekommen bist; ich wünschte schon lange, dich kennen zu lernen." – „Und warum das?" – „Weil ich soviel von dir gehört habe." – „Und was hast du von mir gehört?" – „Wenig Gutes und viel Böses." – „Oft verurteilen und verdammen mich die Menschen ohne Grund; ich schade niemand und verletze niemand, außer wenn ich gereizt werde. Philipp, dein Meister, ist mein guter Freund und ich bin der seinige; frage ihn, ob ich ihm jemals etwas zugefügt habe; ich tue, was ihm gefällt, und er tut, was mir gefällt; von ihm gerufen, bin ich gekommen." – „Wo bist du gewesen, als er dich rief?" – „Soweit jenseits des Meeres, als dieser Ort vom Meer entfernt ist. Darum ist es auch nicht mehr als billig, daß du mir für meine Mühewaltung irgend ein Geschenk gibst." – „Was willst du denn?" – „So will ich und wünsch ich, daß du mir deinen kleinen Mantel schenkst." Als der Ritter sagte: „Den geb ich nicht", forderte jener zuerst den Gürtel des Ritters; dann ein Schaf aus dessen Herde, und als auch dieses verweigert wurde, begehrte er schließlich den Haushahn. „Was willst du denn mit meinem Hahn machen?" frug der Ritter. – „Er soll mir singen", antwortete der Teufel. – „Wie würdest du dich in Besitz des Hahns setzen?" – „Darum kümmere dich nicht; gib ihn nur her." – „Ich werde nichts hergeben, sag mir jedoch, wie kommst du zu deinem großen Wissen?" – „Nichts Böses geschieht in der Welt, das mir verborgen bliebe; und damit du dich von der Wahrheit dieser Behauptung überzeugst, sieh, in deinem Dorf und in jenem Hause hast du deine Unschuld verloren, und dort hast du diese und jene Sünde begangen." Der Ritter konnte nicht widersprechen. Als der Teufel wieder irgend etwas, ich weiß nicht mehr was, verlangte und der

Ritter es wiederum abschlug, hob ersterer die Hand gegen letztern auf, als ob er ihn mit Gewalt aus dem Kreise ziehen wolle; dadurch aber erschreckte er den Ritter so, daß dieser rückwärts fiel und laut aufschrie. Auf diesen Schrei kam Philipp eiligst hinzu, und sofort war die Erscheinung verschwunden. Von jener Stunde an ist der Ritter bleich geblieben und hat seine natürliche Gesichtsfarbe niemals wieder erlangt; doch führte er von da an einen besseren Lebenswandel und glaubte an den Teufel. Erst vor kurzem ist er gestorben.

Gesta Romanorum

Der Titel ist irreführend. Hier geht es nicht um gute oder schlechte Taten der Römer. Die Gesta Romanorum stellen vielmehr eine umfangreiche Sammlung moralisierender Exempel-Erzählungen dar, deren älteste lateinische Handschrift aus dem Jahr 1342 stammt. Zwar handelt ein beträchtlicher Teil von Geschehnissen aus der antiken Sage und Geschichte, aber viele sind lediglich durch eine Eingangsformel mit Rom in Verbindung gebracht worden. Tatsächlich sind in der Sammlung ganz unterschiedliche Typen von überlieferten Geschichten und Anekdoten verarbeitet: Erzählungen aus den historischen Büchern des Alten und Neuen Testaments, Legenden und Mirakelliteratur, poetische und philosophische Profanliteratur, besonders aus der Antike, Chroniken, Fabeln und Erzählungen nach orientalischen Vorbildern oder Beschreibungen aus „Naturgeschichte" und Kosmographie. Auf welchen Umwegen die einzelnen Textstücke in die Gesta Romanorum gelangt sind, läßt sich heute nicht mehr im einzelnen nachverfolgen.
Der Verfasser oder Kompilator sowie die Heimat dieses seltsam anmutenden Buches sind unbekannt. Man nimmt an, daß die Sammlung nach 1300 in England oder Deutschland entstanden ist. Zwischen dem 14. und dem 16. Jahrhundert wurde das Werk fleißig abgeschrieben. Es finden sich zahlreiche, meist lateinische Handschriften, die alle sehr stark voneinander abweichen. Ein großer Teil dieser Schriften wurde im Süden des deutschen Sprachraumes geschrieben. Daneben existiert eine ganze Reihe von Übersetzungen unter anderem sogar ins Tschechische, Russische, Polnische und Ungarische. Fest steht, daß sich die Gesta Romanorum im späten Mittelalter in ganz Europa größter Beliebtheit erfreuten.
Sinn und Zweck derartiger Anekdotensammlungen war es, Anschauungsmaterial für die religiöse Unterweisung bereitzustellen. Und das bedeutete gleichzeitig, daß sie als Repetitorium für die Predigt dienten, quasi als Anregung für phantasielose Kleriker.
Mit der Reformation im 16. Jahrhundert verschwand das Buch allmählich aus dem Blickfeld. Bereits in den 100 Jahren zuvor war ein Teil seiner beliebtesten Stoffe und Motive in jüngere Exempel- und Predigtsammlungen oder auch in didaktisches Schrifttum eingegangen. Von der Mitte des 16. Jahrhunderts an scheinen die Gesta endgültig in Vergessenheit geraten zu sein.

Aus den „Gesta Romanorum"

Von den Vergnügungen der weltlich Gesinnten

Es herrschte einst Vespasianus; der hatte eine sehr schöne Tochter, welche Aglae hieß und sie war so schön und in den Augen aller reizend, so daß ihre Schönheit die aller übrigen Frauen bei weitem übertraf. Nun begab es sich aber, daß er eines Tages, als seine Tochter vor ihm stand, diese scharf ansah und also zu ihr sprach: meine Teure, ich will deiner Körperschönheit wegen deinen Namen ändern und du sollst von nun an Frau des Trostes genannt werden, zum Zeichen daß alle, die traurig hierher kommen, mit Freuden wieder von dir gehen. Der König besaß aber einen sehr schönen Garten, in welchem die Prinzessin öfters spazieren ging. Er ließ nun in seinem ganzen Reiche ausrufen, daß, so jemand seine Tochter zur Frau haben wolle, er nur zu seinem Palaste kommen und unterhalb jenes Gartens drei oder vier Tage hindurch lustwandeln möge: nachher solle er wiederkommen, wenn er seine Tochter noch zur Ehe begehre. Als diese Verkündigung geschehen war, kamen viele zu seinem Palaste, traten in den Garten und wurden nie wieder gesehen und soviele auch kamen, niemand kam wieder heraus. Nun gab es aber einen Krieger in dem entlegensten Teile des Reichs: der hörte auch von der Verkündigung, daß wenn einer zum Palast käme, er die Tochter des Königs zur Frau bekommen könne, machte sich also dahin auf den Weg und klopfte an das Tor des Palastes. Der Pförtner öffnete die Tür und führte ihn hinein zum König, den trat er an und sprach: Herr, es ist das allgemeine Gerede, daß, so jemand Eueren Garten betritt, er Euere Tochter zur Frau haben soll. Deshalb bin ich hierher gekommen. Darauf erwiderte der König: Geht in den Garten und so Ihr wieder herauskommt, sollt Ihr sie haben. Darauf sagte jener: Herr, gestatte mir eine einzige Sache. Ich bitte dich inständig, daß, ehe ich den Garten betrete, ich einige Worte mit deiner Tochter sprechen darf. Jener aber antwortete: das ist mir ganz recht. Hierauf begab sich jener zu dem Mädchen und sprach: Meine Teuere, Euer Name ist Frau des Trostes und dabei ist es dir gegeben, daß alle, welche traurig zu dir kommen, freudig wieder von dir gehen. Ich aber komme nun gar traurig und trostlos zu dir, gib mir also einen Rat und eine Unterstützung, auf daß ich wieder voll Freude von dir gehen kann. Denn vor mir sind viele gekommen und in den Garten getreten, aber nie wieder erblickt worden: wenn mir nun also derselbe Fall begegnen sollte, weil ich dich zur Ehe begehrt habe, was soll ich mir dann sagen? Jene aber erwiderte: ich will dir die Wahrheit sagen und deine Traurigkeit in Freude verkehren. In jenem Garten ist ein wütender Löwe, der alle, die denselben betraten, getötet hat und durch ihn sind alle, die als Freier um meine Person hineingegangen sind, umgebracht worden! Waffne nun deinen Leib mit Eisen von der Spitze deines Fußes bis zum Wirbel deines Hauptes und mögen alle deine Waffen mit Gummi bestrichen sein. Wenn du nun aber in den Garten getreten bist, wird der Löwe alsbald auf dich losstürzen, du aber kämpfe männiglich gegen ihn und sobald du müde bist, laß ihn los. Hierauf wird er mit seinen Zähnen deinen Arm oder Bein packen, aber weil seine Zähne bald voll Gummi sein werden, wird er dir wenig Schaden zufügen können. Wenn du aber das merkst, ziehe gleich dein Schwert aus der Scheide und haue ihm den Kopf ab. Nun gibt es aber in jenem Garten noch eine andere Fährlichkeit. Es gibt nur einen einzigen Eingang, aber verschiedene Irrgänge, so daß wer einmal hineingegangen ist, kaum wieder den Ausgang finden kann. Darum will ich dir gegen jene Gefahr folgendes Mittel angeben. Ich gebe dir hiermit einen Knäuel Garn, den binde du, sobald du an den Eingang des Gartens gekommen bist, an dem Tore an und steige so an dem Faden immer in den Garten hinunter und laß denselben, so du Dein Leben lieb hast, nicht fahren. Der Krieger aber erfüllte alles genau, wie es ihm das Mädchen geheißen hatte. Er trat gewaffnet in den Garten, und als ihn der Löwe erblickt hatte, stürzte er mit seiner ganzen Wucht auf ihn los, der Krieger aber verteidigte sich mannhaft und als er müde war, machte er einen Sprung von ihm hinweg. Nun hielt ihn der Löwe aber solange am Arme fest, bis seine Zähne ganz voll von Gummi waren und der Krieger zog, wie er das bemerkt hatte, sein Schwert heraus und hieb dem Löwen das Haupt ab. Er aber freute sich so sehr darüber, daß er den Faden, an welchem er herabgestiegen war, verlor. Er aber lief traurig und voller Schmerzen drei Tage lang im Garten herum und suchte eifrig seinen Knäuel, endlich fand er ihn am Abend. Als er ihn aber wieder hatte, freute er sich nicht wenig, stieg dem Faden folgend wieder herauf und gelangte bis ans Tor. Hier machte er den Faden los und ging zum Könige und erlangte dessen Tochter, die Dame des Trostes, zur Frau, worüber er gar große Freude empfand.

Von des Teufels Arglist und wie Gottes Gerichte verborgen sind

Es lebte einst ein Einsiedler der sich in seiner Höhle aufhielt und Tag und Nacht Gott aufs Frömmste diente. Nun war aber eines Tages neben seiner Zelle ein Schafhirt, der seine Schafe weidete. Es begab sich aber eines Tages, daß der Hirt vom Schlafe überfallen wurde und ein Räuber kam, der ihm alle seine Schafe wegtrieb. Darüber kam aber der Herr der Schafe hinzu, der den Schäfer fragte, wo seine Schafe wären. Der aber begann zu schwören, daß er zwar die Schafe verloren habe, aber wie, das wisse er durchaus nicht. Wie das der Herr hörte, geriet er in Wut und erschlug ihn. Als das der Einsiedler sah, sprach er in seinem Herzen: o mein Gott, siehe dieser Mensch hat einen Unschuldigen verklagt und getötet. Weil du erlaubst, daß so etwas geschehen kann, will ich wieder in die Welt hinaus gehen und leben wie die andern.

Wie er das gedacht hatte, verließ er seine Einsiedelei und machte sich wieder auf um in die Welt zu gehen, Gott aber wollte ihn nicht verderben, sondern sendete einen Engel in Menschengestalt zu ihm, daß er sich zu ihm geselle. Als nun der Engel selbigen auf der Straße getroffen hatte, sprach er zu ihm: mein Lieber, wo geht Dein Weg hin? Jener aber entgegenete: nach jener Stadt zu, die da vor mir liegt. Der Engel aber sprach zu ihm: ich will unterwegs dein Begleiter sein, denn ich bin ein Engel Gottes und zu dir gekommen, auf daß wir auf diesem Wege miteinander zusammen gehen.

Hierauf zogen beide nach der Stadt: wie sie aber hineinkamen, da baten sie einen Krieger ihnen um Gottes Willen Herberge zu geben. Dieser Krieger aber nahm sie sehr freundlich auf und bewirtete sie in allem mit großer Demut auf das Ehrenvollste und Glänzendste. Nun hatte aber dieser Krieger seinen einzigen Sohn in der Wiege liegen, welchen er zärtlich liebte, und als man zu Abend gespeist hatte, wurde das Schlafgemach geöffnet und für den Engel und Eremiten Betten auf's Anständigste zurechte gemacht. Um Mitternacht aber stand der Engel auf und erwürgte den Knaben in seiner Wiege. Wie das der Einsiedler sah, dachte er bei sich: das ist nimmermehr ein Engel Gottes: jener gute Soldat hat ihm um Gottes Willen jegliche Notdurft verabreicht und hat nichts als dieses unschuldige Söhnlein und dieses hat er getötet. Indessen wagte er nicht ihm irgend etwas zu sagen. Früh standen nun beide auf und machten sich nach einer andern Stadt auf den Weg, in welcher sie im Hause eines Bürgers mit großen Ehren aufgenommen und glänzend bewirtet wurden. Dieser Bürger nun besaß einen goldenen Becher, den er gar wert hielt und auf welchen er sehr stolz war: um Mitternacht stand der Engel auf und stahl diesen Becher.

Wie das der Einsiedler sah, dachte er bei sich: das ist meines Erachtens nach ein böser Engel: Jener Bürger hat uns Gutes getan und dafür hat er ihm seinen Becher gestohlen. Indessen sagte er ihm nichts, denn er fürchtete sich vor ihm. In der Frühe aber standen sie auf und zogen ihres Weges, bis sie an ein Gewässer kamen, über welches eine Brücke führte. Sie betraten dieselbe und es begegnete ihnen ein armer Mann. Zu dem sprach der Engel: mein Lieber, zeige uns doch den Weg nach jener Stadt, der Arme aber drehte sich um und zeigte mit dem Finger nach der Richtung derselben.

Wie er sich aber umgedreht hatte, faßte ihn der Engl plötzlich bei der Schulter und warf ihn über die Brücke hinab und der Arme versank alsbald. Wie das der Einsiedler sah, sprach er in seinem Herzen: jetzt weiß ich, daß das der Teufel ist, nicht aber ein guter Gottesengel. Was hat denn der Arme Böses getan und doch hat er ihn umgebracht. Er gedachte sich nun von ihm los zu machen, allein aus Furcht sagte er ihm nichts. Wie sie nun aber in der Abendstunde zur Stadt gelangten, traten sie in das Haus eines Reichen und baten um Gottes Willen um ein Nachtlager. Der aber schlug es ihnen rund ab.

Darauf sprach der Engel des Herrn also zu ihm: um Gottes Willen laßt uns

nur auf das Dach eures Hauses steigen, damit uns nicht die Wölfe und wilden Tiere fressen. Jener aber antwortete: sehet, hier ist der Stall, in welchem meine Schweine wohnen, wenn es Euch gefällt, könnt Ihr Euch zu ihnen legen, wenn nicht, so weichet von mir, denn ich werde euch keinen andern Platz einräumen. Darauf entgegenet ihm der Engel: so es nicht anders sein kann, wollen wir bei euren Schweinen bleiben: und also geschah es. Früh am Morgen standen sie auf, der Engel rief den Wirt herbei und sprach: mein Lieber, hier schenke ich Dir einen Becher, und mit diesen Worten gab er ihm den Becher, welchen er jenem Bürger gestohlen hatte.
Wie das der Einsiedler sah, sprach er bei sich: jetzt weiß ich gewiß, daß das der Teufel ist: das war ein guter Mann, der uns mit aller Demut aufnahm, und dem hat er seinen Becher gestohlen und jenem Schurken geschenkt, der uns bei sich nicht hat aufnehmen wollen. Hierauf sprach er zu dem Engel: ich will nicht weiter bei Euch warten und befehle euch zu Gott. Darauf entgegnete der Engel: Höret mich und dann möget Ihr gehen. Du lebtest früher in einer Einsiedlerwohnung und der Herr jener Schafe schlug seinen Hirten tot. Wisse daß jener Hirt damals den Tod nicht verdient hat, denn ein anderer hatte das Verbrechen begangen, also hätte er nicht sterben sollen. Gott aber ließ zu, daß er getötet wurde, auf daß er durch diese Strafe dem ewigen Tode entginge wegen einer Sünde, die er ein ander Mal begangen und für die er niemals Buße getan hatte. Der Räuber aber, der mit allen Schafen entwischt ist, wird ewige Pein leiden und der Besitzer der Schafe, welcher den Hirten umbrachte, wird sein Leben durch reichliches Almosenspenden und Werke der Barmherzigkeit für das, was er unwissentlich begangen hat, sühnen. Nachher habe ich aber den Sohn jenes Kriegers, der uns eine gute Herberge gewährt hat, in der Nacht erwürgt. Wisse aber, daß ehe jener Knabe geboren ward, dieser Krieger der beste Almosenspender war und viele Werke der Barmherzigkeit ausübte, seitdem aber der Knabe auf die Welt kam, ist er sparsam und habsüchtig geworden und sammelt alles nur mögliche um den Knaben reich zu machen, so daß dieser die Ursache seines Verderbens ist, und darum habe ich den Knaben umgebracht, und so ist er wieder, was er früher war, nämlich ein guter Christ geworden. Dann habe ich auch den Becher jenes Bürgers, der uns mit solcher Demut bei sich aufnahm, gestohlen. Wisse aber, daß ehe jener Becher gefertigt war, auf der ganzen Erde kein Mensch lebte, der nüchterner war als dieser, allein nachdem jener gemacht war, freute er sich so über denselben, daß er den ganzen Tag aus ihm trank und jeden Tag zwei- oder dreimal betrunken war: darum habe ich ihm den Becher genommen und jetzt ist er wieder nüchtern geworden, wie früher. Dann habe ich den Armen in's Wasser gestürzt. Wisse, daß jener Arme ein guter Christ war, allein wenn er noch die Hälfte seines Weges weiter gezogen wäre, würde er in einer Todsünde eine andern erschlagen haben: nun ist er aber gerettet und thront jetzt in himmlischen Ehren. Endlich habe ich den Becher jenes Bürgers dem gegeben, welcher uns die Aufnahme verweigert

hatte. Wisse aber, daß auf Erden nichts ohne Grund geschieht. Er hat uns doch noch den Schweinestall zugestanden und darum habe ich ihm den Becher gegeben, und wenn er aufgehört hat zu leben, wird er in der Hölle thronen. Lege also künftig Deinem Munde einen Zügel an, auf daß Du Gott nicht tadelst, denn er weiß alles. Wie das der Einsiedler hörte, fiel er vor die Füße des Engels nieder und flehte ihn um Vergebung an: hierauf machte er sich nach seiner Einsiedlerwohnung auf und wurde ein guter Christ.

Die der Teufel reich macht, die täuscht er und führt sie wegen ihrer Habsucht ins Tal Gehenna

Es lebte einst ein Schmied in einer am Meere gelegenen Stadt: der war sehr geizig und schlecht. Er hatte aber viel Geld zusammengebracht und damit einen Stamm angefüllt, welchen er vor aller Augen an's Feuer stellte, so daß niemand Verdacht schöpfen konnte, daß derselbe Geld enthielte. Nun begab es sich aber einmal, daß während alle im Schlafe lagen, das Meer in's Haus trat, so daß der Stamm mit dem Gelde zum Schwimmen kam. Wie nun das Meer wieder zurück trat, nahm es den Stamm mit fort, und so schwamm derselbe auf dem Meere viele Meilen weit, bis er an eine Stadt kam, in welcher ein Mann wohnte, der eine gemeine Herberge hielt. Dieser Mann sah, als er in der Frühe aufstand, den Stamm und zog ihn an's Land, weil er meinte, er sei nichts weiter als ein Stück Holz, welches von irgend jemandem hineingeworfen oder zurück gelassen worden sei.
Nun war aber dieser Mann sehr freigebig und wohltätig gegen Arme und Fremde: es begab sich daher eines Tages, daß Reisende in seinem Hause einkehrten und es gerade sehr kalt war. Der Wirt zerhieb also mit seiner Axt das Holz, und vernahm nach zwei oder drei Hieben einen Klang, und als er darauf den Stamm gespalten hatte, fand er das Geld und freute sich sehr, legte es aber in Verwahrung, ob nicht vielleicht irgendwer käme, dem es gehörte, und welchem er es zurückgeben könnte. Der Schmied aber zog von Stadt zu Stadt um sein Geld zu suchen, und kam auch zu der Stadt und der Herberge jenes Wirtes, der den Stamm gefunden hatte. Wie er nun erwähnte, daß er einen Stamm verloren habe, und sein Wirt dieses hörte, so merkte er, daß diesem das Geld gehöre.
Er dachte also bei sich: ich will jetzt eine Probe machen, ob es der Wille Gottes ist, daß ich ihm das Geld zurückgebe. Der Wirt ließ also drei Pasteten von Brotteig machen, die eine füllte er mit Erde, die zweite mit Totengebeinen, die dritte aber mit dem Gelde an, welches er in dem Stamme gefunden hatte. Wie er das gemacht hatte, sprach er zu dem Schmied: wir wollen drei gute Pasteten verzehren, die aus dem besten Fleische, welches ich habe, bereitet sind: Du kannst nehmen, welche Du willst, immer wirst Du genug haben. Der Schmied aber hob eine nach der andern auf, fand daß die mit Erde angefüllte schwerer war und wählte sie, und sprach hierauf zu dem

Wirte: wenn ich mehr bedarf, werde ich mir noch eine zweite auslesen, und dabei legte er seine Hand auf die mit Totengebeinen gefüllte Pastete. Die dritte magst Du für Dich behalten.

Wie das der Wirt sah, sprach er in seinem Herzen: jetzt sehe ich deutlich, daß es der Wille Gottes nicht ist, daß dieser Elende sein Geld bekommt. Alsbald rief er Arme und Kranke, Blinde und Lahme zu sich herein, öffnete in Gegenwart des Schmiedes die Pasteten und sprach: siehe, Du elender Kerl, hier ist Dein Geld, welches ich Deinen Händen überlieferte: Du aber hast lieber die Pasteten mit Erde und Totengebeinen gewählt, und das ist gut, weil es Gott nicht gefällt, daß Du jenes Geld wieder bekommst. Sogleich verteilte er vor seinen Augen das ganze Geld unter die Armen, und so ging der Schmied wieder mit großer Bestürzung seiner Wege.

Von den treulosen Weibern und der Verblendung mancher Prälaten

Ein gewisser Ritter zog von dannen, um die Weinlese auf seinem Weinberge zu halten, seine Frau aber, welche meinte, daß er sich etwas lange daselbst aufhalten werde, hatte einen Liebhaber, nach welchem sie schickte, daß er schnell zu ihr kommen möchte. Wie nun aber beide sich miteinander niedergelegt hatten, da kam ihr Mann, der Ritter, welcher sich eine Weinranke in's Auge gestoßen hatte, und pochte an die Türe, sie aber öffnete mit Zittern, versteckte jedoch zuvor ihren Liebhaber. Als aber der Ritter hereintrat, schmerzte ihm sein Auge sehr und er befahl das Bett zu rüsten, damit er sich niederlegen könne: seine Frau aber, welche fürchtete, er möchte ihren im Gemach versteckten Geliebten sehen können, sprach zu ihrem Manne: was willst du denn so schnell zu Bette? sage mir doch, was dir begegnet ist. Als jener es ihr aber berichtete, antwortete sie: laß mich, Herr, etwas anwenden, daß ich das gesunde Auge durch ein Heilmittel kräftige, damit du nicht etwa durch deine Krankheit auch noch das andere Auge einbüßest. Er aber hielt ihr sein Gesicht hin und sie legte etwas wie ein Heilmittel auf das gesunde Auge ihres Mannes, und auf einen Wink mit ihrer Hand entschlüpfte ihr Liebhaber. Hierauf sprach die Frau zu ihrem Manne: nunmehr bin ich sicher, daß deinem gesunden Auge nichts Böses widerfahren wird: steige jetzt in dein Bett und lege dich schlafen.

Die Weiber verraten nicht bloß Geheimnisse, sondern lügen auch noch mehr dazu.

Es waren einst zwei Brüder, der eine ein Laie, der andere ein Kleriker. Nun hatte aber der Laie oft von seinem Bruder gehört, daß die Weiber nicht im Stande seien, irgend jemandes Geheimnisse zu verbergen, er gedachte also hierüber mit seiner herzliebsten Frau eine Probe zu machen und sprach eines nachts zu ihr: meine Liebe, ich habe Dir ein Geheimnis mitzuteilen: wenn ich nur gewiß wäre, daß Du es niemandem sagtest, weil, wenn Du anders tätest, es für mich eine unerträgliche Beschämung geben würde. Jene aber entgegnete: Herr, fürchte nichts, ich bin mit dir ein Leib, dein wohl ist mein Wohl und umgekehrt auch dein Unglück. Er sprach hierauf: als ich auf die Seite ging, um ein natürliches Bedürfnis zu befriedigen, flog aus dem hinteren Teile meines Körpers ein schwarzer Rabe heraus, und das macht mir vielen Kummer.
Sie aber sprach: Du mußt vielmehr froh sein, daß du von einem so großen Leiden erlöst bist. Am andern Morgen früh ging aber das Weib zum Hause des Nachbarn und sprach zu der Hausfrau: o beste Frau, kann ich dir etwas Geheimes mitteilen? Diese entgegnete: so sicher, als deiner eigenen Seele. Hierauf sprach jene: meinem Manne ist ein wunderlicher Zufall begegnet, denn diese Nacht ging er auf die Seite, um ein natürliches Bedürfnis zu befriedigen, und siehe da zwei pechschwarze Raben flogen aus seinem Hinterteil heraus, und das macht mir viel Kummer.
Jene erzählte nun einer Nachbarsfrau von dreien, die dritte von vieren und so fort, bis sich das Gerücht verbreitet hatte, es seien vierzig Raben aus ihm herausgeflogen. Jener aber, über dieses Gerücht unruhig, berief das Volk zusammen und erzählte den Hergang der Sache, wie er die Frau habe versuchen wollen, ob sie ein Geheimnis bewahren könnte. Nach diesem aber starb seine Frau und er ging in ein Kloster, wo er drei Buchstaben lernte, von denen der erste schwarz, der andere rot und der dritte weiß war: der erste aber bedeutete das Gedächtnis seiner Sünden, der andere die Erinnerung an das rote Blut unseres Heilandes, welches er am Kreuz vergossen, und der dritte die Sehnsucht nach den himmlischen Freuden und nach denen, welche dem Lamme Gottes, wohin es auch in seiner Weise geht, folgen.

Ein spaßhaftes Exempel, wie man den Weibern nichts vertrauen soll, am wenigsten bei Geheimnissen.

Macrobius erzählt, daß ein Römerknabe mit Namen Papirius einmal mit seinem Vater in den Senat der weisen Männer ging, wo aber befohlen ward, einen gewissen geheimen Beschluß bei Leibesstrafe zu bewahren. Wie nun der Knabe wieder nach Hause kam, fragte ihn seine Mutter, was das wäre, was die Consuln bei Leibesstrafe zu verbergen befohlen hätten. Der Knabe antwortete: du darfst es auch nicht erfahren, denn es ist befohlen es zu verheimlichen. Wie das die Mutter hörte, begann sie mit Bitten, Versprechungen, Drohungen und Schlägen den Knaben zu veranlassen, ihr das Geheimnis zu enthüllen. Endlich sagte der Knabe, um seine Mutter zufrieden zu stellen und sein Geheimnis zu bewahren: der Beschluß handelt davon, ob es besser ist, daß ein Mann mehrere Frauen, oder eine Frau mehrere Männer ehelicht. Kaum hatte er das gesagt, als auch seine Mutter dieses Geheimnis den andern römischen Frauen mitteilte. Diese kamen nun am andern Tage in einem großen Haufen, ohne sich die Sache weiter zu überlegen, zu den Senatoren und baten, daß vielmehr eine Frau zwei Männer, als zwei Weiber einen Mann nehmen dürften. Die Senatoren aber erstaunten und wunderten sich über die schamlose Tollheit des sonst so verschämten zweiten Geschlechts: was denn eine solche Verkehrtheit der Weiber zu bedeuten hätte, daß sie so ein wunderliches Verlangen und eine so unverschämte Forderung hervorbrächten. Wie das der Knabe Papirius merkte, sagte er den Senatoren, was geschehen war. Diese aber lobten den Knaben und setzten fest, er solle stets mit in der Ratsversammlung zugegen sein.

Von der Weise des Kampfes gegen den Teufel bei Christi Leiden.

In England liegt, wie Gervasius erzählt, an den Grenzen des Bistums Elie eine Burg, die den Namen Cathubica führt, und ein klein Stück weiter unter demselben befindet sich ein Ort, den man Wandlesbury nennt, weil die Vandalen, als sie die einzelnen Teile Britanniens durch ein greuliches Morden der Christen veheerten, daselbst ihr Lager aufgeschlagen haben. Wie sie nun ihre Zelte am Gipfel eines dort befindlichen Hügels errichtet hatten, umgaben sie die ganze Ebene in der Runde mit einem Wall, so daß nur ein einziger Eingang, wie ein hohes Portal, um auf dieselbe zu gelangen, offen blieb. Wenn nun auf dieser Ebene, wie von grauem Altertum her eine Sage geht, die in aller Munde ist, in einer stillen Nacht beim Mondenschein ein Krieger laut ruft, daß ihm ein anderer entgegenkommen solle, dann zeigt sich ihm gleich gegenüber ein Ritter, der sich zum Zusammenrennen gerüstet hat, und in dem Zusammenstoße der Rosse hebt derselbe entweder seinen Gegner aus dem Sattel, oder wird selbst zu Boden geworfen. Gleichwohl aber reitet der Ritter nur allein in die Öffnung des Walles hinein, und kann von da aus alles, was auswendig vorgeht, wohl übersehen. Um nun dieser Sache, welche wirklich also vorgeht und vielen Personen bekannt ist, Glauben zu verschaffen, will ich hier beifügen, was ich darüber von den Einwohnern und Eingebornen vernommen habe.
Es lebte vor einiger Zeit in Oberbritannien ein Ritter, namens Albertus, ein äußerst tapferer und kriegskundiger, und auch übrigens mit allen Tugenden gezierter Mann. Dieser kam eines Tages in jene genannte Burg als Gast, und da bei dem rauhen Winterwetter abends nach Tische die Familie des reichen

Schloßherrn sich am Herde, wie es die Sitte der Großen ist, mit Erzählung alter Begebenheiten unterhielt, ward zuletzt auch von einem der hier Geborenen dieses wunderbare Ereignis berichtet. Dieser tapfere Mann nun, um sich von dem, was er mit seinen Ohren vernommen hatte, auch durch eigene Erfahrung zu überzeugen, wählte sich einen von den adligen Schildknappen, der sich daselbst befand, zum Begleiter aus, und begab sich an jenen Ort. Als ihm aber der Platz gezeigt worden war, und der geharnischte Ritter sich demselben genähert hatte, ritt er den Hügel hinan und begab sich hierauf, nachdem er den Edelknaben entlassen hatte, allein auf jenes Feld.
Nun rief der Ritter laut aus, er wünsche einen Gegner zu finden, und auf seinen Ruf kam von der entgegengesetzten Seite ein Mann, der wie ein Ritter aussah, angesprengt. Kurz sie hielten ihre Schilde vor, legten ihre Speere ein und rannten auf ihren Rossen gegen einander, und die Reiter wurden bald durch ihre gegenseitigen Stöße zum Wanken gebracht, endlich aber zersplitterte die Lanze des andern, nachdem er einen vergeblichen Stoß getan hatte, und Albertus brachte diesen seinen Gegner durch einen gewaltigen Anlauf zum Fallen. Dieser war aber kaum niedergestürzt, als er auch wieder ohne Verzug aufsprang, und während Albertus sich umsieht, um das Roß seines Gegners als Kampfpreis zu fangen, seinen Speer wieder an sich zieht, und ihn wie einen Wurfspieß nach dem Albertus schleudert, und dessen Hüfte durch diesen furchtbaren Wurf durchbohrt. Unser Ritter dagegen, der entweder aus Freude über seinen Sieg weder Wurf noch Wunde fühlte, oder auch nur den Schmerz verbiß, verläßt, da mittlerweile sein Gegner verschwunden war, als Sieger den Kampfplatz, und übergibt dem Schildknappen das erbeutete Roß, welches von hohem Bau, schlankem und gewandtem Körper und äußerlich sehr schön war.
Als aber der Ritter wieder nach dem Schlosse zurückkehrte, kam ihm das ganze Burggesinde entgegen, wunderte sich über die Begebenheit, freute sich, daß der feindliche Ritter niedergeworfen worden war, und pries die Tapferkeit des edlen Barons. Als aber derselbe seine eisernen Beinschienen abschnallte, fand er die eine ganz mit geronnenem Blute angefüllt. Alle Anwesenden entsetzten sich über die Wunde, allein der Ritter erzürnte sich über ihre Furcht. Jetzt lief aber das ganze Volk, welches bisher der Schlaf gefesselt hatte, von dem Lärme aufgeweckt herbei, und ihre erwachende Verwunderung veranlaßte sie bald das Stillschweigen zu brechen, denn als Zeuge seines Triumphes ward das Roß aufgezäumt dem Anblicke aller ausgesetzt gehalten mit seinen feuersprühenden Augen, hohem Nacken, schwarzen Mähnen und Rittersattel. Kaum hatte sich aber der erste Hahnschrei hören lassen, als auch das Roß rasende Sprünge machte, die Nüstern aufbließ, mit seinen Hufen in den Erdboden hieb, plötzlich die Rieme, an welchen man es hielt, sprengte, seine natürliche Freiheit wieder gewann, entfloh und seinen Verfolgern bald aus den Augen kam.
Indessen behielt unser Ritter eine beständige Erinnerung an seiner ihm förm-

lich eingebrannten Wunde, denn alle Jahre, und zwar in derselben Nacht, erneuerte sich der Schmerz derselben, und sie brach jedesmal wieder auf der Oberfläche der Haut von neuem auf. Daher kam es denn, daß der edle Ritter nach wenigen Jahren über das Meer fuhr und Leben und Seele nach vielfachen, mannhaften Kämpfen gegen die Ungläubigen an den Herrn zurückgab.

Von der Sonderbarkeit und den Wundern der Welt.

Plinius erzählt uns, daß einige Menschen Hundsköpfe haben, welche mit Gebell reden und in Tierfelle gekleidet sind. Darunter sind aber die Priester zu verstehen, welche alle mit Tierfellen bekleidet sein sollen, d.h. mit strenger Buße, um anderen ein gutes Beispiel zu geben. So sind in Indien gewisse Leute, die nur ein Auge über der Nase mitten auf der Stirn haben und das Fleisch der Tiere essen. Darunter werden aber die Menschen gemeint, die nur das eine Auge der Vernunft besitzen, welches sie auf der Stirn tragen, aber nicht freien Willen haben. So sind in Lybien gewisse Frauenzimmer, die keinen Kopf, aber Maul und Augen auf der Brust haben. Diese Weiber aber bedeuten die Menschen, welche demütig Gehorsam mit der Brust leisten wollen, aber kein leichtfertiges Herz haben und alles, was sie äußerlich tun wollen, vorher wohl und klüglich in ihrem Herzen bedenken.

Im Morgenlande, nahe am irdischen Paradiese, wohnen Leute, die gar nichts essen und einen so kleinen Mund haben, daß sie durch einen Strohhalm trinken; sie leben aber vom Geruche des Obstes und der Blumen, und sterben plötzlich an einem üblen Geruche. Diese Menschen nun bezeichnen die Klosterleute, die vorzüglich im Essen und Trinken mäßig sein sollen, d.h. einen kleinen Mund haben, um mit einem Strohhalm, d.h. mit Besonnenheit Essen und Trinken zu sich zu nehmen. Solche Leute sollen aber vom Geruch der Früchte und Pflanzen, d.h. geistig von guten Lehren und Tugenden leben, und so andern Menschen ein Muster in Keuschheit, Sparsamkeit und den andern Tugenden zu leben geben. Sie sterben aber an einem üblen Geruche, d.h. an plötzlicher Sündhaftigkeit, denn sobald jemand eine Sünde begangen hat, stirbt der Mensch unserem Heilande, Christo Jesu. Allda sind auch Menschen ohne Nase mit einem vollen und runden Gesicht, die, was sie sehen, alles für gut halten. Das sind aber die Toren, denen die Spürnase des Unterscheidungsvermögens abgeht, so daß ihnen alles, was sie sehen und tun, gut zu sein dünkt. Es gibt aber auch Leute, welche eine so lange Nase und Unterlippe haben, daß sie, wenn sie schlafen, das ganze Gesicht damit zudecken. Diese bedeuten die gerechten Leute, die nach unten, d.h. nach der Welt zu die Lippe der Überlegung gar groß haben, indem sie die Eitelkeit der Welt, den Neid und die Lügenhaftigkeit derselben betrachten, jedoch mit der Lippe der Wachsamkeit ihr ganzes Gesicht beschirmen, d.h.ihren ganzen Lebenswandel durch lebendiges Nachdenken, auf daß er nicht in Sündhaftigkeit einschlafe.

In Scythien gibt es Leute, welche so lange und so große Ohren haben, daß sie mit ihnen ihren ganzen Körper zudecken können. Darunter sind die zu verstehen, welche gern das Wort Gottes hören, durch welches sie ihren Leib und Seele vor Sünden behüten können. Es gibt auch andere, daselbst, welche wie die Tiere einherlaufen. Das sind diejenigen, welche weder Gott noch seine Heiligen in Ehren halten, sondern wie das unvernünftige Vieh von Sünden zu Sünden schreiten; gegen welche Petrus sagt: wollet nicht sein wie das Pferd und das Maultier, in welchem nicht ist etc. Ebenso sind auch Leute allda mit Hörnern, kleinen Nasen und Bocksbeinen. Das sind die Hochmütigen, welche überall die Hörner des Hochmutes zeigen, zu ihrem persönlichen Heil die Spürnase der Besonnenheit sehr klein, im Rennen nach der Wollust die Beine eines Bockes haben. Denn die Ziege ist sehr schnell im Laufen und geschickt zum Klettern: dies wende auf die Hoffährtigen an. In Äthiopien gibt es Leute, welche zwar nur ein Bein haben, allein von so großer Schnelligkeit sind, daß sie die wilden Tiere im Laufen jagen. Das sind die Leute, welche nur das eine Bein der Vollkommenheit gegen Gott und ihren Nächsten haben, d.h. das Bein der Liebe. Diese laufen schnell dem Himmelreich zu.

In Indien wohnen die Pygmäer, die nur zwei Ellen lang sind, auf Böcken reiten und mit den Kranichen fechten. Darunter hat man die zu verstehen, welche klein sind, ein langes Leben zwar gut begonnen, aber nicht darin ausgehalten haben, und nicht mannhaft gegen die Kraniche, d.h. der Laster Schmutz ankämpfen. Es befinden sich in Indien auch einige Leute, welche sechs Hände haben, nackt und behaart sind und sich an einem Strome aufhalten. Die Menschen mit den sechs Händen, bedeuten aber die Eifrigen, welche arbeiten, auf daß sie das ewige Leben erringen, wie Petrus sagt: meine Seele ist immer in meinen Händen. Unter den nackten Menschen muß man sich die der Tugend beraubten Sünder denken, welche am Strome dieser Welt wohnen. Dort wohnen auch Menschen, die an den Händen sechs Finger und an den Füßen sechs Zehen haben, sieben Tage lang sich vor jedem Flecke der Sünde hüten und den siebenten Tag feiern und heilig halten. Man findet daselbst auch Weiber mit Bärten, die bis auf die Brust gehen, deren Kopf aber ganz kahl ist. Das sind die gerechten Menschen, welche die gerade Straße der Lehre der Kirche beobachten, und sich weder durch Liebe noch Haß davon abbringen lassen.

In Antiochien sind auch Leute mit vier Augen: das sind die, welche Gott, die Welt, den Teufel und das Fleisch fürchten. Ein Auge richten sie auf Gott hin, um recht zu leben und wie sie ihm gefallen sollen, das zweite auf die Welt, wie sie dieselbe fliehen müssen, das dritte auf den Teufel, wie sie ihm Widerstand leisten können, das vierte auf das Fleisch, wie sie es kreuzigen sollen. In Europa leben irgendwo schöne Leute, die aber den Kopf, Hals und Schnabel von Kranichen haben. Das sind die Richter, welche wie der Kranich einen langen Hals haben sollen, damit sie eher in ihrem Herzen klüglich überlegen, als sie das Urteil auf der Zunge haben, und wären alle Richter so, hätten wir nicht so viele schlechte Urteilssprüche.

Von der Vorsehung, die die Mutter alles Reichtums ist.

Ein gewisser König wünschte zu wissen, wie er sich und sein Reich regieren solle, er berief also einen Mann zu sich, der andere an Weisheit übertraf und sprach: mein Lieber, gib mir doch ein Bild an, nach welchem ich mich und mein Land regieren kann. Jener aber entgegnete: Herr, sehr gern. Er ließ hierauf sogleich an der Wand einen König mit einer Krone auf dem Haupte in folgender Gestalt abmalen.
Ein König, in Purpur gekleidet, saß auf einem Throne, hielt in seiner linken Hand einen Ball, in der Rechten trug er einen Scepter, und über seinem Kopfe hatte er eine brennende Leuchte. Links von ihm saß die Königin, eine sehr schöne Dame mit einer Krone und einem goldgestickten bunten Gewande bekleidet. Auf der andern Seite waren Räte, die auf Sesseln saßen und vor sich ein offenes Buch hatten. Ganz vorn unter dem Könige war ein Ritter zu Pferde, mit Waffen geschmückt, einen Helm auf dem Haupte, einen Speer in der Rechten, an der Linken durch einen Schild geschützt, ein Schwert an seiner rechten Seite, seinen Leib geharnischt, Spangen auf der Brust, eiserne Beinschienen an seinen Lenden, Sporen an seinen Füßen, eiserne Handschuhe an seinen Fäusten und ein zum Kampfe abgerichtetes Roß mit seinem Geschirre. Unter dem König waren auch seine Stellvertreter abgebildet, der eine saß wie ein Ritter zu Rosse, mit einem Mantel und einer Kappe, mit verschiedenen Pelzen angetan, und in der rechten Hand eine Rute ausgestreckt haltend. Auf gleiche Weise standen auch unter den Stellvertretern gemeine Leute, deren Gestalt folgende war: ein Mann, ganz wie ein anderer Mensch anzusehen, hielt in seiner rechten Hand eine Hacke, mit der man die Erde aufgräbt, mit der linken einen Stab, mit welchem eine Herde Rindvieh getrieben wird, in seinem Gürtel stack eine Sichel, mit welcher man Korn mäht und die unnützen Ranken der Weinstöcke und Bäume beschneidet. Auf der rechten Seite des Königs vor dem Ritter war ein Handwerksmann dargestellt, dessen Abbildung so war, daß er in Menschengestalt in seiner Rechten einen Hammer führte, in seiner Linken eine Axt und in seinem Gürtel einen Topf mit Kitt hängen hatte. Ebenso stand vor den Landleuten ein Mann, der in seiner Rechten eine Zange hielt, in seiner Linken ein großes und hohes Schwert, an seinem Gürtel eine Schreibtafel und ein Tintenfaß mit Encaustum, hinter seinem rechten Ohre stack aber eine Schreibfeder. Ebenso stand vor dem Bauer auch ein Mann, der abgebildet war, wie er eine Waage mit Gewichten in der Rechten hielt, in der Linken eine Elle, am Gürtel einen Beutel mit mancherlei Münzsorten hatte. Ebenso standen vor der Königin Ärzte und Spezereihändler in folgender Gestalt: ein Mann stand auf einer Lehrkanzel, ein Buch in der Rechten und einen Topf samt einer

Büchse in der Linken, am Gürtel hatte er eiserne Instrumente, um Geschwüre und Wunden zu sondieren. Ebenso stand neben ihm ein Mann, der so abgebildet war: er hielt seine rechte Hand erhoben, um die Vorübergehenden in seine Herberge einzuladen, seine Linke aber war ganz vollgestopft durch ein schönes Brot, und über sich hatte er ein Weinfaß, an seinem Gürtel aber hingen Schlüssel. Auf der linken Seite aber vor dem Ritter befand sich ebenfalls ein Mann, der folgendermaßen aussah: in der rechten Hand hielt er ein großes Schlüsselbund, in seiner linken eine Elle, und an seinem Gürtel hing ein Beutel mit Hellern. Endlich stand vor dem Könige noch ein Mann mit struppigen und verworrenen Haaren, in der Rechten hielt derselbe etwas Geld, in der Linken drei Würfel, an seinem Gürtel hing eine Büchse mit Schriften angefüllt. Wie nun der König das Gemälde betrachtet hatte, gab er sich so viel Mühe, daß er endlich weise ward.

Von Prophezeiungen über Weltende und Antichrist

Brigitta von Schweden

Eine Vision stand bereits am Anfang ihres Lebens: Gleich nach der Geburt der heiligen Brigitta in Finstad bei Uppsala, soll ein Priester, der in der Nacht betete, eine helle Wolke gesehen haben; In dieser saß eine Jungfrau, die ein Buch in der Hand hielt und sprach: „Es ist jetzt ein Kind geboren, dessen Stimme wunderbar durch die ganze Welt hin vernommen wird."
Brigitta war eine Anverwandte des schwedischen Königshauses. Als sie acht Jahre alt war, starb ihre Mutter, so daß sich eine Tante der frommen Erziehung des Kindes annahm. Bereits mit 13 Jahren wurde sie mit dem Adeligen Ulf Gudmarrson vermählt. Zu dieser Zeit hatte sie schon Visionen, doch zunächst kümmerte sie sich mehr um ihre glückliche Ehe, aus der acht Kinder hervorgingen, darunter die heilige Katharina von Schweden. Wegen ihrer Frömmigkeit und außergewöhnlichen Nächstenliebe genoß Brigitta, die vorübergehend sogar das Amt einer Oberhofmeisterin bekleidete, großes Ansehen. Gemeinsam mit ihrem Ehemann unternahm sie 1341 bis 1343 eine Pilgerfahrt nach Santiago di Compostela in Spanien. Gudmarrson zog sich danach in das Zisterzienserkloster Alvastra zurück. Sein Tod im Jahre 1344 brachte die entscheidende Wende in Brigittas Lebens. Sie ließ sich in Alvastra nieder und vernahm in einer Vision die Berufung, Gottes Braut und Mittlerin zu sein. Aus dem weltlichen Leben zog sie sich ganz zurück. Immer häufiger wurden ihr nun Offenbarungen als Antwort auf ihr Gebet zuteil, selten fiel sie allerdings dabei in Ekstase. Ihre zahlreichen Eingebungen schrieb Brigitta schließlich in schwedischer Sprache nieder. Ihre Beichtväter, der Subprior Petrus Olavi von Alvastra und der Magister Matthias von Linköping, übersetzten die Texte ins Lateinische.
Bereits in Alvastra bereitete die Heilige eine Ordensgründung vor, den späteren Brigittenorden. Im Jahre 1346 schenkte ihr König Magnus Eriksson

unter anderem das Königsgut Wadstena – der Ort für ihre Klosterstiftung war damit gefunden.
Angeblich auf besondere göttliche Weisung unternahm sie 1349 eine Reise nach Rom. Hier sowie in Neapel und Sizilien besuchte sie die heiligen Stätten und die von den Gläubigen verehrten Reliquien. Mehr als zwei Jahrzehnte später begab sie sich auf eine Pilgerfahrt ins Heilige Land nach Jerusalem. Während ihres viermonatigen Aufenthaltes soll ihr in einem Gesicht das ganze Leiden Christi vorgeführt worden sein. Außerdem erhielt sie in Jerusalem Offenbarungen über das griechische Reich und die griechische Kirche. Diese machten Brigitta unzweifelhaft deutlich, daß die griechisch-orthodoxe Christenheit dem römischen Papsttum untertan sein müsse.
Die letzten 24 Jahre ihres Lebens verbrachte die fromme Schwedin in Italien. Selbst ihr Tod im Juli 1373 und ihr Begräbnis sollen – so die Überlieferung – von verschiedenen wunderbaren Erscheinungen begleitet worden sein. Ihr Leib wurde 1374 (mit Ausnahme eines Armes) nach Wadstena in das von ihr gegründete Kloster überführt. 15 Jahre darauf sprach sie Papst Bonifatius IX. heilig.

Visionen der hl. Brigitta

Christus sagt der Braut, welche für einen König betet, daß dieser sich bemühen solle, in seinem Reiche mit dem Rate geistlich gesinnter, gerechter, weiser Männer die Mauern Jerusalems, das heißt der Kirche und des katholischen Glaubens, wieder herzustellen, da dieselben gleistlicherweise gleichsam eingestürzt seien. Jene Mauern bedeuten die Gemeinschaft der Christen, und die Gefäße des Tempels den Klerus und die geistlichen Orden.

Der Sohn sprach: „Derjenige, welcher aus einem Gliede des Teufels ein Glied von mir geworden, soll arbeiten, wie diejenigen, welche die Mauern Jerusalems bauten, für die Wiederherstellung des vernichteten Gesetzes arbeiteten und die hinweggeführten Geräte des Hauses Gottes wieder zusammenbrachten. Wahrlich, ich beklage mich über drei Dinge: Erstens, daß die Mauer Jerusalems zerstört ist. Was ist die Mauer Jerusalems, d.h. meiner Kirche, als die Leiber und Seelen der Christen, aus welchen meine Kirche erbaut werden soll? Die Mauer dieser Kirche ist jetzt ganz zerfallen, weil alle ihren Willen, aber nicht den meinigen zu vollbringen suchen. Sie wenden ihre Augen ab von mir, und wollen mich nicht hören, wenn ich rufe; meine Worte sind für sie unerträglich, meine Werke sind ihnen eitel, an mein Leiden zu denken, ist ihnen abscheulich, mein Leben unerträglich und die Nachfolge desselben halten sie für unmöglich.
Zweitens beklage ich, daß die Werkzeuge meines Hauses gen Babylon ent-

führt sind. Was sind die Werkzeuge meiner Kirche und die verschiedenen Gefäße derselben anderes, als die Ordnung und der Wandel der Welt- und Ordensgeistlichen? Die gute Ordnung und der Schmuck derselben ist von meinem Tempel hinweggeführt zur Hoffart der Welt, zum Eigenwillen und zur Vergnügungssucht. Meine Weisheit und Lehre sind für sie eitel, meine Gebete lästig; das mir geleistete Versprechen machen sie zunichte; mein Gesetz und die Satzungen meiner Freunde, ihrer Vorgänger, haben sie entweiht; sie machen sich selber Satzungen und erheben dieselben zu ihrem Gesetze. Drittens klage ich, daß mein Gesetz der zehn Gebote abhanden gekommen ist. Liest man nicht in meinem Evangelium, daß ich zu einem, der mich fragte: Meister, was soll ich tun, damit ich das ewige Leben haben möge? gesagt habe: Halte meine Gebote! (Matt. Kap. 19), und jetzt sind sie vernachlässigt und vergessen.
Darum soll der König, für welchen Du betest, geistliche Männer versammeln, die weise sind nach meiner Weisheit, und diejenigen, welche meinen Geist haben, fragen, auch sich fleißig erkundigen nach ihrem Rate, wie die Mauer meiner Kirche unter den Christen wieder aufgebaut und Gott Ehre erwiesen werde, der rechte Glaube wieder blühe, die göttliche Liebe wieder entzündet werde und mein Leiden sich eindrücke in das Herz der Menschen. Er soll auch forschen, wie die Gefäße meines Hauses wieder in den vorigen Stand gebracht werden mögen; nämlich daß die Welt- und Ordensgeistlichen die Hoffart verlassen und die Demut wieder erwählen, in Unschuld leben und die Keuschheit lieben, daß die genußsüchtigen Weltleute von dem allzu großen Verlangen nach der Welt sich enthalten mögen, auf daß sie anderen leuchten können. Er soll auch tapfer und weislich arbeiten, daß meine Gebote aufmerksamer geliebt werden; die gerechten Christen soll er versammeln, um mit denselben das Niedergerissene geistlich wieder aufzuerbauen. Wahrlich, meine Kirche ist allzuweit von mir abgewichen, so sehr, daß, wenn das Gebet meiner Mutter nicht einträte, keine Hoffnung der Barmherzigkeit sein würde. Aber unter allen Ständen der Laien sind die Kriegsleute mehr abgefallen, als andere. Die Gefahr und die Strafe dieser Abtrünnigen sind Dir früher gezeigt worden."

Christus verbietet der Braut, von den Neuigkeiten und Werken der Weltleute und den Kriegen der Fürsten zu hören; sie soll die Werke Gottes betrachten, welche stauenenswert und wunderbar sind. Er tadelt auch diejenigen, welche allein auf Reichtum, Ehren und Vergnügen sehen, und sagt, daß dieselben nimmer das von Milch und Honig triefende Land sehen, das heißt die himmlische Herrlichkeit, wofern sie sich nicht bekehren und gerecht leben nach ihrem Stande; die Gerechten aber werden eingehen und erhöht werden.

„Warum hast Du Freude daran, von den Werken der Weltleute und den Kriegen der Fürsten zu hören, und weshalb beschäftigst Du Dich mit solch eitlem Anhören, da doch ich der Herr aller Dinge bin, und ohne mich nichts für ein Vergnügen zu achten ist? Wolltest Du aber die Taten großer Herren hören, großartige Werke schauen, so solltest Du wirklich meine Taten, welche für den Verstand unbegreiflich, für den Gedanken staunenswert und für das Gehör wunderbar sind, betrachten und anhören. Obwohl nun aber der Teufel die Herrn der Welt nach seinen Willen bewegt, und obwohl es ihnen nach meiner verborgenen Gerechtigkeit glücklich ergeht, so bin ich doch ihr Herr, und sie werden gerichtet werden durch mein Gericht. Sie haben sich ein neues Gesetz errichtet wider mein Gesetz, da sie alle Sorge darauf verwenden, wie sie von der Welt möchten geehrt werden, wie sie möchten Reichtümer erwerben, wie ihren Willen durchsetzen, wie ihr Geschlecht erweitern können. Deshalb schwöre ich bei meiner Gottheit und meiner Menschheit, daß, wenn sie in solchem Zustande sterben sollten, sie nimmermehr eingehen werden in jenes Land, das Israel unter dem Bilde des von Honig und Milch fließenden verheißen ward, ebensowenig als diejenigen, welche sich nach den Fleischtöpfen sehnten und eines plötzlichen Todes starben und wie jene eines fleischlichen Todes starben, so werden diese den Tod der Seele sterben. Diejenigen aber, welche meinen Willen tun, werden eingehen in das Land, wo Milch und Honig fließt, das heißt in die himmlische Herrlichkeit, worin weder die Erde unten, noch der Himmel oben ist, sondern wo ich, der Schöpfer und Herr aller Dinge, unten und oben, außen und innen bin, weil ich alles erfülle. Ich werde meine Freunde mit Süßigkeit sättigen, nicht mit der Süße des Honigs, sondern sie mit der unaussprechlichen und wunderbaren Süßigkeit erfüllen, so daß sie nichts verlangen, als mich, nichts bedürfen, als mich, in dem alles Gute ist. Dieses Gute werden meine Feinde nimmer kosten, wofern sie sich nicht von ihrem argen Wesen bekehren. Wenn sie bedächten, was ich für die getan, wenn sie betrachteten, was ich ihnen gegeben, würden sie mich nimmer so zum Zorne reizen; denn ich habe ihnen gegeben, daß sie alles Notwendige und alles Wünschenswürdige mit Mäßigkeit haben mögen. Ich habe ihnen erlaubt, auf gemäßigte Weise Ehren zu haben, Freunde zu haben, und auch mäßige Belustigung der Sinne. Wer also in Ehren sitzt und bei sich denkt: Deshalb, weil ich in Ehren stehe, will ich mich ehrbar halten nach meinen Stande, ich will meinem Gotte Ehrfurcht erweisen, niemand unterdrücken, die Geringeren fördern, alle lieben! ein solcher gefällt mir in seiner Ehre; wer Reichtum besitzt und bei sich denkt: Weil ich Reichtum habe, will ich keines Menschen Sache mit Unrecht nehmen, niemand unrecht tun, mich vor der Todsünde hüten, den Armen zu Hilfe kommen! ein solcher ist mir in seinem Reichtum angenehm; wem sinnliche Lust gestattet ist, und also bei sich denkt: Mein Fleisch ist schwach, und ich hoffe nicht, daß ich werde enthaltsam sein können; darum will ich, weil ich eine rechtmäßige Frau habe, nicht mehrere begehren und will mich aller Unehrbarkeit und Unordnung enthalten! auch ein solcher hat mein Wohlgefallen. Nun aber ziehen viele ihr Gesetz meinem Gesetze vor, denn in ihrem

Ehrgeiz wollen sie keine Oberen haben, ihres Reichtums können sie niemals satt werden, in ihrer Lust wollen sie über Maß und löbliche Ordnung hinausgehen. Wenn sie sich daher nicht bessern, und keinen anderen Weg einschlagen, werden sie nicht eingehen in mein Land, in welchem geistliche Milch und geistlicher Honig sind, das heißt Süßigkeit und Sättigung. Jene aber, welche diese erlangen, wünschen nichts weiter, und bedürfen nichts, als was sie schon haben.

Christus sagt der Braut, daß zwei Geister sind, ein guter und ein böser; die Zeichen des heiligen Geistes aber sind Süßigkeit des Herzens und Herrlichkeit; die Zeichen des bösen Geistes aber sind Angst und Herzensunruhe, welche hervorgeht aus Begierlichkeit oder Zorn.

Der Sohn redete zur Braut und sprach: „Der gute Geist ist in des Menschen Herzen. Was ist der gute Geist anderes, als Gott? Was ist Gott, als allein die Süßigkeit und Herrlichkeit der Heiligen? Gott selber ist in ihnen und sie sind in ihm, und dann haben sie alles Gute, wenn sie Gott haben, ohne welchen nichts Gutes ist. Welche also den Geist Gottes haben, die haben Gott und das ganze himmlische Heer und alles Gute. Ähnlicherweise haben alle, welche den bösen Geist in sich haben, alles Böse in sich; denn was ist der böse Geist anderes als der Teufel? Was aber ist der Teufel anderes als Pein und jegliches Böse? Wer also den Teufel hat, hat in sich Pein und alles Böse. Wie aber der gute Mensch nicht fühlt, woher und wie die Süßigkeit des heiligen Geistes in sein Herz eindringt, so kann er dieselbe auch im gegenwärtigen Leben nicht vollkommen, sondern nur teilweise kosten. Wenn aber ein böser Mensch durch Begierlichkeit geängstigt wird, wenn er nach Ehrgeiz strebt, wenn er vom Zorne beunruhigt, durch Unkeuschheit und die übrigen Laster befleckt wird, so ist daß eine Pein des Teufels, ein Anzeichen ewiger Unruhe, obwohl dieselbe in gegenwärtiger Zeit, wie sie ist, nicht ermessen werden kann; wehe denen, welche diesem Geiste anhangen!"

Christus sagt, wie diese Welt vor seiner Ankunft eine Wüste gewesen, worin ein trüber Brunnen, das heißt die Liebe der Welt, sich befand, zu welchem die gleichsam blinden Heiden und Juden auf sieben Wegen der Sünden geführt wurden. Er selbst aber hat nach Annahme der Menschheit die Welt erleuchtet, indem er die Wege zum Himmel zeigte. Nachdem diese nunmehr verwüstet sind, sendet er jetzt diese seine Worte des gegenwärtigen Buches in die Welt. Wer dieselben angenommen und mit der Tat gehalten haben wird, wird gerettet werden.

Maria sprach zum Sohne: „Gebenedeit seist Du, mein Sohn, Du bist der Anfang, ohne Anfang der Zeit, und die Macht, ohne welche niemand mächtig ist. Ich bitte Dich, mein Sohn, vollende mit Macht, was Du mit Weisheit angefangen." Der Sohn antwortete: „Du bist wie ein süßer Trank dem Dürstenden, und als ein Quell, der das Dürre tränkt, denn durch Dich fließt allen Gnade zu; deshalb werde ich tun, um was Du bittest." Wiederum sprach der Sohn: „Diese Welt war vor meiner Menschwerdung gleichsam eine Wüste, worin sich ein trüber und unreiner Brunnen befand, nach dessen Genusse alle daraus Trinkenden noch heftiger dürstete, und die triefenden Augen noch schlimmer wurden. Neben diesem Brunnen standen zwei Männer, deren einer rief und sprach: Trinket getrost! denn es kommt ein Arzt, welcher alles Siechtum hinwegnimmt. Der andere aber sprach: Trinket voll Freude; es ist Eitelkeit, das Ungewisse zu begehren. Zu diesem Brunnen führten sieben Wege und alle verlangten nach dem Brunnen. Mit Recht wird diese Welt einer Wüste verglichen, worin wilde Tiere, unfruchtbare Bäume und schmutzige Gewässer sind, weil der Mensch wie ein Tier begierig war, das Blut seines Nächsten zu vergießen, unfruchtbar in Werken der Gerechtigkeit, und unrein durch Unenthaltsamkeit und Begierlichkeit. In dieser Wüste nun wurde von den Menschen der trübe Brunnen aufgesucht, nämlich: die Liebe der Welt und ihre Ehre, welche sich in Hoffart erhebt, aber in der Sorge des Fleisches im Herzen Unruhe und Sturm erregt. Der Pfad zu demselben führt wie auf sieben Wegen der sieben Todsünden. Die beiden am Brunnen stehenden Männer bedeuten die Lehrer der Heiden und Juden. Die Lehrer der Juden waren stolz auf das Gesetz, welches sie hatten, aber nicht hielten und weil sie sehr begehrlich waren, reizten sie das Volk durch Wort und Beispiel an, das Zeitliche zu suchen, indem sie sprachen: Lebt ohne Sorgen, denn der Messias wird kommen und alles wieder herstellen. Die Lehrer der Heiden aber sprachen: Gebrauchet die Geschöpfe, welche ihr sehet; denn die Welt ist deshalb erschaffen, daß wir uns freuen.

Als nun der Mensch also blind dastand, daß er weder Gott beachtete, noch an die Zukunft dachte, bin ich, mit dem Vater und dem heiligen Geiste Ein Gott, in die Welt gekommen, habe die Menschheit angenommen, öffentlich gepredigt und gesprochen: Was Gott verheißen und Moses geschrieben, hat sich erfüllt. Liebt also das Himmlische; denn das Zeitliche vergeht, und ich will euch das Ewige geben. Ich habe auch jenen siebenfachen Weg gezeigt, auf welchem der Mensch von seiner Eitelkeit sich abkehren sollte; denn ich habe die Armut und den Gehorsam gezeigt und Fasten und Beten gelehrt, ich verbarg mich zu Zeiten vor den Menschen, blieb allein im Gebete und nahm die Schmach auf mich, ich habe Mühsal und Schmerzen erwählt, ich habe Peinen und einen verächtlichen Tod ausgestanden. Diesen Weg habe ich durch mein Beispiel selber gezeigt und meine Freunde sind auf demselben lange einhergewandelt. Jetzt aber ist der Weg verwüstet. Die Hüter schlafen und die Vorübergehenden ergötzen sich an eitlen und neuen Dingen. Deshalb will ich mich erheben und nicht schweigen. Ich will hinwegnehmen die Stimme der Freude und meinen Weinberg an andere vergeben, welche Frucht bringen werden zu ihrer Zeit. Doch nach dem gemeinen Sprichworte werden unter den Feinden auch Freunde gefunden. Deshalb will ich meinen Freunden Worte schicken, süßer als Datteln, lieblicher als Honig, köstlicher als Gold. Wer dieselben aufnehmen und bewahren wird, wird den Schatz erhalten, der in glücklicher Weise ewig ist und nicht abnimmt, sondern gewahrt wird im ewigen Leben."

Christus sagt der Braut, wie diese Welt einem Schiff ähnlich ist, das drei Teile hat; nämlich das Vorderteil, die Mitte und das Endteil. Ebenso ist diese Welt in drei Zeitaltern beschlossen, und am Ende des dritten Alters wird von einem verfluchten Weib und einem verfluchten Mann jener entsetzliche Antichrist geboren werden.

Der Sohn sprach: „Diese Welt ist wie ein Schiff, das beladen ist mit Sorgen, und durch die Stürme der Versuchungen hin- und hergetrieben wird und den Menschen niemals sicher sein läßt, bevor er nicht in den Hafen der Ruhe gelangt. Denn wie ein Schiff drei Abteilungen hat, nämlich das Vorderteil, die Mitte und das Endteil, also sage ich Dir, daß drei Zeitalter in der Welt sind. Das erste erstreckte sich von Adam bis zu meiner Menschwerdung und dieses wird durch das Vorderteil bedeutet, das hoch, wunderbar und stark war, hoch in der Patriarchen Gottesfurcht, wunderbar in der Propheten Wissenschaft, stark in des Gesetzes Befolgung. Dieser Teil begann aber allmählich hinabzusinken, als das jüdische Volk meine Gebote zu verachten anfing und sich in Laster und Gottlosigkeiten einließ, weshalb es seiner Ehre entkleidet und aus seinem Besitze verstoßen wurde. Das Mittelschiff, das heißt das mittlere Alter der Welt, begann alsdann sichtbar zu werden, als ich selber, der Sohn des lebendigen Gottes, habe wollen Fleisch werden; denn wie das Mittelschiff niedriger und tiefer gestaltet ist, als der übrige Teil des Schiffes, so begann mit meiner Ankunft die Demut gepredigt zu werden, und viele sind derselben lange Zeit nachgefolgt. Nun aber, da Gottlosigkeit und Hoffart überhand nimmt und mein Leiden gleichsam vergessen und vernachlässigt wird, beginnt das dritte Zeitalter anzubrechen, welches fortdauern wird bis zum Gerichte, und in diesem Zeitalter habe ich durch Dich die Worte meines Mundes der Welt geschickt, und wer immer dieselben vernommen haben und ihnen folgen wird, soll glücklich werden; denn wie ich in meinem Johannesevangelium sagte: Selig, die da nicht gesehen und doch geglaubt haben, so sage ich jetzt: Selig, führwahr in ewiger Seligkeit werden diejenigen sein, welche diese Worte hören und denselben folgen werden. Am Ende dieses Zeitalters wird der Antichrist geboren werden und wie aus einer geistlichen Ehe Kinder Gottes geboren werden, so wird der Antichrist von einem verfluchten Weibe, das ein geistliches Leben zu haben heuchelt, geboren werden, und von einem verfluchten Manne, aus deren Samen mit meiner Zulassung der Teufel sein Werk gestalten wird. Allein die Zeit dieses Antichrist wird nicht sein, wie der Bruder, dessen Bücher Du gesehen, geschrieben hat, sondern in der Zeit, die mir bekannt ist, wenn die Ungerechtigkeit maßlos überfließt und die Ruchlosigkeit ins Unermeßliche gewachsen sein wird. Darum wisse, daß, bevor der Antichrist gekommen, einigen Heidenvölkern die Pforte des Glaubens geöffnet werden wird, und wenn dann die Christen die Ketzereien lieben, und die Ungerechten die Geistlichkeit und Gerechtigkeit mit Füßen treten, ist es ein offenbares Zeichen, daß der Antichrist kommen wird.

Christus sagt von einem Beichtvater des Papstes zu Rom, daß, wie lasterhaft er auch ist, gleichwohl die Absolution, welche er den Beichtenden giebt, vor Gott genehm ist. Christus sagt auch seinen plötzlichen Tod voraus.

„Jener Beichtvater ist einem Aussätzigen gleich, kühn wie der Vogel Weih bei geringfügigen Dingen und stolz wie ein Löwe, aber wie ein Schmetterling, der breite Flügel und einen kleinen Leib hat, wird er vor dem geringsten Winde niederfallen. Gleichwohl aber sollst Du wissen, daß die Absolution, welche er kraft seines kirchlichen Ansehens denen erteilt, welche ihm beichten, vor Gott so gültig ist, wie die Absolution der gerechten Priester. Sage ihm nun also: Was Du begehrst, wirst Du haben, aber nicht besitzen, vielmehr werden andere, was Du gesammelt, an sich reißen." – Bald darauf erhielt er ein Erzbistum, starb aber am nämlichen Tage.

Die Braut schaute ein Gesicht, wie von der Engelsburg an bis zu St. Peter in Rom viele mit einer Mauer umgebene Wohnungen waren. Christus legt dieses aus und sagt, daß der heilige Papst, welcher die Kirche geistlich und brünstig geliebt, daselbst mit seinen Kardinälen und Räten wohnen wird.

„Ich sah zu Rom, als wenn vom Palaste des Papstes, neben St. Peter, bis zur Engelsburg, und von der Engelsburg bis zum Hospitale des heiligen Geistes und zur Kirche des heiligen Petrus selber, eine einzige Ebene wäre, und diese Ebene umgab eine sehr starke Mauer, und um die Mauer herum befanden sich verschiedene Wohnungen. Da vernahm ich eine Stimme, welche sprach: Der Papst, welcher seine Braut mit der Liebe liebt, womit ich dieselbe liebe und meine Freunde sie geliebt haben, wird diesen Ort mit seinen Räten im Besitze haben, damit er sie desto freier und ruhiger versammeln könne."

Hier werden durch Christus die Mittel angegeben, durch welche ein dreijähriger, von einem Teufel geplagter Knabe geheilt wird. Auch seine Mutter, welche von dem Teufel der Wollust betrogen worden, ward durch die Kraft Christi und der hier enthaltenen Worte von demselben befreit.

Ein dreijähriger Knabe konnte nicht beruhigt werden, außer wenn er mit kaltem Wasser besprizt ward. Als die Braut dieses sah und sich wunderte, sprach Christus zu ihr: „Siehe die Gerechtigkeit und Zulassung Gottes. Die Mutter dieses Knaben ist lange von dem Teufel der Wollust geplagt worden, da er, ein Geist, einen sichtbaren Luftleib angenommen und mit diesem Weibe in seiner Bosheit und Nichtswürdigkeit geile und unzüchtige Handlungen verübt hat, und obschon der Knabe aus dem Samen seines Vaters und seiner Mutter geboren worden, hat der Teufel an demselben doch eine gar große Macht, weil er nicht durch die wahre Taufe wiedergeboren, sondern so getauft worden ist, wie die Weiber, welche die Worte der Dreifaltigkeit nicht wissen, zu taufen pflegen. Deshalb soll der Knabe im Namen des Vaters und des Sohnes und des heiligen Geistes getauft werden und er wird gesunden. Die Mutter aber soll ihre Sünde beichten und, wenn der Teufel an sie herantritt, sprechen: Jesus Christus, Du Sohn Gottes, der Du von der Jungfrau Maria zum Heile der Menschen geboren worden, gekreuzigt bist und jetzt im Himmel und auf Erden herrschest, erbarme Dich meiner!" Als das Weib solches tat, ward dasselbe befreit.

Christus straft hier diejenigen schwer, welche dem Geiste einer Wahrsagerin, der Künftiges voraussagt, glauben; denn dieses wirke ein Teufel kraft seiner feinsinnigen Natur durch Zulassung Gottes wegen des Unglaubens und der Begierlichkeit der Menschen.

Ein Kriegsmann fragte eine Wahrsagerin um Rat, ob die Männer des Königreiches sich empören sollten wider den König von Schweden oder nicht, und wie die Wahrsagerin gesagt hatte, so geschah es. Als der Kriegsmann in Gegenwart der Braut Christi diese Tatsache dem König erzählte, vernahm sie, sobald sie sich vom König entfernt hatte, im Geiste die Stimme Christi, welche ihr sagte: „Du hast gehört, wie der Kriegsmann die Wahrsagerin um Rat befragt und wie dieselbe den künftigen Frieden vorausgesagt. Sage nun dem Könige, wie dieses wegen des Unglaubens des Volkes mit meiner Zulassung geschieht; denn vermöge der feingeistigen Beschaffenheit seines Wesens vermag der Teufel vieles Zukünftige zu erkennen, was er denen, die ihn um Rat fragen, zu erkennen gibt, und wodurch er diejenigen täuscht, die ihm Glauben schenken, mir dagegen den Glauben verweigern. Deshalb sage dem Könige, daß solche Betrüger der Seelen aus der Genossenschaft der Gläubigen ausgestoßen werden, weil sie um des zeitlichen Gewinnes halber sich dem Teufel ergeben und ihm huldigen, damit noch mehrere hintergangen werden. Das ist auch nicht zu verwundern, weil, wenn der Mensch mehr zu wissen begehrt, als Gott ihn wissen lassen will, und wenn er wider den Willen Gottes reich zu werden begehrt, der Teufel sein Herz versucht, und sobald er sieht, daß der Mensch seinen Eingebungen geneigt ist, seine Helfer sendet, nämlich Wahrsagerinnen und andere Gegner des Glaubens, um ihn durch dieselben zu betrügen. Hat er dann das geringe Zeitliche nach seinem Willen erlangt, wird er das Ewige verlieren."

Christus sagt, daß die Frömmigkeit der Heiden künftig viel größer sein wird als die der Christen.

Der Sohn redete zur Braut und sprach: „Du sollst wissen, wie unter den Heiden noch eine so große Frömmigkeit sein wird, daß die Christen geistlicherweise wie ihre Sklaven sein, und die Schriften in Erfüllung gehen werden, daß ein unverständiges Volk mich ehren, daß das wüste Land bebaut und alle beten werden: Ehre dem Vater und dem Sohne und dem heiligen Geiste, und Ehre allen seinen Heiligen!"

Christus sagt der Braut, daß diejenigen, welche wissentlich übel Erworbenes behalten, nicht in die Ruhe eingehen werden, bis sie Erstattung geleistet haben; Beispiel einer Seele, welche lange am Reinigungsorte gewesen war; die es aber unwissenderweise behielten, werden nicht bestraft werden.

Einer, der vierzig Jahre lang im Reinigungsorte gewesen war, erschien der Braut und sprach: „Wegen meiner Sünden und wegen jener zeitlichen Güter, die Dir bekannt sind, bin ich lange im Reinigungsorte gepeinigt worden. In meinem Leben hörte ich oft, daß jene Güter von meinen Eltern auf ungerechte Weise erworben worden, allein ich kümmerte mich darum nicht, leistete auch keine Erstattung. Als aber vermöge einer Eingebung Gottes einige von meinen Verwandten, welche ihr Gewissen betrachteten, nach meinem Tode die Güter ihren Herren zurückgaben, bin ich hierdurch, sowie durch die Gebete der Kirche aus dem Fegfeuer befreit worden." Darauf sprach Christus zur Braut: „Was glauben wohl die Menschen, welche nicht in gutem Glauben besitzen und widerrechtlich Erworbenes wissentlich behalten, daß sie in meine Ruhe eingehen werden? Fürwahr ebensowenig als Luzifer. Aber auch Almosen aus widerrechtlich Erworbenem gegeben wird ihnen nicht nützen, es wird vielmehr jenen Leuten nützen und Trost bringen, welche die Herren und Eigentümer dieser Güter gewesen sind. Sind es aber solche, welche unwissentlich widerrechtlich erworbenes Gut besitzen, so werden sie nicht bestraft werden, desgleichen verlieren jene den Himmel nicht, welche einen ganz vollkommenen Willen haben, Ersatz zu leisten, und werktätig tun, was sie vermögen, weil Gott wegen des guten Willens entweder in der gegenwärtigen oder zukünftigen Welt es ersetzen wird."

Wie die Braut ein Feuer vom Himmel auf den Altar herniederfahren sah, und in der Hand des Priesters ein Lamm und am Lamme das menschliche, in Flammen glühende Antlitz Christi erblickte.

An einem Pfingsttage feierte ein Priester seine erste Messe in einem Kloster. Bei der Erhebung des Leibes Christi sah die Braut ein Feuer vom Himmel über den ganzen Altar herniederfahren; in der Hand des Priesters erblickte sie das Brot, und in dem Brote ein lebendiges Lamm, und im Lamme ein Gesicht, wie eines Menschen, das in Flammen stand, und sodann vernahm sie eine Stimme, welche zu ihr sprach: „Wie Du jetzt das Feuer niederfahren siehst auf den Altar, so kam ähnlicherweise mein heiliger Geist an einem solchen Tage wie heute auf meine Apostel herab und entflammte ihre Herzen. Das Brot aber wird durch das Wort ein lebendiges Lamm, d.h. mein Leib; im Lamme ist ein Gesicht und im Gesichte das Lamm, weil der Vater in dem Sohne ist und der Sohn im Vater und der heilige Geist in beiden." Und wiederum erblickte die Braut in der Hand des Priester bei der Elevation der Eucharistie einen Jüngling von wunderbarer Schönheit, welcher sprach: „Ich segne euch, die ihr glaubt, und werde denen, welche nicht glauben, ein Richter sein."

Als zu Rom die Glocken in der St. Peterskirche verbrannten, sprach Christus zur Braut, sie solle sich nicht verwundern, weil zuweilen die Elemente die Zeichen künftiger Ereignisse darstellen. So zeigen diese Glocken den nahen Tod eines Papstes an, dem ein schweres Gericht für den Fall bevorsteht, daß er sich nicht schleunig zu Gott bekehrt.

Kurz vor dem Tode eines Papstes verbrannten durch einen wunderbaren Zufall die Glocken der Kirche des heiligen Petrus in Rom. Als die Braut solches vernahm, erschrak sie und begab sich ins Gebet. Da erschien ihr Christus und sprach: „Fürwahr, meine Tochter, ein großes Zeichen ist das; denn es steht geschrieben, daß alle Elemente gleichsam mit mir Mitleid hatten bei meinem Tode, als sie ihren Glanz und ihre gewöhnliche Wirksamkeit einstellten. So kämpfen und richten auch zu Zeiten die Elemente für Gott und sind in ihren Erscheinungen die Anzeichen des göttlichen Zornes und künftiger Ereignisse. Siehe, so verbrennen jetzt die Glocken und rufen gleichsam alle: Der Herr ist gestorben, der Herr Papst ist aus der Welt gegangen! Gebenedeit sei dieser Tag; aber nicht gebenedeit sei dieser Herr! O wie wunderbar! Wo alle rufen sollten: Lange lebe, glücklich lebe jener Herr! Da rufen und sprechen sie freudig: Möge er herabsteigen und nicht wieder aufstehen! Du wundere Dich nicht darüber! Denn er, der hätte rufen sollen: Kommt, und ihr werdet Ruhe für euere Seelen finden! er rief: Kommt, sehet mich in meiner Pracht und Würde, höher als Salomo! Kommt an meinen Hof, leeret eure Taschen und ihr werdet das Verderben euerer Seelen finden! und zwar rief er so durch sein Beispiel und die Tat.
Und darum naht jetzt die Zeit des Zornes, und ich werde ihn richten als den Zerstreuer der Herde Petri. Ach, welches Gericht steht ihm bevor! Gleichwohl werde ich ihm, falls er sich noch zu mir bekehren will, auf halbem Wege wie ein liebreicher Vater entgegeneilen."

Wie Gott will, daß man die Sünder zu gelegener und ungelegener Zeit zur Beicht ermahnen solle, namentlich aber am Ende des Lebens, nach dem Beispiele eines Herrn, der sechzig Jahre ohne Beicht gelebt hatte, und am Ende, schier gezwungen, beichtete und nach erlangter Reue errettet wurde.

Ein großer weltlich gesinnter Herr, der lange nicht gebeichtet hatte, fiel in eine schwere Krankheit. Die Braut hatte Mitleid mit ihm und betete für ihn. Christus aber erschien der Braut, redete zu ihr und sprach: „Sage Deinem Beichtvater, er solle jenen Kranken besuchen und ihn Beicht hören." Als dieser nun hinkam, antwortete der Kranke, es bedürfe keiner Beicht, und behauptete, er habe häufig gebeichtet. Am anderen Tage erhielt der Beichtvater von Christus wieder den Befehl, nochmals hinzugehen; aber auch jetzt erhielt er eine ähnliche Antwort. Als der Beichtvater am dritten Tage wieder zu dem Kranken kam, sprach er, infolge einer der Braut gewordenen Offenbarung Christi, also zu ihm: „Christus, der Sohn des lebendigen Gottes und der Herr des Teufels, spricht zu Dir: Du hast sieben böse Geister in Dir. Einer sitzt im Herzen und bindet dasselbe, daß Du keine Reue über die Sünden empfindest; der zweite sitzt in den Augen, damit Du nicht sehest, was Deiner Seele nützt; der dritte sitzt in Deinem Munde, damit Du nicht redest, was zur Ehre Gottes gereicht; der vierte ist in Deinem Unterleibe, weil Du alle Unreinigkeit geliebt hast; der fünfte ist in Deinen Händen und Füßen, weil Du Dich nicht scheutest, die Menschen zu berauben und zu töten; der sechste ist in Deinem Innern, weil Du dem Fressen und Saufen ergeben warst; der siebente sitzt in Deiner Seele, wo Gott hätte weilen sollen; aber jetzt sitzt dort sein Feind, der Teufel. Darum tue schnell Buße, so lange Dir Gott noch gnädig sein wird." Darauf antwortete der Kranke unter Tränen: „Wie wirst Du mich überzeugen können, daß ich Verzeihung erlange, da ich in so viele öffentliche Laster verwickelt bin?" Der Beichtvater antwortete: „Ich schwöre es Dir, denn ich habe erfahren, daß Du durch die Reue gerettet werdest, wenn Du auch noch größere Sünden begangen hättest." Darauf sprach jener wiederum unter Tränen: „Ich verzweifle am Heile meiner Seele, weil ich dem Teufel gehuldigt habe, welcher gar oft mit mir geredet hat; deshalb habe ich Sechzigjähriger niemals gebeichtet, wenn andere kommunizierten, schützte ich irgend ein anderes Geschäft vor; nun aber will ich Dir beichten, mein Vater, denn solche Tränen, wie ich jetzt habe, erinnere ich mich niemals gehabt zu haben." Deshalb beichtete er an diesem Tage viermal, und am folgenden Tage kommunizierte er auch nach der Beicht. Am sechsten Tage darauf aber starb er und Christus redete von ihm zur Braut also: „Auch dieser Mensch diente jenem Räuber, dessen Gefährlichkeit ich Dir schon früher gezeigt habe; nun aber ist der Teufel, dem er gehuldigt hatte, von ihm geflohen und solches geschah wegen der Reue, die er gehabt hat; diese Reue, die er am Ende noch gehabt hat, war das Zeichen seiner Erlösung, da er bereits zur Reinigung gelangt ist. Du kannst aber fragen:

Wodurch hat ein Mensch, der in so viele Laster verwickelt war, noch die Gnade der Reue verdient? Ich antworte Dir: Das hat meine Liebe getan, der ich bis zum letzten Augenblicke auf des Menschen Bekehrung warte, und das Verdienst meiner Mutter; denn obwohl sie dieser Mensch nicht von Herzen geliebt hat, war er doch gewöhnt, mit ihrem Schmerze Mitleid zu haben, so oft er an sie dachte und nennen hörte, deshalb hat er den kurzen Weg seines Heiles gefunden und wird gerettet werden."

Die Braut Christi vernahm im Geiste, was die sieben Donner bedeuten und weshalb dem Johannes (dem Verfasser der neutestamentlichen Apokalypse) befohlen worden, sie nur zu besiegeln, aber nicht zu schreiben, und daß bei Lebzeiten vieler, welche damals noch lebten, die Donner in die Kirche kommen und viele sich wünschen würden, zu sterben.

Ein gewisser Magister fragte die Frau (Brigitta), was die sieben Donner bedeuteten (siehe Apokalypse, Kap. 10). Darauf ward die Frau im Geiste verzückt und vernahm von Christus: „Glaube nicht, meine Tochter, daß in meiner Gottheit etwas Zeitliches gedacht werden darf, und daß im Donner, im Winde oder in empfindungslosen Geschöpfen eine menschliche Stimme sei. Johannes erblickte aus meiner Eingebung die künftigen Gefahren der Kirche unter leiblichen Bildern; hätte er dieselben nach den gewissen Zeiten beschrieben, so wären alle Zuhörer entsetzt gewesen, und in der Erwartung vor Furcht vergangen.
Es ward ihm deshalb befohlen, er solle versiegeln, was er geschaut, aber nicht schreiben; denn wenn etwas versiegelt wird, ist es ein Zeichen eines zukünftigen furchtbaren Ereignisses. So sind auch die Stimmen des Donners, der Blitzschläge und der Winde zu verstehen und auf die Drohungen der Thyrannen zu deuten, welche meine Kirche beunruhigen und deren Heftigkeit Johannes im Geiste vorher sah, so daß er dieselben lieber versiegeln, als aufschreiben sollte. Ähnlich einem Manne, der durch eine einfache Parabel Großes andeuten will, um seinen Zuhörern Furcht einzuflößen, habe ich das Zukünftige angedeutet, aber nicht enthüllt, damit die Menschen in der Furcht bleiben sollen. Und weil es noch nicht Zeit war, daß die Schale zerbrochen und der Kern ausgelöst würde, deshalb habe ich das Künftige in einiger Dunkelheit gezeigt, weil das Gefäß, bevor der Trank hineingegossen wird, zubereitet werden muß. Wisse auch, daß noch bei Lebzeiten der gegenwärtigen Menschen so große Donner und Blitze über meine Kirche kommen werden, daß ihrer viele den Tod sich wünschen und ersehnen werden, der Tod aber von ihnen fliehen wird."

Maria gibt der Braut Nachricht über die Vorhaut Christi, welche sie sorgfältig aufbewahrt und Johannes, dem Evangelisten, samt dem Blute Christi, das in den Wunden Christi zurückgeblieben war, zum Aufheben gegeben hatte.

Maria sprach: „Als mein Sohn beschnitten war, habe ich seine Haut, wohin ich ging, in hohen Ehren gehalten. Wie hätte ich auch dieselbe der Erde übergeben sollen, die von mir ohne Sünde geboren war! Als aber die Zeit meiner Abberufung aus dieser Welt nahe gekommen war, habe ich dieselbe meinem Beschützer, dem heiligen Johannes, samt dem gesegneten Blute, daß in seinen Wunden zurückgeblieben war, als wir ihn vom Kreuze abnahmen, überantwortet. Danach, als der heilige Johannes und seine Nachfolger aus der Welt hinweggenommen waren und die Bosheit und der Unglaube zunahm, haben die damals lebenden Gläubigen dieselbe an einem ganz reinen Ort unter die Erde geborgen, und sie war lange Zeit unbekannt, bis der Engel Gottes dieselbe den Freunden Gottes offenbarte. O Rom, Rom, wenn du es wüßtets, würdest du dich fürwahr freuen; ja, wenn du weinen könntest, würdest du unaufhörlich weinen, weil du den mir teuersten Schatz besitzest und denselben nicht ehrest.

Eine Offenbarung, welche der heilige Franziskus der Braut Christi, der Frau Brigitta, gezeigt, worin er dieselbe zum Essen und zum Trinken in seine Zelle einlud und ihr die geistliche Erklärung gibt, seine Zelle sei der Gehorsam gewesen. Seine Speise war, die Seelen zu Gott zu bekehren; sein Trank aber war, wenn er die Bekehrten mit allen Kräften Gott lieben und dem Gebete und anderen Tugenden mit Inbrunst obliegen sah.

Am Feste des heiligen Franziskus erschien dieser Heilige in seiner jenseits der Tiber zu Rom gelegenen Kirche der Braut Christi und sprach zu ihr: „Komm' in meine Zelle, um mit mir zu essen und zu trinken." Als sie solches vernommen, rüstete sie sich sogleich zur Reise, um ihn in Assisi zu besuchen, von wo sie nach dreitägigem Aufenthalte nach Rom zurückzukehren sich vornahm. Sie besuchte noch einmal die Kirche, um sich und die Ihrigen dem heiligen Franziskus zu empfehlen. Derselbe erschien ihr dort selbst und sprach: „Sei willkommen! Ich habe Dich freilich in meine Zelle eingeladen, um mit mir zu essen und zu trinken. Wisse aber, daß dieses Haus nicht die Zelle ist, von welcher ich Dir gesagt habe, sondern mein Haus ist der wahre Gehorsam, den ich immer gehalten habe, so daß ich niemals habe ohne einen Lehrer sein mögen. Denn ich habe stets einen Priester bei mir gehabt, dem ich in allen Geboten demütiglich gehorcht habe, und das war meine Zelle. Tue Du nun auf ähnliche Weise, weil es Gott also gefällt. Meine Speise aber, durch welche ich zu meiner Lust erquickt ward, war die, daß ich meine Nächsten von den Eitelkeiten des weltlichen Lebens sehr gern abgezogen habe, damit sie mit dem ganzen Herzen Gott dienen möchten, und alsdann verschlang ich jene Freude wie gar süße Bissen. Mein Trank aber war die Freude, welche ich hatte, wenn ich einige durch mich Bekehrte mit allen Kräften Gott lieben, der Betrachtung und dem Gebete obliegen und andere zum guten Leben unterweisen und der wahren Armut folgen sah. Siehe, meine Tochter! dieser Trank erfreute meine Seele so, daß alles, was in der Welt ist, mir zuwider war. Gehe also in diese meine Zelle und iß diese meine Speise und trinke diesen Trank mit mir. Trinke denselben, auf daß Du in Ewigkeit bei Gott erquickt werden mögest."

Folgende Offenbarung hat die Braut Christi, Frau Brigitta, in der Stadt Ortona, im Königreiche Neapel, gehabt. Christus redet mit ihr und gibt ihr zu erkennen, daß hier im Altare Überreste vom Leibe des heiligen Apostels Thomas sich befinden. An diesen und den Reliquien anderer Heiligen hat er eine süße Lust. Er achtet dieselben für einen großen Schatz auf Erden, und verheißt denen, welche dieselben mit der schuldigen Ehrerbietung verehren, großes Verdienst und großen Lohn.

Eine Person, welche im Gebete wachte, hatte das Gefühl, als ob ihr Herz von göttlicher Liebe in Brand versetzt und gänzlich mit geistlicher Freude erfüllt sei, wobei der Leib gleichsam an Kräften abnahm. Darauf vernahm sie eine Stimme, welche zu ihr sprach: „Ich bin der Schöpfer und Erlöser aller; wisse also, daß eine solche Freude, wie Du jetzt in Deiner Seele verspürst, mein Schatz ist; denn wie geschrieben steht: Der Geist (Wind) weht, wo er will, Du hörest wohl sein Sausen, Du weißt aber nicht, woher er kommt, oder wohin er geht. Diesen Schatz jedoch gebe ich meinen Freunden vielfach und auf vielfältige Weise und durch viele Gaben. Doch will ich mit Dir von einem anderen Schatze reden, der noch nicht im Himmel, sondern bei euch auf Erden ist. Dieser Schatz sind die Reliquien und Leiber meiner Freunde. Denn wahrlich, die Leiber meiner Heiligen, mögen sie nun verwest oder frisch geblieben, oder in Asche und Staub verwandelt sein oder nicht, sind fürwahr mein Schatz. Weil die Schrift spricht: Wo Dein Schatz ist, da ist Dein Herz! so möchtest Du fragen, auf welche Weise mein Herz bei diesem Schatze, nämlich bei den Reliquien der Heiligen, ist? Ich antworte Dir: Die höchste Lust meines Herzens ist, allen denen, welche die Stätten meiner von den Päpsten heilig gesprochenen Diener und ihrer durch Wunder verherrlichten Reliquien besuchen und ehren, ewige Belohnungen zu erteilen nach Maßgabe ihres guten Willens, ihres Glaubens und ihrer Beschwerden. Siehe, in dieser Weise ist mein Herz bei meinem Schatze und deshalb will ich, daß Du für gewiß wissen magst, daß an diesem Orte mein auserwählter Schatz ist, nämlich die Reliquien des heiligen Thomas, meines Apostels, von denen an keinem Orte so viele, als in diesem Altare, unversehrt und unzerteilt sind. Denn als jene Stadt zerstört worden, in welcher zuerst der Leib dieses meines Apostels niedergelegt war, ward dieser Schatz mit meiner Zustimmung durch

einige meiner Freunde in diese Stadt getragen, und in diesem Altare beigesetzt. Jetzt aber liegt er hier wie verborgen, weil die Fürsten dieses Reiches, ehe der Leib des Apostels hierher kam, jenen ähnlich waren, von denen geschrieben steht: Einen Mund haben sie, und reden nicht; Augen haben sie, und sehen nicht; Ohren haben sie, und hören nicht; Hände haben sie, und tasten nicht; Füße haben sie, und gehen nicht ... (Psalm 113). Wie sollen denn nun auch solche, und so gegen mich, ihren Gott, Gesinnte einem solchen Schatze die gebührende Ehre spenden? Wer also mich und meine Freunde über alles liebt, und lieber sterben, als mich im mindesten beleidigen will, auch den Willen und die Macht hat, mich zu ehren und anderen zu gebieten, dieser sei, wer er wolle, er wird meinen Schatz erhöhen und ehren, nämlich die Reliquien dieses meines Apostels, den ich erwählt und vorauserwählt habe. Darum soll für das Gewisseste gesagt und verkündigt werden, daß, wie die Leiber der Apostel Petrus und Paulus in Rom sind, also auch die Reliquien meines Apostels, des heiligen Thomas, sich in Ortona befinden."
Die Braut antwortete und sprach: „O Herr! haben nicht die Fürsten dieses Reiches Kirchen erbauen lassen und große Almosen gespendet?" Der Herr antwortete ihr: „Sie taten vieles und brachten mir große Gaben von Erz dar, um mich zu besänftigen. Indessen die Almosen vieler unter ihnen sind mir minder angenehm und lieb gewesen, weil sie sich wider die Satzungen der heiligen Väter verehelicht haben. Und obwohl dasjenige, was die Väter gestattet haben, gültig ist und gehalten werden muß, soll es doch, weil ihr Wille verdorben war, und sie sich wider die Satzungen der Kirche auflehnten, ebendeshalb in meinem göttlichen Gerichte erörtert und gerichtet werden."

Zusatz:

Als Frau Brigitta nach Ortona reiste, begab es sich, daß sie mit ihrer Begleitung die ganze Nacht bei Kälte und großem Regen unter freiem Himmel zubringen mußte. Um die Morgenröte sprach Christus zu ihr: „Um dreier Ursachen willen widerfährt den Menschen Trübsal; entweder zur größeren Demut, wie der König David heimgesucht ward, oder behufs größerer Furcht und Vorsicht, wie Sarah, Abrahams Weib, welche vom Könige weggenommen ward (Genesis 120) oder zum Troste oder zur Ehre des Menschen. Also ist es auch euch ergangen. Denn ich habe die Gemüter derer, welche euch begegneten, angetrieben, euch am gestrigen Tage nicht weiter fortreisen zu lassen. Ihr habt aber nicht glauben wollen, darum habt ihr das gelitten, was ihr ausgestanden habt. Darum gehet nun hinein in die Stadt, mein Diener Thomas wird euch geben, was ihr begehrt."
Noch an demselben Tage erschien Christus in Ortona und sprach: „Ich habe Dir früher gesagt, daß der heilige Thomas, mein Apostel, mein Schatz wäre. Dies ist gewißlich war, denn Thomas ist fürwahr das Licht der Welt; allein

die Menschen lieben mehr die Finsternis, als das Licht." Nun erschien auch der heilige Thomas und sprach: „Jetzt will ich Dir den schon lange von Dir ersehnten Schatz geben." Und im nämlichen Augenblicke sprang, ohne daß jemand denselben berührte, aus dem Behälter der Reliquien des heiligen Thomas ein Stückchen von einem Knochen des seligen Thomas heraus, welches die Frau mit Freuden empfing und ehrerbietig aufbewahrte.

Die Jungfrau Maria redet mit der Braut Christi, der Frau Brigitta, und sagt, wie es durchaus Gottes Wille nicht sei, daß die Geistlichen Weiber haben, noch sich mit dem Laster des Fleisches beflecken; kein Papst dürfe die Ehe der Geistlichen zugeben, noch in der Kirche Gottes aufkommen lassen.

„Freue Dich ewiglich, Du gebenedeiter Leib Gottes, in ewiger Ehre und in stetem Siege, und in Deiner ewigen Allmacht zugleich mit Deinem Vater und dem heiligen Geiste, wie auch mit Deiner gebenedeiten hochwürdigen Mutter, samt dem ganzen herrlichen, himmlischen Hofe. Lob sei Dir auch, Du ewiger Gott, und unendlicher Dank dafür, daß Du Dich herabgelassen hast, Mensch zu werden, und daß Du gewollt hast, daß Dein verehrungswürdiger Leib auf Erden aus leiblichem Brote konsekriert und uns zum Heile unserer Seelen liebreich zu einer Speise gewährt werde!
Es begab sich, daß eine Person, da sie dem Gebete oblag, eine Stimme vernahm, welche zu ihr sprach: O Du, welcher gegeben worden, auf eine geistliche Weise zu hören und zu sehen, vernimm jetzt das, was ich Dir von jenem Erzbischofe offenbaren will, welcher gesagt, daß, wenn er Papst wäre, er allen Geistlichen und Priestern die Erlaubnis geben würde, fleischlicherweise Ehen einzugehen, indem er dachte und meinte, daß solches Gott angenehmer sei, als wenn die Geistlichen in solcher Ausgelassenheit lebten, wie sie jetzt tun; denn er glaubte, daß bei solcher Verehelichung größere fleischliche Sünden vermieden würden. Obgleich er hierin den Willen Gottes nicht richtig verstanden, war jener Erzbischof gleichwohl ein Freund Gottes. Nun aber will ich Dir den Willen Gottes in diesem Stücke sagen, weil ich selber Gott geboren habe, und Du sollst es auch meinem Bischofe zu wissen tun und also zu ihm sprechen: Dem Abraham ist die Beschneidung lange vorher gegeben worden, ehe Moses das Gesetz erhalten hat, und zu Abrahams Zeit ließen sich die Menschen, ein jeglicher nach seinem Verstande und nach dem Belieben seines eigenen Willens regieren, gleichwohl waren damals viele von ihnen Freunde Gottes. Nachdem aber dem Moses das Gesetz gegeben worden war, war es mehr Gottes Wille, daß die Menschen unter und nach dem Gesetze lebten, als nach ihrer eigenen menschlichen Willkür und Einsicht. Auf ähnliche Weise verhielt es sich mit dem gebenedeiten Leibe meines Sohnes. Denn nachdem er selbst in der Welt dieses neue Sakrament der Eucharistie eingesetzt hatte und zum Himmel aufgefahren war, war jenes alte Gesetz noch in Übung, nach welchem auch christliche Priester im Ehestande lebten.

Nichtsdestoweniger waren viele unter ihnen Freunde Gottes, weil sie in einfältiger Reinheit glaubten, Gott habe kein Mißfallen daran, daß christliche Priester Eheweiber hätten und in der Ehe lebten, wie er solches in der alten Zeit der Juden den jüdischen Priestern gestattete. Und also ward es von den christlichen Priestern viele Jahre lang gehalten. Aber diese Weise und alte Gebrauch war gleichwohl im Lichte des himmlischen Hofes etwas sehr Hassenswertes, sowie auch vor mir, die ich seinen Leib geboren habe, welchen beweibte christliche Priester im hochheiligen Sakramente mit ihren Händen berühren müßten. Die Juden unter dem alten Gesetze hatten nur einen Schatten, das heißt das Bild dieses Sakramentes, die Christen aber haben nun die Wahrheit selber, nämlich Christentum, wahren Gott und wahren Menschen, in jenem gebenedeiten und konsekrierten Brote. Nachdem nun diese Gewohnheit eine geraume Zeit in der christlichen Priesterschaft geherrscht hatte, gab ein damals regierender Papst auf Eingebung des heiligen Geistes die Gott wohlgefälligere Verordnung heraus, es sollten die christlichen Priester, welche das so heilige und würdige Amt der Konsekration hätten, durchaus nicht in der befleckenden ehelichen Fleischeslust leben dürfen. Und darum ist auch nach Gottes Verordnung und Ratschluß mit Recht festgesetzt, daß die Priester, welche nicht in Keuschheit und Enthaltsamkeit des Fleisches leben, vor Gott verflucht und in den Bann getan, auch wert sind, des Priesteramtes verlustig zu gehen. Diejenigen aber, welche sich mit dem wahren Vorsatze, nicht ferner zu sündigen, bessern, werden bei Gott Barmherzigkeit erlangen. –

Auch dieses sollst Du wissen, daß ein Papst, wenn er den Priestern die Erlaubnis gewähren würde, eine Ehe einzugehen, von Gott durch einen solchen Richterspruch geistlicherweise verdammt werden wird, gleichwie ein Mensch, der sich so schwer vergangen hätte, daß man ihm nach Recht und Gerechtigkeit die Augen leiblich ausstechen und die Zunge samt den Lippen und die Nase mit den Ohren abschneiden, die Hände und Füße abhauen, alles Blut seines Leibes vergießen und seinen blutlosen Leib den Hunden und anderen wilden Tieren zum Fraße vorwerfen würde. Ähnlich würde es fürwahr jenem Papste geistlicherweise ergehen, der eine solche Erlaubnis zum Eingehen der Ehe wider die Anordnung und den Willen Gottes den Priestern erteilen würde; – eben dieser Papst würde des geistlichen Gesichtes und Gehöres, auch der geistlichen Werke und Worte von Gott gänzlich beraubt werden, seine ganze geistliche Weisheit würde durchaus erstarren und überdies nach seinem Tode seine Seele zu ewiger Pein in die Hölle gestoßen werden, um daselbst ewiglich und ohne Ende eine Speise der Teufel zu sein. Ja, wenn auch schon der heilige Papst Gregorius dieses verordnet hätte, so würde diese Sentenz ohne Barmherzigkeit an ihm vollzogen worden sein, wofern er es nicht vor seinem Tode demütig widerrufen hätte."

Folgendes ist der Anfang einer Offenbarung, welche die Frau Brigitta für die

Frau Königin von Neapel in derselben Stadt gehabt. Andere Dinge, welche darin begriffen waren, werden nicht mit hierher gesetzt, weil es Geheimnisse sind, welche den Stand und die Person der gedachten Frau Königin betreffen.

„Ich bin Gott, der Schöpfer aller Dinge. Ich habe den Engeln und Menschen den freien Willen gegeben, so daß die, welche meinen Willen tun wollen, ewig bei mir bleiben, deren Gesinnung mir aber entgegen ist, von mir getrennt werden sollen. So sind einige von den Engeln Teufel geworden, weil sie mich weder lieben, noch mir gehorchen wollten. Als darauf der Mensch erschaffen worden war und der Teufel meine Liebe zu demselben erblickte, war es ihm nicht genug, mein Feind zu sein, sondern er erhob wider mich Streit, da er Adam zur Übertretung meiner Gebote anreizte, und nachdem er durch meine gerechte Zulassung damals über den Menschen den Sieg errang, sind wir, ich und der Teufel, in Streit miteinander, weil ich will, daß der Mensch nach meinem Willen lebe, der Teufel aber trachtet danach, daß der Mensch seiner Begierlichkeit folgen möge. In dem Augenblicke aber, wo ich mit dem Blute meines Herzens den Himmel öffnete, ist der Teufel seines Rechtes, welches er zu haben schien, beraubt und die Seelen, welche es würdig waren, gerettet und erlöst worden. Von da ist es nun ein Gesetz, daß es in des Menschen Willen stehen solle, mir, seinem Gott, zu folgen, um die ewige Krone zu erlangen, aber ewige Pein zu haben, wenn er dem Verlangen des Teufels folgt. So also streiten ich und der Teufel, indem wir Seelen begehren, wie Bräutigame nach ihren Bräuten; ich verlange nach den Seelen, um ihnen ewige Freude und Ehre zu gewähren, der Teufel aber, um ihnen ewigen Schrecken und Schmerz zu bereiten.

Eine der Frau Brigitta in der heiligen Stadt Jerusalem zu teil gewordene Offenbarung in Bezug auf das Königreich Cypern und dessen Erneuerung, welche sie selber dem Herrn Könige und dem Prinzen von Antiochien übersandte, um dieselbe im ganzen Reiche zu verkündigen. Weil aber der gedachte Fürst dieser Offenbarung keinen vollkommenen Glauben beimaß, hat Frau Brigitta auf der Heimkehr von Jerusalem dieselbe in der Stadt Famagusta in Gegenwart des genannten Herrn Königs, der Königin, des gedachten Fürsten von Antiochien und des ganzen königlichen Rates verkündigt.

Es begegnete einer Person, welche wachend und im Gebete begriffen war und während der Betrachtung in Verzückung geriet, daß sie sich im Geiste in einen Palast von unbegreiflicher Größe und unaussprechlicher Schönheit entrückt sah. Sie sah Jesum Christum unter seinen Heiligen voll Majestät auf einem kaiserlichen Throne sitzen. Derselbe öffnete seinen gebenedeiten Mund und sprach die nachfolgend niedergeschriebenen Worte: „Ich bin in Wahrheit die höchste Liebe selber; denn alles, was ich von Ewigkeit her getan habe, habe ich aus Liebe getan, und auf ähnliche Weise geht alles, was ich tue und in der Zukunft tun werde, gänzlich aus meiner Liebe hervor. Die Liebe ist jetzt eben so unbegreiflich und stark in mir, als sie in der Zeit meines Leidens gewesen ist, da ich durch meinen Tod aus übergroßer Liebe aus der Hölle alle Auserwählten erlöst, welche dieser Erlösung und Befreiung würdig waren, und wenn es noch möglich wäre, daß ich so oft stürbe, als Seelen in der Hölle sind, so daß ich für eine jede derselben wieder einen solchen Tod litte, wie ich damals für alle erlitten, so würde mein Leib noch jetzt bereit sein, das alles mit gutem Willen und vollkommenster Liebe zu erdulden. Wie es aber unmöglich ist, daß mein Leib wieder sterben und irgend einige Pein oder Trübsal leiden könnte, ebenso ist es auch unmöglich, daß eine Seele, welche nach meinem Tode zur Hölle verdammt ist oder verdammt werden wird, jemals daraus wieder befreit werden und die himmlische Freude genießen wird, die meine Heiligen und Auserwählten im herrlichen Anschauen meines Leibes genießen; sondern sie wird im ewigen Tode Höllenstrafen empfinden, weil sie die Wohltat meines Todes und Leidens nicht hat genießen, noch meinem Willen folgen wollen, solange sie in der Welt lebte. Weil übrigens über die mir widerfahrenen Beleidigungen kein anderer Richter ist, als ich selbst, und deshalb meine Liebe, die ich den Menschen gezeigt habe, sich bei meiner Gerechtigkeit beklagt, so steht meiner Gerechtigkeit zu, darüber nach meinem Willen zu richten. Jetzt beklage ich mich über die Einwohner des Königreiches Cypern, als wären sie miteinander ein Mensch. Nicht über meine daselbst wohnenden Freunde, welche mich von ganzem Herzen lieben und in allen Stücken meinem Willen folgen, beklage ich mich, sondern über diejenigen beklage ich mich und rede sie alle wie eine Person an, die mich verachten, meinem Willen immer entgegen sind und mir am meisten widerstreben, und deshalb hebe ich jetzt an, mit ihnen zu reden, wie mit einem. O du Volk Cyperns, mein Feind, höre und gib fleißig acht auf das, was ich dir sage. Ich habe dich geliebt, wie ein Vater seinen einzigen Sohn, den er zu aller Ehre erhöhen will. Ich habe dir ein Land beschieden, in welchem du überflüssig alle Bedürfnisse zur Unterhaltung deines Leibes haben könntest. Ich habe dir die Wärme und das Licht des Heiligen Geistes gesendet, damit du den rechten christlichen Glauben erkennen möchtest, zu dem du dich getreulich verpflichtet, sowie den heiligen Satzungen und dem Gehorsame gegen die heilige Kirche demütig unterworfen hast. Ich habe dich auch an einen Ort gesetzt, der einem getreuen Diener wohl anstehen möchte, nämlich unter meine Feinde, damit du für deine irdische Arbeit und die leibliche Mühe deiner Kämpfe in meinem Königreiche eine köstlichere Krone erhalten möchtest. Ich habe dich auch lange in meinem Herzen getragen, das heißt in der Liebe meiner Gottheit, und dich wie meinen Augapfel in allen deinen Widerwärtigkeiten und Trübsalen bewacht. Und solange du meine Gebote gehalten und den Gehorsam und die Satzungen der heiligen Kirche getreu beobachtet hast, sind fürwahr zahllose Seelen des Reiches Cypern in mein Himmelreich gekommen, welche mit mir die ewige Herrlichkeit unaufhörlich genießen werden. Weil du aber nun deinen eigenen Willen und alles tust, was dein Herz gelüstet, ohne mich, der ich dein Richter bin, zu fürchten, ohne mich zu lieben, der ich dein Schöpfer bin, der ich dich auch durch meinen gar harten Tod erkauft habe, weil du mich wie Kot und Unrat aus deinem Munde ausgeworfen hast, weil du mich von dort hinausgeworfen hast wie einen Dieb und Räuber, während du den Teufel zugleich mit deiner Seele in die Kammer deines Herzens eingeschlossen hast, und weil du dich ebensowenig vor meinem Angesichte zu sündigen schämst, wie unvernünftige Tiere, wenn sie einander beiwohnen; deshalb erfordert es die würdige Gerechtigkeit und das gerechte Urteil, daß du von meinen Freunden aus dem Himmel vertrieben und auf immer in die Hölle mitten unter meine Feinde versetzt wirst. Zweifellos sollst du wissen, daß mein Vater, der in mir ist, wie ich in ihm bin, und der heilige Geist in uns beiden, selber mir Zeugen sind, daß nie etwas anderes, als Wahrheit aus meinem Munde gegangen ist; darum wisse fürwahr, daß, wer so beschaffen ist, wie du es jetzt bist, und sich nicht bessern mag, dessen Seele denselben Weg nehmen wird, den Luzifer wegen seines Hochmutes ging, ingleichen Judas, welcher mich verkauft hat wegen seiner Habsucht, und Zambri, welchen Phinees wegen seiner Unzucht, da er sich wider mein Gebot mit einem Weibe versündigte, getötet hat, und dessen Seele nach seinem Tode zur Hölle verdammt wurde. Deshalb, o Volk von Cypern, verkündige ich dir, daß, wofern du dich nicht bekehren und bessern wirst, ich dein Geschlecht und deine Nachkommenschaft im Reiche Cypern dergestalt vertilge, daß ich weder des Armen, noch des Reichen verschonen werde; denn also werde ich dein Geschlecht vertilgen, daß binnen kurzem dein Gedächtnis aus den Herzen der Menschen dergestalt verschwinden soll, als wenn ihr nie in der Welt geboren wäret. Nachher aber beliebt es mir, neue Bäume in diesem Reiche Cypern anzupflanzen, welche meine Gebote erfüllen und mich von ganzem Herzen lieben werden; doch für gewiß sollet ihr wissen, daß ich einem jeden von euch, der sich bessern und bekehren und zu mir mit Demut sich zurückwenden will, freudig entgegenkommen werde, wie ein liebreicher Hirt, daß ich ihn auf meine Schultern nehmen und selber zu meinen Schafen zurücktragen werden. Auf meinen Schultern, sage ich, worunter ich die Wohltat meines Leidens und Todes, den ich mit meinem Leibe und auf meinen Schultern ausgehalten habe, verstehe, deren jeder teilhaftig werden und bei mir im Himmelreiche ewigen Trost genießen wird, der sich bessert. Ihr zwar, die ihr als meine Feinde in diesem gedachten Reiche wohnet, sollet wissen, daß ihr nicht würdig waret, ein solches Gesicht meiner göttlichen Offenbarung zu erhalten, aber einige meiner Freunde, die in diesem Reiche leben, mir getreulich dienen und mich von ganzem Herzen lieben, haben mich durch ihre Arbeiten, ihre Bitten und Tränen dazu bewogen, euch durch diese gegenwärtige Offenbarung die schwere Gefahr euerer Seelen bekannt zu machen; denn einigen meiner gedachten Freunde ist von mir auf göttliche Weise gezeigt worden, wie zahllose Seelen aus dem erwähnten Königreiche Cypern von der himmlischen Herrlichkeit ausgeschlossen und für ewig zum höllischen Tode verdammt werden.

Die eben gemeldeten Worte rede ich zu den lateinischen Christen, welche dem Gehorsam der lateinischen Kirche unterworfen sind und mir in der Taufe den rechten katholischen Glauben gelobten, aber durch mir widerwärtige Werke gänzlich von mir gewichen sind. Die Griechen aber, welche wissen, daß alle Christen nur den einen katholischen Glauben festhalten und nur einer Kirche, nämlich der römischen, untertan sein müssen, und auch nur einen einzigen allgemeinen Statthalter Christi in der Welt, nämlich den römischen Papst, als geistlichen Hirten über sich haben sollen, sich aber gleichwohl aus hartnäckigem Hochmute, aus Begierlichkeit, aus Mutwillen des Fleisches oder wegen irgend einer anderen weltlichen Sage weder dieser römischen Kirche, noch meinem Statthalter geistlicherweise unterwerfen, noch demütig unsterstellen wollen, sind unwürdig, nach dem Tode von mir Verzeihung oder Barmherzigkeit zu erhalten. Den anderen Griechen aber, welche zwar das Verlangen haben, den römisch-katholischen Glauben zu umfassssen, aber nicht imstande sind, denselben kennen zu lernen, jedoch wenn sie denselben kennen würden, den Willen haben, ihn andächtig und gern anzunehmen, sich der römischen Kirche demütig zu unterwerfen und nach ihrem Gewissen in dem Stande und Glauben, worin sie sich befinden, des Sündigens enthalten und fromm leben, – allen diesen gebührt nach ihrem Tode in ihren Peinen meine Barmherzigkeit, wenn sie vor mein Gericht berufen werden. Die Griechen mögen auch wissen, daß ihr Kaisertum, ihre Reiche, ihre Herrschaft nimmer sicher, noch in ruhigem Frieden, sondern stets ihren Feinden unterworfen sein werden, daß sie von diesen immer schwere Beschädigungen und langwieriges Elend zu erwarten haben, bis sie mit wahrer Demut und Liebe der Kirche und dem römischen Glauben sich andächtig unterworfen, auch mit dessen heiligen Satzungen und Gebräuchen sich ganz in Übereinstimmung gesetzt haben werden."

Nachdem Vorstehendes im Geiste also gesehen und vernommen worden war, entschwand das gedachte Gesicht, und die gedachte Person verblieb mit nicht geringem Schrecken und mit Verwunderung im Gebete verzückt.

Der Richter beklagt sich bei der Braut über alle Sünden in allen Ständen und Verhältnissen, indem er ihr die Wohltaten erzählt, welche er ihnen erwiesen, und ihre Undankbarkeit erzählt. Er droht ihnen auch mit dem Urteile seines schrecklichen Zornes, ermahnt sie jedoch, sich zu ihm zu bekehren, worauf er sie wie ein Vater mit Barmherzigkeit aufnehmen wird.

Ich erblickte einen großen Palast, der dem heiteren Himmel ähnlich war. In demselben befand sich die Menge der himmlischen Heerscharen, zahllos wie die Sonnenstäubchen und glänzend wie die Strahlen der Sonne. Im Palaste saß auf einem wuderbaren Throne wie die Person eines Mannes von unbegreiflicher Schönheit, ein Herr von unermeßlicher Macht; seine Kleider waren wunderbar, von unaussprechlicher Klarheit. Und eine Jungfrau stand vor dem, welcher auf dem Throne saß. Dieselbe war heller leuchtend, als die Sonne, und das umstehende himmlische Heer ehrte sie auf ehrerbietige Weise wie eine Königin des Himmels. Derjenige aber, welcher auf dem Throne saß, öffnete seinen Mund und sprach: „Höret, ihr alle meine Feinde, welche ihr in der Welt lebt, denn zu meinen Freunden, welche meinen Willen befolgen, rede ich nicht. Höret, alle Geistliche, Erzbischöfe und Bischöfe und alle auf niedrigern Stufen der Kirche. Höret, ihr Religiosen alle, wes Ordens ihr sein möget. Höret, ihr Könige, ihr Fürsten und Richter der Erde, und alle, die ihr dienet. Höret, ihr Weiber, Königinnen und Prinzessinnen, alle ihr Gebieterinnen und Mägde und ihr alle, von welcherlei Stufe und Stande ihr auch sein möget, Große und Kleine, die ihr die Welt bewohnt, diese Worte, die ich selber, der ich euch erschaffen habe, jetzt zu euch spreche. Ich beklage mich, daß ihr abgefallen seid von mir, und dem Teufel, meinem Feinde, gehuldigt habt. Ihr habt meine Gebote verlassen, folget dem Willen des Teufels und gehorchet seinen Eingebungen; ihr beachtet nicht, daß ich, der unwandelbare, ewige Gott, euer Schöpfer, vom Himmel zur Jungfrau herabgestiegen bin, von ihr mein Fleisch angenommen und unter euch gewandelt habe.

Ich habe durch mich selber euch den Weg eröffnet, und die Ratschläge gezeigt, mittels deren ihr zum Himmel gehen sollet. Ich bin entblößt, gegeißelt, mit Dornen gekrönt und so stark am Kreuze ausgestreckt worden, daß fast alle Nerven und Gelenke meines Leibes auseinandergingen. Ich hörte alle Schmachreden und habe den verächtlichen Tod und bittersten Schmerz des Herzens für euer Heil erduldet. Das alles, meine Feinde, beachtet ihr nicht, denn ihr seid betrogen und traget die betrügliche Lieblichkeit des Joches und der Last des Teufels, und wisset und empfindet es nicht, bevor der Schmerz über die endlose Bürde herantritt. Und auch das ist euch noch nicht genug, sondern euere Hoffart ist so groß, daß, wenn ihr euch über mich erheben könntet, ihr es gern tun würdet. Euere Fleischeslust ist so groß, daß ihr lieber mich entbehren, als euere ungeordnete Lust fahren lassen wollet. Überdies ist euere Begierlichkeit unersättlich, wie ein durchlöcherter Sack, weil nichts ist, das euere Begierde sättigen kann. Deshalb schwöre ich bei meiner Gottheit, daß, wenn ihr in dem Stande, worin ihr euch befindet, dahinsterbet, ihr niemals mein Angesicht schauen werdet, sondern um euerer Hoffart willen werden ihr so tief in die Hölle versenkt werden, daß alle Teufel über euch kommen und euch untröstlich peinigen werden, für euere Unkeuschheit aber werdet ihr mit entsetzlichem, teuflischem Gifte angefüllt, für euere Begierlichkeit werdet ihr mit Schmerz und Beklemmung erfüllt und alles Übels teilhaftig werden, das in der Hölle ist. O ihr verabscheuungswürdigen, undankbaren, entarteten Feinde! Ich erscheine euch, wie ein im Winter gestorbener Wurm, deshalb tut ihr, was ihr wollt, und fühlt euch glücklich; darum will ich mich im Sommer erheben, und dann werdet ihr schweigen und meiner Hand nicht entfliehen. Gleichwohl aber, ihr Feinde, die ich euch mit meinem Blute losgekauft habe, suche ich auch euere Seelen; darum kehret euch wieder zu mir mit Demut, und ich will euch mit Freuden wie meine Kinder aufnehmen. Schüttelt das schwere Joch des Teufels von euch ab, und erinnert euch meiner Liebe, und ihr werdet in euerem Gewissen schauen, wie süß und sanftmütig ich bin."

Christus redet in Rom mit seiner Braut, der Frau Brigitta, und sagt ihr den Tag und die Art ihres Todes voraus. Er befiehlt, was sie mit den Büchern ihrer Offenbarungen tun soll. Er sagt auch, daß viele in der Welt sein werden, welche dieselben, wann es ihm gefällt, mit Andacht aufnehmen werden. Diese werden seine Gnade erlangen. Der Herr gibt auch Anordnungen über den Leichnam seiner Braut an, und wo derselbe begraben werden soll.

Fünf Tage vor dem Tode der oft gedachten Braut Christi, der Frau Brigitta, begab es sich, daß ihr unser Herr Jesus Christus vor dem Altare, welcher sich in ihrem Zimmer befand, erschien. Er zeigte ihr ein fröhliches Angesicht und sprach: „Ich habe Dir getan, wie ein Bräutigam zu tun pflegt, welcher sich vor seiner Braut verbirgt, um desto feuriger von ihr verlangt zu werden. So habe ich Dich in dieser Zeit nicht mit Tröstungen heimgesucht, weil es die Zeit Deiner Prüfung war. Weil Du nun bewährt bist, komme her und mache Dich fertig, denn nun ist die Zeit, daß erfüllt werde, was ich Dir verheißen hatte, nämlich daß Du vor meinem Altare als Klosterfrau eingekleidet und geweiht, und von nun an nicht allein für meine Braut, sondern auch für eine Klosterfrau und Mutter in Wadstena gehalten wirst. Doch sollst Du wissen, daß Du Deinen Leib hier in Rom ablegen wirst, bis derselbe an die ihm zubereitete Stätte kommen wird, weil es mir gefällt, Dich Deiner Mühen zu entheben und Deinen Willen für die Tat zu nehmen." Darauf wandte er sich gegen Rom hin und sprach wie klagend: „O mein Rom! o mein Rom! der Papst verachtet dich und merkt nicht auf meine Worte, sondern nimmt das Zweifelhafte für das Gewisse. Deshalb wird er nicht mehr meinen Lockruf hören, weil er die Zeit meiner Barmherzigkeit nach seiner Willkür berechnet."

Darauf sprach er zur Braut: „Du aber sage dem Prior, er solle alle diese Worte, alle Offenbarungen den Brüdern und meinem Bischofe übergeben, welchem ich den Eifer meines Geistes gewähren und mit meiner Gnade erfüllen werde. Wisse auch, daß, wann es mir gefallen wird, Menschen kommen werden, welche mit Süßigkeit und Freude diese Worte der himmlischen Ofenbarungen, die Dir bisher geworden sind, aufnehmen werden. Auch wird alles erfüllt werden, was Dir gesagt worden. Und obwohl vielen meine Gnade wegen ihrer Undankbarkeit entzogen worden, werden doch andere

kommen, welche sich an ihrer statt erheben und meine Gnade erlangen werden. –
Unter die letzten Worte aller Offenbarungen, welche Dir geworden sind, soll jene gemeinsame, allegemeine Offenbarung gesetzt werden, die ich Dir zu Neapel mitgeteilt habe, weil mein Gericht über alle Völker, welche in Demut zu mir zurückkehren, wie Dir gezeigt worden ist, erfüllt werden wird. –
Von diesem und vielem anderem, daß hier nicht geschrieben wird, aber gesagt worden, machte die gedachte Braut Christi gegen einige um sie befindliche Personen Mitteilung, welche sie, wie sie sagte, vor ihrem Tode vor Gott gesehen hatte.
Nachdem dieses vernommen worden, setzte der Herr hinzu und sprach: „Am fünften Tage in der Frühe, wenn Du die Sakramente empfangen haben wirst, berufe die Personen, eine nach der anderen, die bei Dir sind, und welche ich Dir eben genannt habe, zu Dir, und sage ihnen, was sie tun sollen, und so wirst Du unter ihren Worten und Händen zu Deinem Kloster, das ist, in meine Freude kommen, und Dein Leib wird beigesetzt werden in Wadstena."
Als hierauf der fünfte Tag herangekommen war, erschien ihr Christus wiederum um die Zeit der Morgenröte und tröstete sie. Nachdem die Messe gelesen war und sie die Sakramente mit großer Andacht und Ehrfurcht empfangen hatte, gab sie unter den Händen der vorgedachten Personen ihren Geist auf.

Hildegard von Bingen
Prophezeiungen aus: Divinorum operum
(Der göttlichen Werke)

„Und es wird geschehen, daß am Ende der fünften Zeit der Strick des schwersten Schismas und der größten Verwirrung über den ganzen Klerus und die Kirche geworfen wird, so daß sie aus ihrem Orte und ihrer Stätte verjagt werden. Und wie der katholische Glaube von den Tagen seines Stifters her allmählich sich ausgebreitet und durch viele Stufen angestiegen, bis er endlich in der Wahrheit und Gerechtigkeit durchleuchtend erglänzte, so wird er in diesen Tagen weibischen Leichtsinnes von Recht und Ordnung und Satzung abfallen. Es werden auch die römischen Kaiser in der Kraft der königlichen Würde, worin sie vorher das Reich gesetzt und regiert haben, herabsinken und geschwächt werden in ihrer Glorie, also daß durch Gottes Zulassung die Herrschaft in ihren Händen allmählich abnimmt und verfällt, weil sie selbst schmutzig und lau und knechtisch und unrein in ihren Sitten werden und in allem eitel und unnütz. Sie werden zwar vom Volke nach Achtung und Ehrfurcht verlangen, aber sie werden das Glück der Völker nicht suchen und können deshalb auch von ihnen nicht hochgehalten werden. Darum werden alsdann noch Könige und Fürsten vieler Völker vom römischen Reiche zu seinem größten Nachteile abfallen. Denn jede Landschaft und jeder Volksstamm wird sich einen eigenen König vorsetzen und sagen, der weite Umfang des deutschen Reiches gereiche ihm selbst mehr zur Last als zur Ehre. Und die Herrschsucht und Gier wird dieser neuen Fürsten Herz also verblenden, daß sie nicht werden handeln wollen nach der Wahrheit, die sie erkannt, noch auch von anderen die Dinge vernehmen, die sie nicht wissen.

Und wenn auf diese Weise der kaiserliche Szepter geteilt ist und nicht wieder ergänzt werden kann, dann wird auch die Infel der apostolischen Ehre zerrissen werden. Weil nämlich die Fürsten und übrigen Menschen, geistlichen und weltlichen Standes, in der Kirche keine Religion mehr finden, darum werden sie ihr Anflehen auch gering schätzen und sich andere Meister oder Erzbischöfe, oder wie sie dieselben sonst nennen mögen, in den verschiedenen Provinzen vorsetzen, so daß der Papst also in seiner früheren Würde herabgekommen sein wird, daß er kaum mehr Rom und einiges Wenige in der Nähe unter seiner Infel behält. Dieses aber wird teils durch Kriegseinbrüche also erfolgen, teils durch die gemeinsame Einstimmung der Völker, indem alle untereinander sich dazu auffordern, daß jeder weltliche Fürst sein

Reich aus eigener Macht festige und beherrsche. Viele Menschen werden darauf zu den Gewohnheiten und der Disziplin der Alten sich zurückwenden; aber die Zeit wird nicht fern sein, wo jener Sohn der Verderbnis und Verruchtheit offenbar werden soll, der sich überhebt über alles, was Gott genannt wird, bis dieser ihn endlich mit dem Atem seines Mundes tötet." ...

Über das Zeitalter der Trostlosigkeit schreibt die Heilige:

Wenn die Furcht Gottes überall beseite gesetzt sein wird, werden heftige und grausame Kriege entstehen, eine Menge Menschen wird darin geschlachtet und viele Städte werden in einen Schutthaufen verwandelt werden. Denn wie der Mann durch seine Kraft die Schwäche des Weibes übertrifft, und wie der Löwe alle anderen Tiere besiegt, so werden einige Menschen von ungewöhnlicher Grausamkeit, durch Zulassung der göttlichen Gerechtigkeit, mit der Ruhe der anderen ihr Spiel treiben. Gott wird unseren Feinden die Zuchtrute übergeben, zur Ausrottung des Übels, sowie es gewesen ist vom Anfange der Welt. Nachdem aber die Menschheit durch die erwähnten Plagen wird gereinigt sein, werden die Menschen, mürbe gemacht durch solche Schrecknisse zur vollkommenen Ausübung der göttlichen Gesetze zurückkehren und sich getreulich den göttlichen Geboten fügen ...

Von Vaganten, Goliarden und Wucherern

Die „Umherstreifenden" (lat. vagantes), so wurden im Mittelalter die fahrenden Scholaren und Kleriker genannt. Damit waren Studierende gemeint, die aus eigener Lust und Laune heraus oder aber weil unglückliche Verhältnisse sie dazu zwangen, unstet durch die Lande zogen. Vor allem in Frankreich blühte das Vagantentum mit den entstehenden Universitäten auf. Massenweise strömten gerade junge Studenten aus dem gesamten Abendland an diese Lehrstätten, da sich hier neben einer recht ungebundenen Lebensweise auch eine freie Denkungsart entwickelte: Die Vorherrschaft der geistlichen Weltanschauung wurde zunehmend in Frage gestellt. Im 13. Jahrhundert bekämpfte man das Vagantentum, da seine Vertreter sich wohl zu weit mit Form und Inhalt ihrer Lieder und Dichtungen vorgewagt hatten.
Eine soziale und moralisch weniger angesehene Gruppe innerhalb dieser Bewegung bildeten die Goliarden, die in kirchlichen Konzilsbeschlüssen als Spielleute eingestuft wurden. „Goliardus" galt im Mittelalter als Schimpfwort, das sich von Golias bzw. Goliath ableitete. Diese Bezeichnung steht sicherlich nicht in Verbindung mit der entsprechenden biblischen Figur, sondern sie bedeutete in mittelalterlicher Allegorese soviel wie „Teufel". Ein Goliarde war also schlicht ein Teufelsbruder. Später verband man das Schimpfwort mit dem lateinischen Begriff „gula" (Kehle). Es hieß dann soviel wie „Schlemmer" oder „Säufer".
An der sogenannten Vagantenlyrik waren nicht nur umherziehende Poeten, sondern auch hohe Würdenträger beteiligt. Die größte und wertvollste Sammlung dieser Lieder sind die „Carmina Burana", die ein Liebhaber gegen Ende des 13. Jahrhunderts in Oberdeutschland anfertigen ließ. Diese Lyrik stellt eine Mischung von Kunst- und Volkslied dar. Die lateinische Sprache des Goliasliedes zwang den Vaganten, sich einen ganz bestimmten Hörerkreis zu suchen, dazu gehörten vor allem Geistliche und Gelehrte.
Die Vagantendichtung umfaßt Trink-, Spiel-, Bitt- und Scholarenlieder, solche auf die sinnliche Liebe, Parodien wie Sauf- und Spielmessen und moralisch satirische Gedichte, die sich unter anderem gegen den Geiz, die Ver-

derbtheit der Geistlichkeit oder die Simonie, den Kauf geistlicher Ämter, richteten.
Unter den namentlich bekannten Dichtern ragen vor allem der sogenannte Primas Hugo von Orleans (geboren um 1095) und der Archipoeta heraus.
Über das Leben des letzteren weiß man verhältnismäßig wenig – weder sein richtiger Name noch das genaue Todesjahr sind bekannt. „Archipoeta" (Erzdichter) wird er nach der Überschrift einiger seiner Verse genannt. Geboren wurde er wahrscheinlich um 1130 als Sprößling einer deutschen Ministerialen-Familie. Er fühlte sich jedoch nicht zum Ritterdienst berufen, sondern zog das Studium der Theologie, später auch der Medizin, vor.
Vermutlich hatte er mit Proben seiner Gelehrsamkeit und poetischen Begabung bei Reinald von Dassel, dem Kanzler Kaiser Friedrichs I. (Barbarossa), Anerkennung gefunden.
Die Gunst des Kanzlers verschaffte ihm ein Auskommen als Hofdichter, der seine Gönner besang und dabei eine Vorzugsstellung inne hatte. Als Reinald jedoch – im Sinne seiner eigenen politischen Pläne – von dem Sänger ein Epos auf die Italienzüge des Kaisers forderte, lehnte Archipoeta ab. Er war ein Hofdichter, doch kein Höfling, der sich bedingungslos anpassen mußte. Vielmehr führte er ein relativ unabhängiges Vagantenleben: An der Seite des Kanzlers reiste er nach Köln und Norditalien, nach Vienne in Burgund und Salerno. Dieses Wanderleben gab ihm auch genügend Freiheit für sein privates Glück. Ganz im Sinne der Vagantenlyrik lehnte er christliche Askese entschieden ab. Die Sehnsucht nach dem schönen Geschlecht übte offenbar eine größere Anziehungskraft auf ihn aus.

Der Archipoeta

VAGANTENBEICHTE

Heißer Scham und Reue voll,
Wildem Grimm zum Raube
Schlag' ich voller Bitterkeit
An mein Herz, das taube:
Windgeschaffen, federleicht,
Locker wie von Staube,
Gleich' ich loser Lüfte Spiel,
Gleich' ich einem Laube!

Denn indes ein kluger Mann
Sorglich pflegt zu schauen,

Daß er mög' auf Felsengrund
Seine Wohnung bauen:
Bin ich Narr dem Flusse gleich,
Den kein Wehr darf stauen,
Der sich immer neu sein Bett
Hinwühlt durch die Auen.

Wie ein meisterloses Schiff
Fahr' ich fern dem Strande,
Wie der Vogel durch die Luft
Streif' ich durch die Lande.
Hüten mag kein Schlüssel mich,
Halten keine Bande.
Mit Gesellen geh' ich um –
O, 's ist eine Schande!

Traurigkeit – ein traurig Ding,
Das mich mag verschonen;
Scherz geht über Honigseim,
Der will sich verlohnen.
Mir ist in Frau Venus Dienst
Eine Lust zu frohnen,
Die in eines Tropfen Herz
Nie hat mögen wohnen.

Auf dem breiten Wege geh'
Ich nach Art der Jugend,
Lasse mich mit Sünden ein
Ungedenk der Tugend:
Mehr nach irdischer Begier
Als gen Himmel lugend,
Gesitlich tot, zu jeder Lust
Meinen Leib befugend.

Herr Prälat, laß deine Huld
Mich drum nicht verscherzen –
Aber süß ist solcher Tod,
Wonnig seine Schmerzen;
Mägdelein sind gar so hold
Und mein Sinn nicht erzen;
Brech' ich sonst die Ehe nicht,
Brech' ich sie im Herzen.

Zwingen läßt sich die Natur
Nimmermehr mit Bännen,
Und an einer Jungfrau Bild
Muß der Sinn entbrennen;
Wie soll auch der Jugendmut
Regel halten können
Und dem leicht erregten Blut
Seinen Wunsch mißgönnen?

Wer, der in den Kohlen sitzt,
Bleibt wohl unversehret?
Wann hat zu Pavia von
Unschuld man gehöret,
Wo Frau Venus Wink die Ruh
Jedem Jüngling störet,
Mit dem Lärvchen ihn bestrickt,
Mit dem Aug bethöret?

Sende hin den Hippolyt –
Niemand ist ja reiner –
Und am andern Morgen ist
Er wie unsereiner;
Venus Bettweg findest du
Nirgend allgemeiner:
Mancher feste Turm ist da,
Für die Keuschheit keiner.

Zweitens hab' ich auch das Spiel
Leider nicht gemieden.
Doch sooft vom Spieltisch ich
Blut und bloß geschieden,
Hob im Frost des Leibes mir
An der Geist zu sieden:
Vers' und Lieder kann ich traun
Dann die besten schmieden.

Drittens: Wirtshaussünden auch
Machen mich beklommen:
Eine Kneipe war mir stets,
Bleibt mir stets willkommen,
Bis dereinst die Engel nahn,
Bis mein Ohr vernommen
Ihren heilgen Sterbegruß:
„Ewge Ruh den Frommen!"

Mein Begehr und Willen ist:
In der Kneipe sterben,
Wo mir Wein die Lippen netzt,
Bis sie sich entfärben!
Aller Englein Jubelchor
Wird dann für mich werben:
„Laß den wackern Zechkumpan,
Herr, dein Reich ererben!"

Nur beim vollen Becher flammt
Auf des Geistes Leuchte,
Von der Erde hebt das Herz
Sich, das nektarfeuchte;
Doch beim Wirt ein frischer Trunk
Stets mir beser deuchte,
Als im Kloster, wo dein Geist
Wasser ihm verscheuchte.

Öffentliche Orte fliehn
Etliche Poeten,
Suchen stille Winkel auf,
Steige nie betreten,
Und mit brünstigem Bemühn
Wachen sie und beten –
Doch was kommt am End heraus
All bei ihren Nöten?

Fasten und kastein sich die
Meister der Gesänge,
Meiden scheu des Tages Zank
Und des Markts Gedränge!
Daß ein unvergänglich Werk
Ihnen ja gelänge,
Gehn sie selbst vor Eifer drauf
An der Arbeit Strenge.

Jeglichem hat die Natur
Zugeteilt die Gaben:
Nüchtern schreiben, dazu war
Ich noch nie zu haben.
Nüchtern steh' ich weit zurück
Hinter jedem Knaben.

Dursten! Fasten! – eher noch
Laß' ich mich begraben.

Jeglichem hat die Natur
Zugeteilt das Seine:
Wenn ich Verse machen soll,
Helfet mir zu Weine –
Aber aus des Wirtes Faß,
Aber ja recht reine!
Nur der echte gibt mirs ein,
Was ich sag' und meine.

„So die Verse, wie der Wein!"
Ist bei mir zu sagen;
Nie bring' ich ein Werk zustand,
Fehlt mir was zu nagen;
Nimmer taugte, was ich je
Schrieb bei leerem Magen –
Hinterm Glas will mit Ovid
Ich den Wettstreit wagen.

Ja, der Geist der Poesie
War mir nie gewogen,
Allsolang das Bäuchlein blieb
Um sein Teil betrogen.
Ist ins Oberstüblein mir
Bacchus eingezogen,
Kommt mit seinem Wundermund
Auch Apoll geflogen.

Also hab' ich nun bekannt
Alles Bös' und Schlechte,
Dessen hämisch mich geziehn
Deine frommen Knechte.
Ei wenn einer seine Schuld
Dir zu Ohren brächte!
Ist doch Keiner, der an Spiel
Nicht und Weltlust dächte.

Laß sie kommen! stelle dich
Zum Entscheid daneben;
Und dann möge nach dem Spruch,
Den der Herr gegeben,
Auf mich armes Singerlein

Seinen Stein erheben,
Wer von jeder Sündenschuld
Ledig weiß sein Leben.

Mehr zu beichten, müßt' ichs erst
Aus dem Daumen saugen.
Hohe Zeit wars immerhin,
Mich recht auszulaugen.
Dieses alte Leben will
Mir nicht fürder taugen:
Zeus nur sieht die Herzen an,
Menschen, was vor Augen.

Ja, ich will, dem Laster gram,
Mich zur Zucht bekehren;
Neu am Geiste mag der Geist
Wieder mich gebären.
Wie ein Wickelkindlein soll
Fromme Milch mich nähren,
Niemals wieder meinen Sinn
Eitelkeit beschweren.

Kölns Erwählter, schicke mich
Nicht vor fremde Türen!
Gönn' es deinem flehenden
Diener, dich zu rühren.
Buße seiner Missetat
Laß den Büßer spüren:
Ws dein Spruch ihm auferlegt,
Wird er gern vollführen.

Neige deinem Knechte dich
Ohne Zorngebärden;
Selbst der Tiere Fürst, der Leu,
Schonet seiner Herden.
Machet ihr es ebenso,
Herren dieser Erden!
Ohne Milde – allzuherb
Muß die Strenge werden.

Durch die Lande weit und breit
Ist dein Ruhm erschollen,

Und das Lob ist wohlbewährt,
Das dir alle zollen –
Müßig wär' es, solch ein Bild
Schöner malen wollen,
Säen wo die Ehrensaat
Üppig steht im Vollen.

Also kam ich her zu dir,
Weil dich alle priesen –
Nicht in eitlem Redeschwall
Dreist mich zu ergießen:
Laß denn du der Gnade Tau
Reichlich auf mich fließen –
Nicht umsonst: es soll mein Herr
Schuldgen Zins genießen.

Sieh, ob du mir Arbeit hast:
Ich bin froh an jeder.
Meinen Mann, ich lüge nicht,
Stell' ich mit der Feder;
Fällt ein dringlich Opus ein
Früher oder später –
Beim Diktate, sollst du sehn,
Zieh' ich flink vom Leder.

Sagst du nein, so magst du doch
Freundlich eins betrachten:
Auf den Armen Kummerlast
Wolle gütig achten
Und – in diesem Jammertal
Müßt' ich sonst verschmachten –
Meiner Sorgen einen Teil
Abzuwenden trachten.

Vieles, Vater, drängt' ich nun
Knapp ins Reimgebände:
Kurzer Ausdruck zieret ja
Die studierten Stände.
Nicht als hätt' ichs abgesehn
Auf die Beifallsspende –
Sonst gediehe lange noch
Nicht mein Spruch zu Ende.

Vagantendichtung

BETTELSPRUCH

Bin ein fahrend Schülerlein,
Muß mich mühn und plagen;
Sauer wird mirs oft und viel,
Nur mich durchzuschlagen.

Dem gelehrten Studium
Möch' ich gerne leben:
Leider daß der Mangel mich
Zwingt es aufzugeben.

Ach, was ist mein Mäntelein
Dünne zum Erbarmen,
Bittre Kälte steh' ich aus,
Kann oft kaum erwarmen.

Nicht einmal beim Gottesdienst
Halt' ich aus so lange,
Bis die Vesper oder Meß
Kam zum Schlußgesange.

Wertgeschättzer Herr N.N.,
Dürft' ich wohl mit Sitten
Um ein klein Viaticum
Euer Gnaden bitten?

Von St. Martins Vorbild laßt
Euern Sinn erwecken:
Reicht dem Fremdling ein Gewand,
Seinen Leib zu decken!

Daß in seinem Himmel einst
Gott Euch heiße wohnen
Und mit ewger Seligkeit
Möge reichlich lohnen.

EIN SCHWANENLIED

Dereinst war ich so rund gemäst't,
Mir stand der schmucke Balg aufs best,
Dieweil ich noch ein Schwan gewest!
    O Schmerz, o Schmerz!
    Nun lauter Schwärz,
    Verbronnen allerwärts!

Der Bratenwender dreht mich frisch,
Das Feuer bäht und brät mich risch,
Der Truchseß bringt mich auf den Tisch.
    O Schmerz, o Schmerz!
    Nun lauter Schwärz,
    Verbronnen allerwärts!

Im Wasser möcht' ich leben, hei!
In Lüften möcht' ich schweben frei,
Statt hier im scharfen Pfefferbrei.
    O Schmerz, o Schmerz!
    Nun lauter Schwärz,
    Verbronnen allerwärts!

Vor Zeiten weißer als der Schnee –
Kein'n schönern Vogel gab es je –,
Nun schwärzer als ein Rab', o weh!
    O Schmerz, o Schmerz!
    Nun lauter Schwärz,
    Verbronnen allerwärts!

Nun lieg' ich in der Schüssel hier,
Ein wehrlos flügellahmes Tier –
Und alles bleckt die Zähn nach mir.
    O Schmerz, o Schmerz!
    Nun lauter Schwärz,
    Verbronnen allerwärts!

RECHT DER JUGEND

Fort aus Qualm und Bücherstaub!
Hold ist toller Übermut;
Haschen wir in keckem Raub
Frischer Jugend köstlich Gut!
Ernsten Sinn und ehrbar Streben
Überlassen wir dem Greis,
Der ein ungebundnes Leben
Büßen mag durch Tugendfleiß.
    Eilend geht die Zeit dahin,
    Da wir lernen sollen,
    Und der heitre Jugendsinn
    Lädt uns ein zu tollen.

Rasch enteilt des Lebens Mai
Und es naht der Winterfrost;
Mit dem Frohsinn ists vorbei:
Sorgenbrot, o magre Kost!
Blut vertrocknet, Brust muß keichen,
Und wir stehen freudenarm,
Fühlen nah und näher schleichen
Ungezählter Leiden Schwarm.
    Eilend geht die Zeit dahin,
    Da wir lernen sollen,
    Und der heitre Jugendsinn
    Lädt uns ein zu tollen.

„Lebet nach der Götter Bild!"
Ist ein Spruch, der uns behagt,
Und auf zartes Minnewild
Gehe drum die muntre Jagd.
Jeden Wunsch gewähren lassen,
Muss das Recht der Jugend sein.
Drum hinunter auf die Gassen
Und zum Tanz der Mägdelein!
    Eilend geht die Zeit dahin,
    Da wir lernen sollen,
    Und der heitre Jugendsinn
    Lädt uns ein zu tollen.

Jüngferchen gehend und zier
Sind allda zu sehn genung;
Heißes Leben sprühet hier
Aus der raschen Glieder Schwung.
Wenn sich so die Dirnen drehen
Ausgelassen her und hin,
Steh ich, und vor lauter Sehen
Weiß ich nimmer wo ich bin.
  Eilend geht die Zeit dahin,
  Da wir lernen sollen,
  Und der heitre Jugendsinn
  Lädt uns ein zu tollen.

ABSCHIED VOM SCHWABENLAND

Fern in Welschland, überm Rhein
Soll ich nun Studente sein!
Und so geh' ich,
Weinend dreh' ich,
Brüder, euch den Rücken.
Klagt, ihr Freunde, daß ich muß
Bald zu bitterm Scheidegruß
Euch die Hände drücken.

Lebet wohl! – Wie manches Jahr
Nährt' uns Eine Lehre!
Gebt mir, wie ich euch geehrt,
Nun die letzte Ehre!
Schon das Ruder in der Hand
Steh' ich in der Fähre:
Zum Geleit ins fremde Land
Weiht mir eine Zähre!

Meinen Burschen wehmutsvoll
Wünsch' ich Heil und Segen;
Unter Tränen will ich sie
Gott ans Herze legen:
Mög' er alle, groß und klein
Wie ein Vater pflegen
Und ihr Hort und Hüter sein
Treulich allerwegen.

Laßt um meine Herde ich
Abschiedstränen weinen.
Ach, ein Tag des Wiedersehns
Wird ja wohl erscheinen
Und den Hirten noch einmal
Seinem Volk vereinen –
Wenn ich nicht im fremden Land
Sterbe fern den Meinen.

Lebe wohl, mein Heimatland,
Mein schön schwäbisch Schwabenland!
Grüß dich Gott, lieb Frankenreich,
Fröhlich Lichtgedankenreich.
Mutterland der Geister,
Nimm den fremden Schüler auf
Und nach manchem Jahreslauf
Schick' ihn heim als Meister!

Leib und Seele glaubensvoll
Stell' ich ihm zuhanden,
Der ein Opfer mir zugut
Lag in Todesbanden,
Der in heilger Gotteskraft
Als ein Held erstanden,
Machte durch die Himmelfahrt
Höll' und Tod zuschanden.

Bald ist auf der Wanderschaft
Ein Paar Schuh zerschlissen;
Doch es werde nimmermehr
Herz von Herz gerissen:
Nein, solang das meine schlägt,
Sollt ihr nie mich missen,
Mich, seis auch im Geiste nur,
Stündlich bei euch wissen.

Zu der Weisheit hohem Sitz
Muss ich nun von hinnen,
Und der Geist der Wissenschaft
Segne mein Beginnen,
Lasse seines Lichtes Strom
Reichlich auf mich rinnen,
Und dereinst die mystische
Perle mich gewinnen.

DIE GUTE ALTE ZEIT

Es blühte sonst das Studium,
Heut kehrt es sich ins Bummeln um.
Die Wissenschaft galt einst als Ziel,
Doch obenauf ist nun das Spiel.

Wie werden heute vor der Zeit
Die grünen Jungen so gescheit!
Der Brotneid macht sich breit im Haus
Und wirft die Weisheit frech hinaus.

Vor Zeiten, ach wie weit entfernt,
Hat einer niemals ausgelernt,
Kaum daß etwa mit neunzig Jahr
Sein Ruhestündlein kommen war.

Jetzt laufen nach zehn Jahren schon
Die Buben aus der Lehr davon,
Gehn recht wie Meister ins Geschirr
Und führen blind die Blinden irr.

Der Piepmatz keck die Flügel regt,
Herr Langohr gar die Saiten schlägt,
Der Ochs bei Hofe Vortanz hält
Und Junker Karsthans rückt ins Feld.

Gregorius mit üblem Fug
Führt seine Fehden hinterm Krug,
Und Hieronymus gelahrt
Katzbalget um des Kaisers Bart.

Vom Korn spricht Augustinus fein,
Und Benedictus redt vom Wein,
Sie halten gar geheimen Rath
Bei Meister Garkoch früh und spat.

Marien fällt das Sitzen schwer,
Und Martha mag nicht schaffen mehr;
Der Lea Schoß ist kinderöd,
Und Rahels Augen werden blöd.

Des Cato strenger Tugendsinn
Kehrt sich zu feilen Dirnen hin,
Und der Lucretia keusche Ehr
Gibt sich zu schnöden Lüsten her.

Was unsre Alten stolz verschmäht
Bei uns in hellem Glanze steht:
Es tauschen heute Warm und Kalt
Und Feucht und Trocken die Gestalt.

Die Tugend um ins Laster sprang,
Aus Fleiß ist worden Müßiggang,
Und alles drängt aus seinem Kreis
Und keiner bleibet im Geleis.

Ein kluger Mann bedenk' es nun:
Die Mitschuld tracht' er abzutun;
Denn sonst am Tage des Gerichts
Herr Herr zu sagen hilft ihm nichts.

Gereimte Fastnachtspredigt

Nun schweigt einmal und habet Ruh
Und hört einem jungen Prediger zu:
Er wird die Wahrheit euch verkünden
Und sagen von den großen Sünden
Die in der Welt sind aufgestanden.
Man sollte Sie meiden bei christlichen Banden
So wachsen sie und nehmen zu.
Geteilte Hosen, zerschnittene Schuh
Und kleine Baret mit viel Gebänden
Davon sie das hintere zuvorderst wenden
Mit spanischen Kappen und großen Hosen
Nach Wahlen Manier und Manier der Franzosen,
Und was der Junker nur kann erdenken
Das will der Bauer auch an sich henken.

Erst will ich etliche Knaben rühren
Die gar ein wüstes Leben führen.
Sie sollten ihres Handels warten,
So siebt man sie bei Würfel und Karten
Sie sollten des Nachts zu Hause bleiben
So liegen sie aus von ihren Weiben,
Und sitzen dort und leeren die Taschen,
Und lassen andere dazu naschen
Und machen sich und den Weiben Unruh:
Das gehört Russianern und Buben zu.

Nun red ich zu euch, ihr Weinschläuche,
Ihr sitzet dort und füllet die Bäuche
Ihr sauft und schreit und lebet im Saus
Und habet daheime kein Brot im Haus
Auch was euch Weib und Kind ersparen
Das ist euch durch die Gurgel gefahren
Ihr zieht einen feisten faulen Bachen
Und denkt und sprecht: es wird sich machen
Wenn nun das Alter an euch rührt
Ein grauer Schelm aus dem Springer wird
Der nimmer arbeiten mag:

So kömmt das Weib mit großer Klag
Liests Büchlein euch, da alles Unglück steht
Und spricht, 's ist recht, daß dirs so geht
Hättst du gearbeitet und mäßig gezehrt
Wir wollen uns haben gar sanft genährt
Es wär uns aller Guttat not;
So haben wir weder Hilf noch Rat
Niemand will hören von geben noch leihen
So sieht man uns im Spittel gedeihen
Und unsre Kinder am Bettelstab
Denn was hat bösen Anhab
Hat keinen guten Anfang
Und gewinnt gern bösen Ausgang.

Nun gilt es euch, ihr Nachtraben
Die Mitternachts auf den Gassen umtraben
Darauf viel bösen Unfugs pflegen
Umwerfen den Leuten ihre Schrägen
Und unten dann die Stollen zerklieben
Und leere Karren in's Wasser schieben
Der Fischer auf dem Fischmarkt denthen
Denselben verwechseln ihre Prenten
Der eine große vor ihm hat
Dem setzen's eine kleine an die statt
Und machen zwischen ihnen Wirren und Werren
Daß sie sich früh gegen einander nerren
Als Hund u.s.w.

Nun muß ich melden die Ehebrecher
Des Nachts sich stellen unter die Dächer
Und halten sich darunter verstohlen
Bis daß die Hausmaid Wein wollen holen
Er wirft ihr da einen guten Abet
Und spricht ihr werdet von mir begabet
Denn seid ihr gegen mich freundlich und willig
So geb ich euch zu Lohn zwei Schilling
Sie spricht, Herr, wenn ich ein übriges tu
So ists, ich dürfte wohl zweier Schuh –
Da da! spricht er, mein liebes Kind,
Gibt ihr zwei Rechenpfennig verzinnt
Die legt sie ein und dankt ihm sehr
Und denkt, hätt ich der Knaben mehr

Nun komm ich an euch ihr Winkelwirt
Die man mit Geld in den Händen schmiert
Daß sie in ihren Häusern gestatten
Daß zwei sich heimlich zusammengatten
Sie ziehen da einander hinein
Die Rede ist zwar nur vom Wein
Doch hat der Troll mit der Trutschel geredt
So deutet der Wirt aufs Kabinett
Ich seh wohl daß ihr schläfrig seid
Da geht und ruhet eine kleine Zeit –
Sie gehen dahin mit großer Eil
So wartet der Wirt des Weins derweil
Bis Wirt und Wirtin voll sind worden
Das ist ihr Regel und ihr Orden
Ich wollt daß man solch Wirte nehme
Und sie an ihrem Leib beschäme
Und stünden sie da nun bloß und nacket
Gar wohl mit Ruten auf sie hacket u. s. w.

Auch ihr merkt auf, die in der Kirchen schwatzen
Die Leuten hinten und vorn abschatzen
Sie lassen kein Weib vor ihnen gan
Sie schlagen ihr Blechlein an.
Die erste hab einen stolzen Gang
Der andern sei die Nase zu lang
Der dritten sei der Fuß zu breit
Die vierte zu schmale Schuh antreit
Der fünften steht ihr Gewand nicht wohl
Der sechsten sei der Busen zu voll
Die siebente hab nicht weiß gewaschen
Die achte naschet aus der Taschen
Der neunten sei der Hals zu dick
Die zehnte tu zu viel Umblick
Der eilften sei der Mund zu groß
Die zwölfte sei nicht Wappens genoß
Die dreizehente sei eine faule Schlucht
Die vierzehente habe nicht viel Zucht
Die fünfzehente sei' am Tanz zu üppig
Die sechszehente sei' ganz aufschüppig
Die siebzehente hab ihrer zwei oder drei
Die achtzehente treibs ohn alle Scheu
Der neunzehenten sei das Fell zu fahl
Der zwanzigsten das Gesäß zu schmal

Die hab im Kindbett sich verzadelt – –
So lassen sie niemand ungetadelt.
Es sei von Mannen oder von Weiben
Das ist ihr Beten das sie treiben
Bis man das Vesperglöcklein anzeucht
Wer dann die größten Lügen leugt
Und der Leut am meisten spott
Den heißen sie Meister in ihrer Rott.

Nun will ich auch mit den Buben sprechen,
Die in der Hausmaid Gaden brechen
Und sie vertrösten auf Kindsammen
Kommen sie im Keller und so zusammen,
O sprächen die Truhen, o sprächen die Fässer –
So dünkt sich nun die Magd viel besser
Zu sein als selbst die Frau im Haus,
Und aller treuer Dienst ist aus.
Sie will nun haben eine Untermaid
Die Wasser und Holz in die Küche trait
Und koch und kehr und spül und heiß,
Weil sie den Wein im Keller weiß:
So wird ihrs schwer an Wasser zu denken
Sie hat die Schlüssel an sich henken
Und wenn sie nun die Faulen gewinnt
In Händen des Abends, nicht gerne spinnt
Des Nachts, und früh auf dem Tag lang leit
Und man ihr endlich Urlaub geit
So wird ein geistlich Zäpfin draus
In einem Kloster, heißt Frauenhaus.

Zu lange Predig ist Ungebühr
Der Wahrheit zu viel ist nicht Manier
Man heiß es lügen, man heiß es schwatzen,
Und hat lieber schmeicheln und Ohrenkratzen,
Drum hat auch meine Predigt ein End
Käm mir ein Trinkgeschirr in die Händ
Ich wollt ein Jungfrautrünklein saufen
Daß mir beide Augen müßten überlaufen.

Robert von Corson

Es handelt sich um ein Fragment einer Kreuzzugspredigt Roberts von Corson. Dieser war Legat des Heiligen Stuhls in Rom und predigte den Kreuzzug unter dem französischen König Philipp August II. (1180–1223).

DAS PATERNOSTER DES WUCHERERS.

Wollt ihr das Paternoster des Wucherers hören? Horcht auf!
Der Wucherer steht zuerst im Haus auf, er sieht nach, ob des Nachts die Schlösser nicht erbrochen worden sind; er schiebt doppelte Riegel vor, weckt seine Tochter und seine Frau und zieht sich an. „Ich gehe in die Kirche, sagt er unter dem Ankleiden, wenn jemand kommen und auf ein Pfand zu borgen verlangen sollte, so laufe eine von euch hurtig hin und hole mich; ich komme den Augenblick."
Nun geht er aus und fängt unterwegs folgendergestalt an zu beten: „Vater unser ... Lieber Herr Gott, wollest gnädig auf mich blicken und segnen meinen Ausgang und Eingang, damit ich der reichste von allen werde, die in dieser Welt auf Pfänder leihen. Der du bist im Himmel ... es tut mir herzlich leid, daß ich nicht zu Hause gewesen bin, als die Bauersfrau kam und Geld borgen wollte. Ich hätte besser getan, wenn ich den Tag nicht in die Messe gegangen wäre. Es geht mir doch alles zum Unglück, und wenn ich nur den Fuß in die Kirche setze, so büße ich eine Gelegenheit ein, wo ich mein Schäfchen hätte scheren können. Es ist ordentlich, als wenn's so sein müßte. So wollte ich, daß der und jener die Pfaffen und die Messen holte! Dein Name werde geheiligt ... da habe ich die große Tochter zu Hause sitzen, die mich noch zu Grunde richten wird. Ich wollte darauf schwören, sie versteht sich mit ihrer Mutter, und sie bestehlen mich beide, und leben auf meine Unkosten herrlich und in Freuden, sobald ich ihnen nur aus den Augen bin. Ich habe große Lust, heimzulaufen und sie zu überrumpeln. Dein Reich komme ... ach es fällt mir ein, daß der Ritter, welcher mir die fünfzig Livres schuldig ist, mich nur zur Hälfte bezahlt hat. Ich war ein rechter Narr, daß ich ihm auf sein Ehrenwort traute. Ein gutes Pfand ist besser, als alle die Ehrenwörter. Dein Wille geschehe ... Ich habe zwar das Gelübde getan, zweimal die Woche in die Messe zu gehen, damit der Segen des Himmels über mich und mein kleines Gewerbe kommen möge, allein ich habe nicht überlegt, daß die Kirche für mein Alter zu weit entfernt ist. Gott könnte mich wohl dafür lohnen." ...

Nun tritt der Wucherer in die Kirche und kniet an einen Ort hin, wo er von jedermann bemerkt werden kann; er schlägt sich an die Brust, tut tiefe Seufzer, und fährt in seinem Gebete fort:

„Unser täglich Brot gib uns heute ... Ich möchte wissen, wo meine Tochter das Geld her hätte, das ich bei ihr angetroffen habe? Vielleicht gibt sie unter der Hand auch auf Pfänder aus und sagt mir nichts davon? Das wird sie wohl alles an den großen Kerl hängen, den ich neulich bei ihr fand, und der so bestürzt war, als er mich erblickte, ohngeachtet meine Tochter behauptete, er sei gekommen, um von mir zu borgen. Und vergib uns unsere Schuld, wie wir vergeben unseren Schuldigern ... die verfluchten Juden haben sich verschworen, uns um unsere Kunden zu bringen und zu ruinieren; sie nehmen weniger Prozent als wir. Lieber Herr Gott! erinnere dich doch, daß sie dich gekreuzigt haben, und verdamme sie in den Abgrund der Hölle! – Gestern, als mir Frau Hersant die Goldstücke brachte, habe ich vergessen, sie zu wiegen. Jetzt sind sie unter die andern gekommen, und ich werde den ganzen Sack umstürzen müssen. Meiner Treue! desto schlimmer für sie! Find' ich falsche, so bring' ich sie ihr wieder, und bleibe steif und fest dabei, daß es die ihrigen sind. Bei meinen Nachbarn gibt's nichts zu verdienen, denn sie sind neidisch auf mich, weil sie mich für reich halten; ich wollte, sie stürben, damit ich andere kriegte. Führe uns nicht in Versuchung ... Wann werde ich mich doch einmal an einem ganzen Klumpen Gold und Silber laben können! Ja lieber Gott, ich verspreche dir, ich will ihn nicht anrühren, ich will mir alles entziehen, ich will gern darben – aber habe ich auch meine Tür recht zugeschlossen? Eins, zwei, drei. Ja, da sind die drei Schlüssel. Sondern erlöse uns von dem Übel ... Was ist denn das für ein Robert Corson, der von Stadt zu Stadt läuft und predigt? Ist er wirklich so ein Tor und glaubt, daß ich aus Liebe zu meinem Nächsten betteln gehen würde? Von nun an bis in Ewigkeit. Amen ... Unser Pfarrer wird zu predigen anfangen und uns das Geld aus dem Beutel schwatzen wollen. Sein Diener! mein's kriegt er nicht!"

Literaturverzeichnis

QUELLEN

Abelaerd. Die Leidensgeschichte und der Briefwechsel mit Heloisia, übertragen und hg. von Eberhard Brost, Heidelberg 1979[4]. Verlag Lambert Schneider, Heidelberg.
Heinrich Cornelius Agrippa von Nettesheim, Das Buch der geheimen Philosophie, in: Scheible, Josef (Hg.), Heinrich Cornelius Agrippa's von Nettesheim Magische Werke samt den geheimnisvollen Schriften des Petrus von Abano, Pictorius von Villingen, Gerhard von Cremona, Abt Tritheim von Spanheim, dem Buche Arbatel, der sogenannte Heil. Geist-Kunst und verschiedenen anderen, Bd. 3, Stuttgart 1855.
Albertus Magnus, De Vegetabilibus et Plantis sowie verschiedene Schriften „Über die Frau", übersetzt von Christian Kottmann, Lauingen. Unveröffentlichtes Manuskript.
Die Alchemie des Geber, übersetzt und erklärt von Ernst Darmstädter, Berlin 1922.
Alchemistische Rezepte des späten Mittelalters, übersetzt von Otto Lagercrantz, Berlin 1925.
Al Razi's Buch Geheimnis der Geheimnisse, mit Einleitung und Erläuterungen in Deutscher Übersetzung von Julius Ruska (= Quellen und Studien zur Geschichte der Naturwissenschaften und der Medizin, Bd. 6, Berlin 1937).
Avicenna, Das Lehrgedicht über die Heilkunde, aus dem Arabischen übersetzt von Karl Opitz, in: Quellen und Studien zur Geschichte der Naturwissenschaften und der Medizin, Bd. 7 Heft 2/3, Berlin 1939.
Brigitta von Schweden, Leben und Offenbarungen, neu bearbeitet; übersetzt und hg. von Ludwig Clarus, Bde. 1-4, Regensburg 1888.
Das Buch der Gifte des Gabir ibn Hayyan, übersetzt und erläutert von Alfred Siggel, Wiesbaden 1958. Verlag Franz Steiner, Wiesbaden.
Meister Eckhart, Predigten und Schriften, Leipzig 1903.
Ekkehart IV., St. Gallener Klostergeschichten, übersetzt von Hans F. Haefele, Darmstadt 1980. Verlag Wissenschaftliche Buchgesellschaft, Darmstadt.
Gereimte Fastnachtsbeichte, in: Scheible, Josef (Hg.), Das Kloster. Weltlich und geistlich. Meist aus der älteren deutschen Volks-, Wunder-, Curiositäten-, und vorzugsweise komischen Literatur, 12 Bde., Stuttgart - Leipzig 1845-47.
Gerhard von Cremona, Astronomische Geomantie, in: Scheible, Josef (Hg.),

Heinrich Cornelius Agrippa's von Nettesheim Magische Werke samt den geheimnisvollen Schriften des Petrus von Abano, Pictorius von Villingen, Gerhard von Cremona, Abt Tritheim von Spanheim, dem Buche Arbatel, der sogenannten Heil. Geist-Kunst und verschiedenen anderen, Bd. 3, Stuttgart 1855.
Gesta Romanorum, übertragen von Johann G. Th. Graesse, Dresden – Leipzig 1842.
Göbel, Franz (Hg.), Die Predigten des Franziskaners Berthold von Regensburg, Regensburg 1906[4].
Hildegard von Bingen; Naturkunde, Nach den Quellen übersetzt und erläutert von Peter Riethe, Salzburg 1959. Verlag Otto Müller, Salzburg.
Das große Gesundheitsbuch der Hl. Hildegard von Bingen. Leben und Wirken einer bedeutenden Frau des Glaubens, Aschaffenburg 1983.
Hildegard von Bingen, Prophezeiungen (aus Divinorum Operum) in: Clericus, Wilhelm, Das Buch der Wahr- und Weissagungen, Regensburg 1920.
Laistner, Ludwig, Golias. Studentenlieder des Mittelalters, Stuttgart 1879.
Mechthild von Magdeburg, Das fließende Licht der Gottheit, In Auswahl übersetzt von Wilhelm Oehl, Kempten – München 1911.
Nikolaus von Kues, Opera omnia, zitiert von Heidelberger Akademie der Wissenschaften, Leipzig – Hamburg 1932 ff.
Robert von Lorson, Das Vater-Unser des Wucherers, in: Scheible, Josef (Hg.), Das Kloster. Weltlich und geistlich. Meist aus der älteren deutschen Volks-, Wunder-, Curiositäten-, und vorzugsweise komischen Literatur, 12 Bde., Stuttgart – Leipzig 1845–47.
Roswitha von Gandersheim, Werke, übertragen und eingeleitet von Helene Homeyer, Paderborn 1936. Verlag Ferdinand Schöningh, Paderborn.
Jakob Sprenger/Heinrich Institoris, Der Hexenhammer (Mallus maleficarum), aus dem Lateinischen übertragen und eingeleitet von J. W. R. Schmitt, Berlin 1906.
Heinrich Seuse, Aus dem „Briefbüchlein", in: Brixner, Wolf, Die Mystiker, Leben und Werk, Augsburg 1987.

SEKUNDÄRLITERATUR

Brandenburg, Dietrich, Medizin und Magie. Heilkunde und Geheimlehre des islamischen Zeitalters, Berlin 1975.
Bucher, Otto (Hg.), Das Mittelalter, Ebenhausen b. München 1965.
Curtius, Ernst Robert, Europäische Literatur und lateinisches Mittelalter, Bern – München 1948.
Ebert, Adolf, Allgemeine Geschichte der Literatur des Mittelalters im Abendlande, Leipzig 1889.
Fuhrmann, Horst, Einführung ins Mittelalter, München.

Goetz, Hans-Werner, Leben im Mittelalter. Vom 7. bis zum 13. Jahrhundert, München 1986².

Huizinga, Herbst des Mittelalters. Studien über Lebens- und Geistesformen des 14. und 15. Jahrhunderts in Frankreich und in den Niederlanden, hg. v. Kurt Köster, Stuttgart 1965⁹.

Jackson, W. T. H., Die Literaturen des Mittelalters, Heidelberg 1967.

Jörimann, Julius (Hg.), Frühmittelalterliche Rezeptarien, in: Beiträge zur Geschichte der Medizin, Heft 1, Zürich – Leipzig 1925.

Lehmann, Alfred, Aberglaube und Zauberei. Deutsche Übersetzung v. I. Petersen, Stuttgart 1908².

Lichtenthaeler, Charles, Geschichte der Medizin, Bd. 1, Köln 1975.

Meckseper, Cord/Schraut, Elisabeth (Hg.), Mentalität und Alltag im Spätmittelalter, Göttingen 1985.

Schipperges, Heinrich, Hildegard von Bingen, Heilkunde, Salzburg 1957.

Schipperges, Heinrich, Der Garten der Gesundheit. Medizin im Mittelalter, München – Zürich 1985.

Schmitz, Wolfgang, Deutsche Bibliotheksgeschichte, Bern – Frankfurt a. M. – New York 1984.

Seidlmayer, Michael, Das Mittelalter. Umrisse und Ergebnisse des Zeitalters. Unser Erbe. Neu hg. von Grundmann, Herbert, Göttingen 1967².

Widler, Walter, Buch der Weissagung, Gröbenzell 1961⁹.